Willi Erzgräber

**Mittelalter und Renaissance in England**
Von den altenglischen Elegien bis Shakespeares Tragödien

ROMBACH WISSENSCHAFTEN REIHE LITTERAE

herausgegeben von Gerhard Neumann und Günter Schnitzler

**Band 44**

Willi Erzgräber

# Mittelalter und Renaissance in England

Von den altenglischen Elegien bis Shakespeares Tragödien

ROMBACH VERLAG

Auf dem Umschlagbild: William Hogarth: Falstaff Examining his Recruits, 1730

Die Deutsche Bibliothek – CIP Einheitsaufnahme
**Erzgräber, Willi**:
Mittelalter und Renaissance in England : von den altenglischen Elegien bis Shakespeares Tragödien / Willi Erzgräber. – 1. Aufl.
– Freiburg im Breisgau: Rombach, 1997
  (Rombach Wissenschaft: Reihe Litterae; Bd. 44)
  ISBN 3-7930-9137-6
NE: Rombach Wissenschaft / Reihe Litterae

© 1997. Rombach GmbH Druck- und Verlagshaus,
Freiburg im Breisgau
1. Auflage. Alle Rechte vorbehalten
Lektorin: Dr. Edelgard Spaude
Umschlaggestaltung: Barbara Müller-Wiesinger, Bettina Erzgräber
Herstellung: Rombach GmbH Druck- und Verlagshaus,
Freiburg im Breisgau
Printed in Germany
ISBN 3-7930-9137-6

Anfang von Chaucers Canterbury - Geschichten
*aus einer altenglischen Handschrift des 15. Jahrh. im Britischen Museum zu London*

# Inhalt

Vorwort ........................................................................................................ 9

Einleitung .................................................................................................. 11

The Beginnings of a Written Literature in Old English Times ............. 23

Der Wanderer: Eine Interpretation von Aufbau und Gehalt ................. 49

Zum Allegorie-Problem ........................................................................... 85

William Langlands *Piers Plowman* im
Lichte mittelalterlicher Philosophie und Theologie ............................. 107

Abraham, Moses und David
in William Langlands *Piers Plowman* ................................................. 129

Apokalypse und Antichrist
in der englischen Literatur des 14. Jahrhunderts.
William Langlands *Piers Plowman*, Joachim
von Fiore und der Chiliasmus des Mittelalters .................................... 157

Predestination in Langland and Chaucer ............................................. 179

Tragik und Komik in Chaucers *Troilus and Criseyde* ......................... 203

The Origins of Comicality in Chaucer ................................................. 235

›Kynde‹ und ›Nature‹ bei Chaucer:
Zur Bedeutung und Funktion des Naturbegriffes
in der Dichtung des ausgehenden Mittelalters .................................... 253

Chaucer-Forschung im 20. Jahrhundert (1900-1980) ......................... 277

Common Traits of Chaucer's and Joyce's Narrative Art ...................... 307

Chaucer zwischen Mittelalter und Neuzeit ............................................ 325

European Literature in the Late Middle Ages
in its Political and Social Contexts ........................................................ 345

Humanismus und Renaissance in England im 16. Jahrhundert ........... 365

Zur *Utopia* des Thomas Morus ............................................................ 389

Utopia and the Principle of Reason ...................................................... 427

Die komische Figur auf der englischen Bühne
des 15. und 16. Jahrhunderts:
Vom Schafdieb Mak bis zu Shakespeares Falstaff .................................. 443

Probleme der Hamlet-Interpretation im 20. Jahrhundert ..................... 457

Shakespeares *Hamlet* als Rachetragödie ................................................ 497

›Reason in Madness‹
Shakespeares *King Lear* zwischen Moralität und Tragödie ................... 519

Natur bei Shakespeare ............................................................................ 543


Quellennachweis .................................................................................... 567

To all my friends in Amherst

# Einleitung

Überblickt man die Geschichte der englischen Literatur von ihren Anfängen bis zur Shakespeare-Zeit, so zeichnen sich einige markante Leitlinien ab. Vor dem Hintergrund der großen Umschichtungen, die sich im Zeitalter der Völkerwanderung vollzogen, nimmt es nicht wunder, daß eines der ältesten Gedichte der altenglischen Zeit *Widsith* (der Weitfahrer) betitelt ist: der Mensch betritt als Wanderer die literarische Bühne und schildert in paradigmatischer Form seine Schicksale. Die altenglische Elegie, die erst 1842 von Benjamin Thorpe den Titel *Der Wanderer* erhielt, hält in lyrischer Form das Schicksal eines Mannes fest, der seinen Gefolgsherrn verloren hat und mit ihm die Gefolgsleute, die dem gleichen Herrn dienten. In diesem Einzelschicksal spiegelt sich, wie aus dem zweiten Teil der Elegie hervorgeht, ein universales Schicksal, das abschließend in eine philosophisch-theologische Perspektive gerückt wird. Dies gilt auch für die Elegie *Der Seefahrer*, wenngleich sich hier stärker symbolisch-allegorisierende Intentionen bemerkbar machen, wonach die Seefahrt als die Reise durch die Welt zur jenseitigen Heimat zu verstehen ist.

Im 14. Jahrhundert erscheint das Homo-viator-Motiv in William Langlands *Piers Plowman*, in dem ein Wanderer und Visionär seine vielfältigen Erlebnisse darstellt; in einer Reihe von Traumvisionen nimmt er das Leben und Treiben der englischen Gesellschaft seiner Zeit mit all ihren Lastern wahr; daran schließt sich eine imaginativ-spirituelle Suche an, bei der Will, der Träumer, erfahren möchte, was die verschiedenen Stufen des religiösen Lebens bedeuten, die Dowel, Dobet und Dobest genannt werden. Am Schluß erklingt die Stimme des Gewissens, einer allegorischen Figur, die gelobt, eine Pilgerreise anzutreten, um Piers Plowman zu finden, der das Hauptlaster des Zeitalters, die Superbia, zu zerstören vermag.

Auch die Charaktere, die Chaucer in den *Canterbury Tales* beschreibt, sind Pilger, mit denen er – in seiner Rolle als Ich-Erzähler – eine Pilgerfahrt zum Schrein des hl. Thomas Becket in Canterbury unternehmen möchte. Wie der Autor des *Piers Plowman* vermittelt auch Chaucer ein Bild der englischen Gesellschaft des 14. Jahrhunderts, es ist jedoch literarisch differenzierter gestaltet als das epische Panorama Langlands. Chaucer, der weltgewandte Autor, der Frankreich und Italien und damit die Literatur der italienischen Renaissance kennengelernt hatte, verbindet in seiner

Darstellung ernste religiöse Themen mit einer komödiantisch-dramatischen Sicht der Schwächen aller Menschen; Dante und Boccaccio waren Vorbilder für sein literarisches Schaffen, und er verstand es, Anregungen, die er durch beide Autoren erhielt, in subtiler Weise miteinander zu verknüpfen.

Dem Wanderer aus der altenglischen Zeit und den Pilgern des 14. Jahrhunderts ist aus dem elisabethanischen Zeitalter King Lear zur Seite zu stellen, der – in Akt III – in Begleitung seines Narren sowie Gloucesters und Edgars im Bettlergewand über die Heide zieht und sich im Zorn über das selbstverschuldete Schicksal den tobenden Naturgewalten aussetzt: »Here I stand, your slave, /A Poor, infirm, weak, and despis'd old man« (III, 2, 19-20); er ist der Inbegriff menschlicher Schuld und menschlichen Leidens und stirbt in einer Illusion. *King Lear* entstand auf dem Zenith einer Epoche, in der der Renaissance-Optimismus schwand und eine düstere Skepsis in Shakespeares Schaffen dominierte.

Bei aller Vereinsamung, die der altenglische Wanderer ebenso wie King Lear erfahren, bei aller Trauer über die Vergänglichkeit des Irdischen, die sich in der Elegie wie in der Tragödie spiegelt, zeichnen sich in der englischen Literatur von ihren Anfängen bis zur Shakespeare-Zeit Aspekte eines Weltbildes ab, die über den tragischen Horizont hinausweisen. Im *Wanderer* sind deutliche Spuren der philosophischen Weltauslegung des Boethius wahrzunehmen, der zwar in seiner *Consolatio Philosophiae* den christlich-theologischen Standpunkt, für den er sich im Leben entschieden hatte, weitgehend eliminierte, der aber mit seiner Einordnung des Fatums in eine Weltordnung, die der Providentia unterstellt ist, bereits für die Dichter der altenglischen Zeit ein Vorbild bot, individuelle Erfahrung in eine umfassende, philosophisch durchdachte Sicht der Realität einzugliedern.

Boethius' Sicht der Realität liegt auch Chaucers *Troilus and Criseyde* zugrunde. Der vieldiskutierte Epilog dieses Werkes, in dem die antike Welt eingegrenzt und mit teilweise sehr entschiedenen Urteilen beiseite geschoben wird, schafft Raum für ein eindeutiges Schlußwort; es ist ein Gebet, das an die Trinität gerichtet ist und das seine unmittelbare Vorlage bei Dante hat. Mit diesem Ende führt Chaucers Werk mitten in die Spannungen hinein, die für das englische Spätmittelalter, insbesondere das 14. Jahrhundert kennzeichnend sind.

In veränderter Sprache und Darstellungstechnik kommt diese Thematik auch in Langlands *Piers Plowman* zum Ausdruck, einer epischen Dichtung, in der sich eine deutliche Spannung zwischen einer pelagianischen und einer augustinischen Sicht des Menschen abzeichnet. Langland spiegelt damit Kontroversen, die sich in seinem Jahrhundert bei Autoren wie John Wyclif und Thomas Bradwardinus abspielten. Daß es thematisch einen inneren Zusammenhang zwischen Langlands Verarbeitung augustinischer Gedanken und Chaucers eingehender Beschäftigung mit der Gedankenwelt des Boethius gibt, hat der Verfasser erst in jüngster Zeit in einer Studie über »Predestination in Langland and Chaucer« dargelegt. Diese Untersuchungen führten zu dem Resultat, daß beide Autoren zwar die Reichweite der Prädestinationslehre erkannten, daß sie aber dennoch auf die Fähigkeit des Menschen vertrauten, »ex puris naturalibus« Gutes zu tun, ohne sich damit einseitig einem pelagianischen Weltbild zu verschreiben.

Beide Autoren orientierten sich dabei an der Lehre von der *lex naturalis*, dem natürlichen Sittengesetz, das auf die stoische Philosophie zurückgeführt wird und das in die scholastische Philosophie, insbesondere die Lehre des Thomas von Aquin integriert wurde. Die Vorstellung, daß das Wissen um Gut und Böse dem Menschen von Natur aus eingeschrieben sei und daß das Gute im Zusammenwirken von Vernunft und Gewissen erreicht werden könne, hat – wie aus mehreren Aufsätzen, die in diesen Band aufgenommen wurden, hervorgeht – über das 14. Jahrhundert hinaus seine Bedeutung behalten. Die Charakterisierung der Ethik der Utopier, die sich im zweiten Buch von Thomas Morus' *Utopia* findet, zeugt von dieser Entwicklung ebenso wie die großen Tragödien Shakespeares; die Verwendung der Adjektive »natural« und »unnatural« in Verbindung mit Mord, insbesondere Vatermord, und Rache in Shakespeares *Hamlet* läßt sich von den ethischen Grundannahmen her deuten, die in Theologie und Philosophie mit dem Begriff »lex naturalis« verbunden wurden. Die Tatsache, daß Richard Hooker diese Lehre in sein für die anglikanische Theologie grundlegendes Werk *Laws of Ecclesiastical Polity* einarbeitete und sich dabei ausdrücklich auf Thomas von Aquin bezog, ist ein Beweis für die These von der Kontinuität dieser ethischen Lehre vom 14. bis zum 16. und 17. Jahrhundert.

In *King Lear* zeichnet sich, wie in zwei Abhandlungen dieses Bandes im Anschluß an die englische und amerikanische Shakespeare-Forschung dargelegt wird, ein Konflikt zwischen zwei verschiedenen Naturbegriffen ab; das Gegenbild zur Lehre Richard Hookers bildet die Philosophie von Thomas Hobbes. Am deutlichsten werden die unterschiedlichen Sichtweisen in *King Lear* von Cordelia einerseits und Edmund andererseits artikuliert. Während Cordelia aus den traditionellen Vorstellungen lebt, wie sie bei Hooker ausformuliert wurden, betritt Edmund mit folgendem Satz die Bühne, »Thou, Nature, art my goddess, to thy law /My services are bound« (I, 2, 1-2). Mit diesem Satz verzichtet Edmund, wie ein englischer Kritiker festgestellt hat, sowohl auf die Religion wie auf die Gesetze der menschlichen Gesellschaft.[1]

Das gesamte literarische Schaffen in England von seinen Anfängen bis zur Shakespeare-Zeit läßt sich als ein permanenter Dialog mit der Literatur in lateinischer Sprache verstehen, wofür die *Consolatio Philosophiae* des Boethius nur *ein* Beispiel ist. Die Abhandlung »The Beginnings of a Written Literature in Old English Times« zeigt, daß von der schriftlichen Überlieferung in England erst seit der Christianisierung der Angelsachsen die Rede sein kann. Lateinische Literatur gab gleichzeitig vielfältige Impulse für die Weiterentwicklung ursprünglich mündlich überlieferter Dichtung; zugleich trug sie wesentlich zur Entstehung neuer Formen bei. Der Übergang vom Heldenlied zu einer epischen Dichtung größeren Formats, wie er für den *Beowulf* kennzeichnend ist, wurde durch die Virgilsche *Aeneis* wesentlich gefördert. Die Beschreibung der Ankunft des Helden im Land der Dänen hat ihre Entsprechung in Virgils Darstellung der Ankunft des Aeneas in Libyen. Und Beowulfs selbstbewußte Art, sich selbst vorzustellen: »Beowulf is min nama« (V. 343) erinnert an den Satz »sum pius Aeneas« in Virgils Epos (I, 378). Auch die differenzierte Technik der Vorausdeutungen und Rückwendungen hat im römischen Epos ein Vorbild.

Religiöse Epik verdankt christlich-lateinischer Dichtung mannigfache Anregung; so ist die altenglische Exodus-Dichtung mit Avitus' *De transitu maris rubri* in Verbindung gebracht worden; daneben wurden Sedulius, Juvencus, Prudentius und Venantius Fortunatus bei der Erschließung religiöser Literatur in altenglischer Sprache berücksichtigt. Prudentius' *Psychomachia* war ein Modell für die allegorische Darstellungstechnik; zugleich kann – wie die Abhandlung »Zum Allegorie-Problem« zeigt – in der *Psychomachia* ein Ausgangspunkt gefunden werden für das Verständnis der in der mittelalterlichen Theologie weit verbreiteten allegorischen Deutungsweise von Texten.

Durch lateinische Vorbilder wurde auch die altenglische Prosa gefördert. Zu erinnern ist hier vor allem an die Übersetzungsprosa, die auf Initiati-

---

[1] Vgl. J.W. Draper, Bastardy in Shakespeare's Plays, Shakespeare-Jahrbuch 74 (1938), 133.

ve Alfreds des Großen und unter seiner Mitwirkung entstand und für sein pädagogisches Programm spricht. Über die Nationalgeschichte unterrichtet die Übersetzung von Bedas *Historia Ecclesiastica Gentis Anglorum*; ein Bild der Universalgeschichte liefert Orosius (*Historiae adversus Paganos*); über das Schicksal der menschlichen Seele handeln die *Soliloquien* des Augustinus und die *Consolatio* des Boethius, und als Handbuch des Regierens war die *Cura Pastoralis* Gregors des Großen gedacht. Auch wenn die einzelnen Übersetzungen stilistisch von unterschiedlichem Wert sind, hat Alfred der Große das Verdienst, daß er mit seinen Übersetzungen zu einer Entwicklung einer philosophischen Begriffssprache im Englischen beitrug.

Auch bei der schriftlichen Formulierung der Gesetze der Angelsachsen gaben die Römer Anregungen, wobei im wesentlichen nur die Technik der Kodifizierung maßgebend war; stilistisch blieb der Einfluß gering, vor allem deshalb, weil man in der Rechtssprache der Angelsachsen dem poetischen Element (in unterschiedlichem Maße) freien Raum ließ.

Wie tief der Einfluß der lateinischen Literatur bei Chaucer war, läßt sich allein schon an seinen Jugenddichtungen ablesen. In jeder dieser Dichtungen geht er von einer antiken Episode aus: in *The Book of the Duchess* übernimmt er die Episode von Ceyx und Alkyone aus Ovids *Metamorphosen*, in *The House of Fame* ist es die Dido-Episode, wobei er Virgils Version aus der *Aeneis* und Ovids Wiedergabe des Stoffes in den *Heroiden* (Buch VII) gegeneinander ausspielt. In *The Parliament of Fowls* bezieht er sich auf Ciceros *Somnium Scipionis*, ein Werk, das das Mittelalter nur in der von Macrobius kommentierten Form kannte. Es ist bemerkenswert, daß Chaucer von den antiken Autoren ausgeht, die im Mittelalter weitgehend als »Autorität« akzeptiert wurden, daß er aber dann andere, eigene Erlebnisse diesen antiken Episoden gegenüberstellt und zeigt, in welcher Weise seine Erfahrung (»experience«) über den Horizont antiker Literatur hinausführt. Aus *The Parliament of Fowls* geht hervor, daß Chaucer bei der Darstellung einer Sicht der Realität, die seiner (spätmittelalterlichen) Mentalität entsprach, wiederum auf lateinische Autoren zurückgreifen konnte; das beste Beispiel hierfür ist die Einbeziehung von Alanus' *De Planctu Naturae* in den Schlußteil des *Parliament of Fowls*. Es ist aufschlußreich für das literarische Traditionsbewußtsein, daß Chaucer in *The House of Fame* vom Stoff und der Thematik her drei Traditionsstränge unterscheidet, den jüdischen, den griechischen und den römischen, zu dem er neben Virgil, Ovid, Lukan und Claudian rechnet.

Die Abhandlung »Humanismus und Renaissance in England im 16. Jahrhundert« zeigt, daß durch die italienische Renaissance eine neue und vertiefte Auseinandersetzung mit der Antike ausgelöst wurde, wobei man zunächst den griechischen Autoren größeres Interesse entgegenbrachte als den römischen, die in den mittelalterlichen Klosterschulen gelesen wurden (freilich war die Basis der Texte gelegentlich schmal und die Auswahl eigenwillig). Humphrey of Gloucester gab den Humanismus-Studien im 15. Jahrhundert in England den stärksten Anstoß. Er ließ griechische Philosophen ins Lateinische übersetzen, baute eine große Bibliothek auf und wies den Weg für eine Sonderform des englischen Humanismus, dem es im Gegensatz zu den Italienern nicht um eine ästhetische Kultivierung einer neuen Geisteshaltung ging, die sich in wesentlichen Fragen vom mittelalterlichen Glauben löste, sondern um die Bearbeitung zweier Problemkreise: 1. Was kennzeichnet den guten Fürsten?, 2. Welches ist der beste Staat? Der ersten Frage ging Sir Thomas Elyot in *The Gouernour* und der zweiten Thomas Morus in seiner *Utopia* nach.
Die schrittweise Entfaltung einer neuen Literatur unter dem Einfluß insbesondere der römischen Antike zeichnet sich am deutlichsten auf dem Gebiet des Dramas ab. Von den antiken Autoren übernahmen die englischen Dramatiker technische Einzelheiten wie z.B. die drei Einheiten, den Chor, den Botenbericht oder die Stichomythie. Am tiefsten wirkte Seneca, dessen Rachedramen Thomas Kyd ebenso beeindruckten wie Shakespeare. Sein *Hamlet* ist zugleich ein exemplarischer Fall, an dem die Aufnahme und die Verwandlung des antiken Vorbildes studiert werden kann. Bedenkt man allein, daß Seneca einerseits Rachedramen schrieb, andererseits sich als stoischer Philosoph einen Namen machte, so eröffnet sich von dieser Doppelgesichtigkeit des antiken Autors ein Zugang zu der Bündelung der Rollen des Rächers und des Philosophen, um die Hamlet sich bemüht und an der er zerbricht.
Neben Seneca waren es vor allem Plautus und Ovid, die Shakespeare während seiner gesamten Schaffenszeit beschäftigten. Bereits in seinen Anfängen ging Shakespeare über eine bloße Nachahmung der antiken Vorlage hinaus, was sich allein schon daran erkennen läßt, daß er zwei Vorlagen des Plautus, die *Menaechmi* und den *Amphitruo* zu einer Komödie, *The Comedy of Errors*, verband, wodurch sein Werk von vornherein komplexer wird als irgendeine seiner ›Quellen‹.
Ovid lieferte ihm die literarischen Vorbilder für die Verserzählungen von *Venus and Adonis«* und *The Rape of Lucrece*, wobei er sich zugleich an der Ovidschen Stilkunst in der Darstellung von Liebe und Gewalt schulen

konnte. Ovids Motiv der Metamorphosen behielt für Shakespeare seinen Reiz bis zu seinen späten Stücken. Berücksichtigt man, daß einzelne der altenglischen Elegien möglicherweise von diesem lateinischen Autor angeregt wurden[2], bedenkt man weiterhin, daß Chaucer zutiefst von Ovid beeinflußt war – der Chaucer-Kritiker Bruce Harbert bemerkt in seiner Abhandlung »Chaucer and the Latin Classics«: »It was to Ovid that Chaucer owed most« –, so zeichnet sich in der Ovid-Rezeption eine Konstante in der Geschichte der englischen Literatur des Mittelalters und der Renaissance ab.[3]

Ehe die europäischen Humanisten die antike Tragödie und Komödie in umfassender Weise erschlossen, ediert und kommentiert hatten, befaßten sich mittelalterliche Autoren auf ihre Weise mit dem Wesen des Tragischen und den Funktionen des Komischen. So läßt Chaucer beispielsweise den Mönch in den *Canterbury Tales* folgende Definition des Begriffes »tragedie« vortragen:

> Tragedie is to seyn a certeyn storie,
> As olde bookes maken us memorie,
> Of hym that stood in greet prosperitee,
> And is yfallen out of heigh degree
> Into myserie, and endeth wrecchedly.
> (*Canterbury Tales*, VII, 1973-1977)

Die Ursache dieses Sturzes liegt – so geht aus den späteren Äußerungen des Mönchs hervor – in der Fortuna, die der Inbegriff der Wechselhaftigkeit alles irdischen Geschehens ist. Die Forschung spricht deshalb auch von der Fortuna-Tragödie und weist darauf hin, daß neben Boethius vor allem der *Roman de la Rose* und Boccaccios *De Casibus Illustrium Virorum* und *De Claris Mulieribus* als Vorbilder für Chaucer in Frage kamen. In den knappen Erzählberichten des Mönchs, die wahrscheinlich vor *Troilus and Criseyde* entstanden, hält sich Chaucer an die definitorische Vorgabe, aber es ist nicht zu übersehen, daß in diesen Exempla zwei Typen unterschieden werden können: (a) der Sturz der Schuldigen, der Hochmütigen und Blinden und (b) der Sturz der Unschuldigen. Mit *Troilus and Criseyde* ging Chaucer jedoch über eine allzu simple Illustration der Fortuna-Tragödie hinaus, ohne sich dabei völlig von der Basis zu lösen, die der Mönch mit

---

[2] Vgl. Andreas Heusler, Die altgermanische Dichtung, Darmstadt ²1957, 150.
[3] Bruce Harbert, Chaucer and the Latin Classics, in: Derek Brewer (ed.), Geoffrey Chaucer, Writers and their Background, London 1974, 144.

seiner Definition liefert. Auf die Möglichkeit einer solchen Weiterentwicklung hat Derek Pearsall hingewiesen:

> It may be that in his greatest poems, *The Knight's Tale* and *Troilus and Criseyde*, Chaucer enlarges Boccaccio's stories so as to bring them close to the tragic confrontation with the predicament of life. Perhaps there was in the Middle Ages an embryonic notion of tragedy struggling to emerge from beneath the blankets of consolation offered by stoic and Christian morality.[4]

Chaucers besonderer Sicht des Tragischen geht die Abhandlung »Tragik und Komik in Chaucers *Troilus and Criseyde*« nach. Es wird gezeigt, daß Troilus von Chaucer als schuldlos *und* schuldig (oder blind) charakterisiert wird. Die beiden Typen der Fortuna-Tragödie in der *Monkes Tale* sind in einem Charakter zu einer Einheit verschmolzen. Damit aber erfüllt Troilus im Ansatz die Voraussetzungen, die beispielsweise nach Albin Lesky und Benno von Wiese bei Charakteren erfüllt sein müssen, wenn man sie tragisch nennen will.[5] Dazu kommt, daß sich bei Troilus ein Wechselspiel zwischen Schicksal und Charakter, zwischen dem Gang der Ereignisse und seiner charakterlichen Disposition beobachten läßt, wie dies auch in den Shakespeare-Tragödien, etwa bei *Hamlet*, der Fall ist. Selbst bei Criseyde und wiederum in abgewandelter Form bei Pandarus sind im Ansatz tragische Spannungen nachzuweisen, die freilich nicht so intensiv und differenziert ausgeformt wurden wie bei Troilus. Daher kann *Troilus and Criseyde* als Schicksals- und Charaktertragödie zugleich bezeichnet werden.

Da Chaucer diese Tragödie aus einer merklichen Distanz zu allem Irdischen gesehen hat, da er jeder Perspektive in diesem Werk eine kritische Kontrastperspektive zugeordnet hat – Pandarus ist der Kritiker des Troilus, und der Erzähler kann bei aller Sympathie für seine Charaktere als Kritiker aller Personen fungieren – ergab sich für den Autor die Möglichkeit, durchgehend auch mit den Mitteln der Komik zu arbeiten. Situationen, die von den handelnden und leidenden Personen ernst genommen werden und Ausdruck ihrer Tragödie sind, rücken auf diese Weise in ein komisches Licht. Chaucer hat damit eine Mischgattung, die Tragikomödie, begründet, die auf der Bühne Shakespeares ihre Parallele hat, wobei es nicht überraschen kann, daß er sich in *Troilus and Cressida* des gleichen Stoffes bediente wie Chaucer.

---

[4] Derek Pearsall, The Canterbury Tales, London/Boston/Sidney 1985, 282.
[5] Albin Lesky, Die griechische Tragödie, Stuttgart ²1958, 31ff., und Benno von Wiese, Die deutsche Tragödie von Lessing bis Hebbel, Hamburg 1948, 10ff.

Die Abhandlung »Die komische Figur auf der englischen Bühne des 15. und 16. Jahrhunderts: Vom Schafdieb Mak bis zu Shakespeares Falstaff« beleuchtet mehrere Phasen in der Entwicklung der Komik auf der Bühne des ausgehenden Mittelalters und der beginnenden Neuzeit: Das zweite Hirtenspiel, das der sog. »Wakefield Master« für die *Towneley Plays*, einen der mittelenglischen Mysterienzyklen, schrieb, kann als eine Art Kontrafaktur zu den üblichen Weihnachts- und Krippenspielen verstanden werden. Hier liegt ein gestohlenes Schaf in der Krippe, und das Gaunerehepaar versucht, die Besucher zu täuschen und glauben zu machen, es handele sich um ein von Feen verzaubertes Kind. Die Komik dieses Stückes ergibt sich aus einer doppelten Überlistungsstrategie: Mak, der Schafdieb, und seine Frau möchten die anderen Schäfer überlisten, und die Schäfer, die dieses Spiel durchschauen, überlisten ihrerseits die Betrüger. Am Schluß verlagert der Autor – wie Chaucer am Ende von *Troilus and Criseyde* – die Zentralperspektive in den jenseitigen Bereich. Mit dem Lobgesang *Gloria in Excelsis* löst sich die irdische Illusion auf, die Lüge erscheint angesichts der Wahrheit, von der der Engel singt, als lächerliche Schwäche, als Gebrechen der Menschen, über das die Zuschauer ebenso lachen konnten wie die Leser, die von Chaucer auf die »false worldes brotelnesse« (*Troilus and Criseyde*, V, 1832) aufmerksam gemacht wurden.

Die Komödie des 16. Jahrhunderts gewann durch die Einbeziehung zahlreicher Anregungen, die die römische Komödie zu vermitteln vermochte, neues Leben. So hat Nicholas Udall in seinem *Ralph Roister Doister* sich bei der Charakterisierung des großsprecherischen Protagonisten durch den *Miles Gloriosus* des Plautus inspirieren lassen, aber es muß gleichzeitig festgehalten werden, daß die Dienerfigur des Merrygreek an die antiken Parasiten ebenso erinnert wie an die Vice-Gestalt, das Hauptlaster der Moralitäten. Vice ist eine Version des Versuchers und führt den Zuschauern oft mit diabolischem Vergnügen vor, wie blind, tölpelhaft, töricht und schwach die Menschen sind, die er überlistet und zu Fall bringt. Diese Figur ist auf der Shakespeare-Bühne noch lebendig: Jago trägt ebenso die Züge eines Vice wie Falstaff, an dem sich – wie in der genannten Abhandlung dargelegt wird – Elemente aller Theater- und Dramentraditionen ablesen lassen, die im elisabethanischen Zeitalter lebendig waren. Er ist ein »miles gloriosus«, ein komischer Dickwanst und Betrüger, ein Sünder, der sich der Völlerei ergibt und ein ironischer Selbstdarsteller mit dem Witz eines Humanisten. Schließlich bleibt er bei allen Schwächen ein Mensch, für den der Zuschauer Sympathie aufbringen kann. Falstaff ist im Shakespeareschen Sinn ein Spiegel, an dem die

Zuschauer ihre eigenen Schwächen und Laster studieren können; er imponiert aber zugleich durch eine ungebrochene Vitalität, die sich immer wieder listig zu behaupten weiß.

Komische Literatur verweist – wie das gesamte literarische Schaffen des Mittelalters und der Renaissance – ständig auf historische Kontexte; dies gilt für das mittelalterliche Hirtenspiel ebenso wie für die humanistischen Komödien des elisabethanischen Zeitalters. Diesen Fragen geht anhand einiger Beispiele, die aus verschiedenen europäischen Literaturen entnommen sind, die Abhandlung »European Literature in the Late Middle Ages in its Political and Social Contexts« nach. Dabei zeichnet sich – wie aus dieser Abhandlung und auch aus der Studie »Humanismus und Renaissance in England im 16. Jahrhundert« hervorgeht – deutlich eine Phasenverschiebung im literarischen Leben der europäischen Völker ab. Italien entwickelte am frühesten eine Renaissancekultur, England folgte im 16. Jahrhundert auf seine Weise. Dennoch gibt es Gemeinsamkeiten: In allen Ländern gewinnt das Bürgertum zunehmend als Kulturträger an Bedeutung, und es prägte auch dem literarischen Schaffen den Stempel seiner Mentalität auf. Das Bürgertum rivalisierte dabei mit der Aristokratie, von der es zunächst Vorbilder, Modelle des literarischen Schaffens (vom höfischen Roman bis zur Minnelyrik) übernahm, die jedoch in zunehmendem Maße umgeformt wurden. Andererseits trug die Aristokratie zur Ausbildung nationaler, politischer Einheiten bei, die ihrerseits wiederum den Rahmen schufen für die Pflege einer Kultur, die der Einstellung des Adels, seinen politischen und gesellschaftlichen Zielsetzungen entsprach und in die das Bürgertum sich integrieren ließ. Der elisabethanische Hof und die Literatur des elisabethanischen Zeitalters sind dafür die besten Beispiele.
An der Entwicklung der englischen Literatur des ausgehenden Mittelalters läßt sich zugleich zeigen, daß Literatur drei grundsätzlich unterschiedliche Funktion erfüllen kann: (1) Sie spiegelt die Realität, (2) sie kritisiert die Realität, und (3) sie bietet neue Entwürfe der Realität. Auf Gattungen und Stilarten übertragen heißt dies: Literatur versucht (im Zeichen des Realismus) das Leben ›wirklichkeitsgetreu‹ darzustellen; sie kann sich dabei zu einem kritischen Engagement provoziert fühlen und dementsprechend satirische Antworten liefern; sie kann aber auch, wie dies bei Thomas Morus zu beobachten ist, dem realistischen Abbild und dem satirischen Zerrbild ein utopisches Gegenbild entgegensetzen.

In den vorliegenden Band wurden zwei Forschungsberichte aufgenommen, die anhand von Studien zu Chaucer und Shakespeare einführen sollen in zentrale Fragen der Erforschung des englischen Mittelalters und der Renaissance. Sie lassen zugleich deutlich werden, mit welchen Problemen sich die Literaturwissenschaft bei der Erschließung des geschichtlichen Hintergrundes eines jeden Autors befaßte, und sie vermitteln schließlich ein Bild von den speziellen Fragen, die bei der Erforschung zweier unterschiedlicher Gattungen erörtert wurden.

Es zeigt sich jedoch zugleich, daß in dem Zeitraum zwischen 1900 und 1970 bzw. 1980, auf den sich die beiden Berichte konzentrieren, gleichartige methodische Ansätze beobachtet werden können. Sie reichen von der psychologisch-realistischen Analyse der Charaktere in den erzählerischen wie in den dramatischen Werken, über Fragen der Quellen- und Einflußforschung bis hin zu den formal-ästhetischen Deutungen, die (insbesondere nach dem Zweiten Weltkrieg) durch den New Criticism und zeitgenössische Auseinandersetzungen mit dem *Poetic Drama* gefördert wurden. Seit dem Ende der 60er Jahre ist eine Verlagerung von der werkimmanenten Betrachtungsweise zu den ›extrinsischen‹ Fragestellungen zu beobachten: Politisch-marxistische und psychoanalytisch-freudianische Kritiker melden sich zu Wort und legten Studien vor, denen aus den letzten beiden Jahrzehnten feministische und rezeptionsgeschichtliche Arbeiten zur Seite zu stellen wären.[6] Bemerkenswert ist, daß in jedem Jahrzehnt ältere und neuere Methoden miteinander rivalisieren, und nicht wenige Kritiker sind um eine Koordination mehrerer methodischer Ansätze bemüht.

Nicht zu übersehen ist, daß bei der intensiven Beschäftigung mit literaturtheoretischen Fragen die Texte oft in den Hintergrund gedrängt und gelegentlich nur als Belegmaterial für bestimmte Theoreme benutzt wurden. Die Hinwendung zum Text bleibt ein ständiges Erfordernis, und die zahlreichen kritischen Ausgaben von *The Riverside Chaucer* (Oxford $^3$1988) bis zu der Ausgabe der Shakespeareschen Werke im Rahmen der neuen *Arden Edition* sind Beispiele dafür, daß die humanistische Forderung »ad fontes« nie in Vergessenheit geriet.

Obgleich sich in den Abhandlungen zur Literatur des Mittelalters und zur Renaissance deutlich einige Traditionslinien in der Thematik wie in

---

[6] Über die neuesten Tendenzen in der Shakespeare-Forschung unterrichtet der von Mark Thornton Burnett und John Manning edierte Band: New Essays on Hamlet, New York 1994.

der Formensprache abzeichnen, wird der gewählte Zeitabschnitt nicht als eine in sich geschlossene Einheit verstanden. Zwei der hier vorliegenden Arbeiten zeigen, daß im Mittelalter wie in der Renaissance Tendenzen nachgewiesen werden können, die bis ins 20. Jahrhundert hineinreichen. Die Abhandlung »Utopia and the Principle of Reason« belegt, daß bereits Thomas Morus ein Sensorium für die Ambivalenz des Vernunftprinzips besaß. Dieses Prinzip läßt sich (in wechselnder inhaltlicher Füllung) über Swift und Utopisten des 19. Jahrhunderts wie William Morris und H.G. Wells bis zu den Vertretern der Anti-Utopie im 20. Jahrhundert verfolgen.

In der Abhandlung »Common Traits of Chaucer's and Joyce's Narrative Art« wird dargelegt, daß der Manierismus, der für Chaucer's *The House of Fame* charakteristisch ist, auch bei Joyce anzutreffen ist: die Aeolus-Episode im *Ulysses* erinnert an die Beschreibung der Fama und des ›House of Tidings‹ bei Chaucer, und es kann nicht überraschen, daß auch Chaucer sich auf Daedalus und das Labyrinth bezieht, wenn er den Ich-Erzähler das ›House of Tidings‹ wahrnehmen läßt: »that Domus Dedaly /That Laborynthus cleped ys« (*The House of Fame*, III, 1920-21). Und die Darstellung der mündlichen Tradition bei Chaucer hat eine Entsprechung in Joyce's *Finnegans Wake*, I, 2.

Diese Darlegungen werden ergänzt durch die Ausführungen über die Kunstauffassung Chaucers, die der Verfasser in der Vorlesung »Chaucer zwischen Mittelalter und Neuzeit« vorgetragen hat. Ein Vergleich des *House of Fame* mit Joyces Romanen ergibt, daß beide über ihren experimentellen Umgang mit Sprache, mit stilistischen Ausdrucksmöglichkeiten und überlieferten Themen und Formen reflektierten. Beide richteten im Sinne des Ovidschen Mottos, das Joyce seinem ersten Roman *A Portrait of the Artist as a Young Man* voranstellte, den Geist auf neue Erfindungen: »et ignotas animum dimittit in artes«.

# The Beginnings of a Written Literature in Old English Times

The various kinds of poetry that the Angles, Saxons, and Jutes brought with them from the Continent during their conquest and settlement of the British Isles in the 5th century as well as the literature which originated after this period were all orally transmitted. The Anglo-Saxons did possess a runic alphabet, but it was clearly unsuited for recording longer literary works. Not until the Christian missionaries brought the Latin alphabet to England could a widespread culture based on the arts of reading and writing develop and the literature produced between the 5th and 11th centuries be set down in writing.
It is important for an understanding of Anglo-Saxon literature, its special character as well as its origin and transmission that the Christian missionary efforts were undertaken by two separate groups proceeding along different routes.

(1) North and Middle England originally came under the influence of the Irish mission, which must be distinguished from the Roman mission sent from the Continent, inasmuch as it allowed more scope for humanistic cultural endeavours. This »humanism« supported by the Irish missionaries was able to develop so freely because the religious life within the sphere of this mission was not as strictly regimented as it was in the Roman mission. The followers of Columban, who brought the Christian faith first to the island of Iona in the year 563, and from there to the entire western part of Scotland, were not only Christian hermits, but also preachers, scholars and artists. Owing to their efforts a school for scribes was established in Lindisfarne and the interest of the Anglo-Saxons was awakened to the literature of classical antiquity.

(2) The south of England, more specifically Kent, was the centre of the Roman missionary effort. At the end of the 6th century the kingdom of Kent emerged from the political turmoil of the period as the strongest of all the Anglo-Saxon kingdoms. It was ruled by Æthelberht, who, through his marriage to Bertha, the daughter of the Frankish king, had already established a close personal relationship to the Roman-Christian cultural sphere on the continent. Bertha was a Christian and also remained one after her marriage; Æthelberht, however, was at first not prepared to re-

nounce his pagan beliefs. He was finally converted by Augustine, whom Pope Gregory the Great had sent to Kent in the year 597, having provided him with a number of shrewd directives. Gregory advised Augustine and his fellow missionaries not to destroy the pagan temples of the Anglo-Saxons, but rather to transform them into Christian houses of God by sprinkling them with holy water and sanctifying them with Christian relics. When we survey the whole of Old English cultural and literary history, it is in this early period that compromises between Germanic and Christian ideas appear to have been most readily made. Once Christianity had gained a solid foothold, it could begin to turn its attention to a more intense infusion of Christian ideas into pagan literature, ideas that in Germanic culture had no counterparts.

The disputes between the Roman and the Irish missions, expressed, for example, in the different dates on which they celebrated the feast of Easter, were finally settled in favour of the Roman mission at the Synod of Whitby in 664. In the years following the Synod of Whitby, conditions for the development of fruitful literary and scholarly activities among the monastic clergy were created through the wise policies of Theodore of Tarsus, who became Archbishop of Canterbury (669-690) and who, along with his fellow monk Abbot Hadrian, founded the first monastic school at Canterbury, and also through the efforts of Benedict Biscop, who equipped the newly founded Benedictine monasteries in Northumbria with well-stocked libraries. Other names that should be mentioned in this context are Aldhelm (640-709), whose Latin riddles and longer poem *De Virginitate* have been preserved, Winfrid-Boniface (680-755), Alcuin (735-804), who was educated at York and later called to the court of Charles the Great, and finally the Venerable Bede (673-735), who was active in the monastery at Jarrow and whose *Historia Ecclesiastica Gentis Anglorum* deserves special mention because it has become the primary source of information for our understanding of this early period of English history.

We know that Aldhelm also composed poetry in the Old English vernacular. A story has come down to us that he observed how those attending mass quickly left for home after the services. In order to arouse more interest in religious matters, he is said to have placed himself on a bridge close to the church and sung songs in the mother tongue, into which he gradually inserted religious passages.[1] According to all the reports that

---

[1] See Alois Brandl, Geschichte der altenglischen Literatur, Straßburg 1908, 973-74.

*Abb. 1*: Die Kathedrale von Canterbury
Die Kathedrale von Canterbury wurde auf den Ruinen einer Kirche aus dem 6. Jahrhundert errichtet und nach einem Brand im Jahre 1067 neu aufgebaut. Architektonisch gilt diese Kathedrale als ein Beispiel für die englische Gotik.
Insgesamt hat die Kathedrale im Mittelalter eine komplizierte Baugeschichte, so daß G.H. Cook in *Portrait of Canterbury Cathedral* (London 1949, 10) erklärt: »The present cathedral [...] is a piecemeal structure of several periods of mediaeval building, from the Norman work in the crypt to the Perpendicular Gothic of the central tower«.
In dieser Kathedrale wurde im Jahr 1170 Thomas Becket ermordet; drei Jahre später wurde er heiliggesprochen. Seitdem war Canterbury das Ziel zahlreicher Pilgerfahrten. Chaucer spielt darauf im Prolog zu den *Canterbury Tales* mit folgenden Versen an:

> And specially from every shires ende
> Of Engelond to Canterbury they wende,
> The hooly blisful martir for to seke,
> That hem hath holpen whan that they were seeke.
> (*CT* I(A) 15 – 18)

Zu den Pilgern gehörten auch Könige wie Heinrich VI. und Edward IV. Heinrich VI. ließ die Gebeine von Thomas Becket 1538 verbrennen. Heute ist Canterbury der Sitz eines Erzbischofs, der zugleich Primas aller anglikanischen Bischöfe ist.

we possess, Aldhelm was not only a master of oral recitation, but was also able to write down the songs that he had composed.

Although the Anglo-Saxon tribes must have enjoyed a rich literary life, and secular works of literature informed with Christian elements existed alongside a purely religious literature, our knowledge of Anglo-Saxon poetry is essentially limited to four manuscript collections, all written in late West-Saxon dialect. These manuscript collections, »composed around the end of the 10th century in Southern-English monasteries, represent the flowering of a new literate culture that had begun to flourish after the Cluniacensian monastic reforms of Æthelwold in the second half of the century«.[2]

These four manuscript collections include:

a) *The Beowulf Manuscript* (circa 1000), which contains, apart from *Beowulf* and *Judith,* various prose writings that later came to be bound together with the poetic works.

b) *The Exeter Book* (written between 970-998), which comprises a multitude of the most diverse literary genres, such as *Christ, Guthlac, Azarias, Phoenix,* parts of the *Physiologus, Juliana* (by Cynewulf), also the Gnomic Poems, Riddles and Lyric Poems, of which the so-called »Elegies« deserve special mention.

c) *The Junius Manuscript* (dated at the beginning of the 11th century), which contains works formally attributed to Cædmon: *Genesis, Exodus, Daniel,* and *Christ and Satan.*

d) *The Vercelli Book* (written around 980 in England and brought to Italy in the 11th century), which contains, besides religious sermons and a prose vita of *Guthlac,* Cynewulf's *Elene* and *The Fates of the Apostles; Andreas, Soul and Body,* and *The Dream of the Rood.*

---

[2] Gerd Wolfgang Weber, Altenglische Literatur: Volkssprachliche Renaissance einer frühmittelalterlichen christlichen Latinität, in: Klaus von See, ed., Europäisches Frühmittelalter, Neues Handbuch der Literaturwissenschaft, vol. 6, Wiesbaden 1985, 285: »Die altenglische Dichtung ist im wesentlichen durch vier in spätwestsächsischer Schriftsprache abgefaßte Sammelhandschriften überliefert, die alle um die Wende zum 11. Jahrhundert in südenglischen Klöstern als Ausdruck einer neuen Schreibkultur entstanden, die mit der von Æthelwold begonnenen cluniazensischen Klosterreform in der zweiten Hälfte des 10. Jahrhunderts aufblühte«. See also: George Philip Krapp and Elliott van Kirk Dobbie, eds., The Anglo-Saxon Poetic Records, 6 vols., New York 1931-1954.

Only a few works have come down to us separately; they include: *Bede's Death Song, Cædmon's Hymn, The Battle of Maldon, The Battle of Brunanburh* and the *Waldere* fragments, which were discovered by chance in 1860.

A more abundant source of writing in Old English can be found in the area of prose works, notable examples being: the *Anglo-Saxon Laws*, the works translated from Latin into Old English by King Alfred the Great and his staff of scholars (such as Pope Gregory the Great's *Pastoral Care*, Orosius' *History against the Pagans*, Bede's *Historia Ecclesiastica Gentis Anglorum*, Boethius' *De Consolatione Philosophiae*, and St. Augustine's *Soliloquies*), *The Anglo-Saxon Chronicle*, the works of Ælfric and Wulfstan (the manu-scripts come from the 11th century), and also the »scientific« texts, such as *Peri didaxeon*, a collection of prescriptions, or the *Lapidary*, the oldest *Lapidarium* in Western Europe, dating back to the 11th century.[3]

Although the Old English manuscript collections that have come down to us can be dated with a fair amount of certainty, this cannot be said of the individual works themselves. The dating of these works varies considerably, and the methods used for dating them also differ greatly: they extend from the consideration of linguistic evidence to the search for historical allusions and cultural-historical contexts. The problems involved can be illustrated quite clearly using *Beowulf* as an example.

a) »The older ›dominant opinion‹ places the poem in Northumbria during the cultural revival at the time of Bede, between the years 673 and 735«.[4]

b) A second group favours a time during the reign of King Offa II (757-797). The »somewhat forcibly inserted«[5] episode on King Offa could be an indication that such a historical connection exists.

c) A third group argues for the first quarter of the 10th century, »several scholars giving their preference to the court of Æthelstan (circa 935) because of his Scandinavian connections«.[6]

---

[3] See Brandl, Geschichte der altenglischen Literatur, 1131. – For information on the editions of Old English prose texts see M.W. Grose and Deirdre McKenna, Old English Literature, London 1973, 107-110.

[4] Joseph Harris, Die altenglische Heldendichtung, in: Klaus von See, ed., Europäisches Frühmittelalter, 264: »Die ältere ›herrschende Meinung‹ siedelt das Gedicht in Nordhumbrien während des kulturellen Aufschwungs zu Lebzeiten Bedas an, also 673-735«.

[5] Ibid., 266: »Die Offa-Episode im *Beowulf* erweckt den Eindruck, als ob sie etwas gewaltsam eingefügt worden sei; …«.

A similar situation can be observed in the research on the Old English elegies; E.D. Grubl's dissertation, *Studien zu den angelsächsischen Elegien* (Marburg a.d.L. 1948), written under the supervision of Max Deutschbein, gives a detailed account of the research in this area.

Reconstructing the context of Anglo-Saxon literature has been made even more difficult not only because many texts have been lost (I only need to mention the fire in Ashburnham House in 1731, in which the Cotton collection was seriously damaged), but also because for a long time after the Norman Conquest little interest existed in these texts, which hardly anyone was still able to read.

We are thus compelled to exercise necessary caution in our reconstruction of the development of Old English literature in the years between 600 and 1100, that is to say, in our attempts to understand the continued existence of an orally transmitted literature alongside the written works of literature and the appearance of new literary forms. In the description and classification of the extant material Andreas Heusler has provided a terminology that can still be of help to us today, even though we should no longer agree with many of his conclusions.[7]

The *Charms*, the *Death Laments*, the *Gnomic Poetry*, and further, the *Memorial Poems* and the *Riddles* all belong to the minor literary genres, about which we have been able to form some idea from allusions in various literary works, and from surviving specimens. From *Beowulf* we know something of the *Death Lament*: Hildeburh, wife of Finn, laments the death of her family at their funeral pyre (*Beowulf*, 1118).[8] And at the end of the poem there is a double reference to the *Death Lament* in the descriptions of Beowulf's funeral: the wife of Beowulf sings her lament (»giomor-gyd«, *B*, 3150), the mood of which is characterized by the word »sorg-cearig« (*B*, 3152); and finally it is reported that twelve warriors ride around the funeral pyre upon which Beowulf has been burned and sing a death lament. Here such phrases as »woldon ceare cwiðan« or »kyning mænan« (*B*, 3171) indicate the tenor of the song; even though it becomes clear that this *Death Lament* is also a *Song of Praise*: »eahtodan eorlscipe ond his ellen-weorc« (*B*, 3173).

---

[6] Ibid., 264: » ... dabei geben verschiedene Forscher dem Hof Æthelstans (um 935) mit seinen skandinavischen Verbindungen den Vorzug«.

[7] See Andreas Heusler, Die altgermanische Dichtung, unveränderter Nachdruck der zweiten neubearbeiteten und vermehrten Ausgabe, Darmstadt 1957.

[8] All quotations from Beowulf (=*B*) are from Else von Schaubert, ed., Heyne-Schückings Beowulf, Paderborn [18]1963.

The *Charms* (or *Spells* as they are sometimes called) originated in primitive Germanic religion and continued to be popular into Christian times, although they took on noticeably Christian elements. The *Charms* convey to us some idea of the powers that the Anglo-Saxons believed existed around them, and they also attest to the desire of these pagan peoples to be able to conjure up these powers for their own benefit or to ward off their destructive influence. The Germanic *dei minores* were labelled demons, the manifestation of evil; the positive effects of the charms were, however, attributed to powers and persons from the realm of Christian belief (ranging from the evangelists to the martyrs). The charms for unfruitful land, the loss of cattle, the water-elf disease, a swarm of bees, or a sudden stitch convey a vivid picture of the continued existence of this genre in Old English times.

In the *Sayings,* also called *Gnomic Poetry,* a decidedly worldly, sober, and rational attitude toward human experience is evident. The *Exeter Maxims,* the *Cotton Maxims,* the *Precepts, The Gifts of Men, The Fortunes of Men* and *Vainglory* all bear witness to the popularity which gnomic poetry enjoyed among the Anglo-Saxons, for whom the following themes were of special interest: the praise of fame, the virtue of prudence, the wisdom of age, earthly suffering and the power of fate. A number of passages in *Beowulf* in which the poet points to the exemplary character of certain kinds of behaviour testify to the widespread popularity and to the function of gnomic poetry, which was evidently in continuous use for educational purposes; cf. for example *B*, 20-24a:

> Swa sceal geong guma gode gewyrcean,
> fromum feoh-giftum on fæder bearme,
> þæt hine on ylde eft gewunigen
> wil-gesiþas, þonne wig cume,
> leode gelæsten;

A genre related *to Gnomic Poetry* is *Memorial Poetry* (sometimes called *Catalogue Poetry*). Whereas *Gnomic Poetry* was intended to teach wise behaviour, *Memorial Poetry* imparts knowledge: the Old English *Widsith,* i.e., the poem of Widsith (›the far-traveller‹), contains, for example, three catalogues which scholars believe to be among the oldest extant specimens of English poetry.[9]

---

[9] Derek Pearsall, Old English and Middle English Poetry, London/Boston 1977, 5: »The poem contains embedded some of the oldest lines of poetry, in the form of mnemonics, in

(1) *The Catalogue of Kings* (possibly going back to the time of the Frankish King Theodoric, who died in the year 534),

(2) *The Catalogue of Tribes* (dated between 530 and 600),

(3) *The Catalogue of Heroes* (circa 570).

Attesting to the great antiquity of these catalogues is the additive pattern used to join together the individual elements; the series produced in this manner could easily be extended. Yet the poet was more than just a busy compiler of names. He set his version of the catalogues against a background story that tells of Widsith's travels as a singer to the king of the Ostrogoths, to the Burgundians, to Italy and the return to his homeland. Klaus von See has discovered a structural scheme in this work that shows that *Widsith* was composed in a strictly symmetrical manner.[10] This proves that the poem as it has come down to us is a well thought-out work, into which the oldest elements of oral poetry have been integrated.

The genre of the *Riddle,* which enjoyed great popularity, occupies a special place in Anglo-Saxon literature. Although it is frequently counted among the lesser literary forms, it can be traced back to an older Latin tradition. Aldhelm stands at the beginning of the Latin riddle tradition in Old English times with his 100 *Ænigmata*. He was followed by Tatwine, Archbishop of Canterbury, who composed 40 riddles in Latin, to which Eusebius later added 60 more, bringing the total again to 100. Bonifatius wrote 20 riddles, all of which have virtues and vices as their subject matter. Among the most frequent subjects to be found in the Old English collection of riddles are »domestic and wild animals«,[11] but the influences of Aldhelm, Bede or even the Latin Symphosius are unmistakable, so that we have to agree with Brandl, when he writes that the Anglo-Saxon verse riddle »rests on very strong school influences«.[12] They are literary riddles based on Latin models.

---

the English language; ...«. – See also Joseph Harris, Die altenglische Heldendichtung, 238ff.

[10] See Klaus von See, Rezension: Widsith, ed. K. Malone, Anzeiger für deutsches Altertum und deutsche Literatur, 74 (1963), 97-105.

[11] Brandl, Geschichte der altenglischen Literatur, 971: » ...: Tiere des Hauses und der freien Natur, ...«.

[12] Ibid. 971: »Wenn solch alltägliche Anschauungsdinge eines Inselvolkes durch gelehrte Tradition vermittelt wurden, müssen unsere ags. Versrätsel allerdings auf sehr starken Schuleinflüssen beruhen«.

Among the major genres belonging to Old English literature are the *Poems of Praise* and the *Heroic Lays* (the *Elegies* being granted a special status). Both have their origin in the earlier Germanic poetry that was passed down by word of mouth for many generations and finally set down in writing by Christian clerics, who – according to Heusler approached the past of their own people with a certain antiquarian interest.

In *Beowulf* we obtain some information about the song of praise in verses 823-924, which tell of Beowulf's return to the Hall Heorot after the slaying of Grendel. In these verses there is a description of the poet-singer who performs a song of praise in honour of the hero:

> hwilum cyninges þegn,
> guma gilp-hlæden, gidda gemyndig,
> se ðe eal-fela eald-gesegena
> worn gemunde – word oþer fand
> soðe gebunden – secg eft ongan
> sið Beowulfes snyttrum styrian
> ond on sped wrecan spel gerade,
> wordum wrixlan; (*B*, 867b-874a)

From these verses we learn several things about the poet-singer: he is famous and he is a retainer of the King. He is (a) well versed in the poetic tradition, but (b) he also knows how to find new words to celebrate Beowulf's deeds. In short, he combines tradition and innovation in his song of praise. He composes in a wise, skilful and prudent manner and sings his praise in a rich poetic language. The entire song is composed directly out of the situation. It is oral poetry that takes its origin in – to use a formulation of Wordsworth's – »the spontaneous overflow of powerful feelings« (*Lyrical Ballads*, Preface). Nowhere is there mention of accompaniment by an instrument; and nowhere is there any mention of a written preparation or a written recording of the poet-singer's song of praise. The *Beowulf* poet thus describes the model-situation for the composition, performance, and reception of oral poetry. In addition to the poet-singer's song in praise of Beowulf, there is his song of the deeds of the exemplary Sigemund and of the unfortunate reign of Heremod. These instructive stories deliver the norms according to which Beowulf must be judged now and in future. Singer and audience are thus bound together by their membership of the same social class; they know the same stories and legends and share the same cultural values. For this reason an allusion in both the *Songs of Praise* and the *Heroic Lays* to some particular story or legend is often sufficient to engage the imaginations of the audience. Oral poetry is poetry for the community, inasmuch as it renders the shared knowledge and beliefs of the community into memorable language and thus is able to reinforce and preserve them. This is also true of heroic poetry, which of course depicts the ethos that binds together the poet and his audience in tragic situations.

The Finnsburh episode in *Beowulf* conveys an idea of the originally orally transmitted form of the *Heroic Lay*. Here a tragic situation arises from the fact that Hildburh, the daughter of the Danish king, is married to the Frisian King Finn. When armed conflict breaks out between these two neighbouring and rival peoples, Hildburh first loses her brother and son and finally her husband. The events are aimed at putting the code of honour of the main characters to the test. The ethic of revenge prevails; there is a complete absence of Christian commentary. The sequence of events follows swiftly; the style is balladic, and the characters are portrayed as stereotypes. The question arises, however, whether the preserved *Finnsburh Fragment* conveys the immediate impression of an authentic Germanic heroic poem, which may still have been available to the *Beowulf* poet, or whether it represents a later imitation. Pearsall notes that »it is hard even to be certain that it is authentic survival and not brilliant pastiche«.[13] However scholars may decide on the question of dating the *Finnsburh Fragment,* it is »a work that stands close to the oral tradition«.[14] And even if the *Beowulf* poet had no knowledge of the original poem from which the fragment derives, it is clear from his own work that, in spite of his being an Anglo-Saxon cleric, he is still receptive to this heathen genre. And this is remarkable because this attitude was the object of criticism at that time.

The question whether the so-called Old English *Elegies* are related to the tradition of oral poetry will have to remain open. It is most easily conceivable for the poem *Deor's Lament*. Schücking derived its origin from the *Death Lament*;[15] he had to assume, however, a change in perspective: in the *Death Lament* the attention is entirely fixed on the dead; in the *Elegy* it is aimed at the living. Heusler has traced connections to the heroic »re-

---

[13] Pearsall, Old English and Middle English Poetry, 6.
[14] Harris, Die altenglische Heldendichtung, 256: »Die Konstruktion einer dichterischen Erzählung fast ganz mit Hilfe dieser Topoi scheint ein Beweis dafür zu sein, daß das erhaltene Fragment der mündlichen Überlieferung noch nahesteht«.
[15] See Levin Ludwig Schücking, Das angelsächsische Toten-Klagelied, Englische Studien, 39 (1908), 1-13.

trospective« songs of the *Edda*.[16] Imelmann believed he had found offshoots of lyrical passages from an epic narrative on the fate of Odoacer, which, in his opinion, brings together all the situations on which the *Elegies* are based.[17] Furthermore, there has been speculation about Celtic influence, and influence from Christian sermon literature, and finally, even from classical Latin literature.[18] In the words of the *Wanderer,* one can even hear echoes of Aeneas' speech, and in the *Lover's Message* one can see an Old English parallel to Ovid's portrayal of the story of Hero and Leander.[19] I myself, in a study of the *Wanderer,* have tried to call attention to a possible connection between this elegy and the *Consolatio Philosophiae* of Boethius.[20] Taken as a whole, the *Elegies* seem to me to be the genre that least creates the impression of immediately following an oral predecessor. On the contrary, the connections that this genre has to the written literature of the time appear to me to be much stronger.

Roman-Latin literature must also be assumed to have influenced the composition of *Beowulf* (at least in the judgement of some scholars with whom I am in agreement), even though this epic poem stands at the same time in close relationship to the tradition of oral poetry. Joseph Harris has called *Beowulf* a veritable »Summa«, in which almost all of the major and minor literary forms to be found in the Germanic tradition are reflected:

> The genres contained in *Beowulf* can be divided into two groups: the formally ›introduced‹ and the merely ›included‹. The formally introduced genres are the heroic poems on Finnsburh, the Creation Hymn, the poem in praise of Beowulf, the death lament of the Geat woman at Beowulf's funeral, the twelve warriors' choral song of praise around Beowulf's funeral pyre, the Lament of the Father, and various boast speeches. Somewhat less clearly set off are the lament of the Last Survivor, the ›debate‹ and several boasting contests. Among the decidedly unidentified, simply included forms, the genealogical introduction, the Offa episode and some of the gnomic verse are attributed to the epic narrator, whereas others such as Beowulf's death song and the Ingeld episode have dramatic quality.[21]

---

16 See Heusler, Die altgermanische Dichtung, 150.
17 See Rudolf Imelmann, Die altenglische Odoaker-Dichtung, Berlin 1907, 160-61.
18 See Herbert Pilch and Hildegard Tristram, Altenglische Literatur, Heidelberg 1979, 79, 80, 149, 175, 188.
19 See Helga Reuschel, Ovid und die angelsächsischen Elegien, Beiträge zur Geschichte der deutschen Sprache und Literatur, 62 (1938), 132-42.
20 Willi Erzgräber, Der Wanderer: Eine Interpretation von Aufbau und Gehalt, [page 49] of this volume.
21 See Harris, Die altenglische Heldendichtung, 267: »Die im Beowulf enthaltenen Gattungen teilen sich in zwei Gruppen, in die förmlich ›eingeführten‹ und die nur ›eingeschlossenen‹. Förmlich eingeführte Gattungen sind das Heldenlied über Finnsburg, der Schöpfungshym-

One might ask at this point whether the *Beowulf* poet was familiar with all of the above mentioned genres by way of the oral tradition itself, or whether some of this material was already available in written form. This is, however, a question that can never be decided conclusively. More important, it seems to me, is the central fact that the *Beowulf* poet knew the entire range of forms from the Germanic literary tradition, especially the formulaic poetic diction, and that, using this stylistic medium, he created an epic poem of over 3000 verses which is without equal in Old English literature.

Heusler was one of the first to try and answer the question how the transition from heroic lay to epic was to be explained and understood. In doing so, he pointed to the model of the *Aeneid*.[22] Certainly there are fundamental differences between both works: the *Aeneid,* for example, is a poem with an underlying patriotic sentiment and, consequently, has a specific aim in this direction. *Beowulf,* on the other hand, has no pronounced national content – it is rather a biographical work.

*Beowulf,* nevertheless, does exhibit several features that strongly suggest the influence of the *Aeneid*.[23] First of all, we can point out that in *Beowulf* there is a much more frequent use made of the technique of referring to past and future events than in other Germanic heroic poems. Everything that we know of Beowulf's life before his coming to Denmark is subsequently inserted into different passages of the poem; everything that happens between his return and his becoming king is woven into the concluding parts of the poem. In the speech of the messenger (*B*, 2900 ff.) only very little is reported about Beowulf's death, a great deal, however, is told about previous battles between the Geats and Swedes. All of this has its parallels in the *Aeneid,* in which the hero, Aeneas, gives a detailed account of his wanderings and Troy's fall in the 2nd and 3rd books. The prediction of future events is also a developed technique in *Beowulf,* the most important example in this regard being the one in

---

nus, das Preisgedicht auf Beowulf, die Totenklage der Gautenfrau bei der Totenfeier für Beowulf, das chorische Preislied der zwölf Reiter um seinen Scheiterhaufen, die Elegie des Vaters auf seinen Sohn und verschiedene Prahlreden. Weniger deutlich abgehoben sind die Klage des Letzten Überlebenden, die Streitrede und einige Prahlereien. Unter den entschieden nicht gekennzeichneten, einfach eingeschlossenen Gattungen werden die genealogische Einführung, die Offa-Episode und einige der gnomischen Verse dem epischen Erzähler zugeschrieben, während andere wie Beowulfs Sterbelied und die Ingeld-Episode dramatische Qualität haben«.

[22] See Heusler, Die altgermanische Dichtung, 192, 196.
[23] See Brandl, Geschichte der altenglischen Literatur, 1008; see also Tom Burns Haber, A Comparative Study of the Beowulf and the Aeneid, Princeton 1931.

which the coming feud between the Danes and the Heathobards is foretold in a way that exceeds the limits of normal probability. The poet also has a preference for cutting up a story into several segments and inserting them into various places in the poem (for example, the story of the dragon's treasure); or he gives different versions of the same story in different places, for example, the raid of Hygelac into the territory of the Franks. The poet of the *Aeneid* works in a similar way with respect to the history of Rome or Troy.

There appears to be a direct imitation of Virgil's narrative technique – in Alois Brandl's view – in the passage where the poem describes Beowulf's arrival in the land of the Danes. The parallels extend from the reception scenes to the respective hero's accounts of his struggles. There are also echoes of the *Aeneid* in the self-confident manner in which each hero identifies himself; V. 343 »Beowulf is min nama«, I, 378 »sum pius Aeneas«, and also in the fact that in both *Beowulf* and the *Aeneid* a poem on creation is recited (cf. *B*, 90ff., *Ae*, I, 740ff.).

By closely following the narrative example of the *Aeneid*, the *Beowulf* poet has, on the one hand, been able to arrange his material in a structurally clear manner; on the other hand, however, in the treatment of individual scenes, he has been able to incorporate observations into the narrative that he has made in his own careful study of Virgil. On the whole it is apparent that the first part of *Beowulf* more clearly borrows from the patterns to be found in the *Aeneid*; it is the first part that is generally considered by scholars and critics as being the more successful. They argue that it contains a more vivid narrative than the second part, which treats Beowulf's slaying of the dragon and Beowulf's death. Special investigations have confirmed the thesis that the epic range of this poem and its integration into a self-contained work of art were only attainable by taking the ancient epic as its model.

Poems like *Beowulf* or *Widsith* demonstrate that the Anglo-Saxon clergy were open to the Germanic tradition. They clearly enjoyed listening to the old poems and reading them after they were set down in writing. And the poems also testify to the fact that they were skilled in reworking the old texts. The interest which the clergy showed in the pagan literary tradition did, however, provoke criticism. There is a famous letter of admonishment written by Alcuin in 797 to the bishop of the monastery at Lindisfarne. Alcuin recommends during meals »lectorem audire, non citharistam; sermones patrum, non carmina gentilium«.²⁴ And he adds to this the famous question: »Quid Hinieldus cum Christo?« (›What has Ingeld [the hero of a Germanic song] to do with Christ?‹). He then adds the comment: »Non vult rex coelestis cum paganis et perditis nominetenus regibus communionem habere, quia rex ille aeternus regnat in caelo, ille paganus perditus plangit in inferno«. (As Klaus von See has shown, this question of Alcuin's can be traced back to an older tradition. Hieronymus for example asks, in the same vein, what Horace has to do with the psalms, Virgil with the gospels, or Cicero with the apostles.)²⁵

It is therefore not surprising that in Anglo-Saxon times, alongside the secular poetry based on the oral tradition of the Germanic period and handed down in slightly revised texts, a decidedly religious poetry originated. Bede in the so-called Cædmon episode of the *Historia Ecclesiastica* gives an account of the beginnings of religious poetry in Anglo-Saxon England. I should perhaps mention here beforehand that there is great doubt as to how much of what Bede reports about Cædmon can be taken as historical truth. However, even if Bede were only making clever use of a topos (or was even influenced by a report on the life of Mohammed²⁶), it is informative to observe how he attempts to explain the origin of religious poetry and, especially, the way in which oral and written literature were supposed to have worked together in this process.

Bede tells us that Cædmon lived in the monastery at Whitby. His literary activities can be dated between the years 660 and 680. He is introduced as a man who had never learned to compose verses and who always left the hall at festive entertainments when he saw that he was expected to take up the harp and sing some worldly song. One day, as this was about to happen again, he went out to the stable to tend the cattle, and there he fell asleep. In a dream he sees a vision that twice asks him to sing and, on the second request even supplies him with a subject: »principium creaturarum«.²⁷ Thereupon he begins to sing in praise of God and the creation verses which he had never heard before. Bede records the words of this hymn in a Latin paraphrase for which he apologizes at the same time with the words:

---

24   See Pearsall, Old English and Middle English Poetry, 21.
25   See Klaus von See, Das Frühmittelalter als Epoche der europäischen Literaturgeschichte, in: Klaus von See, ed., Europäisches Frühmittelalter, 13.
26   See Klaus von See, Cædmon und Muhammed, Zeitschrift für Altertum und deutsche Literatur, 112 (1983), 225-33.
27   Beda, Historia Ecclesiastica Gentis Anglorum, IV, 24; see Martin Lehnert, Altenglisches Elementarbuch, Berlin/New York ⁸1973, 122.

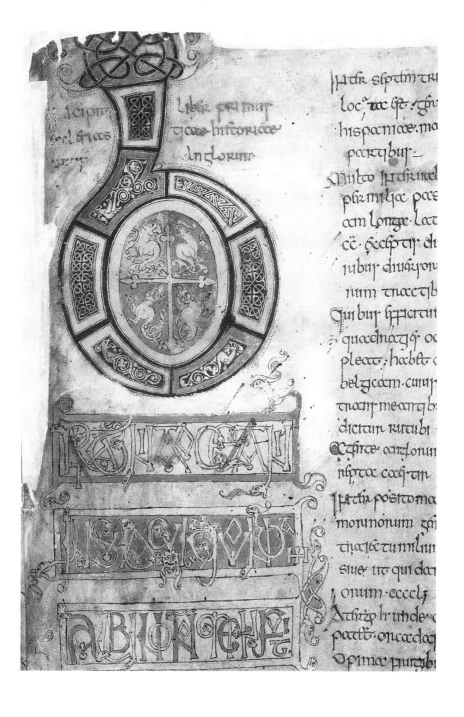

Incipit
ecclesi[ast]ica
...

Liber primus
ticæ historicæ
anglorum

BRITtaN
INSAeVIUM
HIBERNIaE

Britt[ann]ia s[eptentri]on[ali] tri
loc̄ · xx s[unt] · x[ristianarum]
hispaniccæ · m[ari]
pcrtqbur
Multo [s]p[atio] siquidem
ph[o]r milise pace
cen longæ let
cē · hecsp tir di
iubur diuesyor
num tnocctib
quibur s[u]pp[e]rtan
quecchiocs[s]er oc
plectt · hæbet c
belgicæm · cuiup
tiocny mecary bi
dictam ritu bi
cxfircæ conlor[um]
nsptæ cocfi tan
h[a]ec ita post[o] ma
moruno[r]um tri
tiæcletumiliun
siuæ ut qui dert
onum · eccelj
Athro h[ibe]r[nie] unde c
pcett[o] · onccdlo[rum]
Opimæ p[ar]tip[ibus]

*Abb. 2*: Initiale B aus einer Handschrift von Bedas *Historia Ecclesiastica*
(British Library London, Cotton Tiberius C. II, fol. 5 v)
Beda Venerabilis (um 672/673 – 735) war ein Mann von umfassender Gelehrsamkeit. Seine bedeutendste Leistung war die Darstellung der Geschichte Englands, seine *Historia Ecclesiastica Gentis Anglorum*. Er verwertete Gildas' *De Excidio et Conquestu Britanniae* (6. Jh.); dazu sammelte er zahlreiche schriftliche und mündliche Quellen. Insgesamt vermittelt Beda eine anschauliche Vorstellung vom weltlichen, geistlichen und insbesondere monastischen Leben in England bis zum 8. Jahrhundert.
Ein bemerkenswerter Schritt war die Einführung der christlichen Jahresrechnung; Geschichte wurde zuvor vom Anfang der Welt her gegliedert und datiert.
Die Leistung Bedas für das geschichtliche Selbstverständnis der Engländer hat Eleanor Shipley Duckett in ihrem Buch *Anglo-Saxon Saints and Scholars* (New York 1949) wie folgt charakterisiert: »To Bede we owe the first conception of the English as one people, gathered from different tribes and different origins; as one nation, welded, by one faith and one civilized organizing, from the various invaders, Angles, Saxons, and Jutes, who had settled from time to time within its shores. In this sense, the *History* of Bede is an Aeneid of England« (320).

> Hic est sensus, non autem ordo ipse verborum, quae dormiens ille canebat; neque enim possunt carmina, quamvis optime composita, ex alia in aliam linguam ad verbum sine detrimento sui decoris ac dignitatis transferri.[28]

Bede thus emphasizes the fact that it is impossible to adequately translate a poem into another language. This, however, also means that he gives the vernacular, Old English, an equal place alongside Hebrew, Greek, and Latin in the composition of religious poetry. In some of the manuscripts that have come down to us the Anglo-Saxon version can be found written in the margin or at the foot of the page. It was recorded in late West-Saxon dialect and reads as follows:

> Nu sculan herigean  heofonrices weard,
> meotodes meahte  ond his modgeþanc,
> weorc wuldorfæder,  swa he wundra gehwæs,
> ece drihten,  or onstealde.
> he ærest sceop  eorþan bearnum
> heofon to hrofe,  halig scyppend:
> þa middangeard  moncynnes weard,
> ece drihten,  æfter teode
> firum foldan,  frea ælmihtig.[29]

Cædmon – Bede goes on to report – recited this hymn, to which he added a few verses in the same style, the next day to the abbess Hild and several learned men. The beginning of religious poetry is thus attributed to divine inspiration; and furthermore, it takes place completely in the realm of oral composition because Cædmon cannot write. This incident, however, does not remain unique: the learned men read a passage from the Bible to Cædmon and ask him to put it into verse. Cædmon is able to fulfil this request by the following morning. Noteworthy in this process is that Cædmon never reacts spontaneously as does the court singer in *Beowulf*, who composes a song of praise for Beowulf. Whereas the singer in *Beowulf* shows »a spontaneous overflow of powerful feelings«, Cædmon's poetry is characterized by »emotion recollected in tranquillity« (Words-worth, *Lyrical Ballads*, Preface). Bede compares this process of deliberate rumination to an animal chewing the cud. In Alfred the Great's comments on the reception of Cædmon's poetry, Alfred not only confirms Bede's report that Cædmon's teachers were also his first audience, but also points out, » ... his lareowas æt his muþe writon ond leorno-

---

[28] Lehnert, Altenglisches Elementarbuch, 123.
[29] Ibid., 122-23.

don«.³⁰ Thus the circle of Cædmon's work, from its written source to its oral composition and performance, and finally its written recording, is closed.³¹

The first poem that Cædmon composed was a song of praise; he thus follows in his religious, though orally composed and performed poetry, the Germanic tradition. He takes over from the older tradition the alliterative verse form and the principle of frequent variation. But he transforms the original Germanic content into a Christian one. He does not offer a poem praising his lord the King, but rather the lord of creation. The technique of variation proves helpful in presenting a more differentiated concept of God: »dominion, creation, power over human fate, protector, father, holiness, eternity, majesty and omnipotence, taken together give expression to this ›God of Glory‹«.³² When one speaks about the formulaic nature of Cædmon's hymn, it should be pointed out that any comparison of his hymn with other poetry can only work with formulas that have frequently appeared after Cædmon's time. It is improbable, however, that he coined all of these formulas himself. It is more probable that he drew upon an already existing stock, and was thus able to promote their spread and use in the religious poetry of the following decades and centuries. There was no break between secular and religious poetry, but rather the language of secular poetry gained a new dimension.

Cædmon was moved by his first inspiration to treat other religious subjects. It is reported by Bede and also by Alfred that »he sang of the creation of the world, the origin of the human race, and the whole story of Genesis. He sang of Israel's departure from Egypt, their entry into the land of promise, and many other events of scriptural history. He sang of the Lord's Incarnation, Passion, Resurrection, and Ascension into heaven, the coming of the Holy Spirit, and the teaching of the Apostles. He also made many poems of the terrors of the Last Judgement, the horrible pains of Hell, and the joys of the kingdom of Heaven. In addition to these, he composed several others on the blessings and judgements of

---

30  Ibid., 125.
31  For a detailed interpretation of Bede's story of Cædmon see also Jeff Opland, Anglo-Saxon Oral Poetry: A Study of the Traditions, New Haven/London 1980, 106-19.
32  Weber, Altenglische Literatur, 293: »Herrschaft, Schöpfung, Macht über das menschliche Schicksal, Wächter-, Vaterschaft, Heiligkeit, Ewigkeit, Herrlichkeit und Allmacht zusammen erst drücken diesen ›Gott der Glorie‹ aus«.

God, by which he sought to turn his hearers from delight in wickedness, and to inspire them to love and do good«.[33]

Cædmon, in his ability to translate biblical themes into the language, meter and diction that the Anglo-Saxons were accustomed to from their tradition of secular poetry, provided the impetus for the entire Old English biblical epic. At the same time his model influenced the Old Saxon and the Old High German literatures on the Continent, so that it is not surprising that Bede's account of Cædmon's vision has been called »a kind of ›initiation scene‹ for the entire vernacular Bible poetry of Northern Europe«.[34]

Although the religious poems on biblical themes such as *Genesis, Exodus, Daniel, Christ and Satan,* can no longer be positively attributed to Cædmon himself, it is possible to show on the basis of these poems how Cædmon and his followers, or imitators, necessarily brought about a transition from a lyrical to an epic genre in their reworking of biblical materials. This can be clearly illustrated, for example, by the *Danie* poem. *The Song of the Three Youths,* condemned to the fiery furnace (=V. 362-409), seems to have been composed first. To this lyrical kernel, according to Schücking,[35] an epic shell was then added, whereby the poet followed the account of the Septuagint rather than the Vulgate. This addition consisted of the prayer of Azarias and the report on the descent of the angel. Taken together, all of this material makes up the so-called *Daniel B*. The poem called *Daniel A* treats mainly the development of King Nebuchadnezzar and finishes with Belshazzar's Feast. *Daniel B* was integrated into *Daniel A* because it effectively expresses »the typological message of the poem«[36] in a rhapsodic psalmic style. But this is not all: a new work, the *Azarias* poem, was composed, some time later, using the two lyrical pieces, the prayer of Azarias and the Song of the Three Youths. This poem, which at its beginning follows *Daniel B* very closely, later proceeds to transform material from *Daniel A,* in a manner that is not unskilful, until it finally contains only a few echoes of the original. The *Azarias* poet returned to the religious lyric from which *Daniel B* took its departure.[37]

---

[33] Bede, A History of the English Church and People, translated and with an introduction by Leo Sherley-Price, Harmondsworth 1956, 247.
[34] See von See, Das Frühmittelalter als Epoche der europäischen Literaturgeschichte, 54.
[35] See Levin Ludwig Schücking, Die angelsächsische und frühmittelalterliche Dichtung, in: Hans Hecht and Levin L. Schücking, Die englische Literatur im Mittelalter, Wildpark-Potsdam 1927, 16-17.
[36] Pearsall, Old English and Middle English Poetry, 36.
[37] See also Pearsall's comment on the prayer of Azarias and the song of the three children in the Fiery Furnace: »The two songs, with their narrative link, exist separately in the *Azarias*

Just as in the transition from the heroic poem to the *Beowulf* epic Virgil's *Aeneid* can be seen as a model on which the Anglo-Saxon poet could school himself; so too, the influence of Latin-Christian poetry in the creation of the Old English religious epic should not be overlooked. The Second Book of Moses, up to XV:21, provides, for example, the material for the *Exodus* poem. A comparison, however, of the Old English with the biblical text shows that the events as told in the Old Testament are only briefly mentioned in the poem.[38] The suggestions for the actual wording of the *Exodus* poem came rather from the biblical commentaries of Hieronymus, Augustine and Bede, and also from Avitus' »De transitu maris rubri«.[39] It is very probable that the manneristic style of the Old English *Exodus* goes back to the high-flown style of Middle Latin poetry, possibly even to Sedulius. (That the *Exodus* poet also took *Beowulf* as his model need only be mentioned in passing.) In addition to Avitus and Sedulius, Juvencus, Prudentius and Venantius Fortunatus could also be included in our discussion of Old English religious poetry and its Middle Latin models. Just as all of these authors took Roman classics, especially works from Virgil and Ovid, as their models, so too, the Old English poets could find confirmation in the above-mentioned authors for their practice of using the forms of Germanic poetry to convey Christian themes to their contemporaries.[40] In general, we should agree with Derek Pearsall when he characterizes these Old English authors as »... self-conscious professional artists, who maintain a level of high competence ...«,[41] and also when he writes of the particularly literate nature of the poetry, »the poetry has the air of libraries about it, of men who know their way about books, who know how to shape materials to specific and limited purposes, and who have at their command a powerful if inflexible organ of style«.[42]

What is true of Old English poetry is also true of Old English prose: it presupposes an intensive occupation with Latin literature, whereby we should not overlook the fact that on the whole the literary achievements in the field of poetry must be considered greater than those in the area of prose. In the following we should like to call attention to three types of Anglo-Saxon prose works: 1) the prose translations of King Alfred the

of the Exeter Book, in a text related probably by oral transmission«. Pearsall, Old English and Middle English Poetry, 36.

[38] See Schücking, Die angelsächsische und frühmittelenglische Dichtung, 17-18.
[39] See Pearsall, Old English and Middle English Poetry, 35.
[40] Ibid., 29.
[41] Ibid., 25.
[42] Ibid.

Great, using his Boethius translation as an example, 2) the historiographic prose of the Anglo-Saxon Chronicle, and 3) the prose of the Anglo-Saxon law codes.

(1) From the preface to the translation of the *Cura Pastoralis* we learn that Alfred's translations were an expression of a cultural-political policy. After the Danes had been repulsed and the West-Saxon kingdom had gained a certain degree of external security, Alfred, following the example of Charles the Great, began to promote measures to raise the educational level of his people. He called a number of scholars into his service, scholars such as the Frank Grimbald, Iohannes Saxonicus, Plegmund, Werferth, and two priests from Mercia, to assist him in his translating work. Alfred, who apparently »remained illiterate up to his twelfth year or more«,[43] slowly acquired a knowledge of Latin and of the skill of translating; with his translation of Boethius he was able to achieve his most mature piece of work. We can assume the following steps in Alfred's translations: a) the reading of the original, b) the oral explanations by his scholars, c) the study of the commentaries (the Remigius commentary, for example), and d) the translation itself. Alfred translated, according to his own account, »hwilum word be worde, hwilum ondgit of andgite«, that is, literally (*verbum e verbo*) or according to the sense (*sensum ex sensu*). The second method was predominant.[44]

We can very briefly sum up our assessment of Alfred's translating accomplishment thus: he transforms the Neoplatonic original into a Christian-theological work. He renders the philosophical argumentation into didactic speech. He clearly presents the results of the argumentation and explains them to the reader making use of illustrative examples from myths, stories and legends, that is to say, from the simple narrative forms whose language, style and syntax are fundamentally different from the manner of argumentation of a philosophical treatise.[45]

With his translation of Boethius, Alfred the Great has created a work, which, seen from the point of view of its language, outlines all of the possibilities for expression in the realm of philosophical and theological reflection that were present in Old English. To what extent he could draw

---

[43] See William Henry Stevenson, ed., Asser's Life of King Alfred, together with the Annals of Saint Neots erroneously ascribed to Asser, Oxford 1904, § 22: » ...usque ad duodecimum aetatis annum, ›aut eo amplius‹, illiteratus permansit«. See also Charles Plummer, The Life and Times of Alfred the Great, Oxford 1902, 81-83.
[44] See Kurt Otten, König Alfreds Boethius, Tübingen 1964, 193ff. and 200ff.
[45] Ibid., 193ff.

upon an already existing terminology can no longer be determined. According to the testimony of Bothworth Toller's dictionary, »almost all of the important concepts in the *Consolatio* translation are listed as first entries. Consequently one has to imagine that Alfred coined over 600 new terms, which, however, were after Alfred's time no longer handed down«.[46] At the end of the 1970's, Olga Fisher in her essay »A Comparative Study of Philosophical Terms in Alfredian and Chaucerian Boethius«[47] has shown in what way Alfred extended the range of expression through his creative use of language. He used the possibilities offered by the »Lehnübersetzung« («praedestinatio« = ›foretiohhung‹, »providentia« = ›foresceawung‹), by the »Lehnübertragung« (»providentia« – ›foreþanc‹), by the »Lehnschöpfung« (»vitium« = ›unþeaw‹) and the introduction of »Lehnbedeutungen« (»gast« = ›demon‹ adopts under the influence of the Latin »spiritus« the meaning of ›soul‹), in order to create a more flexible linguistic instrument, which indeed was only surpassed by Chaucer's use of the borrowings from the French vocabulary.

(2) The importance of the *Anglo-Saxon Chronicle* lies in its employment of the mother tongue for the purpose of writing history. There are parallels to be found only in the Irish annals and in an early Russian chronicle, in which, at approximately the same time, the mother tongue was used for the purpose of recording historical events.[48] For the period from the birth of Christ to the year 731, the author, due to lack of sources, had to rely on Bede's *Historia Ecclesiastica*. From the end of the 8th century onwards, the chronicle contains more details. The last entry is dated 1154. The style of the early entries is terse and devoid of ornament; adjectives are hardly used and adverbs seldom appear.[49] The syntax is paratactic; simple sentences register events in a concise manner. The annalistic style remains the same from year to year. Because a complex hypotactic syntax can be found in other documents as well as in Alfred's *Orosius* translation,

---

[46] Ibid., 160. »Im Wörterbuch von Bosworth-Toller sind fast alle wichtigen Begriffe der Consolatio-Übertragung als Erstbelege eingetragen. Demnach müßte man sich Alfred als Schöpfer von etwa 600 Begriffen vorstellen, die allerdings auch vielfach nach Alfred nicht mehr überliefert sind«.

[47] In: Neophilologus, 63 (1979), 626-39.

[48] See The Anglo-Saxon Chronicle, translated and collated by Anne Savage, London 1982, 10.

[49] On the style of the Anglo-Saxon Chronicle see Cecily Clark, The Narrative Mode of The Anglo-Saxon Chronicle before the Conquest, in: Peter Clemoes and Kathleen Hughes, eds., England before the Conquest: Studies in Primary Sources Presented to Dorothy Whitelock, Cambridge 1971, 215-35.

thus showing that other possibilities of written expression existed, scholars have looked for an explanation for the continued use of the chronicle style and have referred to a statement from Gervasius of Canterbury: »Forma tractandi varia, quia historicus diffuse et eleganter incedit, cronicus vero simpliciter graditur et breviter«.[50] Yet in spite of this rule the chronicle style did change in Alfred's time. The yearly reports become longer, contain more facts; the syntax becomes more complex. The rhetorical schooling of the authors comes through in the well-structured sentences. Finally, there is, in the reports even mention of motives, which were supposed to give the reader a glimpse into the psyche of the king.[51] This led to a great deal of subjective speculation in the chronicle. After 990 there are further changes: the diction becomes even more flexible, contrasts are worked out; alliteration is employed for the sake of emphasis, and even rhymes are to be found. Nevertheless, the presentations remain one-dimensional in their perspectives; there is little evidence of an intellectual organization of the material into causal relationships. The entries are improved solely with respect to their poetic-rhetorical decorum.

Two literary influences deserve mention in this regard: (1) in the entry for the year 755, a lengthy story is included which gives us some information about the circumstances surrounding the death of King Cynewulf in the year 784 (that is, in anticipation of this future event).[52] The style of the prose story corresponds to that of a Germanic heroic lay: the story is told in a disconnected manner; revenge is the motive for the action. It could possibly have derived from an earlier Cynewulf song that has been reworked into prose. (2) Apart from the heroic lay, the style of the song of praise and of lays dealing with topical events have also had some influence on the chronicle style. Good examples of this are the poems worked into the entries for the years 942, 973, 975 and 1065. J. Harris assumes that these poems were influenced by the oral genre of the Scandinavian songs of praise. He speculates »whether the old oral genre which in its northern form was flourishing in the 10th century might not be responsible for this sudden reawakening, which appears to have taken place in the reign of Æthelstan«.[53] Should this indeed be the case, it

---

[50] Ibid., 219.
[51] Ibid., 223.
[52] See Weber, Altenglische Literatur, 281.
[53] Harris, Die altenglische Heldendichtung, 251: »Eine interessante Frage ist gleichwohl, ob die alte mündliche Gattung, in ihrer nordischen Form im 10. Jahrhundert in voller Blüte,

would prove that the oral song tradition worked its way into the *Anglo-Saxon Chronicle* and was able to enrich its style of presentation.

(3) In his book *Germanisches Recht und Rechtssprache* (Bern 1986), Michael Jacoby comments on the Old English law codes in the following way: »In contrast to the folklaws on the European Continent, the earlier Anglo-Saxon laws were recorded in the Germanic language and thus obtain an outstanding place within the lower Germanic ›leges‹«.[54] The laws of Æthelberht of Kent were the first to be set down in writing, shortly after the year 600 under the influence of the Roman mission. Bede mentions that the Kentians began to record the laws after the example of the Romans, »iuxta exempla Romanorum«; the language they used, however, was not Latin but the language of the Angles, »Anglorum sermo«.[55] Since the Roman laws had another legal form than the Germanic laws, we can say that the Roman legal tradition was solely influential in bringing about their codification. Among the Germanic peoples of the time, whose long established customs and traditions had the force of law, it was the practice on special occasions to proclaim these laws in ceremonial language. This practice explains the frequent use of alliteration, rhyme, assonance and parallelism. Moreover, it should be noted that the ceremonial form was not only intended to suit the occasion, but also meant to have a psychological effect, to exert an almost hypnotic compulsion on its hearer. The fact that the alliterative language of the laws does not conform to the custom of end rhyme, has led some scholars to believe that the legal prose must have been influenced by the »Sagvers« (in Sievers' sense of the term).[56] In the development of the various forms of stylistic ornamentation a pattern similar to that of the historical prose can be observed. The laws of the Kentians are, in Dorothy Bethurum's view, »curt, dry, elliptical, obscure«.[57] The laws of the West-Saxons, of the Kings Ine, Alfred, and Edward are more developed. The laws of the Danish King Canute are distinguished by their elaborate formulations. When, on the other hand, it is claimed that the Old Frisian laws surpass the Old En-

---

nicht jenes plötzliche Wiederaufleben angeregt haben könnte, das in der Regierungszeit Æthelstans stattzuhaben scheint«.

[54] See Michael Jacoby, Germanisches Recht und Rechtssprache zwischen Mittelalter und Neuzeit unter besonderer Berücksichtigung des skandinavischen Rechts, New York/Bern 1986, 30.

[55] See Beda, Historia Ecclesiastica Gentis Anglorum, II, 5; and Dorothy Bethurum, Stylistic Features of the Old English Laws, MLR, 27 (1932), 263-79.

[56] Bethurum, Stylistic Features of the Old English Laws, 270.

[57] Ibid., 263.

glish in their poetic quality, the explanation for this fact might be found in the influence of Latin; Latin had a moderating effect on the legal language of the Anglo-Saxons, especially in those places where the possibilities of poetic embellishment were the greatest.[58] Thus the investigation of legal prose only confirms what an analysis of the entire corpus of Old English literature would prove: the far-reaching importance that Latin literature, both classic and Christian, had for the beginnings of a written literature in Old English times.

---

[58] Ibid., 277: »That the influence of Rome as concerned the laws was opposed to the concrete Germanic picturesqueness and operated toward a statement of law in general terms rather than for the particular case becomes apparent when the Old English laws are compared with the Old Frisian«.

# Der Wanderer

## Eine Interpretation von Aufbau und Gehalt

1.

Früh schon in der Geschichte der wissenschaftlichen Erforschung der ae. und me. Literatur erkannte man, daß das in der Exeter-Handschrift überlieferte Gedicht, dem die Literaturgeschichtsschreibung den Titel *Der Wanderer* gegeben hat, zu den künstlerisch wertvollsten Zeugnissen der englischen Literatur des Mittelalters zählt.[1] Man war beeindruckt von der Prägnanz seiner Naturbilder, seinem lyrischen Pathos und seinem meditativen Ernst; bald jedoch wurden Zweifel laut, ob dieses Gedicht in seiner ursprünglichen Gestalt überliefert sei und eine künstlerische Ganzheit darstelle. Die Verbindung von christlichen und germanischen Elementen ließ hier – wie bei zahlreichen anderen Denkmälern der ae. Zeit – die Vermutung aufkommen, daß dieser Text seine endgültige Gestalt erst allmählich, durch Interpolation und Kontamination gewonnen habe.[2] Gegen diese These wandte sich W.W. Lawrence in seiner Abhandlung »The Wanderer and the Seafarer«[3], in der er nachweisen konnte, daß die von R.C. Boer vorgebrachte Kontaminations- und Interpolationstheorie unhaltbar war, womit er zugleich den Weg ebnete für eine Deutung dieser Texte als geschlossene, einheitliche Dichtungen.[4] Freilich versagte es sich W.W. Lawrence, in der genannten Abhandlung zugleich auch einen Aufriß der künstlerischen Struktur der behandelten Gedichte zu geben. Seine Äußerungen lassen erkennen, daß er zwar überzeugt war, die beiden Gedichte in ihrer ursprünglichen Fassung vor sich zu ha-

---

[1] Vgl. z.B. M. Rieger, Über Cynewulf V, ZfdPh, I (1869), 324, und B. ten Brink, Geschichte der englischen Literatur, Bd.I, Berlin 1877, 79.
[2] Vgl. R. C. Boer, Wanderer und Seefahrer, ZfdPh, XXXV (1902-3), 1-28.
[3] JEGPh, IV (1902), 460-80.
[4] Trotz der Einwände von W.W. Lawrence hält E. Sieper in seinem Buch, Die altenglische Elegie, Straßburg 1915, 196-201, an der von Boer vor allem verfochtenen Interpolationstheorie fest. Das gleiche gilt auch für die Arbeiten von R. Imelmann, Wanderer und Seefahrer im Rahmen der altenglischen Odoaker-Dichtung, Berlin 1908, und Forschungen zur altenglischen Poesie, Berlin 1920, 118-144.

ben[5], daß er andererseits aber auch Schwächen in ihrer Form wahrzunehmen glaubte; so stellt er gleich zu Anfang seiner Ausführungen fest:

> Unfortunately, however, their deep and true feeling for nature and passionate lyric earnestness are marred by occasional obscurity of language and abruptness in the sequence of thought, and by a mingling of Christian and heathen material.[6]

Ebenso sprach – noch im Jahre 1922 – N. Kershaw in den einleitenden Bemerkungen zu ihrer Ausgabe des *Wanderer* von »the apparent want of coherence in the poem«[7].

Erst durch die Forschungen von B.F. Huppé[8], Emily Doris Grubl[9], R.M. Lumiansky[10] und Stanley B. Greenfield[11] ist die Frage der künstlerischen Einheit des *Wanderer* eingehender erörtert worden. Vergleicht man die Resultate dieser Forscher, so zeigt sich, daß eine Reihe gemeinsamer Anschauungen in der Markierung inhaltlich zusammengehöriger Versgruppen festgestellt werden kann; im einzelnen jedoch variieren ihre Anschauungen bezüglich des Aufbaus dieses Gedichtes beträchtlich. Es soll daher in den folgenden Ausführungen der Versuch unternommen werden, im Anschluß an diese Forschungsrichtung das fein differenzierte Gefüge dieses Gedichtes genauer zu beschreiben und seine besondere Bauweise zu erhellen. Freilich wird man sich dabei nicht mit einer reinen Deskription äußerer Formmerkmale begnügen können. Eine Interpretation des Aufbaus des *Wanderer* bleibt unzulänglich, solange nicht zugleich die gehaltliche Bedeutung der einzelnen Aufbauelemente innerhalb der künstlerischen Ganzheit dieses lyrischen Werkes erfaßt wird, wie umgekehrt eine reine Gehaltsinterpretation, die die besonderen Aufbaugesetzlichkeiten einer solchen Dichtung übersieht, leicht zu einer unzutreffenden Vorstellung von der Eigenart und dem Sinn der vorliegenden dichterischen Aussage führt. Es wird daher bei der Deutung des *Wanderer* stets die wechselseitige Bezogenheit von Form und Gehalt zu berück-

---

[5] Nur V. 103-124 des Seefahrer sind nach Lawrence möglicherweise unecht.
[6] a.a.O., 460.
[7] N. Kershaw, Anglo-Saxon and Norse Poems, ed. and trsl., Cambridge 1922, 5.
[8] The Wanderer: Theme and Structure, JEGPh, XLII (1943), 516-538.
[9] Studien zu den angelsächsischen Elegien, Marburg 1948, 14-34.
[10] The Dramatic Structure of the Old English Wanderer, Neophilologus, XXXIV (1950), 104-112.
[11] The Wanderer: A Reconsideration of Theme and Structure, JEGPh, L (1951), 451-465.

sichtigen sein, will man ein zutreffendes Bild von dieser Dichtung insgesamt entwerfen.[12]

Gehen wir bei unserer Interpretation des *Wanderer* von äußeren formalen Gegebenheiten aus, so können wir feststellen: es besteht eine weitgehende Übereinstimmung bezüglich der äußeren Gliederung des Gedichtes, insofern man eine Zäsur nach V. 5 und V. 111 setzt, d.h. V. 1-5, V. 6-111 und V. 112-115 werden je als eine formale Einheit angesehen. Die Beziehung, die zwischen diesen Versgruppen besteht, wird jedoch verschieden gedeutet, was im Laufe dieser Untersuchung noch näher zu erläutern sein wird. Wir lenken unseren Blick zunächst auf den Hauptteil des Gedichtes, der die Verse 6-111 umfaßt. Die Verse 6-7 und 111 sind im epischen Berichtstil geschrieben und werden jeweils durch die *swa-cwæð*-Formel eingeleitet, was – nach Greenfield[13] – als ein Hinweis darauf gelten darf, daß die umschlossenen Verse 8-110 eine einzige Rede, den Monolog des Wanderers, darstellen. Innerhalb dieses Monologes macht sich wiederum eine deutliche Zweiteilung bemerkbar: während der Wanderer im ersten Teil (bis V. 57) von seinem persönlichen Geschick berichtet und damit Betrachtungen über das Los eines heimatlosen Gefolgsmannes verknüpft, erwächst im zweiten Teil aus diesen inhaltlichen Voraussetzungen eine universale Weltbetrachtung, in der die Lebenserfahrung und das Schicksal des Wanderers in Beziehung gesetzt werden zu dem allgemeinen Welt- und Menschheitsgeschick. Das innere Gefüge dieser beiden deutlich voneinander abgrenzbaren Hauptteile des Monologs wird durch inhaltliche, gehaltliche und formale Merkmale angezeigt, was in den folgenden Ausführungen im einzelnen genauer dargelegt werden soll.

---

[12] Zur Deutung des Gehaltes vgl. neben den schon genannten Abhandlungen von Huppé, Grubl, Lumianski und Greenfield folgende Untersuchungen:
B.J. Timmer, Wyrd in Anglo-Saxon Prose and Poetry, Neophilologus, XXVI (1940-41), 24-33 u. 213-228.
I.L. Gordon, Traditional Themes in The Wanderer and The Seafarer, RES, N.S.V. (1954), 1-13.
E.G. Stanley, Old English Poetic Diction and the Interpretation of The Wanderer, The Seafarer and The Penitent's Prayer, Anglia, 73 (1955), 413-466.
G.V. Smithers, The Meaning of The Seafarer and The Wanderer, Medium Ævum, XXVI (1957), 137-153.
S.I. Tucker, Return to The Wanderer, Essays in Criticism, VIII (1958), 229-237.
R.W.V. Elliott, The Wanderer's Conscience, English Studies, XXXIX (1958), 193-200.
T.C. Rumble, From Eardstapa to Snottor on Mode: The Structural Principle of The Wanderer, MLQ, XIX (1958), 225-30.
[13] a.a.O., 456ff. u. 462ff.

Untersucht man den Text V. 6ff. nach den genannten Kriterien, so heben sich deutlich V. 6-11a und V. 11b-18 voneinander ab. Der erste Abschnitt dient dazu, in die seelische Situation des Wanderers einzustimmen, was auf doppelte Weise erreicht wird: im erzählenden Bericht des Dichters und in der monologischen Aussage des Wanderers. Die einführenden Verse 6-7, die zugleich eine Vorausdeutung auf den Inhalt des anschließenden Monologs darstellen, schildern den Wanderer als einen Menschen, der über die irdischen Mühsale nachsinnt und der Todesgefechte und des Endes der ihm Nahestehenden gedenkt. Die folgenden Worte des Wanderers differenzieren zunächst nicht in der gleichen Weise: er spricht ganz allgemein von seiner Sorge, die er oft schon allein in die Dämmerung hinaus klagte, und wenn er weiterhin feststellt, daß es jetzt niemanden gibt, dem er zu sagen wagte, wie es innerlich um ihn bestellt ist, so deutet er damit an, daß die Sorge, die ihn in der Vergangenheit erfüllte, auch noch in sein gegenwärtiges Dasein hineinreicht, das von einer düster verhaltenen Trauer überschattet ist (vgl. in diesem Zusammenhang auch V. 58-60). Im übrigen soll offenbar mit dem Wort »cearu« nur das Leitmotiv angeschlagen werden, dem der gesamte erste Teil des Monologs unterstellt ist; die inhaltliche Füllung des Motivs vollzieht sich erst mit der fortschreitenden Begründung und Entfaltung seiner Lebenssituation.

Es darf nun für den Stil und den Aufbau des Monologs als besonderes Merkmal gewertet werden, daß die Darstellung des persönlichen Geschickes des Wanderers, durch das seine Lebensstimmung bedingt ist, zunächst noch aufgeschoben wird. Nachdem er ganz allgemein von seiner Sorge und seiner Einsamkeit gesprochen hat, wird sogleich in einer Art dialektischer Gegenbewegung die Erinnerung an jene ethische Forderung wach, die in einer solchen Situation das Verhalten eines Mannes bestimmen sollte: es ist edler Brauch, die eigene Sorge zu verschweigen. Zugleich wird ein Zusammenhang hergestellt zwischen dieser Forderung und »wyrd«, dem Schicksal, das den einzelnen Menschen trifft; wenn es V. 15-16 heißt: »Ne mæg werig mod wyrde wiðstondan, /ne se hreo hyge helpe gefremman«[14], so ist daraus zu folgern, daß derjenige, der sich von Trauer und Sorge nicht überwältigen läßt, in schicksalhafter Lage selbst Abhilfe zu schaffen und dem Schicksal, das ihm zuteil wurde, zu widerstehen vermag. Diese Stelle zeigt, daß in dem vorliegenden Gedicht von

---

[14] Zitate nach der Ausgabe von G.Ph. Krapp und E. van Kirk Dobbie, The Exeter Book, The Anglo-Saxon Poetic Records, vol. III, New York/London (1936)²1961.

einer unbedingten Ausgeliefertheit des Menschen an sein Schicksal nicht die Rede sein kann. Der Wanderer erfährt die Preisgegebenheit des menschlichen Seins, er weiß jedoch zugleich auch um die Möglichkeit einer Überwindung dieser Preisgegebenheit.

Insofern nach V. 15ff. Widerstand gegen das Schicksal möglich ist und von einem Manne erwartet wird, macht sich hier eine Einstellung bemerkbar, die über den Umkreis germanischen Welterlebens hinausführt. Übereinstimmend wurde von verschiedenen Forschern, die sich mit dem germanischen Schicksalsbegriff beschäftigten, hervorgehoben, daß der Gedanke des Widerstandes gegen das Schicksal dem Germanen fern lag.[15] Was die germanische Lebens-und Weltauffassung insbesondere kennzeichnete, war das Streben, das Schicksal dadurch ehrenhaft zu bestehen, daß man den eigenen Willen in die Richtung des Schicksals lenkte. »Erst der Gleichlauf zwischen Weltgeschehen und eigenem Willen ergibt Schicksal im tieferen Sinne«.[16] Die Vorstellung des Widerstandes gegen das Schicksal setzt demgegenüber einen abgeschwächten Schicksalsbegriff voraus und zeugt von einem gestärkten Gefühl für die sittliche Autonomie des Menschen.[17]

Die Konzeption vom Verhältnis des Menschen zum Schicksal, wie sie in der lehrhaften Partie V. 11b-18 vorliegt, legt nahe, daß der Dichter des *Wanderer* Anregungen zu seinem Werk empfangen haben könnte durch die *Consolatio Philosophiae* des Boethius, eines Schriftstellers, der im Mittelalter zu den Schulautoren zählte und dessen Trostschrift in ae. Zeit durch die Übersetzung und Bearbeitung Alfreds des Großen auch denjenigen zugänglich gemacht wurde, die ihn nicht in der Ursprache lesen konnten.[18] In Buch IV, Prosa 7 heißt es bei Boethius:

---

[15] Vgl. u.a. W. Gehl, Der germanische Schicksalsglaube, Berlin 1939, 182ff., 194ff., 199ff., 224ff.; Jan de Vries, Die geistige Welt der Germanen, Halle/Saale 1943, 94-99; weiterhin vom gleichen Vf., Altgermanische Religionsgeschichte, 2. Aufl., Bd. I, Berlin 1956, 207; W. Grönbech, Kultur und Religion der Germanen, 2. Aufl., Hamburg 1937-39, Bd. I, 129 u. 207; H. Galinsky, Sprachlicher Ausdruck und künstlerische Gestalt germanischer Schicksalsauffassung in der angelsächsischen Dichtung, Englische Studien, 74 (1940-41), 301; W. Baetke, Vom Geist und Erbe Thules, Göttingen 1944, 54-59.

[16] W. Gehl, a.a.O., 194.

[17] Vgl. in diesem Zusammenhang auch die Ausführungen von B.C. Williams über die Verse 15-18 des Wanderer in: Gnomic Poetry in Anglo-Saxon, New York 1914, 42-43, wo u.a. festgestellt wird, daß es für V. 16 keine Parallele in der angelsächsischen gnomischen Dichtung gibt.

[18] Vgl. hierzu die Diss. von L. Helbig, Altenglische Schlüsselbegriffe in den Augustinus- und Boethius-Bearbeitungen Alfreds des Großen, Frankfurt a.M. 1960. – Vgl. in diesem Zusammenhang auch die Ausführungen von R.M. Lumianski, a.a.O., 110f.

> Proelium cum omni fortuna animis acre conseritis ne uos aut tristis opprimat aut iucunda corrumpat. Firmis medium uiribus occupate; quicquid aut infra subsistit aut ultra progreditur habet contemptum felicitatis, non habet praemium laboris. In uestra enim situm manu qualem uobis fortunam formare malitis; omnis enim quae videtur aspera, nisi aut exercet aut corrigit, punit.[19]

Hier wird ausdrücklich festgestellt, daß es in die Hand des Menschen gelegt ist, wie er sein Schicksal gestalten möchte; gleichzeitig geht aus dieser Stelle hervor, daß für Boethius – wie für den Dichter des *Wanderer* – der Widerstand gegen das Schicksal und seine Überwindung in der Beherrschung der Affekte begründet sind.

Nachdem der Wanderer in seiner monologischen Selbstdarstellung seine seelische Situation umschrieben und die ethische Norm benannt hat, der er in seiner Trauer und Sorge sein Leben zu unterstellen versucht, deutet er in den folgenden Versen 19-29a an, welches Los ihn ehedem traf: er mußte seine Heimat verlassen und einsam und elend über das Meer ziehen, weil er seinen Fürsten (»goldwine«, V. 22) durch den Tod verlor[20] und damit zugleich die Methalle (vgl. V. 25: »sele«[21]; V. 27: »in meoduhealle«) und die Gefolgschaft (vgl. V. 21: »freomægum feor«[22]), die den Fürsten umgab. Das heißt: mit dem Tod des Gefolgsherrn wurden für den Wanderer all jene Bindungen durchschnitten, die für das Leben eines germanischen Gefolgsmannes konstitutiv waren.[23] Damit ist jedoch zugleich gesagt, daß der Wanderer kein einmaliges, privates und ausnahmehaftes Geschick zu tragen hat, sondern ein in seiner Art repräsen-

---

[19] Die grundlegende Ausgabe des lat. Boethius-Textes ist die von L. Bieler, Anicii Manlii Severini Boethii Philosophiae Consolatio, Turnholti 1957, Corpus christianorum Series Latina 94. (Nach dieser Ausgabe wird im folgenden zitiert.) Über die mittelalterliche »interpretatio christiana« der Consolatio Philosophiae, die wir auch bei dem Dichter des Wanderer vorauszusetzen haben, sowie die christlichen Elemente in diesem Werk handelt Ingeborg Schröbler in ihrer Habil.-Schrift Notker III von St.Gallen als Übersetzer und Kommentator von Boethius' De Consolatione Philosophiae, Hermaea N. F. II, Tübingen 1953.

[20] Auf welche Art der Fürst den Tod fand, wird offenbar mit Absicht nicht gesagt. Der Dichter begnügt sich damit, den äußeren Anlaß festzustellen, der zur Vereinsamung eines Gefolgsmannes führen kann, und er konzentriert sich sodann auf die Darstellung dieser Situation.

[21] Zu V. 25 vgl. auch W. Fischer, Wanderer V. 25 und V. 6-7, Anglia, 59 (1935), 299-302. Dort wird die Lesart »seledreorig« = »trauernd um den Saal« vorgeschlagen; an unserer Deutung dieses Verses ändert dies nichts.

[22] Daß »freomaegum« an dieser Stelle nicht die Verwandten, sondern die Kameraden, die Gefolgsleute bezeichnet, hat E.D. Grubl, a.a.O., 18-19, im Zusammenhang mit ihrer Deutung der Form »maga« (V. 51a) gezeigt. Sie stützt sich dabei wiederum auf eine Arbeit von M. Deutschbein über Germanisches Heldentum in der angelsächsischen Zeit, in: Mannestum und Heldenideal, Marburg 1942, 36-57. Vgl. dort insbesondere 44 u. 56, Anm. 27.

[23] Diesen Aspekt hat E.D. Grubl besonders herausgearbeitet.

tatives: jeder germanische Gefolgsmann konnte von einem solchen Schicksal betroffen werden[24].

So erklärt es sich auch, daß der Wanderer in der Darstellung der Erlebniswelt eines vereinsamten Gefolgsmannes von V. 29b an von der 1. in die 3. Person überwechselt[25] und in lapidaren Formulierungen und scharfen Antithesen das von Leid und Sorge gezeichnete Dasein, das er wie mancher andere nach dem Tod des Gefolgsherrn kennengelernt hat, mit dem sinnerfüllten Leben im Umkreis des Fürsten kontrastiert:

> Warað hine wræclast, nales wunden gold,
> ferðloca freorig, nalæs foldan blæd. (V. 32-33)

Diese Partie gipfelt sodann in der bewegenden Klage: »Wyn eal gedreas!« (V. 36b). »Wyn« – das ist für den Wanderer der Inbegriff der Freude, wie er sie in der Methalle im Zusammensein mit dem Fürsten und der Gefolgschaft erlebte. Es darf jedoch nicht übersehen werden, daß diese Gemütsstimmung nicht nur der Ausdruck einer seelischen und gesellschaftlichen Geborgenheit ist; sie ist zugleich an materielle Voraussetzungen geknüpft. »Wyn« ist vor allem auch die Freude, die aus dem Besitz irdischer Güter, aus der Teilhabe an irdischer Lebensfülle (»foldan blæd«) erwächst; dieser Zusammenhang wird noch dadurch verdeutlicht, daß das Wort »wyn« in der Wendung »weman mid wynnum« (V. 29)[26] in rein gegenständlichem Sinn gebraucht wird und ihm dort in pluralischer Form die Bedeutung ›kostbare Geschenke‹ zukommt. Wenn der Wanderer in dem verstorbenen Fürsten vor allem den goldverteilenden Freund sah, so läßt die Wertschätzung irdischen Besitzes, die sich in die-

---

[24] Hingewiesen sei in diesem Zusammenhang auf den Aufsatz von Ralph W.V. Elliott, The Wanderer's Conscience, English Studies, XXXIX (1958), 193-200, der in diesem Gedicht deutliche Zeichen für einen persönlichen Gewissenskonflikt findet und annimmt, daß der Wanderer deshalb in Einsamkeit und Trauer lebt, weil er sein Versprechen, mit dem Gefolgsherrn im Kampf zu sterben, nicht einhielt. Elliott beruft sich dabei auf die gnomischen Partien des Gedichtes, wo vor zu raschen, prahlerischen Versprechungen gewarnt wird, und er stützt seine These u.a. auf Wörter wie »hreo« (V. 16) und »hean« (V. 23). Die seelische Erregung des Wanderers wertet er als Zeichen seines Schuldgefühls, während wir sie als Ausdruck einer Vereinsamung ohne persönliche Schuld deuten. Außerdem spricht die Tatsache, daß sich – wie wir noch eingehender darlegen werden – das ganze Gedicht hindurch die Tendenz bemerkbar macht, das Schicksal des Wanderers als ein typisches erscheinen zu lassen, unseres Erachtens ebenfalls gegen Elliotts Interpretation.

[25] Vgl. hierzu auch E.G. Stanley, a.a.O., 464-65. Stanley zeigt weiterhin, daß der Wechsel von der 1. zur 3. Person charakteristisch ist für das rhetorische Mittel der ethopoeia (= an imaginary monologue is attributed to a human but fictitious character, 450). Zur Frage der ethopoeia im Wanderer vgl. auch Anm. 84.

[26] Wir lesen an dieser Stelle mit Krapp u. Dobbie weman; zur Lesart wenian vgl. in der genannten Ausgabe Notes, 289.

ser Charakterisierung des Gefolgsherrn zugleich spiegelt, an zahlreiche andere Stellen in der ae. Literatur denken, wo das Verhältnis der Gefolgsleute zu Gaben und Geschenken, Kleinodien und Gold in derselben Weise geschildert wird; es sei hier nur an das *Beowulf*-Epos erinnert.[27]
Es ist im Sinne dieser Lebensauffassung auch verständlich und folgerichtig, daß der Verlust des Fürsten, der Gefolgschaft und der Methalle zunächst nicht zu einer Distanzierung und inneren Lösung von irdischem Besitz und irdischen Bindungen führte, sondern im Wanderer in verstärktem Maße den Wunsch wachrief, das verlorene Glück in gleicher Form wiederzugewinnen. Ausdrücklich wird in V. 23-29a festgestellt, daß der Wanderer eine neue Methalle und einen neuen Schatzspender (»sinces bryttan«, V. 25) suchte, der in derselben Weise wie der verstorbene Fürst seine geheimsten Wünsche zu erraten und ihn mit kostbaren Geschenken über seinen Verlust hinwegzutrösten verstünde. Diese ursprüngliche Einstellung des Wanderers gilt es klar festzuhalten, soll nicht ein falsches Bild vom Gesamtwerk gezeichnet werden: wenn er im ersten Teil des Monologs von seinem früheren Verhältnis zu fürstlichen Gaben und Geschenken spricht und allgemein die Einstellung des Gefolgsmannes zu irdischem Besitz charakterisiert, so verharrt er im Bereich der Vorstellungen, die für das germanische und insbesondere angelsächsische Gefolgschaftswesen bezeichnend sind. Erst im zweiten Teil, insbesondere an jener Stelle, an der von den Forderungen die Rede ist, welche ein Weiser erfüllen sollte, macht sich ein anders geartetes Verhältnis zu irdischen Gütern, das der Wanderer als erfahrener Weltbetrachter gewonnen hat, bemerkbar.
Vergleicht man nun die Verse 37-57 mit den bereits analysierten Versen 8-36, so zeigt sich, daß der stoffliche Umkreis des Monologs nicht erweitert, sondern das gleiche Thema variiert wird[28], wobei sich, rein formal gesehen, eine klarere Linienführung abzeichnet. Waren zunächst Reflexion, psychologische Analyse und epischer Bericht miteinander verflochten, so geht es nun um eine weitere bildhaft kontrastreiche Ausgestaltung der seelischen Situation eines vereinsamten Gefolgsmannes. Nach wie vor ist der Wanderer der Sprecher des Monologs; die Darstellung bleibt jedoch auch in diesen Versen durchweg in der 3. Person, wodurch die typischen Züge der geschilderten Erlebnisse – ähnlich wie

---

[27] Vgl. in diesem Zusammenhang auch die Ausführungen von W. Grönbech über das Beowulf-Epos, a.a.O., Bd.II, 12-13.
[28] Daß die Variation ein formales Grundprinzip dieses Gedichtes ist, vermerkt bereits B. ten Brink, a.a.O., 78.

in den Versen 29b-36 – noch markanter hervortreten. Der Wanderer spricht als ein Gefolgsmann, der nun schon lange seinen Fürsten verloren hat und seitdem die Situation der Vereinsamung kennt; er spricht zugleich für alle jene, die ein gleiches Schicksal zu ertragen haben wie er und um die Not eines heimatlosen Gefolgsmannes wissen (vgl. in diesem Zusammenhang die rhetorische Formel, mit welcher der Abschnitt V. 37ff. einsetzt: »Forþon wat se þe sceal ... «).

Deutlich spiegelt sich die jeweilige Grundeinstellung des Sprechenden auch in dem besonderen Gebrauch der Zeiten im Monolog. In V. 8-36 wechseln Präsens und Präteritum miteinander ab: das Präteritum benutzt der Wanderer, wenn er von dem vergangenen Glück, vom Tod des Fürsten und schließlich von der Suche nach einem neuen Gefolgsherrn spricht; das Präsens dient dazu, seine gegenwärtige Situation zu umschreiben und ethische Maximen sowie Einsichten festzuhalten, die er durch seine besondere Lebenserfahrung gewonnen hat. Von V. 37 an wird das Präsens zur vorherrschenden Zeit (nur einmal wird in V. 44 das Präteritum gebraucht, wo es dem Sinn nach erforderlich ist); hier wird ein Erlebnis dargestellt, das dem Wanderer bisher oft schon zuteil geworden ist, das sich überdies zu jeder Zeit und in jedem vereinsamten Gefolgsmann wiederholen kann und so eine allgemeine Erfahrungstatsache darstellt: die Erneuerung des Leides und der Sorge durch die Erinnerung.[29]

Die Erinnerung an den Fürsten (V. 41-44) wird in einen Traum gekleidet; sie gewinnt dadurch noch besonderes Gewicht, daß sie einen bedeutenden Augenblick in der Begegnung des Gefolgsmannes mit dem Gefolgsherrn festhält: die Gebärden des Umarmens, des Küssens und des Niederkniens bedeuten – nach L.L. Schücking – »anscheinend die Feierlichkeit der Aufnahme in die dryht«[30]. Die Erinnerung an die Gefolgschaft (V. 50b-58a)[31] wird als Vision gekennzeichnet, die im Geist des Vereinsamten aufsteigt, bedingt durch das beständige Nachsinnen über die Vergangenheit. Vorbereitet werden diese beiden Erinnerungsbilder durch eine knappe Überleitung, die V. 37-40 umfaßt: das Wort »slæp« (V.

---

[29] Vgl. in diesem Zusammenhang auch Stanley B. Greenfield, a.a.O., 457.
[30] L.L. Schücking, Kleines angelsächsisches Dichterbuch, Cöthen 1919, 1. Vgl. hierzu weiterhin M. Ashdown, The Wanderer, ll. 41-43, MLR, XXII (1927), 313-14.
[31] Daß mit der Wendung »secga geseldan« (V. 53a) ebenso wie mit dem vorausgehenden Gen. Pl. »maga« (V. 51a) die Gefolgsleute gemeint sind, hat E.D. Grubl, a.a.O., 18-19 dargelegt. Graham Midgley dagegen glaubt, daß »secga geseldan« eine metaphorische Bezeichnung für die Möwen sei, und rechnet V. 53 zum folgenden Abschnitt, der das Erwachen des Vereinsamten aus dem Tagtraum schildert. Vgl. Graham Midgley, The Wanderer, Lines 49-55, RES, N. S. X (1959), 53-54.

39) weist auf die Traumvision vom Fürsten hin, und das Wort »sorg« (V. 39) kehrt zu Beginn jener Stelle wieder (V. 50), die die Vision der Gefolgschaft enthält.

Diese Erinnerungsbilder gewinnen dadurch noch an Anschaulichkeit, daß in den Versen 45-50a und 53b-55a knappe Szenen dazwischengeblendet werden, in welchen mit den in der ae. Literatur üblichen Stilmitteln die düstere und unheimliche Atmosphäre einer winterlichen Seelandschaft beschrieben wird, die den vereinsamten Gefolgsmann die Not des Ausgesetztseins umso schmerzlicher empfinden läßt.[32] Zugleich wird der gesamte Abschnitt V. 37-57 durch die Feststellung: »sorg bið geniwad« (V. 50b), die in V. 55b in der Form »cearo bið geniwad« wiederkehrt, mit der zentralen Thematik verknüpft, die den Monolog des Wanderers von Anfang an beherrscht. Der Begriff »cearo« erinnert an V. 8-9, wo der Wanderer davon spricht, daß er oft in der Einsamkeit seiner Sorge Ausdruck verlieh (»mine ceare cwiþan«) und an die Verse 20 und 24, wo er die Gemütsverfassung, in der er über das Meer zog, mit den Adjektiven »earmcearig« und »wintercearig« charakterisiert. Durch diese Technik der leitmotivischen Wiederkehr gleicher bzw. sinnverwandter Wörter (einschließlich ihrer Ableitungen) wird der erste Teil des Monologs zu einer thematischen und kompositorischen Einheit zusammengeschlossen.

Bezüglich des Aufbaus und der Stimmungsführung in den bisher analysierten Versen ist weiterhin folgendes zu beachten. In der letzten Zeile des ersten Teiles des Monologs wird die Grundstimmung des vereinsamten Gefolgsmannes mit dem Adjektiv »werig« umschrieben, welches ›traurig, müde‹ bedeutet, und die Wendung »werigne sefan« entspricht unmittelbar dem Ausdruck »werig mod« in V. 15, wo es heißt: »ne mæg werig mod wyrde wiðstondan«. Daraus geht hervor, daß die Gemütsverfassung des vereinsamten Gefolgsmannes, wie sie der Wanderer schildert, mit jener geistig-seelischen Haltung identisch ist, auf die in der lehrhaften Partie ausdrücklich Bezug genommen wird und gegen die sich die Verse 11b ff. richten.

Es geht also dem Wanderer, der nach seiner Selbstdarstellung die Spannung zwischen der Sorge und der ihr entgegengesetzten sittlichen Forderung auch an sich immer wieder erfahren hat und noch erfährt (vgl. V.

---

[32] Zur Interpretation von V. 54 vgl. die Abhandlungen von G.V. Smithers, Five Notes on Old English Texts, English and Germanic Studies, III, Birmingham 1949-50, 84-85, und W.J.B. Owen, Wanderer, Lines 50-57, MLN, LXV (1950), 161-65. Mit Smithers lesen wir V. 54 »fleotendra ferð« und sehen in »ferð« ein an. Lehnwort, das ›crowd, throng, company‹ bedeutet. Es ist die Schar der Gefolgsleute, die der Vereinsamte zunächst im Geist vor sich sieht, eine Vorstellung, die alsbald wieder schwindet.

8-11a; V. 19-21), nicht darum, in didaktischer Absicht zu den genannten gnomischen Versen hinzuführen; die ethische Maxime ist vielmehr im strukturellen Gefüge des Monologs an den Anfang gerückt, und die folgenden Verse dienen dazu, in stufenweiser Steigerung die Erlebniswelt des vereinsamten Gefolgsmannes gegen diese Forderung abzuheben. Dabei zeigt sich, daß der erste Teil des Monologs in der Stimmungsführung zwei Höhepunkte anstrebt; der erste ist mit V. 36b erreicht: »Wyn eal gedreas!«; der zweite liegt in V. 55b ff.: »Cearo bið geniwad ... «. Das lyrische Element dominiert auf diese Weise in den Versen 8-57 eindeutig über das didaktische.

Eine gewisse Dämpfung wird in diesen Versen bei aller stimmungsmäßigen Intensität dadurch erreicht, daß der Wanderer in der Darstellung der Geschicke eines vereinsamten Gefolgsmannes – in der Ich-Form wie in der Er-Form – aus der Überschau des erfahrenen und wissenden Menschen spricht.

Dazu kommt als weiteres Charakteristikum der dargestellten Erlebniswelt, daß in die Schilderung der Trauer, Not und Sorge des heimatlosen Gefolgsmannes einzelne Passagen eingefügt sind, die von einem glückhaft erfüllten Leben in der Vergangenheit sprechen, welches in seiner Erinnerung immer wieder lebendig wird. Die visionären Bilder V. 37ff. stellen nach L.L. Schücking geradezu eine »dichterische Verklärung des Gefolgschaftsverhältnisses« dar[33]. Wenn nun nach Beißner »der verhalten trauernde Rückblick von der Gegenwart in eine idealische Vergangenheit« als »das vornehmste Merkmal«[34] der Elegie in den neueren Literaturen zu gelten hat, so können wir dem ersten Teil des Monologes, der dem Wanderer in den Mund gelegt ist, einen elegischen Charakter zusprechen.[35]

2.

Es wird nun zu untersuchen sein, wie die Struktur des zweiten Teiles des Monologs beschaffen ist, welche dichterischen Absichten hier spürbar sind, und wir werden schließlich zu fragen haben, wie Einleitung und

---

[33] L.L. Schücking, a.a.O., 1.
[34] Friedrich Beißner, Geschichte der deutschen Elegie, in: Pauls Grundriß der germanischen Philologie, Berlin 1941, 15.
[35] Vgl. hierzu auch B.J. Timmer, The Elegiac Mood in Old English Poetry, English Studies, XXIV (1942), 38.

Schluß des Gedichtes in ihrem Verhältnis zum Gesamtcharakter des Monologs zu deuten sind.

Eine Verknüpfung des ersten Teiles des Monologs mit dem zweiten wird durch die Verse 58-63 geschaffen. Das Pronomen »ic«, das an dieser Stelle zweimal gebraucht wird, läßt erkennen, daß auch die folgenden Verse – wie die vorhergehenden – vom Wanderer gesprochen werden, und wenn er feststellt, daß sein Sinn sich verdüstere, sobald er über Leben und Tod der Menschen nachdenkt, so deutet er damit auf die Grundstimmung hin, die sich durch den gesamten Monolog hindurchzieht.[36] Es zeigt sich bereits hier, daß der zweite Teil des Monologs in der Technik des Aufbaus am Vorbild des ersten Teiles orientiert ist: dort umschreibt der Wanderer ebenfalls zunächst seine psychologische Situation, und es ist in diesem Zusammenhang aufschlußreich zu sehen, daß auch das Kompositum »modsefa«, das in V. 10 vorkommt, in V. 59 wiederum auftaucht. Eine Variation ergibt sich für den zweiten Teil insofern, als sich nun der Umkreis der Betrachtungen des Wanderers weitet: sprach er zunächst von seinem persönlichen Geschick und sodann von dem Los, das jeder heimatlose Gefolgsmann zu tragen hat, so sinnt er nun über das gesamte Welt- und Menschheitsgeschick nach. Ausdrücklich heißt es V. 58ff.:

> Forþon ic geþencan ne mæg *geond þas woruld*
> for hwan modsefa min ne gesweorce,
> þonne ic *eorla lif* eal geondþence,
> ... Swa *þes middangeard*
> ealra dogra gehwam dreoseð ond fealleþ, ...
> (Hervorhebung vom Vf.)

Die anschließenden Verse 64-72 dienen dazu, die geistig-seelische Haltung, die den weisen und erfahrenen Weltbetrachter charakterisiert, genauer zu fixieren. Äußerlich handelt es sich bei dem gesamten Abschnitt um eine lehrhafte Partie, die – was ihre Stelle im Gesamtaufbau des Gedichtes anbelangt – den Versen 11b-18 entspricht. War dort nur von einem bestimmten Brauch die Rede (vgl. V. 12ff.), den der Wanderer in seiner Vereinsamung zu befolgen versucht, so geht es hier darum, zu zeigen, welche Forderungen ein Weiser in äußerlich ganz verschiedenen Lebenssituationen erfüllen sollte. Sein Verhalten im Kampf (»ne to wac wiga ne to wanhydig, /ne to forht ne to fægen«, V. 67- 68a), sein Verhalten im

---

[36] Wir folgen mit unserer Auslegung der Verse 58-59 der Deutung, die Schücking, a.a.O., 121 (zu »geond«) und 175 (zu »ge-þenc(e)an«) vorgeschlagen hat.

Gespräch (»ne to hrædwyrde«, V. 66; »ne næfre gielpes to georn«, V. 69; vgl. weiterhin V. 70-72) und seine Beziehung zu irdischen Gütern (»ne to feohgifre«, V. 68) werden im Stile der gnomischen Poesie charakterisiert, wobei die Bezähmung der Leidenschaften als die Grundforderung zu gelten hat, die an ihn gerichtet ist, einerlei ob sich nun die Leidenschaften im ungezügelten Kampfeswillen, in unbeherrschter Rede oder in der Besitzgier Ausdruck verschaffen.[37]

Daß der Wanderer schon im ersten Teil als erfahrener Weltbetrachter spricht, können wir aus Wendungen wie »Wat se þe cunnað ... «, V. 29b, »Forþon wat se þe sceal ... «, V. 37a, entnehmen. Im zweiten Teil des Monologs kommt dieser Standpunkt in verstärktem Maße zur Geltung entsprechend der umfassenderen Thematik, über die der Wanderer reflektiert, so daß wir hier Formulierungen finden wie: »forþon ne mæg weorþan wis wer, ... «, V. 64; »Wita sceal ... «, V. 65; »Ongietan sceal gleaw hæle ... «, V. 73; »Se þonne þisne wealsteal wise geþohte ... «, V. 88. Zeichnet sich also den gesamten Monolog hindurch ein gleichbleibender geistiger Habitus des Sprechers ab[38], so ist innerhalb der beiden Teile insofern eine Verschiebung der räumlichen Perspektive zu bemerken, als die winterliche See den Hintergrund für die Darstellung der Situation des heimatlosen Gefolgsmannes bildet; über die See mußte der Wanderer ziehen, als er seinen Fürsten verlor und einen neuen Herrn suchte; vor dem Hintergrund des Meeres steigen die Visionen eines sinnerfüllten Lebens in der Vergangenheit auf; mit dem Beginn des zweiten Teiles wendet sich der Wanderer nun dem Lande und insbesondere jenen Stätten der Erde zu, die für Gefolgsherrn und Gefolgsleute ehedem Glück und Geborgenheit bedeuteten und die nun verlassen stehen und verfallen.

Dazu kommt eine Erweiterung der zeitlichen Perspektive, insofern seine Gedanken nun nicht mehr ausschließlich auf Vergangenheit und Gegenwart gerichtet sind, sondern auch in die Zukunft: durch das Wissen um das sichere Ende der Welt und all ihrer Reichtümer, die ehedem den Wanderer in der Halle des Gefolgsherrn verlockten, wird die Intensität

---

[37] L.L. Schücking sieht in dieser Stelle »einen Vorklang des späteren Ideals (mhd. die ›mâze‹ genannt) des Hochmittelalters« (a.a.O., 2). Wir möchten demgegenüber darauf hinweisen, daß das Ideal des Weisen, wie es im Wanderer an dieser Stelle umrissen wird, in allen wesentlichen Zügen bereits in der Consolatio Philosophiae des Boethius eine deutliche Entsprechung hat. Auf Boethius bezieht sich auch R.M. Lumiansky, a.a.O., 110. Elizabeth Suddaby hat auf eine ähnlich klingende Stelle in Wulfstans Sermo de Baptismate hingewiesen; Three Notes on Old English Texts, MLN, LXIX (1954), 465-66.

[38] Vgl. auch V. 111: »snottor on mode«.

des Vergänglichkeitserlebnisses noch erhöht. V. 73-74 heißt es ausdrücklich:

> Ongietan sceal gleaw hæle hu gæstlic bið,
> þonne ealre þisse worulde wela weste stondeð.

Ob nun der Wanderer mit diesen Zeilen zugleich auf das Endgericht hinweisen will, ist umstritten, ebenso, ob das Wort »gæstlic« hier im Sinne von ›spiritual‹ oder ›awesome‹ zu verstehen ist. Aus der Gesamteinstellung des Sprechers im zweiten Teil des Monologes halten wir es für wahrscheinlich, daß »gæstlic« in diesem Zusammenhang soviel bedeutet wie ›awesome‹[39]: der Wanderer ist gepackt vom Schrecken einer universalen Weltvernichtung, da er ihre Vorboten bereits im jetzigen Weltzustand wahrzunehmen glaubt. Wenn der Satz »þonne ealre þisse worulde wela weste stondeð« – wie die vorliegende Forschung beweist – aus dem unmittelbaren Zusammenhang heraus nicht eindeutig der germanischen oder christlichen Vorstellungswelt zuzuordnen ist[40], so dürfte dies kennzeichnend sein für den Stil, in dem der zweite Teil des Monologes des Wanderers weithin geschrieben ist. Es lag offenbar in der Absicht des Dichters, bildhafte Wendungen und umgreifende Formulierungen zu finden, die christliche und germanische Vorstellungen zugleich treffen können.[41] Im übrigen hat der Dichter des *Wanderer* – wie noch eingehender zu erläutern sein wird – in der Einleitung und am Schluß seiner Dichtung zu erkennen gegeben, daß er das menschliche Dasein letztlich aus christlicher Sicht deutet. Daß diese Sicht auch im zweiten Teil des Monologs des Wanderers mitschwingt, geht aus V. 85 hervor, wo es heißt: »Yþde swa þisne eardgeard ælda scyppend«. Eine solche Stelle bildet zugleich eine Stütze für jene Deutung, die für V. 74 eine Anspielung auf das Weltende im christlichen Sinne annimmt und der wir uns im folgenden ebenfalls anschließen.

---

[39] In gleicher Weise fassen auch W.W. Lawrence, a.a.O., 475-76, und G.V. Smithers, a.a.O., 141-42, den Sinn des Wortes »gæstlic« auf.

[40] Eine Anspielung auf das Endgericht nehmen B.F. Huppé, a.a.O., 526, und G.V. Smithers, a.a.O., 141, an. S.B. Greenfield urteilt: »There is a similarity of idea to the Christian Day of Judgment, but that is all«. (a.a.O., 459). J.H.W. Rosteutscher hat in seinem Aufsatz Germanischer Schicksalsglaube und angelsächsische Elegiendichtung, Englische Studien, 73 (1938-39), 16, Anm. 1, darauf hingewiesen, daß möglicherweise heidnische Quellen verwertet wurden; er fügt jedoch hinzu: »Aber hier sind sie benutzt, um Weltangst hervorzurufen und so den Boden für die neue Lehre zu bereiten«. Susie I. Tucker schließlich sieht in den zitierten Zeilen primär eine Anspielung auf die kriegerischen Ereignisse im 8. Jh.; vgl. a.a.O., 235.

[41] Vgl. hierzu auch I.L. Gordon, a.a.O., 4.

Untersuchen wir nun im einzelnen die bildhafte und zugleich summierende Darstellung irdischer Vergänglichkeit, die sich in den inhaltlich gegeneinander abgrenzbaren Versgruppen 73-80a und 80b-87 findet, so läßt sich ein klarer Aufbau insofern nachweisen, als der Wanderer zunächst (V. 77-78) den dinglichen Bereich in den Vordergrund rückt, wobei die Verse, die skizzenhaft das winterliche Bild zerfallender Ruinen festhalten, in bewußter Anlehnung an das ae. Gedicht *Die Ruine* geschrieben sein dürften[42]. Wenn dann der Blick wiederum auf das menschliche Dasein gerichtet wird, so denkt der Wanderer auch hier primär an die Auflösung des Gefolgschaftswesens:

> Woriað þa winsalo, waldend licgað
> dreame bidrorene, duguþ eal gecrong,
> wlonc bi wealle. (V. 78-80a)

Die Thematik des ersten Teiles des Monologs wird in knapper Form ohne Beziehung zu dem persönlichen Schicksal des Wanderers wieder aufgenommen, wobei sich die für den zweiten Teil typische, stark generalisierende Sicht an den Formen »þa winsalo«, »waldend« (im Text Nom. Pl.) und der Formulierung »duguþ eal« ablesen läßt.

In gesteigerter Weise macht sich die Tendenz zur umfassend-summierenden Schau der menschlichen Geschicke in der folgenden Partie (V. 80b-87) bemerkbar. In knapper, additiver Reihung werden in den Versen 80b-84 die Schicksale der im Kampfe Gefallenen beschrieben[43]: den einen trug ein Vogel über das Meer – nach F. Holthausen ist damit ein »leichenfressender Seeadler« gemeint[44] –, ein anderer wurde vom Wolf zerrissen, ein dritter in die Erde bestattet. Die Beschreibungen folgen der sog. *sum*-Formel, die an sich ein wesentliches und charakteristisches Stilmittel der ae. Spruchdichtung ist.[45] Wenn der Dichter des *Wanderer* in dieser Weise verschiedene Vorlagen (*Ruine,* Spruchdichtung)

---

[42] Vgl. dazu E. Sieper, a.a.O., 198; E.D. Grubl, a.a.O., 26-27.
[43] Ältere Forschung sah in dieser Stelle eine systematische Aufzählung der Todesarten der Menschen; so vermerkt z.B. B.R. Wülker: »Es sind damit alle Todesarten aufgezählt: im Kriege, auf Seefahrten, auf der Jagd, durch Krankheit oder durch Alter«. Grundriß zur Geschichte der angelsächsischen Literatur, Leipzig 1885, 206. Diese Deutung ist jedoch nicht haltbar; daß »fugel« gleich Schiff zu setzen sei, wird bestritten; daß der Tod durch den Wolf den Tod auf der Jagd bedeutet, wird durch zahlreiche Kampfesschilderungen in der ae. Epik widerlegt. Die richtige Deutung trug bereits 1898 J.W. Bright in seiner Abhandlung The Wanderer, MLN, XIII (1898), 176-77, vor. Es heißt dort: »The poet has not digressed into a catalogue of ›alle Todesarten‹; he keeps his eye fixed upon the vision of the departed glory of the ›hall‹, and laments the death of lords and retainers«. (176)
[44] F. Holthausen, Altenglische Kleinigkeiten, GRM, N.F. III (1953), 345.
[45] Vgl. dazu N. Kershaw, a.a.O., 165, Anm. zu V. 80.

und vorgebildete stilistische Möglichkeiten ausgewertet hat, so zeigt die überlegte und durchdachte kompositorische Gestaltung seines Gedichtes, wie souverän er seinen Vorbildern gegenüberstand, in welchem Maße er Vorgeformtes in eigener Intention zu benutzen und weiterzubilden verstand.

Vom Gesamtaufbau des Monologes aus gesehen entspricht der Abschnitt V. 80b-87 der Versgruppe V. 29b-36. Die Klage über den persönlichen Verlust gipfelte in der Feststellung: »Wyn eal gedreas!« (V. 36); hier resümiert der Wanderer seine Reflexion über die Geschicke der Menschen in dem – in anderem Zusammenhang schon zitierten – lapidaren Vers: »Yþde swa þisne eardgeard ælda scyppend« (V. 85). Wurde dort nur ein Verlust festgestellt, der den Wanderer ehedem betraf, so bringt der korrespondierende Abschnitt des zweiten Teiles eine Deutung der Erlebnisse und Erfahrungen des Wanderers aus der Distanz der gereiften Lebensschau: in der Vergänglichkeit alles Irdischen spürt er die Wirksamkeit der Macht Gottes, wobei kein Zweifel daran sein kann, daß mit der Formulierung »ælda scyppend« der christliche Schöpfergott gemeint ist, welcher der Herr des Lebens und des Todes zugleich ist.[46]

Fragen wir nun nach der Struktur des letzten Abschnittes des Monologes, d.h. der Verse 88-110, so ist hier insofern eine deutliche Zäsur festzustellen, als sich die direkte Rede V. 92-110, die als das Wort eines weisen Weltbetrachters in den Monolog des Wanderers eingelegt ist, abhebt von der knappen Überleitung der Verse 88-91. Analog zur entsprechenden Partie des ersten Teiles (V. 37-40) klingt auch an dieser Stelle das Motiv des Nachsinnens über die Welt und des Wissens um die düsteren Seiten des Lebens noch einmal an (vgl. V. 88: »Se þonne þisne wealsteal wise geþohte«; ähnlich V. 37: »Forþon wat se þe sceal ... «); dann aber wird die nachdenkliche Haltung verdrängt durch die mit neuer Macht aufsteigenden Erinnerungen (vgl. V. 90b-91a: »feor oft gemon /wælsleahta worn«; daß in V. 39 mit dem Stabreim »sorg ond slæp« das Auftauchen der in V. 41ff. beschriebenen Erinnerungen vorbereitet wird, wurde bereits ausführlicher besprochen.)

---

[46] Wenn Gott hier in seiner Wirkung mit »wyrd« gleichgesetzt wird, so bedarf es keiner Deutung des Terminus »ælda scyppend«, wie das E.D. Grubl versucht hat, die schreibt: »Allerdings bereitet der Ausdruck ›der Schöpfer der Menschen‹ als Bezeichnung der Wyrd einige Schwierigkeiten. Er läßt sich nur durch die Überlegung erklären, daß die Wyrd ursprünglich auch als die schaffende Macht angesehen wurde« (a.a.O., 20). Wir stimmen in unserer Deutung vielmehr mit Susie I. Tucker überein, die in ihrem Aufsatz Return to The Wanderer feststellt: »I think we need to remember that in the religious literature of the Anglo-Saxons there is a good deal of the Old Testament, and there, in both the historical and gnomic books, they could read that God could destroy as well as sustain« (a.a.O., 235).

Wenn der Wanderer sodann den Schlußteil seines Monologs (V. 92-110) als das Wort eines Weisen ausgibt, so entspringt diese formale Besonderheit seinem Willen zur Objektivierung; er fixiert äußerlich als Zitat, was er selber erfahren und im Nachdenken über seine Erfahrungen erkannt hat. Wie im ersten Teil des Monologs die Situation des vereinsamten Gefolgsmannes als persönliches Erlebnis und objektiver Status erscheint, so auch hier die Situation des weisen Weltbetrachters. Die Rolle, die der Wanderer also akzeptiert, verbirgt seine persönlichen Erfahrungen nicht, sondern hebt sie aus der Zufälligkeit des subjektiv Einmaligen heraus und gibt ihnen einen allgemeingültigen Charakter.

Im übrigen zeigt eine detaillierte Analyse des Aufbaus dieser als Zitat ausgegebenen Partie, daß sich auch hier deutliche Anklänge an den entsprechenden Abschnitt (V. 41-57) des ersten Teiles nachweisen lassen, was ein weiterer Beweis dafür sein dürfte, daß der Wanderer-Monolog als eine formale und inhaltliche Einheit konzipiert wurde. Zu den Kernbegriffen des nach der *ubi-sunt-* bzw. *ubi-abierunt*-Formel gestalteten Abschnittes V. 92-95a gehören: »maþþumgyfa«, »symbla gesetu«, »seledreamas«, »byrnwiga«, d.h. es wird in der Klage des Weisen erneut an die Atmosphäre erinnert, wie sie in der Halle eines Fürsten herrschte, was in dem kompositorischen Gefüge des Monologs dem Traum des herrenlosen Gefolgsmannes von seiner Aufnahme in die Gefolgschaft entspricht (V. 41-44).[47] Wenn in V. 97-100 der Weise dann noch einmal besonders des Endes der Gefolgschaft gedenkt, so erinnert dies an die halluzinatorische Tagesvision, in der der vereinsamte Gefolgsmann (in V. 50b-53a) seine früheren Kameraden sieht. Freilich darf ein wesentlicher Unterschied in der Wiederkehr gleicher Themen nicht übersehen werden: die Visionen des ersten Teiles (V. 41ff.) beschwören den Fürsten und die Gefolgschaft als Lebende – der Weise spricht von ihnen in wacher Gewißheit als Toten, und die Klage V. 95a: »Eala þeodnes þrym!«, läßt erkennen, daß im Tod des Fürsten zugleich die Vergänglichkeit aller irdischen Macht und allen irdischen Glanzes gespürt wird.

---

[47] Vgl. hierzu die Abhandlung von J.E. Cross, ›Ubi Sunt‹ Passages in Old English – Sources and Relationships, Vetenskaps-Societeten i Lund, Årsbok 1956, 23- 44. J.E. Cross versucht in dieser Abhandlung nachzuweisen, daß die ae. ›ubi-sunt‹-Stellen auf die Synonyma de lamentatione animae peccatoris Isidors und andere geistliche Schriften zurückgehen, die im Mittelalter Isidor und Augustin zugeschrieben wurden. Im Hinblick auf den Wanderer bemerkt er jedoch: »It seems most likely that alliteration and not a source influenced the choice of names in The Wanderer«. (a.a.O., 41) Wir möchten annehmen, daß Wörter wie »maþþumgyfa«, »symbla gesetu«, »seledreamas« (in V. 92f.) nicht nur aus Gründen der Alliteration gewählt wurden, sondern zugleich strukturbedingt sind.

Zu beachten ist weiterhin, wie diese Klagen jeweils ausklingen. Die erste Klage gipfelt in der Feststellung: »Hu seo þrag gewat, /genap under nihthelm, swa heo no wære« (V. 95b-96). Hier wird in einer Sprache, in der sich das bildhafte und abstrakte Element durchdringen (wie später etwa auch in der Lyrik der Metaphysical Poets), die Grunderfahrung, von der der Wanderer zuvor in ständig variierten Bildern sprach, die Flüchtigkeit und Nichtigkeit alles Zeitlichen, gleichsam resümierend in einen Satz zusammengedrängt. Ähnlich schwingt die zweite Klage aus: sie endet mit einem Hinweis auf das Schicksal, »wyrd seo mære«, V. 100, dessen Walten im Tod der Gefolgsleute gespürt wird, so daß es durchaus möglich ist zu sagen, daß »wyrd seo mære« in diesem Zusammenhang gleichbedeutend ist mit dem ruhmreichen Tod im Kampf.[48]

Unmittelbar darauf folgt ein in knappen realistischen Strichen skizziertes Winterlandbild (V. 101-105), das stilistisch zwar dem Winterseebild des ersten Teiles (V. 45-50a), funktional innerhalb des Gesamtaufbaus des Monologs jedoch den Versen 53b-55a entspricht[49]: hier wie dort geht es um die Darstellung jener unerbittlich harten und nüchternen Wirklichkeit, mit der sich der Mensch, sei es als vereinsamter Gefolgsmann, sei es als erfahrener Betrachter aller irdischen Geschicke konfrontiert sieht; zugleich tragen diese Partien dazu bei, dem Gedicht insgesamt das eigentümliche atmosphärische Gepräge zu verleihen.

Die letzten Verse, die der Wanderer in der Rolle des weisen Weltbetrachters spricht (V.106-110), bilden eine Bekräftigung und Bestätigung dessen, was er in dem gesamten Monolog stufenweise als sein durch Erfahrung gewonnenes Weltbild entfaltet hat. Freilich zeigt sich, daß gerade die abschließende deutende Stellungnahme des Wanderers sehr umstritten ist. Wenn es in V. 107 heißt: »onwendeð wyrda gesceaft weoruld under heofonum«, so erhebt sich die Frage, wie der Gen. Pl. »wyrda« hier zu verstehen ist. N. Kershaw[50], E.E. Wardale[51] und auch E.D. Grubl[52]

---

[48] In gleicher Weise deutet B.J. Timmer, Wyrd in Anglo-Saxon Prose and Poetry, 222, diese Stelle. Ladislaus Mittner hat demgegenüber in seinem Buch Wurd, das Sakrale in der Altgermanischen Epik, Bern 1955, die Auffassung vertreten, daß die Sentenz des Wanderers »das trostlos heidnisch-kriegerische Schicksalsgefühl mit unübertrefflicher Prägnanz zusammenfaßt« (139), und er sieht in dem Adjektiv »mære«, das er mit ›berühmt‹ (89) und ›glänzend‹ (138) zugleich übersetzt, einen Beweis für einen mythischen Zug in der Schicksalsauffassung des Wanderers. Gegen eine solche Deutung hatte sich bereits 1919 Alfred Wolf in der von L.L Schücking angeregten Breslauer Diss. über Die Bezeichnungen für Schicksal in der angelsächsischen Dichterssprache, 48, gewandt.

[49] Anders deutet E.D. Grubl, die auf Grund der stilistischen Gleichheit der Stellen auch eine funktionale Entsprechung annimmt, a.a.O., 31.

[50] a.a.O., 3: »l. 107 contains a reference to the Fates – an idea clearly derived from heathen mythology«.

glauben, daß die heidnisch-mythische Vorstellung der Schicksalsgöttinnen hier gemeint sei; A. Wolf[53], B.J. Timmer[54] und Susie I. Tucker[55] sprechen sich gegen eine solche Deutung aus. A. Wolf übersetzt: »der Lauf der Dinge wandelt die Welt«, und B.J. Timmer definiert den Terminus »wyrda gesceaft« als »the course of events as ordained by God«.
Uns scheint, daß der Dichter deshalb an dieser Stelle des Monologs die Formulierung »wyrda gesceaft« einführte, weil sie einer stilistischen und thematischen Intention entgegenkam, die man wiederholt im zweiten Teil des Monologs wahrnehmen kann: wir meinen die Tendenz zur pluralischen Summierung. Wird an allen anderen Stellen des Gedichtes das Wort »wyrd« nur im Singular gebraucht, so erscheint es nun, da der Wanderer in der Rolle des weisen Weltbetrachters zu einer letzten deutenden Sicht des Weltlaufes ausholt, in pluralischer Form und bezeichnet – darin möchten wir Wolf, Timmer und S.I. Tucker zustimmen – alle Ereignisse, die das Leben der Menschen beständig prägen und verändern. Der Ablauf dieser Geschehnisse ist jedoch wiederum einer höheren Notwendigkeit unterworfen, die vom Dichter des *Wanderer* mit dem Wort »gesceaft« umschrieben wird, das in sich ebenso vieldeutig ist wie das Wort »wyrd«. Seiner etymologischen Herkunft nach kann es ›Schöpfung‹ und ›Geschöpf‹ bedeuten, dann aber auch ›Natur‹, ›Bedingung‹, ›Bestimmung‹, ›Schicksal‹. Durch diesen Begriff wird unseres Erachtens das Moment schicksalhafter Notwendigkeit in der Formel »wyrda gesceaft« deutlich fixiert, so daß wir V. 107 übersetzen möchten: ›der schicksalhafte Gang der Ereignisse wandelt die Welt unter dem Himmel‹.
L. Mittner ist in seinem Buch über *Wurd, das Sakrale in der altgermanischen Epik* dafür eingetreten, daß in diesem Satz noch Vorstellungen mitschwingen, die in dem alten germ. Schicksalsbegriff ehedem lebendig waren. Er weist insbesondere auf das Verbum »onwendan« hin, durch das man seiner Auffassung nach »den sicher schon sehr verblaßten etymologischen Zusammenhang von w*yrd* und w*eorþan*« auffrischte.[56] Denn für das Verb »weorþan« (<idg. *uert-) ist als ursprüngliche Bedeutung ›drehen, wenden‹ (= lat. »vertere«) anzunehmen, aus der die sekundäre Bedeutung ›geschehen, werden‹ entstand; entsprechend bedeutet das dazugehörige

---

51 Chapters on Old English Literature, London 1935, 30, Anm.1.
52 a.a.O., 20.
53 a.a.O., 18-19.
54 a.a.O., 222.
55 a.a.O., 230.
56 a.a.O., 92.

Verbalabstraktum »wyrd« zunächst das ›Sich-Drehen‹ und sodann ›schicksalhaftes Geschehen‹[57]. Es fragt sich jedoch, ob »onwendeð« in V. 107 in einer versteckt etymologisierenden Absicht gebraucht wurde oder ob nicht die Verwendung dieses Verbums auf eine gelehrte – lateinische – Vorlage zurückzuführen ist, d.h. auf das Bild des sich drehenden Rades der Fortuna.
R.M. Lumiansky, der für das gesamte Gedicht eine Beeinflussung durch die *Consolatio Philosophiae* des Boethius annimmt, bemerkt zu dieser Stelle: »the verb ›onwendeð‹ definitely suggests Fortune's power and her turning wheel«.[58] Dieser Vorschlag hat unseres Erachtens insofern größere Wahrscheinlichkeit, als Mittner unbeachtet gelassen hat, daß im zweiten Teil des Monolgs (V. 85) auch vom Schöpfergott die Rede ist, dem der Wandel der Welt untersteht. Fragt man nach einer sinnvollen Gesamtkonzeption, in die sich die Verse 85 und 107 einordnen lassen, so gelangt man zu derselben Sicht, die Boethius bereits im Zusammenhang mit seinen Ausführungen über »providentia« und »fatum« entwickelt hat: alles, was dem Schicksal (»wyrda gesceaft«) unterliegt, untersteht zugleich der Vorsehung (hier im Gedicht: »ælda scyppend«).
Im Hinblick auf die Bedeutung von »wyrd« ist also festzuhalten: »wyrd« bezeichnet weder eine germ. Schicksalsgöttin noch ist es letztes Weltprinzip im Sinne einer ›immanentistischen‹ Lebensauffassung[59]. Wenn in dem Wort »wyrd« noch eine germanische Assoziation lebendig ist, so ist es nicht mehr als das Gefühl für das numinos-geheimnishafte Element im Dasein der Menschen; gewandelt hat sich im *Wanderer* die letzte Sinngebung dieser Erfahrung.
Eine ähnliche Überlagerung ursprünglich germanischer Vorstellungen durch eine spezifisch christliche zeichnet sich auch in den Versen 108-110 ab. Die knappen, kernig paratakischen Fügungen, die das lyrisch-bildhafte Moment der Sprache wiederum stärker zur Geltung kommen lassen, umkreisen mit dem Schlüsselwort »læne« die Erfahrung der Brüchigkeit und Hinfälligkeit des Hiesigen und weiten den Blick erneut bis zum traurigen Ende alles Lebens. Hierfür lassen sich einerseits inhaltliche Parallelen in der nordischen Spruchdichtung finden, worauf R.M. Meyer[60] zuerst hinwies; zugleich aber ist zu beachten, daß mit dem Wort

---
[57] Ebd., 90-93.
[58] a.a.O., 111.
[59] So deutet L. Mittner (a.a.O., insbesondere 89) die Stellen, an welchen im Wanderer das Wort »wyrd« vorkommt.
[60] Die altgermanische Poesie nach ihren formelhaften Elementen beschrieben, Berlin 1889, 321f.

»læne« – wie dies u. a. Susie I. Tucker gezeigt hat – eine eindeutige Beziehung zur christlichen Vorstellungswelt gegeben ist. Hinter diesem Wort, das ›leihweise gegeben‹ und ›vergänglich‹ zugleich bedeutet, steht der Gedanke, daß alles auf Erden den Menschen nur als Lehen Gottes anvertraut ist[61]. Susie I. Tucker führt für ihre Interpretation einen Beleg aus der Alfredschen Übersetzung der *Cura Pastoralis* an; es sollte jedoch nicht übersehen werden, daß sich auch in der Boethius-Übersetzung, die zugleich eine theologische Bearbeitung und Auslegung der lat. Vorlage darstellt, eine entsprechende Belegstelle finden läßt. Wenn Alfred die Begriffe »wyrd« und »se godcunda foreþonc« zu erläutern versucht, benutzt er dafür u.a. die Formulierungen »þas lænan þing« und »ða ecan«[62], d.h. sowohl in Alfreds Boethius wie im *Wanderer* sind die Begriffe »wyrd« und »læne« aufs engste miteinander verknüpft.[63]

Im übrigen ist die künstlerische Intention der Schlußverse unverkennbar: wie am Ende des ersten Teiles des Monologes die Erneuerung der Sorge stand, so steht hier am Ende die erneute Klage über die Unbeständigkeit und Vergänglichkeit alles Irdischen. Das heißt aber: wenn auch der Wanderer im zweiten Teil aus der Sicht des weisen Weltbetrachters spricht, wenn sich in seinen Worten auch ein christlich-eschatologisches Geschichtsverständnis bemerkbar macht, so wird doch deutlich, daß es hier nicht eigentlich um eine Überwindung der im ersten Teil geschilderten Trauer geht, sondern um eine Steigerung. Zwar weiß der Wanderer aus Erfahrung, auf Grund denkerischer Einsicht und schließlich auch christlicher Lehre um die Mächte, die alle irdische Vergänglichkeit bewirken, aber dieses Wissen bedeutet für ihn nicht Befreiung von Trauer und Sorge, sondern es bildet den beständigen Antrieb für erneute Klagen. Die Stimmung der Trauer durchdringt so den gesamten Monolog. Im Gegensatz zum ersten Teil fehlt dem zweiten jedoch der elegische Grundcharakter, so daß wir nicht berechtigt sind, den Monolog insgesamt als eine ›Elegie‹ zu bezeichnen. Es fehlt – was nach Beißner[64] notwendigerweise zur Elegie gehört – im zweiten Teil der Rückblick in eine

---

[61] a.a.O., 236. – Vgl. hierzu auch B.J. Timmer, Heathen and Christian Elements in Old English Poetry, Neophilologus, XXIX, 1944, 188; dort wird gezeigt, wie das heidnische Motiv der Vergänglichkeit im christlichen Sinne umgeformt wurde.
[62] King Alfred's Old English Version of Boethius De Consolatione Philosophiae, ed. by W.J. Sedgefield, Oxford 1899, 130, 28ff.
[63] Bei der Unsicherheit der Datierung der gesamten ae. Lyrik muß es ungewiß bleiben, ob der Dichter des Wanderer die Alfredsche Boethius-Übersetzung kannte; Schückings späte Datierung des Gedichtes (»wohl schwerlich früher als zu Anfang des 10. Jahrhunderts«, a.a.O., 2) läßt eine solche Annahme zu.
[64] a.a.O., 15.

idealisierte Vergangenheit; von der Freude am Fürstenhof ist nicht mehr die Rede; es wird – wie wir sahen – nur noch vom Tod der Fürsten, der Auflösung der Gefolgschaft und dem Zerfall der Hallen und auch der Burgen gesprochen, und gleichzeitig drängt sich dem Wanderer der Gedanke an das Weltende auf. Dies aber ist eine Betrachtungsweise der menschlichen Geschicke, die das Zustandekommen einer Elegie unmöglich macht.[65]

3.

Fragen wir jetzt, in welcher Beziehung die Verse 1-5 und 112-115 zu dem bisher behandelten Teil des Gedichtes stehen, so ergibt sich dieses Bild: Die Funktion der Verse 1-5 innerhalb des Gesamtaufbaues des Gedichtes besteht darin, daß mit dem Hinweis auf die göttliche Gnade und Huld (V. 1 u. 2) und »wyrd« (V. 5) ein thematischer Rahmen geschaffen wird, in den der Monolog des Wanderers eingelagert ist. Die innere Verbindung zwischen Einleitung und Monolog wird dadurch hergestellt, daß die menschliche Situation, auf die hier Gnade und »wyrd« bezogen werden, die gleiche ist wie diejenige, auf die sich der erste Teil des Monologs aufbaut: auch hier wird von der Vereinsamung und langen sorgenvollen Fahrten über die winterliche See gesprochen. (Zu beachten ist in diesem Zusammenhang, daß auch das Wort »anhaga«, V. 1, in V. 40 in der Wendung »earmne anhogan« wiederkehrt.)
G. V. Smithers ist in seinem Aufsatz »The Meaning of *The Seafarer* and *The Wanderer*« in einer gewissen Polemik gegen die realistisch-historische Deutung des *Seefahrer*[66], die D. Whitelock kurz vorher veröffentlicht hatte[67], dafür eingetreten, daß auch im *Wanderer* die Meeresbilder allegorisch zu deuten seien, in ähnlicher Weise, wie dies für den *Seefahrer* bereits Ehrismann in seiner Abhandlung »Religionsgeschichtliche Beiträge zum germanischen Frühchristentum«[68] vorgeschlagen hatte. Das Meer erscheint in dieser Interpretation als eine allegorische Entsprechung des

---

[65] Vgl. in diesem Zusammenhang das Urteil von Kemp Malone: »The reflections at times amount to lamentations, but the poem is no elegy«. A Literary History of England, ed. by Albert C. Baugh, New York/London 1948, 84. Wieweit dem ersten Teil des Gedichtes echt elegische Züge eigen sind, wird von Kemp Malone nicht erörtert.- Vgl. in diesem Zusammenhang weiterhin B.J. Timmer, The Elegiac Mood in Old English Poetry, English Studies, XXIV (1942), 39.
[66] a.a.O., 151.
[67] The Interpretation of The Seafarer, in: The Early Cultures of North-West Europe (H.M. Chadwick Memorial Studies), Cambridge 1950, 261-272.
[68] PBB, 35 (1909), 209-239.

irdischen Lebens, der Wanderer ist als künstlerische Figur dem Sinne nach mit dem Seefahrer identisch, beide verkörpern den Menschen nach der Vertreibung aus dem Paradies, ihr Weg ist die Pilgerschaft des Menschen zu seiner himmlischen Heimat.[69]

Gehen wir von unserer Interpretation des Aufbaus der gesamten Dichtung aus, so ist hinsichtlich der Durchdringung des *Wanderer* mit religiösen Bezügen folgendes festzustellen: Wie wir gesehen haben, geht es im ersten Teil des Monologs darum, daß ein irdisches Geschick in realistischer Eindringlichkeit dargestellt wird; die Meereslandschaft ist dabei primär atmosphärischer Hintergrund. Da nun andererseits in den Versen 1-5 das Los der Vereinsamung und die Wanderschaft im Exil (vgl. V. 5a: »wadan wræclastas«), das den Einsamen zu langen Fahrten über das Meer zwingt, in Beziehung gesetzt werden zur göttlichen Gnade, da weiterhin gleiche bildhafte Vorstellungen in der geistlichen Literatur in ae. und lat. Sprache gebraucht werden, um das irdische Dasein des Menschen zu umschreiben, bezeichnet das Wort »eardstapa«, mit dem der Dichter in V. 6 den Sprecher des Monologs einführt, nicht nur allgemein einen ›Wanderer‹, sondern auch einen ›Erdenpilger‹ (= ›peregrinus‹).[70] Dementsprechend ist für die folgenden Verse auch eine symbolische Bedeutung anzunehmen: sie sind zugleich der Ausdruck der Leiden, die der Mensch als Erdenpilger zu ertragen hat.[71]

Charakteristisch für die Entfaltung dieser Symbolik in V. 6ff. ist – wie unsere Analyse gezeigt hat – die Tatsache, daß im ersten Teil des Monologes in der Darstellung der Sorge und der Trauer des vereinsamten Gefolgsmannes, die dem »eardstapa« in den Mund gelegt ist, keine religiösen Motive wie etwa die Suche nach der jenseitigen Heimat

---

[69] Für eine allegorische Interpretation des Wanderer hat sich weiterhin D.W. Robertson, Jr., in seiner Abhandlung Historical Criticism, English Institute Essays 1950, New York 1951, 18-22, ausgesprochen.

[70] Vgl. hierzu auch eine Bemerkung von R.Imelmann, Wanderer und Seefahrer im Rahmen der altenglischen Odoaker-Dichtung, Berlin 1908, 55.

[71] Wenn wir von einer »symbolischen« Bedeutung der Seefahrt und der Wanderschaft im Exil sprechen, so folgen wir damit I.L. Gordon, die in ihrer Ausgabe des Seefahrer in ihrer Auseinandersetzung mit der allegorischen Deutungsweise von G.V. Smithers feststellt: »We have evidence that the theme of exile was a favourite theme of lyric-elegy as a situation in which physical and emotional experiences could be explored for their own sake, and in The Seafarer this lyric-elegiac theme has been developed and exploited for a symbolic purpose, to illustrate the peregrinatio of good Christians towards their heavenly home. But it does not become thereby merely a convenient expression for the ecclesiastical metaphor. It retains its lyric-elegiac character, which conveys or illuminates on a physical and emotional level the actual experience of what is symbolized. The method is that of the medieval symbolic religious lyric rather than allegory«. (The Seafarer, ed. by I. L. Gordon, London 1960, 8).

auftauchen[72]; sein Sinn war vielmehr nach dem Verlust des Fürsten, der Halle und der Gefolgschaft zunächst ganz auf die Wiedergewinnung dieses rein irdischen Glückes gerichtet, was ihm allerdings versagt blieb und ihm den Blick öffnete für das von Leid gezeichnete Dasein aller Menschen.

Davon zeugt der zweite Teil des Monologs, in dem sich insofern ein Wandel bemerkbar macht, als hier Wörter und Wendungen wie »ælda scyppend« oder »læne« zu finden sind und in V. 73ff. eine eschatologische Geschichtsauffassung zur Geltung kommt. Alle diese Stellen weisen – wie bereits im einzelnen gezeigt – in *eine* Richtung: es soll die Vergänglichkeit alles Irdischen, die den Menschen gleichzeitig die Wirksamkeit des göttlichen Willens spüren läßt, dargestellt werden; mehr wird durch das genannte religiöse Vokabular vom Standpunkt des Sprechers aus nicht beabsichtigt.

Anders dagegen in den letzten Versen des Gedichtes; wenn es dort heißt: »Wel bið þam þe him are seceð, /frofre to fæder on heofonum, þær us eal seo fæstnung stondeð«[73], so wird hier ausdrücklich auf die jenseitige Heimat des Menschen, das Ziel der irdischen Pilgerschaft, sowie die göttliche Gnade, die über allem Leid steht, hingewiesen. Wie diese eigentümliche Abstufung in der Durchdringung des Gedichtes mit religiösen Bezügen zu verstehen ist – sie sind am stärksten in den einleitenden und abschließenden Versen spürbar –, wird im folgenden noch genauer zu untersuchen sein.

Zunächst müssen wir klären, wie wir im einzelnen den Hinweis auf die göttliche Gnade, der in der Einleitung enthalten ist, aufzufassen haben und in welchem Verhältnis der Begriff »wyrd« zu dem Begriff »metud« (= Gott) steht. Für V. 1: »Oft him anhaga are gebideð« sind, soweit wir die Sekundärliteratur überschauen, bisher drei Übersetzungsvorschläge vorgebracht worden: 1. ›Oft wartet der Einsame auf Gnade‹, 2. ›Oft bittet

---

[72] G.V. Smithers versucht diesem Sachverhalt dadurch gerecht zu werden, daß er von einer »secularization« ursprünglich geistlicher Allegorien spricht, a.a.O., 151; vgl. dazu wiederum I.L. Gordon, The Seafarer, 21.

[73] Es sei darauf hingewiesen, daß das Wort »fæstnung«, das meist mit ›security‹ übersetzt wird, möglicherweise mit dem lat. Begriff »stabilitas« in Zusammenhang zu bringen ist, wie er bei Boethius vorkommt. Buch IV, Prosa 6 findet sich der Satz: »Omnium generatio rerum cunctusque mutabilium naturarum progressus et quicquid aliquo mouetur modo causas, ordinem, formas *ex diuinae mentis stabilitate sortitur*«. (Kursivsetzung v. Vf.) Wenngleich sich Alfred der Große an dieser Stelle nicht des Wortes »fæstnung« bedient, findet sich im selben Kapitel in jenem Abschnitt, in dem er das berühmte Beispiel vom Rad bringt, der Satz: »þeah þa mætestan elle hio [ra luf]e wenden to ðisse weorulde, [*hi ne magon*] þæron wunigan, ne to nauhte ne weorðað, gif hi be nanum dæle ne beoð gefæstnode to Gode«. (Sedgefield, 130, 8-11; Unterstreichung v. Vf.)

der Einsame um Gnade‹, 3. ›Oft (d.h. immer wieder) erfährt der Einsame Gnade‹. Schließt man sich dem ersten Übersetzungsvorschlag an, so erhebt sich die Frage, ob die Haltung des Vereinsamten, wie sie mit einer solchen Deutung festgelegt wird, inhaltlich zu jener Haltung, wie wir sie in V. 8-110 dargestellt fanden, in sinnvolle Beziehung gesetzt werden kann, wo der Wanderer nirgends als ein auf Gnade Wartender, sondern ausschließlich als ein Klagender erscheint. Bezeichnenderweise ist Lumiansky, der für V. 1 eine solche Deutung annimmt und V. 1-5 zum Monolog des Wanderers hinzuzählt (nur V. 6 u. 7 des Eingangs werden als »expository comment«[74] des Dichters betrachtet), gerade der klagenden Haltung des Wanderers nicht gerecht geworden: er erklärt dessen Trauer für überwunden, während wir zeigen konnten, daß sie auch in sein gegenwärtiges Dasein hineinreicht.

Mit dem gleichen Einwand, der gegen die erste Übersetzung von V. 1 erhoben wurde, ist u. E. auch dem zweiten Übersetzungsvorschlag, den z.B. F. Mossé vorbrachte[75], zu begegnen; dazu fragt sich, ob bei einer solchen Auslegung von V. 1 in V. 2b nicht eher ein Kausalsatz anstatt eines mit »þeah þe« eingeleiteten Konzessivsatzes zu erwarten wäre[76]. Ohne Zweifel wäre es naheliegender zu sagen: ›Oft bittet der Einsame um Gnade, die Huld Gottes, *weil* er traurigen Sinnes lange mit den Händen die reifkalte See aufrühren, über das Meer hinweg die Wege der Verbannung ziehen mußte‹. Daher hat die dritte, von Greenfield eingehender begründete Deutung: ›Oft erfährt der Einsame Gnade, obgleich ...‹ die größte Wahrscheinlichkeit. Interpretieren wir aber das Wort »gebideð« in diesem Sinne, so ist die Einleitung (V. 1-5) eindeutig als eine unmittelbare Feststellung des Dichters, der hier einer gläubigen Gewißheit Ausdruck verleiht, aufzufassen, nicht aber dem Sprecher des Monologs zuzuschreiben.

Wie verhält sich dazu der Satz: »Wyrd bið ful aræd!«? Der Sinn des Wortes »aræd« wird von den meisten Kommentatoren und Interpreten entweder mit dem ne. Adjektiv ›inexorable‹ wiedergegeben[77], oder aber es wird als Partizip Perfekt zu dem Verbum »arædan« — ›to appoint, determine‹ aufgefaßt[78]. Während die erste Deutung den Halbvers 5b ledig-

---

[74] Vgl.a.a.O., 105 u. 107.
[75] Manuel de l'anglais du moyen âge des origines au XIVe siècle, Vieil-anglais, Tome II, Notes et glossaire, Paris 1950, 402.
[76] Vgl. in diesem Zusammenhang auch Stanley B. Greenfield, a.a.O., 464-65.
[77] Vgl. z.B. J. Raith, Altenglisches Wörterbuch zum Altenglischen Lesebuch, München 1944, 50.
[78] Vgl. hierzu Fr. Klaeber, Anglia Beiblatt, 40, 30.

lich im Sinne einer emotionalen Feststellung: ›das Schicksal ist unerbittlich‹ auslegt, neigt die zweite einer deterministischen Auffassung zu: ›das Schicksal ist völlig bestimmt‹, wobei dann wieder zu fragen ist, wie ein solcher Determinismus mit dem Hinweis auf die Wirksamkeit der göttlichen Gnade (V. 1-2) zu vereinbaren ist[79].

Auch in diesem Zusammenhang hilft uns ein Blick auf die Philosophie des Boethius weiter, die wir bereits bei der Deutung von V. 6ff. herangezogen haben. »Wyrd« entspricht hier dem lateinischen. Begriff »fatum«; es ist die Ordnung des Zeitlichen, der das Prinzip der Notwendigkeit inhärent ist. Über dieser Ordnung steht Gott, im *Wanderer,* V. 2 »metud« genannt. Dieses Wort kann in der ae. Literatur Synonym zu »wyrd« sein; in diesem Gedicht bezeichnet es ausschließlich den christlichen Gott, den Zumesser, den Spender der Gnade. Es ist nun weiterhin zu beachten, daß »metud« und »wyrd« in der Einleitung des Gedichtes nicht in derselben Weise einander zugeordnet sind wie »ælda scyppend« und »wyrda gesceaft« im Monolog, wo – wie wir gesehen haben – alles, was dem Schicksal unterliegt, zugleich auch dem göttlichen Willen untersteht. Dadurch, daß Gott den Menschen seiner Gnade teilhaftig werden lassen kann, besteht andererseits die Möglichkeit, daß die mit dem Schicksal gesetzte Ordnung durchbrochen und aufgehoben wird. Das geht aus dem Text der Dichtung eindeutig hervor, denn es heißt: ›Oft erfährt der Einsame Gnade, die Huld Gottes, obgleich er traurigen Sinnes lange mit den Händen die reifkalte See aufrühren, über das Meer hinweg die Wege der Verbannung ziehen mußte‹. Da nun der Halbvers 5b: »Wyrd bið ful aræd!« in allgemeiner Form festhält, was in V. 2b-5a über das Leben des Einsamen gesagt wurde, können wir sinngemäß die Konjunktion »þeah þe« (V. 2b) auch auf V. 5b ausdehnen und sagen: ›Oft erfährt der Einsame Gnade, die Huld Gottes, obgleich … das Schicksal seinen bestimmten Gang geht‹. Eine analoge Auffassung der Beziehung Gott – Schicksal findet sich auch bei Boethius, der in knapper Zusammenfassung über die Begriffe »providentia« und »fatum« in der 6. Prosa des IV. Buches feststellt, daß »alles, was unter dem Schicksal steht, auch der

---

[79] Günter Kellermann hat sich in seiner Diss. Studien zu den Gottesbezeichnungen der angelsächsischen Dichtung, ein Beitrag zum religionsgeschichtlichen Verständnis der Germanenbekehrung, Münster 1954, gegen die von Klaeber, Schücking und Timmer vorgeschlagene Deutung von »aræd« im Sinne von ›determined‹ gewandt und dafür die Übersetzung ›unbeständig, unberechenbar, unheilvoll‹ (S. 252) vorgeschlagen. Wir versuchen im folgenden zu zeigen, daß die von Klaeber, Schücking und Timmer vertretene Interpretation ihre Berechtigung hat, insbesondere wenn man das Verhältnis von »wyrd« und »metud« in V. 1-5 des Wanderer genauer bestimmt.

Vorsehung unterworfen ist, der ja auch das Schicksal selbst unterliegt, daß manches aber, was seinen Ort unter der Vorsehung hat, die Kette des Schicksals besiegt«[80]. Im Hinblick auf das gesamte Gedicht können wir also sagen, daß der erste Gedanke des Boethius – was unter dem Schicksal steht, ist auch der Vorsehung unterworfen – im zweiten Teil des Monologs in der Verknüpfung der beiden Begriffe »wyrda gesceaft« und »ælda scyppend« seinen Niederschlag gefunden hat, während der zweite Gedanke – manches, was seinen Ort unter der Vorsehung hat, besiegt die Kette des Schicksals – in der Einleitung in einer für den Dichter des *Wanderer* charakteristischen theologischen Auslegung und Sprache zum Ausdruck kommt[81].

Wenn im übrigen in der Einleitung des Gedichtes zuerst von der Gnade, dann vom Schicksal gesprochen wird, so spiegelt sich in dieser Reihenfolge nicht nur eine wertmäßige Überordnung der Gnade über die »wyrd«, sondern zugleich auch ein bestimmter Formwille des Dichters. Mit der Nennung der »wyrd« in V. 5b wird zugleich ein Übergang zum folgenden Monolog geschaffen, der – wie wir sahen – ganz im Zeichen der »wyrd« steht, insofern dort zunächst vom Schicksal des Einzelnen, sodann vom Schicksal der Welt, ihrer Vergänglichkeit, die Rede ist, worin sich für den Wanderer zwar auch göttlicher Wille bekundet, nicht aber helfende Gnade. Erst in den letzten Versen, die sich an die Klage des Wanderers anschließen und die wir wie die einleitenden Verse als eine direkte Äußerung des Dichters auffassen, wird wiederum von der göttlichen Gnade gesprochen und in Verbindung damit zugleich von jener zweiten Form der Eingrenzung und Überwindung des Schicksals, auf welche in den gnomischen Partien des Monologs bereits hingewiesen wurde.

---

[80] Boethius, Trost der Philosophie, dtsch. von Karl Büchner, Wiesbaden o. J., 120. Die entsprechende Stelle lautet im lat. Original: »Quo fit ut omnia quae fato subsunt prouidentiae quoque subiecta sint, cui ipsum etiam subiacet fatum, quaedam uero quae sub prouidentia locata sunt fati seriem superent«.

[81] Die gleiche Schicksalsauffassung liegt auch im Beowulf-Epos vor, wie dies insbesondere A.G. Brodeur herausgearbeitet hat, der in seinem Buch The Art of Beowulf, Berkeley/Los Angeles, 1959, feststellt: » ...whereas, in the main action of Part I, God lends His countenance to the hero's combats and averts Fate, in Part II God suffers Fate to have its way with him. One is tempted to see in all this the influence of Boethius upon the poet's thought; although his attitude toward the problem of evil is not Boethian«. (245; vgl. auch 196 u. 218) Vor Brodeur hatten bereits John Earle, The Deeds of Beowulf, Oxford 1892, 147, und M.P. Hamilton, The Religious Principle in Beowulf, PMLA, LXI (1946), 309-330, die Schicksalsauffassung des Beowulf von Boethius aus erörtert; vgl. Brodeur, a.a.O., 245.

V. 112-114a heißt es :

> Til biþ se þe his treowe gehealdeþ, ne sceal næfre his torn to rycene
> beorn of his breostum acyþan, nemþe he ær þa bote cunne,
> eorl mid elne gefremman.

Der Sinn dieser Verse tritt um so deutlicher hervor, wenn man sich vergegenwärtigt, daß sie in der Architektur des Gedichtes, die von den Grundgesetzen der Symmetrie und der Antithese bestimmt ist, den Versen 2b-5 entsprechen. Dort wurde die Situation des Vereinsamten mit dem Wort »modcearig« umschrieben und sein irdisches Dasein auf die Formel reduziert: »Wyrd bið ful aræd!« (V. 5b). Die Trauer kann überwunden, die Kette des Schicksals durchbrochen werden, wenn der Mensch danach strebt, in der Bedrängnis sein bewegtes Gemüt zu beherrschen, im Vertrauen auf die eigene Kraft Abhilfe zu schaffen und die Treue zu wahren, die allein in der Vergänglichkeit des Hiesigen dem menschlichen Dasein innere Festigkeit und Dauer verleiht.

Wir wiesen bereits bei der Deutung der lehrhaften Partien im ersten und zweiten Teil der Klage des Wanderers auf verwandte Gedanken bei Boethius hin; in gleicher Weise lassen sich auch einzelne Wendungen, die der Dichter in den Schlußzeilen gebraucht, erläutern. Der Satz: »ne sceal næfre his torn to rycene /beorn of his breostum acyþan« hat in der knappen Fassung: »ut uirum fortem non decet indignari« bei Boethius IV, Pr.7 seine Entsprechung. Die Wendung »mid elne gefremman« erinnert an die Formulierung »uiribus nitens«, die Boethius im gleichen Zusammenhang gebraucht, wenn er erläutert, was er unter »virtus« versteht; es heißt dort: »Ex quo etiam uirtus uocatur, quod suis uiribus nitens non superetur aduersis.« Das sittliche Verhalten in dem von Boethius definierten Sinne stellt demnach das Mittel (»þa bote«, V. 113) dar, welches der Mensch kennen muß und welches ihn befähigt, im Leben zu bestehen. Schließlich läßt sich auch die Wendung »se þe his treowe gehealdeþ« von Buch II, Metr. 8 her verstehen: dort führt Boethius aus, daß die Liebe Dauer im zeitlichen Wechsel des Kosmos und im Leben der Menschen und Völker stiftet; das dauerhafte Sein selbst aber wird »fides« genannt (V.1, 19 u. 26); diesem Begriff entspricht im *Wanderer* das Wort »treow«[82].

---

[82] Alfred gebraucht in seiner Boethius-Übersetzung für »fides« das Wort »sibb«, kommt jedoch mit der Formulierung: »He gegæderað frind 7 geferan þ hie getreowlice heora sibbe 7 heora freondrædenne healdað« (Sedgefield, 50, 1-3) dem Sprachgebrauch des Wanderer sehr nahe. Noch enger ist die Beziehung zwischen dem Wanderer und den Metren, wo es an entsprechender Stelle heißt: »swa se cræftga eac /geferscipas fæste gesamnað, /þ hi hiora freondscipe

In Anlehnung an Boethius deutet der Dichter also an, inwiefern der Mensch es vermag, aus eigenen Kräften dem Schicksal zu widerstehen. Eine solche Haltung nennt er »til« = ›gut‹[83], wobei zu beachten ist, daß er dieses Verhalten nicht verabsolutiert, hat er doch durch den Monolog des Wanderers gezeigt, daß Trauer und Sorge den vereinsamten Gefolgsmann und weisen Weltbetrachter immer wieder überwältigen können, wiewohl er um die Forderung mannhafter Selbstbeherrschung weiß. Daher lenkt der mittelalterlich-gläubige Dichter in den Schlußversen 114b-115, die dem »Til biþ ... « ein überhöhendes »Wel bið ... « folgen lassen, den Blick erneut auf jenen Bereich, der für ihn dauernden Trost, Hilfe und Geborgenheit bedeutet:

> Wel bið þam þe him are seceð,
> frofre to fæder on heofonum,   þær us eal seo fæstnung stondeð.

Diese Verse schließen sich insofern organisch an die unmittelbar vorhergehenden Verse 112-114a an, als es dort um die Entfaltung der im Menschen ruhenden sittlichen Kräfte, hier um die Entfaltung seiner Glaubenskräfte geht. Zugleich nehmen sie, entsprechend der symmetrischen Struktur des Gedichtes, die Thematik der einleitenden Verse 1-2a wieder auf, wobei zu beachten ist, daß sich die Stellen zwar im Ton, in der gläubigen Zuversicht gleichen, während sich inhaltlich der Akzent ein wenig verlagert hat. In der epischen Einleitung ist – wie wir im einzelnen zeigen konnten – nur davon die Rede, daß dem Menschen immer wieder Gnade zuteil werden kann; am Schluß dagegen spricht der Dichter ausdrücklich von dem Streben nach der göttlichen Gnade (vgl. »seceð«, V. 114b), worin sich seine didaktische Intention deutlich bekundet.

Überschauen wir diese Dichtung, wie sie sich nach unserer Analyse darbietet, so dürfen wir sagen, daß in ihr zwei Stimmen ineinanderklingen: eine klagende und eine belehrend tröstende, was an die Technik denken läßt, deren sich auch Boethius in seiner Trostschrift *De Consolatione Philosophiae* bediente, wo der Philosoph selbst innerhalb seines Werkes die klagende Stimme repräsentiert, die Philosophie dagegen die tröstende. In der ae. Dichtung dagegen, die wir zu interpretieren versuchten, ist die

---

forð on sym[bel] /untweofealde treowa gehealdað, /[s]ibbe samrade«. (Sedgefield, 169, 92-96).

[83] Vgl. zu der unterschiedlichen Auslegung des Wortes »til« u.a. die Ausführungen von B.F. Huppé, der diesen Begriff mit heidnischer Ethik in Zusammenhang bringt (a.a.O., 525-26), von Susie I. Tucker, die auf Stellen aus der geistlichen Literatur hinweist (a.a.O., 232) und Ralph W.V. Elliott, der für die Bedeutung ›sensible‹ eingetreten ist (a.a.O., 198, Anm. 22).

Klage einer fiktiven Gestalt, der Figur des Wanderers, in den Mund gelegt[84]: seine Stimme hat – wie wir darlegten – einen gedämpft elegischen Klang, sobald der Wanderer in die Vergangenheit zurückschaut; wenn er jedoch von seinem gegenwärtigen Leid spricht und den Blick auf die Zukunft lenkt, klingen seine Worte härter und schärfer. Die Analyse dieses Monologes nach Aufbau und Gehalt zeigte, daß der Dichter darum bemüht war, mit der Klage mehr als nur eine einmalige subjektive Stimmung einzufangen[85]. Er versuchte, durch dieses Mittel einen geistig-seelischen Gesamthabitus zu charakterisieren, dem typische Züge anhaften: der Monolog ist konzipiert als ein Spiegelbild der Gedanken und Gefühle, die jeden vereinsamten und heimatlosen Gefolgsmann und weisen Weltbetrachter erfüllen konnten; in der religiösen Sicht des Dichters ist der Monolog des Wanderers zugleich ein Spiegelbild der Sorgen und Nöte, die der Mensch als Erdenpilger immer wieder auf sich zu nehmen und durchzustehen hat.

Daraus erklärt sich wiederum die veränderte Tonlage jener einleitenden und abschließenden Verse, in welchen der Dichter unmittelbar, d.h. nicht durch eine Rolle zum Hörer bzw. Leser spricht. Diese Zeilen, deren Wirkung durch die zweifellos beabsichtigte Prägnanz noch erhöht wird, bilden das inhaltlich-gehaltliche Gegengewicht zur Klage des Wanderers und wollen mit ihrem Hinweis auf die Wirksamkeit der göttlichen Gnade eine tröstende Lehre vermitteln. Daß der Dichter des *Wanderer* es vermochte, in einer so wohl abgewogenen, gehaltlich durchdachten und formal sicher durchkomponierten Weise beide Stimmen erklingen zu lassen, zeugt von seiner schöpferischen Kraft und Größe.

---

[84] Wenn G.V. Smithers in seiner Abhandlung ›The Meaning of The Seafarer and The Wanderer‹ vermerkt, daß das rhetorische Mittel der ethopoeia nach mittelalterlicher Auffassung die Aufgabe hatte, »to express a man's *adfectus* or typical emotional make-up or ›drive‹« (a.a.O., 152), von seiner Fragestellung her jedoch nicht zu entscheiden vermag, ob der Dichter des Wanderer dieses rhetorische Mittel tatsächlich anwandte, so dürfte unsere Analyse gezeigt haben, daß man die Verse 8-110 in der Tat als ethopoeia, als Monolog, der den Seelenzustand, das ›Ethos‹ einer fiktiven Person darstellt, bezeichnen kann. B.F. Huppé und E.G. Stanley weisen in ihren Arbeiten ebenfalls auf den Gebrauch dieses rhetorischen Mittels hin, nehmen jedoch zwei verschiedene Monologe, den des Wanderers und den des Weisen an. Nach unserer Deutung handelt es sich bei den Versen 92-110 um eine ethopoeia innerhalb einer ethopoeia. Über dieses rhetorische Mittel vgl. das grundlegende Werk von H. Lausberg, Handbuch der literarischen Rhetorik, München 1960, I. Bd., 407ff.

[85] Vgl. hierzu eine Bemerkung von B. ten Brink, a.a.O., 78-79: »Der epische Charakter der alten Lyrik spricht sich namentlich darin aus, daß das Lied weniger als Ausdruck einer momentanen Stimmung denn als Bild einer dauernden Lage, ja als Abglanz einer Lebensgeschichte erscheint«.

## Appendix

Wir geben im folgenden eine Übersicht über den Aufbau des gesamten Gedichtes, wie er sich auf Grund unserer Analyse ergibt. Ähnliche Baupläne finden sich in den Arbeiten von B.F. Huppé, a.a.O., 537, R.M. Lumiansky, a.a.O., 107, und E.D. Grubl, a.a.O., 31. Unser Bauplan stellt eine Weiterentwicklung des von E.D. Grubl entworfenen Aufrisses dar, die ebenfalls grundsätzlich von einem parallelen Aufbau von Teil I und II der Klage des Wanderers ausgeht. In der Deutung der einzelnen Partien und ihrer wechselseitigen Zuordnung sind wir jedoch zu einer Reihe abweichender Resultate gekommen.

## Bauplan des *Wanderer*

I. Epische Einleitung:

1. V. 1-2a:   Die Erfahrung der göttlichen Gnade;   } Thematischer
2. V. 2b-5:   Die Erfahrung des Schicksals.         } Rahmen

3. V. 6-7:    Einführung des Monologs mit einer swa-cwæð-Formel.

II. Monolog des Wanderers:

| 1. Teil | 2. Teil |
|---|---|
| 1. V. 8-11a:<br>Darstellung der psychologischen Situation des Wanderers im Hinblick auf sein persönliches Geschick; | 1. V. 58-63:<br>Darstellung der psychologischen Situation des Wanderers im Hinblick auf den gesamten Weltzustand; |
| 2. V. 11b-18:<br>Die ethische Forderung, die an den Wanderer in dieser Situation gerichtet ist; | 2. V. 64-72:<br>Die ethischen Forderungen, die der Weise erfüllen sollte; |

3. V. 19-29a:
Der Grund für die Einsamkeit des Wanderes: der Verlust des Fürsten, der Gefolgschaft und der Methalle; die frühere Suche nach einem neuen Gefolgsherrn, der reiche Schätze spendet;

4. V. 29b-36:
Die glückhafte Erfüllung in der Vergangenheit und die gegenwärtige Sorge; die Reflexion über das Schicksal des vereinsamten Gefolgsmannes gipfelt in dem Satz: »Wyn eal gedreas«

5. V. 37-40:
Das Wissen um den persönlichen Verlust; Erinnerungen steigen in dem vereinsamten Gefolgsmann auf:

6. V. 41-44:
Die Erinnerung an den Fürsten und die Aufnahme in die Gefolgschaft;

7. V. 45-50a:
Realistisches Winterseebild;

8. V. 50b-53a:
Die Vision der Gefolgsleute;

9. V. 53b-55a:
Das Schwinden der Vision;

10. V. 55b-57:

3. V. 73-80a:
Die Vergänglichkeit alles irdischen Reichtums; die Vergänglichkeit aller Gefolgschaften;

4. V. 80b-87
Die Geschicke der Gefallenen; die Reflexion über die Vergänglichkeit alles Irdischen gipfeln in dem Satz: »Yþde swa þisne eadgeard ælda scyppend...«

5. V. 88-91
Das Nachsinnen über die düsteren Seiten des Lebens; Erinnerungen bewegen den weisen Weltbetrachter zur Klage:

6. V. 92-95a:
Die Klage über das Ende der fürstlichen Macht und der Gefolgschaft;

7. V. 95b-96:
Das Erlebnis der Zeit;

8. V. 97-100
Das Schicksal der Gefolgsleute;

9. V. 101-105
Realistisches Winterlandbild;

10. V. 106-110

| Das Grunderlebnis des ver- | Das Welterlebnis des weisen |
| einsamten Gefolgsmannes wird | Weltbetrachters wird zusam- |
| zusammengefaßt in dem Satz: | mengefaßt in dem Satz: |
| »Cearo bið geniwad ...« | »onwendeð wyrda gesceaft |
| | weoruld under heofonum.« |

III. Episch-lehrhafter Schluß:

1. V. 111: Abschluß des Monologs mit einer *swa-cwæð*-Formel.
2. V. 112-114a: Die mannhafte Bewährung; ⎱ Thematischer
3. V. 114b-115: Das Streben nach der göttlichen ⎰ Rahmen
   Gnade.

**Thematischer Rahmen**

Diese Übersicht läßt deutlich erkennen, daß der Dichter des *Wanderer* darauf bedacht war, das gesamte 115 Verse umfassende Gedicht um eine Mittelachse zu bauen, die durch den Vers 58 bezeichnet wird, mit dem der zweite Teil des Monologs einsetzt, und innerhalb des zweiteiligen Baus die einzelnen Abschnitte durch parallele oder antithetische Anordnung und durch thematische Variation in ein vielfältiges Beziehungssystem zueinander zu bringen, so daß das Ganze ein wohlgefügtes *pattern* ergibt.[86]

Möglicherweise hat der Dichter des *Wanderer* auch hierfür Anregungen von der *Consolatio Philosophiae* des Boethius bekommen. Bezeichnend ist z.B. eine Bemerkung von Fr. Klingner, der über die Kompositionsweise des Boethius, wie sie im zweiten Buch der *Consolatio Philosophiae* studiert werden kann, feststellt: »Die Zweiteilung ist deutlich und bewußt im Großen wie im Kleinen als Grundverhältnis in der Harmonie dieses Buches gewählt«[87]; mit diesem Satz ist bis zu einem gewissen Grad auch das Strukturgesetz des *Wanderer* umschrieben, das wir in dieser Untersuchung im einzelnen herauszuarbeiten versuchten.

---

[86] Ähnliche Beobachtungen, die zeigen, mit welchem Kunstverstand mittelalterliche Dichter beim Aufbau ihrer Werke arbeiten konnten, sind auch an der deutschen Dichtung des Mittelalters gemacht worden. Vgl. hierzu H. Rupp, Neue Forschung zu Form und Bau mittelalterlicher Dichtung, Der Deutschunterricht, Jhg. 11, 1959, Heft 2, 117-24.
[87] Einführung zu der zit. Boethius-Übersetzung von Karl Büchner, XXX-XXXI.

Beachtenswert erscheint uns in diesem Zusammenhang weiterhin, daß am Ende des ersten Buches und das erwähnte zweite Buch hindurch bestimmte Bilder und Grundthemen in einer ähnlichen Reihenfolge miteinander verknüpft sind wie im *Wanderer*. In der 6. Prosa des I. Buches wird – wie zu Anfang des ae. Gedichtes – von dem Stifter des Heils (»sospitatis auctori grates ... «), welcher zugleich der Steuermann des Schicksals ist, gesprochen und von der Verwirrung, die täuschende Leidenschaften über den Menschen bringen, der sich in einem widrigen Schicksal zu verlieren droht. Zu Beginn des II. Buches wendet sich die Philosophie erneut Boethius zu, der in düsterer Trauer verharrt. Er wird ermahnt, sein Schicksal in Gleichmut zu tragen; Meeres- und Sturmbilder tauchen wiederholt auf, wenn die schicksalhafte Not des Menschen umschrieben werden soll; antithetische Bilder aus dem Natur- und Menschenleben verdeutlichen das Walten der Fortuna (2. Prosa); die Philosophie weist darauf hin, daß der Sinn der Menschen immer wieder auf Gold und irdische Schätze gerichtet ist, ohne daß sie dabei innere Zufriedenheit fänden; Erinnerungen an frühere glanzvolle Tage des Boethius werden wachgerufen (3. Prosa). Erneut mahnt die Philosophie an jener Stelle (4. Prosa), an der zur 2. Hälfte des Buches II übergeleitet wird, zu einem Leben in vernünftiger Selbstbeherrschung, und sie zeigt sodann die Vergänglichkeit irdischer Würden und Reichtümer, weltlichen Ruhmes und weltlicher Macht (was an Formulierungen wie »þisse worulde wela«, V. 74 oder »þeodnes þrym«, V. 95 im *Wanderer* denken läßt), wobei im 7. Metrum – wie in V. 92ff. des ae. Gedichtes – von der *ubi-sunt*-Formel Gebrauch gemacht wird; schließlich ist in der 8. Prosa von der Rückkehr zu den wahren Gütern die Rede, die durch ein widriges Geschick bewirkt wird, und das gesamte Buch endet mit einem Preisgedicht auf die allumfassende Liebe, das jenen Hinweis auf die »fides« enthält, den wir zur Deutung von V. 112 mit heranzogen. Gewiß ergeben sich dadurch Unterschiede, daß in der *Consolatio Philosophiae* die genannten Bilder und Themen in ein Gespräch eingelagert sind, in dem die Hauptrolle der Philosophie zufällt, die ihrerseits die besondere Situation des klagenden Boethius analysiert und ihn durch ihre Argumentation umzustimmen versucht. Dennoch scheint es uns nicht ausgeschlossen zu sein, daß der Dichter des *Wanderer* in der Anlage der *Consolatio Philosophiae* vom Ende des ersten Buches bis zum Ende des zweiten Buches einen Grundriß vorgebildet sah, nach dem er sein Gedicht gemäß der angelsächsischen Vorstellungswelt und eigenen dichterischen Intentionen aufbauen konnte.

Daß sich der Dichter des *Wanderer* nicht nur an der Gedankenwelt des Boethius orientierte, sondern zugleich seinen Formsinn an der *Consolatio Philosophiae* schulte, möchten wir vor allem auch deshalb für wahrscheinlich halten, weil es bisher nicht gelungen ist, die sog. ae. ›Elegie‹ ausschließlich aus den formgeschichtlichen Voraussetzungen der germ. Poesie abzuleiten. Das Urteil von A. Heusler hat nach wie vor Gültigkeit:

> Die Fäden, die die englische Elegie an die altgermanische Gattung des Klage- und Erblieds knüpfen, erscheinen uns dünn. Leugnen wollen wir sie nicht. In den engeren, den rein-germanischen Kreis der Dichtung wird man diese Werke nicht stellen. Vieles, vielleicht das beste, verdanken sie äußerer Anregung.[88]

Die literarischen Vorbilder, deren sich die geistlichen Verfasser der ›Elegien‹ bedienten, sind nach Heuslers Urteil die römischen Klassiker, insbesondere Virgil und Ovid. Wir glauben – mit Lumiansky – annehmen zu dürfen, daß diesen beiden Autoren auch Boethius zur Seite zu stellen ist.[89]

---

[88] Die altgermanische Dichtung, Unveränderter Nachdruck der zweiten neubearbeiteten und vermehrten Ausgabe, Darmstadt 1957, 150.
[89] Die Deutung des Wanderer vor dem Hintergrund der Consolatio Philosophiae des Boethius hat G.W. Weber aufgenommen in seine Darstellung der altenglischen Elegien in Bd. 6 des Neuen Handbuchs der Literaturwissenschaft; vgl. Klaus von See (ed.), Europäisches Frühmittelalter, Wiesbaden 1985, 298-316.

# Zum Allegorie-Problem

Bedeutung und Gebrauch der Begriffe »Allegorie« und »Symbol« wurden im deutschen Sprachbereich bis ins 20. Jahrhundert hinein durch die Definitionen bestimmt, die Goethe in den *Maximen und Reflexionen* gegeben hatte:

> Die Allegorie verwandelt die Erscheinung in einen Begriff, den Begriff in ein Bild, doch so, daß der Begriff im Bilde immer noch begrenzt und vollständig zu halten und zu haben und an demselben auszusprechen sei. Die Symbolik verwandelt die Erscheinung in Idee, die Idee in ein Bild, und so, daß die Idee im Bild immer unendlich wirksam und unerreichbar bleibt und, selbst in allen Sprachen ausgesprochen, doch unaussprechlich bliebe.[1]

In Anlehnung an die Anschauungen der deutschen Klassik und Romantik formulierte Coleridge in *The Stateman's Manual* sehr ähnlich klingende Definitionen von »allegory« und »symbol«, an der sich zahlreiche englische und amerikanische Autoren des 19. und 20. Jahrhunderts orientierten. Die Allegorie bestimmte Coleridge als

> a translation of abstract notions into a picture-language, which is itself nothing but an abstraction from objects of the senses; the principle being more worthless even than its phantom proxy, both alike insubstantial, and the former shapeless to boot.

Die Eigenart des Symbols dagegen charakterisierte Coleridge im gleichen Zusammenhang wie folgt:

> a symbol [...] is characterized by a translucence of the special in the individual, or of the general in the special, or of the universal in the general; above all by the translucence of the eternal in and through the temporal. It always partakes of the reality which it renders intelligible; and while it enunciates the whole, abides itself as a living part in that unity of which it is the representative.[2]

Goethe wie Coleridge rechnen die Allegorie zur Bildersprache (»picture-language«), und der Unterschied zwischen den beiden Klassen von Bildern besteht darin, daß die Bedeutung der Allegorie begrenzt und eindeutig zu definieren ist, während das Symbol mehrdeutig und – nach

---

[1] J.W. Goethe, Gedenkausgabe der Werke, Briefe und Gespräche, Bd. IX, hg. von Ernst Beutler, Zürich 1949, 639.
[2] S.T. Coleridge, The Stateman's Manual, in: Works, ed. W.G.T. Shedd, Bd. 1, New York 1853, 437.

Goethe – in seiner Bedeutungsfülle nie vollständig auslegbar ist. Die Allegorie wird von Goethe wie von Coleridge einer rationalistischen Dichtungsauffassung zugeordnet, während der Symbolbegriff, wie ihn beide gebrauchen, vom Irrationalismus der klassisch-romantischen Dichtungsepoche geprägt ist. Das Symbol ist ein Mittel für das intuitive Erfassen des Ewigen im Zeitlichen (Coleridge), einer Idee im Bild (Goethe); es bietet die Möglichkeit, dem Leser Einsichten und Erfahrungen zu vermitteln, die nicht durch das Filter des abstrakten Denkens und Definierens geklärt wurden. Sucht man für Goethes Allegorie-Definition ein erläuterndes Beispiel, so wäre am ehesten an die bildhafte Darstellung der Justitia zu denken: der Betrachter nimmt eine Frau mit verbundenen Augen, einer Waage und einem Schwert wahr; der Begriff der Gerechtigkeit ist in ein Bild umgesetzt; die Bedeutung des Bildes wie der einzelnen Requisiten ist durch den dichterischen, malerischen oder auch architektonischen Kontext eindeutig definiert; weder die Waage noch das Schwert können bei diesem Bild mit einer zweiten oder dritten Bedeutung koordiniert werden. Die Gegenstände haben ebenso wie die Frauengestalt selbst einen rein denotativen Charakter. Ein Maler, der die Justitia mit allzu schönen Farben, mit verführerischen Gesichtszügen ausstatten würde, verginge sich gegen das Gesetz der Allegorie. Symbolische Darstellungsweise ist umgekehrt dadurch gekennzeichnet, daß die Personen und Gegenstände ihr volles Eigenrecht behalten und nicht nur in illustrativer Funktion auftreten. Um bei dem Beispiel der Malerei zu bleiben: wenn eine Rose irdische Liebe symbolisieren soll, ist der Künstler *nicht* an eine bestimmte Darstellungsweise dieses Naturgegenstandes gebunden. Zwar bedarf es eines Bildkontextes, um im Leser mit dem Gegenstand »Rose« die Bedeutung »Symbol der Liebe« zu assoziieren, aber es steht dem Maler ein weiter Spielraum von Darstellungsmöglichkeiten offen, um die intendierte Symbolbedeutung im Betrachter zu evozieren. Im Bereich der Dichtung läßt sich – etwa am Beispiel des lyrischen Werkes von W.B. Yeats – zeigen, wie der gleiche Gegenstand, die Rose, innerhalb eines Gedichtbandes in eine Vielzahl von Bedeutungszusammenhängen eingegliedert werden kann, ohne etwas von seiner rein gegenständlichen Bedeutung zu verlieren: die Rose kann – im Anschluß an den mittelalterlichen *Rosenroman* – Symbol der rein irdischen Liebe sein, kann im Sinne von Dantes *Divina Commedia* auf die himmlische Liebe hinweisen, kann Erinnerungen an den Krieg der Weißen und der Roten Rose wachrufen; schließlich nimmt sich Yeats (in dem Gedichtband *The Rose*) auch die Freiheit, die Symbole Rose und

Kreuz miteinander zu verbinden und damit in esoterischer Weise auf die Symbolsprache der Rosenkreuzer hinzudeuten.

Äußerungen von Edgar Allan Poe, Henry James und schließlich auch von Benedetto Croce beweisen, daß der Allegorie-Begriff – wie schon bei Coleridge – im 19. und beginnenden 20. Jahrhundert nicht nur in deskriptiver Funktion, sondern auch als Wertbegriff verwendet wurde. So vermerkt Edgar Allan Poe in einer Besprechung von Hawthornes *Twice Told Tales:*

> In defence of allegory (however, or for whatever object employed), there is scarcely one respectable word to be said. Its best appeals are made to the fancy – that is to say, to our sense of adaptation, not of matters proper, but of matters improper for the purpose, of the real with the unreal; having never more of intelligible connection than has something with nothing, never half so much of effective affinity as has the substance for the shadowy.[3]

Obgleich Henry James gegen die literarkritischen Urteile von E.A. Poe seine Vorbehalte hatte, stimmte er mit ihm in der Bewertung der Allegorie überein, wenn er in seinem Hawthorne-Essay aus dem Jahre 1879 ausführt:

> It (i.e. allegory) is apt to spoil two good things – a story and a moral, a meaning and a form; and the taste for it is responsible for a large part of the forcible-feeble writing that has been inflicted upon the world.[4]

Die eindeutig negative Bewertung, die dem allegorischen Darstellungsprinzip noch zu Beginn des 20. Jahrhunderts zuteil wurde, spricht aus einer Äußerung von Benedetto Croce, der in seiner *Aesthetik (Estetica)* feststellt:

> Die Kunst hat keinen doppelten Boden, sondern nur einen einzigen, und alles in der Kunst ist symbolisch, weil alles ideell ist. Wenn aber das Symbolische von der Kunst trennbar sein soll, wenn es möglich ist, auf der einen Seite das Symbol auszudrücken und auf der anderen das, was symbolisiert wird, so fällt man in den Irrtum des Intellektualisten zurück; dieses angebliche Symbol ist dann lediglich Darstellung eines abstrakten Begriffes, ist eine Allegorie, ist Wissenschaft oder Kunst, die die Wissenschaft nachäfft.[5]

---

[3] Edgar Allan Poe, The Centenary Poe: Tales, Poems, Criticism, Marginalia, and Eureka, ed. Montagu Slater, London 1949, 477.
[4] Henry James, Theory of Fiction, ed. James E. Miller, Lincoln 1972, 105.
[5] Benedetto Croce, Aesthetik als Wissenschaft des Ausdrucks und allgemeine Linguistik, nach der zweiten durchgesehenen Auflage aus dem Italienischen übersetzt von Karl Federn, Leipzig 1905, 34.

Goethes Korrelation von Symbol und Idee, Allegorie und Begriff ist auch bei Benedetto Croce anzutreffen; allerdings verbindet er damit ein unbarmherziges Verdikt über alles Allegorische.

Seit den 20er Jahren dieses Jahrhunderts ist in der europäischen wie der amerikanischen Literaturkritik ein Prozeß der Neubewertung, der ›revaluation‹ der Allegorie im Gange, der zu einem vertieften Verständnis der Allegorie als literarischer Form und darüber hinaus in der Mediävistik zeitweilig sogar zu einer Überbetonung der Allegorese als Interpretationsmethode geführt hat.

An den Anfang dieses Prozesses ist Walter Benjamins Abhandlung über den *Ursprung des deutschen Trauerspiels* zu stellen, in der er sich – in dem Abschnitt über ›Allegorie und Trauerspiel‹ – gegen die Denunzierung einer Ausdrucksform, wie die Allegorie sie darstellt,[6] mit aller Schärfe wendet und von seinen geschichtsphilosophischen, literaturgeschichtlichen und ästhetischen Prämissen her den Weg für eine Neubewertung der Allegorie und allegorischer Dichtung insgesamt öffnet. Mit der Fixierung des besonderen historischen Ortes der Barockdichtung ergab sich für Benjamin die Notwendigkeit, die allegorische Darstellungsweise unabhängig von der klassisch-romantischen Tradition zu bestimmen und Zusammenhänge der barocken Allegorie mit der antiken und der mittelalterlichen herauszuarbeiten.

In den 30er Jahren wurden die Forschungen zur mittelalterlichen Allegorie nachhaltig gefördert durch die grundlegende Untersuchung von C.S. Lewis: *The Allegory of Love: A Study in Medieval Tradition* (Oxford 1936). Lewis zeichnet darin eine Traditionslinie in der Geschichte der europäischen Dichtung nach, die von der *Psychomachia* des Prudentius über die Epen der Schule von Chartres, den *Rosenroman*, Chaucer und Gower bis hin zu Spensers *Faerie Queene* reicht. In seinen einführenden Darlegungen über die Allegorie als Darstellungsform versucht er zu zeigen, daß die allegorische Ausdrucksweise eine der Grundformen des menschlichen Willens, sich zu äußern und darzustellen überhaupt ist:

> Allegory, in some sense, belongs not to medieval man but to man, or even to mind, in general.[7]

---

[6] Vgl. Walter Benjamin, Schriften, hg. von Th.W. und Gretel Adorno unter Mitwirkung von Friedrich Podszus, Bd. I, Frankfurt a.M. 1955, 282ff.
[7] C.S. Lewis, The Allegory of Love: A Study in Medieval Tradition, Oxford 1936; paperback edition 1975, 44.

Auch C.S. Lewis geht – wie Goethe – bei seiner definitorischen Eingrenzung des Allegorischen von einem Vergleich der Allegorie mit dem Symbol aus. Allegorie ist ein Mittel, um das Nichtgreifbare, Immaterielle sichtbar zu machen:

> If you are hesitating between an angry retort and a soft answer, you can express your state of mind by inventing a person called *Ira* with a torch and letting her contend with another invented person called *Sapientia*.[8]

Symbolische Darstellung ist nach seinen Darlegungen primär an der sinnlich-wahrnehmbaren Wirklichkeit orientiert und versucht, tiefere Zusammenhänge im Bereich menschlicher Erfahrung von den Dingen her zu erschließen:

> The attempt to read that something else through its sensible imitations, to see the archetype in the copy, is what I mean by symbolism or sacramentalism.[9]

Den Ursprung allegorischer Dichtung findet C.S. Lewis in der römischen Antike und in der spätantik-christlichen Dichtung in lateinischer Sprache; von der *Thebais* des Statius bis zur *Psychomachia* des Prudentius läßt sich ein doppelter Prozeß beobachten, der zur Herausbildung des allegorischen Darstellungsmodus führte: a) die Verwandlung antiker Gottheiten in Personifikationen und b) die gleichgeartete Darstellung menschlicher Leidenschaften – »on the one hand, the gods sink into personification; on the other, a widespread moral revolution forces men to personify their passions«.[10]

Die Anregungen von C.S. Lewis wirkten während der 50er und 60er Jahre in Büchern wie in Edwin Honigs *The Dark Conceit: The Making of Allegory* (New York 1959), A. Fletchers *Allegory: The Theory of a Symbolic Mode* (Ithaca 1964) und Rosemond Tuves *Allegorical Imagery: Some Mediaeval Books and their Posterity* (Princeton 1966) weiter, in denen einerseits eine stärkere Systematisierung der allegorischen Darstellungsweise versucht (Fletcher, Honig) oder die historischen Zusammenhänge zwischen der allegorischen Dichtung des Mittelalters und entsprechenden Werken aus dem Renaissance-Zeitalter analysiert wurden (Tuve).

---

[8] Ebd., 45.
[9] Ebd.
[10] Ebd., 63.

Die deutschsprachige Forschung der gleichen Zeit verarbeitete nicht nur C.S. Lewis' *Allegory of Love*, sondern auch Arbeiten von Erich Auerbach wie etwa die »Figura«[11] betitelte Untersuchung über die typologische Darstellungsweise in der mittelalterlichen Kunst und nahm schließlich Anregungen auf, die von H.G. Gadamers Aufsatz »Symbol und Allegorie« [12] und von seinen Ausführungen über das gleiche Thema in *Wahrheit und Methode: Grundzüge einer philosophischen Hermeneutik* (Tübingen 1960) ausgingen. Von diesen neueren Forschungen zur Allegorie zeugen innerhalb der deutschen Mediävistik die Arbeiten von H.R. Jauss: »Form und Auffassung der Allegorie in der Tradition der *Psychomachia* (von Prudentius zum ersten *Roman de la Rose*)«[13], »Entstehung und Strukturwandel der allegorischen Dichtung«[14] und »Allegorese, Remythisierung und Neuer Mythos«[15] und die weitausgreifenden Arbeiten von Friedrich Ohly und seinen Schülern, worüber Ohlys Band *Schriften zur mittelalterlichen Bedeutungsforschung* (Darmstadt 1977) unterrichtet.

Analysiert man die Definitionen des Begriffes »allegory«, die in neueren Nachschlagewerken zu finden sind, so fällt ein wesentlicher Unterschied im Vergleich zu Goethes Definition auf: Allegorie wird nicht mehr (oder nicht ausschließlich) als ein statisches Gebilde angesehen. In Alex Premingers *Encyclopedia of Poetry and Poetics* führt Northorp Frye beispielsweise aus:

> as a technique of literature, a[llegory] is a technique of fiction-writing, for there must be some kind of narrative basis for allegory. We have a[llegory] when the events of narrative obviously and continuously refer to another simultaneous structure of events, moral or philosophical ideas, or natural phenomena.[16]

---

[11] Erich Auerbach, Figura, Archivum Romanicum 22 (1938), 436-489; jetzt in: Erich Auerbach, Gesammelte Aufsätze zur romanischen Philologie, Bern/München 1967, 55-92.
[12] Hans Georg Gadamer, Symbol und Allegorie, Archivio di Filosofia, Milano 1958, 23-28.
[13] Hans Robert Jauss, Form und Auffassung der Allegorie in der Tradition der *Psychomachia*, Medium Ævum Vivum, Festschrift für Walter Bulst, hg. von Hans Robert Jauss und Dieter Schaller, Heidelberg 1960, 179-206.
[14] Hans Robert Jauss, Entstehung und Strukturwandel der allegorischen Dichtung, Grundriß der romanischen Literaturen des Mittelalters, VI, 1, Heidelberg 1968, 146-244.
[15] Hans Robert Jauss, Allegorese, Remythisierung und Neuer Mythos: Bemerkungen zur christlichen Gefangenschaft der Mythologie im Mittelalter, in: Terror und Spiel, Poetik und Hermeneutik, Bd. IV, hg. von Manfred Fuhrmann, München 1971, 187-209.
[16] Encyclopedia of Poetry and Poetics, ed. Alex Preminger, Princeton/New Jersey, 1965, 12, Sp.1.

Und M. v. Albrecht beginnt seinen Artikel über »Allegorie« im *Lexikon der Alten Welt* mit der Feststellung: »Allegorie ist Verbildlichung eines abstrakten Begriffes oder eines Vorgangs«.[17]

Im Anschluß an die neueren Forschungen zur Allegorie empfiehlt es sich, den Terminus »Allegorie« zur Bezeichnung eines epischen oder dramatischen Werkes, eines Vorgangs oder einer Situation innerhalb solcher Werke zu gebrauchen, denen neben der gegenständlichen Bedeutung noch eine weitere Bedeutung eigen ist, die als die ›eigentliche‹ und wichtigere Bedeutung anzusehen ist. Faßt man den Allegorie-Begriff in diesem Sinne auf, dann entspricht er zugleich der alten rhetorischen Definition der ›Allegorie‹, die sich bei Quintilian findet: »Allegoria, quam inversionem interpretantur, aut aliud verbis, aliud sensu ostendit aut etiam interim contrarium« (Quintilian, *De inst. orat.* 8, 6, 44).[18]

Die figürliche Darstellung eines Begriffes – wie etwa der Justitia – sollte dagegen nicht, wie dies im deutschen Sprachbereich (und in Anlehnung an die Terminologie der Kunstwissenschaft) meist geschieht, mit dem Begriff »Allegorie« belegt, sondern eine »Personifikation« genannt werden. Treten in einem allegorischen Werk vorwiegend oder ausschließlich Personifikationen als handelnde Figuren auf, so spricht die englischsprachige Forschung von »personification allegory«; im Deutschen werden dafür als Entsprechungen die Begriffe »Personalallegorie« oder »Personifikationsallegorie« verwendet. Schildert eine Erzählung oder ein Drama einen Vorgang, ohne daß dabei Personifikationen abstrakter Begriffe auftauchen, dennoch aber eine übertragene Bedeutung kontinuierlich mitzudenken ist – wie etwa in der Rattenfabel zu Beginn des *Piers Plowman* –, so wird dies eine »Geschehensallegorie« oder auch »dramatic allegory« genannt.[19]

Eine Unterscheidung zwischen »personification allegory« und »dramatic allegory« ist dann gerechtfertigt, wenn hervorstechende Merkmale einzelner Allegorien bezeichnet werden sollen; sie ist jedoch abzulehnen, wenn die beiden Begriffe in Opposition zueinander gebracht werden, denn zahlreiche Personifikationsallegorien sind gleichzeitig auch »Gesche-

---

[17] M. v. Albrecht, ›Allegorie‹, Lexikon der alten Welt, hg. von Carl Andresen u.a., Zürich/Stuttgart 1965, Sp. 121.

[18] Zur Stellung der Allegorie in der Rhetorik vgl. Walter Blank, Die deutsche Minneallegorie: Gestaltung und Funktion einer spätmittelalterlichen Dichtungsform, Stuttgart 1970, 7ff.

[19] Vgl. dazu die Arbeiten von Helmut Siepmann, Die allegorische Tradition im Werke Clément Marots, Diss. Bonn 1968, 11, und Gerda Anita Jonen, Allegorie und späthöfische Dichtung in Frankreich, München 1974, sowie die Ausführungen von Elizabeth Salter und Derek Pearsall in der Einleitung zu ihrer Ausgabe des Piers Plowman, London 1967, repr. with corrections 1973, 9ff.

hensallegorien«, weil sie auf einem epischen Vorgang oder einer dramatischen Handlung aufgebaut sind. Es ist daher nützlicher, wenn im Anschluß an die bereits eingeführte Terminologie weitere Begriffe geprägt werden, die in Opposition zueinander stehen, und wenn gleichzeitig nach den Übergängen zwischen den jeweiligen Extremen gefragt wird. Einen Gegensatz zur »Personifikationsallegorie« bildet nach meiner Auffassung ein Typus, den man »Personenallegorie« nennen könnte, wobei unter ›Personen‹ eine Figurengruppe zu verstehen wäre, die realistischen Charakteren oder realistisch gezeichneten »Typen« nahestehen, sich von ihnen jedoch dadurch unterscheiden, daß sie innerhalb des jeweiligen Werkes eine Funktion im allegorischen Gesamtkonzept zu erfüllen haben. (Als Beispiele seien Alexander und Sapho aus Lylys Hofkomödien *Alexander and Campaspe* und *Sapho and Phao* genannt – Personen, mit denen jeweils in allegorischer Verschlüsselung auf Elisabeth I. angespielt wird.) Zwischen der »Personifikationsallegorie« und der »Personenallegorie« wären die »mythologische Figurenallegorie« und die »Tierallegorie« anzusiedeln. Mythologische Figuren wie Venus oder Cupido können einerseits den Personen in den »Personenallegorien« ähneln, wenn sie vom Erzähler entsprechend plastisch geschildert, in einer Vielfalt von Aktionen und von Reaktionen dargestellt werden, die nicht unmittelbar aus ihrem Namen abzuleiten sind; sie können aber in die Nähe der »Personifikationsallegorien« rücken, wenn man an Gestalten wie »Fama« oder »Fortuna« denkt, deren Namen eben nicht Eigennamen sind, sondern Begriffe. Die erzählerische Gestaltung der »Fama« als allegorisch-mythologische Figur in Chaucers *House of Fame* zeigt, daß der Erzähler dieser Figur weit größeren Spielraum widmete (und widmen konnte), als dies bei Personifikationen wie »Treuthe«, »Resoun« oder »Conscience« in Langlands *Piers Plowman* der Fall ist; Chaucer lehnt sich bei seinem Portrait der Fama u.a. an die Apokalypse des Johannes, insbesondere an die Beschreibung der Babylonischen Hure an. Damit ist die Fama von der reinen Personifikation abstrakter Begriffe abgesetzt, die in der Regel sehr knapp charakterisiert werden, über deren »personenhaftes« Äußere wenig oder nichts in Erfahrung zu bringen ist. In ähnlicher Weise können auch Tiere in den »Tierallegorien« menschlichen Personen sehr ähnlich sein oder zu reinen Verkörperungen moralischer Verhaltensweisen stilisiert werden (wie dies in der Tierallegorie im ersten Buch von Gowers *Vox Clamantis* zu beobachten ist). Der Reiz der spätmittelalterlichen, insbesondere mittelenglischen Dichtung liegt in der Kombination solcher allegorischen Typen. So verbindet Langland Personen-,

Tier- und Personifikationsallegorie in einem Werk, und bei Chaucer finden sich Tier-, Personifikations- und mythische Figurenallegorie miteinander vereint. Weder die Autoren noch ihr Publikum erblicken darin einen ›Stilbruch‹: es dominiert in diesen Werken der thematische Zusammenhang. Der Leser war es – aus Gründen, die noch darzulegen sind – offenbar gewohnt, eine Dichtung gleichzeitig auf mehreren Bedeutungsebenen aufzunehmen und zu verarbeiten. Sichtbares, seien es nun Personen, Personifikationen oder mythologische Figuren, wird ständig auf Unsichtbares bezogen: aller allegorischen Dichtung ist ein Verweisungscharakter eigen. Mit Jauss zu sprechen: »Die allegorische Dichtung des [...] Mittelalters ist ein Kapitel der noch ungeschriebenen ›Geistesgeschichte des Unsichtbaren‹«.[20]

Für die Einzelanalysen der Personals allegorischer Dichtung lassen sich nicht nur dadurch lohnende Gesichtspunkte finden, daß man nach dem Grad der erzählerischen Konkretisierung der einzelnen Gestalten fragt, sondern nach deren thematischer Korrelation. So ist die Bedeutung von »Resoun« in Langlands *Piers Plowman* etwa dadurch zu bestimmen, daß man untersucht, welche Beziehung zwischen »Resoun« und »Conscience« hergestellt, wie weiterhin »Resoun« gegen »Kynde Wit« (am besten mit »ratio naturalis« wiederzugeben) abgestuft wird. Dabei ergibt sich notwendigerweise auch die Frage, ob die Relationen zwischen derartigen Personifikationen durch das gesamte Werk hindurch konstant bleiben oder sich in einem dramatischen Prozeß verändern. Zugleich ist bei derartigen Personifikationen zu ermitteln, ob die Begriffe, die sie verkörpern, in irgendeiner Weise mit dem Sprachgebrauch der traditionellen bzw. zeitgenössischen (lateinischen) Theologie und Philosophie in Zusammenhang gebracht werden können. Bei den mythologischen Allegorien wie etwa Venus ist – mit Jauss – nach dem Grad der Remythisierung der einzelnen Figuren zu fragen, denn es zeichnet sich vom 12. bis 15. Jahrhundert ein deutlicher Wandel in der Bewertung antiker Mythologie durch christliche Autoren ab. Bot die allegorische Auslegung antiker Werke – auf das Problem der Allegorese wird in anderem Zusammenhang zurückzukommen sein – die Möglichkeit, pagane Dichtung und auch pagane Götter im Mittelalter als dichterische Ausdrucksmittel zu gebrauchen und Ovid als »Ovide moralisé« zu lesen, so rückte mit den erzählerischen Versuchen der Schule von Chartres, insbesondere mit den Werken des Alanus ab Insulis die antike Mythologie stärker in den Vor-

---

[20] Hans Robert Jauss, Entstehung und Strukturwandel der allegorischen Dichtung, 147.

dergrund und gewann an poetischer Eigenständigkeit.[21] Von größter Bedeutung ist in diesem Zusammenhang die Allegorie »Nature« (»Kynde«), die in Chaucers *Parlement of Fowles* im Anschluß an Alanus ab Insulis als eine Art Kontrastgestalt zu Venus eingeführt wird und als Gottheit wie als Statthalterin des christlichen Schöpfergottes zugleich erscheint. »Nature« steht den mythologischen Allegorien nahe, hat jedoch keine direkte Vorläuferin in einer bestimmten antiken Gottheit und vereint eine Vielzahl von Bedeutungen in sich, von der rein biologischen Zeugungskraft bis hin zu dem allen Menschen eingeschriebenen »law of kynde« (»lex naturalis«). Als allegorische Personifikation bei Chaucer *und* bei Langland auftretend, zeigt »Nature«, welche Komplexität eine derartige Figur in allegorischer Dichtung annehmen konnte. Hochmittelalterlich-scholastische Neubewertung der »natura« (etwa bei Thomas v. Aquin) wirkt auf die Rolle von »Nature« in den spätmittelalterlichen Allegorien ebenso ein wie die verstärkte Hinwendung zur antiken Dichtung, die sich im 14. und 15. Jahrhundert im Vorfeld der europäischen Renaissance abspielt. Lenkt man den Blick auf den Typus der (dynamischen) »Geschehensallegorie«, so wäre zu dieser Form der Gegentypus in der (statischen) »Beschreibungsallegorie« zu suchen, wie sie Chaucer innerhalb des *Parlement of Fowles* mit der Darstellung des Venus-Tempels geliefert hat. Ähnliche Beschreibungen von allegorischen Schlössern und Palästen finden sich im Mittelalter in religiöser wie in weltlicher Dichtung, aber auch noch in Bunyans *Pilgrim's Progress;* erinnert sei an die Deskription von Palace Beautiful. Auch bei dieser Unterscheidung »Geschehensallegorie« – »Beschreibungsallegorie« empfiehlt es sich, von einer ›Typenreihe‹ zu sprechen und mögliche Übergangsformen mit zu veranschlagen, wie sie in der »Situationsallegorie« oder in den »allegorischen Gesprächen«, den Débats von Personifikationen, mythologischen Figuren oder allegorischen Tiergestalten zu finden sind. Als »Situationsallegorie« ist – mit John MacQueen[22] – das Gleichnis vom Sämann zu bezeichnen, das sich im Neuen Testament findet; Lukas 8, 5-8 enthält den Bericht, dessen Bedeutung in Lukas 8, 11-15 expliziert wird. Ein weiteres Beispiel für Situationsallegorie wäre das Exemplum aus *Piers Plowman* C, X, 32ff. (zit. nach D. Pearsall [ed.], London 1978), das die Situation eines Mannes schildert, der in sturmbewegter See in einem Boot dahintreibt und der als der gebrechliche Sünder in seinem Verhältnis zur göttlichen Gnade gedeutet

---

[21] Vgl. Hans Robert Jauss, Allegorese, Remythisierung und neuer Mythos, 201ff. und Paul Piehler, The Visionary Landscape: A Study in Medieval Allegory, London 1971, 46ff.
[22] John MacQueen, Allegory, London 1970, 23ff.

wird. Allegorische Debatten können wie im Gedicht von der Eule und der Nachtigall *(The Owl and the Nightingale)* einen statischen Charakter haben, der am deutlichsten im offenen Schluß des Débat zum Ausdruck kommt; sie können aber auch wie zahllose Gespräche in der *Visio de Dowel* des *Piers Plowman* ein dramatisch-dynamisches Gepräge haben und dazu beitragen, daß die Haupthandlung der Allegorie vorangetrieben wird.

Von der Analyse der Gespräche und ihrer unterschiedlichen Funktionen läßt sich weiterhin auch ein Zugang zu den beiden Grundformen der Geschehensallegorie gewinnen, die in Prudentius' *Psychomachia* und in Bunyans *Pilgrim's Progress* ihre deutlichste Ausprägung gefunden haben: a) das ›bellum intestinum‹, der Kampf der Tugenden und der Laster um die Seele des Menschen (vielfältig abgewandelt in der spätmittelalterlichen Literatur, sowohl auf der Moralitätenbühne wie in epischen Werken), und b) die Wanderschaft des Menschen, der auf der Suche ist nach jenseitigem oder irdischem Glück, nach dem himmlischen Paradies (wie bei Bunyan) oder nach dem irdischen Paradies (wie in Guillaume de Lorris' *Roman de la Rose*).[23]

»Geschehensallegorien« können bei der Darstellung der Wanderungen des Helden und der Kämpfe, in die er einbezogen wird, starke Anregungen aus der Romanzendichtung oder aus dem spätantiken Abenteuerroman aufnehmen; stets aber bleiben die Ereignisse auf das allegorische Gesamtkonzept des Werkes bezogen. Die Wanderung ist und bleibt innere Sinnsuche (»quest«), nicht eine breit aufgefächerte Abenteuerfahrt; die Kampf- und Kriegsszenen sind primär innere Auseinandersetzungen (›bellum intestinum‹) zwischen moralischen oder metaphysischen Kräften, Konflikte zwischen Tugenden und Lastern, zwischen Christen (oder der Christenheit) und dem Antichrist, und oft sind beide Dimensionen in den Kampfszenen miteinander verknüpft.

---

[23] Vgl. dazu Angus Fletcher, Allegory: The Theory of a Symbolic Mode, Ithaca 1964, 151.

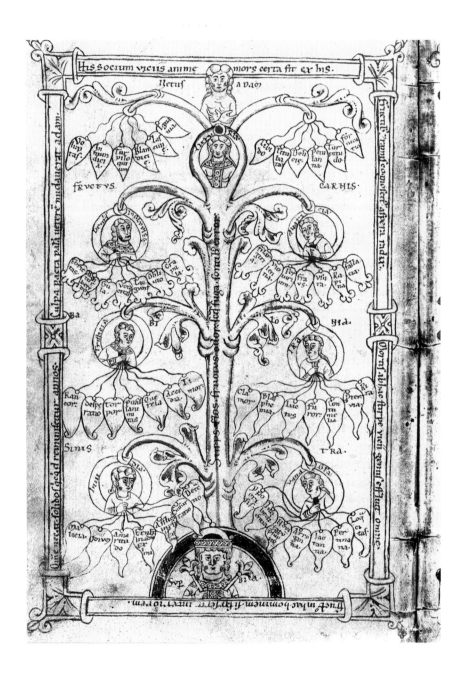

*Abb. 3*: Der Baum der Tugenden. Der Baum der Laster.
Der Kampf der Tugenden und der Laster ist seit Prudentius eines der Hauptmotive der mittelalterlichen Literatur. Zu den sieben Todsünden zählen (in der Regel) superbia, ira, invidia, avaritia, accedia, gula und luxuria. Die sieben Kardinaltugenden sind: fortitudo, prudentia, temperantia, justitia, fides, spes und caritas. Daneben gibt es andere Listen der sieben Tugenden; eine davon umfaßt – nach den Angaben von M. Bloomfield, *The Seven Deadly Sins,* Michigan 1952, 353, A. 197 – humility, chastity, love, patience, almsgiving, abstinence, watchfulness. Besonderes Interesse bestand offenbar für die Zusammenhänge einerseits zwischen den Tugenden und andrerseits zwischen den Todsünden. Der Baum war ein sinnfälliges Modell, durch das sich Verzweigungen der Tugenden und Laster erläutern ließen.

Insofern sich in den Allegorien aus dem dynamischen Geschehen oder einer statischen Situation ein bestimmter ›Sinn‹ herauskristallisiert, besteht eine enge Beziehung zwischen der in einer »dichterischen Allegorie« angewandten Darstellungsweise und dem in der mittelalterlichen Bibelexegese geübten Verfahren, das »Allegorese« oder auch »theologische Allegorie« genannt wird. Man kann aus methodischen und systematischen Gründen die allegorische Darstellungsweise der Dichter und die allegorische Deutung der Theologen streng voneinander scheiden und dazu noch betonen, daß die Lehre vom Vierfachen Schriftsinn, die von den Exegeten entwickelt wurde, sich auf das geoffenbarte Wort Gottes bezieht, die allegorische Darstellung in der Literatur dagegen ein Instrument menschlicher »poiesis« ist. Eine historische Betrachtungsweise, die den Blick auf das einzelne dichterische Werk gerichtet hält, kann sich der Frage, ob zwischen dichterischer und theologischer Allegorie Zusammenhänge bestehen, nicht entziehen, und man muß sich in der Literaturwissenschaft dieser Frage stellen, weil längst – insbesondere in den Publikationen von D.W. Robertson, Jr., und Bernard F. Huppé[24] – eine Verquickung zwischen beiden Betrachtungsweisen erfolgt ist und dieser methodische Ansatz wiederum zu bedenkenswerten Kontroversen in der Forschung geführt hat. (Hinzuweisen ist hier auf den Band *Critical Approaches to Medieval Literature. Selected Papers from the English Institute*, 1958-1959, hg. mit einem Vorwort von Dorothy Bethurum, New York 1960.) Es sei an dieser Stelle erlaubt, die mittelalterliche Lehre vom Vierfachen Schriftsinn – die an sich wiederum eine komplexe Geschichte hat[25] – kurz zu rekapitulieren: Bei der Bibelexegese sprach das Mittelalter zum einen von dem »Literal-« oder »Buchstabensinn« (auch »historischer Sinn« genannt), zum anderen von einem höheren, geistigen Sinn, dem »sensus spiritualis«, der sich wiederum in dreifacher Weise stufte: Die erste Stufe ist der »allegorische« Sinn – meist einfach auch »Allegorie« genannt; er bezieht sich auf die heilsgeschichtliche Bedeutung einer Stelle. Wird dagegen nach der Bedeutung einer Stelle für das Leben und Handeln des Einzelnen gefragt, so befaßt sich der Exeget mit dem »tro-

---

24 Vgl. D.W. Robertson, Jr. : Historical Criticism, English Institute Essays, 1950, ed. Alan S. Downer, 3-31: The Doctrine of Charity in Medieval Literature Gardens: A Topical Approach through Symbolism and Allegory, Speculum, XXVI (1951), 24-49; D.W. Robertson, Jr.: A Preface to Chaucer: Studies in Medieval Perspectives, Princeton 1962, sowie D.W. Robertson, Jr., and B.F. Huppé: Piers Plowman and Scriptural Tradition, Princeton 1951, und (ebenfalls von beiden Autoren) Fruyt and Chaf, Studies in Chaucer's Allegories, Princeton 1963.
25 Vgl. dazu H. de Lubac, Exégèse médiévale: Les quatre sens de l'écriture, 4 Bde., Paris 1959-63.

pologischen« oder »moralischen« Sinn. Werden schließlich die Verheißungen erörtert, die sich im Jenseits erfüllen, so zielt die Auslegung auf den »anagogischen« (oder auch »eschatologischen«) Sinn einer Schriftstelle ab. »Ein im Mittelalter immer wieder angeführtes Musterbeispiel ist« – wie Friedrich Ohly in seiner grundlegenden Abhandlung *Vom geistigen Sinn des Wortes im Mittelalter* ausführt – »das Wort Jerusalem: geschichtlich eine Stadt auf Erden, allegorisch die Kirche, tropologisch die Seele des Gläubigen, anagogisch die himmlische Gottesstadt«.[26] Die Literaturwissenschaft der letzten Jahrzehnte hat, wenn sie sich mit der mittelalterlichen Exegese und deren Bedeutung für das Verständnis mittelalterlicher Dichtung befaßte, vor allem die erste Stufe des »sensus spiritualis«, den allegorischen Sinn erörtert und dabei für »allegorisch« meist auch den Begriff »typologisch« gebraucht. So vermerkt Friedrich Ohly bei der Erörterung dieses Sachverhaltes in der genannten Abhandlung:

> Allegorie meint hier dasselbe wie der moderne Begriff der Typologie, also den Bedeutungsbezug zwischen Präfiguration und Erfüllung wie zwischen dem Alten und dem Neuen Testament. Diese in heilsgeschichtlichem Denken verankerte typologische Denkform hat das Geschichtsbewußtsein des Mittelalters stark geprägt, unter anderem indem sie auf das Verhältnis zwischen Antikem als Präfiguration und Christlichem als Erfüllung übertragen zu werden vermochte und dadurch das Hochgefühl des Bewußtseins, in einer der Antike überlegenen Zeit zu leben, in einem Maße steigerte, daß gerade diesem Bewußtsein tiefe Antriebe zur künstlerischen Überwindung der Antike im Mittelalter verdankt wurden, was Schwietering entdeckte, Auerbach und Glunz weiter ausführten und begründeten.[27]

Den zitierten Forschern wären seitens der Anglistik noch die Namen von Elizabeth Salter, Derek Pearsall und David Aers hinzuzufügen, die – alle dem Centre of Medieval Studies der University of York angehörend – sich an die Studien von Erich Auerbach, insbesondere an dessen Aufsatz »Figura« anschlossen und bei der Interpretation des *Piers Plowman* Langlands »figuralen Realismus« herausarbeiteten.[28] Andererseits können auch diese Forscher nicht leugnen, daß Langland den »figuralen Realismus«, d.h. die realistische Darstellung geschichtlicher Vorgänge unter dem Aspekt von »Präfiguration und Erfüllung«, mit der Technik der per-

---

[26] Friedrich Ohly, Vom geistigen Sinn des Wortes im Mittelalter, in: Schriften zur mittelalterlichen Bedeutungsforschung, Darmstadt 1977, 14-15.
[27] Ebd., 14.
[28] Vgl. Elizabeth Salter und Derek Pearsall (eds.), Piers Plowman, London 1967, reprinted (with corrections) 1973; Elizabeth Salter, Medieval Poetry and the Figural View of Reality, The Proceedings of the British Academy, Bd. 54 (1968), 73-92; David Aers, Piers Plowman and Christian Allegory, London 1975.

sonifizierten dichterischen Allegorie verbindet, so daß sich erneut die Frage stellt, ob dieser Autor diese Methoden je nach Neigung und Geschmack alternierend verwendet oder ob ein innerer Zusammenhang zwischen der »poetischen Allegorie« und der »hermeneutischen Allegorie« (Ohly), zwischen der Allegorie der Dichter und der Allegorie der Theologen (Dante) gesehen werden kann. Friedrich Ohly ist in seinen systematischen Darlegungen entschieden darum bemüht, diese beiden Arten der Allegorie gegeneinander abzusetzen:

> Kein Begriff, der von der Antike bis zur Romantik und in die moderne wissenschaftliche Terminologie hinein schillernder scheint und mehr zu Mißverständnissen Anlaß gibt als dieser. Uns kann es hier genügen, eine klare Unterscheidung mit Bestimmtheit zu treffen. Was die Literaturgeschichte vor allem des späteren Mittelalters als allegorische Dichtung bezeichnet wie den französischen Rosenroman und die Minneallegorien, hat mit dem, was wir hier unter Allegorie zu verstehen haben, nichts zu tun. Beides schließt einander aus [...] Geht es bei der poetischen Technik der Allegorese um willkürliche dichterische Veranschaulichung einer Idee durch Personifizierung oder Verdinglichung, so innerhalb der christlichen Wortauslegung umgekehrt um die Enthüllung des bei der Schöpfung in der Kreatur versiegelten Sinns der Sprache Gottes, um *revelatio*, um eine *spiritualis notificatio*, wie Hugo v. St. Victor es nennt (PL 175, 20 D), die aus der stummen Welt der Dinge die Sprache göttlicher Verkündigung vernimmt.[29]

Auch Erich Auerbach unterschied in seiner Abhandlung »Typologische Motive in der Mittelalterlichen Literatur«[30] zwischen »typologischer« und »abstrakter« (d.h. personifizierender) Allegorie, wobei er die typologische Allegorie höher einstufte als die abstrakte Allegorie, ähnlich wie die Kritiker, die im 19. Jahrhundert Symbol und (personifizierende) Allegorie gegeneinander ausspielten. Gegen diese Verfahrensweise hat Hans Robert Jauss in seinem Aufsatz »Form und Auffassung der Allegorie in der Tradition der *Psychomachia* (von Prudentius zum ersten *Romanz de la Rose*)« Einspruch erhoben und dargelegt, daß bei Prudentius ein innerer Zusammenhang zwischen typologischer Bibelexegese und abstrakter Allegorie besteht:

> ... die Personifikationen der *Psychomachia* beruhen keineswegs auf dem, was Auerbach ›abstrakte Allegorie‹ nennt. Sie setzen für Prudentius vielmehr gerade die typologische Bibelexegese voraus und sind nach der Intention des Dichters als eine epische Transformation derselben zu erklären. Das zeigt sich

---

[29] Friedrich Ohly, Vom geistigen Sinn des Wortes im Mittelalter, 12-13.
[30] Erich Auerbach, Typologische Motive in der mittelalterlichen Literatur, Schriften und Vorträge des Petrarca-Instituts Köln, II, Krefeld 1953.

schon in der Praefatio, wo Prudentius seine Darstellung vom Kampf der Tugenden und Laster typologisch begründet. Wie Abraham erst die Feinde Loths besiegen mußte, bevor ihm Gott durch Sarah den ersehnten Sohn schenkte, so haben auch wir erst die *portenta cordis seruientis* (v. 14) zu überwinden, bevor wir befähigt sind, die legitime Frucht des evangelischen Lebens zu empfangen.[31]

Wenn auch nach Prudentius das Bewußtsein für einen Zusammenhang zwischen typologischer Denkweise und allegorischer Darstellung verloren ging und in den Minneallegorien die Technik des Prudentius zur Illustration einer höfischen Doktrin verwendet wurde, so ist doch in der englischen religiösen Epik des 14. Jahrhunderts die Verknüpfung von »figuralem Realismus«, der auf der typologischen Deutung der Bibel, der Geschichte und der Natur beruht, und der »abstrakten« Allegorie wiederum möglich: die theologisch-exegetische Allegorie geht von der Offenbarung, den Personen und Situationen der biblischen Geschichte sowie der Geschichte der Völker und den Gegenständen der Schöpfung aus und enthüllt dem Leser die typologischen Zusammenhänge. Ein Dichter wie Langland nutzt diese Form der Weltauslegung und lagert Personifikationsallegorien in die von den Exegeten entwickelten Sinnzusammenhänge ein, um auf seine (poetische) Weise soziale, ökonomische, politische und moralische Konflikte zu verdeutlichen.

Es fragt sich, ob Autoren wie Langland eine solche Technik in (bewußter) Anlehnung an Prudentius entwickelten oder ob im 14. Jahrhundert andere literarische Gattungen außerhalb der religiösen Epik vorhanden waren, die allegorische Exegese und Personifikationsallegorien zugleich verwendeten. Eine Antwort darauf liefert die grundlegende Untersuchung von Christl Meyer »Überlegungen zum gegenwärtigen Stand der Allegorie-Forschung mit besonderer Berücksichtigung der Mischformen«, die auf ein analoges Verfahren in der Predigtliteratur hinweist:

> Sie (d.h. die Predigt) bedient sich zu einem großen Teil, der aber durch die Epochen wohl nicht konstant bleibt, genau des Vorgehens der Schriftexegese, indem sie längere oder kürzere Aussagen der Bibel einer Auslegung zugrunde legt, die, soweit sie Allegorese ist, voll auf der Seite der allegorischen Bibelhermeneutik steht. Ist zum Beispiel im Cantica-Text die Lilie enthalten, so wird sie nach ihren Eigenschaften aus dem Kontext der Schriftstelle heraus allegorisiert, sei es im Bibelkommentar oder in einer Predigt über diesen Text. Handelt jedoch die Predigt thematisch von bestimmten Heilswahrheiten, theologischen

---

[31] Hans Robert Jauss, Form und Auffassung der Allegorie in der Tradition der *Psychomachia*, 188.

Begriffen, Tugenden, Heiligen usf., so wird vom Prediger ein solcher Gegenstand nicht selten durch eine Allegorie illustriert.[32]

In den Predigtbüchern und Lexika wurden häufig Allegorien zusammengestellt, mit denen der Prediger seinen Text bei der Exegese verdeutlichen konnte. Daraus ergibt sich: Langland folgte in seinem Epos einem in der Predigt viel geübten Brauch, wenn er seinerseits die interpretativ-exegetische und die illustrativ-expressive Allegorie miteinander verband. Es ist jedoch im Hinblick auf Langland auch festzuhalten, daß nicht das gesamte Werk nach der Methode des Vierfachen Schriftsinns komponiert wurde (und dementsprechend zu lesen wäre), wie dies D.W. Robertson, Jr., und Bernard F. Huppé in ihrem umstrittenen Buch *Piers Plowman and Scriptural Tradition* (Princeton 1951) behaupteten. Einzelne Stellen in Langlands Epos lassen sich nach der Methode der Schriftexegese aufschlüsseln. Es dominiert in seinem Werk der zweite, d.h. der allegorisch-typologische Sinn, die Eingliederung konkreter geschichtlicher Begebenheiten in den heilsgeschichtlichen Zusammenhang. Gelegentlich kann sich Langland von dieser Sinndeutung allerdings lösen und die Vorgänge in einer rein realistischen Weise präsentieren. Aber vorausgehende und folgende Passagen, die den allegorisch-typologischen Sinn akzentuieren, tragen dazu bei, daß sich Passagen, die rein realistisch klingen, nicht verselbständigen.

Einerlei welche darstellerische Methode Langland im einzelnen benutzt: Sowohl die typologische wie die abstrakte Allegorie ist auf das christliche Dogma bezogen. Daß allegorische Dichtung (als epische oder dramatische Großform) auf solche lehrhaft ausformulierbare, überpersönliche Sinnzusammenhänge angewiesen ist, zeigt ein Blick auf die neuzeitliche Dichtung, die sich allegorischer Formen bedient. Bei Bunyan läßt sich – nach Wolfgang Isers Deutung – der Umschlag vom Epos zum Roman, von der Darstellung übergreifender objektiver Sinnzusammenhänge zur rein subjektiven Erfahrungswelt eines Romanhelden beobachten. Die Allegorien beginnen damit auf eine Weise zu oszillieren, wie dies in der religiösen Dichtung des 14. Jahrhunderts nicht der Fall ist. Faith, bei Langland die Verkörperung des Glaubens, wandelt sich bei Bunyan in Faithful, in eine individuelle Haltung, die als allegorische Personifikation ein individuelles Schicksal erleidet, das den vorgegebenen, im Namen enthal-

---

[32] Christl Meyer, Überlegungen zum gegenwärtigen Stand der Allegorie-Forschung mit besonderer Berücksichtigung der Mischformen, Frühmittelalterliche Studien, Jahrbuch des Instituts für Frühmittelalterliche Forschung der Universität Münster, hg. von Karl Hauck, Bd. 10, Berlin/New York 1976, 53.

tenen religiös-dogmatischen Rahmen transzendiert.[33] Es ist daher nicht überraschend, daß in der klassisch-romantischen Epoche, in der Phase der individuellen ›Erlebnisdichtung‹, kaum Platz für die allegorische Darstellungsweise blieb, die »das Persönliche entpersönlicht«.[34] Und es mutet jetzt auch nicht mehr absonderlich an, daß im 20. Jahrhundert, in einer Krise des individualistischen Weltbildes alle Dichtungstheorien, die ihr Augenmerk auf den kollektiven Erfahrungsschatz in der überlieferten Dichtung richteten, dazu beitrugen, daß wiederum ein vertieftes Verständnis für Allegorien entstand.

Wenn in diesem Prozeß der Neubewertung der allegorischen Dichtung insbesondere in der englischen und amerikanischen Literaturkritik für die Charakterisierung von Kafkas Romanen *Das Schloß* und *Der Prozeß* wiederum der Allegorie-Begriff verwendet wurde, so ist vor einer unangemessenen und unscharfen Verwendung dieses Begriffes zu warnen.[35] Auch wenn Kafkas *Schloß* entfernt an Allegorien erinnert, kann dieser Roman nicht als eine moderne Entsprechung zum *Castle of Perseverance* verstanden werden, jener allegorischen Moralität aus dem 15. Jahrhundert, die den ganzen Motiv- und Formenbestand religiöser Allegorien auf die Bühne brachte. Bei Kafka ist zwar ein bohrendes metaphysisches Fragen zu spüren, aber es gibt bei ihm keine scharf abgrenzbaren philosophischen und theologischen Antworten, die sich dichterisch ins Bild umsetzen ließen, derart, daß der Sinn immer klar erkennbar wäre. Gerade das Umgekehrte ist der Fall: der Sinn ist verdunkelt; es bleiben nur noch epische Requisiten, die an Allegorien erinnern; die Allegorie ist zur Anti-Allegorie geworden.[36] Wir schließen uns mit dieser Deutung den Thesen an, die Wilhelm Emrich bereits 1958 in seiner *Kafka*-Monographie entwickelte, wo er u.a. feststellt:

> Es kann sich also um keine Parabel mehr im strengen Sinne handeln. Denn jede parabolische oder allegorische Darstellung muß auf einen bestimmbaren Sinn oder Begriff verweisen, wie Lessings Parabel von den drei Ringen eindeutig in den Ringen drei Religionen bezeichnet. Das Charakteristische an Kafkas

---

[33] Vgl. dazu auch Wolfgang Iser, Bunyans Pilgrim's Progress. Die kalvinistische Heilsgewißheit und die Form des Romans, Medium Ævum Vivum, Festschrift für Walther Bulst, Heidelberg 1960, 294ff.
[34] Hans Robert Jauss, Form und Auffassung der Allegorie in der Tradition der Psychomachia, 205.
[35] Vgl. Angus Fletcher, Allegory, 174 u.ö.
[36] Vgl. hierzu auch eine Bemerkung von Gay Clifford, The Transformations of Allegory, London/Boston 1974, 128: »It might be fair to say that Kafka allegorized experiences which reflect precisely those social and cultural tendencies most inimical to allegorical writing of the earlier kind«.

> Dichtung besteht aber gerade darin, daß kein eindeutig bestimmbarer Sinn mehr »hinter« ihren Erscheinungen, Vorgängen und Reden fixiert werden kann, d.h. daß das Universelle Kafkas gerade nicht mehr in eine philosophische, theologische oder allgemein weltanschauliche Begriffssprache sich übersetzen läßt.[37]

Im gleichen Zusammenhang heißt es weiterhin:

> ... die Allegorie läßt sich nicht mehr begrifflich bestimmen, weil das Totale selbst nicht mehr begrifflich fixierbar ist, sondern sich nur im unausgesetzten Durchgang durch alle Einzelerscheinungen und einzelnen Denkakte in Form einer »rasenden Eile« oder »Jagd« erreichen, d.h. überhaupt nie erreichen läßt.[38]

Und schließlich kommt Emrich zu dem Resultat:

> Die Begriffe Allegorie und Parabel können daher auf Kafkas Dichtung nicht legitim angewandt werden. Ihr Gebrauch stiftet Verwirrung und hat bereits die unheilvollsten und absurdesten Interpretationsversuche gezeitigt.[39]

Die Allegorie blieb zwar bis ins 20. Jahrhundert in satirisch-politischer Dichtung – etwa bei Swift oder bei Orwell – ein Mittel, die ›uneigentliche‹ Fassade des jeweils zeitgenössischen Lebens zu entlarven und auf ›Eigentliches‹, auf die zentralen Normen des Satirikers hinzuweisen. Das kafkaeske Dilemma aber läßt sich in der Literatur des 20. Jahrhunderts nicht ignorieren und mit poetischen Mitteln beiseite schaffen. Umfassende religiöse und philosophische Allegorien, wie sie von der Spätantike bis ins 17. Jahrhundert hinein geschrieben wurden, erscheinen in einem Zeitalter, das die absurde Literatur hervorgebracht hat, als Reminiszenzen an Epochen, die nicht durch ihre Verwandtschaft mit der Gegenwart, sondern durch ihr fremdartiges Gepräge moderne Leser zu provozieren vermögen.

---

[37] Wilhelm Emrich, Franz Kafka, Bonn 1958, 76-77.
[38] Ebd., 77.
[39] Ebd., 78.

# William Langlands *Piers Plowman* im Lichte der mittelalterlichen Philosophie und Theologie

Seit dem Erscheinen von J.J. Jusserands Buch *L'Épopée mystique de William Langland* (Paris 1893) war man sich bewußt, daß zur Deutung des *Piers Plowman* mittelalterliche Philosophie und Theologie herangezogen werden müssen. Jusserand wies vor allem auf die Mystik des 14. Jahrhunderts hin, der seiner Auffassung nach Langlands Werk zuzuordnen ist; seine Ausführungen zu diesem Thema sind jedoch sehr knapp und werden nicht durch eine genaue Textanalyse gestützt.

O. Mensendieck[1] versuchte sodann, von Wyclif her einen Zugang zu Langlands Werk zu finden. In dieser Richtung schritt in den 20er Jahren K. Burdach weiter, der Langlands Dichtung »einen eigentlich mystischen Geist«[2] absprach und sie mit jenen geistigen Bewegungen in Zusammenhang brachte, die zur Renaissance und Reformation führten. Schließlich klingt die These, daß Langland ein Wyclifit gewesen sei, auch in dem Buch von Greta Hort an, wenngleich sie diese Auffassung nur im Hinblick auf Langlands Auffassung vom Buß-Sakrament verficht.[3]

Dagegen wurde die von Jusserand aufgestellte These, daß Langland von der Mystik und insbesondere von der englischen Mystik des 14. Jahrhunderts her verstanden werden müsse, in abgewandelter Form von H.W. Wells vertreten, der in seinen beiden Artikeln »The Construction of *Piers Plowman*«, PMLA, XLIV (1929), 123-40 und »The Philosophy of *Piers Plowman*«, PMLA, LIII (1938), 339-49 einen Zusammenhang herstellte zwischen den von Walter Hilton unterschiedenen Lebensformen des »active life«, des »contemplative life« und des sogenannten »mixed life« und den Stufen des »Do-Wel«, »Do-Bet« und »Do-Best« in Langlands Epos. Er deutet allerdings an, daß diese Lehre auch bei Thomas von Aquin sowie in den *Meditationes Vitae Christi*, einem in England damals vielgelesenen Buch, das allgemein Bonaventura zugeschrieben wurde, zu finden ist.

---

1  O. Mensendieck, Charakterentwicklung und ethisch-theologische Anschauungen des Verfassers von Piers the Plowman, London 1900.
2  K. Burdach, Der Dichter des Ackermann aus Böhmen und seine Zeit, Berlin 1926-32, 248.
3  G. Hort, Piers Plowman and Contemporary Religious Thought, London 1938.

Mit diesem Hinweis auf Thomas von Aquin war für die Langland-Forschung ein neuer Ansatzpunkt gegeben, den sich T.P. Dunning bei seiner Deutung des A-Textes zu eigen machte.[4] Sein Ziel war allerdings nicht, die speziell thomistischen Züge in Langlands Dichtung herauszuarbeiten. Es geht ihm in seinem Buch lediglich darum, den orthodoxen Charakter des *Piers Plowman* zu erweisen. Er zieht daher neben Thomas von Aquin vor allem die Kirchenväter (Augustinus und Gregorius) zu seiner Interpretation heran. Besonders zu bemerken ist, daß T.P. Dunning die »Visio de Petro Plouhman«, so wie sie im A-Text vorliegt, als eine in sich geschlossene, von der »Vita de Do-Wel, Do-Bet et Do-Best« unabhängige Dichtung betrachtet. Diese eigenwillige Auffassung von Langlands *Piers Plowman* ist der Grund dafür, daß T.P. Dunning die eigentümliche Spannung übersieht, die dieses Epos durchwaltet: Langland ist zwar tief in der mittelalterlich-orthodoxen Tradition verwurzelt; er war jedoch zugleich auch offen für die geistigen Bewegungen seines Jahrhunderts; das wird von T.P. Dunning nicht genügend beachtet.

In dieser Beziehung ist G. Hort mit ihrem schon erwähnten Buch Langland besser gerecht geworden. Sie versuchte zum erstenmal in der Langland-Forschung, thomistische und augustinische Tendenzen im *Piers Plowman* zu unterscheiden. Es ist allerdings fraglich, ob ihre Deutung der »Vita de Do-Bet« von Anselm von Canterburys Schrift *Cur Deus Homo?* aus aufrechterhalten werden kann.

Den Stand, den die gehaltliche Deutung des *Piers Plowman* bei Ausbruch des zweiten Weltkrieges erreicht hatte, hielt R.W. Chambers in seiner Studie »*Piers Plowman*«: A Comparative Study« fest.[5] Er schloß sich darin den Anschauungen von H.W. Wells und G. Hort an, während er sich von T.P. Dunnings Deutung ein wenig distanzierte, insofern er auf Grund der Trajan-Episode in der »Vita de Do-Wel« geneigt war, in Langland einen Dichter zu sehen, der sich – wenn auch unter schweren inneren Kämpfen – kritisch mit der mittelalterlichen Tradition auseinandersetzte.[6] Insgesamt wurde jedoch seine Kraft auf dem Gebiete der Langland-Forschung Jahrzehnte hindurch von der Verfasserschaftskontroverse und der Arbeit an den Handschriften in Anspruch genommen; noch während des letzten Krieges war Chambers bemüht, mit neuen Ar-

---

[4] T.P. Dunning, Piers Plowman: An Interpretation of the A-Text, Dublin 1937.
[5] In: Man's Unconquerable Mind, London 1939, 88-171.
[6] Vgl. dazu auch die besondere Studie: R.W. Chambers, Long Will, Dante, and the Righteous Heathen, in: Essays and Studies by Members of the English Association, IX, Oxford 1924, 50-69.

gumenten zu erweisen, daß Langland der Verfasser des A-, B- und C-Textes gewesen sei[7] und daß das Epos nicht – wie Manly behauptet hatte[8] – fünf Verfassern zuzuschreiben sei.

Nach dem zweiten Weltkrieg griff E. Talbot Donaldson erneut die Verfasserschaftsfrage auf;[9] an Hand des C-Textes gelang es ihm, zu zeigen, daß die Argumente, die Manly und seine Anhänger vorbrachten, keineswegs überzeugend sind. Darüber hinaus hat Donaldson die Erforschung des Gehaltes des *Piers Plowman* wesentlich gefördert, insofern er zur Deutung der »Visio de Do-Bet«[10] die bernhardinische Lehre heranzog. Es erhebt sich allerdings die Frage, ob man auf Bernhard von Clairvaux zurückgreifen soll, oder ob es nicht möglich ist, die »Visio de Do-Bet« von geistigen Strömungen her zu verstehen, die das englische Leben im 14. Jahrhundert entscheidend bestimmten. Zu denken ist hier vor allem an Duns Scotus, der zwar bereits am Anfang des 14. Jahrhunderts (1308) starb, dessen Lehre jedoch einen erheblichen Einfluß auf die englische Philosophie und Theologie der folgenden Jahrzehnte ausübte.

Bereits ein Jahr vor Donaldsons Buch war die Dissertation von Sister Rose Bernard Donna »Despair and Hope: A Study in Langland and Augustine« (Washington, D.C., 1948) erschienen. Hier wird versucht, innerhalb eines eng umgrenzten Themas eine völlige Übereinstimmung zwischen Langland und Augustin zu erweisen; es fehlt jedoch auch bei Sister Rose Bernard Donna der Blick für die geistige Gesamtproblematik von Langlands Dichtung. Sie beweist letztlich, von Augustin herkommend, dasselbe, was bereits ein Jahrzehnt zuvor T.P. Dunning nachgewiesen hatte: Langlands enge Verbundenheit mit der mittelalterlichen Tradition.

Man hätte in diesem Stadium der Langland-Forschung bei einer Interpretation des gesamten Werkes im Anschluß an die von G. Hort geleistete Vorarbeit fragen müssen, in welchem Maße Langland an den großen geistigen Bewegungen innerhalb der mittelalterlichen Tradition (Augustinismus und Thomismus) teilhat und wie er mit jenen Strömungen fertig geworden ist, die – wie die Lehre Wyclifs – seine Zeitgenossen aufs tiefste beunruhigten und die schließlich zum Ende des Mittelalters führten.

---

[7] Vgl. R.W. Chambers, Poets and their Critics: Langland and Milton, in: Proceedings of the British Academy, 1941, 109-54.
[8] Vgl. J.M. Manly, The Authorship of Piers Plowman, MPh, VII (1909-10), 83-144.
[9] E. Talbot Donaldson, The C-Text and Its Poet, New Haven 1949; dazu die Besprechung von B. von Lindheim, Anglia Bd.71, (1952), 352-55.
[10] Im C-Text wird der zweite große Teil des Piers Plowman ›*Visio* de Do-Wel, Do-Bet et Do-Best‹ und nicht ›*Vita* de Do-Wel, Do-Bet et Do-Best‹ genannt.

Dieser Auseinandersetzung gingen jedoch D.W. Robertson, Jr., und Bernard F. Huppé in ihrem Buch *Piers Plowman and Scriptural Tradition* (Princeton 1951) aus dem Wege. Sie lassen bei ihrer Deutung des *Piers Plowman* die Werke der großen Dominikaner und Franziskaner völlig außer acht, weil sie glauben, daß dieses Epos in einer »anti-fraternal attitude«[11] geschrieben worden sei. Dagegen benutzen die beiden Verfasser ausgiebig die homiletischen und exegetischen Schriften von Augustin, Gregorius, Hieronymus, Beda, Petrus Lombardus, Hugo von St. Victor u.a., um den Sinn der zahlreichen Vulgata-Zitate, die in Langlands Dichtung zu finden sind, zu erschließen und von da aus den Sinn der ganzen Dichtung zu erfassen. Dabei besteht jedoch stets die Gefahr, daß die Verfasser Langlands dichterische Aussage einem Bibelwort gleichsetzen und sie auch dort symbolisch deuten, wo sie ganz eindeutig realistisch gemeint ist. Das führt zu mancherlei Verzerrungen und Übersteigerungen; das geistige Gefüge der Dichtung wird nicht mit genügender Klarheit erkannt und herausgearbeitet.

Die Aufgabe, die sich aus dieser Situation der Langland-Forschung für uns ergab, war diese: Es war zu versuchen, auf dem Wege der Textanalyse die geistige Gesamtstruktur dieser Dichtung zu ermitteln und die besondere Problematik, von der sie erfüllt ist, zu erfassen. Auf Grund einer solchen Textanalyse war es dann auch möglich, eine Antwort zu geben auf die Frage nach Langlands Verhältnis zu den großen philosophischen und theologischen Strömungen, die der Zeit, in der er lebte und dichtete, das besondere Gepräge gaben.

Unsere Untersuchung führte zu folgenden Ergebnissen[12]:

In der »Visio de Petro Plouhman« nimmt Langland eine geistige Position ein, die derjenigen des Thomas von Aquin sehr nahe kommt. An Thomas von Aquin erinnert vor allem Langlands Wertung des natürlichen Seins des Menschen. Das Wort »kynde« (= »nature« und »natural«) ist einer der Schlüsselbegriffe des ersten Teiles des *Piers Plowman*: Langland rechtfertigt gleich Thomas – und im Gegensatz zu Augustin – die natürlichen Neigungen und Triebe des Menschen und fragt nach der Ordnung, die diesem natürlich-geschöpflichen Sein des Menschen von Gott

---

[11] D.W. Robertson, Jr., und Bernard F. Huppé, a.a.O., 10.
[12] Vgl. W. Erzgräber, William Langlands Piers Plowman: Eine Interpretation des C-Textes, Heidelberg 1957. Was hier in gedrängter Form als Resultat vorgetragen wird, wird dort auf interpretatorischem Weg erarbeitet.

*Abb. 4*: Der Pflüger
Piers Plowman erscheint in Langlands Visionsgedicht zunächst als ein einfacher Bauer des 14. Jahrhunderts, zugleich weist ihm Langland im ersten Teil seiner Dichtung eine besondere Bedeutung zu: Piers versucht, einen gesellschaftlichen Wandel dadurch herbeizuführen, daß er alle weltlichen Stände zur Arbeit anhält, aber es gelingt Piers nicht, die Gesellschaft auf die Dauer zur Befolgung der göttlichen Gebote zu bewegen.
Die Miniatur aus dem Luttral Psalter (British Museum, MS Add. 42130) vermittelt eine anschauliche Vorstellung von der Arbeit der Bauern im 14. Jahrhundert, die mit einem Holzpflug und vier Ochsen den Acker pflügen.
In Do-Best, dem Schlußteil der Dichtung, taucht das Bild des Pflügers wieder auf, nun aber in allegorischer Bedeutung, die vom Erzähler eindeutig festgelegt wird. Piers ist Petrus, der ideale Papst; der Acker ist die göttliche Wahrheit, die vier Tiere die vier Evangelisten:

> Grace gaf Peres a teme, foure grete oxen:
> That oen was Luc, a large beste and a lou-chered,
> And Marc, and Mathewe the thridde, myhty bestes bothe,
> And ioyned til hem oen Iohan, most gentill of all,
> The pris neet of Peres plouh, passynge alle opere.
> (Pearsall, C-Text, XXI, 262 – 266)

Der allegorische Bezugsrahmen wird dadurch abgerundet, daß die vier Kirchenväter Augustinus, Ambrosius, Gregorius und Hieronymus zwei Eggen ziehen, die für das Alte und das Neue Testament stehen.

her vorgegeben ist. Es ist dies das natürliche Sittengesetz, das der Mensch kraft seiner natürlichen Vernunft (= kynde wit) zu erkennen vermag; es lautet: das Gute ist zu tun, das Böse ist zu meiden.

In engem Zusammenhang mit der Rechtfertigung der natürlichen Neigungen und Triebe steht die Frage nach dem Verhältnis des Menschen zu den irdischen Gütern. Thomas von Aquin bejaht grundsätzlich den Anspruch des Menschen auf Besitz. Die irdischen Güter sind notwendig und förderlich zugleich, einerlei ob der Mensch sich die *vita activa* oder die *vita contemplativa* zu eigen gemacht hat.[13] Die Voraussetzung ist freilich, daß der Mensch sich bei dem Gebrauch der irdischen Güter stets von der Vernunft leiten läßt und das rechte Maß zu wahren weiß. Langland trägt an jener Stelle seines Werkes, wo er von Lady Mede spricht (C-Text, II. – V. Passus)[14], im Grunde die gleichen Anschauungen vor: auch er sieht, daß der Mensch Speise, Trank und Kleidung benötigt, und er bejaht damit zugleich das Streben des Menschen nach irdischem Lohn und Besitz. Er sieht aber zugleich auch, daß der Mensch immer wieder Gefahr läuft, im übermäßigen Genuß der irdischen Güter der Sünde zu verfallen. Daher ruft Langland den Menschen auf, zu tun, was ihm die Vernunft und durch sie das natürliche Sittengesetz gebieten.

Freilich unterstellt Langland das menschliche Handeln nicht ausschließlich der Vernunft; ihr beigeordnet ist »Conscience«, das Gewissen, das dem Menschen sagt, was eigentlich gut und was böse ist, und ihn in der Situation der Entscheidung dazu treibt, das Gute zu tun und das Böse zu meiden. Langland hat – wie das eine Textanalyse im einzelnen erweisen kann – in dem Wort »conscience« die thomistischen Begriffe »synteresis« und »conscientia« zusammengefaßt, denn Thomas versteht unter »conscientia« lediglich die Anwendung der sittlichen Grundsätze auf den gegebenen Einzelfall[15], während die »synteresis« das allgemeine sittliche Wertbewußtsein darstellt[16]. Langland ging damit jedoch keine eigenwilligen Wege: diese Entwicklung war bereits im Sprachgebrauch der Scholastik vorbereitet.

Schließlich erinnert Langland in seiner Auffassung vom sittlichen Sein des Menschen insofern an Thomas von Aquin, als er glaubt, daß dem Menschen eine natürliche Neigung zum Guten innewohne, daß ihm also

---

[13] Vgl. Sum. Theol. II-II, q. 66, a. 1.
[14] Zitate aus dem B-Text und dem C-Text des Piers Plowman nach der Ausgabe von W.W. Skeat, The Vision of William concerning Piers the Plowman in three parallel texts, Oxford 1886, repr. with addition of bibliography by J.A.W. Bennett [1954], 1961.
[15] Vgl. ebd., I-II, q. 19, a. 5.
[16] Vgl. ebd., I-II, q. 94, a. 1, ad 2.

die Tugenden als Anlage mitgegeben seien. Die eigentliche Aufgabe des Menschen besteht darin, nach der Ausbildung und Vollendung der keimhaft in ihm vorhandenen Tugenden zu streben. Erfüllt der Mensch diese Aufgabe, so trägt er damit nicht nur zu seiner Selbstvollendung bei; er fördert damit zugleich auch die Gesellschaft, in der er lebt.

Soll jedoch das Handeln der Menschen nicht zu einem wirren Durcheinander werden, so bedarf die Gesellschaft eines Oberhauptes, welches innerhalb des natürlich-geschöpflichen Bereiches das Handeln der Menschen auf das eine höchste Gut, welches zugleich das Gemeingut aller ist, hinlenkt. Dieses Oberhaupt ist für Thomas von Aquin ebenso wie für Langland der König. Vom König erhofft Langland die Wiederherstellung einer gesunden Lebens- und Gesellschaftsordnung; er entscheidet daher auch über den Gebrauch der irdischen Güter. Er ist dabei – wie alle Menschen – gebunden an das natürliche Sittengesetz, welches nichts anderes ist als das der Vernunft eingeprägte ewige Gesetz, dem alles Sein, welches von Gott kommt, unterstellt ist. Wenn Langland darüber hinaus immer wieder auf den Dekalog als Norm für alles menschliche Handeln hinweist, so ist daran zu erinnern, daß für Thomas von Aquin der Dekalog nichts anderes war als ein Niederschlag des natürlichen Sittengesetzes.

Im übrigen war sich Langland gleich Thomas von Aquin der Grenzen der irdischen Gewalt, die dem König gegeben ist, wohl bewußt. Das geht eindeutig aus der »Visio de Do-Best« (C, XXII, 468ff.) hervor; er deutet es jedoch auch bereits in der »Visio de Petro Plouhman« (C, VI, 192-194) an. Die Kirche hat den Blick auf das Übernatürlich Ewige gerichtet; dem König obliegt es, im Natürlich-Zeitlichen Ordnung zu stiften. Daher ist der König, wenn es sich um Fragen des Seelenheils handelt, dem Papst untergeordnet: In Sachen der bürgerlichen Wohlfahrt ist der Mensch jedoch stets zum Gehorsam gegenüber dem Staat verpflichtet, denn die Ordnung, die dem Staat als höchstes Ziel gesetzt ist und die er stets erstreben sollte, ist eine Gerechtigkeitsordnung, die dem göttlichen Gesetz nicht zuwiderläuft.[17] Wenn Langland im übrigen in seinem Werk an der Geistlichkeit scharfe Kritik übt, so darf dies nicht dahingehend verstanden werden, daß er die Kirche an sich bekämpft habe. Er hielt an der hochmittelalterlich-thomistischen Auffassung von Kirche und Staat unbeirrt fest und übte von dieser Warte aus an allen menschlichen Unzuläng-

---

[17] Vgl. ebd., II-II, q. 104, a. 6.

lichkeiten Kritik, durch die eine Verwirklichung der ihm vorschwebenden Grundkonzeption zunichte gemacht wurde.

Wir zeigten bisher, daß Langland in der »Visio de Petro Plouhman« vor allem dort an Thomas von Aquin erinnert, wo er den Menschen in seiner natürlichen Geschöpflichkeit schildert. Nun war sich Thomas von Aquin jedoch bewußt, daß der menschlichen Natur Grenzen gesetzt sind und daß es der Gnade bedürfe, um sie zur Vollendung zu bringen. Er ging aber, obgleich er sich in seiner Gnadenlehre terminologisch eng an Augustin anlehnte, nicht so weit, daß er die menschliche Natur für radikal verdorben erklärt und alles menschliche Tun auf die göttliche Gnade abgestellt hätte. Auf die Frage, ob der Mensch ohne Gnade das Gute wollen und tun könne[18], antwortet er, daß der Mensch teilweise Gutes zu vollbringen vermag, und er verweist auf den Bereich der menschlichen Arbeit, eben jenen Bereich, in dem auch Piers Plowman selber ansetzt, als er versucht, die menschliche Gesellschaft aus der Sünde zu befreien und sie auf den Weg des Guten zurückzuführen. Langland hat im übrigen – das sei hier ausdrücklich festgestellt – sein ganzes Werk hindurch den Glauben nicht aufgegeben, daß der Mensch aus eigenen Kräften das Gute erstreben könne; darüber hinaus war er sich stets bewußt – und er beteuert das am Ende der »Visio de Petro Plouhman« (C, X, 346-351) mit großem Nachdruck –, daß der Mensch der göttlichen Gnade als Hilfe bedürfe, um zu vollenden, was Gott ihn geheißen.
Zuzugeben ist, daß Langland, wenn er von Natur und Gnade spricht, die Akzente nicht immer mit jener harmonischen Ausgewogenheit verteilt wie Thomas von Aquin. Wir denken hier vor allem an die in der Langland-Forschung sehr umstrittene Szene mit dem Ablaßbrief und die Disputation zwischen Piers Plowman und dem Priester (im letzten Passus der »Visio de Petro Plouhman«). Hier nimmt Piers Plowman geradezu eine pelagianische Position ein: er vertraut ausschließlich auf die natürlichen sittlichen Kräfte des Menschen; er glaubt, daß die Sünde nur einem fehlgeleiteten Willen entspringe, nicht aber der menschlichen Natur innewohne und daß dem Menschen für seine guten Taten im Jenseits der ihm zustehende Lohn zuteil werde: »*Qui bona egerunt ibunt in uitam eternam*« (C, X, 287f.). Piers Plowman will damit ein falsches Vertrauen auf die göttliche Gnade bekämpfen, die man – mit den Ablaßbriefen – zu einem käuflichen Gut herabwürdigte, wodurch zugleich das sittliche Empfin-

---

[18] Vgl. ebd., I-II, q. 109, a. 2.

dungen der Menschen bis in die Grundfesten erschüttert wurde. Andererseits ist es verständlich, daß die Verabsolutierung der natürlichen Sittlichkeit den berechtigten Widerspruch des Priesters hervorruft, denn nach streng orthodoxer Lehre ist zu den guten Werken des Menschen die göttliche Gnade unerläßlich: sie geht nach Augustin dem Handeln des Menschen voraus (*gratia praeveniens*), wirkt bei seinem Handeln mit (*gratia cooperans*) und bringt es schließlich auch zur Vollendung (*gratia perficiens*).
Die Antithese zwischen dem Eigenwert des Menschen und der göttlichen Gnade, die am Ende der »Visio de Petro Plouhman« aufbricht, kommt erst in der »Visio de Do-Wel« voll zur Entfaltung und findet dort zugleich eine Lösung, die über die thomistische Ausgangsposition Langlands hinausweist.
Zunächst wird in der »Visio de Do-Wel« die Grundlage auf der die natürliche Sittlichkeit beruht, in Frage gestellt: es ist dies das Wissen, zu dem der Mensch kraft seiner natürlichen Vernunft fähig ist. Aus den Klagen von Dame Studie (C-Text, XII. Passus) wird ersichtlich, daß Langland auf Grund der Analyse des gesellschaftlichen Zustandes seiner Zeit immer mehr zur Auffassung neigte, daß dem Wissen keinerlei verpflichtende Kraft innewohne. Die Menschen vermögen zwar zu erkennen, welche sittlichen Forderungen an sie gestellt sind, aber sie handeln nicht dementsprechend. Und das gilt nicht nur für jenes Wissen, welches der Mensch kraft seiner natürlichen Vernunft zu erlangen vermag; auch das spezifisch theologische Wissen scheint für die Menschen ohne Belang zu sein. Betrachtet man schließlich den Menschen und sein Schicksal von der Prädestinationslehre her, dann wird nicht nur alles Wissen, sondern auch alle natürliche Sittlichkeit überflüssig, sind doch Vernunft und Willen von Grund auf verdorben, und es bleibt dem Menschen nichts als die Hoffnung auf die Gnade Gottes.
Hier wird deutlich, wie stark Langland in der »Visio de Do-Wel« in den Bereich des augustinischen Denkens geriet, denn die Absage an die antike Philosophie, insbesondere an die intellektualistische Ethik der Antike, die Kritik an der pelagianischen Auffassung vom Menschen und damit verbunden die Betonung der göttlichen Gnade und der Prädestination sind die großen Themen der augustinischen Lehre.
Freilich drängt sich hier die Frage auf, ob Langland in der »Visio de Do-Wel« unmittelbar von Augustin angeregt wurde oder ob er sich nicht vielmehr im Banne des Augustinismus befand, wie er im 14. Jahrhundert vor allem in Oxford gelehrt wurde. Denn die Einbeziehung der antiken Philosophie in das theologische Denken, die vor allem Thomas von

Aquin vorgenommen hatte, stellte die Theologen und Philosophen des 14. Jahrhunderts vor die gleichen Aufgaben, vor welchen bereits Augustin in einer anders gearteten geschichtlichen Situation gestanden hatte. Die Form, in der Langland die Prädestinationslehre in sein Werk aufgenommen hat, läßt den Schluß zu, daß er stärker mit den zeitgenössischen Strömungen rang als mit Augustin selber.[19] Auf den zeitgenössischen Augustinismus verweist im übrigen auch Langlands kritische Eingrenzung der Philosophie und die besondere Wertung der Theologie, die er in der »Visio de Do-Wel« vornimmt. Duns Scotus[20] betonte – wie vor ihm schon Bonaventura – in einem gewissen Gegensatz zum Thomismus die Grenzen, die der menschlichen Vernunft infolge der Erbsünde gesetzt sind. Er verzichtete jedoch nicht – wie etwa Franz von Assisi – völlig auf die Philosophie. Er bejahte vielmehr die Vernunft und rechtfertigte die Metaphysik als eine rein theoretische Wissenschaft vom Sein. Wertmäßig höher als die Philosophie steht die Theologie, der Duns Scotus eine primär praktische Aufgabe zuweist: ihr obliegt die Lehre und Verbreitung des göttlichen Wortes und der geoffenbarten Wahrheit; sie will den Menschen hinführen zu seinem ewigen Heil. Dies aber sind Anschauungen, zu welchen sich auch Langland in der »Visio de Do-Wel« letztlich bekennt.[21]

Verbunden mit der Rechtfertigung der natürlichen Vernunft ist für Langland sodann auch eine Rechtfertigung der natürlichen Sittlichkeit des Menschen. Die Voraussetzung dafür ist die Überwindung des Gottesbildes, wie es die zeitgenössischen Vertreter der Prädestinationslehre gezeichnet hatten: Gott war für sie verborgen; in seiner Unergründlichkeit wählt er die Seelen aus, welchen er die ewige Seligkeit gewähren möchte, die übrigen überläßt er in der Verdammnis, welche seit dem Sündenfall die gerechte Strafe für das gesamte Menschengeschlecht ist. Demgegenüber betont Langland, daß Gott die Liebe und die Barmherzigkeit ist.[22]

Damit scheint Langland zu seiner Ausgangsposition zurückgekehrt zu sein. Ein genaueres Studium der Dichtung zeigt jedoch, daß dies nicht der Fall ist, denn Langlands Auffassung von der natürlichen Sittlichkeit des Menschen hat sich in der »Visio de Do-Wel« im Vergleich zur »Visio

---

[19] Diese Thematik wird in der Abhandlung ›Predestination in Langland and Chaucer‹, S. 179-202 dieses Bandes eingehender erörtert.
[20] Einen ersten Hinweis auf Duns Scotus gab in der Langland-Forschung Mabel Day in ihrem allerdings sehr kurzen Aufsatz Duns Scotus and ›Piers Plowman‹, RES, III (1927), 333-34.
[21] Vgl. C, XV, 33ff.
[22] Vgl. C, XIII, 73.

de Petro Plouhman« wesentlich gewandelt. Langland erkannte, daß in allem sittlichem Streben des Menschen die Gefahr der *superbia* verborgen liegt: der Mensch wird allzu leicht stolz auf seine sittlichen Leistungen und pocht Gott gegenüber auf Lohn. Dem stellt Langland in der »Visio de Do-Wel« als neues Lebensideal die »pacient poverte«, die in Geduld ertragene Armut gegenüber; dieses Lebensideal ist letztlich in der Tugend der *humilitas* verwurzelt.

Langlands Ausführungen über die »pacient poverte« zeigen, wie stark er sich von Franz von Assisi angesprochen fühlte und wie tief er in den Sinn dessen, was der hl. Franziskus durch sein Leben der Menschheit zu zeigen versuchte, eingedrungen war. Bei Langland ist wie bei Franz von Assisi Armut im materiellen wie im geistigen Sinn zu verstehen: »arm« sein heißt zugleich frei sein, frei von der Welt und frei für Gott. Auch der Reiche kann, wie Langland das zeigt, im franziskanischen Sinne arm sein, denn es kommt vor allem darauf an, daß der Mensch ständig bereit ist, sich aus allen weltlichen Bindungen zu lösen, auf alle irdischen Güter zu verzichten und sich in Demut und Geduld dem Willen Gottes zu unterstellen. Ganz im franziskanischen Geist nimmt Langland auch am Ende der »Visio de Do-Wel« die Bewertung des Herrschertums vor: wenn Langland davon spricht, daß »pacient poverte« einer »Remocio curarum«[23] gleichkomme, dann meint er damit vor allem die Tatsache, daß der Mensch, der in franziskanischer Armut lebt, der Verpflichtung enthoben ist, über andere zu richten; er erkannte, daß die Macht eine Quelle der superbia ist, gleich Franz von Assisi, der den Abt fürchtete, welcher herrschen müsse.[24]

Der Sonnengesang des Franz von Assisi gilt als ein Höhepunkt in der Entwicklung der religiösen Dichtung des Mittelalters.

Es zeigt sich also, daß die »Visio de Do-Wel«, so wie sie im C-Text vorliegt, ganz aus dem Geiste des franziskanischen Augustinismus konzipiert wurde. Wenn Langland innerhalb dieses Rahmens bemüht war, zu einer Rechtfertigung der natürlichen Sittlichkeit vorzustoßen, so stellte er sich damit eine Aufgabe, mit der sich vor ihm bereits Duns Scotus beschäftigt hatte, der dabei – gleich Langland – zu einer Synthese gelangt war, in der thomistisches und augustinisches Gedankengut miteinander vereint sind.[25] Deutlicher noch als die »Visio de Do-Wel« beweist die »Visio de Do-Bet« die Verwandtschaft, die zwischen Duns Scotus und Langland besteht.

---

23 Vgl. C, XVII, 123 ff.
24 Vgl. dazu z.B. W. Nigg, Große Heilige, 3. Aufl. Zürich 1946, 57.
25 Vgl. dazu A. Dempf, Ethik des Mittelalters, München 1927, 101.

*Abb.* 5: Franz von Assisi
Franz von Assisi (1181/82–1226) stammte aus einer reichen bürgerlichen Familie; er wandte sich jedoch (etwa im Alter von 25 Jahren) einem Leben in Armut zu.
Die Illustration Giottos (Paris, Louvre) *Vogelpredigt im Spoletotal* bringt die von Franz von Assisi gelehrte und praktizierte Hinwendung zu aller Kreatur besonders anschaulich zum Ausdruck. Zugleich ist zu erkennen, daß die neue franziskanische Einstellung zu Mensch und Tier auch einen neuen künstlerischen Stil förderte. Ziel ist nicht mehr die Erfassung einer symbolischen Bedeutung, sondern die Wiedergabe der einfachsten Details, die zeigt, wie stark die Verbundenheit zwischen dem Künstler und seinem besonderen Gegenstand ist.

Gemeinsam ist beiden vor allem die besondere Wertung des Willens: er steht höher als die Vernunft; in ihm liegt die Freiheit des Menschen beschlossen[26]; seine Erfüllung findet er in der Liebe, die nach dem Wort des Apostels Paulus, auf welches sich Duns Scotus immer wieder beruft, die höchste unter allen Tugenden ist.

Untersucht man nun weiterhin Langlands besondere Darstellung der drei theologischen Tugenden Glaube, Hoffnung und Liebe, so zeigt sich, daß er an jenen Stellen, an welchen er von der Vorläufigkeit von Glaube und Hoffnung spricht, Gedanken anklingen läßt, die er bereits in der »Visio de Petro Plouhman« vorgetragen hatte, wo von dem natürlichen Sein des Menschen die Rede war. Dies ist insofern überraschend, als durch diese eigentümliche Darstellungsweise der übernatürliche Charakter dieser beiden theologischen Tugenden nicht voll zum Ausdruck kommt.

Betrachtet man diesen Sachverhalt von der Lehre des Duns Scotus aus, so findet man dafür eine Erklärung. Duns Scotus lehrte nämlich, daß ein Mensch sich trotz des eingegossenen Glaubens und der eingegossenen Hoffnung noch im Naturzustand befindet; erst die eingegossene Liebe macht ihn des ewigen Lebens wert, wobei freilich zu bemerken ist, daß Duns Scotus nicht müde wurde, darauf hinzuweisen, daß der Mensch Gott »ex puris naturalibus«[27] lieben könne, womit er andeuten wollte, daß es zur »caritas« neben der göttlichen Gnade auch des kreatürlichen Willens als Mitursache bedürfe. Gerade dies war aber ein Gedanke, der Langlands ursprünglichem Anliegen, die Möglichkeiten des natürlichen Seins des Menschen und das Ausmaß seiner Verantwortung für das Heil seiner Seele zu ermitteln, entgegenkam. So kommt es, daß er in den von dem Samariter gesprochenen Partien (C-Text, XX. Passus, insbesondere Z. 326ff.) mit Nachdruck darauf hinweist, daß der Mensch Gott und seine Mitmenschen von Natur aus lieben könne und daß er an einer Stelle seines Werkes den lat. Begriff »caritas« im Englischen mit der Wendung »Kynde Loue« (C, XV, 14) wiedergibt.

Diesem besonderen Menschenbild entspricht bei Langland wie bei Duns Scotus ein gleichgeartetes Gottesbild. Das Leitmotiv, das sich durch alle Äußerungen des Duns Scotus über das Wesen Gottes hinzieht, ist das Wort aus 1. Joh. 4, 8 und 16: »Deus Caritas est«. Wiederholt hebt er die

---

[26] Aufschlußreich ist in diesem Zusammenhang, daß die allegorische Figur ›Anima‹ des B-Textes im C-Text umbenannt wird in ›Liberum Arbitrium‹.
[27] Opus Oxoniense, III, d. 27, q. un., n. 13.

Freiheit des göttlichen Willens besonders hervor, so daß man bei ihm geradezu von einem exzessiven Indeterminismus gesprochen hat. Die Scotus-Forschung hat gezeigt, daß dieser Vorwurf unbegründet ist[28], weil Duns Scotus den Willen Gottes nicht mit schrankenloser Willkür gleichsetzt; Gott ist bei seiner an sich freien Entscheidung doch immer gebunden an die von seiner Vernunft gesetzte Ordnung. Ähnlich liegen die Verhältnisse in Langlands Dichtung: der freie Wille Gottes (»Libera Uoluntas Dei« C, XIX, 119) beschließt die Erlösung der Menschheit, als Christus jedoch Luzifer die Seelen der Patriarchen und Propheten abgewinnt, beteuert er, daß er damit nicht gegen die in der Vernunft begründete Welt- und Lebensordnung verstößt.[29]

Geht man schließlich der von Langland in der »Visio de Do-Bet« vorgetragenen Trinitätsauffassung nach, so zeigt sich eine weitere Gemeinsamkeit zwischen seiner Dichtung und der Lehre des Duns Scotus. An verschiedenen Stellen spricht Langland davon, daß die Trinität, obgleich sie eine Einheit bildet, »departable« (= teilbar) sei.[30] Man könnte diese Äußerungen dahingehend deuten, daß Langland durchaus im Einklang mit der theologischen Tradition stehe, die stets zu widerspruchsvollen und unvollkommenen Formulierungen greifen mußte, um das Wesen der Trinität, die Einheit und Dreiheit zugleich ist, zu umschreiben. Tatsache aber ist, daß Langland keine der von Augustin in *De Trinitate* gebrauchten psychologischen Umschreibungen in sein Werk aufgenommen hat, sondern Beispiele wählt, durch die der Charakter der Teilbarkeit der Trinität besonders verdeutlicht wird. Eine Entsprechung für diese Auffassung findet sich in der von Duns Scotus (in der »Kleinen« Redaktion des ersten Buches des Oxforder Kommentars) vorgetragenen Lehre, daß die göttlichen Personen durch absolute Proprietäten konstituiert werden, womit er der traditionellen Auffassung widersprach, die den Unterschied zwischen den göttlichen Personen durch relative Proprietäten bedingt sah.[31] Die von Duns Scotus verfochtene Lehrmeinung rief den Widerspruch des Thomas Anglicus hervor, der ihm vorwarf, daß er eine Zusammensetzung in die an sich unteilbare Trinität hineintrage; der gleiche

---

28  Vgl. É. Gilson, Jean Duns Scot, Introduction à ses positions fondamentales, Paris 1952, 574-578.
29  Vgl. C, XXI, 398.
30  Vgl. C, XIX, 189, 216, XX, 28, 96.
31  Vgl. dazu die grundlegende Untersuchung von M. Schmaus, Der Liber propugnatorius des Thomas Anglicus und die Lehrunterschiede zwischen Thomas von Aquin und Duns Scotus, II.Teil: Die trinitarischen Lehrdifferenzen, 1.Bd.: Systematische Darstellung und historische Würdigung, in: Beiträge zur Geschichte der Philosophie und Theologie des Mittelalters, Bd. 29, Münster i.W. 1930, insbesondere 482ff.

Vorwurf ließe sich jedoch auch gegen die von Langland an den angeführten Stellen geäußerte Auffassung erheben.

Es fragt sich nun, ob Langland zu den grundlegenden Anregungen, die er für die »Visio de Do-Bet« offenbar aus der Lehre des Duns Scotus empfing, noch weitere Anregungen aus den Werken des Anselm von Canterbury (wie das G. Hort behauptete) oder des Bernhard von Clairvaux (wie das E. Talbot Donaldson wahrscheinlich zu machen versuchte) aufnahm und dichterisch verarbeitete. Grundsätzlich ist festzuhalten, daß Langland die verschiedensten Autoren in seiner Dichtung verwertete; das beweisen allein schon die Erläuterungen, die W.W. Skeat seiner Ausgabe hinzufügte. Dennoch dürften – im Hinblick auf die Grundkonzeption der »Visio de Do-Bet« – die Thesen von G. Hort und E. Talbot Donaldson nicht haltbar sein. Das sei im folgenden an einzelnen markanten Punkten verdeutlicht.

Der Grundgedanke der Anselmschen Satisfaktionslehre ist, daß Christus den Tod auf sich nahm, um die Ehre Gottes wiederherzustellen, die der Mensch durch den Sündenfall verletzt hatte und aus eigenen Kräften nicht wiederherstellen konnte. Das Motiv der verletzten Ehre Gottes spielt jedoch in Langlands Darstellung des Erlösertodes Christi überhaupt keine Rolle. Christi Tod ist für Langland der Ausdruck der unendlichen Liebe Gottes zur Menschheit; dies aber stimmt mit der Auffassung des Duns Scotus unmittelbar überein:

> Le Cur Deus-Homo qui avait tourmenté si noblement le génie de S. Anselme, le Docteur Franciscain le trouve dans l'amour immense du Sacré-Coeur.[32]

Wenn überdies Langland die Befreiung der Seelen aus den Banden der Hölle als einen Rechtsstreit zwischen Christus und Luzifer darstellt, dann steht er auch damit im Gegensatz zu Anselm, der sich gerade gegen diese an sich traditionelle Auffassung wandte: Satan (dessen Rolle bei Langland Luzifer übernommen hat, während Satan selber in den Hintergrund gedrängt ist) ist Gott ebenso untertan wie der Mensch; Gott hat es daher nicht nötig, sich mit einem seiner Knechte um sein Recht zu streiten; er kann jederzeit einen seiner Knechte bestrafen, der seinen Mitknecht von der Bahn des Guten abbrachte.[33]

---

[32] E. Longpré, La Philosophie du B. Duns Scot, Paris 1924, 142.
[33] Vgl. dazu die Ausführungen des Anselm von Canterbury in der von G. Hort herangezogenen Schrift ›Cur Deus Homo?‹ I, 7.

Ähnlich steht es mit der Deutung der »Visio de Do-Bet«, die E. Talbot Donaldson in seinem Buch über den C-Text gibt. Er stützt seine These vor allem darauf, daß für Langland ebenso wie für Bernhard von Clairvaux die Gottebenbildlichkeit des Menschen im freien Willen und in der aus dem freien Willensentschluß des Menschen entsprungenen Liebe zu Gott begründet ist. Der Gedanke, daß Willensfreiheit und Liebe die Gottebenbildlichkeit des Menschen ausmachen, findet sich jedoch bei Duns Scotus ebenso wie bei Bernhard von Clairvaux, so daß die Ausführungen von Donaldson nicht als ein schlüssiger Beweis anzusehen sind. Schwierigkeiten bereiten ihm andererseits Langlands Äußerungen über die Freiheit des göttlichen Willens. Offen gibt er zu, daß sich dafür in den Schriften des Bernhard von Clairvaux keine Parallelen finden lassen.[34] Hier zeigt sich deutlich, daß man nicht allzu weit in der Geschichte des philosophischen und theologischen Denkens zurückgreifen darf, wenn man sich bemüht, von der mittelalterlichen Philosophie und Theologie aus Langlands Dichtung zu erhellen.[35] Denn gerade die Lehre des Duns Scotus bietet, wie wir zeigen konnten, eine Möglichkeit, Langlands Gottesbild in der »Visio de Do-Bet« zu deuten.

Unsere bisherigen Ausführungen lassen erkennen, daß für Langland die Erfüllung des menschlichen Daseins in der *caritas*, der Liebe zu Gott liegt, die die Liebe zu den Mitmenschen notwendigerweise mit einschließt. Verfolgt man im einzelnen Langlands Äußerungen über die Liebe, die vom Menschen gefordert ist, die jedoch erst durch Gottes gnadenvolle Mitwirkung an ihr eigentliches Ziel gelangt, dann zeigt sich, daß Langland kein mystisches Aufgehen des Ich in Gott erstrebte oder von seinen Mitmenschen verlangte. Die »Visio de Do-Best« lenkt vielmehr den Blick des Lesers zurück in das irdische Leben der Menschheit, wo sich der große Kampf zwischen der Christenheit und dem Antichristen abspielt. Langland erkannte, daß es darauf ankommt, voll Verantwortungsbewußtsein im Diesseits auszuharren, und er rief die Menschheit auf, mit nüchterner Entschlossenheit an die Aufgaben heranzugehen, die ihr im Hier und Jetzt gestellt sind. Langland sah mit dem unbestechlich scharfen Blick des Epikers, daß der Mensch die Grenzen von Raum und Zeit, die all seinem Wirken gesetzt sind, letztlich nicht überspringen

---

34 Vgl. E. Talbot Donaldson, a.a.O., 191.
35 Vgl. in diesem Zusammenhang auch H. Maisack, William Langlands Verhältnis zum zisterziensischen Mönchtum, Eine Untersuchung der ›Vita‹ im Piers Plowman (Tübinger Diss.), Balingen 1953. M. versucht, die gesamte ›Vita‹ des B-Textes von der Ideenwelt der Zisterzienser und insbesondere von der Lehre des Bernhard von Clairvaux her zu verstehen.

kann, und so blieben ihm jene spezifisch mystischen Erlebnisse fremd, wie sie etwa Richard Rolle zuteil wurden.

Nun könnte man einwenden, daß Langland zwar nicht in unmittelbar lyrischer Expression eine Verschmelzung von Mensch und Gott besungen habe, daß er aber als Epiker in der Gestalt des Piers Plowman eine Figur geschaffen habe, die ihre Herkunft aus der mystischen Vorstellungswelt nicht verleugnen könne, insofern hier auf eine letztlich nicht ergründbare Weise Mensch und Gott eins geworden seien. Vom B-Text aus gesehen ist eine solche Deutung nicht ganz von der Hand zu weisen; dort ist in der Tat die Gestalt des Piers Plowman so innig mit der Gestalt Christi verschmolzen, daß die wissenschaftliche Deutung immer wieder an der Frage herumgerätselt hat, wer an dieser oder jener Stelle gemeint sei: Christus oder Piers Plowman.[36] Im C-Text, den wir diesen Ausführungen zugrunde legen, hat Langland die Figur des Piers Plowman klarer gezeichnet: er hat jene Stelle des B-Textes, an der er Piers Plowman Christus gleichsetzte (B, XV, 206: »Petrus, id est, Christus«), gestrichen und durch weitere Änderungen in der »Visio de Do-Bet« angedeutet, daß Piers Plowman nicht mehr ist als die *humana natura* (C, XXI, 22). Dies läßt erkennen, daß Langland darauf bedacht war, den menschlichen und den göttlichen Bereich in seiner Darstellung klar voneinander zu scheiden und gegeneinander abzugrenzen. Damit entging er zugleich einer Gefahr, der ein Mystiker wie z.B. Meister Eckhart immer ausgesetzt war: im Streben nach einer unmittelbaren Begegnung mit Gott drohen Christus und das Erlösungsgeschehen in seiner Bedeutung für die gesamte Menschheit zu verblassen.

Langland steht im übrigen auch jener Form von Mystik fern, die in der intellektuellen Vision des göttlichen Seins die Erfüllung des menschlichen Strebens sah: das gilt für die Mystik der Viktoriner ebenso wie für die Mystik des Augustinus und des Bernhard von Clairvaux, denn das willentliche Streben zu Gott ist für sie stets mit dem Streben nach der Erkenntnis Gottes verbunden. Das Moment der erkenntnismäßigen Erfassung des göttlichen Seins fehlt jedoch bei Langland völlig.

Schließlich läßt sich auch – zumindest im Hinblick auf den C-Text – die ursprünglich von Wells aufgestellte These nicht aufrechterhalten, der einen Zusammenhang zwischen dem englischen Mystiker Walter Hilton

---

[36] Vgl. dazu z.B.: Howard W. Troyer, Who Is Piers Plowman?, PMLA, XLVII, (1932), 368-384; Nevill K. Coghill, The Character of Piers Plowman considered from the B-Text, Medium Ævum II 2 (1933), 108-135; E. Talbot Donaldson, a.a.O., 181ff.

und Langland herstellte. Er setzte, wie wir eingangs schon erwähnten, »Do-Wel« dem »active life«, »Do-Bet« dem »contemplative life« und »Do-Best« dem »mixed life« gleich. Allein die Analyse dessen, was Langland unter »pacient poverte« verstand, zeigt, daß er bereits in der »Visio de Do-Wel« nach einer Lebensform suchte – und sie auch fand –, in der aktives und kontemplatives Leben miteinander vereint sind.[37]

So bleibt, wenn man nach einer Verwandtschaft zwischen Langlands *Piers Plowman* und der Literatur der Mystik fragt, nur der Gedanke der stufenweisen Vollendung des menschlichen Seins, der beiden gemeinsam ist, wenngleich festzustellen ist, daß bei Langland der Weg nicht von der »purgatio« über die »illuminatio« zur »unio mystica« führt, sondern von der Demut über die Liebe zum verantwortungsbewußten Eintreten für Christus und die eine christliche Kirche. Die Schwäche des Versuches, den H. Meroney unternahm, einen Zusammenhang zwischen Langland und der Mystik herzustellen, liegt gerade darin, daß die Endstufe bei Langland nicht richtig gedeutet wird.[38] Das Wort »unite«, das in der »Visio de Do-Best« häufig vorkommt, bedeutet eben nicht soviel wie »unio mystica«; es bezeichnet vielmehr die Gesamtheit der getauften Christen.

Eine falsche Interpretation des Begriffes »unite« in der »Visio de Do-Best« läßt sich im übrigen auch jene Forschungsrichtung zuschulden kommen, die in Langland einen Anhänger Wyclifs sieht. Wyclif verstand unter der Kirche die »congregatio omnium praedestinatorum«[39], die Gesamtheit der in Vergangenheit, Gegenwart und Zukunft Auserwählten. Er forderte weiterhin, ausgehend von dem Gedanken, daß die empirische Kirche das Reich Christi sein müsse, eine generelle Reform der Kirche: er wandte sich gegen die Herrschaft des Papstes, in dem er den Antichrist sah, gegen Ablaß und Ohrenbeichte, gegen Bilder- und Reliquiendienst.

Bei Langland dagegen, der sich bereits in der »Visio de Do-Wel« von der Prädestinationslehre distanziert hatte, spielt der prädestinatorische Kirchenbegriff keine Rolle: er hält sich primär an den traditionellen Kirchenbegriff und sieht in der Kirche, wie wir schon erwähnten, die Gemeinschaft aller getauften Christen. Die Autorität des Papstes als Oberhaupt der gesamten Christenheit und das Lehramt der Kirche werden

---

37 Vgl. E. Talbot Donaldson, a.a.O., 157ff.
38 Über diesen Versuch von H. Meroney berichtet ebenfalls E. Talbot Donaldson, a.a.O., 158f. und 197.
39 Vgl. Tractatus de Ecclesia, ed. J. Loserth, London 1886, Kap. I, 2.

von ihm nirgends in Frage gestellt; sie werden vielmehr an entscheidenden Stellen seines Werkes ausdrücklich bekräftigt.[40]

Deutlich scheidet sich Langland überdies auch von Wyclif in seiner Auffassung vom Bußsakrament. Nach Wyclifs Lehre ist von den drei Teilen des Bußsakramentes (*contritio cordis, confessio oris, satisfactio operis*) ausschließlich die *contritio* eine notwendige Voraussetzung für die Erlösung der Menschen von der Sünde. Der C-Text des *Piers Plowman* weist eindeutig aus, daß Langland an der traditionellen Form des Bußsakramentes festgehalten hat.[41] Richtig ist, daß Langland im B-Text die *contritio* gleich Wyclif stark in den Vordergrund rückte. Wenn aber G. Hort behauptet, er habe diese Position nie aufgegeben[42], dann ist diese These nur aufrechtzuerhalten, wenn man Langland den C-Text abspricht. Donaldson hat jedoch mit überzeugender Klarheit nachgewiesen, daß Langland auch der Verfasser des C-Textes war. Damit wird G. Horts These in ihrer ursprünglichen Form hinfällig. Wir können höchstens sagen, daß Langland im B-Text hinsichtlich seiner Auffassung vom Bußsakrament Wyclif sehr nahe kommt, daß er sich jedoch im C-Text um so deutlicher von ihm unterscheidet.

Wir wollen nun keineswegs behaupten, daß es zwischen Langland und Wyclif keinerlei Gemeinsamkeiten gäbe. Sie berühren sich vor allem in ihrer Kritik an den damaligen religiösen Verhältnissen in England. Beide tadeln die Habgier der Mönche und die Tätigkeit der Geistlichen in weltlichen Ämtern; sie verwerfen die heuchlerische Beichtpraxis der Bettelmönche und sehen in der konstantinischen Schenkung den Ursprung der Verderbnis, die sich in der Kirche – in Rom wie in England – immer mehr ausbreitet; beide befürworten eine Stärkung der weltlichen Gewalt und begrüßen Maßnahmen des Königs, die zur Reinigung der geistlichen Hierarchie beitragen (Enteignung der Geistlichkeit); beiden schwebt schließlich der »bonus pastor« als das Ideal eines Geistlichen vor.

Trotz dieser Gemeinsamkeiten bleibt zwischen Langland und Wyclif ein großer Unterschied bestehen: Wyclif griff mit seiner Kritik zugleich die gesamte mittelalterliche Kirche und deren Fundamente an; er bereitete damit die Spaltung der christlichen Kirche in eine katholische und eine

---

40 Vgl. dazu C, X, 324ff. und C, XXII, 267ff.
41 Vgl. C, XVII, 23-39.
42 Vgl. G. Hort, a.a.O., 152.

protestantische Kirche vor, die allerdings erst mit Luthers Auftreten Wirklichkeit wurde. Langland dagegen hat trotz aller Kritik an den zeitgenössischen Mißständen in der Kirche nie eine revolutionäre Änderung der äußeren Formen des religiösen und kirchlichen Lebens gefordert. Auf religiösem wie auf politischem Gebiet fühlte er sich gebunden an die überlieferten Formen. Was seine Kritik hervorrief, waren die Unzulänglichkeiten der Menschen im Bereich der sittlichen Lebensführung, durch die eine Erfüllung und Vollendung der mittelalterlichen Lebensordnung immer wieder in Frage gestellt wurde.

Das Leben der menschlichen Gesellschaft kann sich jedoch nach Langlands Auffassung nur dann der Vollendung nähern, wenn jeder Mensch innerhalb seines eingegrenzten Tätigkeitsbereiches jenen Weg beschreitet, den er in dem zweiten großen Teil seiner Dichtung, der »Visio de Do-Wel, Do-Bet et Do-Best« beschreibt. Freilich wußte Langland um die Macht der Sünde, und er sah, wie die Menschen immer wieder den Versuchungen erlagen, die an sie herantraten. Daher erwartete er auch nicht wie etwa Joachim von Fiore mit einem schwärmerischen Blick in die Zukunft den Anbruch eines neuen Weltzustandes.[43] Gerade dies macht die Besonderheit von Langlands geistiger Haltung aus: Er sieht voll Ernst und Nüchternheit, vor welch großen Aufgaben die Menschheit steht und von welchen Gefahren sie ständig bedroht ist; dennoch vertraut er darauf, daß die Menschen fähig sind, das Gute zu tun, wie es Christus sie gelehrt und wie er es ihnen vorgelebt hat.[44]

---

[43] Auf Joachim von Fiore verwiesen in der Langland-Forschung u. a. H.H. Glunz, Die Literarästhetik des europäischen Mittelalters, Bochum-Langendreer 1937, 524 u. 533; Christopher Dawson, Medieval Religion and other Essays, London 1934, 175; T.P. Dunning, a.a.O., 110.

[44] Wir haben im Rahmen dieser Ausführungen bewußt auf eine Auseinandersetzung mit der prinzipiellen Frage verzichtet, in welchem Verhältnis in Langlands Piers Plowman das Dichterische zum Philosophisch-Theologischen steht. Dazu bedürfte es vor allem weiterer Untersuchungen des Formproblems der Langlandschen Dichtung, wie sie etwa von G. Kane (in: Middle English Literature, London 1951, 182-248) und E.M.W. Tillyard (in: The English Epic and its Background, London 1954, 151-171) im Ansatz unternommen wurden und einer grundsätzlichen Besinnung über die Stellung und Aufgabe der Dichtung im Mittelalter, wie sie z.B. H.H. Glunz in dem oben erwähnten Buch versucht hat.

# Abraham, Moses und David
# in William Langlands *Piers Plowman*

Das mittelenglische Epos *Piers Plowman*[1], das traditionellerweise William Langland zugeschrieben wird, weist trotz komplexer Gedanken- und Gesprächsführung eine klare Grundstruktur auf: der erste Teil, die *Visio de Petro Plouhman*, liefert ein Panorama der englischen Gesellschaft in der zweiten Hälfte des 14. Jahrhunderts und führt den Protagonisten Piers Plowman ein, der den Versuch macht, die der Sünde verfallenen Menschen zu einem besseren, gottgefälligen Leben hinzuführen. Der zweite große Teil der Dichtung, die *Vita* (auch: *Visio*) *de Dowel, Dobet et Dobest* schildert die Suche des Träumers Will, der gleichsam eine rhetorische Maske, eine »persona« darstellt, durch die der Autor zu seinem Publikum spricht; in zahlreichen Dialogen des Träumers mit anderen allegorischen Figuren wird erörtert, welche Wege beschritten werden müssen, um das vollendete Leben zu erreichen, wobei es nicht nur um die »scala perfectionis« geht, die der Einzelne zurückzulegen hat, sondern auch um den Weg, der der gesamten Gesellschaft, der gesamten Menschheit, vorgezeichnet ist. Diese Suche impliziert in *Dowel* eine tiefgreifende, verschlungene Erörterung der Voraussetzungen für das rechte Leben, das im Zeichen des Dekalogs steht und zugleich die Lehren des Neuen Testamentes miteinbezieht; das Ziel, auf das Langland den Träumer zustreben läßt, lautet in diesem Teil der Dichtung »pacient poverte«, die in Geduld ertragene Armut (im franziskanischen Sinn), d.h. die innere Freiheit von den irdischen Gütern und die Bereitschaft zur Hinwendung zum Nächsten. Die *Vita de Dobet* zeigt, daß diese Hinwendung in der »caritas« ihren reinsten Ausdruck findet; göttliche Hinwendung zum Menschen gipfelt im Opfertod Christi; menschliche Hinwendung zum Nächsten bedeutet, daß der Mensch bereit ist, die Liebe, die in Gott ihren Ursprung hat, aufzunehmen und durch den Nächsten hindurch zu ihrem göttlichen Ursprung zurückzuleiten. *Dobest* schließlich bedeutet die verantwortungsbewußte Verwirklichung der göttlichen Gebote, getragen vom Geist der Caritas, im kirchlichen wie im weltlichen Bereich.

---

[1] William Langlands Dichtung Piers Plowman liegt in drei Versionen, dem A-, B- und C- Text, vor, die zwischn 1366 und 1386 entstanden sind. Die vorliegende Studie basiert auf dem B-Text; alle Zitate nach: A.V.C. Schmidt (ed.), William Langland, The Vision of Piers Plowman: A Critical Edition of the B-Text, London/Melbourne 1984. Die mittelenglischen Zitate werden in den Fußnoten in deutscher Übersetzung wiedergegeben.

Dieses aus der thematischen Linienführung des *Piers Plowman* erschließbare Strukturmodell läßt erkennen, daß die *Visio de Petro Plouhman* und die *Vita de Dowel* im Zeichen des Alten Testamentes stehen, während die *Vita de Dobet* und die *Vita de Dobest* am Neuen Testament orientiert sind: *Dobet* gipfelt in der Darstellung des Ostergeschehens, *Dobest* verlängert die geschichtliche Perspektive bis zur Apokalypse, lenkt aber schließlich wieder zum gegenwärtigen Augenblick zurück.[2]

Nicht zu übersehen ist, daß Langland Altes und Neues Testament als eine Einheit sieht, daß er mit der allegorischen Auslegung der Theologen vertraut ist, die das Alte Testament im Licht des Neuen Testamentes deuteten, und daß er schließlich der typologischen Darstellungsweise zuneigt, die die alttestamentlichen Gestalten als Typen der Verheißung und die neutestamentlichen als Antitypen der Erfüllung auffaßt. Elizabeth Salter hat in der englischen Forschung, die sich mit *Piers Plowman* befaßte, im Anschluß an Erich Auerbachs Abhandlung »Figura«[3] für diesen typologischen Ansatz Langlands den Begriff des »figuralen Realismus«[4] eingeführt und mit Nachdruck darauf hingewiesen, daß bei der Bibelexegese zwar die Begriffe »allegorische« bzw. »typologische« Deutungsweise als Synonyme verstanden werden, daß aber die erzählerische Darstellungstechnik, die sich aus dieser theologischen Deutungsweise der Bibelexegese ableiten läßt, die konkreten realistischen Gegebenheiten der Figuren und Situationen nicht auflöst, die konkrete realistische Gestalt nicht zugunsten der durch die allegorische Exegese erst entschlüsselten begrifflich-faßbaren Bedeutung ›entmaterialisiert‹. Der »figurale Realismus« läßt Figuren und Situationen in ihrer realistischen Besonderheit bestehen, ordnet aber die Gestalten, ihre Handlungen und vor allem auch ihre Äußerungen in den heilsgeschichtlichen Plan ein.

Die alttestamentlichen Gestalten, an denen sich Langlands typologische Denk- und Darstellungsweise besonders deutlich ablesen läßt, sind Abraham, Moses und David.[5] Abraham, der ebenso wie Moses in der

---

2 Eine ausführliche Deutung der Thematik des Piers Plowman habe ich in meinem Buch William Langlands Piers Plowman: Eine Interpretation des C-Textes, Heidelberg 1957, vorgelegt.
3 Erich Auerbach, Figura, Archivum Romanicum, 22 (1938), 436-489.
4 Vgl. Elizabeth Salter, Medieval Poetry and the Figural View of Reality, Proceedings of the British Academy, 54 (1968), 73-92. Zur Frage der patristischen Exegese im Bereich mittelalterlicher Literatur vgl. die Aufsätze von E.Talbot Donaldson, R.E. Kaske und Charles Donahue in dem von Dorothy Bethurum herausgegebenen Band: Critical Approaches to Medieval Literature: Selected Papers from the English Institute, 1958-59, New York 1960.
5 Vgl. in diesem Zusammenhang auch Ruth M. Ames, The Fulfillment of the Scriptures: Abraham, Moses, and Piers (Evanston 1970). Ruth M. Ames konzentriert sich in ihrem materialreichen Buch auf die Lehre von der Trinität, vom Messias und auf die Deutung und

*Vita de Dobet* in Verbindung mit der Darstellung des Ostergeschehens erscheint, wird zunächst durch einen kurzen erzählerischen Bericht eingeführt:

> And thanne mette I with a man, a myd-Lenten-Sonday,
> As hoor as an hawethorn, and Abraham he highte.
> I frayned hym first fram whennes he come,
> And of whennes he were, and whider that he thoughte.
> (B, XVI, 172-175)⁶

Unmittelbar darauf stellt sich Abraham selbst vor:

> ›I am Feith‹, quod that freke, ›it falleth noght me to lye,
> And of Abrahames hous an heraud of armes.
> I seke after a segge that I seigh ones,
> A ful bold bacheler – I knew hym by his blasen‹.
> (B, XVI, 176-179)⁷

Abraham ist in diesem Kontext als eine »Personenallegorie«⁸ aufzufassen; er behält zunächst den Namen, unter dem er dem Leser vom Alten Testament her bekannt ist; seine allegorische Bedeutung wird durch die Selbstcharakterisierung »I am Feith« festgelegt; er unterscheidet sich von Personifikationsallegorien wie Fama oder Fortuna, die in Chaucers Jugenddichtungen erscheinen, dadurch, daß er mehr ist als nur die Verkörperung eines abstrakten Begriffes (hier: der ersten der drei theologischen Tugenden). Er ist eine »Figura« im Sinne der typologischen (oder auch allegorischen) Bibelexegese, insofern er zugleich eine heilsgeschichtliche Bedeutung hat: Abraham vergleicht sich mit einem Herold, der auf der Suche nach einem jungen Ritter ist, womit er Jesus meint.

---

Bewertung des Dekalogs im Alten und Neuen Testament; sie weist die Traditionslinien nach, die sich bei diesen thematischen Schwerpunkten von der altenglischen Literatur bis zu Langland verfolgen lassen.

⁶ Und dann traf ich einen Mann am 4. Sonntag in der Fastenzeit,
So weiß wie ein Weißdornstrauch, und sein Name war Abraham.
Ich fragte ihn zuerst, woher er komme,
Und woher er stamme und wohin er zu gehen gedenke.

⁷ ›Ich bin der Glaube‹, sagte dieser Mann, ›es geziemt sich nicht, dich zu belügen;
Ich bin ein Herold aus Abrahams Haus.
Ich suche einen Mann, den ich zuvor schon einmal sah,
Einen sehr kühnen, jungen Ritter – ich erkannte ihn an seinem Waffenrock‹.

⁸ Zu den terminologischen Problemen vgl. meine Abhandlung ›Zum Allegorie-Problem‹, S. 85-106 dieses Bandes.

*Abb. 6:* Isaaks Opferung
Die zweiteilige Illustration aus The York Psalter, Hunterian Library, Glasgow, MS U. 3. 2. zeigt in der oberen Szene einen Engel, der auf einer Schriftrolle die Aufforderung Gottes an Abraham überbringt: »Tolle filium tuum quem diligis et offeres«.
Die Opferszene ist auf dem unteren größeren Teil der Illustration dargestellt: der Widder und Isaak sind symmetrisch um Abraham, die zentrale Figur, gruppiert. Während Abraham im oberen Bild in einer gelockerten Haltung dargestellt ist, die einer häuslichen Atmosphäre entspricht, zeigt er in der Opferszene eine feierliche Haltung: er ist bereit, Gottes Willen zu erfüllen. Das schwarze Schwert steht farblich im Kontrast zur gesamten Umgebung, bei der die Brauntönung dominiert. Die Hand rechts oben lädt ihn ein, Gottes Befehl zu vollziehen; der Engel links hält das Schwert mit der rechten Hand zurück und deutet mit der linken Hand auf den Widder, der an Stelle des Sohnes zu opfern ist.
Das untere Bild hält sich eng an die biblische Vorlage: in Genesis, Kap. 22, 11-33 heißt es: »Da rief ihm der Engel des Herrn vom Himmel her zu: Abraham, Abraham! Er antwortete: Hier bin ich. Jener sprach: Streck deine Hand nicht gegen den Knaben aus, und tu ihm nichts zuleide! Denn jetzt weiß ich, daß du Gott fürchtest; du hast mir deinen einzigen Sohn nicht vorenthalten. Als Abraham aufschaute, sah er: ein Widder hatte sich hinter ihm mit seinen Hörnern im Gestrüpp verfangen. Abraham ging hin, nahm den Widder und brachte ihn statt seines Sohnes als Brandopfer dar.«

Wenn Langland Abraham als die Verkörperung des Glaubens betrachtet, folgt er damit sowohl dem Alten wie dem Neuen Testament. Als Gott ihm einen Sohn verheißt, wird Abrahams Reaktion in Genesis 15,6 wie folgt beschrieben:

> Abram glaubte dem Herrn, und der Herr rechnete es ihm als Gerechtigkeit an.[9]

Entsprechend heißt es in Römer 4,13:

> Denn Abraham und seine Nachkommen erhielten nicht aufgrund des Gesetzes die Verheißung, Erben der Welt zu sein, sondern aufgrund der Glaubensgerechtigkeit.

Dieser Stelle ist aus dem Galaterbrief 3,16 zur Seite zu stellen:

> Abraham und seinem Nachkommen wurden die Verheißungen zugesprochen. Es heißt nicht: »und den Nachkommen«, als wären viele gemeint, sondern es wird nur von einem gesprochen: *und deinem Nachkommen*; das aber ist Christus.

Daß sich Abrahams Glaube letztlich auf Christus und damit auf den dreieinigen Gott bezieht, geht aus den erläuternden Bemerkungen hervor, die Abraham in Langlands Epos unmittelbar auf die Feststellung:

> I seke after a segge that I seigh ones,
> A ful bold bacheler – I knew hym by his blasen[10]

folgen läßt; denn er führt folgendes über den Gesuchten aus:

> Thre leodes in oon lyth, noon lenger than oother,
> Of oon muchel and myght in mesure and in lengthe.
> That oon dooth, alle dooth, and ech dooth bi his one.
> The firste hath myght and majestee, makere of alle thynges:
> *Pater is* his propre name, a persone by hymselve.
> The secounde of that sire is Sothfastnesse *Filius*,
> Wardeyn of that wit hath, was evere withouten gynnyng.
> The thridde highte the Holi Goost, a persone by hymselve,
> The light of al that lif hath a londe and a watre,
> Confortour of creatures – of hym cometh alle blisse.
> (B, XVI, 181-190)[11]

---

[9] Alle Bibelzitate nach: Neue Jerusalemer Bibel, Einheitsübersetzung mit dem Kommentar der Jerusalemer Bibel, Neu bearb. u. erw. Ausgabe, deutsch hg. von A. Deissler u. A. Vögtle in Verbindung mit Joh. M. Nützel, Freiburg/Basel/Wien 1985.
[10] Ich suche einen Mann, den ich zuvor schon einmal sah,
Einen sehr kühnen, jungen Ritter – ich erkannte ihn an seinem Waffenrock.

Langland bezieht sich mit diesen (Abraham in den Mund gelegten) Darlegungen auf Genesis 18, 1-2:

> Der Herr erschien Abraham bei den Eichen von Mamre.
> Abraham saß zur Zeit der Mittagshitze am Zelteingang.
> Er blickte auf und sah vor sich drei Männer stehen.
> Als er sie sah, lief er ihnen vom Zelteingang aus entgegen, warf sich zur Erde nieder ...

Daß Christus der eigentliche Gegenstand von Abrahams Glaube war, wird im Neuen Testament durch Johannes 8, 56-58, bestätigt:

> Euer Vater Abraham jubelte, weil er meinen Tag sehen sollte.
> Er sah ihn und freute sich.
> Die Juden entgegneten: Du bist noch keine fünfzig Jahre alt und willst Abraham gesehen haben?
> Jesus erwiderte ihnen: Amen, amen, ich sage euch: Noch ehe Abraham wurde, bin ich.

Auf Johannes 8, 58 läßt sich Langlands Bemerkung über die zweite Person der Trinität in B, XVI, 187 beziehen: » ... was evere withouten gynnyng«. Die folgenden Darlegungen, die Langland Abraham in den Mund legt, dienen dazu, anhand von Beispielen das Geheimnis der Trinität, d.h. den Inhalt seines Glaubens zu umschreiben.

Wenn Abraham danach über die Probe, die er in seinem gläubigen Gehorsam zu bestehen hatte, als Gott ihn aufforderte, seinen Sohn Isaak zu opfern, in Abweichung von Genesis 14, 18 bemerkt:

> And siththe he sente me, to seye I sholde do sacrifise,
> And doon hym worship with breed and with wyn bothe,
> (B, XVI, 243-244),[12]

---

[11] Drei Personen in einem Körper, keiner überragt den anderen,
Von einer Größe und Stärke, gleich an Maß und Kraft.
Was einer tut, tun alle; jeder handelt aus eigenem Antrieb.
Der erste besitzt Macht und Majestät, er ist der Schöpfer aller Dinge.
*Vater* ist sein Eigenname, eine Person für sich.
Der zweite ist der *Sohn* dieses Vaters und heißt Wahrheit.
Er ist der Wächter der Weisheit des Vaters und war ebenso ohne Anfang.
Der dritte heißt der Heilige Geist, ebenfalls eine Person für sich,
Er ist das Licht allen Lebens zu Land und zu Wasser,
Der Erhalter der Geschöpfe – von ihm kommt alle Glückseligkeit.

[12] Und danach sandte er mir Nachricht, ich solle opfern
Und ihm huldigen mit Brot und Wein.

dann bezieht er sich damit auf Einzelheiten des biblischen Berichtes, die ihn zu einem Typus der Verheißung machen, die im Neuen Testament ihre Erfüllung findet. Brot und Wein (von Melchisedek – in Genesis 14, 18 – nach einem Sieg Abrahams geopfert) verweisen auf das Abendmahl, die Opferung Isaaks bezieht sich auf das Kreuzesopfer. Eine theologisch-allegorische Exegese von Brot, Wein und Isaak wird zwar innerhalb der Dichtung nicht vorgenommen, aber es darf angenommen werden, daß dem mittelalterlichen Leser gerade bei diesen Gegenständen, Vorgängen und Gestalten die typologischen Zusammenhänge bewußt waren.

Einen expliziten Zusammenhang zwischen dem Alten und dem Neuen Testament stellt Abraham dagegen her, wenn ihn der Träumer fragt, welche Bedeutung der Aussätzige, die Patriarchen und Propheten haben, die er in Abrahams Schoß wahrnimmt. Das Bild von Abrahams Schoß findet sich im Neuen Testament in Lukas 16,22: »Als nun der Arme starb, wurde er von den Engeln in Abrahams Schoß getragen. Auch der Reiche starb und wurde begraben«. Im Anschluß an die Bibel und die frühchristliche Literatur verstand man unter »Abrahams Schoß« zunächst »den Ort, wo sich Abraham und mit ihm die anderen Gerechten aufhalten«,[13] einen Ort in der Unterwelt, den Christus bei seinem Abstieg aufsuchte. In diesem Sinne hat auch Langland die Vorstellung von Abrahams Schoß in seine Dichtung aufgenommen; denn Abraham erläutert die Wahrnehmung, deren Sinn der Träumer zunächst nicht versteht, wie folgt:

> Out of the poukes pondfold no maynprise may us fecche
> Til he come that I carpe of: Crist is his name
> That shal delivere us som day out of the develes power,
> And bettre wed for us [wa]ge than we ben alle worthi -
> That is, lif for lif – or ligge thus evere
> Lollynge in my lappe, til swich a lord us fecche.
> (B, XVI, 264-269)[14]

Mit dieser bildhaften Szene und deren Auslegung durch Abraham wird eine weitere Verbindung zwischen den alttestamentlichen Verheißungen

---

[13] Reallexikon für Antike und Christentum, hg. von Theodor Klauser, I, Stuttgart 1950, 27-28.
[14] Aus des Teufels Reich kann uns keine Bürgschaft herausholen,
Bis er kommt, von dem ich spreche. Christus ist der Name dessen,
Der uns eines Tages aus der Macht des Teufels befreien soll,
Der ein größeres Pfand für uns geben wird, als wir alle es wert sind -
Das heißt: (sein) Leben für (unser) Leben – liegen müssen sie hier immer so,
Ausgestreckt in meinem Schoß, bis ein solcher Herr uns holt.

und deren neutestamentlicher Erfüllung durch Christus geschaffen. Vergleicht man die letzten Verse des XVI. Passus des B-Textes mit dem entsprechenden Abschnitt im XIX. Passus des C-Textes, so wird deutlich, daß Langland bei der letzten Überarbeitung seiner Dichtung den typologischen Zusammenhang zwischen dem Alten und dem Neuen Testament, insbesondere zwischen der jeweiligen Bedeutung von Brot und Wein, noch dadurch besonders hervorhob, daß er in diese Passage folgenden Vers einschob:

> Ich leyue that thilke lorde thenke . a newe lawe to make.
> (C, XIX, 266)[15]

Damit aber ist zugleich der Auftritt der nächsten allegorischen Figur vorbereitet, deren Erscheinen im B-Text das Ende des XVI. Passus und deren Selbstvorstellung den Anfang des XVII. Passus bildet:

> ›I am *Spes,* a spie‹, quod he, ›and spire after a knyght
> That took me a maundement upon the mount of Synay
> To rule alle reames therewith – I bere the writ here‹.
> (B, XVII, 1-3)[16]

Im Gegensatz zu dem Auftritt von Abraham (= Fides, Feith) wird hier die allegorische Bedeutung von Moses vorausgeschickt; der Hinweis, daß Spes ein Gesetz auf dem Berg Sinai erhielt, legt die heilsgeschichtliche Bedeutung dieser Gestalt eindeutig fest. Wenn Spes sich weiterhin einen Spion oder Späher (»a spie«) nennt, dann wird damit auf die Haltung der Erwartung angespielt; Spes späht nach dem Messias aus, der hier als »ein Ritter« (»a knyght«) bezeichnet wird, womit der spätere Auftritt Christi vorbereitet wird, der am Palmsonntag als Ritter in Jerusalem einzieht und dessen Rüstung *humana natura* heißt; in seiner äußeren Erscheinung gleicht er Piers Plowman, der hier (in *Dobet*) die menschliche Natur bedeutet, die Christus annahm, um das Werk der Erlösung der Menschheit zu vollenden.

---

[15] Ich glaube, daß jener Herr daran denkt, ein neues Gesetz zu geben.– Zitate aus dem C-Text nach der Ausgabe von W.W. Skeat, The Vision of William Concerning Piers the Plowman in Three Parallel Texts, Oxford 1886; Reprint (1954) 1961, mit einer Bibliographie von J.A.W. Bennett.

[16] ›Ich bin die »Hoffnung«, sagte sie (diese Gestalt), ›und spähe nach einem Ritter aus,
Der mir ein Gesetz gab auf dem Berg Sinai,
Um damit alle Reiche zu regieren – ich trage das Dokument hier mit mir‹.

Der Hinweis, daß Christus mit seinem Kreuzestod das Mosaische Gesetz erst siegeln, d.h. ihm Gültigkeit verleihen müsse und es damit erfüllen werde, führt ins Zentrum der typologischen Denk- und Darstellungsweise bei Langland, denn die Typologie setzt nicht nur Gestalten und Situationen des Alten und Neuen Testamentes zueinander in Beziehung, sondern auch Worte;[17] hier: das Mosaische Gesetz und das Gesetz Christi, die Bergpredigt. Spes bezieht sich dementsprechend auf Matthäus 22, 37-40, wo es heißt:

> Er antwortete ihm: *Du sollst den Herrn, deinen Gott, lieben mit ganzem Herzen, mit ganzer Seele* und mit all deinen Gedanken.
> Das ist das wichtigste und erste Gebot.
> Ebenso wichtig ist das zweite: *Du sollst deinen Nächsten lieben wie dich selbst.*
> An diesen beiden Geboten hängt das ganze Gesetz samt den Propheten.

(Bei Langland wird dementsprechend in B, XVII, 12 u. 14a in lateinischer Fassung konstatiert: *Dilige Deum et proximum tuum, In hiis duobus mandatis tota lex pendet et prophete.*)
Die Dialogszene zwischen Träumer und Spes, die unmittelbar auf den Hinweis von Spes folgt, daß 60 000 und mehr in seinem Schoß ruhen, die nach seinen Worten, d.h. nach dem Dekalog handelten, löst in dem Träumer einen Konflikt aus, insofern er sich nun fragen muß, in welchem Verhältnis Feith und Spes, d.h. Abrahams und Moses' Botschaft zueinander stehen, denn auch Abraham versicherte dem Träumer, daß Tausende allein aufgrund ihres Glaubens gerettet wurden. Spes dagegen fordert lediglich die gehorsame Befolgung des Dekalogs, ohne dabei den Glauben an die Trinität ausdrücklich zu erwähnen. Der Konflikt, der mit dem Auftritt von Spes im Träumer ausgelöst wird, bleibt in der Schwebe. Langland zeigt jedoch mit Hilfe der Parabel vom Barmherzigen Samariter, die er in die Handlung seiner allegorischen Dichtung eingliedert, daß sowohl Abraham wie Moses Präfigurationen der Erfüllung sind, die durch Christus gebracht wurde. Im Anschluß an Lukas 10,30-37 berichtet Langland, daß ein Samariter auftritt, derweilen der Träumer mit

---

[17] Vgl. hierzu Ernst Friedrich Ohly, Sage und Legende in der Kaiserchronik, Darmstadt [1940] ²1968, 26: »Typologie im engeren und ursprünglichen Sinn meint im Mittelalter den in der Spannung zwischen alttestamentlicher Präfiguration und neutestamentlicher Erfüllung waltenden Sinnbezug gegenseitiger Bedeutsamkeit zweier oder mehrerer biblischer Geschehnisse oder Worte«. Zur typologischen Deutung vgl. weiterhin: G. Wohlenberg, Mittelalterliche Typologie im Dienste der Predigt, Zeitschrift für Kirchengeschichte, 36 (1916), 319-349, und Julius Schwietering, Typologisches in mittelalterlicher Dichtung, Festgabe Gustav Ehrismann: Vom Werden des deutschen Geistes, hg. von Paul Merker und W. Stammler, Berlin/Leipzig 1925, 40-55.

Spes noch streitet, und daß an der Stelle, an der der Samariter Feith und Spes einholt, ein Verwundeter liegt, der unter die Diebe gefallen war. Wenn bei Lukas ein Priester und ein Levit achtlos an dem Verwundeten vorübergehen, so wird dieses Verhalten in Langlands Dichtung Feith und Hope, d.h. Abraham und Moses, zugeschrieben:

> Feith hadde first sighte of hym, ac he fleigh aside,
> And nolde noght neghen hym by nyne londes lengthe.
> Hope cam hippynge after, that hadde so ybosted
> How he with Moyses maundement hadde many men yholpe;
> Ac whan he hadde sighte of that segge, aside he gan hym drawe
> Dredfully, bi this day, as doke dooth fram the faucon!
> (B, XVII, 59-64)[18]

Diese Szene hebt erneut die Vorläufigkeit der alttestamentlichen Gestalten und damit auch die Vorläufigkeit des Dekalogs hervor. Schließlich wird durch diesen Auftritt von Feith und Hope verdeutlicht, daß weder der Glaube allein noch das Handeln im Zeichen des Dekalogs als die »perfectio« bezeichnet werden können, deren Wesen und Bedeutung der Träumer ergründen möchte. Für die Erfüllung des (Mosaischen) Gesetzes steht der Samariter in dem von Jesus in der Bergpredigt erläuterten Sinne. So heißt es in Matthäus 5,17:

> Denkt nicht, ich sei gekommen, um das Gesetz und die Propheten aufzuheben. Ich bin nicht gekommen, um aufzuheben, sondern um zu erfüllen.

Der Unterschied zwischen dem Dekalog und dessen Erfüllung, die Langland »*Lex Christi*« (B, XVII, 73) nennt, wird im Johannes-Evangelium (1, 17) wie folgt umschrieben:

> Denn das Gesetz wurde durch Mose gegeben, die Gnade und die Wahrheit kamen durch Jesus Christus.

Diese »*Lex Christi*« legt der Samariter in XVII, 92-99 wie folgt aus:
> ›Have hem excused‹, quod he, ›hir help may litel availle:
> May no medicyne under molde the man to heele brynge –
> Neither Feith ne fyn Hope, so festred be hise woundes,

---

18   Der Glaube erblickte ihn zuerst, aber er floh auf die andere Seite,
    Und er wollte nicht näher an ihn herangehen als neun Schollen lang sind.
    Die Hoffnung kam hintergesprungen, die sich so gerühmt hatte,
    Mit Moses' Gebot vielen Menschen geholfen zu haben.
    Aber als sie diesen Mann erblickte, sprang sie an diesem Tag
    Erschrocken zur Seite wie eine Ente beim Anblick eines Falken.

> Withouten the blood of a barn born of a mayde.
> And be he bathed in that blood, baptised as it were,
> And thanne plastred with penaunce and passion of that baby,
> He sholde stonde and steppe – ac stalworthe worth he nevere
> Til he have eten al the barn and his blood ydronke‹.[19]

Mit diesen Versen werden die Erlösertat Christi, das Wesen der göttlichen Gnade und der göttlichen Liebe und schließlich die Bedeutung des Abendmahls umschrieben. Zugleich weist der Samariter in seinen Darlegungen darauf hin (vgl. B, XVII, 133-136), daß es des Zusammenwirkens der drei theologischen Tugenden, des Glaubens, der Hoffnung und der Liebe bedarf, um die Erfüllung zu erlangen, nach der der Träumer in Langlands Dichtung sich sehnt.

Das Auftreten der allegorischen Figur Spes (Hope), die Moses' heilsgeschichtlichen Auftrag verdeutlicht, bildet einen Schlüssel für das Verständnis aller weiteren Stellen in Piers Plowman, an denen Langland auf Moses und den Dekalog Bezug nimmt. Bereits in Passus I spricht Lady Holy Church von Moses, als sie den unwissenden Träumer über seine natürlichen Gaben belehrt:

> For Truthe telleth that love is triacle of hevene:
> May no synne be on hym seene that spice useth.
> And alle his werkes he wroughte with love as hym liste,
> And lered it Moyses for the leveste thyng and moost lik to hevene.
> (B, I, 148-151)[20]

»Truthe« ist hier ein Synonym für den Schöpfergott, der Moses den Dekalog verkündete. Wenn es im gleichen Zusammenhang heißt:

> It is a kynde knowynge that kenneth in thyn herte
> For to loven thi Lord levere than thiselve,

---

[19] ›Du mußt sie entschuldigen‹, sagte er, ›ihre Hilfe kann wenig ausrichten,
Keine Medizin auf Erden kann dem Manne Heilung bringen –
Auch der Glaube und die Hoffnung nicht, so eitrig sind seine Wunden.
Nur das Blut eines Kindes, das von einer Jungfrau geboren wurde, vermag es.
Und wenn er gebadet ist in diesem Blut, getauft sozusagen,
Verbunden mit der Buße und dem Leiden dieses Kindes,
Wird er wieder stehen und gehen können – aber stark wird er nie,
Bis er das ganze Kind gegessen und sein Blut getrunken hat‹.

[20] Denn die Wahrheit sagt, daß Liebe das Heilmittel des Himmels ist:
Und an demjenigen, der dieses Mittel benutzt, kann keine Sünde mehr wahrgenommen werden,
Und alle seine Werke schuf Gott aus Liebe, wie es ihm gefiel,
Und er lehrte Moses, daß Liebe das kostbarste Gut sei, eine Tugend, die dem Himmel am nächsten ist.

>No dedly synne to do, deye theigh thow sholdest -
>This I trowe be truthe;
>(B, I, 142-145)[21],

dann bedeutet dies, daß im Dekalog die in der Geschichte des jüdischen Volkes nachweisbare und von Gott vermittelte Form der »lex naturalis« vorliegt; noch schärfer formuliert: daß der Mensch aufgrund seiner geschöpflichen Voraussetzungen in der Lage ist, ein Leben im Sinne der Zehn Gebote zu führen.

Auf Moses bezieht sich Langland auch im III. Passus des *Piers Plowman* bei der Darstellung des vollendeten Weltzustandes, die Conscience vorträgt (B, III, 299-304)[22]. Zu den Charakteristika dieses Weltzustandes gehört es, daß sich das Verhältnis von Gesetz und Liebe verändert hat; wird im Dekalog Liebe gefordert, so wird sie sich im kommenden Weltzustand so spontan entfalten, daß das Gesetz nur noch ein Diener der Liebe sein kann. Wenn Langland die Formulierung »Moyses or Messie« (B, III, 303) gebraucht, dann entspricht dies den Lehren des palästinensischen Judentums: »Manche haggadistischen Texte« – so E. Sauer in *Lexikon für Theologie und Kirche*, – »verstehen den Messias als zweiten Moses im Zusammenhang damit, daß man die Erlösung aus Ägypten als Vorbild der messianischen Erlösung betrachtete«.[23] Langland macht sich hier jedoch nicht die jüdischen Überzeugungen zu eigen, sondern er stellt fest: »Jewes shul wene ...«(B, III, 304), »Juden werden wähnen ...«. Daß er mit dem beschriebenen Weltzustand die Ära meint, die sich an die alttestamentliche Epoche anschließt, geht aus B, III, 289 hervor: »And oon Cristene kyng kepen [us] echone«, »Und ein christlicher König soll über uns alle herrschen«. Mit dieser Formulierung meint er Christus selbst. Wiederum zeichnet sich hier deutlich Langlands typologische Denkweise ab: Moses ist die Präfiguration, der alttestamentliche Typus, der auf Christus, den neutestamentlichen Antitypus der Erfüllung hinweist. Die Beschreibung des vollendeten Weltzustandes ist also eine visionäre Ausformung eines Ideals, das aus der »ratio naturalis« entspringt sowie aus

---

[21] Es gibt ein natürliches Wissen, das dich in deinem Herzen dazu treibt,
Deinen Herrn mehr zu lieben als dich selbst,
Eher zu sterben, als eine Todsünde zu begehen.
Dies ist gewiß wahr.

[22] Vgl. die ausführliche Erörterung von B, III, 299-304, in der Abhandlung ›Apokalypse und Antichrist in der englischen Literatur des 14. Jahrhunderts‹, William Langlands Piers Plowman, Joachim von Fiore und der Chiliasmus des Mittelalters, S. 157-178 dieses Bandes.

[23] Lexikon für Theologie und Kirche, hg. von Josef Höfer und Karl Rahner, Freiburg i. Br. ²1967, VII, 652.

dem alttestamentlichen Wissen und den Prophezeiungen, wie sie sich bei Jesaia finden. Diese Vision ist gleichsam der Spiegel, den Langland als satirischer Kritiker seinen Zeitgenossen vor Augen hielt, in dem sie selbst ihre Schwächen und Laster erkennen konnten.

Die Vorstellungen, die Langland im III. Passus des B-Textes Kynde Wit zum Ausdruck bringen läßt, tauchen erneut in der Rede Animas im XV. Passus des gleichen Textes auf. Dort stellt Anima zum einen fest:

> *Dilige Deum et proximum*, is parfit Jewen lawe –
> And took it Moyses to teche men, til Messie coome;
> (B, XV, 582-583)[24]

Zum anderen führt Anima über die Haltung der Juden Christus gegenüber aus:

> And yit wenen tho wrecches that he were *pseudo-propheta*
> And that his loore be lesynges, and lakken it alle,
> And hopen that he be to come that shal hem releve –
> Moyses eft or Messie hir maistres devyneth.
> (B, XV, 599-602)[25]

Hier werden die Trennungslinien zwischen der jüdischen Auffassung, die in Christus einen »pseudo-propheta« sieht, und der christlichen Auffassung, daß Christus der Erlöser ist, scharf gezogen.[26] Je mehr sich Langland dem Zentrum seiner Dichtung, der Darstellung des Ostergeschehens in der *Vita de Dobet* nähert, um so deutlicher markiert er den Unterschied zwischen dem Alten und dem Neuen Testament, zwischen Moses und Christus, zwischen dem Dekalog und der »Lex Christi«.

Zur Abgrenzung des alttestamentlich-mosaischen Gesetzes von der »Lex Christi« trägt auch der Auftritt der vier Himmelstöchter Mercy (= misericordia), Truthe (= veritas), Rightwisnesse (= justitia) und Pees (= pax) bei, den Langland – ähnlich wie der Verfasser des spätmittelalterlichen Mysterienspiels *Ludus Coventriae* – ins Ostergeschehen eingearbeitet hat. »Truthe« und »Rightwisnesse« erinnern mit ihren Ausführungen über die Möglichkeit, daß Adam und Eva, Patriarchen und Propheten

---

[24] *Liebe Gott und deinen Nächsten*, das ist das vollkommene Gesetz der Juden;
Und er gab es Moses, um die Menschen zu lehren, bis der Messias komme.
[25] Und dennoch wähnen die Unglückseligen, daß er ein »Pseudo-Prophet« sei,
Und daß seine Lehre Lüge sei, und sie verachten sie alle,
Und hoffen, daß der noch kommen wird, der sie erlösen soll,
Moses wiederum oder der Messias – so prophezeien es weiterhin ihre Meister.
[26] Vgl. hierzu Ames, The Fulfillment of the Scriptures, 121ff.

gerettet werden, an die *Visio de Petro Plouhman*, in der Wahrheit und Gerechtigkeit als die Grundpfeiler der göttlichen Ordnung erscheinen. Die Forderungen der Gerechtigkeit, insbesondere die Forderung, daß das Mosaische Gesetz gehorsam befolgt werde, werden nun eingegrenzt und überwölbt durch Liebe, Güte, Barmherzigkeit und Gnade.

Vom Standpunkt der Wahrheit und Gerechtigkeit ist es undenkbar, daß Adam und Eva und mit ihnen die Patriarchen und Propheten jemals erlöst werden können. So führt Truthe u.a. aus:

> ... Adam and Eve and Abraham with othere
> Patriarkes and prophetes that in peyne liggen,
> Leve thow nevere that yon light hem alofte brynge,
> Ne have hem out of helle – hold thi tonge, Mercy!
> It is but trufle that thow tellest – I, Truthe, woot the sothe.
> For that is ones in helle, out cometh it nevere;
> Job the prophete patriark repreveth thi sawes:
> *Quia in inferno nulla est redempcio.*
> (B, XVIII, 143-149a)[27]

Truthe ist von der Gültigkeit dessen, was in Hiob 7,9 zu lesen ist, überzeugt und sieht keine Möglichkeit der Überwindung dieses Zustandes: »... so steigt nie mehr auf, wer zur Unterwelt fuhr«. In ähnlicher Weise zeigt sodann Rightwisnesse, daß Adam und Eva die ewige Verdammnis erleiden müssen, weil sie der Versuchung durch den Teufel erlagen, der Begierde des Fleisches folgten und damit das Gebot Gottes mißachteten:

> Adam afterward, ayeins his defence,
> Freet of that fruyt, and forsook, as it were,
> The love of Oure Lord and his loore bothe
> And folwede that the fend taughte and his felawes wille
> Ayeins reson – I, Rightwisnesse, recorde thus with Truthe
> That hir peyne be perpetuel and no preiere hem helpe.
> (B, XVIII, 194-199)[28]

---

[27] Glaub niemals, daß jenes Licht Adam und Eva und Abraham zusammen mit
Den Patriarchen und Propheten, die in Qualen liegen,
Empor (in den Himmel) bringen wird
Und sie aus der Hölle führen wird – halt deinen Mund, Barmherzigkeit!
Du sprichst nur Unsinn – Ich, Wahrheit, weiß die Wahrheit.
Denn wer einmal in der Hölle ist, kommt niemals wieder heraus;
Hiob, der Prophet und Patriarch, verurteilt deine Aussagen:
*So steigt nie mehr auf, wer zur Unterwelt fuhr.*

[28] Gegen sein (d.h. Gottes) Gebot aß Adam danach
Von jener Frucht und wandte sich, sozusagen, ab
Von der Liebe unseres Herrn und seinem Gebot
Und folgte dem Wort des Teufels und dem Willen seiner Gefährtin
Gegen die Vernunft – ich, die Gerechtigkeit, sage dir fürwahr,

Die Tat Christi widerspricht nach der Auffassung von Wahrheit und Gerechtigkeit allen Prinzipien des vernünftigen Denkens. Es mag überraschen, daß Mercy (*misericordia*) sich bei ihrem Gegenbeweis des Denkstils von Wahrheit und Gerechtigkeit bedient und sich in ihrer Argumentation auf Vernunft und Erfahrung beruft:

> ›Thorugh experience‹, quod he[o], ›I hope thei shul be saved.
> For venym fordooth venym – and that I preve by reson‹.
> (B, XVIII, 151-152)[29]

So wie ein Gift durch ein Gegengift unschädlich gemacht werden kann, können Adam und Eva, die Patriarchen und Propheten vom Tod durch den Tod Christi gerettet werden. Daß die Erlösertat, so gesehen, im Einklang mit den Prinzipien der Gerechtigkeit steht, wird später von Christus selbst im Dialog mit Luzifer betont:

> *Ergo* soule shal soule quyte and synne to synne wende,
> And al that man hath mysdo, I, man, wole amende it.
> Membre for membre [was amendes by the Olde Lawe],
> And lif for lif also – and by that lawe I clayme
> Adam and al his issue at my wille herafter.
> And that deeth in hem fordide, my deeth shal releve,
> And both quyke and quyte that queynt was thorugh synne;
> And that grace gile destruye, good feith it asketh.
> So leve it noght, Lucifer, ayein the lawe I fecche hem,
> But by right and by reson raunsone here my liges:
> *Non veni solvere legem set adimplere.*
> (B, XVIII, 341-350a)[30]

Pees ist im XVIII. Passus die Aufgabe zugewiesen, der Gerechtigkeit den Blick zu öffnen für die eigentliche Bedeutung, die der Menschwerdung Gottes und dem Erlösertod Christi zukommt. Pees zeigt, daß Christus

---

[29] Daß ihre Qual niemals aufhören und kein Gebet ihnen helfen wird.
›Aufgrund von Erfahrung‹, sagte sie, ›hoffe ich, daß sie gerettet werden.
Denn Gift macht Gift unschädlich – und das beweise ich mit Hilfe der Vernunft‹.

[30] *Also* soll (die eine) Seele (die andere) Seele erlösen und Sünde gegen Sünde gesetzt werden,
Und allen Schaden, den der Mensch angerichtet hat, will ich, ein Mensch, wiedergutmachen.
Glied um Glied, das war Wiedergutmachung nach dem Alten Gesetz,
Und so auch Leben um Leben - und nach diesem Gesetz erhebe ich Anspruch
Auf Adam und all seine Nachkommenschaft, auf daß ich über sie danach nach meinem Willen verfügen kann.
Und was der Tod in ihnen zerstört, soll mein Tod wiederherstellen
Und wieder lebendig werden lassen und vergelten, was durch Sünde erstickt wurde;
Und daß Gnade List zerstört, verlangt die Gerechtigkeit.
So glaube nicht, Luzifer, daß ich sie gegen das Gesetz hole,
Sondern nach Recht und Vernunft kaufe ich hier meine Untertanen frei.
*Ich bin nicht gekommen, um aufzuheben, sondern um zu erfüllen.*

kraft seiner Gnade die Natur der Gerechtigkeit verwandelt (im C-Text wird ausdrücklich festgestellt: »And Crist hath conuerted the kynde of ryghtwisnesse«, C, XXI, 190)[31] und damit zugleich auch die Voraussetzung für die Errettung von »Adam and Eve and othere mo in helle, /Moyses and many mo« (B, XVIII, 177-178)[32] geschaffen hat.

Neben Moses und Abraham ist David die bedeutendste alttestamentliche Gestalt, die in typologischer Beziehung zu Christus gesehen wird.[33] Im Alten Testament ist er »ein kühner und listiger Krieger«, ein »geschickter Organisator«, »er erfaßt die Bedeutung Jerusalems und macht daraus die von da an ständige Hauptstadt, eben die ›Stadt Davids‹«. Er hat »die Gabe der Prophetie«, ist – aufgrund seiner Reue nach dem Ehebruch mit Bathseba – »Urbild der Buße«; »in einem Leben voll von blutigen Kriegen nach außen und im Landesinnern bewahrt er Großmut und bemerkenswerten Seelenadel«.[34] Wegen seiner vorbildlichen Herrschertugenden wird David zur Präfiguration des messianischen Herrschers; manche Rabbis glaubten sogar an die persönliche Wiederkehr Davids. An diese Vorstellung knüpfte Langland bei der Beschreibung des vollendeten Weltzustandes im III. Passus an, wo er im Anschluß an 1. Samuel 15 ausführt:

> And right as Agag hadde, happe shul somme:
> Samuel shal sleen hym and Saul shal be blamed,
> And David shal be diademed and daunten hem alle,
> And oon Cristene kyng kepen [us] echone.
> (B, III, 286-289)[35]

Nach den Worten von Kynde Wit werden sich die Situationen und Ereignisse, wie sie im Alten Testament geschildert werden, wiederholen, und es wird ein David gekrönt werden, der sie sich alle untertan macht. Dieser andere, zweite David, oder wie es im Neuen Testament auch heißt: »der Sohn Davids«, ist Jesus, wobei anzumerken ist, daß die Wendung »Fili David«, die Langland in der *Vita de Dobest* zweimal ge-

---

[31] Christus hat die Natur der Gerechtigkeit verwandelt.
[32] Adam und Eva und andere mehr in der Hölle,
Moses und noch viele mehr.
[33] Vgl. hierzu Thomas D. Hill, Davidic Typology and the Characterization of Christ: Piers Plowman B, XIX, 95-103, Notes and Queries, N.S. 23 (1976), 291-294.
[34] Reallexikon für Antike und Christentum, III, 594-595.
[35] Und genau so wie es Agag erging, soll es etlichen anderen ergehen.
Samuel soll ihn erschlagen und Saul verurteilt werden,
Und David soll zum König gekrönt werden und sie alle sich untertan machen.
Und ein christlicher König soll über uns alle herrschen.

braucht, nicht nur ein Titel für den messianischen König ist, sondern sich zugleich auch auf die leibliche Abstammung Jesu bezieht. Jesus selbst hat sich vor Pilatus zu der königlichen Stellung bekannt, die ihm als »Sohn Davids« zukam; vgl. Markus 15,2: »Pilatus fragte ihn: Bist du der König der Juden? Er antwortete ihm: Du sagst es«.

Langland folgte der biblischen Vorlage auch insofern, als er Conscience berichten läßt, daß »Fili David« ein Titel war, der Jesus wegen seiner Wundertaten vom Volk beigelegt wurde.

> For deve thorugh hise doynges and dombe speke and herde,
> And alle he heeled and halp that hym of grace askede.
> And tho was he called in contre of the comune peple,
> For the dedes that he dide, *Fili David, Ihesus.*
> For David was doghtiest of dedes in his tyme,
> The burdes tho songe, *Saul interfecit mille et David decem milia.*
> Forthi the contree ther Jesu cam called hym *fili David,*
> And nempned hym of Nazareth – and no man so worthi
> To be kaiser or kyng of the kyngdom of Juda,
> Ne over Jewes justice, as Jesus was, hem thoughte.
> (B, XIX, 130-139)[36]

Die typologischen Beziehungen zwischen David und Christus werden noch gestärkt durch die Passagen in der *Vita de Dobest,* an denen von Christus als dem Eroberer die Rede ist (vgl. B, XIX, 96ff.), d.h. die Heldentaten Davids werden im übertragenen Sinn auf die Wundertaten Christi bezogen. Ebenso verweisen auch die Leiden Christi, die Verachtung und der Spott, den er zu ertragen hatte, zurück auf den Haß und die Eifersucht, die David zwangen, den Hof Sauls zu verlassen und für einige Zeit unter den Philistern als Freibeuter zu leben (vgl. dazu B, XIX, 102-107).

Ein doppelter typologischer Bezug wird, ausgehend von David, im I. Passus hergestellt. Dort spricht die allegorische Gestalt Holy Church von den Aufgaben des Königs und der Ritter, die die göttliche Ordnung zu

---

[36] Denn er bewirkte, daß Taube wieder hörten und Stumme wieder sprachen,
Und alle heilte er und allen half er, die ihn um Gnade baten,
Und wegen der (Wunder)Taten, die er verrichtete, wurde er im ganzen Land
Von dem Volk *Sohn Davids, Jesus* genannt.
Denn David war zu seiner Zeit an Taten der Tüchtigste,
Die Mädchen sangen, *Saul hat Tausend erschlagen. David aber Zehntausend.*
Deshalb nannten sie Jesus, wohin er auch kam, *Sohn Davids.*
Und nannten ihn (Jesus) von Nazareth – und sie glaubten, niemand sei so würdig,
Kaiser oder König im Reich Judaea zu sein
Oder Richter der Juden, wie Jesus es war.

schützen und diejenigen zu bestrafen haben, die gegen diese Ordnung verstoßen:

> Kynges and knyghtes sholde kepen it by reson –
> Riden and rappen doun in reaumes aboute,
> And taken *transgressores* and tyen hem faste
> Til treuthe hadde ytermyned hire trespas to the ende.
> For David in hise dayes dubbed knyghtes,
> And dide hem sweren on hir swerd to serven truthe evere.
> (B, I, 94-99)[37]

Es besteht also ein typologischer Bezug zwischen David und seiner Art, das königliche Amt zu verwalten, und den Aufgaben, die nach den Darlegungen dem mittelalterlichen König und den ihm zu Diensten stehenden Rittern zufallen. Diese typologische Beziehung wird ergänzt durch den von Langland deutlich hervorgehobenen Zusammenhang zwischen David und Christus:

> But Crist, kyngene kyng, knyghted ten –
> Cherubyn and Seraphyn, swiche sevene and another,
> And yaf hem myght in his majestee – the murier hem thoughte –
> And over his meene meynee made hem archangeles;
> Taughte hem by the Trinitee treuthe to knowe,
> To be buxom at his biddyng – he bad hem nought ellis.
> (B, I, 105-110)[38]

---

[37] Könige und Ritter sollten darüber gemäß der Vernunft wachen,
Sie sollten in ihren Reichen hin- und herreiten,
Und *Gesetzesbrecher* ergreifen und sie fesseln,
Bis die Wahrheit ein endgültiges Urteil über sie gesprochen hat.
Denn David schlug in seinen Tagen Untertanen zum Ritter,
Und ließ sie auf ihr Schwert schwören, stets der Wahrheit (Gott) zu dienen.

[38] Aber Christus, der König der Könige, schlug zehn Ordnungen der Engel zum Ritter,
Cherubim, Seraphim, sieben weitere und noch eine
Und gab ihnen Macht in seiner Majestät – er glaubte ihre Glückseligkeit zu steigern –
Und er machte sie zu Erzengeln, denen sein Gefolge untertan war.
Er lehrte sie, die rechte Ordnung durch die Trinität zu erkennen,
Gehorsam zu sein auf sein Geheiß – er bat sie um nichts anderes.

*Abb.* 7: David als Psalmist
Die Illustration aus der ins 9. Jahrhundert zu datierenden Vivian-Bibel, Paris Bibliothèque Nationale, Lat. 1 (fol. 215 v) zeigt David in einer Mandorla. Rechts und links sind seine Leibwachen plaziert. Er selbst trägt eine Krone, einen Mantel und Fußbekleidung, wie sie bei Soldaten üblich ist. Während er die Psalmen verfaßt, begleitet er sich mit der Harfe, und die Gebärdensprache deutet darauf hin, daß er sich im Tanzschritt auf Wolken bewegt (der Schauplatz ist in die überirdische Sphäre verlegt). Außen sitzen in seiner Umgebung vier Musiker mit ihren Instrumenten.
Außerhalb der Mandorla sind vier Frauengestalten zu sehen, die – wie in der Illustration selbst angegeben ist – die vier Kardinaltugenden darstellen: links Prudentia und Fortitudo, rechts Iustitia und Temperantia. Sie sind alle durch Blick und Handbewegung auf David bezogen.

Christus als der König aller Könige wird hier zugleich als der Lehnsherr der zehn Ordnungen der Engel verstanden, die Ritterorden gleichen. Im C-Text vereinfacht Langland die Beziehungen und läßt hier nur die Typologie »David: mittelalterlicher König« bestehen, während er an der zweiten der zitierten Stellen statt von Christus lediglich vom Schöpfergott spricht: »Whanne god by-gan heuene in that grete blysse« (C, II, 104).[39]
Zu bedenken ist weiterhin, daß David nach der alttestamentlichen Überlieferung nicht nur als König, sondern auch als Dichter, insbesondere als Verfasser von Psalmen, großes Ansehen genoß. Langland schließt sich der Tradition an, die den alttestamentlichen Psalter insgesamt David zuschrieb. Welches ursprünglich auch der »Sitz im Leben« dieser Psalmen im einzelnen gewesen sein mag, bei Langland werden die Zitate aus dem Psalter als Lehrtexte verwendet und damit dem Dekalog zur Seite gestellt; sie werden von ihm wohl deshalb so häufig gebraucht, weil sie sich auf eine breite Skala von Lebensmöglichkeiten beziehen (oder beziehen lassen).
Die Zitate aus dem David zugeschriebenen Psalter erweisen sich geradezu als eine thematische Leitlinie, anhand derer die gedankliche Grundstruktur des Piers Plowman über weite Strecken abgelesen werden kann.
Eines der zentralen Probleme in der Visio de Petro Plouhman ist das Verhältnis des Menschen zu den irdischen Gütern, den »bona temporalia«, und in diesem Zusammenhang wird zwischen zwei Arten von Lohn, d.h. zwei Weisen, über die irdischen Güter zu verfügen, unterschieden. Conscience spricht von »two manere of medes« (B, III, 231) und bezieht sich dabei auf Psalm 15,1,2 und 5:

> The Prophete precheth therof and putte it in the Sauter:
> *Domine, quis habitabit in tabernaculo tuo?*
> Lord, who shal wonye in thi wones with thyne holy seintes
> Or resten in thyne holy hilles? – This asketh David.
> And David assoileth it hymself, as the Sauter telleth:
> *Qui ingreditur sine macula et operatur iusticiam.*
> Tho that entren of o colour and of one wille,
> And han ywroght werkes with right and with reson,
> And he that useth noght the lyf of usurie
> And enformeth povere men and pursueth truthe:
> *Qui pecuniam suam non dedit ad usuram, et munera super innocentem &c;*
> And alle that helpen the innocent and holden with the rightfulle,
> Withouten mede doth hem good and the truthe helpeth –

---

[39] Als Gott den Himmel schuf in jener großen Glückseligkeit.

Swiche manere men, my lord, shul have this firste mede
Of God at a gret nede, whan thei gon hennes.
(B, III, 234-245)[40]

Der Psalm wird hier als Instrument benutzt, um einerseits gegen Wucher und Bestechung zu polemisieren; andererseits dient er als Autorität, durch die die Gerechtigkeit als Norm des Handelns bestätigt und bekräftigt wird. Bei den Ausführungen über den ungerechten Lohn bezieht sich Conscience auf Psalm 26, wo es in Vers 9 und 10 heißt: »Raff mich nicht hinweg mit den Sündern, nimm mir nicht das Leben zusammen mit dem der Mörder! An ihren Händen klebt Schandtat, ihre Rechte ist voll von Bestechung«. (Langland zitiert in B, III, 249 nur Psalm 26,10).

In der *Vita de Dowel* setzt sich der Träumer, angeregt durch die (allegorischen) Personen, die ihm begegnen, mit dem Wert des Wissens, insbesondere auch mit dem Wert theologischer Gelehrsamkeit auseinander. Auch in diesem Zusammenhang bezieht sich Langland auf David und läßt den Träumer sagen:

David maketh mencion, he spak amonges kynges,
And myghte no kyng overcomen hym as by konnynge of speche.
But wit ne wisedom wan nevere the maistrie
When man was at meschief withoute the moore grace.
(B, X, 446-449)[41]

Die Stelle aus dem 119. Psalm, auf die hier angespielt wird, lautet: »Deine Gebote will ich vor Königen bezeugen und mich nicht vor ihnen schämen« (Ps 119, 46). Der Träumer verwendet diesen Textzusammen-

---

[40] Der Prophet predigt darüber und sagt im Psalter:
*Herr, wer darf Gast sein in deinem Zelt?*
Herr, wer soll in deiner Wohnung wohnen mit deinen Heiligen
Oder auf deinen heiligen Bergen weilen? – Dies fragt David.
Und David antwortet selbst, wie es im Psalter heißt:
Der makellos lebt und das Rechte tut.
Diejenigen, die rein sind und rechten Willens,
Die nach Recht und Vernunft gehandelt haben,
Die keinen Wucher treiben,
Die die Armen unterrichten und der Wahrheit nachstreben:
Der sein Geld nicht auf Wucher ausleiht und nicht zum Nachteil des Schuldlosen Bestechung annimmt.
Und all diejenigen, die den Armen helfen und es mit den Rechtschaffenen halten,
Ohne Lohn Gutes tun und für die Wahrheit eintreten.
Diese Menschen, mein Herr, sollen den höchsten Lohn empfangen
Von Gott in der Stunde der größten Not, wenn sie diese Welt verlassen.
[41] David sagt, als er unter den Königen sprach,
Vermochte ihn keiner mit listiger Rede zu überwinden.
Denn weder Wissen noch Weisheit gewinnen die Oberhand,
Wenn ein Mensch in Not ist, es sei denn, er erhalte weitere Hilfe durch die Gnade.

hang, um seinen ungebrochenen Glauben, sein unbedingtes Vertrauen auf die göttliche Gnade zum Ausdruck zu bringen und Wissen (»wit«) und Weisheit (»wisdom«) einzugrenzen. Hier wird deutlich, daß der Träumer in der *Vita de Dowel* die intellektuellen Kräfte als Voraussetzung für das rechte sittliche Handeln nicht mehr so hoch einschätzt wie zunächst in der *Visio de Petro Plouhman*. An dieser Stelle betont er entschieden die Wirksamkeit der göttlichen Gnade (und der Prädestination).

Auf den Wert und die Gültigkeit des Gerechtigkeitsdenkens bezieht sich in den weiteren Auseinandersetzungen in der *Vita de Dowel* die Gestalt Leautee; dem Träumer gegenüber versucht Leautee, wiederum gestützt auf Davids Psalter, den Zusammenhang zwischen den Vergehen gegen das Sittengesetz und gerechter Bestrafung zu verdeutlichen (vgl. B, XI, 91ff. sowie den Hinweis auf Psalm 50, 21). Im gleichen Passus charakterisiert Leautee Trajan als den vorbildlichen Herrscher und leitet davon in den folgenden Versen seine Kritik an der Lebensführung mancher Priester und an deren Verhältnis zum Geld ab:

> For failed nevere man mete that myghtful God serveth,
> As David seith in the Sauter; to swiche that ben in wille
> To serve God goodliche, ne greveth hym no penaunce -
> *Nichil inpossibile volenti –*
> Ne lakketh nevere liflode, lynnen ne wollen:
> *Inquirentes autem Dominum non minuentur omni bono.*
> ›If preestes weren wise, thei wolde no silver take
> For masses ne for matyns, noght hir mete of usureres,
> Ne neither kirtel ne cote, theigh thei for cold sholde deye,
> And thei hir devoir dide, as David seith in the Sauter:
> *Iudica me, Deus, et discerne causam meam*‹.
> (B, XI, 277-284a)[42]

In Vers 280a zitiert Langland die zweite Hälfte von Psalm 34,11: » ... wer aber den Herrn sucht, braucht kein Gut zu entbehren«, und in Vers 284a den Anfang von Psalm 43,1: »Verschaff mir Recht, o Gott, und führe

---

[42] Denn niemand, der dem mächtigen Gott dient, entbehrt je der Speise,
Wie David im Psalter sagte; diejenigen, die willens sind,
Gott gut zu dienen, schmerzt keinerlei Leiden –
*dem, der willens ist, ist nichts unmöglich –*
Es fehlt ihnen weder an Lebensunterhalt noch an Leinen oder Wolle:
*Wer aber den Herrn sucht, braucht kein Gut zu entbehren.*
Wenn Priester klug wären, würden sie niemals Geld nehmen
Für Messen noch für Metten, weder Nahrung von Wucherern annehmen
Noch Wams oder Mantel, und sollten sie auch vor Kälte sterben.
Und täten sie ihre Pflicht, könnten sie mit David sagen:
*Verschaff mir Recht, o Gott, und führe meine Sache.*

meine Sache ... «. Die Kritik Leautees zielt in gleicher Weise auch auf
diejenigen Priester, die ohne die nötige Sorgfalt mit den Texten umgehen.
In Passus XI, 308a bezieht sich Leautee zunächst auf Jakobus 2,10: »Wer
das ganze Gesetz hält und nur gegen ein einziges Gebot verstößt, der hat
sich gegen alle verfehlt«, sodann werden Psalm 46,7 und 8 in einem Vers
der Dichtung vereinigt *Psallite Deo nostro, psallite; quoniam rex terrae Deus Israel, psallite sapienter* (B, XI,310a). Der Akzent liegt bei diesem Zitat auf
»sapienter« (»klüglich«), denn in den beiden folgenden Versen läßt Langland Leautee ausdrücklich hinzufügen:

> The bisshop shal be blamed bifore God, as I leve,
> That crouneth swiche Goddes knyghtes that konneth noght *sapienter*
> Synge, ne psalmes rede, ne seye a masse of the day.
> (B, XI, 311-313)[43]

Mit Passus XII tritt im Träumer ein Wandel ein, insofern nun seine Kritik an der weltlichen wie der geistlichen Gelehrsamkeit und an einer Sittlichkeit, die beim Menschen die Möglichkeit vernünftiger Einsicht und
vernünftigen Handelns voraussetzt, zurechtgerückt wird. Die Worte, die
Ymaginatif in den Mund gelegt sind, stellen einen Aufruf zur inneren
Umkehr und zur Besserung dar, und das dabei verwendete Zitat aus
Psalm 23, 4: *Virga tua et baculus tuus, ipsa me consolata sunt* (B, XII, 13a)[44]
wird als der Ausdruck des erzieherischen Willens gedeutet, mit dem Gott
den Menschen begegnet.

Mit dem neuen Selbstverständnis gewinnt der Träumer auch ein verticftcs Verständnis für die Aufgaben, die ein Dichter erfüllen sollte (dies
darf dahingehend gedeutet werden, daß Träumer und Autor in diesem
religiösen Epos nicht in der radikalen Weise voneinander zu trennen
sind, wie dies in der modernen Literatur gelegentlich im Verhältnis von
Autor, Erzähler und Protagonist der Fall ist). Die Kritik Langlands richtet
sich hier gegen die Adligen und die geistlichen Würdenträger (»lordes
and ladies and legates of Holy Chirche«, B, XIII, 421), die Narren,
Schmeichler und Lügner um sich versammeln, sie mit Nahrung und
Geld unterstützen und sich durch Obszönitäten unterhalten lassen.
Dagegen setzt Langland Psalm 101,7: *Non habitabit in medio domus mee qui
facit superbiam; qui loquitur iniqua ...* (B, XIII, 432a).[45] Er tritt für diejenigen

---

[43] Der Bischof soll vor Gott getadelt werden, wie ich meine,
   Der Diener Gottes ordiniert, die nicht *in verständiger Weise*
   Singen, noch Psalme lesen, noch die Messe des Tages lesen können.
[44] *Dein Stock und dein Stab geben mir Zuversicht.*
[45] *In meinem Haus soll kein Betrüger wohnen; kein Lügner kann vor meinen Augen bestehen.*

Dichter ein, die er »Goddes minstrales« (B, XIII, 439) nennt, was der lateinischen Wendung »ioculatores Dei« entspricht. Es scheint, daß Langland hier ein Plädoyer in eigener Sache hielt und sich für einen Dichtertypus aussprach, der sich auf den alttestamentlichen Dichter und Psalmisten David zurückführen ließ. Langland schloß sich damit an eine mittelalterliche Tradition an, die sich beispielsweise auch am Hofe Karls des Großen nachweisen läßt, wo der Kaiser unter dem Namen David in den Kreis seiner gebildeten Freunde einbezogen wurde. Es ist aber auch nicht auszuschließen, daß Langland bei seinen Darlegungen über die »ioculatores Dei« von franziskanischen Vorstellungen beeinflußt war. So bemerkt beispielsweise E. Talbot Donaldson: »The phrase *God's minstrels* is an interesting one. It evidently derives from the legends that grew up during the Middle Ages around the lovable figure of St Francis of Assisi«.[46]

Auf diese Tradition weisen in *Dowel* auch die Darlegungen über das Wesen der in Geduld ertragenen Armut, der »pacient poverte« hin, die aus einer inneren Loslösung von allen weltlichen Gütern entspringt. Auch für diese Lebensweise findet Langland eine zusätzliche Bestätigung in den Psalmen Davids. So führt die allegorische Gestalt Pacience im Anschluß an Psalm 76, 6 und Psalm 73, 20 über die Wertlosigkeit des Reichtums aus:

> And whan he dyeth, ben disalowed, as David seith in the Sauter:
> *Dormierunt et nichil invenerunt; et alibi, Velud sompnum surgencium,*
> *Domine, in civitate tua, et ad nichilum rediges &c.*
> Allas, that richesse shal reve and robbe mannes soule
> From the love of Oure Lord at his laste ende!
> (B, XIV, 130-132)[47]

So gesehen läßt sich die franziskanische Lehre vom Armutsideal (im typologischen Sinne) als eine mittelalterliche Erfüllung der Lehre verstehen, die in den Psalmen Davids bereits zum Ausdruck gebracht wurde.

---

[46] E. Talbot Donaldson, The C-Text and Its Poet, New Haven 1949, 146.
[47] Und wenn er stirbt, wird er verworfen, wie David im Psalter sagt:
*Sie sinken hin in den Schlaf, und alle Krieger müssen die Hand sinken lassen;*
[bei der Übersetzung dieser Zeile folgen wir der Luther-Bibel]
*und anderswo:*
*Wie ein Traum, der beim Erwachen verblaßt,*
*O Herr, so wirst du in deiner Stadt ihr Bild zunichte machen.*
Ach, daß Reichtum die Seele des Menschen
Der Liebe zu unserem Herrn letztlich entreißen kann!

Während Abraham, Moses und David alttestamentliche Gestalten sind, deren typologische Bedeutung vom Neuen Testament und von dessen Rückbezügen auf das Alte Testament weitgehend erschlossen werden kann, schuf Langland mit dem Titelhelden Piers Plowman eine ganz eigene dichterische Gestalt, die durch das gesamte Epos hindurch als eine ideale Norm dient, an der die menschliche Gesellschaft, die weltlichen wie die geistlichen Stände gemessen werden. Aus den Auftritten des Piers Plowman in den einzelnen Teilen der Dichtung ergibt sich, daß er insofern einen Wandel durchmacht, als er jeweils vom thematischen Zentrum des betreffenden Teiles konzipiert ist, ohne daß damit Brüche in diese Figur hineingetragen werden.[48]

Piers Plowman ist eine Figur, die einerseits mit realistischen Einzelzügen ausgestattet ist, aufgrund derer er dem Pflüger gleicht, den Chaucer im Prolog zu den Canterbury Tales charakterisiert. Er überragt andererseits diese und ähnliche Figuren, insofern Langland zugleich die typologische Denk- und Darstellungsweise, die ihm von den biblischen Figuren her vertraut war, auf seine eigenständige dichterische Neuschöpfung übertrug: Piers Plowman ist zugleich der Typus der Verheißung und der Antitypus der Erfüllung; er verkörpert in der Visio ein Leben entsprechend dem Mosaischen Gesetz, und in der Vita de Dobest wird er eins mit Christus, der göttlichen Liebe und Barmherzigkeit. In diesem Sinne bemerken auch Elizabeth Salter und Derek Pearsall in der Einleitung zu ihrer Edition ausgewählter Passagen des Piers Plowman:

> The ›character‹ of Piers Plowman might also be regarded as a natural product of figurative thinking. ... He provides all classes of men with the very stuff of their earthly lives – grain »*is*« life. But from the beginning, we are made conscious that he ›figures‹ much more than this; he is in touch with mysteries, and it is instantly clear that he has it in his power to provide spiritual sustenance as well as material.[49]

Piers Plowman ist ein Beispiel für den »figuralen Realismus«, für die Verbindung der konkret-realistischen mit der abstrakt-spirituellen Darstellungsweise, die nur aus dem ständigen Umgang mit der Bibel und einem ausgeprägten Verständnis für die wechselseitigen Beziehungen zwischen dem Alten und dem Neuen Testament zu erklären ist, die einem mittelalterlichen Autor wie Langland durch die Bibelexegese nahegebracht wurde.

---

[48] Vgl. zu dieser Thematik die Abhandlung ›Apokalypse und Antichrist in der englischen Literatur des 14. Jahrhunderts‹, S. 157-178 dieses Bandes.
[49] Elizabeth Salter und Derek Pearsall (eds.), Piers Plowman, London 1967, 26.

# Apokalypse und Antichrist
# in der englischen Literatur des 14. Jahrhunderts

## William Langlands *Piers Plowman*, Joachim von Fiore und der Chiliasmus des Mittelalters

Im Jahre 1961 veröffentlichte Morton W. Bloomfield ein Buch, dessen Titel *Piers Plowman as a Fourteenth-Century Apocalypse* das Epos, das im ausgehenden Mittelalter den Höhepunkt der religiösen Dichtung in England darstellt, inhaltlich wie formal der apokalyptischen Tradition zuweist. Darüber hinaus glaubt Bloomfield, einen Zusammenhang zwischen Joachim von Fiores Lehren und der Thematik des me. Epos nachweisen zu können. Die folgenden Ausführungen versuchen, ein Fazit aus den weitverzweigten Diskussionen zu ziehen, die durch dieses Buch ausgelöst wurden, und dabei eine These zu verarbeiten, die ich 1957 bereits in meinem Buch über William Langlands *Piers Plowman: Eine Interpretation des C-Textes* im Ansatz entwickelte.

Geht man davon aus, daß alle Versionen des *Piers Plowman* (A-, B- und C-Text), den wir konventionellerweise einem Autor namens William Langland zuweisen, zwischen 1366 und 1386 entstanden[1], so bedeutet dies, daß das Werk insgesamt in eine Epoche tiefgreifender Wandlungen im politischen, sozialen wie religiösen Bereich gehört – Wandlungen, die es verständlich erscheinen lassen, daß sich der Autor für apokalyptische und chiliastische Vorstellungen und Gedankengänge offen zeigte.

Von den geschichtlichen Vorgängen und Ereignissen, die sich im *Piers Plowman* spiegeln und die für die in diesem Epos ausgedrückte Zeitstimmung charakteristisch sind, seien genannt:

1. Der Hundertjährige Krieg, den England in Frankreich seit 1337 mit wechselndem Erfolg führte und an dessen Ende die Niederlage der Engländer sowie der Verlust der meisten ihrer kontinentalen Besitzungen stand. Mit den Klagen von Lady Meed über die Fehler in der Kriegs-

---

[1] Vgl. dazu E. Talbot Donaldson, Piers Plowman: The C-Text and its Poet, New Haven/ London 1949, ²1966, 199-226.

führung König Edwards III. in Passus III artikuliert Langland eine in England weit verbreitete Stimmung.

2. Die Hungersnöte und Pestilenzen der Jahre 1348, 1349, 1361-62, 1369 und 1375-76 ließen ganze Dörfer veröden, so daß die Gutsbesitzer oft nicht mehr über genügend Arbeitskräfte verfügten. Als 1381 eine Kopfsteuer mit harten Maßnahmen eingetrieben wurde, kam es in Kent und Sussex zum Bauernaufstand. Der Schlachtruf der Aufsässigen war »Piers Plowman!«, da er als der ideale Führer, der »dux novus« galt, von dem man sich die grundlegende Neuordnung der politischen, gesellschaftlichen und religiösen Verhältnisse erhoffte.[2]

3. Das Zeitalter Langlands war zugleich das Zeitalter Wyclifs. Bissige Satire richtete er gegen die Geistlichen, die in hohen weltlichen Ämtern tätig waren (vgl. *De Civili Dominio*), gegen die Bettelmönche, die mit übertriebener Gelehrsamkeit die Laien zum Zweifel an ihrem christlichen Glauben brachten und durch eine heuchlerische Beichtpraxis das Bußsakrament entweihten. Als 1378 mit dem Schisma die Mißstände innerhalb der höchsten Kreise der Kirche für jedermann sichtbar zutage traten, sah Wyclif im Papst die Quelle allen Übels innerhalb der Kirche und identifizierte ihn mit dem Antichrist. Er betrachtete das Schisma geradezu als das Werk Christi, der den Kopf des Antichrist in zwei Teile gespalten habe.

Die politischen und sozialen Auseinandersetzungen, die Mißstände im religiösen Leben und die weitreichenden Auswirkungen, die vom ökonomischen Bereich auf das kirchliche wie das politische Leben ausgingen – all dies bewirkte im 14. Jahrhundert in England eine seelische Erschütterung, so daß sich Langland und seine Zeitgenossen fragten, ob die Menschheitsgeschichte nicht sichtbar ihrem Ende zustrebe, ob das Ende des letzten Weltalters nicht unmittelbar bevorstehe. Zur Verdeutlichung dieser Einstellung sei hervorgehoben, daß mittelalterliche Theologen stets davon sprachen, im letzten Weltalter zu leben. Im ausgehenden Mittelalter aber verschärfte sich dieses Bewußtsein dahingehend, daß man das Weltende, das Erscheinen des Antichrist und die Wiederkunft Christi

---

[2] Vgl. Will Durant, Das Zeitalter der Reformation: Eine Geschichte der europäischen Kultur von Wiclif bis Calvin (1300 bis 1564), Bern/München 1959, ²1962, 64 (Die Geschichte der Zivilisation, 6).

für die allernächste Zukunft erwartete, vielleicht noch innerhalb der Lebenszeit des jeweils Sprechenden oder Angesprochenen.[3]
Die Erwartung drohenden Unheils und bevorstehender Katastrophen, durch die sich das Weltende ankündigt, findet ihren Ausdruck in Prophezeiungen, die Langland an unterschiedlichen Stellen in seine Dichtung eingearbeitet hat und die im Stil wie im Inhalt der jüdischen und der altchristlichen Apokalyptik entsprechen. So heißt es beispielsweise innerhalb einer Prophezeiung in Passus VI, 320-330:

> Whan ye se the (mo)ne amys and two monkes heddes,
> And a mayde have the maistrie, and multiplie by eighte,
> Thanne shal deeth withdrawe and derthe be justice ...
> (VI, 326-28)[4]

Wie die jüdische Apokalyptik ist auch diese Prophezeiung durch »dunkle und ungewöhnliche Bilder«, durch eine unlogische Verknüpfung von Bildern und Gedanken gekennzeichnet. Auch bei Langland gibt es »eine beabsichtigte Unbestimmtheit und Unklarheit, die den Eindruck des Geheimnisvollen verstärkt und wohl das Unsagbare und Unergreifbare andeuten soll«.[5] Schließlich finden sich auch bei ihm symbolische Zahlenangaben, über deren Bedeutung die Kommentatoren nur spekulieren können. Möglicherweise deutet in einer Prophezeiung des III. Passus die Angabe »six sonnes« auf das 6. Weltalter, und die Wendung »half a shef of arwes« ( = 12 Pfeile) auf die Anzahl der Apostel. Allein der Vergleich der Angaben in den kommentierten Editionen zeigt, wie weit der Deutungsspielraum nach wie vor ist.
Mit der altchristlichen Apokalyptik haben die Prophezeiungen bei Langland den »ethischen Appell« gemeinsam. »Angesichts des kommenden Endes und des Gerichtstages sind immer wieder ernste Mahnungen am

---

[3] Vgl. u.a. Robert Adams, Some Versions of Apocalypse: Learned and Popular Eschatology in Piers Plowman, in: Thomas J. Heffernan (ed.), The Popular Literature of Medieval England, Knoxville, Tenn., 1985, 194-236.
[4] Alle Zitate aus dem B-Text des Piers Plowman nach folgender Ausgabe: William Langland, The Vision of Piers Plowman, A Critical Edition of the B-Text ... by A.V.C. Schmidt, London/Melbourne 1984.
Im folgenden werden alle mittelenglischen Zitate in den Fußnoten in deutscher Übersetzung wiedergegeben:
»Wenn ihr eine Mondfinsternis eintreten und zwei Mönchsköpfe sehen werdet
Und eine Jungfrau die Herrschaft ausüben und (Gold) ums achtfache vermehren wird,
Dann wird der Tod sich zurückziehen und die Hungersnot Recht sprechen«.
[5] Die Religion in Geschichte und Gegenwart: Handwörterbuch für Theologie und Religionswissenschaft, hg. von Klaus Galling, Bd. I, Tübingen, dritte, völlig neu bearbeitete Auflage 1957, Sp. 465.

Platz: Bewähren muß sich, wer berufen ist, in das Reich Gottes einzugehen«.⁶ So R. Schütz über die altchristliche Apokalyptik. Bei Langland lauten die ethischen Appelle wie folgt: »Ac I warne yow werkmen – wynneth whil ye mowe« (VI, 320)⁷, oder:

> He (i.e. Resoun) preved that thise pestilences were for pure synne,
> And the south-westrene wynd on Saterday at even
> Was pertliche for pride and for no point ellis.
> Pyries and plum-trees were puffed to the erthe
> In ensample, ye segges, ye sholden do the bettre.
> (V, 13-17)⁸

Kommentatoren weisen darauf hin, daß solche Prophezeiungen im 14. Jahrhundert weit verbreitet waren, so daß man geradezu von einer volkstümlichen Tradition sprechen kann. Allerdings fließen in die apokalyptischen Prophezeiungen auch Anspielungen auf einen vollkommenen Weltzustand ein (vgl. III, 323 : »Batailles shul none be, ne no man bere wepene«)⁹, die den apokalyptischen Passagen ein chiliastisches Gepräge geben. Chiliasmus, »die Meinung, die Weltgeschichte werde durch ein mit den Farben eines goldenen Zeitalters ausgemaltes irdisches Gottesreich tausendjähriger Dauer beschlossen, für das nur die Gerechten auferweckt würden«¹⁰, gründet u.a. in einer Stelle der Offenbarung des Johannes, Kap. 20, wo davon berichtet wird, daß der Satan für 1000 Jahre gebunden und Christus während dieser Zeit mit den Gerechten zusammenleben werde, bis das eigentliche Endgericht erfolgt. Es hat nicht an Versuchen gefehlt, die Vorstellungen vom vollendeten Weltzeitalter mit Joachim von Fiore in Verbindung zu bringen und einen Zusammenhang zwischen *Piers Plowman* und den Lehren des Joachim von Fiore herzustellen. Am nachdrücklichsten hat sich Bloomfield für diese These eingesetzt und gezeigt, daß Joachims Texte im 14. Jahrhundert in England weit verbreitet waren. Wenn in Langlands Werk tatsächlich Joachimsche Gedanken nachzuweisen sind, so stammen sie nach Bloomfields Darlegungen weniger aus den Lehren der franziskanischen

---

6   RGG, I, Sp. 467.
7   »Aber ich warne euch, ihr (Land)arbeiter – arbeitet solange ihr könnt«.
8   »Er bewies, daß diese Pestilenzen nur wegen der Sünden geschickt wurden
    Und der Südwestwind am Samstagabend
    Eindeutig eine Strafe für den Hochmut und für nichts anderes war.
    Birnbäume und Zwetschenbäume wurden zur Erde niedergerissen
    Euch Menschen zur Mahnung, besser zu handeln«.
9   »Schlachten werden nicht mehr stattfinden, noch werden Menschen Waffen tragen«.
10  RGG, I, Sp.1651.

Spiritualen als vielmehr aus den Schriften Joachims selbst, in denen er seine Bibelexegese und seine Geschichtsauffassung expliziert.[11] Nach wie vor ist es jedoch eine umstrittene Frage, ob chiliastische Vorstellungen, wie sie von Joachim von Fiore verbreitet wurden, in das me. Epos eingegangen sind oder ob sich Langlands *Piers Plowman* bei der dichterischen Entfaltung endzeitlicher Vorstellungen im Rahmen einer traditionellen, letztlich auf Augustinus zurückgehenden Sicht vom Weltende bewegt. Es sei hier nur daran erinnert, daß Augustinus in *De Civitate Dei*, Buch XX, 7 über Offb. 20, 1ff. bemerkt: »Die tausend Jahre aber können, soviel ich sehe, auf zweierlei Weise verstanden werden. Entweder soll das eben Erwähnte in den letzten tausend Jahren vor sich gehen, also in dem sechsten Jahrtausend, gleichsam am sechsten Tage, der nun zu Ende geht und auf den der Sabbat folgen wird, der keinen Abend hat, nämlich die Ruhe der Heiligen, die kein Ende hat. [...] Oder aber er denkt bei den tausend Jahren an die gesamten Jahre des jetzigen Zeitalters, so daß also mit der vollkommenen Zahl Tausend die Fülle der Zeit gemeint wäre«.[12]

Meine folgenden Ausführungen, in denen ich Langlands Verhältnis zu endzeitlichen Vorstellungen und seine Darlegungen über einen vollendeten Weltzustand behandeln möchte, sind wie folgt gegliedert:

1. Zunächst wende ich mich der Szenenfolge zu, in der Lady Meed erscheint, die ihr Vorbild in der Apokalypse hat, von Langland aber mit einer besonderen Bedeutung ausgestattet wurde.
2. Dem Auftritt von Lady Meed entspricht das Erscheinen des Antichrist im XIX. und XX. Passus, womit der Höhepunkt und zugleich Abschluß des gesamten Werkes erreicht wird.
3. Mit diesen apokalyptischen und eschatologischen Szenen ist die Beschreibung des vollendeten Weltzeitalters aufs engste verknüpft, die Langland in den III. Passus eingearbeitet hat.

---

[11] Vgl. Morton W. Bloomfield, Piers Plowman as a Fourteenth-Century Apocalypse, New Brunswick, N.J., 1961, 95.
[12] Aurelius Augustinus, Vom Gottesstaat, Bd. II, übertragen von Wilhelm Thimme, Zürich 1955, 604-5. Das lat. Original lautet: »Mille autem anni duobus modis possunt, quantum mihi occurrit, intellegi: aut quia in ultimis annis mille istra res agitur, id est sexto annorum miliario tamquam sexto die, cuius nunc spatia posteriora uoluuntur, secuturo deinde sabbato, quod non habet uesperam, requie scilicet sanctorum, quae non habet finem, [...] aut certe mille annos pro annis omnibus huius saeculi posuit, ut perfecto numero notaretur ipsa temporis plenitudo«.
Zitiert nach: Sancti Aurelii Augustini Episcopi *De Civitate Dei*, Vol. II, Libri XIIII-XXII, Prag/Wien/Leipzig 1900, 441.

4. Schließlich wird zu erörtern sein, ob der Titelheld Piers Plowman mit den Vorstellungen von einem »papa angelicus« oder einem »dux novus« in Verbindung gebracht werden kann.

I.

Der Auftritt von Lady Meed wird wie folgt beschrieben:

> I loked on my left half as the Lady me taughte,
> And was war of a womman wonderliche yclothed –
> Purfiled with pelure, the pureste on erthe,
> Ycorouned with a coroune, the Kyng hath noon bettre.
> Fetisliche hire fyngres were fretted with gold wyr,
> And thereon rede rubies as rede as any gleede,
> And diamaundes of derrest pris and double manere saphires,
> Orientals and ewages envenymes to destroye.
> Hire robe was ful riche, of reed scarlet engreyned,
> With ribanes of reed gold and of riche stones.
> (II, 7-16)[13]

Auffallend ist an dieser Beschreibung die Wiederholung des Adjektivs »red«, das noch gestützt wird durch das Wort »scarlet«; dazu kommen als sprachlich markante Signale »gold« und »riche«. Diese Beschreibung dürfte beim mittelalterlichen Hörer Erinnerungen an Kap. 17 der Offenbarung des Johannes wachgerufen haben, wo es heißt:

3. ... und der Engel entrückte mich in die Wüste. Dort sah ich eine Frau auf einem scharlachroten Tier sitzen, das über und über mit gotteslästerlichen Namen beschrieben war und sieben Köpfe und *zehn Hörner* hatte.

---

[13] »Ich sah nach links, wie es mich die Dame (Holy Church) hieß,
Und nahm eine Frau wahr, wunderbar gekleidet,
Ihr Gewand war mit Pelz besetzt, dem schönsten auf Erden,
Sie trug eine Krone – der König hat keine bessere.
Hübsch waren ihre Finger geschmückt mit goldenen Ringen,
Und rote Rubinen darauf, so rot wie Feuersglut,
Und kostbaren Diamanten, und Saphiren zweierlei Art,
Tiefblau und aquamarin, die vor Giften schützen.
Ihr Gewand war kostbar, scharlachrot
Mit goldenen Bändern und teuren Steinen verziert«.

*Abb. 8*: Die babylonische Hure
Die babylonische Hure hat die bildende Kunst des Spätmittelalters ebenso stark beschäftigt wie die Literatur. William Langland schloß sich bei der Darstellung von Lady Meed (einer Verkörperung der irdischen Güter und ihrer verführerischen Wirkungen) ebenso an die biblische Vorlage an wie Chaucer bei der Beschreibung der Göttin Fama in *The House of Fame*.
In der Theologie wurde diese Gestalt unterschiedlich gedeutet (vgl. Paul Huber, *Apokalypse, Bilderzyklen zur Johannes-Offenbarung in Trier, auf dem Athos und von Caillaud d'Angers*, Düsseldorf 1989, 204). Nach Luther bedeutet die babylonische Hure »die römische Kirche in ihrer Gestalt und Wesen, die verdammt werden soll« (ebd.). Dementsprechend trägt die babylonische Hure bei Hans Holbein (wie bei Lukas Cranach) eine Tiara.

4. Die Frau war in Purpur und Scharlach gekleidet und mit Gold, Edelsteinen und Perlen geschmückt. Sie hielt einen *goldenen Becher* in der Hand, der mit dem abscheulichen Schmutz ihrer Hurerei gefüllt war.
5. Auf ihrer Stirn stand ein Name, ein geheimnisvoller Name: *Babylon, die Große,* die Mutter der Huren und aller Abscheulichkeiten der Erde.

Gemeinsam ist beiden Frauengestalten die »welthafte Pracht«, »die pompöse Aufmachung«[14]; weiterhin die verführerische Wirkung, die jeweils von der Frauengestalt ausgeht. Die babylonische Hure verführt zum Götzendienst; bei Langland konstatiert Will, der Träumer, daß sein Herz beim Anblick des Reichtums dieser Frau entzückt war. »Hire array me ravysshed, swich richesse saugh I nevere« (II, 17).[15] Hinter beiden Gestalten wird schließlich die Macht des Teufels sichtbar. Über das Tier, auf dem die babylonische Hure erscheint, bemerkt A. Vögtle: »Nach gut apokalyptischer Geschichtsdeutung wurde ›der Drache‹ = der Teufel in Kapitel 13 als der hintergründige Auftraggeber und die inspirierende Kraft ›des Tieres‹ und ›des falschen Propheten‹ dargestellt«.[16] Bei der Frauengestalt Langlands werden Aspekte des Charakters in der Manier der allegorischen Dichtung durch die Genealogie vermittelt: »For Fals was hire fader that hath a fikel tonge« (II, 25).[17] Falschheit und Verrat sind ihr väterlicherseits als Erbe mitgegeben.

Dennoch ist ein wesentlicher Unterschied nicht zu übersehen. In der Apokalypse repräsentiert die Hure von Babylon »die Hauptstadt des heidnischen Römerreiches«, das »endzeitliche Gegenstück zu Babylon«.[18] Bei Langland ist die Frauengestalt, deren Name von Lady Holychurch mit »Lady Meed« angegeben wird, der Inbegriff aller Macht und zugleich der Versuchung, die den irdischen Gütern, den »bona temporalia« inhärent ist. »Meed« kann ›Lohn‹, aber auch ›Bestechung‹ bedeuten.[19] Lady Meed symbolisiert dazu alle Reichtümer dieser Erde und die Gefahren, die durch das Streben nach dem Besitz dieser Reichtümer ausgelöst wer-

---

[14] Die zitierten Formulierungen von Anton Vögtle beziehen sich in seiner Analyse der Apokalypsen auf die babylonische Hure; sie lassen sich unverändert auch auf Lady Meed in Langlands Piers Plowman beziehen. Vgl. Anton Vögtle, Das Buch mit den sieben Siegeln: Die Offenbarung des Johannes in Auswahl gedeutet, Freiburg/Basel/Wien, zweite durchgesehene Auflage 1985, 128.
[15] »Ihre äußere Erscheinung versetzte mich in Entzückung, solchen Reichtum sah ich niemals«.
[16] A. Vögtle, Das Buch mit den sieben Siegeln, 149.
[17] »Denn Falschheit war ihr Vater, der eine betrügerische Zunge hat«.
[18] A. Vögtle, Das Buch mit den sieben Siegeln, 128.
[19] Vgl. Willi Erzgräber, William Langlands Piers Plowman: Eine Interpretation des C-Textes, Heidelberg 1957, 56.

den. Ausdrücklich weist Lady Holychurch bei der ›interpretatio‹ dieser Gestalt darauf hin, daß durch sie jegliches geordnete Gemeinschaftsleben in Frage gestellt werden könne. Das Streben nach »meed« verleitet zum Betrug, zur Unwahrheit. Die beiden Passus II und III verdeutlichen die Reichweite der Macht, die Lady Meed ausübt; sie korrumpiert die Gerichtshöfe ebenso wie die Umgebung des Königs und des Papstes. Während in der Apokalypse die Babylonische Hure die Versuchungen der politischen Macht (des »imperium Romanum«) darstellt, repräsentiert Lady Meed die Gefahren der ökonomischen Macht. Und weiterhin: Während die Überwindung und endgültige Vernichtung Babylons (Offb. 18, 1-24) das Werk des göttlichen Strafgerichts ist, vertritt Langland im ersten Teil seiner Dichtung, der »Visio de Petro Plouhman«, die Auffassung, daß die Gefahren, die von der ökonomischen Macht ausgehen, gebändigt werden können. Lady Meed ist im B-Text – zunächst – kein eindeutig diabolisches Wesen, sondern eine doppeldeutige Gestalt. Diese Doppeldeutigkeit wird bereits dadurch angedeutet, daß sie (wiederum im B-Text) als ein Kind von Fals (Falschheit) und Amendes (Besserung, Genugtuung, Buße) vorgestellt wird. So erklärt es sich, daß das Wort »mede« einen negativen *und* positiven Bedeutungsbereich umfaßt, daß es ›Bestechung‹, aber auch ›gerechter Lohn‹ bedeuten kann. Dementsprechend endet die Szenenfolge, wie von Lady Meed in der »Visio« berichtet, damit, daß sie vor den König gebracht wird, dessen Urteil verlangt, daß sie gelehrt werden solle 1. die Wahrheit zu lieben, 2. den Rat der Vernunft (»resoun«) anzunehmen und 3. eine Verbindung mit Conscientia einzugehen, d.h. ihr Handeln der Synteresis, dem Wissen um Gut und Böse, zu unterstellen und danach zu streben, im Konfliktfall dieses Wissen auch zu befolgen, mit anderen Worten: der Stimme des Gewissens zu gehorchen.
Aus der Lösung des Konfliktes spricht bei Langland – zunächst – ein elementares Vertrauen auf die Kräfte und Fähigkeiten, die der menschlichen Natur inhärent sind. Diese Wertschätzung der menschlichen »natura« wird jedoch bereits in der »Visio« selbst in Frage gestellt, denn der Versuch des Piers Plowman scheitert, »ex puris naturalibus« die weltliche und geistliche Ordnung wiederherzustellen, die seit dem frühen Mittelalter Gültigkeit besaß und die in ihrer Grundstruktur auch von Langland im 14. Jahrhundert nicht angetastet wurde. Das Scheitern des Piers Plowman, der sich nicht scheut, auch den Hunger herbeizurufen[20], um

---

20  Vgl. Piers Plowman, B-Text, VI, 171-330.

seine Vorstellungen von gerechter Ordnung durchzusetzen, bedeutet aber auch: Lady Meed, die Verkörperung weltlich-ökonomischer Macht, die nach dem Vorbild der Babylonischen Hure beschrieben wird, triumphiert letztlich über die Kräfte, die bei Langland durch den König, den Inbegriff der weltlichen Ordnung, sowie durch seine beiden Ratgeber, die allegorischen Personifikationen der Vernunft und des Gewissens, repräsentiert werden.

Eine Bestätigung dieser Deutung liefert der C-Text insofern, als dort »mede« den ungerechten Lohn, »mercede« den gerechten Lohn bezeichnet.[21] Wenn ich weiterhin aus philologischen Gründen der Gleichsetzung von »mede« und »coveityse« nicht folgen kann, die T.P. Dunning vorschlug[22], möchte ich dieser Forschungsrichtung insofern zustimmen, als ich in »mede« den Anreiz, den Ursprung für die »cupiditas« und damit für den Konflikt zwischen Weltliebe und Gottesliebe, zwischen »cupiditas« und »caritas« sehe, wie ihn Augustinus beschrieben hat. Von dieser augustinischen Sicht her wird auch die These verständlich, die John A. Yunck in seiner Monographie *The Lineage of Lady Meed* (1963) aufstellte: »As the enemy and opposite of Holy Church, Lady Meed is the social embodiment of Antichrist«.[23] Im Sinne der typologischen Denkweise ließe sich Lady Meed auch als der Typus bezeichnen, der in der Apokalypse im Antitypus des Antichrist seine ›Erfüllung‹ findet.

## II.

Die überlegte Kompositionsweise Langlands, an der Kritiker gelegentlich zweifelten, wird deutlich, wenn man bedenkt, daß der Auftritt Lady Meeds in den ersten Teil, die »Visio«, gerückt wurde, in der sich Langland in vielen Einzelheiten dem Alten Testament verpflichtet zeigt, während das Erscheinen des Antichrist den Abschluß der gesamten Dichtung im 4. Teil, der »Vita de Dobest«, bildet.

Langland hat an den Anfang der »Vita de Dobest« imponierende Bilder gestellt, in denen er von der Verwirklichung eines christlichen Daseins, von dem Herrschertum Christi und von Piers als dem Oberhaupt der Kirche spricht. Zu diesen Szenen sei in aller Kürze und zur Erläuterung des Kontextes, in den der Auftritt des Antichrist einzugliedern ist, nur

---

21 Vgl. Piers Plowman by William Langland, An Edition of the C-Text, ed. Derek Pearsall, London 1978, III, 290ff.
22 Vgl. W. Erzgräber, William Langlands Piers Plowman, 58-59.
23 John A. Yunck, The Lineage of Lady Meed, Notre Dame, Ind., 1963, 301.

folgendes vermerkt: Die »Visio de Petro Plouhman« verdeutlicht, weshalb zur gerechten Ordnung des natürlichen Daseins der Menschen ein weltliches Königtum erforderlich ist; sie läßt jedoch auch erkennen, daß das eigentliche Ziel des menschlichen Lebens, die Vervollkommnung des menschlichen Seins aus eigenen Kräften nicht erreicht werden kann. Es bedarf der göttlichen Hilfe, die durch die Kirche vermittelt wird. Die »Vita de Dobest« stellt deshalb dem weltlichen Königtum des ersten Teiles das Herrschertum Christi entgegen. Stellvertreter Christi auf Erden ist »peers«, ein Name, der sich sowohl auf den Apostel Petrus als auch auf den Protagonisten des Epos beziehen läßt. Piers ist zu Beginn der Dichtung ein einfacher Bauer, aber auch schon ein vorbildlicher Diener Gottes (St. Treuthe im ersten Teil) und eine ideale Verkörperung der »vita activa«; am Schluß der Dichtung (und am Ende einer Reihe von Metamorphosen, auf die noch eingegangen werden soll) ist er im übertragenen Sinne ein Pflüger: Ihm ist es aufgegeben, den Acker der göttlichen Wahrheit zu bestellen. Das Gespann, das seinen Pflug zieht, sind die vier Evangelisten. Die Samenkörner, die er in die Seelen der Menschen streut, sind die vier Kardinaltugenden. Die vier Kirchenväter Augustin, Ambrosius, Gregorius und Hieronymus ziehen die Egge, d.h. das Alte und das Neue Testament, die die Saat reinigt, welche aus den Samenkörnern emporsprießt. Die reife Frucht wird in die Scheune, das Haus der Kirche eingefahren, das Christus selber errichtete.

Langlands dichterischer Kraft ist es hier in Anlehnung an die Symbolsprache der Bibel gelungen, in *einem* übergreifenden bildhaften Vorgang die wesentlichen Elemente zusammenzuschließen, aus welchen sich das Wirken der christlichen Kirche aufbaut. Die geoffenbarte Wahrheit bildet die Grundlage dieses Wirkens, die forschende und lehrende Tätigkeit der Kirchenväter weist die Richtung für die rechte Auslegung des göttlichen Wortes, die Pflege der Kardinaltugenden ist die natürliche Voraussetzung für ein Leben im Zeichen der christlichen Liebe; die Kirche selber aber ist der große Rahmen, der die Ausbreitung des Christentums durch die Lehre und seine Verwirklichung durch die Liebe umschließt. Diese Grundkonzeption gilt es gegenwärtig zu behalten, wenn im folgenden vom Auftritt des Antichrist, seinen Vorboten und Verbündeten gesprochen wird.

Der Auftritt des Antichrist wird von Langland wie folgt beschrieben:

> ... I fil aslepe,
> And mette ful merveillously that in mannes forme
> Antecrist cam thanne, and al the crop of truthe
> Torned it [tid] up-so-doun, and overtilte the roote,
> And made fals sprynge and sprede and spede mennes nedes.
> In ech a contree ther he cam he kutte awey truthe,
> And gerte gile growe there as he a god weere.
> Freres folwede that fend, for he gaf hem copes,
> And religiouse reverenced hym and rongen hir belles,
> And al the covent cam to welcome that tyraunt,
> And alle hise as wel as hym – save oonly fooles;
> (XX, 51-61)[24]

Bemerkenswert ist, daß Langland den Antichrist zunächst als eine Erscheinung in Menschengestalt (»in mannes forme«) einführt, entsprechend den Vorstellungen, die auch im Neuen Testament anzutreffen sind. »Vor der Parusie Christi« – so ist in *RGG*, I, 431 nachzulesen – »tritt der Widersacher auf, der Mensch der Gesetzlosigkeit, der sich zum Gott erklärt, mit Betrug und Scheinwundern umgeht«. Langland faßt den Antichrist weder in der Gestalt eines dämonischen Scheusals noch als die allegorische Personifikation widergöttlicher Mächte. Er bevorzugt die Darstellung in Menschengestalt wohl deshalb, weil auf diese Weise der Kontrast zu dem Mensch gewordenen Gottessohn wirkungsvoll zum Ausdruck gebracht werden kann. Auch die in der Überlieferung festgehaltene Tatsache, daß der Antichrist sich wie ein Gott geriert, wird von Langland in die zitierte Charakteristik eingebaut: »as he a god weere« (XX, 57).[25] Langland nennt den Antichrist weiterhin »fend« (XX, 58), den diabolischen Widersacher Gottes, und sodann »tyraunt« (60), weil sich der Antichrist die Macht aneignen möchte, die zuvor als Christus rechtens zugehörig bezeichnet wurde, der als der wahre Weltenherrscher und König aller Könige zu Beginn der »Vita de Dobest« erscheint. Innerhalb der Bild- und Begriffsfelder der Dichtung sind die beiden Feststellungen: »al the crop of truthe / Torned it [tid] up-so-doun, and over-

---

[24] »Ich schlief ein
Und hatte einen seltsamen Traum, nämlich daß Antichrist
Dann in Menschengestalt kam und die Ernte der Wahrheit
Vernichtete und die Wurzeln nach oben kehrte
Und Falschheit emporschießen und sich ausbreiten und die Menschen versorgen ließ.
In jeder Gegend, in die er kam, schnitt er die Wahrheit weg
Und ließ den Betrug dafür wachsen, als ob er ein Gott wäre.
Bettelmönche folgten diesem Teufel, denn er gab ihnen Gewänder
Und der ganze Konvent kam, um einen Tyrannen willkommen zu heißen,
Alle die Seinigen und ihn selbst, nur die Toren nicht«.

[25] »als ob er ein Gott wäre«.

tilte the roote« (53-54)[26] und »he kutte awey truthe« (56)[27] insofern aufschlußreich, als der Antichrist als Feind der Wahrheit erscheint, die zu Beginn der Dichtung mit Gott gleichgesetzt wurde. Der Antichrist vernichtet entweder die Wahrheit, d.h. die Spuren des Göttlichen in der Welt, oder er pervertiert die Wahrheit, bildlich gesprochen: er stellt die Pflanzen auf den Kopf, um der Falschheit, dem Betrug und der Täuschung zum Durchbruch zu verhelfen. Mit den Bildern aus dem pflanzlich-agrarischen Bereich stellt Langland eine Beziehung zu den Tätigkeiten des Piers Plowman her, der die Ernte im spirituellen Sinn in die Scheune der Wahrheit und der christlichen Kirche einbringen soll. Schließlich fällt auf, daß diejenigen, die dem Antichrist folgen, die Bettelmönche und die Klostergesellschaft sind. Langland wiederholt damit Angriffe, die er zuvor bereits häufig vorgetragen hat.

Die graduelle Zersetzung der geistlichen wie der weltlichen Hierarchie und der moraltheologischen Basis, auf der nach Langland ein geordnetes Zusammenleben der Menschen beruhen sollte, deutet sich bereits in den Szenen des XIX. und XX. Passus an, die dem Auftritt des Antichrist vorangehen. Vom Papst heißt es, daß er unvollkommen sei, »inparfit is that Pope« (XIX, 431) – möglicherweise eine Anspielung auf den Gegenpapst Clemens VII.; aber im Gegensatz zu Wyclif, für den der Papst der Antichrist war, stellt Langland fest: »God [the Pope amende]« (XIX, 445).[28] Weit schärfer ist Langlands Kritik am weltlichen Herrscher, der sich gegen Ende des XIX. Passus mit folgenden Worten selbst vorstellt:

> ›I am kyng with croune the comune to rule,
> And Holy Kirke and clergie fro cursed men to defende.
> And if me lakketh to lyve by, the lawe wole I take it
> Ther I may hastilokest it have – for I am heed of lawe:
> For ye ben but membres and I above alle‹.
> (XIX, 469-473)[29]

---

26  »die ganze Ernte der Wahrheit
    Vernichtete er und kehrte die Wurzel nach oben«.
27  »er schnitt die Wahrheit ab«.
28  »Gott bess're den Papst«.
29  »Ich bin der König mit der Krone, ich habe das Volk zu regieren,
    Und die Hl. Kirche und die Geistlichkeit gegen Verräter zu verteidigen.
    Wenn ich nicht genug zum Leben habe, nehme ich, was ich brauche, mit Hilfe des Gesetzes,
    Wo ich es am schnellsten finde, denn ich bin das Oberhaupt des Gesetzes,
    Ihr seid die Glieder, und ich stehe über euch allen«.

Zunächst scheint es, als ob sich dieser König seiner wahren Aufgaben bewußt sei; er weiß, daß es ihm obliegt, das Volk zu regieren und die Kirche zu schützen. Dann aber zeigt sich, daß er nicht durchdrungen ist vom Geist der Wahrheit, des Glaubens und der Liebe. In sophistischer Beweisführung versucht er nachzuweisen, daß er als Oberhaupt des Staates über Recht und Gesetz nach Gutdünken verfügen dürfe: die Rolle des Königs wird hier, wo sich neuzeitlicher Absolutismus schon zu Wort meldet, weit skeptischer beurteilt als in der »Visio«; die Auswirkungen des Antichrist sind im Verhalten des Königs spürbar. Er heuchelt und täuscht wie der Antichrist selber; er zerstört damit eine der Kardinaltugenden, auf die Langland zu Beginn seiner Dichtung das Herrschertum festlegte: den Geist der Gerechtigkeit, »*Spiritus Iusticie*« (XIX, 477). Daß Langland das gesamte Gebäude der Kardinaltugenden im Vorfeld des Erscheinens des Antichrist bedroht sieht, läßt sich an weiteren Episoden des XIX. und XX. Passus ablesen.[30]

Bei der Darstellung der Auseinandersetzung zwischen dem Christentum und dem Antichrist im XX. Passus setzt Langland auf der gleichen elementaren Stufe an, auf der die vorausgehende Begegnung des Träumers mit Nede lag. Nachdem Pride, die »superbia«, als Bannerträger des Antichrist aufgetreten ist, erscheint die Gebrechlichkeit der menschlichen Natur (XX, 80ff.) als ein Heilmittel, das die Selbstsicherheit des Menschen erschüttert und ihn aus seiner hochmütigen Verblendung erwachen läßt. Aber: so wenig wie der Hunger in der »Visio« eine dauerhafte gesellschaftliche Ordnung zu erzeugen vermag, so wenig vermögen Natur und Tod den Menschen vom verführerischen Glanz des Irdischen abzubringen. Sobald das Glück, »Fortune«, den Menschen schmeichelt (vgl. XX,110), erwachen Wollust, Trägheit, Unzucht, Geiz und Ungerechtigkeit. Nachdem Langland den Kampf des Antichrist und seiner Anhänger gegen die Menschheit in Bildern von barocker Wucht beschrieben hat und auch der Träumer an sich das Schwinden der Lebenskraft erfahren hat, wird er von der Natur selbst auf die dem Menschen gesetzten Ziele verwiesen: »wend into Unitee« (XX, 204) und »Lerne to love« (XX, 208).

Es ist kennzeichnend für Langlands eindringliche Analyse seiner Zeit, daß er abschließend von den Gefahren berichtet, die den Bestand der einen Kirche von innen bedrohen; sie gehen seines Erachtens von den

---

[30] Vgl. in diesem Zusammenhang insbesondere Robert Adams, The Nature of Need in Piers Plowman XX, Traditio 34 (1978), 273-301.

Bettelmönchen aus, weil sie nach seinem Urteil durch die Lehre von der Gütergemeinschaft als dem erstrebenswerten gesellschaftlichen Zustand die revolutionären Stimmungen im Volk schürten. Nur wenn Unite, die Gemeinschaft aller Gläubigen, allen heuchlerischen Praktiken zu widerstehen vermag, wenn scharf zwischen Christ und Antichrist geschieden und die Gabe der Unterscheidung durch nichts getrübt wird, besteht nach Langland die Chance, auch den feinen Waffen des Antichrist widerstehen zu können. Die Voraussetzung ist, daß Conscience, die Stimme des Gewissens, wach bleibt. Wenn Langlands Dichtung mit einem Ruf des Gewissens nach Piers Plowman endet, dann zeigt dies, welchen hohen Wert er dieser inneren Instanz im Kampf der Menschheit mit dem Antichrist zuweist.

## III.

Der Schluß wirft die Frage auf, welche Bedeutung wir dem Protagonisten Piers Plowman insgesamt zumessen wollen und wie sich die Beschreibung des vollendeten Weltzustandes, die im III. Passus gegeben wird, in die Geschichtskonzeption einfügt, die im XX. Passus ihren Ausdruck findet, zumal in diesem letzten Passus nirgendwo von einer ersten und zweiten Auferstehung gesprochen wird und auch nirgendwo im Schlußpassus ein Hinweis auf ein Gottesreich von 1000jähriger Dauer gegeben wird.
Die zentrale Stelle in der Beschreibung des vollendeten Weltzustandes im III. Passus lautet:

> Ac kynde love shal come yit and Conscience togideres
> And make of lawe a laborer; swich love shal arise
> And swich pees among the peple and a parfit truthe
> That Jewes shul wene in hire wit, and wexen wonder glade,
> That Moyses or Messie be come into this erthe,
> And have wonder in hire hertes that men beth so trewe.
> (III, 299-304)[31]

---

[31] »Aber natürliche Liebe und Gewissen werden zusammen kommen
Und aus dem Gesetz einen Arbeiter machen. Solche Liebe wird entstehen
Und solcher Friede zwischen den Menschen und vollkommene Wahrheit,
Daß die Juden froh sein werden in dem Glauben,
Moses oder der Messias sei auf die Erde gekommen,
Und sie werden erstaunt sein, daß die Menschen so wahrhaftig sind«.
Vgl. hierzu auch die vorausgehende Abhandlung: ›Abraham, Moses und David in William Langlands Piers Plowman‹.

In diesen Versen sind alle wesentlichen Kriterien des vollendeten Weltzustandes genannt: Langland spricht von einem Reich der Liebe, der Gerechtigkeit und des Friedens, einem Reich, das die Juden glauben läßt, ihr Messias sei gekommen. Die vorausgehenden und die folgenden Verse ergänzen dieses Bild; gleich einem Prediger nimmt Langland Grundthemen immer wieder auf, variiert sie und bringt seine Darlegungen mit Vulgata-Zitaten in Verbindung, um seinen Ausführungen Beweiskraft zu geben. Wenn er von der gerechten Ordnung spricht, führt er aus, daß weder König noch Adel, Verwalter oder Bürgermeister den gemeinen Mann übermäßig belasten werden; d.h.: Knechtschaft und Ausbeutung sind aufgehoben.

Es wird auch keine Gerichte und Gerichtshöfe mehr geben; Truth (die göttliche Wahrheit) entscheidet, ob Gnade gewährt werden kann oder nicht (vgl. III, 319). Schließlich wird auch Mede keinen Einfluß mehr auf die Rechtsprechung haben. Alttestamentliche Prophezeiungen aus Jesaja 2, 4 finden damit ihre Erfüllung. Jüdische Hoffnungen auf den Messias, mit dem eine Zeit der Gerechtigkeit und des Friedens anbricht, und christliche Vorstellungen, wie sie sich bei Joachim von Fiore und den Spiritualen finden, konvergieren.

Sieht man in Joachim von Fiore den prophetischen Verkünder eines vollendeten Weltzustandes, der in Liebe, Gerechtigkeit und Frieden gründet, so scheint es berechtigt zu sein, eine Beziehung zwischen ihm und Langland herzustellen. In diesem Sinne bemerkt H.H. Glunz in seinem Buch *Literarästhetik des europäischen Mittelalters* (1937): »Langland bewegten die sozialen und sittlichen Nöte des späten 14. Jahrhunderts in England, und als Rettung aus den Mißständen schlug er den Spiritualismus der Joachimschen Schule vor«.[32] Ähnliche Urteile finden sich auch in dem eingangs genannten Buch von Bloomfield, der vor allem auf die neuartige Interpretation der Heilsgeschichte eingeht, die Joachim vertritt.[33] Mit Karl Löwith läßt sich die Geschichtsauffassung Joachims in ihren markanten Grundzügen wie folgt zusammenfassen:

Das allgemeine Schema von Joachims scharfsinniger Deutung fußt auf der Lehre von der Trinität. Drei verschiedene Ordnungen entfalten sich in drei verschiedenen Epochen, in denen die drei Personen der Trinität nacheinander offenbar werden. Die erste ist die Ordnung des Vaters, die

---

[32] H.H. Glunz, Literarästhetik des europäischen Mittelalters, Bochum-Langendreer 1937, 533.
[33] M.W. Bloomfield, Piers Plowman as a Fourteenth-Century Apocalypse, 65-67.

zweite die des Sohnes, die dritte die des Heiligen Geistes. Die letztere beginnt geradezu jetzt (d.h. gegen Ende des 12. Jahrhunderts) und entwickelt sich zur vollkommenen »Freiheit« des »Geistes« hin. Die Juden waren Sklaven unter dem Gesetz des Vaters; die Christen waren schon geistig und frei, nämlich im Vergleich zur Gesetzesmoral der ersten Epoche; in der dritten werden sich die prophetischen Worte des heiligen Paulus erfüllen, daß unser Wissen und Weissagen jetzt nur Stückwerk ist, »wenn aber kommen wird das Vollkommene, so wird das Stückwerk aufhören«, und schon könne man die Enthüllung des Geistes in seiner ganzen Freiheit und Fülle wahrnehmen.[34]

Da Langland den zweiten großen Teil seiner Dichtung, die »Vita de Dowel, Dobet, and Dobest«, deutlich auf das Trinitätsschema bezieht, da Dowel im Zeichen des Schöpfergottes und des Dekalogs steht, Dobet in der Osterszene gipfelt und Dobest von der Ausgießung des Hl. Geistes spricht, folgerten einige Interpreten, daß das dreigliedrige Strukturschema Langlands vom dreigliedrigen Geschichtsschemack Joachims her zu erklären und zu deuten sei.[35] Dieser These ist jedoch entgegenzuhalten: Während bei Joachim nach dem Urteil der meisten Kritiker *nicht* von einer christozentrischen Sicht der Geschichte gesprochen werden kann – »die Vollkommenheit ist noch nicht gegenwärtig, gar seit Christus gegenwärtig, aber doch ist sie zu erwarten und zu erreichen«[36]–, hält Langland an der Überzeugung fest, daß die Inkarnation und der Opfertod Christi die Mitte der Geschichte bilden.
Die Unterschiede zwischen Langland und Joachim von Fiore treten insbesondere dann deutlich hervor, wenn man sich auf die für das dritte Zeitalter spezifischen Züge konzentriert. Von Joachim von Fiore sagt beispielsweise H. Grundmann, daß er die Kraft hatte, »an eine Vervollkommnung in zeitlich-irdischer Zukunft zu glauben, in der wir nicht mehr per speculum in aenigmate sehen, unser Wissen nicht mehr Stückwerk ist und unsere Beziehungen zu Gott nicht mehr der Vermittlung von Priestertum, Sakramenten und Schriften bedarf«.[37] In dem

---

[34] Karl Löwith, Weltgeschichte und Heilsgeschehen: Die theologischen Voraussetzungen der Geschichtsphilosophie, Stuttgart ³1953, 138-39.
[35] Vgl. z.B. H.W. Wells, The Philosophy of Piers Plowman, PMLA 53 (1938), 339-49, sowie Robert W. Frank, Jr., Piers Plowman and the Scheme of Salvation, New Haven/London 1957.
[36] Herbert Grundmann, Studien über Joachim von Floris, Leipzig/Berlin 1927, 103 (Beiträge zur Kulturgeschichte des Mittelalters und der Renaissance, 32).
[37] H. Grundmann, Studien über Joachim von Floris, 117 – Vgl. dazu auch W. Erzgräber, William Langlands Piers Plowman, 72-76.

von Langland visionär geschauten Weltzustand ist der Klerus nach wie vor notwendig, nur daß er sich nicht mehr weltlichen Angelegenheiten widmen, sondern ausschließlich nach der Erfüllung geistlicher Pflichten streben wird. Ebenso findet sich in Langlands Werk nirgendwo eine Belegstelle dafür, daß er im Hinblick auf den künftigen Zustand die Sakramente für überflüssig erklärte. Und obgleich er in der »Visio« von der Hoffnung spricht, daß Piers Plowman die Menschheit der Vollendung entgegenführen könne, wagt er nicht, ähnlich wie Joachim von Fiore an eine völlige innere Wandlung der Menschheit hin zu einem mönchisch-kontemplativen Leben zu glauben. Ein weiterer Unterschied zwischen Langland und Joachim von Fiore besteht darin, daß sich bei Fiore die Vollendung der Menschheit im Zeichen des Hl. Geistes vollzieht, während Langland in seiner Beschreibung des vollendeten Zustandes in keiner Weise die Wirksamkeit des Hl. Geistes erwähnt. So besteht auch keinerlei Zusammenhang zwischen der »intelligentia spiritualis«, die nach Joachim »die rechte Deutung der beiden Testamente ermöglicht, die selbst aber auch das Ziel und die Frucht der richtigen Deutung ist, ja der ideale Endzustand des geschichtlichen Gesamtprozesses überhaupt«[38] und der Vernunft (= resoun) bei Langland; dieser me. Begriff ist eine Entsprechung zum scholastischen Vernunftbegriff, wie er etwa bei Thomas von Aquin oder Duns Scotus anzutreffen ist.

Für die Bewertung der Darstellung des vollendeten Weltzustandes im III. Passus ist von Bedeutung, daß die allegorische Gestalt Conscience, der diese Stelle in den Mund gelegt ist, ihre Ausführungen mit der Feststellung beginnt: »I, Conscience, knowe this, for Kynde Wit it me taughte« (III, 284).[39] Das Wissen um den vollendeten Weltzustand entspringt der »ratio naturalis«, ist Wissen, das aus den natürlichen Verstandeskräften dadurch gewonnen wird, daß die Voraussetzungen, an denen die Vernunft in der »Visio« zunächst orientiert ist, gleichsam dialektisch umgekehrt werden: Ist es natürlich, daß das Gesetz es dem Menschen gebietet, den Mitmenschen zu lieben, so ist von dieser Basis aus eine Vollendung denkbar, bei der die Liebe nicht mehr gefordert, sondern spontan geschenkt wird.

Erst in der Darstellung des vollendeten Weltzustandes, die im X. Passus Clergie, d.h. der Theologie, in den Mund gelegt ist, tritt eindeutig die heilsgeschichtliche Sicht zutage[40]: Es wird von der Ankunft des Königs

---

[38] H. Grundmann, Studien über Joachim von Floris, 61.
[39] »Ich, Gewissen, weiß dies, denn die natürliche Vernunft lehrte es mich«.
[40] Vgl. R. Adams, Some Versions of Apocalypse, 214ff.

der Könige gesprochen, der nicht nur die Geistlichkeit richtet, sondern auch den Antichrist bezwingt – eine Vorstellung, die im III. Passus völlig fehlt, die für Langlands gesamte Geschichtsauffassung aber von zentraler Bedeutung ist.

## IV.

Es bleibt noch die Frage, wie die Auftritte des Titelhelden Piers Plowman in Langlands dichterische Gesamtkonzeption einzuordnen sind.[41] Als Piers zum erstenmal im V. Passus erscheint, stellt er sich als Diener von Treuthe, d.h. von Gott vor, dem er durch seine »vita activa« über 40 Jahre gedient hat:

> ›I knowe hym as kyndely as clerc doth hise bokes.
> Conscience and Kynde Wit kenned me to his place
> And diden me suren hym si[ththen] to serven hym for evere,
> Bothe to sowe and to sette the while I swynke myghte‹.
> (V, 538-41)[42]

Piers wäre bereit, die Menschen zu dem von ihnen gesuchten Ziel zu führen, aber dieses Unternehmen scheitert. Auch die zeitweilige Unterstützung durch den Hunger, der die Menschen zwingt, so zu arbeiten, wie es Piers von ihnen als freiwillige Leistung erwartet, bringt nur eine temporäre Lösung. Piers gelingt es nicht, aus der »vita activa« und der ihr zugeordneten Frömmigkeitshaltung einen besseren Weltzustand hervorzubringen. Er löst sich deshalb von der »vita activa« und lebt in »Dowel« ein Leben ganz im Zeichen der »pacient pouerte« (cf. hierzu auch C, XVI, 115ff.). In der »Visio de Dobet« erscheint Piers als eine Gestalt, deren Blick tiefer dringt als derjenige der Gelehrten, der Philosophen wie Theologen.

> ›Clerkes have no knowyng‹, quod he, ›but by werkes and by wordes.
> Ac Piers the Plowman parceyveth moore depper
> What is the wille, and wherfore that many wight suffreth‹.
> (XV, 198-200)[43]

---

[41] Vgl. dazu insbesondere Margaret E. Goldsmith, The Figure of Piers Plowman, Cambridge 1981 (Piers Plowman Studies, 2).
[42] »Ich kenne ihn (Treuthe) so gut wie ein Gelehrter seine Bücher,
Gewissen und die natürliche Vernunft zeigten mir den Weg zu seiner Wohnung,
Und sie ließen mich schwören, daß ich ihm stets dienen werde,
Säen und pflügen, solange ich arbeiten kann«.
[43] »Theologen, so sagte er, kennen Menschen nur durch Taten und Worte,

Piers ist zugleich der Wächter des Baumes der Charity, und schließlich ist er die Verkörperung der »*humana natura*«, die Jesus als Rüstung anlegte, als er den Weg zur Kreuzigung antrat (vgl. XVIII, 22-23). In der abschließenden »Visio de Dobest« ist Piers das Oberhaupt der christlichen Kirche. Daraus folgt: Piers repräsentiert die Vollendung der Lebensform, von der der jeweilige Teil der Dichtung handelt.[44] Der Schluß weist Piers Plowman eine besondere Funktion zu. Das Gewissen gelobt, ein Pilger zu werden und Piers zu suchen, der allein die *superbia* zerstören und ein geordnetes Zusammenleben der Menschen bewirken könne. Danach ruft Conscience um Gnade. Deutet dieser Schluß darauf hin, daß Piers ein Engelpapst, der *dux novus*, der *universalis pontifex* im Sinne des Joachim von Fiore ist?[45] Konrad Burdach und nach ihm Bloomfield neigen dazu, diese Frage zu bejahen.[46] Aber Burdach sieht doch auch einen wesentlichen Unterschied: »Im Joachimischen Gedankenkreise erscheint der erhoffte Reformator der Menschheit, das Haupt der künftigen Geisteskirche als erhöhter Mönchstypus: als ein neuer gesteigerter Franziskus oder (seltener) Dominikus«.[47]

Mir scheint, daß Langland selbst mit einer Formulierung im XV. Passus einen wichtigen Fingerzeig gegeben hat, der uns bei der Interpretation des Piers Plowman und seiner Bedeutung weiterhilft:

---

Aber Piers sieht tiefer;
Er fragt nach dem Willen und auch weshalb viele Menschen leiden«.

[44] M.E. Goldsmith, The Figure of Piers Plowman.

[45] Vgl. in diesem Zusammenhang H. Grundmann, Studien über Joachim von Floris, 116-117: »Demnach überrascht es nicht, wenn bei Joachim auch die spätere Idee des Papa angelicus angelegt ist: den Engel der Apokalypse (7,2), der das Siegel des lebendigen Gottes trägt, will er entweder auf Christus selbst oder auf seinen Statthalter, den Pontifex Romanus, deuten (Exp. 120$^d$); und in derselben Apokalypsstelle sieht er auch einen Typus auf den *universalis pontifex nove Jerusalem, hoc est sancte matris ecclesie* (C. IV 31, 56$^b$ = PA 105). Man kann die Vorstellung des Engel-Papstes, wenn man nach ihr sucht, wohl bei Joachim finden; aber individualisiert, mit der Stoßkraft einer Idee gestaltet ist sie noch nicht«.-Und weiterhin Gert Wendelborn, Gott und Geschichte: Joachim von Fiore und die Hoffnung der Christenheit, Wien/Köln/Graz 1974, 105: »Gegenüber der in der Joachim-Forschung geäußerten Ansicht, Joachim sei ein früher Vertreter des Engelpapstgedankens gewesen, ist also hervorzuheben, daß dieser in Einklang mit der Tradition noch fast ausschließlich vom wiederkehrenden Elia spricht. Einzelne Angaben legen allerdings den Gedanken nahe, dieser werde ein geistlich lebender Papst sein, indem vom neuen Führer (novus dux) aus Babylon, dem universalis pontifex (Priester) des neuen Jerusalem, d.h. der kommenden Geistkirche, gesprochen wird, der dem Engel vom Aufgang der Sonne in der Offenbarung entspreche«.

[46] Vgl. Konrad Burdach, Der Dichter des Ackermann aus Böhmen und seine Zeit, Berlin 1926-32, und: M.W. Bloomfield, Piers Plowman as a Fourteenth-Century Apocalypse, 107, 126, 148.

[47] K. Burdach, Der Dichter des Ackermann aus Böhmen und seine Zeit, 326.

> ›Therfore by colour ne by clergie knowe shaltow hym nevere,
> Neither thorugh wordes ne werkes, but thorugh wil oone,
> And that knoweth no clerk ne creature on erthe
> But Piers the Plowman – *Petrus, id est, Christus*.
> (XV, 209-12)[48]

Wenn wir diese Formel auf die Deutung des Schlusses übertragen, dann ergibt sich folgende Konzeption: In den letzten Versen spielt Langland auf das Christus-Königtum an, das mit der Parusie beginnt; es ist nach Burdachs Worten »die Übergangsherrschaft Christi vor der endgültigen All-Einherrschaft Gottes«.[49] Diese Deutung basiert auf 1. Kor. 15, 23-28 und Offb. 20, 4ff. Diese Lehre von »a final flowering of the Church«[50] wurde im Mittelalter auch von einem Theologen wie Heinrich von Langenstein vertreten, der sich deutlich von Fiore distanzierte. Heinrich von Langenstein bemerkt in seinem *Tractatus ... contra quendam Eremitam de ultimis temporibus vaticinantem nomine Theolophorum*:

> Non videtur ergo quod futura sit aliqua notabilis Ecclesiae reformatio usque post interfectionem manifestam Antichristi per Jesus Christum Dominum nostrum. Tunc enim Judaei et ceteri infideles ... convertentur ad Deum ... Hoc ergo modo videtur Ecclesia post tribulationem per Antichristum valde in omni populo et gente dilatanda ac in fide, charitate, spe, in omni virtute et sanctitate perficienda.[51]

Es ist nicht zu bestreiten, daß Langland sich an solchen Vorstellungen orientierte, als er den Hinweis auf Piers in die Schlußzeilen seiner Dichtung einarbeitete, die von den Ereignissen handeln, welche *nach* dem Kampf mit dem Antichrist anzusetzen wären. Damit komme ich bei der Interpretation des Titelhelden wie des vollendeten Weltzustandes zum gleichen Ergebnis: Langland berührt sich mit Fiore, insofern er in Grundzügen chiliastische Vorstellungen in sein Werk einfließen läßt; aber dies sind stets Elemente, die er mit einer breiten religiösen Bewegung im Spätmittelalter gemeinsam hat, die auf einen ›reformator‹ im ursprünglichen Sinne des Wortes hoffte. Langland unterscheidet sich von Fiore in

---

[48] »Deshalb wirst du ihn (Charity) niemals an seinem Äußeren noch mit Hilfe der theologischen Gelehrsamkeit erkennen,
Weder durch Worte noch durch Werke, sondern allein durch den Willen.
Und den erkennt kein Theologe noch irgendein Geschöpf auf Erden,
Ausgenommen Peter der Pflüger, *Petrus id est Christus*.
[49] K. Burdach, Der Dichter des Ackermann aus Böhmen und seine Zeit, 325.
[50] R. Adams, Some Versions of Apocalypse, 220.
[51] Zitiert nach: Marjorie Reeves, The Influence of Prophecy in the Later Middle Ages, Oxford 1969, 427.

den Einzelheiten, die dessen Chiliasmus ein persönliches Gepräge geben. Langland lebt im wesentlichen aus Vorstellungen, die Gemeingut der mittelalterlichen religiösen Tradition waren. Seine Genialität liegt in der geistlich disziplinierten und zugleich bildhaften Umsetzung überlieferter, augustinisch geprägter Glaubensvorstellungen in eine Dichtung, die durch ihre visionäre Kraft ausgezeichnet ist.

# Predestination in Langland and Chaucer

I.

In one of his commentaries the narrator of Chaucer's *Nun's Priest's Tale* refers to the question whether God's foreknowledge has also to be considered as the *cause* by which all future events are determined; in the narrator's words:

> But I ne kan nat bulte it to the bren
> As kan the hooly doctour Augustyn,
> Or Boece, or the Bisshop Bradwardyn,
> Weither that Goddes worthy forwityng
> Streyneth me nedely to doon a thyng –
> »Nedely« clepe I simple necessitee –
> Or elles, if free choys be graunted me
> To do that same thyng, or do it noght,
> Though God forwoot it er that I was wroght;
> (*CT* VII, 3240-3248)[1]

These seemingly nonchalant remarks bear reference to a somewhat larger historical context: Medieval preoccupation with the puzzling phenomenon of the coexistence of man's freedom of will on the one hand and a higher necessity of all things on the other may be traced to two authors of late antiquity, namely Augustine and Boethius. Though the two were in concurrence regarding some more general aspects of the issue, they used different terminology to signify their distinct modes of thought and argument: Augustine is first and foremost a theologian, whereas Boethius is primarily a philosopher. Method and language employed by Boethius fascinated Alfred the Great as well as Chaucer, leading both men to translate the *Consolatio Philosophiae* into English. Augustine's mode of thought, on the other hand, was a challenge to Langland and a source of inspiration and influence for the Franciscan School of Thought in the 14th century as well as for Thomas Bradwardine and John Wyclif.

---

[1] All quotations from Chaucer's works are taken from The Riverside Chaucer, ed. by Larry D. Benson, Oxford 1988.– (Boece = *B*; The Canterbury Tales = *CT*, Troilus and Criseyde = *TC*)

*Abb. 9*: Augustinus
Die Illustration zu Augustins *De civitate Dei*, Bibliotheca Medicea Laurenziana, Florenz, MS Pluto XII. 17, zeigt den lehrenden Augustinus in majestätischer Haltung; rechts und links sind Hörer zu sehen, von denen die linke Gruppe ihre Aufmerksamkeit ganz auf Augustin richtet, während die fünf Figuren zur Rechten (bis auf eine Ausnahme) den Blick von Augustin abgewandt haben, womit seine Kritiker und Gegner symbolisiert sein dürften.
Bei dem Umfang und der Spannweite seines gesamten Werkes (von *De doctrina christiana* bis zu *De civitate Dei*) kann es nicht überraschen, daß Augustin auf die Geschichte der christlichen Theologie und Philosophie weit über das Mittelalter hinaus seine Nachwirkungen hatte. Alfred der Große schloß eine *Soliloquien*-Bearbeitung in sein Übersetzungsprogramm ein, weil hier – ähnlich wie in der *Consolatio* des Boethius – vom Verhältnis der Seele zu Gott gesprochen wird. Mit ihren Disputationen bewirkten die Theologen, die sich im 14. Jahrhundert mit Augustin befaßten, eine geistige Unruhe, die nicht auf die Universitäten beschränkt blieb; die Literatur dieser Zeit beweist, wie die Themen der Theologen und Philosophen – oft in vielfältiger Weise variiert und auch vereinfacht – ein weiteres Publikum beschäftigten.

In the first part of this essay I shall discuss the Augustinian doctrine of predestination and demonstrate in what way it affected Langland and his work. In the second part I will then turn to Chaucer and Boethius, focussing mainly on *Troilus and Criseyde*. Finally, I should like to point out that the conflict between Augustine and Pelagius, which gave rise to late medieval controversies, is still at work in the literature of the 20th century.

I shall start by summarizing the fundamental characteristics of Augustine's doctrine of predestination as held by him after 397. In doing this I shall draw on Kurt Flasch's reading of the theme as outlined in his book *Logik des Schreckens* (Logic of Terror)[2], the main theses of which are as follows:

(1) All of mankind is a »massa damnata«. »Through Adam's sin we are all sinners. We all inherited his sin. We are as guilty as Adam, though to a lesser extent. We are all possessed by original sin«.[3]

(2) According to Augustine God acts justly when he condemns all of mankind to eternal damnation in hell. In granting salvation to some men, God gives proof of his infinite mercy. What deeper pattern pervades the divine scheme of salvation and condemnation remains a mystery defying rational analysis.

(3) It is this background of man's fundamental condition and his fate that provides some key to an understanding of Augustine's reading of man's will. For Augustine there is no such thing as an absolutely free and independent will that enables man to orient himself toward the good. Those human beings who are the elect are recipients of God's grace in all their doings. Augustine thereby distinguishes three kinds of grace: the grace that stimulates man to act; the grace that enables man to act; and the grace that assists man to complete an act. But free will exists also in fallen man. It is the will that succumbs to concupiscence.

(4) The grace that chooses or condemns man is a sign of God's absolute freedom of will – the very will that cannot be influenced nor moved in another direction by a human being. »Whatever our actions, God saves whom he wishes to save«.[4]

---

[2] Augustinus von Hippo, Logik des Schreckens: De diversis quaestionibus ad Simplicianum I 2, lat. u. dt., hg. und erklärt von Kurt Flasch. Dt. Erstübersetzung von Walter Schäfer, Mainz 1990.

[3] Flasch, Logik des Schreckens, 72: »Kraft der Sünde Adams sind wir alle Sünder. Seine Schuld hat sich auf uns vererbt; wir sind schuldig wie er, wenn auch in geringerem Maße. Die Erbsünde hat uns alle«.

[4] Flasch, Logik des Schreckens, 26: »Wie immer wir handeln, Gott begnadet, wen er will«.

(5) Augustine's own particular evaluation of classical philosophy and the philosophy of wisdom is inextricably bound up with this doctrine of predestination. »It was apparently Augustine's intention to shatter the philosopher's claim who described moral life exclusively as the self-realization of man's free will and who aimed at leading man to a *blissful life* which they defined as an activity of the human mind«.[5] According to Augustine every attempt at moral self-realization that is based on a philosophical way of living is doomed to failure.[6] That means that he calls in question the whole of the Graeco-Roman moral and intellectual culture.

(6) The criticism of reason, the sciences, and philosophy in particular, which was perceived as the philosophy of wisdom, led to a negative evaluation of classical learning by Augustine after 397, though he never completely dissociated from that type of intellectuality first awoken in him by the reading of Plato's books.[7]

(7) It was the Pelagian controversy that intensified the criticism of the appreciation of freedom in classical antiquitiy and of the values of Stoic Ethics. Both his own personal experiences, on which he had reflected in his *Confessiones,* as well as his deep concern with the true being of a Christian God and the essence of grace caused him to reject the Pelagian theses which asserted the essential goodness of human nature and the absolute freedom of human will.

After this brief summary of the essential arguments of the Augustinian doctrine of predestination, let us now turn to the question of how they were passed down to Langland. There are various ways imaginable. One possible way of transmission might have been Thomas Bradwardine.[8] In his basic work *De Causa Dei* he not only transferred the Augustinian doctrine of predestination into a scientifically accurate system of thinking but also incorporated the criticism of Pelagianism into his treatise – finding ample evidence for his arguments against contemporary developments in Augustine. The following remarks of Bradwardine provide an interesting insight into both the intellectual situation in England in the middle of the

---

[5] Flasch, Logik des Schreckens, 122: »Das Interesse Augustins bestand offenbar darin, die Ansprüche der Philosophen zu vernichten, die das ethische Leben als Selbstgestaltung des freien Willens beschrieben und zum *glückseligen Leben* als zu einer Tätigkeit des menschlichen Geistes hinführen wollten«.

[6] See Flasch, Logik des Schreckens, 123.

[7] See Flasch, Logik des Schreckens, 128.

[8] On Thomas Bradwardine see Gordon Leff, Bradwardine and the Pelagians, Cambridge 1957, and Edith Wilks Dolnikowski, Thomas Bradwardine: A View of Time and a Vision of Eternity in Fourteenth-century Thought, Leiden 1995.

14th century and the controversies that may have shaped Langland's thinking:

> Totus paene mundus, ut timeo, et doleo, post hunc [i.e. Pelagius] abit, et erroribus eius favet, dum fere omnes communiter aestimant solius liberi arbitrii viribus se posse declinare a malo, facere bonum, servare mandata, mereri gratiam, perseverare finaliter, facere se praedestinatum et de numero salvandorum; vel si qui pauci auxilio Dei et eius coefficientia speciali se reputent indigere, se et suum liberum arbitrium Deo divinoque libero arbitrio superbissime anteponunt.[9]

Here we may observe Bradwardine's rigorous criticism of the overestimation of man's freedom of will and hence of the conception that man's good works are sufficient to earn him eternal salvation. According to Bradwardine (and in this he follows the Augustinian doctrine) the will of God determines all being. God also is the *necessitas antecedens* of every human action. Man's free will is incapable of acting prior to the direct intervention of divine grace. At the same time Bradwardine tried to maintain the notion of man's freedom of will. Depending on a primary causal necessity, the will is to some extent self-moved, namely with regard to the creatural domain, human causes, celestial influences, and external forces. One is forced to admit that, as a man schooled in mathematics and scientific thought, Bradwardine's attempt to reconcile divine grace and predestination on the one hand with human freedom and responsibility on the other is somewhat of a failure compared to Augustine's accomplishments in this area. In the course of the centuries the ideas of the Church Father had been »coarsened and flattened« (to use R. Seeberg's phrase).[10] And that is how they were first assimilated and then further developed by Bradwardine and John Wyclif in the 14th century.

It was this rather one-sided Augustinianism, utterly dominated by the doctrine of predestination, that Langland found himself faced with. The first cracks in Langland's belief in a morality »ex puris naturalibus« become visible in the A-text[11]; the B-text traces the labyrinthine ways he took as a poet and theologian to adjust the Augustinian doctrine and its

---

[9] Thomas Bradwardine, De causa Dei contra Pelagium et de virtute causarum ad suos Mertonenses, libri tres. Ed. H. Savilius, London 1618, II, 31, 602.

[10] See R. Seeberg, Die Theologie des Duns Scotus, Leipzig 1900, 669: »vergröbert und abgeplattet«.– Vgl. auch Willi Erzgräber, William Langlands Piers Plowman: Eine Interpretation des C-Textes, Heidelberg 1957, 161-164.

[11] See R.W. Chambers, Piers Plowman: a Comparative Study, in: Man's Unconquerable Mind, London 1939, 129: »... instead of a solution, no answer is vouchsafed to the questions raised. The A-text breaks off sharply«.

possible effects on the religious life of common people to his own needs. The C-text, which has lost some of the fine artistry of the previous versions, finally casts some light on how Langland found a workable solution for these inner conflicts that tormented him throughout his life.

Through contemporary theological discussions Langland came to recognize that the criticism of Bradwardine (and those who like him supported the idea of predestination) was directed against that form of »superbia« which he himself called the »Pruyde-of-parfit-lyuynge« (*PP* XI, 177)[12] following Augustine's *Confessiones*, bk. 10, ch. 39. This attitude had its roots in the optimistic belief in reason as the driving force of human nature. And it is within these essential boundaries of reason and nature that man is free to pursue his moral strivings, though they will – even according to Pelagius – eventually depend in their final fulfillment on God's grace. In Langland nature and reason are united in the term »kynde wit« which – according to my reading – corresponds to the Latin »ratio naturalis«.

I would even go so far as to say that the *Vita de Dowel, Dobet, Dobest* re-examines this very notion as the basis for a Christian life. The dreamer thereby progresses from Thought via Wit, Study, and Clergy to Scripture. In its form the work resembles a debate which in turn reflects in its structure the debating-style of the scholastics.[13] New attempts are constantly being undertaken at defining the meaning of *Dowel, Dobet, Dobest*. Each approach mirrors the individual speaker's mentality. Although each of them employs his own distinct mode of argumentation, each of them is subject to reason. The more material the dreamer gathers the more disturbing a phenomenon reason turns out to be. The process recalls Augustine's development and the crisis that – as indicated earlier – led to his gradual falling-away from the philosophy of classical antiquity and classical thought. In Langland this process is repeated with regard to the particular intellectual presuppositions of the 14th century.

One will not hesitate to agree with Derek Pearsall when he stresses the didactic character of *Piers Plowman* in his edition of the C-text. Yet one should not fail to recognize that Langland does not so much follow a systematic scheme in communicating his thoughts and insights to the reader as he does mirror the dynamic process inherent in his artistic representa-

---

[12] All quotations are taken from Derek Pearsall, Piers Plowman by William Langland. An Edition of the C-text, London 1978. – (Piers Plowman, the C-text = *PP*)

[13] In his essay of ›The Design of the Poem‹ John A. Alford speaks of Will's »penchant for scholastic modes of argument«. John A. Alford (ed.), A Companion to Piers Plowman, Berkeley/Los Angeles/London 1988, 45. – See also Morton W. Bloomfield, Piers Plowman as a Fourteenth-century Apocalypse, New Brunswick, N.J., 1962, 161-169.

tion. Hence his work obtains a dramatic character. The doctrine of predestination and its consequences on man's attitude toward moral questions poses an existential problem. Langland clearly understood that man, though being aware that there was ultimately no such thing as a reliable answer, had to stand up to the question of whether he was elected by God or condemned. The following lines nicely capture the dreamer's concern with this quest:

> Al for tene of here tyxst tremblede myn herte
> And in a wer gan y wex and with mysulue to despute
> Where y were chose or not chose; on Holy Churche y thouhte
> That vnderfeng me at þe fonte for on of godes chosene.
> (*PP* XII, 48-51)

His reaction is triggered off by the words: »For many are called, but few are chosen«, from Matt. 22:14, which are paraphrased by Scripture. Here one has to note that the parable of the marriage-feast is only partially quoted. »It stresses therefore the idea of pre-election to God's grace, and raises again (cf. *PP* XI, 208) more acutely, the problem of predestination«.[14]

Langland obviously did not so much aim at an all-embracing and well-balanced theological discussion of the doctrine of predestination, comparable to Augustine's expositions in *De diversis quaestionibus ad Simplicianum*, but concerned himself with the effects of the doctrine or certain aspects of it on the individual human being. One who, though caught in the turmoils of the late Middle Ages, did not merely seek some inner guidance, but wanted his personal behaviour to be based on and approved by the teachings of the Church, theology, and not least the Bible itself.

One possible reaction to the doctrine of predestination is reflected in the speech of Rechelesnesse (C-text, XI, 196).

Before proceeding to discuss this speech I should like to point out that Langland could employ the term »rechelesnesse« in both a negative and a positive sense of the word.[15] Apart from the word's primary meaning »carelessness«, it can take on the negative implication of »indifference«, »negligence« or the positive one of »freedom from all cares«, »detachment«. First the negative aspect dominates the reader's perception, as Re-

---

[14] Pearsall, Piers Plowman, 212.
[15] See also Konrad Burdach, Der Dichter des Ackermann aus Böhmen und seine Zeit, Berlin 1926, 310, and Talbot Donaldson, Piers Plowman: The C-Text and Its Poet, New Haven 1949, 171-72.

chelesnesse is associated with »wanhope« (›despair‹, *PP* XI, 199) and »rybaudie« (›coarse jesting‹, *PP* XI, 200) at his first appearance. Rechelesnesse speaks (as an allegorical figure) in a desultory manner of the fate of soul after death: »Go y to helle or to heuene y shal nat go myn one!« (*PP* XI, 201). Yet these words and similar utterances are not born of a wikked, degenerate mind, but of one torn by the complex and seemingly contradictory doctrine of predestination. It is Rechelesnesse himself who directs the reader's attention to this inner coherence:

> For Clergie saith þat he seyh in þe seynt euaungelie
> That y man ymaed was and my nam y-entred
> In þe legende of lyf longe ar y were.
> Predestinaet thei prechen, prechours þat this sheweth,
> Or prescient inparfit, pult out of grace,
> Vnwriten for som wikkednesse, as holy writ sheweth.
> (*PP* XI, 205-210)

According to Rechelesnesse, the value of a natural morality, a morality »ex puris naturalibus«, is questioned in the light of the doctrine of predestination.[16] He elaborates on this notion by quoting the two famous examples of Solomon and Aristotle. Though both of them were endowed with reason and wisdom, they found themselves in hell according to the teachings of the Church (cf. *PP* XI, 212-221). One of the two thieves on the other hand, who were crucified with Christ, ascended to paradise despite his violations of God's law (cf. *PP* XI, 255-256). Rechelesnesse then draws on Mary Magdalene, David, and Paul to provide further support for his argument. All of them violated divine law; Mary Magdalene by leading a life of debauchery, David by causing the death of Uriah, and Paul by persecuting the Christians prior to his own conversion. Regardless of their sinful doings, ultimately theirs was eternal salvation.

One cannot fail to notice that the examples taken from the Old and the New Testament to bear testimony to the validity of the doctrine of predestination are read in such a way as to meet the author's own ends. One must constantly remind oneself, however, that Langland had set out to document what possible effects the doctrine might have on the individual. He did this by considering all simplifications that might occur to a person reflecting on this doctrine. Such a person who, though theologically interested, might not be intellectually capable of grasping and exploring the Augustinian argument to its ultimate depths, thus being unab-

---

[16] See Janet Coleman, Piers Plowman and the ›Moderni‹, Rome 1981, 129-130.

le to do justice to it. According to the representations of Rechelesnesse, the dispute boils down to the one question of whether all of man's freedom and all of his moral actions are void of any meaning and God's grace alone is of significance.

In this context of theological pondering Langland came across another knotty problem, namely »the salvation of the righteous heathen«.[17] In medieval discussions relating to the subject the emperor Trajan became the centre of interest, as he was regarded as the very paragon of a ruler. As reported by Paulus Diaconus, the emperor's ethical perfection was of such a kind that Gregory the Great sent passionate and fervent prayers to God to deliver Trajan's soul from damnation in hell. A prayer that was answered with fulfillment. For Langland it is of great significance that Trajan possessed neither the right faith (cf. *PP* XII, 85: »withoute lele bileue«) nor the correct forms of Christian piety (cf. *PP* XII, 84: »withoute syngynge of mo masses«).

As Derek Pearsall aptly remarks, this legend, too, has to be read against the background of medieval discussions of the doctrine of predestination (and not only in Langland). »The legend was of crucial importance in discussions of grace, predestination and salvation«.[18] If God's is an absolute free will, one has to grant him the chance to save a heathen. The morality »ex puris naturalibus« thus takes on another meaning: It *need* not be acknowledged by God, but it *can* be acknowledged – as it is demonstrated by the salvation of Trajan.

In her essay »*Trajanus Redivivus*«: Another look at Trajan in »*Piers Plowman*« Pamela Gradon has stated about Langland: »He seems to claim that he (i.e. Trajan) attained salvation, in the jargon of the theologians, *ex puris naturalibus*, a clearly Pelagian position«.[19] And Robert Adams, summing up her arguments, remarks in his essay »Langland's Theology«: »One of the best pieces of evidence for this conclusion is the way in which Langland uses the *Vix salvabitur* text from 1 Peter, at 12.281-82 where standard commentators including Augustine, Jerome, and the authors of the *Glossa ordinaria* understand it as denoting the *difficulty* of salvation,

---

[17] See T.P. Dunning, Langland and the Salvation of the Heathen, Medium Ævum, 12 (1943), 45-54.
[18] Pearsall, Piers Plowman, 214.
[19] Pamela Gradon, Trajanus Redivivus: Another Look at Trajan in Piers Plowman, in: Douglas Gray and E.G. Stanley (eds.), Middle English Studies Presented to Norman Davis in Honour of his Seventieth Birthday, Oxford 1983, 101.

even for the righteous. Imaginatif uses it to prove the *certainty* of salvation for the righteous«.[20]

One will not hesitate to acknowledge that the notion of the salvation of the righteous heathen had a deep influence on Langland's view of God. The idea of a hidden God gives way to that of a merciful God. Trajan's appearance is anticipated in the words of Scripture: »*Misericordia eius super omnia opera eius*« (*PP* XII, 72; Psalm 144,9: »His mercy is above all works«). Following the Trajan-episode, the introduction of the ideal of »pacient pouerte« casts some light on Langland's modified understanding of natural righteousness. He still rejects this when it leads to »Pruyde-of-parfit-lyuynge« (*PP* XI, 177), but he speaks in favour of it if it is, like »pacient pouerte«, supported by the virtue of »humilitas«.

Kynde and Imaginatif stand for a transformation of the view of both God and man.[21] The appearance of Kynde brings forth a revaluation of reason. It is Resoun himself who points out to the reader that it is with patience he endures his suffering, caused by man's un-reasonable actions.

> And Resoun aresounede me and sayde: ›Reche þe neuere
> Why y soffre or nat soffre – [...]
> ›Ho soffreth more then god?‹ quod he; ›no gome, as y leue!
> He myhte amende in a mynte-while al þat amys standeth,
> Ac he soffreth, in ensaumple þat we sholde soffren alle.
> (*PP* XIII, 193-198)

Imaginatif in turn adds to a balanced view of reason and free will, good deeds, faith and grace. In this respect Langland is reminiscent of Thomas Aquinas who spoke of grace as a force that initiates human actions and assists to bring them to their final completion. Here it is important to note that Thomas Aquinas did not interpret nature as being totally corrupt, but that man, to a limited degree, is able to do good by the sheer efforts of his natural capacities. Hence grace and nature are not perceived as opposites, but as two forces in harmony with each other.

---

[20] Robert Adams, Langland's Theology, in: John A. Alford (ed.), A Companion to Piers Plowman, 98.
[21] For a detailed discussion of Kynde and Imaginatif in Dowel see Erzgräber, William Langland's Piers Plowman, 137-141.

*Abb. 10*: Boethius
Die Miniatur Bodleian Library, Oxford, MS Auct. F. 6. 5. zeigt die Philosophie im Gespräch mit Boethius im Gefängnis. Haltung und Gebärdensprache zeugen von einer konzentrierten Aufmerksamkeit; er erhält von der Philosophie Antworten auf die letzten, ihn bedrängenden Fragen. Seine Gesichtszüge sind klar geschnitten; auch in dem herabfallenden Gewand liegt eine gewisse Förmlichkeit. Dieser Eindruck wird durch die strenge, teils geometrisch durchdachte Ordnung der architektonischen Details im äußeren Rahmen noch verstärkt. Margaret Rickert charakterisiert diesen Stil wie folgt: »The Boethius may thus represent the typical twelfth century hardening and formalizing of an earlier, freer style, showing no evidence of new influence of the Byzantine monumentality, as reflected in the Albani Psalter« (M. Rickert, *Painting in Britain: the Middle Ages*. Melbourne/London/Baltimore 1954, 84).
In diesem Stil dokumentiert sich eine Sicht des Boethius, die auch in der gegenwärtigen philosophiegeschichtlichen Forschung noch anzutreffen ist. So schreibt Kurt Flasch: »Die *Consolatio* zeigte ein römisch-aristokratisches Ethos im Angesicht des Todes: Verhaltenheit, Formwille, Bewußtsein von der Unabdingbarkeit der sittlichen Forderung« (Kurt Flasch, *Das philosophische Denken im Mittelalter. Von Augustin zu Machiavelli*, Stuttgart 1986, 73).

## II.

When Chaucer comes to speak of predestination he names Augustine and Boethius in one breath. But in the *Consolatio Philosophiae* Boethius, who was born roughly 130 years after Augustine, works with exclusively philosophical means. »For one last time he stabilized the system of values of the Graeco-Roman philosophers which Augustine had doubted in his later years. Reason shall have power«.[22] It should be remembered that, even though Boethius composed his work in prison – at a time when he had already been sentenced to death, though it was to take months before he was executed – and even though he was a Christian and had concerned himself with the notion of the Trinity in one of his treatises, in the presence of death he turned to philosophy. In doing so he demonstrated to posterity what consolation philosophy could offer to a man in such a situation who like hardly any other of his contemporaries had assimilated philosophical culture.

When Boethius reflects on man's relation to »fortuna«, »fatum«, and »providentia«, notions such as »massa damnata«, »peccatum originale«, »electi«, and »gratia« don't play a role at all in his arguments. »He was familiar with Augustine, and occasionally referred to him with praise, but he did not adopt his doctrine of grace«.[23] Boethius is not tormented by the question of whether he is one of the elect who will finally embrace eternal bliss. He rather concentrates on the superhuman sphere, knowing that it is not in his power to determine all of life's external conditions. But – like a stoic – he tries to keep his dignity in the face of death. He also knows that thereby he is forced to question the basic premises of an ethic the philosophical starting point of which is man's freedom of will. Of central concern for Boethius is therefore the question of how the course of events and the freedom of will, which can be pared down to the terms of necessity and freedom, can be fused. The language he employs in his reflections on the topic is taken neither from the Bible nor the Epistles of St Paul, but from classical philosophy. The form of dialogue alone – the dialogue between the *persona* Boethius and Philosophy

---

[22] Kurt Flasch, Das philosophische Denken im Mittelalter. Von Augustin zu Machiavelli, Stutttgart 1986, 68: »Er stabilisierte noch einmal das antik-philosophische Wertsystem, das der späte Augustin angezweifelt hatte: Vernunft soll Macht haben«.

[23] Flasch, Das philosophische Denken, 45: »Er kannte Augustin; er erwähnte ihn gelegentlich rühmend, aber dessen Gnadenlehre übernahm er nicht«.

his interlocutor – is sufficient to evoke Platonist tradition. Though it is only one thread to the network of his philosophy.

In Boethius Chaucer found a congenial philosopher whose work he translated into Middle English, in the very decade he wrote *Troilus and Criseyde*[24] I shall start my discussion of how the *Consolatio* was integrated into *Troilus and Criseyde* by referring to some terms fundamental to the understanding of the doctrine of predestination. The term »arbitrii libertas« (Chaucer: »liberte of fre wille«) is set against: »fortuna« (»fortune«), »fatum« (»destyne«), »providentia« (»purveaunce«) and »praescientia« (»prescience«).[25] »Fortuna« is »the force of unpredictable mutability«[26.] Boethius experienced her power and influence in his own life: coming from one of Rome's most respectable families, he became consul in 510. In 522, the year his two sons were appointed consuls, he rose to the position of chancellor, thus holding the most eminent of offices in the empire of Theodoric. In 524, only two years later, Boethius was executed. He had become the victim of slanderous charges accusing him of collaborating with the Eastern Empire. Boethius lost power, glory, riches, and all wordly honours. In the *Consolatio* Philosophy leaves it to »Fortuna« herself to explain her peculiar nature:

> Swiche is my strengthe, and this pley I pleye continuely. I torne the whirlynge wheel with the turnynge sercle; I am glad to chaungen the loweste to the heyeste, and the heyeste to the loweste. Worth up yif thow wolt, so it be by this lawe, that thow ne holde nat that I do the wroong, though thow descende adown whan the resoun of my pley axeth it. (*B* II, pr. 2)[27]

When Boethius as the *persona* in the *Consolatio* laments his fate, he shows that he has misunderstood the true being of »Fortuna«. When he grieves his loss of wordly goods, he overlooks the fact of their transient nature which can only give temporary happiness, but not ultimate »felicite«.

Chaucer takes up thoughts and images of Boethius and skillfully weaves them into the texture of his own work. In drawing on a work in dialogue, Chaucer could take on either the lamenting voice of the ignorant ›Boethius‹ or the lecturing tone of Philosophy, according to the given sit-

---

[24] See B.L. Jefferson, Chaucer and the Consolation of Philosophy of Boethius, Princeton 1917, and Theodore A. Stroud, Boethius' Influence on Chaucer's Troilus, Modern Philology, XLIX (1951-52), 1-9.
[25] See The Riverside Chaucer, Boece, 397-469.
[26] Boethius, Trost der Philosophie, deutsch von Karl Büchner, mit einer Einführung von Friedrich Klingner, Wiesbaden n. d., XXVII.
[27] The Riverside Chaucer, 409.

uation. He made use of this possibility also in regard to Philosophy's well-structured elaborations of which he singled out individual motives of thought and incorporated them into his own text. To illustrate this technique of Chaucer's I shall refer to book IV, to name but one example. Its opening proem follows in its lamenting of »Fortuna« the rhetorical pattern that Boethius offered in *Consolatio* II:

> But al to litel, weylaway the whyle,
> Lasteth swich joie, ythonked be Fortune,
> That semeth trewest whan she wol bygyle
> And kan to fooles so hire song entune
> That she hem hent and blent, traitour comune!
> And whan a wight is from hire whiel ythrowe,
> Than laugheth she, and maketh hym the mowe.
>
> From Troilus she gan hire brighte face
> Awey to writhe, and tok of him non heede,
> But caste hym clene out of his lady grace,
> And on hire whiel she sette up Diomede;
> (*TC* IV, 1-11)

That »Fortuna« is not an absolute power comparable to Augustine's omnipotent God in his inexplicable activities of salvation and condemnation is made clear in book IV of the *Consolatio*. With Boethius »fortuna« is synonymous to »fatum«. »Fatum« in turn is subordinate to »providentia«. »Providentia« represents the simple form of events, »fatum« their manifold realization in time.
Hence Chaucer's translation of Boethius reads:

> ... the purveaunce is an unmoevable and symple forme of thinges to doone, and the moevable bond and the temporel ordenaunce of thinges whiche that the devyne symplicite of purveaunce hath ordeyned to doone, that is destyne. (*B* IV, pr. 6)[28]

With Boethius there are various ways to put the providential plan into practice:
1. through »devyne spiritz« that are at the service of »Providentia«;
2. through »some soule«,
3. through »alle nature servynge to God«;
4. through »the celestial moevynges of sterres«;

---

[28] Ibid., 451.

5. »by vertue of aungelis«;
6. »by divers subtilite of develis«.[29]

Each force can operate by itself or in combination with others. In one of the narrator's commentaries Chaucer alludes to these philosophical arguments by making »Fortuna« the servant to »Fatum«, by speaking of heavenly influences, and by placing God, who corresponds to »providentia« in Boethius, above all events:.

> But O Fortune, executrice of wierdes,
> O influences of thise hevenes hye!
> Soth is, that under God ye ben oure hierdes,
> Though to us bestes ben the causez wrie.
> This mene I now: for she gan homward hye,
> But execut was al bisyde hire leve
> The goddes wil, for which she moste bleve.
> (*TC* III, 617-623)

In order to illustrate the relation of »fatum« and »providentia« Boethius (in IV, pr. 6) draws on the picture of circles revolving round the same centre. If one follows the argument of Philosophy the innermost circle may contract and is thus not only united with the centre, but in turn becomes the centre itself. This means: Whatever withdraws from the centre, the unmoved mover, succumbs to the machinations of fate; on the other hand whatever tends toward the centre untangles itself from fate and the laws of necessity to which fate is subject.

From the patterns of circle and wheel one may come to an understanding of the relationship of the main characters with »fortuna«, »fatum« and »providentia«.
1. Pandarus seems continuously aware of the true being of »fortuna«. He has apparently come to terms with the laws of »mutabilite« and puts all his wit, diplomatic cunning, wordly wisdom, and experience at the service of his battle to stand his ground on the periphery of the wheel. Thus he makes the following remarks in his dialogue with Troilus:

> For if hire whiel stynte any thyng to torne,
> Than cessed she Fortune anon to be.
> Now, sith hire whiel by no way may sojourne,
> What woostow if hire mutabilite

---

[29] Ibid., 451.

> Right as thyselven list wol don by the,
> Or that she be naught fer fro thyn helpynge?
> Paraunter thow hast cause for to synge.
> (*TC* I, 848-854)

Pandarus proves an optimist whenever he attempts to help Troilus, an optimist who, regardless of the workings of »fortuna«, is convinced of man's freedom of will and his ability to withstand life's entanglements and to overcome all vicissitudes it might have in store for him. In other words his maxim might read: »Fortune helps them that help themselves«. But ultimately even Pandarus has to acknowledge his limited scope of steering the course of events, and he retires from stage with the words: »I kan namore seye« (*TC* V, 1743).

2. Criseyde like Pandarus before her knows about the mutability of all earthly things. And like him she is able to speak about these things in philosophical terms. But her words come from a deep inner concern. When Pandarus reports that Troilus has come to know of Criseyde being in love with a certain Horace (the whole story is but a cunning invention of Pandarus) Criseyde laments »fals felicitee« — a subject also treated in the *Consolatio* II, pr. 4.

> »O God«, quod she, »so wordly selynesse,
> Which clerkes callen fals felicitee,
> Imedled is with many a bitternesse!
> Ful angwissous than is, God woot«, quod she,
> »Condicioun of veyn prosperitee:
> For either joies comen nought yfeere,
> Or elles no wight hath hem alwey here.
>
> O brotel wele of mannes joie unstable!
> With what wight so thow be, or how thow pleye,
> Either he woot that thow, joie, art muable,
> Or woot it nought; it mot ben oon of tweye.
> Now if he woot it nought, how may he seye
> That he hath verray joie and selynesse,
> That is of ignoraunce ay in derknesse?«
> (*TC* III, 813-826)

When characterizing worldly happiness as something »brotel«, Criseyde introduces an idea and a term which are repeated in the narrator's exclamation: »Swych fyn hath false worldes brotelnesse!« (*TC* V, 1832) in the epilogue of *Troilus and Criseyde*. She then goes on to argue that wordly happiness is for ever spoiled by man's fear of losing this happiness which, like all other things human, is but transient.

Criseyde expresses in her own words at the same time the course of future events: In this very night she will experience »joie and selynesse« (*TC* III, 825) when meeting Troilus, but she will risk to lose this happiness by her own unsteady behaviour. In her reflections on »fals felicitee« (*TC* III, 814) Criseyde does not take into account that, according to what Philosophy tries to teach ›Boethius‹, the course of events in human life and history has to be seen from two perspectives: First, there is an inexorable law of necessity from which man in his physical existence is unable to free himself. Second, as a rational being he can (and should) cast anchor in the centre of the wheel which is the seat of God himself, the unmoved mover, or to use a phrase of T.S. Eliot's, »the still point of the turning world«[30.] By this act man asserts his freedom and proves his moral dignity.

3. Troilus like Criseyde before him does not even make an attempt to move toward the centre of the circle, but remains passively on the periphery of the wheel. In doing so he exposes himself to the vortex of events, but also behaves according to his understanding of the norms of chivalrous love. In the course of events which feature the surrender of Criseyde to the Greeks this code is rendered questionable when Troilus dares not act at all. And thus the warning of Pandarus: »Thenk ek Fortune, as wel thiselven woost, /Helpeth hardy man unto his enprise, /And weyveth wrecches for hire cowardise«. (*TC* IV, 600-602) also remains without any sign of effect in Troilus' conduct. His meditation culminates in the fatalistic conclusion:

> For al that comth, comth by necessitee:
> Thus to ben lorn, it is my destinee.
> (*TC* IV, 958-959)

This is the philosophical starting point of a lengthy soliloquy (once believed to have been inserted at a later stage) which comprises verses 958 to 1082 of book IV. In it Troilus discusses the subject of freedom and necessity in all its ramifications, following closely book V of the *Consolatio*. Troilus apparently equates »That forsight of divine purveyaunce« (*TC* IV, 961) with predestination (*TC* IV, 966) and attributes the loss of Criseyde

---

[30] T.S. Eliot, Burnt Norton II, in: T.S. Eliot, The Complete Poems and Plays, London 1969, 173.

to the divine plot of providence. Yet he has to admit that scholarly opinion is divided: the supporters of the doctrine of predestination are opposed by those defending the notion of free will. Lastly, Troilus remains uneffected by this; in his circular argument, he finally returns to his initial thesis: »We han no fre chois« (*TC* IV, 980).

One of the fundamental phrases Troilus employs in his discussion of predestination is the term »prescience« which corresponds to »praescientia« in Boethius. Ultimately, Troilus has set out to explore the relation of necessity and prescience, namely whether necessity, inherent in all action, is the cause of prescience or whether vice versa prescience is the cause of necessity. He arrives at the following conclusion:

> But now is this abusion, to seyn
> That fallyng of the thynges temporel
> Is cause of Goddes prescience eternel.
> Now trewely, that is a fals sentence,
> That thyng to come sholde cause his prescience.
> (*TC* IV, 1060-1064)

In regard to the use of »temporel« and »eternel« Troilus' diction is reminiscent of Boethian terminology and this also holds true for the idea of hierarchy that was valid with Boethius (as well as throughout the Middle Ages). But Troilus does not follow the further argumentation of Boethius as regards his distinction of the temporal and the eternal; in particular Boethius taught that human reason can *only* perceive the temporal, wheras divine intelligence perceives the eternal and the temporal at the same time. This argument has been discussed by Friedrich Klingner in his introduction to the *Consolatio* where he remarks:

> God, however, is eternal, not only in the sense of infinite duration but, relieved of the successive order of time, ever present in the full possession of all being, which can occur in parts in the endless course of time.[31]

From this Klingner concludes that:

> Hence the phrase »foreknowledge« is actually inadequate. What is future for us, for him simply exists, and the same applies to his knowledge.[32]

---

[31] Friedrich Klingner in: Boethius, Trost der Philosophie, XLVII: »Gott aber ist ewig, nicht nur von unendlicher Zeitdauer, sondern dem Nacheinander der Zeit enthoben, im gegenwarthaften vollen Besitz alles Seins, das im endlosen Lauf der Zeit auseinandergelegt vorkommen kann«.

When Troilus comes to speak of the temporal and the eternal he is exclusively subject to the mode of thought of temporal reason that knows only of the successive order of events and acknowledges their necessary concatenation. That Troilus applies a greater importance to the principle of necessity than Boethius, the *persona* in the *Consolatio,* has been emphasized by John Huber in his essay: »Troilus' Predestination Soliloquy: Chaucer's Changes from Boethius«.[33] Troilus does so, for instance, by using the phrase »by necessite« in IV, 1057 which in all of the Latin texts of the *Consolatio* has no equivalent in the corresponding passage. John Huber's study is confirmed by the dissertation of Richard J. Utz: *Literarischer Nominalismus im Spätmittelalter: Eine Untersuchung zu Sprache, Charakterzeichnung und Struktur in Geoffrey Chaucers Troilus and Criseyde.*[34] Utz has examined the problem of determinism and predestination in the 14th century English theology and philosophy, observing that:

> Through this concatenation of God's foreknowledge with the doctrine of the unchangeability of divine will and ultimately his omnipotence and omnicausality, Bradwardine propagates a world predetermined in all stages.[35]

Utz further proved that Troilus' thesis: »For al that comth, comth by necessitee« (*TC* IV, 958) corresponds to the phrase »omnia que eveniunt de necessitate eveniunt« in Wyclif who used the phrase repeatedly as a kind of leitmotif.[36] This means: on the one hand, Troilus' fatalistic determinism is the expression of his mentality and his particular mood; for Chaucer's contemporaries, on the other hand, it bore reference to one of the century's major disputes.

If one reads *Troilus and Criseyde* as a work pervaded by an exclusively deterministic worldview or takes Troilus' great soliloquy for the work's key passage (as has occasionally been done in criticism) one will not do justice to it. Both the narrator's final judgement of Criseyde: »she falsed Troilus« (*TC* V, 1053) and Criseyde's immediately following self-

---

32   Ibid., XLVIII: »Darum ist der Ausdruck »Vorwissen« eigentlich falsch. Was für uns zukünftig ist, ist für ihn schlechthin da, auch für sein Wissen«.
33   John Huber, Troilus' Predestination Soliloquy: Chaucer's Changes from Boethius, Neuphilologische Mitteilungen, 66 (1965), 120-25.
34   Richard J. Utz, Literarischer Nominalismus im Spätmittelalter: Eine Untersuchung zu Sprache, Charakterisierung und Struktur in Geoffrey Chaucers Troilus and Criseyde, Frankfurt a. M./Bern/New York/Paris 1990.
35   Utz, Literarischer Nominalismus, 174: »Durch diese Verkettung von Gottes Vorauswissen mit der Lehre von der Unwandelbarkeit des göttlichen Wollens und letztlich seiner Allmacht und Allkausalität propagiert Bradwardine eine in allen Phasen prädeterminierte Welt«.
36   See Utz, Literarischer Nominalismus, 177-78.

criticism: »I have falsed oon the gentileste« (*TC* V, 1056) presuppose freedom of choice. This notion also serves as the bridge between the philosophical view in which the work had its starting point and the explicitly theological judgement of the epilogue. Of Christ it says there: »he nyl falsen no wyght« (*TC* V, 1845). The verb »*falsen*« stresses the inner coherence between the narrator's and Criseyde's moral philosophical judgment and the author's theological view.

If one has followed my argument, one will come to the conclusion that Chaucer's and Langland's was an identical critical approach to the doctrine of predestination, an approach that focussed on the doctrine's possible effects on man's actions. When Olof Gigon remarks about Boethius: »If this has to be considered as true, [i.e. the principle of divine necessity], then there is no freedom; good and evil, reward and punishment lose their meaning, and ultimately, any hope to move God's grace through prayers vanishes«[37], he indicates that this author anticipated Chaucer's and Langland's view.

Both maintain the idea of man's freedom of will and understand »Liberum Arbitrium« as gradually leading to love (charite). The depiction of love in Langland's »*Dobet*« culminates in the scene of the crucifixion and the Easter-events which in Chaucer has its parallel in the reference to Christ crucified: »that sothfast Crist, that starf on rode« (*TC* V, 1860).

## III.

In my concluding remarks I would like to point out that the basic problem dealt with in Langland's *Piers Plowman* and Chaucer's *Troilus and Criseyde* has remained alive throughout the history of English literature. The question of whether man is good (or evil) by nature and whether he has the chance of attaining perfection through his own efforts (i.e. without the help of divine grace) was debated in the first half of the 20th century in T.E. Hulme's *Speculations* and in the second half it has been treated in Anthony Burgess' novels such as *1985, A Clockwork Orange*, and *The Wanting Seed*.

---

[37] Boethius, Trost der Philosophie, lat. u. dtsch., hg. u. übers. von Ernst Gegenschatz u. Olof Gigon. Mit einer Einführung von Olof Gigon, München/Zürich 1990, 364: »Gilt aber dies, dann gibt es keine Freiheit; Gut und Böse, Lohn und Strafe verlieren ihren Sinn, und schließlich entschwindet auch jede Hoffnung, Gott durch Gebet gnädig stimmen zu können«.

For T.E. Hulme Pelagianism found a succinct expression in Rousseau's thesis »that man was by nature good«[38]. And he pleads for what he calls »the sane classical dogma of original sin«[39]. Only if a strict order is imposed on man, »something fairly decent«[40] can be achieved. T.E. Hulme's influence on T.S. Eliot can be traced in his poetry as well as in his essays. In his biography of T.S. Eliot, Peter Ackroyd states: »His notion of ›Original Sin‹, and the need for ›discipline‹ to curb it, is one that he could have adapted entire from T.E. Hulme«.[41] The Augustinian view of fallen and corrupt mankind underlies T.S. Eliot's *Waste Land* where the Church Father is quoted in the ›Fire Sermon‹. Eliot also shared Hulme's positive view of Pascal as his Introduction to Pascal's *Pensées* clearly shows.[42]

Anthony Burgess uses the traditional terminology when he defines the terms Pelagian and Augustinian in the first, essayistic part of *1985*. About the Augustinian view he has the following to say:

> This view states that man enters the world in a state of ›original sin‹ which he is powerless to overcome by his own efforts alone: he needs Christ's redemption and God's grace.[43]

And about Pelagius he remarks:

> Pelagius denied this terrible endowment. Man was free to choose salvation as much as damnation: he was not predisposed to evil, there was no original sin.[44]

New is his idea of linking the two terms as »the poles of man's belief as to his own nature«[45] and of interpreting this polarity as the basic pattern in the development of the individual as well as of human society:

> We are all both Pelagian and Augustinian, either in cyclical phases or, through a kind of double-think, at one and the same time. Orwell was Pelagian in that he was a Socialist, Augustinian in that he created Ingsoc.[46]

---

[38] T.E. Hulme, Speculations, 1924; London ⁹1977, 116.
[39] Ibid., 117.
[40] Ibid., 117.
[41] Peter Ackroyd, T.S. Eliot, London 1984, 76.
[42] See T.S. Eliot, The Pensées of Pascal, in: Selected Essays, London 1932, third enlarged edition, London 1951, 402-416.
[43] Anthony Burgess, 1985, London 1978, 55.
[44] Ibid., 56.
[45] Ibid., 55.

In his novel *The Wanting Seed* Burgess illustrates his view of human history in which a Pelphase (i.e. a Pelagian phase) turns into a Gusphase (i.e. an Augustinian phase) which again gradually reproduces a Pelphase. And in his famous novel *A Clockwork Orange* he describes the life of Alex, a human being who tries to live without a law (i.e. a lex). In chapter 21 (of the first British edition) the protagonist undergoes a noticeable change from brutality to love; he gains maturity by overcoming his original ›Augustinian‹ mode of life.

Though the modern authors reduced the specifically religious element in their essays and novels, there is a link between what the moderns have to say about man and the history of mankind and the views of the medieval authors that I discussed in this essay. Neither the medieval poets nor their modern successors abandon the hope that man by his free will and his capacity »to grow and learn by suffering and error«[47] may achieve – in Langland's terminology – Dowel, or Dobet, or even Dobest.

---

[46] Ibid., 56-57.
[47] Geoffrey Aggeler, Anthony Burgess: the artist as novelist, Alabama 1979, 181.

# Tragik und Komik
# in Chaucers Troilus and Criseyde[1]

Chaucer nennt in Vers 1786 des V. Buches von *Troilus and Criseyde* seine Dichtung eine Tragödie.[2] Es spiegelt sich darin eine im Mittelalter weit verbreitete Auffassung vom Wesen dieser literarischen Form, an die er bereits mit der Erzählung des Mönchs angeknüpft hatte. Im Prolog zu diesem epischen Fragment, das zum größten Teil ungefähr zehn Jahre vor *Troilus and Criseyde*, wahrscheinlich um 1374,[3] entstand, definiert der Mönch die Tragödie als eine Erzählung, die von einem Menschen berichtet, der einem vornehmen Stand (»heigh degree«, VII, 1976) angehört, für einige Zeit in großem Glück (»greet prosperitee«, VII, 1975) lebt, schließlich aber durch die Fortuna ins Unglück gestoßen wird und elend endet.

Untersucht man nun die in *The Monkes Tale* miteinander vereinigten Erzählungen, so ergibt sich, daß die vorausgeschickte Definition des Tragischen zwei verschiedene künstlerische Ausformungen zuließ.[4] Der erste Typus, für den die Erzählung von Krösus ein Beispiel ist, schildert den Sturz eines schuldigen, maßlos verblendeten und stolzen Menschen. Mit monotoner Eindringlichkeit warnt der Erzähler vor der »superbia« (= »pride«), dem selbstherrlichen Gebaren und der tyrannischen Anmaßung weltlicher Herrscher, wobei er in seiner Kritik an dem Handeln der jeweiligen Figuren die Willens- und Entscheidungsfreiheit des Menschen voraussetzt. Der ›Held‹ der Erzählung wird als Sünder betrachtet, der für sein Tun voll verantwortlich ist; die Fortuna erfüllt bei seinem Sturz die Rolle einer im christlichen Sinne verstandenen göttlichen Justitia.[5]

Im zweiten Typus dagegen wird vom Erzähler kein innerer Zusammenhang zwischen dem menschlichen Verhalten und dem Walten der For-

---

1 Erweiterte Fassung der Antrittsvorlesung, die der Vf. am 14.2.1963 an der Universität Saarbrücken gehalten hat.
2 Zitiert wird nach der Ausgabe von R.K. Root, The Book of Troilus and Criseyde, Princeton 1926, 5th printing 1959. Alle übrigen Chaucer-Zitate folgen der Ausgabe von F.N. Robinson, The Works of Geoffrey Chaucer, London ²1957.
3 Diese Datierung nach Robinson, a.a.O., 746.
4 Zum folgenden vgl. auch die Ausführungen von W. Farnham, The Medieval Heritage of Elizabethan Tragedy, Berkeley, Cal./London 1936, repr. with corrections 1956, 129-136.
5 Vgl. hierzu eine Bemerkung von H.R. Patch in seinem Buch The Goddess Fortuna in Mediaeval Literature, Cambridge, Mass., 1927, 48-49: »Certain relatives of Fortune are mentioned. Alanus de Insulis makes Nobility the daughter of Fortune; according to another view her father was Justice ...«.

tuna hergestellt. Der Untergang von Herkules, Zenobia von Palmyra, Pedro von Spanien, Pedro von Zypern, Ugolino von Pisa, Alexander dem Großen oder Julius Caesar ist nach der Auffassung des Mönchs, der die überlieferten Stoffe bisweilen nach ganz eigenen Intentionen umformt und darbietet, nicht mit irgendwelchen Schwächen, einer Verfehlung oder einer Schuld des Helden in Verbindung zu bringen, wie dies bei Holofernes, Krösus oder Nero der Fall ist. Die besondere moralisch-didaktische Intention, die der Mönch mit dieser Art von Erzählung verfolgt, geht aus einer Strophe hervor, in der er das Schicksal des Pedro von Zypern berichtet; es heißt dort:

> O worthy Petro, kyng of Cipre, also,
> That Alisandre wan by heigh maistrie,
> Ful many an hethen wroghtestow ful wo,
> Of which thyne owene liges hadde envie,
> And for no thyng but for thy chivalrie
> They in thy bed han slayn thee by the morwe.
> Thus kan Fortune hir wheel governe and gye,
> And out of joye brynge men to sorwe.
> (VII, 2391-2398)

Durch ein solches Beispiel möchte der Mönch seine Zuhörer daran erinnern, daß auch der Tugendhafte, der sich durch Ritterlichkeit, Tapferkeit und Mut auszeichnet, nicht gefeit ist gegen das Walten der Fortuna, die ebenso hinterlistig sein kann wie die Lehnsleute, die Pedro meuchlings ermordeten. Insofern der Erzähler wiederholt sein Mitleid mit den schuldlosen Opfern der Fortuna bekundet oder in seinen Zuhörern wachrufen möchte, unterscheiden sich diese ›Tragödien‹ auch im Erzählton merklich von der erstgenannten Gruppe.

Nähern wir uns einer Interpretation von *Troilus and Criseyde* von der Erzählung des Mönchs her, so ist zu fragen, ob und in welcher Weise Chaucer mit diesem Werk dem traditionellen mittelalterlichen Begriff von einer Tragödie entsprach bzw. inwiefern Handlungsführung, Charakterzeichnung und erzählerische Kommentare darauf schließen lassen, daß er die tradierte Vorstellung von einer Tragödie in wesentlichen Zügen modifizierte. Es ist dabei insbesondere zu untersuchen, wie er die beiden Typen der Tragödie, die wir im Anschluß an *The Monkes Tale* unterschieden haben, anwandte, und wir stoßen dabei notwendigerweise auch auf die Frage nach der Funktion und der Stellung der komischen

Partien in dieser Dichtung. Das Gewicht, das Chaucer in *Troilus and Criseyde* der Komik gab, ließ eine Betrachtung dieses Werkes gerechtfertigt erscheinen, in der Tragik und Komik gleichberechtigt nebeneinander stehen. Da zugleich nach der Wechselbeziehung von Tragik und Komik in *Troilus and Criseyde* gefragt wurde, ergab sich schließlich auch die Aufgabe, die verschiedenen Formen der Ironie und ihre Funktion in dieser Dichtung zu untersuchen und zu ermitteln, ob und in welcher Weise durch dieses künstlerische Mittel tragische und komische Partien in diesem Werk verbunden werden.

Wenn Chaucer mit den ersten Strophen, die ankündigen, daß der Fall eines trojanischen Prinzen geschildert werden soll, deutlich an *The Monkes Tale* erinnert, so gewinnt *Troilus and Criseyde* dadurch eine Sonderstellung, daß der Dichter hier einen viel breiteren epischen Rahmen wählte als in irgendeiner anderen der vom Mönch vorgetragenen Geschichten. Aus den 5704 Versen von Boccaccios *Filostrato*, die ihm als Quelle vorlagen, wurden bei Chaucer 8239 Verse, wobei die künstlerische Umformung weiterhin dadurch charakterisiert ist, daß er die acht Bücher Boccaccios zu fünf Büchern umgruppierte, die das dramatische Gefüge der Handlung mit einer aufsteigenden Linie in Buch I und II, einer Klimax in Buch III und einer abfallenden Linie in den beiden letzten Büchern deutlich hervortreten lassen.[6]

Die epischen Erweiterungen sowie die dramatische Strukturierung der Handlung tragen zusammengenommen dazu bei, daß in der Darstellung der Geschehnisse die Wirksamkeit des Schicksals und der übernatürlicher Mächte intensiver und differenzierter zum Ausdruck kommt als in der schematisch-raffenden Erzählung des Mönchs. Sieht man diese erzählerischen Kommentare im Zusammenhang mit Chaucers gesamter dichterischer Entwicklung, dann erkennt man, welche Bedeutung für ihn die Beschäftigung mit Boethius hatte, dessen *Consolatio Philosophiae* er ins Mittelenglische übertrug, unmittelbar bevor er *Troilus and Criseyde* schrieb. In seiner ersten Erzählung, dem *Buch der Herzogin,* ist Fortuna einfach eine kapriziöse heidnische Göttin; hier wird sie ausdrücklich dem göttlichen

---

[6] Zur dramatischen Struktur von Troilus and Criseyde vgl. auch Root, The Book of Troilus and Criseyde, XLIX; Daniel C. Boughner, Elements of Epic Grandeur in the Troilus, ELH, VI (1939), 200-210; Charles A. Owen, Jr., The Significance of Chaucer's Revisions of Troilus and Criseyde, MP, LV (1957-1958), 1-5.

*Abb. 11*: Die Göttin Fortuna
Fortuna als Göttin geht auf antike Vorstellungen zurück. Ursprünglich wurde sie als Fruchtbarkeitsgöttin verehrt, später (in der klassischen Zeit) meist mit Tyche = Glück, Los, gleichgesetzt. Die mittelalterliche Auffassung der Fortuna wird in der Illustration aus der John Rylands Library (Manchester) deutlich faßbar; sie zeigt, wie hochgestellte Persönlichkeiten (Höflinge oder Gelehrte) vom Rad der Fortuna hochgetragen und wieder gestürzt werden. Die psychischen Reaktionen der Opfer der Fortuna sind nicht dargestellt. Es soll hier offenbar nur der unberechenbare Gang der weltlichen Ereignisse sichtbar gemacht werden.

Willen unterstellt, was an die Ausführungen des Boethius über das Verhältnis der Schicksalsordnung zur göttlichen »providentia« erinnert.[7] Da Boethius in der 6. Prosa des IV. Buches ausdrücklich vermerkt, daß entweder nur einige äußere Mächte oder alle zusammen das Schicksal flechten, das den einzelnen Menschen trifft, blieb auch für Chaucer ein weiter Spielraum bei der dichterischen Ausformung eines an Boethius orientierten Weltbildes. Im I. Buch zwingt das Naturgesetz, »the lawe of kynde« (I, 238), Troilus, Verachtung und Spott für die Liebe aufzugeben; in Buch II und III wird wiederholt vom Einfluß der Gestirne auf das Geschehen gesprochen, und zu Beginn von Buch IV ist allein von Fortuna die Rede, die Troilus ins Unglück stürzt. Chaucer paßt sich also mit seinen erzählerischen Reflexionen an den Gang der Handlung und die jeweilige Situation an und verharrt nicht durchgehend mit den gleichen Argumenten aus Boethius in einer streng fixierten Distanz zum dargestellten Geschehen.[8]

Vor allem ist die hintergründige Ironie nicht zu überhören, die durch den Kontext der oben zitierten Stelle hervorgerufen wird.[9] Wenn der Erzähler mit ernstem Pathos beklagt, daß Criseyde in dieser Situation dem Schicksal hilflos ausgeliefert sei, so ist damit noch nicht festgestellt, daß sie auch später, als sie bereit ist, die Liebe des Troilus vorbehaltlos zu erwidern, von den übernatürlichen Mächten dazu gezwungen wird.[10] Weiterhin ist zu beachten, daß der Erzähler kurz vorher berichtet, mit welcher Schläue Pandarus zu Werke ging und wie er sie mit Bedacht gerade an diesem

---

[7] Zu Chaucer und Boethius vgl. die grundlegenden Arbeiten von B.L. Jefferson, Chaucer and the Consolation of Philosophy of Boethius, Princeton 1917; H.R. Patch, The Goddess Fortuna in Mediaeval Literature, Cambridge, Mass., 1927, und vom gleichen Vf., The Tradition of Boethius: A Study of His Importance in Medieval Culture, New York 1935; weiterhin auch Theodore A. Stroud, Boethius' Influence on Chaucer's Troilus, MP, XLIX (1951-1952), 1-9. – Root hat in seinen Anmerkungen (The Book of Troilus and Criseyde, 474-475) ausgeführt, daß die zitierte Stelle (III, 617-623) auch von Dante beeinflußt sein kann. Beachtenswert sind in dieser Frage jedoch die Ausführungen von Patch: »Although ›Destinee‹ is described in The Knight's Tale (ll. 1663 ff.) with obvious indebtedness to the passage on Fortune in the Inferno, Chaucer returns to the Christian conception of Fortune herself, with echoes of both Boethius and Dante, in Troilus and Criseyde, showing, I think, that it was Boethius who furnished him with the basis for his idea, even while he was impressed with Dante's account«. (The Goddess Fortuna in Mediaeval Literature, 31.)
[8] Vgl. in diesem Zusammenhang auch die Ausführungen von S.B. Meech, Design in Chaucer's Troilus, 1959, repr. New York 1969, 233.
[9] Vgl. hierzu die Abhandlung von Robert P. Roberts, The Central Episode in Chaucer's Troilus; PMLA, LXXVII (1962), 373-385.
[10] Robert P. apRoberts bemerkt hierzu: »The rain is the direct intervention of God to cause the two to be brought together – it is, as Chaucer tells us, the execution of the Divine Will. God does not cause the surrender. But He, as the reader later sees, has known that Criseyde's feeling towards Troilus is such that she will surrender if she remains the night at Pandarus' house«; a.a.O., 380.

Tag in sein Haus einlud. Es ist zuzugeben, daß Pandarus die ›schicksalhaften Umstände‹, die Criseyde zum Bleiben zwingen, nicht im astrologischen Sinne vorausberechnete und nur auf diese Rechnung vertraute; die Ausführungen des Erzählers über das Verhalten des Pandarus, der die zögernde Criseyde dazu überredet, seine Einladung anzunehmen, lassen jedoch erkennen, daß Pandarus die Umstände im Hinblick auf seine Pläne für besonders günstig erachtete (vgl. III, 547ff.). So lacht er denn auch vergnügt, als er feststellt, wie der Himmel ihm so offensichtlich entgegenkommt, seine raffinierte Strategie unterstützt und Criseydes Rückkehr vereitelt (vgl. III, 624-630). Die differenzierte erzählerische Ausgestaltung dieser zentralen Begebenheit des Werkes verrät, daß der Erzähler nicht einseitig an den Einflüssen, die von außen her den Gang der Geschicke bestimmen, interessiert ist, sondern sein besonderes Augenmerk auf das Zusammenspiel von Notwendigkeit und Freiheit im menschlichen Dasein richtet.

Vermag der Erzähler mit überlegener Distanz sowohl die einzelnen Mächte, die Schicksal bewirken und bedingen, gegeneinander abzustufen als auch den Bereich menschlicher Entscheidungsfreiheit darstellend zu erfassen, so fehlt dem Helden des Epos in seiner Deutung des Weltlaufs und in seinem Selbstverständnis diese behutsam abwägende Haltung. Er unterscheidet sich insofern merklich vom Erzähler, als er meist aus der Sicht des klagenden Boethius der *Consolatio* spricht und sich den Standpunkt der tröstenden Philosophie nicht zu eigen machen kann. So sind in die Klage über sein Schicksal im IV. Buch nur jene Stellen aus dem IV. Buch des Boethius aufgenommen, an welchen die menschlichen Geschicke in ihrer Abhängigkeit von außermenschlichen Mächten gesehen werden, nicht aber jene Teile des IV. und V. Buches, an welchen die Möglichkeit einer Überwindung der »Kette des Fatums« erörtert wird.[11]

Die Klagen und die Verwünschungen der Götter, die insbesondere Troilus in den Mund gelegt werden, entsprechen insofern seiner philosophischen Weltdeutung im IV. Buch, als auch an diesen Stellen die Auffassung zum Ausdruck kommt, daß das menschliche Dasein ständig von den

---

[11] Besonders stark wurden die Wirksamkeit des Schicksals und die antike Atmosphäre des Werkes, die deterministische Sicht der Ereignisse und die Anklänge an die Prädestinationslehre von W.C. Curry, Destiny in Chaucer's Troilus; PMLA, XLV (1930), 129-168, und: Chaucer and the Medieval Sciences, London ²1960, 241-298 sowie M.W. Bloomfield, Distance and Predestination in Troilus and Criseyde; PMLA, LXXII (1957), 14-26, betont. Gegen diese Deutung erhob insbesondere Patch Einspruch; vgl. dessen Abhandlung: Troilus on Determinism, Speculum, VI (1931), 225-243; weiterhin seine Darstellung in: On Rereading Chaucer, Cambridge, Mass., 1939, repr. 1948, 56ff.

Göttern bestimmt wird und menschlicher Wille höherer Notwendigkeit unterworfen ist. Sie unterscheiden sich von seinem Monolog im IV. Buch dadurch, daß er an diesen Stellen wiederholt die Götter bezichtigt, grausam, falsch und feige zu sein. So heißt es zum Beispiel in seiner Klage über den vermeintlichen Tod Criseydes:

> O cruel Jove, and thow Fortune adverse,
> This al and som, that falsly have ye slayn
> Criseyde, and syn ye may do me no werse,
> Fy on youre myght and werkes so dyverse!
> Thus cowardly ye shul me nevere wynne.
> (IV, 1192-1196)

Solche Klagen und Götterverwünschungen erzeugen zusammen mit den philosophischen Reflexionen der einzelnen Figuren im Leser die Illusion, daß er sich im Bereich einer antiken Tragödie bewege: Alles Leid der Menschen scheint von den Göttern verhängt zu sein, Jupiter und Mars, Venus und Apollo, die Parzen und die Furien scheinen die menschlichen Geschicke zu bestimmen und einen festgesetzten Lauf der Ereignisse zu bewirken.[12]

In diesem Zusammenhang ist auch auf die Auftritte von Calchas und Cassandra hinzuweisen, die mit dazu beitragen, die schicksalhaft schwere Atmosphäre des Werkes zu verdichten. Bereits zu Beginn des Epos (vgl. I, 64ff.) wird davon berichtet, daß Calchas durch die Berechnung der Bahnen der Gestirne und durch den Mund Apolls erfuhr, daß Troja zum Untergang bestimmt sei; dieses Wissen bedingt seine Flucht in das griechische Lager, es bedingt weiterhin seine Bitte, daß Criseyde gegen einen Trojaner ausgetauscht werden möge, und damit zugleich den Untergang des Troilus. So sind das Völkergeschick und das persönliche Geschick des Helden in engster Weise miteinander verflochten, und beides, das Schicksal Trojas wie der Untergang des Troilus, scheint in gleicher Weise von den Göttern gewollt, vorherbestimmt und unabwendbar zu sein.

Dieser Eindruck wird im V. Buch durch das Auftreten Cassandras noch verstärkt (vgl. V, 1457ff.), die den Traum des Troilus von einem Eber auf folgende Weise deutet: Das Troilus bevorstehende Leid ist nur ein Glied in einer langen Kette von Leiden, die damit begann, daß die Griechen Artemis erzürnten, worauf die Göttin zur Strafe ihre Felder durch einen Eber verwüsten ließ, den Meleager schließlich erlegte. Meleager aber ist niemand anders als ein Vorfahre des Diomed, der Criseydes Liebe im

---

[12] Vgl. Meech, a.a.O., 233ff.

Griechenlager gewinnt. Das heißt: der Trojaner Troilus ist ironischerweise in eine Ereigniskette einbezogen, die in der Hybris seiner Feinde ihren Anfang nahm.

Es ist bei Chaucers Werk aber zu erkennen, daß er die Illusion, daß wir es mit einer antiken Tragödie zu tun haben, immer wieder durchbricht und gegenüber einer antikisierenden Sicht der menschlichen Geschicke den mittelalterlichen Standpunkt zur Geltung kommen läßt, wonach die antike Mythologie nichts anderes ist als ein rhetorisch-poetischer Apparat, über den ein Dichter nach Gutdünken und persönlichem Geschmack verfügen kann. Da nun andererseits auch im Mittelalter die Namen der antiken Götter zugleich als Namen für Planeten benutzt wurden, ergab sich für Chaucer eine Möglichkeit, die Diskrepanz zwischen dem antiken Mythos und den mittelalterlichen Vorstellungen vom Diesseits und Jenseits zu überbrücken.[13] Sowohl von dem Erzähler wie von den handelnden Personen werden in *Troilus and Criseyde* die Götternamen für göttliche Wesen wie für Planeten gebraucht, und da auch Boethius vom Einfluß der Gestirne auf die menschlichen Geschicke in Verbindung mit dem »fatum« gesprochen hatte, ließ sich auf diesem Umweg die gesamte antike Mythologie in Chaucers philosophisch-poetisches Weltbild einfügen.

Geht man davon aus, daß – nach diesen Erörterungen – der Fall des Troilus von Schicksalsmächten zumindest mitbedingt ist, und nimmt man dazu weiterhin die Tatsache, daß er als einer der besten und edelsten Trojaner geschildert wird, so könnte man seinen tragischen Untergang dem *zweiten* Typus der Tragödie zuordnen, den wir eingangs im Anschluß an *The Monkes Tale* unterschieden. Eine genauere Analyse des Textes läßt jedoch eine solch vereinfachende Zuordnung der Tragödie des Troilus zu einem der genannten Typen nicht zu, denn Chaucer führt den Helden im I. Buch des Epos in der Szene, die das Palladionsfest beschreibt, als einen von Blindheit geschlagenen Menschen ein. Troilus glaubt, sich der Liebe entziehen zu können, und er gefällt sich in seiner anmaßend stolzen Haltung gegenüber allen Liebenden, über die er spottet: »O veray fooles! nyce and blynde be ye; / Ther nys nat oon kan war by other be«. (I, 202-203.) In diesem arroganten Gebaren, seiner Verblendung und Überheblichkeit erinnert Troilus deutlich an die Helden des ersten Tragödientypus des Mönchs, die – wie wir zeigten – als Schuldige von der Fortuna gestürzt werden.

---

[13] Vgl. Meech, a.a.O., 215.

Für die Charakterdarstellung Chaucers in *Troilus and Criseyde* ist nun kennzeichnend, daß Troilus von seiner Blindheit zunächst einmal durch seine Liebe zu Criseyde erlöst wird; dieser Vorgang gipfelt in seinem Hymnus auf die Liebe im III. Buch der Dichtung (1744-1771). Ausdrücklich wird unmittelbar im Anschluß an diesen Hymnus festgestellt, daß Troilus nun allen Stolz überwunden habe. Neben der »superbia« sind es die Todsünden der »invidia«, der »ira« und der »avaritia«, die der Erzähler ausdrücklich erwähnt und von welchen er Troilus freispricht.[14]
Daß Troilus trotz der sittlichen Vervollkommnung, die die Liebe in ihm bewirkt, erneut von Blindheit geschlagen wird, zeigen das IV. und das V. Buch der Dichtung. Er täuscht sich als Liebender über das Wesen irdischen Glückes; er sucht Dauer, wo nur Wechsel zu finden ist, Überzeitliches in einem Bereich, der zeitlichem Wandel unterworfen ist.[15] Von dieser neuen Blindheit wird Troilus erst befreit, als es ihm vergönnt ist, nach seinem Tode auf die Erde herabzublicken und alles Irdische, die Brüchigkeit der Welt (»false worldes brotelnesse«, V, 1832) und die Eitelkeit des menschlichen Lebens (vgl. V, 1817-1819) zu durchschauen.
Troilus ist also ein gemischter Charakter; er ist schuldig und schuldlos zugleich, und er unterscheidet sich damit deutlich von allen Helden in den Tragödien des Mönchs, die entweder nur als Schuldige oder als schuldlose Opfer der Fortuna erscheinen. Dazu kommt, daß Troilus bei aller Größe im Denken und Fühlen immer wieder dazu neigt, sich an seine Gefühle zu verlieren, ihnen eine übersteigerte Bedeutung zuzumessen und so zu den Widerständen, die von außen ihm entgegenstehen, Widerstände in sich selber zu schaffen. Die Komplexität seines Charakters bedingt seinen tragischen Untergang ebensosehr wie die Einwirkung höherer Mächte.[16] Damit weist *Troilus and Criseyde* über die Typologie des Tragischen, wie sie aus *The Monkes Tale* abgeleitet werden kann, hinaus, und es lassen sich von Troilus aus Verbindungslinien zu den Tragödien Shakespeares ziehen, für den gerade die Gebrochenheit der individuellen

---

[14] Diese Phase in der Entwicklung von Troilus wird von D.W. Robertson, Jr., in seinem Aufsatz Chaucerian Tragedy, ELH, XIX (1952), 1-37, nicht genügend beachtet. Auch die revidierte Fassung von Robertsons Troilus-Deutung, die in A Preface to Chaucer: Studies in Medieval Perspectives, Princeton 1962, 476ff., erschienen ist, bringt – bei einzelnen Modifikationen der Interpretation – keine grundlegenden Änderungen.
[15] Vgl. hierzu auch die Ausführungen von J.L. Shanley, The Troilus and Christian Love, ELH, VI (1939), 272.
[16] Vgl. dazu auch eine Bemerkung von Root: »He is the tragic victim of Fortune and of his own character« in: The Poetry of Chaucer, A Guide to its Study and Appreciation, rev. ed., Gloucester, Mass., 1957, 118.

Existenz einen Ansatzpunkt für die Entfaltung tragischer Konflikte bildete.

Daß Chaucer mit *Troilus and Criseyde* die Vorstellungen vom Tragischen, die sich das Mittelalter gemeinhin machte, derart vertiefte, daß sich sowohl Anklänge an die antike Tragödie ergaben als auch erste Ansätze zu Formen des Tragischen sich entwickelten, die im 16. Jh. von Shakespeare weiter entfaltet wurden, beobachtete bereits W.C. Curry, der in seinem Aufsatz »Destiny in Chaucer's *Troilus*« feststellt:

> Though *Troilus* (and almost any other great tragedy, for that matter) may in a measure be brought within the limits of the mediaeval definition, still it ultimately shatters the old form and, in the hands of a genius, flowers into an original and independent creation which embodies a sublimity comparable to that of ancient Greek tragedy and a dissection of the human heart which presages modern drama. ... This dramatic narrative, founded ultimately upon a mediaeval philosophy, occupies a sort of middle ground artistically between the ancient Greek tragedy and the modern tragedy of Shakespeare. It is wholly like neither, yet it participates spiritually in the characteristics of both.[17]

Bei der Analyse der tragischen Elemente in Chaucers *Troilus and Criseyde* ist nun weiterhin zu beachten, daß das Feld tragischer Spannungen, in dem sich Troilus bewegt, dadurch erweitert und modifiziert wird, daß auch Criseyde und Pandarus als komplexe Charaktere dargestellt sind. Nach den Worten des Erzählers ist Criseyde von engelhafter Schönheit (vgl. I, 101-105), und in ihrem Verhalten entspricht sie den Forderungen, die an eine höfische Dame gerichtet sind:

> And ek the pure wise of hire mevynge
> Shewed wel that men myght in hire gesse
> Honour, estat, and wommanly noblesse.
> (I, 285-287)

Wenn Criseyde weiterhin von Anfang an als eine furchtsame Frau geschildert wird,[18] so läßt sich ihre ängstlich zurückhaltende Art zwar durchaus mit den höfischen Konventionen, die das Verhalten einer umworbenen Frau regelten, in Übereinstimmung bringen. Criseydes Furcht ist jedoch zugleich auch ein ganz persönlicher Wesenszug und ist im Zusammenhang mit ihrer überaus realistischen Denkweise zu sehen.

---

[17] W.C. Curry, Destiny in Chaucer's Troilus; PMLA, XLV (1930), 162 u. 164.
[18] Vgl. z.B. die Charakterisierung Criseydes im II. Buch des Epos: »Criseyde, which that wel neigh starf for feere, /So as she was the ferfulleste wight /That myghte be ...«. (II, 449-451)

Denn Criseyde reflektiert beständig über Gefahren, die ihr drohen können, sie sucht immer wieder Schutz in einer Welt, in der zwei Völker im Krieg miteinander liegen, und ihre ängstliche Besorgtheit um ihre persönliche Sicherheit ist schließlich auch darin begründet, daß sie von ihrem Vater in Troja zurückgelassen wurde, als er ins Lager der Griechen flüchtete (vgl. z.B. II, 124).

Trotz dieser klugen Zurückhaltung und trotz aller vernünftigen Überlegungen verfällt Criseyde einer Selbsttäuschung: sie glaubt zu einer Liebe fähig zu sein, die auch die Probe der Trennung bestehen könne. Ausdrücklich vermerkt Chaucer (vgl. IV, 1415-1421), daß es die ehrliche Absicht der scheidenden Criseyde war, Troilus die Treue zu halten, und die einzelnen erzählerischen Phasen der Criseyde-Diomed-Handlung deuten an, wie Criseyde stufenweise erfahren muß, daß sie im Vertrauen auf das eigene sittliche Vermögen ein Versprechen gab, das sie nicht halten kann (vgl. V, 690ff. und V, 1023ff.). Dieses Widerspiel von ehrlicher Absicht und der Unfähigkeit, das Beabsichtigte zu verwirklichen, macht die Komplexität des Charakters der Criseyde aus und läßt auch in dieser Gestalt eine tragische Spannung aufbrechen.

Diese tragische Spannung in Criseyde, die aus ihrer Blindheit gegenüber dem eigenen Charakter resultiert, wird durch das eindeutige moralische Werturteil eingegrenzt und abgeschwächt, das Criseyde nach ihrem Treuebruch über sich selbst fällt; sie bekennt sich schuldig mit dem Satz: »I have falsed oon, the gentileste /That evere was, and oon the worthieste« (V, 1056-1057). Diesem Urteil schließt sich der Erzähler an, der in der gleichen Strophe feststellt: »she falsed Troilus« (V, 1053). Allerdings wird sein Urteil dadurch gemildert, daß er im gleichen Zusammenhang seine Bereitschaft zu erkennen gibt, Criseyde wegen der Reue, die sie nach ihrem Treuebruch zeigte, zu entschuldigen und ihr zu verzeihen (vgl. V, 1093-1099). Diese differenzierte Haltung des Erzählers läßt darauf schließen, daß Chaucer auch im letzten Buch seiner Dichtung im Leser ein Gespür für die Vielschichtigkeit ihres Charakters und des Schicksals, das sich daraus ergibt, erzeugen wollte.[19]

---

[19] Um eine Deutung des tragischen Elementes in Criseyde hat sich in der Chaucer-Forschung auch A. Mizener in seinem Aufsatz: Character and Action in the Case of Criseyde, PMLA, LIV (1939), 65-81, bemüht. Er sieht ihr tragisches Geschick in dem Kontrast zwischen ihrem Sein und ihrem Handeln begründet. Seine Deutung vereinfacht die Gestalt Criseydes jedoch insofern, als er behauptet, Chaucer habe keinerlei Zusammenhang zwischen ihrem Charakter und ihrem Handeln (im V. Buch des Epos) hergestellt. Criseyde ist eine differenziertere Gestalt, als Mizener es wahrhaben möchte: liebenswert-vornehme Züge und charakterliche Schwächen erscheinen in dieser Gestalt in widerspruchsvoller Mischung. Sieht man ihre Komplexität, so verliert Criseyde von jener tragischen Größe, die Mizener ihr

Daß in Pandarus ebenfalls eine tragische Spannung angelegt ist, wurde in der älteren Chaucer-Forschung bereits von G.L. Kittredge hervorgehoben.[20] Pandarus ist nicht nur der Freund des Troilus, sondern auch der Onkel Criseydes. Will er streng nach höfischen Konventionen leben, so hat er zwischen zwei ethischen Pflichten, die einander widersprechen, zu wählen: als Freund ist er verpflichtet, Troilus in seinem Werben um Criseyde zu fördern; als Verwandter Criseydes sollte er sie in väterlicher Weise schützen (vgl. III, 246-273). Entsprechend seiner Veranlagung hilft er Troilus, die Geliebte zu gewinnen; er schadet dabei jedoch seiner Ehre, und er muß schließlich sehen, wie seine glückverheißenden Pläne infolge der Treulosigkeit Criseydes das Gegenteil bewirken. Indem er das Glück der beiden Liebenden selbstlos fördert, trägt er paradoxerweise gegen seine eigenen Absichten dazu bei, sie ihrem Unglück näher zu bringen. Im Umriß wird damit eine Form des Tragischen sichtbar, die später Shakespeare immer wieder zur Gestaltung reizte und die in *Hamlet* in die Worte gefaßt wird: »our thoughts are ours, their ends none of our own« (III, 2).[21] Die besten Intentionen verkehren sich bei den Helden der Shakespeareschen Tragödien – ähnlich wie bei Pandarus – in ihr Gegenteil, wenn Gedanke und Wunsch einmal Tat geworden sind, ohne daß die Handelnden diese Entwicklung verhindern könnten.

Wenn die tragische Spannung, von der wir bei Pandarus (wie bei Criseyde) sprechen können, lediglich in einzelnen Situationen deutlich zum Ausdruck kommt, so ist dies darin begründet, daß er – wie später noch ausführlicher zu zeigen sein wird – primär als komische Kontrastfigur zu Troilus gedacht ist. Im übrigen müssen auch die Interpreten, die dazu neigen, den tragischen Zug des Pandarus zu negieren, zugeben, daß nur durch den Einfallsreichtum und die angeborene Mentalität dieser Figur die Handlung energisch vorangetrieben wird; das heißt aber: der Charakter des Freundes ist einer der Faktoren, die das Schicksal des Troilus bedingen und das tragische Spannungsfeld des gesamten Werkes aufbauen helfen.

Wir können also festhalten: die Tragödie des Troilus ergibt sich nicht allein aus dem Walten äußerer Mächte und schicksalhafter Umstände, sondern

---

zuschreiben möchte; es bleibt die von uns hervorgehobene tragische Spannung in dieser Gestalt.
20 G.L. Kittredge, Chaucer and his Poetry, Cambridge, Mass., 1915, 139-140; über das tragische Element in Pandarus vgl. auch die Interpretationen von Patch, On Rereading Chaucer, 93-97, und Root, The Poetry of Chaucer, 120.
21 Auf diesem Hamlet-Zitat baut W.F. Schirmer seine Ausführungen über das Tragische bei Shakespeare auf; vgl. Geschichte der englischen und amerikanischen Literatur von den Anfängen bis zur Gegenwart, 4. Aufl., Tübingen 1962, I, 265f.

auch aus seinem eigenen Charakter sowie aus dem Charakter der Criseyde und des Pandarus. *Troilus and Criseyde* ist demnach eine Schicksals- und Charaktertragödie zugleich, und es wäre unzutreffend, wollte man dieses Werk nur als eine Schicksalstragödie interpretieren, in der die Menschen nicht mehr sind als Marionetten, die von übernatürlichen Mächten bewegt werden. Ebenso wird jene Interpretation dem Werk Chaucers nicht ganz gerecht, die es nur als eine Charaktertragödie auffaßt und ausschließlich von innermenschlichen Faktoren und Gegebenheiten her den Untergang des Helden motiviert sieht und zu deuten versucht. Diese zweite Auffassung hat in der Chaucer-Forschung T.R. Price vertreten, der sogar so weit ging zu behaupten: »He (i.e. Chaucer) holds back from all use of supernatural means to influence human action«.[22] Chaucers Dichtung gewinnt gerade dadurch in der gesamten mittelenglischen Literatur eine singuläre Stellung, daß es ihm gelungen ist, das Zusammenspiel von Charakter und Schicksal so plausibel darzustellen, daß derselbe Vorgang, die Tragödie des Troilus, zugleich als das Werk der übernatürlichen Mächte und als das Resultat der charakterlichen Veranlagung dreier Personen zu verstehen ist.

Dieses Zusammenspiel von Schicksal und Charakter wird weiterhin dadurch differenziert, daß der Erzähler einer jeden Figur des Epos die Möglichkeit einer freien Entscheidung zubilligt.[23] Auf diesen Sachverhalt wurde bereits bei der Deutung der Rolle des Pandarus im III. Buch der Dichtung aufmerksam gemacht. Daß darüber hinaus auch Criseyde in ihrem Handeln bewußt von der Willens- und Entscheidungsfreiheit des Menschen ausgeht, lassen ihre Gespräche mit Pandarus und Troilus im II. und III. Buch der Dichtung erkennen. Zwar sieht Criseyde in der Liebe – ähnlich wie Troilus – eine überpersönliche Macht; aber sie fühlt sich andererseits durch diese Macht in ihrer Entscheidungsfreiheit nicht völlig gelähmt. So bemerkt sie einmal in einem Dialog mit Pandarus: »Ne love a man ne kan I naught, ne may, /Ayeins my wil« (II, 478-479); und auch Troilus erinnert sie daran, daß sie eine ganz persönliche Entscheidung fällte, als sie sich bereit zeigte, seinen Liebesdienst anzunehmen:

---

[22] T.R. Price, Troilus and Criseyde, a Study in Chaucer's Method of Narrative Construction; PMLA, XI (1896), 313.

[23] Vgl. zu dieser Frage insbesondere den Aufsatz von J.L. Shanley, The Troilus and Christian Love, 275: »Forces and events completely beyond the lovers' control affect their lives greatly. But the story does not depend on destined events alone, nor is the final unhappiness of either owing only to fate. They are free to choose what they wish, and as they choose they determine their lot«. Weiterhin heißt es im Hinblick auf Troilus: »His trouble was not that he lacked freewill but that he had used it unwisely. Once again we see the interplay of necessity and free-will in his world, and we see that his unhappiness depended on his own choice«; a.a.O., 277.

> And ek bycause I felte wel and say
> Youre grete trouthe and servise every day,
> And that youre herte al myn was, soth to seyne,
> This drof me for to rewe upon your peyne.
> (III, 991-994)

Gleiche Beobachtungen lassen sich machen, wenn man Criseydes Verhalten im V. Buch, ihre Hinwendung zu Diomed, analysiert, wo es u.a. heißt: »she took fully purpos for to dwelle« (V, 1029). Erst das Vorhandensein von Willens- und Entscheidungsfreiheit ermöglicht es, daß sich in den einzelnen Personen tragische Spannungen entwickeln, auch wenn diese Spannungen – wie bei Criseyde und Pandarus – nur in einzelnen Situationen und Phasen der Handlung nachweisbar sind.[24]

Wenn von Chaucers Werk trotz alledem nicht jene Wirkung ausgeht wie von einer der großen Tragödien Shakespeares, so ist dies in der Natur und dem Verhalten des Helden und der daraus resultierenden Handlungsführung im IV. und V. Buch begründet. Wiewohl Troilus als vorbildlicher Ritter und tapferer Kämpfer auf dem Schlachtfeld geschildert wird, fühlt er sich unfähig zu handeln, als die Trojaner beschließen, Criseyde an die Griechen auszuliefern. Gerade weil er die Tugend repräsentiert, die in der Wahrheit gründet (»moral vertu, grounded upon trouthe« IV, 1672), hat die höfische Sitte für ihn ein so großes Gewicht: durch die höfische Sitte fühlt er sich verpflichtet, seine Liebe geheimzuhalten, die Ehre Criseydes zu schützen und nicht das gleiche Unrecht zu begehen wie Paris, der durch den Raub Helenas den Krieg um Troja auslöste. Mit diesem Verzicht auf ein Handeln, das die Konventionen der höfischen Liebe durchbrechen würde, schließt Troilus alle Möglichkeiten für eine weitere intensiv dramatische Entfaltung des Konflikts aus.

Im übrigen zeigt das IV. Buch des Epos, daß sich Chaucer sehr wohl bewußt war, wie er die Handlung hätte zu Ende führen müssen, um daraus eine Liebestragödie werden zu lassen, die wir in die Nähe von Shakespeares *Romeo and Juliet* hätten rücken können. Als Troilus glaubt, Criseyde sei, vom Leid überwältigt, gestorben, ist er ähnlich wie Romeo bereit, sich selber das Leben zu nehmen (vgl. IV, 1184-1211). Die Umstände, die in Shakespeares Liebestragödie das Ende der Liebenden herbeiführen helfen, wirken in Chaucers Werk in entgegengesetzter Richtung: sie verhindern

---

[24] Wir setzen bei dieser Deutung von Chaucers Werk – mit Shanley, a.a.O., 275 – nicht voraus, daß Chaucer zu einer eigenen philosophisch-systematischen Lösung des Problems der Willensfreiheit vorgedrungen sei, sondern wir möchten lediglich auf ein Element aufmerksam machen, das für die Charakterisierung der Hauptfiguren seines Epos kennzeichnend ist.

den raschen, blinden Entschluß; sie retten die Liebenden, während sie bei Shakespeare Romeo und Julia verderben.[25] Dabei ist nicht zu übersehen, daß ein solcher Schluß bei Chaucer von der Charakterisierung Criseydes aus nicht befriedigt hätte. Shakespeares Julia unterscheidet sich von Criseyde gerade dadurch, daß sie in jugendlicher Unbedingtheit und Ungebrochenheit zu ihrer Liebe steht, während Criseyde ständig mit den vordergründigen Gegebenheiten des alltäglichen Lebens rechnet und allen Entscheidungen aus dem Wege geht, die einen Widerspruch gegen die Umstände gefordert hätten.

Die eigentümliche Handlungsführung in Chaucers Werk verhindert es auch, daß Troilus und Criseyde sich in einem letzten Gespräch, einer letzten Szene gegenüberstehen, in der sich in Rede und Aktion noch einmal dramatisches Leben hätte entfalten können. Und wenngleich Troilus wiederholt Diomed, seinem Rivalen, auf dem Schlachtfeld begegnet, so wird in diesen Szenen der dramatische Konflikt in einer ganz veräußerlichten Form weitergetragen; es wird dabei nur agiert, nicht aber gesprochen, und es ist Troilus nicht vergönnt, in einer Begegnung mit Diomed den Untergang zu finden. Er fällt vielmehr nach göttlichem Willen – wie der Erzähler (V, 1805) ausdrücklich vermerkt – in einem Kampf mit Achill.

Die Distanz zu allem Irdischen, in die Troilus durch den Tod gerückt wird, hat zur Folge, daß er nicht nur die irdische Brüchigkeit und seine eigene Blindheit durchschaut, sondern auch, daß für ihn der eigene Tod und die Trauer derjenigen, die ihn beklagen, Anlaß zur Heiterkeit werden (vgl. V, 1821-1822). Wenn Troilus über diejenigen lacht, die um ihn trauern, so ist diese für den modernen Leser etwas überraschende Gebärde darin begründet, daß für Troilus der Tod einen Übergang aus irdischem Leid in jenseitiges Glück bedeutet; aus seiner jenseitigen Perspektive aber muß eine Klage über einen solchen Wandel unangemessen und komisch erscheinen. Troilus reagiert damit nicht anders als Pompejus in Lukans *Pharsalia*, die Chaucer wahrscheinlich mit als Vorlage für diese Stelle benutzte.[26]

Von diesem Endpunkt der dargestellten Entwicklung aus gesehen, ist das Schicksal des Troilus keine reine Tragödie, sondern – ähnlich wie in Shakespeares *Troilus and Cressida* – eine Tragikomödie.[27] Und es ist für den

---

[25] Vgl. in diesem Zusammenhang auch die Ausführungen von Root, The Poetry of Chaucer, 113; Verbindungslinien zur frühen Tragödie Shakespeares zieht auch N. Coghill, The Poet Chaucer, London 1949, repr. 1950, 68.
[26] Vgl. hierzu Robinson, The Works of Geoffrey Chaucer, 837, Anm. zu V, 1819-1821.
[27] Über Chaucers Werk als Tragikomödie vgl. Root: »It is rather a tragic story handled in the spirit of high comedy« (The Book of Troilus and Criseyde, L); weiterhin N. Coghill: »Tragi-

Charakter des gesamten Werkes von Bedeutung, daß diese gebrochene Perspektive nicht erst mit dem Tod des Troilus auftaucht, sondern in vielfach modifizierter Form in allen fünf Büchern des Werkes nachgewiesen werden kann.

In komischem Licht erscheint das Schicksal des Troilus bereits am Beginn des IV. Buches, wo der Erzähler davon berichtet, daß Fortuna Troilus von ihrem Rad schleuderte; ausdrücklich wird in diesem Zusammenhang vermerkt, daß Fortuna sich über dieses Spiel, das sie mit den Menschen treibt, amüsiert: »And whan a wight is from hire whiel ythrowe, /Than laugheth she, and maketh hym a mowe« (IV, 6-7). Anders als bei Troilus klingt im Lachen der Fortuna Schadenfreude, ein maliziöser Unterton, mit, da sie allem Geschehen unbeteiligt gegenübersteht. Sowohl im IV. Buch (mit der Erwähnung der Fortuna) wie im V. Buch (mit der Schau des Troilus aus der 8. Sphäre[28] herab auf die Erde) wird der tragikomische Effekt dadurch vorbereitet, daß sich der Erzähler und mit ihm der Leser über das menschliche Leben erheben.

Eine solche äußere Standortverlagerung und perspektivische Verschiebung ist jedoch nicht das einzige Mittel, durch das Chaucer der Tragödie des Troilus komische Akzente verleiht. Die stärksten komischen Wirkungen gehen in diesem Werk von Pandarus aus, trotz der tragischen Spannung in seinem Charakter, die wir bereits aufgewiesen haben. In markanter Abweichung von der italienischen Vorlage wurde Pandarus als eine Kontrastgestalt zu Troilus konzipiert; die ständige Bezogenheit des Troilus auf seinen Freund Pandarus hat zur Folge, daß die beiden Figuren sich wechselseitig in eine komische Perspektive rücken. Pandarus deckt die menschlichen Schwächen in Troilus auf, und umgekehrt enthüllt Troilus die Schwächen des Pandarus. In einzelnen Situationen läßt dieses Freundespaar geradezu an Don Quichote und Sancho Pansa denken, etwa in der Szene im V. Buch (1156-1162), in der Troilus in der Ferne Criseyde zu erblicken glaubt, während Pandarus nichts anderes als einen Karren wahrnehmen kann.[29]

Vom Handlungsgefüge des Werkes aus gesehen ist Pandarus die dominierende Gestalt[30]: er ist nicht nur ein liebenswürdiger, stets hilfsbereiter Freund, der mit tiefer Sympathie um das Wohlergehen des Troilus besorgt

---

comedy is a kind of vision we associate most readily with the genius of Shakespeare, but it was Chaucer who discovered it«; a.a.O., 66.

28 Zu V, 1809: »the eighte spere«, vgl. Root, The Book of Troilus and Criseyde, 560-562; Robinson, The Works of Geoffrey Chaucer, 837.
29 Vgl. hierzu auch Robert P. apRoberts, a.a.O., 385, Anm. 41.
30 Zu Pandarus vgl. auch die Ausführungen von Meech, a.a.O., 412ff.

ist, sondern auch der erfahrene, lebenskluge und gewitzte Diplomat, der die Menschen, ihre Schwächen und Grenzen kennt, der komplizierte psychologische Situationen zu durchschauen weiß und sich mit ständig neuen Einfällen durch alle verworrenen Situationen hindurchzufinden vermag. Bezeichnenderweise bemerkt Pandarus im I. Buch bei seinem Abschied von Troilus, daß er eine Zeit und einen Ort für die Begegnung mit Criseyde finden wolle (»And fynde a tyme thereto, and a place«, I, 1064). Was hier im Hinblick auf eine besondere Situation von Pandarus selber festgestellt wird, ist zugleich kennzeichnend für seine gesamte Einstellung dem Leben und der Fortuna gegenüber.

Pandarus ist also der stets tätige Mann, während Troilus bei aller Tapferkeit, die er im Kampf mit den Griechen zeigt, in der Liebe der sorgenvoll Meditierende ist, der sich in Passivität dem Walten der Fortuna ausliefert. Dieser Kontrast zwischen der mannhaften Entschlossenheit des Pandarus und dem Zaudern des Troilus wird durch die entsprechenden Kommentare des Pandarus zu dem Verhalten seines Freundes in komischer Weise noch intensiviert, d.h. die beiden Figuren wirken in ihrem Nebenein-ander nicht nur aus der Perspektive des Erzählers komisch, die Komik wird von Pandarus auch bewußt provoziert. Als Pandarus z.B. alle Vorbereitungen für eine heimliche Begegnung des Troilus mit Criseyde getroffen hat, verliert Troilus allen Mut zum Handeln. Daraufhin spöttelt Pandarus: »Thow wrecched mouses herte! /Artow agast so that she wol the bite?« (III, 736-737). Wenn Troilus (im IV. Buch) verzweifelt über die drohende Trennung von der Geliebten jammert, fragt Pandarus ihn in gleicher spöttischer Tonart, ob er hier wie eine Mücke ohne Wunde sterben wolle (»sterve here as a gnat, withouten wounde«, IV, 595), und in einem seiner Ratschläge empfiehlt er: »And wassh thi face, and to the kyng thow wende« (IV, 646.)

Die zitierten Äußerungen sind zugleich kennzeichnend für die Sprache, die Pandarus bevorzugt.[31] Er liebt die bildhaft hyperbolische Redeweise, während Troilus einem höfisch vornehmen, rhetorisch-pathetischen Stil zuneigt. Pandarus nimmt seine Vergleiche gern aus dem Tierreich; wenn er den melancholischen Troilus mit einem Esel, der zwar Harfentöne höre, nicht aber die Melodie wahrzunehmen vermöge, vergleicht (I, 730-735), so wird damit sowohl der trojanische Prinz wie der höfische Liebhaber Troilus der Komik preisgegeben. Aus der Neigung zum bildhaft drastischen Aus-

---

31   Eine gute Charakteristik des Sprachstiles von Pandarus bietet Charles Muscatine in: Chaucer and the French Tradition, A Study in Style and Meaning, Berkeley/Los Angeles 1957, 142ff.

druck und zur prägnanten Formulierung erklärt sich bei Pandarus auch die Vorliebe für Sprichwörter und sprichwortartige Redewendungen, die er mit solcher Häufigkeit verwendet, daß Troilus einmal ironisch abwehrt: »Lat be thyne olde ensaumples, I the preye« (I, 760).
Eine eingehende Untersuchung des Sprachstiles der beiden Figuren ergibt jedoch, daß Chaucer eine allzu einseitige sprachliche Charakterisierung von Troilus und Pandarus vermeidet: auch Troilus vermag drastisch-unhöfisch zu sprechen (vgl. I, 195-203; weiterhin I, 910ff.), und Pandarus erweist sich umgekehrt dadurch als Meister des Wortes, daß er die Mittel der Rhetorik, die in den Reden des Troilus nachgewiesen werden können, ebenfalls verwendet und dabei zu erkennen gibt, daß er sie der jeweiligen Situation entsprechend mit ausgeklügelter Raffinesse einzusetzen vermag. So findet sich z.B. in einer Rede des Pandarus folgende Strophe:

> Wo worth the faire gemme vertules!
> Wo worth that herbe also that dooth no boote!
> Wo worth that beaute that is routheles!
> Wo worth that wight that tret ech undir foote!
> And ye, that ben of beaute crop and roote
> If therwithal in yow ther be no routhe,
> Than is it harm ye lyven, by my trouthe!
> (II, 344-350)

In seinem Bemühen, Criseyde möglichst schnell umzustimmen und für Troilus zu gewinnen, greift Pandarus zur rhetorischen Figur der Anapher, durch die er seine Exklamationen zu intensivieren versucht. Wenn er jedoch sogleich hinzufügt: »And also thenk wel that this is no gaude« (II, 351), so wird spürbar, daß er seiner rhetorischen Kunst und ihrer Wirkung ein wenig mißtraut; er glaubt, sich vor dem Verdacht schützen zu müssen, daß er diese sprachlichen Mittel nur zum Spaß verwende.[32] Es ist für den Sprachstil des Pandarus kennzeichnend, daß er sich unmittelbar danach wieder auf die Ebene der einfach-drastischen Ausdrucksweise begibt und feststellt:

> For me were levere thow and I and he
> Were hanged, than I sholde ben his baude,
> As heigh as men myghte on us alle se;
> (II, 352-354)

---

[32] Vgl. hierzu die Ausführungen von Muscatine, a.a.O., 145.

Zur Differenzierung des komischen Kontrastes zwischen dem in seiner ersten Liebe blinden und hilflosen Troilus und dem routinierten Diplomaten im Dienste des Liebesgottes tragen jedoch nicht nur die Variationen und Überschneidungen im individuellen Sprachstil der einzelnen Figuren bei. In ironischer Brechung erscheint dieser Kontrast vor allem auch dadurch, daß Pandarus trotz allen Erfindungsreichtums in seiner Liebe bisher keine Erfüllung gefunden hat. Die Ironie seiner Situation ließe sich auf die einfache Formel bringen: Pandarus, der stets bereit ist, anderen zu helfen, vermag sich selber nicht zu helfen. Diese Ironie wird von Troilus sofort gespürt, sobald Pandarus ihm Unterricht in der Ars amatoria zu erteilen versucht, und mehrfach spielt Troilus diese Ironie gegen Pandarus aus: »Thow koudest nevere in love thi selven wisse; /How, devel, maistow brynge me to blisse?« (I, 622-623). Die Antwort des Pandarus läßt erkennen, daß er sich seiner Situation sehr wohl bewußt ist; in heiterer Selbstironie nennt er sich einen Narren, glaubt jedoch bei aller Narrheit und Torheit, die ihn charakterisieren, über genug Lebenserfahrung zu verfügen, um Troilus führen zu können: »A fool may ek a wis man ofte gide«. (I, 630.) So erscheinen sowohl Pandarus als auch Troilus als Weise und Toren zugleich, die mit verschiedenen Rollen und Funktionen an einer Liebeskomödie teilhaben.

Pandarus tritt in dieser Komödie in doppelter Funktion auf: er ist der Regisseur des Spieles, in dem er sich gleichzeitig eine Hauptrolle vorbehalten hat. Seine subtile Regieführung bekundet sich darin, daß er Troilus und Criseyde und den gesamten Freundeskreis dieser beiden Figuren in die Rollen hineinmanövriert, die in seine Konzeption passen (vgl. Buch II). Troilus und Criseyde werden durch die Rollen, die ihnen zufallen, dazu veranlaßt, so zu handeln, wie es ihren geheimsten Wünschen und Neigungen entspricht. Mit welch komödiantischem Sinn sich Pandarus an die Inszenierung dieses Spiels begibt, geht aus einer seiner Bemerkungen im I. Buch hervor: sobald er spürt, daß Troilus verliebt ist und bereit ist, den Namen der Geliebten preiszugeben, sieht er seine Chance gekommen, und er markiert den Anfang der Liebeskomödie mit dem charakteristischen Satz: »A ha! ... here bygynneth game!« (I, 868).[33] Pandarus wächst dabei als Regisseur in eine solch überlegene Rolle hinein, daß der Erzähler im II. Buch einmal bemerkt: »But god and Pandare wist al what this mente« (II, 1561). Pandarus waltet über diesem Liebesspiel als eine Art komischer

---

33 Das Wort *game* gehört mit den Wörtern *dauncen, pleyen, laughen* und *japen* zu den Schlüsselwörtern in den Pandarus-Szenen.

Prädestination: er zieht die Fäden, arrangiert die Situationen und parodiert dabei zugleich die konventionellen Formen des Minnedienstes und die Formeln der ihm zugeordneten Sprache.

So spielt sich Pandarus im I. Buch in die Rolle eines Priesters des Gottes Amor hinein, läßt Troilus eine Beichte ablegen, in der er sich vor dem Liebesgott schuldig bekennen muß, worauf ihn Pandarus mit der behenden Eleganz und Leichtigkeit eines Komödianten von seinen Vergehen, den überheblichen, spöttischen Bemerkungen über die Diener Amors, freispricht (vgl. I, 932ff.). Dieser parodistische Gebrauch religiöser Bilder und Vergleiche in einer auf Minnedienst abzielenden Sprache wird besonders noch an jener Stelle des I. Buches greifbar, an der die Wandlung des Troilus mit der Bekehrung eines Heiden und Widersachers Gottes verglichen wird, der nach seiner Bekehrung den stärksten Widerstand gegen alle Häretiker zu entwickeln vermag (vgl. I, 1002-1008). Die Ironie dieser Passage liegt darin, daß Troilus, den Konventionen der Minnekultur und der historischen Fiktion entsprechend, sich einem heidnischen Gott, Amor, unterwerfen muß. Die Komik, welcher der verliebte Troilus in dem von Pandarus inszenierten Spiel ausgesetzt ist, wird dadurch verfeinert, daß er, der liebeskrank ist, zugleich den Liebeskranken spielen muß, um im Hause des Deiphebus mit Criseyde zusammenzutreffen; dämpfend wirkt dabei, daß Troilus sich der Ambiguität seiner Situation bewußt ist und nicht unwissend dem Spiel des Pandarus zum Opfer fällt. Indem Troilus gezwungen wird, sich selber zu parodieren, wird der Liebesleidenschaft des Helden der volle Ernst genommen. Zugleich wird durch dieses Spiel die übersteigert affektierte Sprache, die Troilus den Konventionen der höfischen Liebestheoretiker und der höfischen Liebesdichtung gemäß spricht, eingegrenzt. Die erzählerische Situation läßt deutlich werden, daß in den Reden des Troilus von der Liebe als einer ›Krankheit zum Tode‹ Wirklichkeit und Fiktion gemischt sind, daß solche Reden einer wahren persönlichen Gestimmtheit und Ergriffenheit wie einer klug berechneten spielerischen Anpassung an eine bestimmte Situation und eine dazugehörige sprachliche Konvention entspringen können.

Am deutlichsten ist die subtile Verflechtung der Wortkomik mit der Situations- und Gebärdenkomik in den Pandarus-Auftritten des III. Buches zu erkennen. Als Pandarus zu Beginn dieses Buches Criseyde zu Troilus führt, heißt es: »And Pandarus, that ledde hire by the lappe, /Com ner« (III, 59); als er später Troilus in sein Versteck bringt, in dem er sich aufhalten muß, bevor er mit Criseyde die erste Liebesnacht erleben kann, heißt es ganz analog: »And Troilus he broughte in by the lappe« (III, 742).[34] Die Situationskomik, die mit der Einführung der beiden Liebenden verbunden ist, nimmt ihrer Begegnung ein wenig von dem Pathos, mit dem Troilus selber das Liebeserlebnis umschreibt.

In ähnlicher Weise wirkt das Agieren des Pandarus auch in jener Szene als komischer Kontrast zu dem Verhalten der Liebenden, in der Troilus vor dem Bett Criseydes niederkniet, um sie in ritterlicher Weise zu begrüßen. Während Criseyde in ihrer Erregung kein Wort zu sprechen vermag, ist Pandarus ganz Herr der Situation und kommt mit einem Kissen herbeigeeilt, um Troilus das Knien ein wenig bequemer zu machen. Der komische Kontrast zwischen Pandarus und den beiden Liebenden wird durch den Erzähler noch dadurch bewußt verschärft, daß er das Handeln des Pandarus mit dessen »Einfühlungsgabe«[35] in Verbindung bringt: »But Pandarus, that so wel koude feele /In every thyng, to pleye anon bigan« (III, 960-961). Die Einfühlungsgabe des Pandarus wird, wie seine Reaktion in der geschilderten Situation zeigt, ganz bestimmt von seiner aufs Praktische gerichteten Mentalität; Troilus und Criseyde dagegen sind in ihrem Denken und Fühlen primär von höfischen Idealen und Konventionen geprägt.

Ihren Höhepunkt erreicht die Situations- und Gebärdenkomik dieses Buches in dem Augenblick, in dem Troilus, betroffen von den Worten Criseydes, ohnmächtig niedersinkt. Pandarus weiß sich nun keinen anderen Rat, als Troilus in Criseydes Bett zu bringen. Der Erzähler drängt die Darstellung dieses Vorgangs in folgendem Satz zusammen: »he into bedde hym caste« (III, 1097). Die Knappheit der Formulierung und die Wortwahl (»to casten«) lassen die Drastik des Vorgangs deutlich hervortreten. Der komische Effekt, den Troilus in dieser Situation auslöst, ergibt sich aus dem Mißverhältnis zwischen seinem Wollen und Fühlen, das in rhetorisch geformter Sprache vollendeten Ausdruck findet, und seinem tatsächlichen, recht kläglichen Verhalten, über das Pandarus spöttelnd bemerkt: »thef, is this a mannes herte?« (III, 1098). Ohne Gewissensbisse und mit verschmitztem Humor verhilft Pandarus den Liebenden sodann zu ihrem Ziel und führt damit das von ihm inszenierte Spiel zu Ende; er nimmt ihnen die Kerze weg mit der Begründung: »Light is nat good for sike folkes yen« (III,

---

[34] Vgl. in diesem Zusammenhang auch eine Stelle im II. Buch, wo es in bezug auf Pandarus und Criseyde heißt: »And up he sterte, and on his wey he raughte, /Til she agayn hym by the lappe kaughte«. (II, 446-447)
[35] Vgl. in diesem Zusammenhang auch W. Schmidt-Hidding, Sieben Meister des literarischen Humors in England und Amerika, Heidelberg 1959, 18-21.

1137) und verabschiedet sich mit der ironischen Bemerkung, sie möchten nicht ohnmächtig werden, damit das Gefolge nicht wach werde (vgl. III, 1190).

Die Komik der Pandarus-Auftritte im dritten Buch legt die Frage nahe, ob Chaucer hier nicht indirekt die hypertrophen Formen höfischer Minnekultur, die durch eine überdifferenzierte emotionale Haltung gekennzeichnet waren und die sich in eine schon ein wenig sterile esoterische Isoliertheit hineingespielt hatten, treffen wollte.[36] Was als Tendenz in der späthöfischen Dichtung greifbar ist, wird durch das individuelle Verhalten und das Schicksal des Troilus und seine Konfrontation mit Pandarus in ein komisches Licht gerückt. Pandarus erinnert dabei nicht nur an die Freundes- und Dienergestalten des höfischen Romans, sondern er wirkt (insbesondere in der Szene, in der er den ohnmächtigen Troilus Criseyde zur Seite legt) zugleich wie eine Fabliau-Gestalt.[37]

Im III. Buch ist also ein doppelter Kontrast nachweisbar: zu dem äußeren Kontrast, der zwischen Troilus und Pandarus besteht, gesellt sich der innere Kontrast im Charakter des Pandarus. Es haften ihm zwar äußerlich die Züge eines höfischen Dieners an, und immer wieder befolgt er bereitwillig höfische Sitten und Konventionen; andererseits aber läßt er in seinen Äußerungen wiederholt eine sehr nüchterne, bürgerlich anmutende, pragmatische Denkart zur Geltung kommen.[38] Auf diese Weise wird auch die Komik des Buches nuancenreicher: bei Pandarus umspielt sie die Spannung zwischen äußerem Schein und innerem Sein; im Zusammentreffen von Troilus und Pandarus resultiert sie aus dem Gegensatz zwischen einer idealisierten und einer ganz nüchtern-realistischen Liebesauffassung.

Eine derart differenzierte Figuren- und Situationsgestaltung verhindert es, daß in den Liebesszenen im III. Buch von Chaucers Werk eine so ernste Stimmung vorherrscht, wie sie etwa für die Liebesbegegnungen zwischen Parzival und Condwiramurs im IV. Buch von Wolfram von Eschenbachs

---

[36] Über Rittertum und Minnekultur im ausgehenden Mittelalter vgl. die grundlegenden Ausführungen von J. Huizinga, Herbst des Mittelalters, Studien über Lebens- und Geistesformen des 14. u. 15. Jh. in Frankreich und in den Niederlanden, dt. Übersetzung hg. v. K. Köster, Stuttgart, 7. Aufl., 1953. Die Beziehungen von Chaucers Dichtung zur höfischen Liebesauffassung wurden insbesondere von C.S. Lewis, The Allegory of Love, Oxford 1936, und T.A. Kirby, Chaucer's Troilus, A Study in Courtly Love, Baton Rouge, La., 1940, repr. Gloucester, Mass., 1958, herausgearbeitet. Über Chaucers kritische Haltung zur höfischen Liebe vgl. u.a. Meech, a.a.O., 420-421, und Muscatine, a.a.O., 130ff.

[37] Daß Pandarus an Figuren aus den Fabliaux erinnert, wurde von J. Speirs, Chaucer the Maker, London 1951, 2nd impr. 1954, 65, hervorgehoben.

[38] Vgl. dazu auch die Ausführungen von Muscatine, a.a.O., 141ff.

Epos kennzeichnend ist, wo eine Pandarus vergleichbare Gestalt fehlt.[39] Das III. Buch von *Troilus and Criseyde* ist gleichzeitig ernst und farcenhaft-komisch. Wenn Chaucer in diesem Teil seiner Dichtung nicht ausschließlich die Haltung eines religiösen Ernstes dominieren läßt, die insbesondere Troilus und sein Erlebnis der Liebe charakterisiert (vgl. z.B. seinen Hymnus »Love, that of erthe and se hath governaunce ...«, III, 1744ff.), so weist dies darauf hin, daß mit der Komik des III. Buches bereits indirekt jene Wertung irdischer Liebe vorbereitet wird, die der Erzähler und mit ihm Troilus am Ende des Werkes vornehmen. Die Liebe von Troilus und Criseyde ist Glück, Erfüllung und Torheit zugleich. Im III. Buch sieht Troilus nur das Glück und die Erfüllung; Pandarus dagegen kennt den alten Tanz (»the olde daunce«, III, 695); er gönnt beiden das Glück, lächelt aber auch über die Torheit von Troilus und Criseyde, die darin besteht, daß sie sich ganz an irdisches Glück verlieren möchten und sich beinahe noch um dieses flüchtige Glück gebracht hätten.

Criseyde ist bei dem Spiel, das geschickt aufgebaut wird, um sie für Troilus zu gewinnen, nach den Worten des Erzählers zunächst »al innocent of Pandarus entente« (II, 1723). Und als sie Pandarus am Morgen nach ihrer Liebesnacht mit Troilus wiederbegegnet, gibt sie zu erkennen, daß sie von ihm in eine Falle gelockt wurde:

>»Fox that ye ben, god yeve youre herte care!
>God help me so, ye caused al this fare,
>Trowe I«, quod she; »for al youre wordes white,
>O! whoso seth yow knoweth yow ful lite«.
>(III, 1565-1568)

Dennoch ist Criseyde in diesem von Pandarus inszenierten Liebesspiel nicht nur ein hilfloses Opfer: ihre Begegnungen mit Pandarus im II. Buch lassen ihren Charakter vieldeutig erscheinen zwischen einer gespielten Abweisung des für Troilus werbenden Onkels und einer bald heiter unbefangenen, bald sorgfältig erwogenen Zustimmung zu seinen Vorschlägen und Bitten. Die Dialoge zwischen diesen beiden Gestalten zeigen, daß zwischen ihnen nicht nur eine blutsmäßige Verwandtschaft besteht, sondern daß sie auch im Geistigen verwandte Naturen sind. Wenngleich Criseyde auf Grund ihrer gesellschaftlichen Stellung als Frau nicht so hemmungslos aggressiv handeln kann wie Pandarus, ist sie doch so weltklug und in vieler Beziehung so schlau wie er (vgl. II, 462: »It nedeth me ful sleighly for to

---

[39] Zu Wolfram vgl. in diesem Zusammenhang G. Weber, Parzival, Ringen und Vollendung, Oberursel 1948, 30-35.

pleie«), und sie vermag ihm in den gutmütig freundlichen Wortgefechten, die sie miteinander austragen, mit der gleichen heiteren Ironie zu begegnen, wie er sie gerne zur Schau trägt. Als er den ersten Versuch macht, Criseyde für Troilus zu gewinnen, wehrt sie seinen versteckten Angriff mit den Worten ab: »Uncle, ... youre maistresse is nat here« (II, 98), womit sie auf seine jahrelange, unerfüllte Liebeswerbung anspielt.

Die Heiterkeit in den Szenen zwischen Pandarus und Criseyde steigert sich noch, als sie über die Antwort auf einen Brief des Troilus in einen komischen Streit miteinander geraten, in dem einer den anderen zu überlisten versucht. Sobald Pandarus in diesem witzig-verspielten Wortgeplänkel gewonnen hat, leitet er als gutmütiger Sieger zur Selbstironie über und beantwortet Criseydes Aufforderung »go we dyne« (II, 1163) mit dem Hinweis, daß er wegen seiner unglücklichen Liebe jeden zweiten Tag faste. Wenn es in diesem Zusammenhang von Pandarus weiterhin heißt: »And gan his beste japes forth to caste, /And made hire so to laughe at his folye, /That she for laughter wende for to dye« (II, 1167-1169), so wird deutlich, daß in dieser Szene das Lachen der Criseyde mehr ist als der Ausdruck höfischer Freude. Ihre persönliche Vertrautheit und die verwandtschaftlichen Beziehungen mit Pandarus schaffen eine solche Atmosphäre des gegenseitigen Verstehens, daß es möglich ist, in Wort und Gebärde die gesetzten höfischen Grenzen zu überschreiten und in ursprünglicher Spontaneität zu agieren und zu reagieren.[40]

Die Ungezwungenheit, mit der Criseyde und Pandarus sich begegnen, bringt es mit sich, daß in ihren Gesprächen das Lachen am reinsten erklingt; es ist das Lachen zweier gleichartiger und gleichgestimmter Naturen. In den Szenen, in welchen sich Pandarus und Troilus gegenüberstehen, kann eine solche Heiterkeit nicht aufkommen, weil in ihren komischen Konflikten Pandarus stets der Überlegene ist und die Antworten des Troilus ins Bitter-Ironische zielen. Sein tragisches Lebensgefühl läßt ihn nicht genügend Distanz zu sich selber gewinnen; er steht immer ganz in den Konflikten und niemals zugleich über ihnen. Die Einsicht in die eigene Begrenztheit und die Brüchigkeit des Irdischen fehlt Troilus, und er gewinnt sie erst, nachdem er den Tod gefunden hat. Die gleiche Einsicht wird andererseits Pandarus von vornherein zugeschrieben, und sie ist bei ihm mit

---

[40] Zur Entwicklung der Gebärdensprache in der englischen Literatur bis zum 14. Jh. vgl. die Untersuchung von W. Habicht, Die Gebärde in englischen Dichtungen des Mittelalters, Bayr. Akademie d. Wissenschaften, Phil.-hist.Klasse, Neue Folge, Heft 46, München 1959. Zur Gebärde des Lachens bei Chaucer vgl. auch Paull F. Baum, Chaucer, A Critical Appreciation, Durham, N.C., 1958, 168ff.

einer ursprünglichen Güte und Sympathie für alle Menschen verbunden, so daß wir in ihm nicht nur einen Komödianten sehen dürfen, sondern zugleich auch einen Humoristen.[41]

Wir haben in unseren bisherigen Ausführungen Tragik und Komik im wesentlichen getrennt voneinander behandelt, zugleich jedoch schon angedeutet, daß in diesem Werk komische und tragische Szenen nicht durchgehend so markant voneinander abgesetzt sind wie etwa die Pförtner-Szene in Shakespeares *Macbeth* von den übrigen Szenen der Tragödie. Geht man der Frage nach, ob in der äußeren Verteilung von Tragik und Komik in Chaucers Werk bestimmte Tendenzen wahrzunehmen sind, so stellt man fest, daß die komischen Szenen in Buch I bis III vorherrschen, die tragischen dagegen in Buch IV und V. Von Pandarus, dem Hauptträger der Komik, heißt es bezeichnenderweise in Buch V, daß er stille stand wie ein Stein und schwieg, »a word ne koude he seye« (V, 1729); und als er dann ironischerweise noch einmal das Wort ergreift, muß er selber letztlich bekennen: »I kan no more seye« (V, 1743). Er verstummt vor der Übermacht des tragischen Geschehens; er schweigt in Trauer über das Schicksal des Troilus und in Scham über das Verhalten Criseydes. Bedenkt man nun weiterhin, daß der Weg des Troilus im Liebesleid beginnt, zur glückhaften Erfüllung seiner Liebe führt (Buch I-III), daß er dann die Geliebte verliert und er schließlich den Tod auf dem Schlachtfeld sucht (Buch IV und V), so kann man in der Darstellung seines Schicksals die Kombination einer Komödie und einer Tragödie im mittelalterlichen Sinne sehen.[42] Denn nach mittelalterlicher Vorstellung ist die Komödie ein Werk, das traurig beginnt und heiter endet, während umgekehrt die Tragödie dadurch charakterisiert ist, daß sie in ruhig-heiterer Weise beginnt und einem schrecklichen Ende zustrebt.

Freilich ist mit diesem einfachen Nacheinander von Komik und Tragik (im mittelalterlichen Sinne) nur ein grobes Grundschema der künstlerischen Gestaltung dieses Werkes bezeichnet. Wie wir zeigten, hat Chaucer die mittelalterlichen Vorstellungen von Tragik dadurch entscheidend vertieft und zugleich modifiziert, daß er den Fall eines trojanischen Prinzen als das Resultat eines subtilen Zusammenspiels von außermenschlichen und innermenschlichen Faktoren darstellt und dieses tragische Spannungsfeld vom I.

---

41   Vgl. in diesem Zusammenhang auch die Ausführungen von J.L. Lowes über Pandarus: »Chaucer ... has endowed him with all the address of a finished man of the world; and made him, as *dramatis persona*, the mouthpiece of his own wit, wisdom, and humour«. Geoffrey Chaucer, Oxford 1934, repr. 1956, 144.

42   So deutet Root, The Book of Troilus and Criseyde, 409, Anm. zu I, 4; er zitiert dabei auch Dantes Definition der Komödie und der Tragödie.

Buch an aufbaut. Da er nun innerhalb dieses tragischen Spannungsfeldes die Hauptfiguren zugleich wiederholt in komischen Situationen auftreten und agieren läßt oder sie durch den Erzähler in eine komische Perspektive rückt, werden sie zu tragikomischen Gestalten, die sich insofern voneinander wiederum unterscheiden, als sie auf eine ganz individuelle Weise am Tragischen und Komischen teilhaben. Weiterhin tragen die zahlreichen »zukunfts-gewissen Vorausdeutungen«[43], die in allen Büchern des Werkes zu finden sind, dazu bei, daß sich die komischen Partien nicht zu entspannenden Einlagen und Episoden verselbständigen, sondern einbezogen bleiben in das klar durchdachte Gefüge der gesamten Fabel und die gehaltliche Gesamtkonzeption des Werkes. Dadurch, daß der tragische Ausgang der Liebeshandlung von vornherein bekannt ist, wird die gegenseitige Durchdringung von Tragik und Komik wesentlich gefördert: die Tragik bildet einen wirkungsvollen Kontrast zur Komik der dargestellten Vorgänge; umgekehrt wird durch die Komik eine Distanz zu dem bevorstehenden Untergang des Helden geschaffen, so daß der Leser darauf vorbereitet ist, am Ende mit Troilus auf alles Irdische lachend herabzusehen.

In dieser wechselseitigen Bezogenheit von Tragik und Komik wird ein Gestaltungsprinzip faßbar, das sich in allen Schichten des Werkes nachweisen läßt und dazu beiträgt, seine künstlerische Einheit zu konstituieren: die Ironie.[44] Als bewußte Haltung eines Sprechers reicht sie von der heiterversöhnlichen Ironie des Pandarus bis zur bitter-spöttischen Ironie des Troilus. Geht man der Ironie des Troilus weiterhin nach, dann sieht man z.B. an Hand des I. Buches, wie bei ihm offene und verdeckte Ironie miteinander abwechseln. Wenn er die höfischen Liebhaber angreift, auf das Mißverhältnis zwischen Mühe und Lohn im Minnedienst hinweist und mit dem ironischen Lob endet: »In feith, youre ordre is ruled in good wise« (I, 336), so verstehen die Angegriffenen diese Äußerung als offene Ironie; in bezug auf Troilus ist dieser Satz als verdeckte Selbstironie zu bezeichnen, denn Troilus ist bereits innerlich zu dem ›Orden‹ übergetreten, den er äußerlich verspottet. Eine raffinierte Steigerung erfährt diese Selbstironie in dem nachfolgenden Monolog des Troilus, in dem er sich in Gedanken ausmalt, wie die anderen Verliebten, wüßten sie um seinen Zustand, ihn

---

[43] Wir übernehmen diesen Begriff von E. Lämmert, Bauformen des Erzählens, Stuttgart 1955.
[44] Zur Ironie bei Chaucer vgl. G. Dempster, Dramatic Irony in Chaucer, Stanford University Publications in Language and Literature IV, 3 (1932); E. Birney, The Beginnings of Chaucer's Irony, PMLA, LIV (1939), 637-655, und vom gleichen Vf., Is Chaucer's Irony a Modern Discovery?, JEGPh, XLI (1942), 303-319.

mit seinen eigenen ironischen Äußerungen verspotten würden (vgl. I, 514-518).

Überlagert werden diese Formen bewußter Ironie durch die von den Sprechern nicht beabsichtigte dramatische Ironie. Diese Ironie entsteht z.B., wenn in einem Dialog einer der Sprecher seine Situation zu verschweigen oder zu verbergen versucht, der Dialog-Partner jedoch ungewollt mit seinen Worten genau diese Situation trifft und zur Sprache bringt. Ein Beispiel für dramatische Ironie bietet die Garten-Szene des II. Buches, welche die Begegnung Criseydes mit Antigone schildert: hier macht sich Antigone, ohne daß sie den Zusammenhang ahnt, mit ihrem Lied und ihren Worten zur Fürsprecherin von Troilus und trägt dazu bei, die Widerstände, die Criseyde dem werbenden Troilus entgegensetzt, stufenweise zu überwinden.

Aus der Unkenntnis der wahren Situation des Dialog-Partners resultiert auch die dramatische Ironie in der Szene, in der Criseyde von ihren trojanischen Freundinnen Abschied nimmt (vgl. IV, 680-735). Sie glauben in ihrer naiven Selbsteinschätzung Criseydes Tränenausbruch so deuten zu müssen, daß sie den Abschied von ihnen nicht verschmerzen könne, während sie in Wirklichkeit mit ihren Gedanken ganz bei Troilus weilt. Die Ironie dieser Szene wird vom Erzähler dadurch noch intensiviert, daß er die trojanischen Frauen »thilke fooles« (IV, 715) nennt und ihr Verhalten als »this nyce vanyte« (IV, 729) kennzeichnet.[45] Dramatische Ironie kommt weiterhin dadurch zustande, daß spätere Ereignisse die ursprünglichen Intentionen der Handelnden, ihre Worte und Taten in das Gegenteil verkehren. In diesem Sinne gewinnen alle Treueschwüre Criseydes im III. und IV. Buch durch die Untreue, zu der sie sich im Griechenlager nach der Begegnung mit Diomed verleiten läßt, einen ironischen Klang. Diese Ironie ist für den Leser des Werkes bereits in dem Augenblick spürbar, in dem Criseyde Treue schwört, weil der Treuebruch am Ende der Erzählung von vornherein bekannt ist; Criseyde selber vermag – ebenso wie Troilus und Pandarus – diese Ironie erst dann zu erfassen, als ihre ursprüngliche Absicht in das Gegenteil umgeschlagen ist. In dem Maße, in dem diese Begebenheiten und Begegnungen, die in ironischem Kontrast zueinander stehen, durch das Fatum oder die Fortuna bedingt (oder mitbedingt) sind, verwandelt sich die dramatische Ironie des Werkes in eine Ironie des Schicksals.

---

[45] Weitere Beispiele für dramatische Ironie bei Dempster, a.a.O., 13-26. Dort wird auch untersucht, ob die entsprechenden Stellen in Boccaccios Filostrato bereits dramatische Ironie enthielten oder ob sie erst von Chaucer in diesem Sinne umgeformt wurden.

Dazu kommt eine dritte Form der Ironie, zu der nur der Epiker fähig ist, der beim Erzählen seine innere Einstellung zum Publikum, zu seinem Stoff und schließlich auch zu sich selber ständig variieren und neu festlegen kann. Diese spezifisch epische Ironie spiegelt sich bei Chaucer in den Anspielungen auf Stellen in seiner Vorlage, die dort (d.h. in Boccaccios *Filostrato*) im entsprechenden Zusammenhang überhaupt nicht zu finden sind (vgl. III, 502 und 575).[46] Chaucer täuscht dabei sein Publikum, indem er vorgibt, gemäß seiner Vorlage zu verfahren und der Autorität des Dichters zu folgen, dem er den Stoff verdankt, während er in Wirklichkeit diese betreffenden Stellen selbst erfunden hat. Er erhebt sich dabei ironisch über sein Publikum und seinen Stoff zugleich.

Weiterhin gehören zu Chaucers epischer Ironie all jene Stellen, an welchen er den mittelalterlichen Bescheidenheitstopos aufnimmt, in etwas übertriebener Demut auf die Grenzen seines dichterischen Könnens hinweist oder gar behauptet, völlig unfähig zu sein, eine bestimmte Situation darzustellen (vgl. II, 49 und III, 1310 – 1316). Schließlich findet die Selbstironie des Erzählers darin ihren Ausdruck, daß er bei der Darstellung des tragischen Geschickes zweier Liebenden beteuert, von der Liebe wenig oder gar nichts zu verstehen (vgl. I, 15-18; II, 12-14; II, 19-21; III, 1408-1413). Bei all ihrer Hintergründigkeit ist Chaucers epische Ironie niemals verletzend: sie ist stets mit einem tiefen Mitgefühl für die Personen verbunden, von deren Schicksal er in seinem Werk berichtet, so daß sich auch bei ihm – als dem Erzähler – eine ähnliche humoristische Haltung herausbildet wie bei Pandarus.

Obgleich nun auch bei dem Erzähler in den letzten Strophen[47] des Werkes die humoristische Stimme verstummt, unterscheidet er sich jedoch insofern von Pandarus, als er nicht in hilflosem Schweigen verharrt. In der Rückschau auf den Gegenstand des Werkes neigt der Erzähler zu einer sehr harten, entschiedenen Sprache: er verurteilt die antiken Götter, die Diktion der antiken Dichtung und schließlich auch die weltliche Liebe (vgl. V, 1828ff.), deren Schönheit und Glanz er durch Troilus im III. Buch preisen ließ und von der er selber in Buch I sagte, daß sie ein Naturgesetz sei, dem

---

46 Vgl. hierzu die Anmerkung bei Root, The Book of Troilus and Criseyde, 471 u. 473.
47 Die wichtigste Literatur zur Deutung der letzten Strophen (des sog. »Epilogs«, der im Rahmen dieser Arbeit nicht im Detail untersucht werden kann) verzeichnet Robinson in seiner Gesamtausgabe, 837, Anm. zu V, 1835-1855. Ergänzend sei noch auf folgende Arbeiten hingewiesen: P.F. Baum, The Troilus Epilogue, in: Chaucer, A Critical Appreciation, Durham, N.C., 1958, 143-164, und E.Talbot Donaldson, The Ending of Chaucer's Troilus in: Early English and Norse Studies, presented to Hugh Smith, ed. by Arthur Brown u. Peter Foote, London 1963, 26-45.

sich niemand entziehen könne und dürfe. In rigoros-religiösem Ton fordert er den Verzicht auf alle weltliche Eitelkeit; weltlicher Falschheit setzt er die göttliche Wahrheit entgegen, und er schließt sein Werk mit einem Gebet auf die Trinität, das in engem Anschluß an Dante (*Paradiso*, XIV, 28-30) geschrieben ist. W.C. Curry hat die letzten Strophen (V, 1807-1869) von den übrigen fünf Büchern der Dichtung abgetrennt, sie als »Epilog« bezeichnet und ihn »dramatically a sorry performance«[48] genannt. Demgegenüber sei darauf hingewiesen, daß diese abschließenden Strophen bereits in den Eingangsstrophen vorbereitet werden, wo sich der Erzähler vorsichtig von der höfischen Liebe distanziert (vgl. I, 47ff.). Die Ironie, die das ganze Werk durchwaltet, ist ein Zeichen dafür, daß diese Distanz durchgehend beibehalten wird.[49] In dieser Ironie macht sich auf eine indirekt-künstlerische Weise jener kritische Vorbehalt gegen die weltlich-höfische Liebe bemerkbar, der am Ende des Werkes in engster Anlehnung an die moral-theologische Sprache der Zeit seinen Ausdruck findet. Wenn Chaucer im übrigen in den Schlußstrophen Verse hat einfließen lassen, die sich durch die Weichheit ihres Klanges – E.T. Donaldson spricht von »a sweetness of tone«[50] – auszeichnen, so spricht auch hieraus das Mitgefühl und Mitleid mit den Liebenden, das er in seinem Werk stets gezeigt hat und das seiner Ironie wie seinem Urteil über die dargestellten Vorgänge und Figuren das besondere Gepräge gibt.

Insgesamt läßt das Ende des Werkes erkennen, wie tief Chaucer noch im Mittelalter beheimatet war:[51] in dem Augenblick, in dem er sich als Erzähler von seinem Gegenstand löst, grenzt er seine Darstellung einer vielfältig gebrochenen diesseitigen Wirklichkeit dadurch ein, daß er sie in mittelalterlich-gläubiger Haltung zu jener außer-dichterischen Wahrheit in Beziehung setzt, durch die alle Tragik und alle Komik des menschlichen Daseins aufgehoben und überwunden werden.

---

[48] W.C. Curry, a.a.O., 165.
[49] Daß Chaucer sich dabei alle Freiheiten der Variation nimmt, die Distanz gelegentlich verkürzt und gegen das Ende der Dichtung wiederum sehr deutlich fühlbar werden läßt, hat Muscatine treffend herausgearbeitet, a.a.0., 161.
[50] E.T. Donaldson, a.a.O., 41.
[51] Vgl. hierzu auch die Darlegungen von Kemp Malone, Chapters on Chaucer, Baltimore 1951, repr. 1956, 139ff.

*Abb. 12*: Chaucer beim Vortrag
Es gibt Literatur- und Kunsthistoriker, die dem Titelbild zu Chaucers *Troilus and Criseyde*, Corpus Christi College, Cambridge, MS 61, einen historisch-dokumentarischen Wert zumessen. So glaubt beispielsweise Roger Sherman Loomis (in: *A Mirror of Chaucer's World*, Princeton, N.J., 1965, zu Abb. 68) eindeutig König Richard II. zur Rechten des Dichters und Königin Anna identifizieren zu können. Dieser Deutung begegneten mit einigen Vorbehalten Elizabeth Salter und Derek Pearsall. Beide betonen den Kunstcharakter des Titelbildes, und E. Salter hat den Zusammenhang zwischen dieser Miniatur und der europäischen Ikonographie hervorgehoben. Sie geht von der Aufteilung des Bildes aus, die durch eine Diagonale bewirkt wird. Im Hintergrund wird ein Gefolge dargestellt, das sich bis zum Eingang des Schlosses verfolgen läßt. Das Vorbild für diesen Teil sind die »Itinerary miniatures« der Gebrüder Limbourg, wie sie in den Stundenbüchern für den Herzog von Berry zu finden sind. Die Rezitationsszene mit Chaucer im Zentrum läßt sich auf Predigt-Miniaturen zurückführen; dazu paßt die Gestik des Autors sowie die Tatsache, daß er ohne Buch dargestellt wird. Als Vorbild kommt hier die Technik der Illuminatoren von Guillaume de Deguilevilles *Pèlerinage de Vie Humaine* in Frage. Wahrscheinlich war der Maler des Titelbildes von *Troilus and Criseyde* von italienischen und flämischen Künstlern beeinflußt, die sich Ende des 14. Jahrhunderts und Anfang des 15. Jahrhunderts in Paris aufhielten (vgl. Elizabeth Salter, The Troilus Frontispiece, in Elizabeth Salter, *English and International: Studies in the Literature, Art and Patronage of Medieval England*, ed. by Derek Pearsall and Nicolette Zeeman, Cambridge 1988, 267-271). Auch wenn die Miniatur aus Stilelementen verschiedener Provenienz zusammengesetzt ist, kommt die Erzählersituation überzeugend zum Ausdruck, die Chaucer in seinem Werk selbst zu evozieren suchte: »Now herkneth with a good entencioun« (*TC*, I, 52).

# Origins of Comicality in Chaucer

I.

In his article »Comicality of action, comicality of the speech act, comicality of comedy« Karlheinz Stierle makes the following statement:

> The object of comicality is anything that threatens a culture as a system: that is to say, on the one hand the relapse into nature, and on the other hand the isolation of a culture from nature, i.e., its presentation as something absolute.[1]

This thesis shall be tested here on the basis of examples taken from Chaucer's poetry. From his literary beginnings, Chaucer already had an affinity to comicality as a literary form of representation and as a mode of evaluating experience.[2] This can be seen in his first poem, *The Book of the Duchess*, a consolation addressed to his patron John of Gaunt after the death of his wife, Duchess Blanche of Lancaster. The humour with which Chaucer characterizes himself as narrator and dreamer, and the subtle irony with which he meets the Black Knight, shows that he was able to handle the death theme so as to convey to his patron and to a courtly audience a sense of the superiority of man over physical necessity. With reference to Stierle, one could classify excessive mourning as »a relapse into nature«, as a breach of courtly decorum. However, if one gives heed to the judgement which Chaucer suggests to his late medieval audience in the comments he has intertwined with the narrative, one must arrive at a different conclusion.[3] In Chaucer's view the concentration on death apparent in the monologue of the Black Knight has to be understood as a breach of the »lex naturalis«, that admonishes him to preserve his life.[4] Chaucer advocates this very law by means of his irony and comedy.

---

[1] K. Stierle, Komik der Handlung, Komik der Sprachhandlung, Komik der Komödie, in: W. Preisendanz and R. Warning (eds.), Das Komische, München 1976, 260: »Gegenstand des Komischen ist, was eine Kultur als System bedroht: einerseits der Rückfall in Natur, andererseits die Abgeschnittenheit der Kultur von Natur, ihre unvermittelte Absolutsetzung«.

[2] See also W. Clemen, Chaucers frühe Dichtung, Göttingen 1963, 49: »Es ist jedoch kennzeichnend für den Geist des ganzen Gedichtes, daß die trauervolle Ceyx-Halcyone-Episode aufgehellt wird durch einige komische und drastische Einzelheiten, die Chaucer bei Ovid kaum vorgebildet fand«.

[3] See e.g. The Book of the Duchess, ll. 16-21; all quotations and line numberings refer to The Works of Geoffrey Chaucer, ed. F.N. Robinson, London ²1957.

[4] See also the following essay ›Kynde‹ and ›Nature‹ bei Chaucer: Zur Bedeutung und Funktion des Naturbegriffes in der Dichtung des ausgehenden Mittelalters, page 253-276 of this volume.

The element of comicality gains momentum in Chaucer's second poem, *The House of Fame*. Again, the dreamer-narrator is conspicuous in the comical passages. Here, he converses with an eagle sent by Jupiter. During his flight to the House of Fame, the bird gives him a slightly popularized lecture on science, specifically on the nature of sound-waves, thereby kindly widening the narrator's mental horizon. The eagle tells Geoffrey off – backed up by Jupiter's criticism – for burying himself in his books. To put it in Stierle's terminology: in his ironical attacks the bird criticizes »culture being isolated from nature«. Jupiter reproaches the narrator, as the eagle reports it:

> ... that thou hast no tydynges
> Of Loves folk yf they be glade,
> Ne of noght elles that God made;
> (*HF*, 644-646)

The lecturing eagle sets up experience as a contrast to the narrow-mindedness of Geoffrey:

> I preve hyt thus ...
> Be experience ...
> (*HF*, 787-788)

But he can also treat himself with irony, as when he leaves Geoffrey the choice to take his lecture seriously or to smile at it: »Take yt in ernest or in game« (*HF*, 822). Finally, it cannot be ignored that Chaucer the author takes a distanced point of view and makes the irony work against the eagle as well, since the bird that insists so markedly on experience uses as examples of this experience learned sources, such as Plato, Aristotle and probably also Boethius. One thing becomes apparent already at this point: Chaucer does not advocate one single standard, but plays with various perspectives, and with their rapid interchange he surprises a reader who wants to settle down comfortably with one perspective. As author, Chaucer not only plays with the themes which he presents but also with the audience to which his poetry is addressed.

Chaucer mastered the art of changing perspectives in a most subtle way in the third of his early works, *The Parliament of Fowls*.[5] In this poem he combines the popular medieval bird parliament with another popular

---

[5] See also W. Clemen's comment on »Die ›doppelte Sicht‹« as a dramatic device in Chaucer's Parliament of Fowls, in Chaucers frühe Dichtung, 205ff.

genre, the dream vision, and tells the story of three eagles wooing a female eagle on the 14th of February, St Valentine's day, which is, according to popular belief, the traditional day of bird mating. Chaucer distinguishes four different groups of birds: (1) birds of prey, (2) birds that feed on worms and insects, (3) water fowl and (4) birds that feed on seeds. In this hierarchy, and in the way the birds speak and debate, Chaucer criticism has identified an allusion to the English Parliament which was coming into existence at the time. But what is more important than any possible comic-satiric attacks which a contemporary audience might have perceived is the fundamental conflict underlying the debate of the birds, a conflict which resolves around the traditional form of courtly wooing represented by the three eagles' competition for the female eagle. The goose, the duck, and the cuckoo who criticize the courtly lovers confess to their definitely pragmatic attitude. They voice »common sense«; they argue in the same way as Chaucer might hear a man arguing in the streets of London or a merchant at the harbour. The debate reveals the conflict between the social »classes«, nobility and bourgeoisie. Both classes are also characterized as representatives of different attitudes towards reality; the rarified idealism of the aristocracy is juxtaposed to the sober realism of the bourgeoisie.

Thus, the question arises whether we have to regard each of these conceptions of reality in Stierle's sense as a cultural system, in such a way that a threat to either one of them has to be regarded as comical, or whether the courtly view of reality must be seen as the norm. In the second case, utterances of the goose, duck and cuckoo would have to be regarded as a »relapse into nature«, and these birds would prepare their own comical defeat by their provocation and breach of the aristocratic norm. In order to be able to solve this problem we must take a closer look at some passages of the text.

The royal eagle who speaks first proves to be a worthy representative of nobility in manner, gestures, choice of words and argument. His address to the female eagle is an immaculate declaration of courtly love:

> Unto my soverayn lady, and not my fere,
> I chese, and chese with wil, and herte, and thought,
> The formel on youre hond, so wel iwrought,
> Whos I am al, and evere wol hire serve,
> Do what hire lest, to do me lyve or sterve;

> Besekynge hire of merci and of grace,
> As she that is my lady sovereyne;
> Or let me deye present in this place.
> For certes, longe may I nat lyve in payne,
> For in myn herte is korven every veyne.
> Havynge reward only to my trouthe,
> My deere herte, have on my wo som routhe.
>
> And if that I to hyre be founde untrewe,
> Disobeysaunt, or wilful necligent,
> Avauntour, or in proces love a newe,
> I preye to yow this be my jugement,
> That with these foules I be al torent,
> That ilke day that evere she me fynde
> To hir untrewe, or in my gilt unkynde.
>
> And syn that non loveth hire so wel as I,
> Al be she nevere of love me behette,
> Thanne oughte she be myn thourgh hire mercy,
> For other bond can I non on hire knette.
> Ne nevere for no wo ne shal I lette
> To serven hire, how fer so that she wende;
> Say what yow list, my tale is at an ende.
> (*PF*, 416-441)

Distinction, solemn pathos and elegance characterize the careful language of the royal eagle. The two other suitors are of lower birth, »of lower kynde«, and this is noticeable in their use of language.[6] When the second eagle states in his speech:

> I dar ek seyn, if she me fynde fals,
> Unkynde, janglere, or rebel any wyse,
> Or jelous, do me hangen by the hals!
> (*PF*, 456-458)

his language is, admittedly, more expressive and richer in imagery; it is, however, of a lower standard compared to the diction of the royal eagle, and, in contrast, it even has a slightly comical effect.

Yet the comical impact is much stronger when the goose, cuckoo and duck chip in with their objections. The narrator puts it thus:

> The goos, the cokkow, and the doke also
> So cryede, »Kek kek! kokkow! quek quek!« hye,
> That thourgh myne eres the noyse wente tho.

---

[6] See also D. Mehl's interpretation in: Geoffrey Chaucer. Eine Einführung in seine erzählenden Dichtungen, Berlin 1973, 62-64.

> The goos seyde, »Al this nys not worth a flye!...«
> (*PF*, 498-501)

The primitive language as an inroad into the territory of a courtly »culture as system« seems – at first glance – ridiculous. This effect is emphasized above all by the fact that the nobility can talk at length, but their adversaries are only allowed brief remarks. The balance changes when the goddess of nature suggests that all four groups choose a speaker who is to judge the three eagle's courtship. The advocates of a chivalrous way of life and courtly love are the falcon (for the birds of prey), the sparrow-hawk, the turtle dove and two more falcons; they are opposed by the goose, duck and cuckoo. In this debate, which does not decide the issue in favour of one of the parties concerned, the representatives of common sense become more convincing. The conventions of chivalry seem to be at cross purposes with reality. They seem to force an impractical and unnatural behaviour on the eagles; the speeches in defence of the ideal of service in courtly love seem to support the thesis of the isolation of a »culture from nature«. Thus Chaucer emphasizes the ironic-satiric effect of the attacks launched by the lower birds.

The decision made by the goddess of nature gives a clue to the way in which Chaucer wanted the reader to understand the basic conflict of the poem: each of the birds, with the exception of the three eagles, receives a mate. The eagles have to serve for another year – this is what nature asks them to do in compliance with the female eagle's request. During this year they can prove their worthiness. From this decision we can conclude that Chaucer – from a superior vantage-point – recognizes the value and the limitations of both ways of life, the »middle-class« pragmatic one of the lower birds and the idealistic-chivalrous one of the eagles. Each has its justification as well as its necessary limitations which become obvious in the juxtaposition with the other »class« and which are presented in a comic light in the dialogue. But we can also see clearly that the narrator's manipulation of the reader's sympathy – the words and behaviour of the goddess of nature are the most effective means of this manipulation – still reveals a medieval hierarchy in which the courtly way of life is superior to the pragmatic one of the bourgeoisie. If there is a superior system in this poem into which both the nobility and the bourgeoisie can be fitted, then the goddess of nature is the representative of this system. She accepts and encourages the creature's biological drive to procreate as well as the forms of civilization and refinements of human communal life.

II.

*Troilus and Criseyde* shows how two views overlap in Chaucer's work: the concepts of value cherished by the aristocracy and by the bourgeoisie rival each other; the complexity of his poetry, as well as its comic effects, arises from the fact that he continuously reflected on the values and limitations of the norms advocated by these two social classes.[7] In *Troilus and Criseyde* this comic conflict is expressed by Troilus and Pandarus whose language and facial expressions mirror, as it were, two literary genres which are juxtaposed in a contrapuntal manner, namely: romance and fabliau.[8] At the beginning of the *Canterbury Tales* these genres are separate. First the Knight tells about the fates of Palamon and Arcite who court Emily in a romance with philosophical overtones, in which the war-like and the erotic components of chivalry are dramatized. If we believe the narrator who provides a link to the next tale, the romance should have been followed by the Monk's tale. But the drunken Miller pushes himself forward and tells a burlesque and in some passages even obscene story for which Chaucer apologizes to the audience in a gracious and ironic manner:

> What sholde I moore seyn, but this Millere
> He nolde his wordes for no man forbere,
> But tolde his cherles tale in his manere.
> M'athynketh that I shal reherce it heere.
> And therfore every gentil wight I preye,
> For Goddes love, demeth nat that I seye
> Of yvel entente, but for I moot reherce
> Hir tales alle, be they bettre or werse,
> Or elles falsen som of my mateere.
> And therfore, whoso list it nat yheere,
> Turne over the leef and chese another tale;
> (*CT*, I (A) 3167-3177)

---

[7] For a discussion of this issue see also C. Muscatine, Chaucer and the French Tradition. A Study in Style and Meaning, Berkeley/Los Angeles 1957, 124-165.

[8] For a detailed discussion of the comic element in Troilus and Criseyde see the preceding essay on ›Tragik und Komik in Chaucers Troilus und Criseyde‹.

*Abb. 13:* Der Müller

Der Müller ist als Kontrastfigur zu den Vertretern der vornehmen, höfisch gebildeten Gesellschaft zu verstehen. Er ist der Inbegriff brutaler physischer Kraft. Chaucer bemerkt über diese Gestalt im Prolog zu den *Canterbury Tales*:

> The MILLERE was a stout carl for the nones;
> Ful byg he was of brawn, and eek of bones.
> That proved wel, for over al ther he cam,
> At wrastlynge he wolde have alwey the ram.
> He was short-sholdred, brood, a thikke knarre;
> Ther was no dore that he nolde heve of harre,
> Or breke it at a rennyng with his heed.
> (*CT*, I(A) 545-551)

Der Müller ist bewaffnet; er trägt ein Schwert und einen kleinen Rundschild. Er genießt es, die Gesellschaft mit Zoten zu unterhalten, und mit seiner Dudelsackmusik begleitet er die Pilger auf ihrer Reise nach Canterbury. Die äußeren Merkmale dieses Charakters sind in der Miniatur der Ellesmere-Handschrift dergestalt festgehalten, daß der Leser, der Chaucers Text (noch) nicht kennt, wenigstens eine Vorstellung von der groben Physis des Müllers erhält.

Even before the Miller tells his story he announces that it will be about a carpenter who is cuckolded by a student; he thus provokes a harsh reply from the Reeve who is a carpenter by profession and who feels his status has been impaired. A detailed analysis shows, however, that the comedy in the *Miller's Tale*, simple as it may look at first glance, is directed at various quarters.[9] This is due to the context of the story, the characterization of the protagonists and the complex narrative situation. Although the actual teller of the story is the Miller, there is a manipulating author behind him who is superior to the common and coarse ways of a workman, but who also ridicules – as the parody in the *Tale of Sir Thopas* shows – certain conventions of the chivalrous narrative situation and exposes them to the mocking laughter of his audience. In addition to that, the audience within the *Canterbury Tales* who listens to the story is composed of various social classes. There is the aristocracy, the clergy, the bourgeoisie, and finally a Plowman who belongs, together with his brother, the Parish Priest, and the Knight, to the positive figures in the *Canterbury Tales*. Knight, Parish Priest and Plowman represent the three estates in the conception of the early and late Middle Ages, and since they are all presented in an idealized way by the author, they can be regarded as representing the norms of their estates. The structure of the audience on the one hand and the coordination of the tales and their intended effects on the other hand contribute to a multiplicity of relations, meanings and effects which were obvious also to the medieval audience which felt itself represented in the pilgrims. The judgement of some stories is unanimous: the pilgrims agree that the Knight's tale is »a noble storie« (I (A) 3111). But their judgement of the comic stories is controversial.

In the *Miller's Tale*, Alison, the wife of John the Carpenter, is courted by two lovers, Absalon and Nicholas, and particularly Absalon uses courtly forms of wooing. Given this view of the plot, we can interpret the fabliau as a parody on the *Knight's Tale* which preceded it, especially since it is based on the same fundamental constellation: a woman is courted by two men in the language appropriate to their status. The chivalry which the Miller presents in the character of Absalon can clearly be seen in the outer appearance of this clerk of the parish of Oxford:

---

[9] See Alfred David, The Strumpet Muse. Art and Morals in Chaucer's Poetry, Bloomington/London 1976, 92-97.

> Now was ther of that chirche a parissh clerk,
> The which that was ycleped Absolon.
> Crul was his heer, and as the gold it shoon,
> And strouted as a fanne large and brode;
> Ful streight and evene lay his joly shode.
> His rode was reed, his eyen greye as goos.
> With Poules wyndow corven on his shoos,
> In hoses rede he wente fetisly.
> (*CT*, I(A) 3312-3319)

He is dressed in fashionable clothes; like the knight's son whom Chaucer portrays in the »General Prologue«, he can sing and dance as befits a »young squier«:

> In twenty manere koude he trippe and daunce
> After the scole of Oxenforde tho,
> And with his legges casten to and fro ...
> (*CT*, I(A) 3328-3330)

In characterizing his behaviour and his treatment of women, the narrator uses adjectives and phrases which are typical of the courtly lover of romances. He is called »jolif and gay« (I(A) 3339), »jolif and amorous« (I (A) 3355), and when he sings a song to his beloved, he uses the diction and imagery of Solomon's Song of Songs (cf. (I (A) 3698-3706).

If we take into consideration, however, that Absalon is a cleric who acts like a courtly lover, we realize that the comic aspects of his behaviour can be understood as estate satire: he assumes forms of chivalrous behaviour which do not fit his status. »The object of comicality is that which threatens a culture as a system«: here the threat of one cultural system (the clerical) to another (the chivalrous) causes a comic »relapse into nature« which happens several times when the narrator speaks of the sensual and even lustful desire of Absalon. Absalon's chivalrous affectations resemble an ill-fitting garment which cannot hide his true nature. The escape from what Stierle calls the »cultural system« is twofold in the case of Absalon. He goes beyond the clerical system to which he belongs by way of his profession, but he also goes beyond the chivalrous system into which he tries to fit but which is not appropriate to him and which he cannot master.

One could regard Absalon as proof of Nykrog's thesis that the fabliaux belong to the sphere of chivalrous poetry in which the knights mock the inadequate imitation of their culture by lower social classes.[10] When we take into account that Chaucer presented the tale to a predominantly courtly audience, such an interpretation of Absalon seems convincing. The comedy to which he falls victim demands a subtle understanding between Chaucer the author and his courtly audience. The irony of the passages in which Absalon apes courtly behaviour – and Alison admits that she wants to make a fool of him – could be compared to the ironic wink which might have accompanied Chaucer's presentation and have given a clue to his artistic intentions. The coarse disillusionment which Absalon experiences in his role as lover – Alison turns round quickly at the window in the middle of a pitch-dark night when he wants to kiss her so that he does not meet her mouth but her backside – this disillusionment not only destroys his hopes as lover but also exposes to ridicule his courtly affectations.

But it should not be forgotten that the teller of the tale, the Miller, is a member of the lower social classes so that one cannot completely refute the older thesis, formulated by Joseph Bédier, which held that the fabliaux were coarse »contes à rire« told by the bourgeoisie to the bourgeoisie in order to express its protest against hybrid forms of chivalrous culture by describing unbridled sensuality.[11] The representative of the bourgeois morality would be Alison, with all her sensuality, who spends the night with the student Nicholas.[12] If we analyse Alison's characterization given at the beginning of the tale, we can see that she is to be regarded as the embodiment of youth and life spilling over with joyful and pleasurable vitality, even as nature itself which rebels against all constraints and restrictions. The images and comparisons which are used to describe Alison express this clearly. They are taken from the sphere of animal and vegetable creation and give a clue to the interpretation of Alison's outer appearance and behaviour. She is not to be judged according to any social or moral norms. Here are a few quotations taken from Alison's elaborate description to prove this point:

> Ful smale ypulled were hire browes two,
> And tho were bent and blake as any sloo.

---

[10] See P. Nykrog, Les Fabliaux. Etude d'histoire littéraire et de stylistique médiévale, Copenhagen 1957.

[11] J. Bédier, Les Fabliaux, 5th ed., Paris 1925. – For a discussion of Bédier's and Nykrog's theories see D.S. Brewer, The Fabliaux, in: B. Rowland (ed.), Companion to Chaucer Studies, Toronto/New York/London 1968, 247ff.

[12] For further comments on Alison see A. David, The Strumpet Muse, 96-97.

> She was ful moore blisful on to see
> Than is the newe pere-jonette tree,
> And softer than the wolle is of a wether.
> ...
> Ful brighter was the shynyng of hir hewe
> Than in the Tour the noble yforged newe.
> But of hir song, it was as loude and yerne
> As any swalwe sittynge on a berne.
> Therto she koude skippe and make game,
> As any kyde or calf folwynge his dame.
> Hir mouth was sweete as bragot or the meeth,
> Or hoord of apples leyd in hey or heeth.
> Wynsynge she was, as is a joly colt,
> Long as a mast, and upright as a bolt.
> (*CT*, I(A) 3245-3249; 3255-3264)

Alison is never shown in any comic light or subjected to any punishment in the sense of »poetic justice«, and this is another factor which strengthens the view that Chaucer in his role as author and narrator looks at his protagonist with sympathy. She survives all turbulences of the nocturnal comedy of errors without physical damage and without loss of social prestige. The comedy in the love game is directed on the one hand – as shown above – against foolish Absalon, who is made fun of by Alison and her lover and who is blind enough to think that he can cuckold the old carpenter.

On the other hand, the comedy is directed against Nicholas, the gloating student, who wants to intensify his triumph over his rival and wants to make a fool of him in the same way as Alison had done. But poetic justice is rather crude; it is branded into his backside with a red-hot iron.

A comic poetic justice is finally visited on the jealous and superstitious carpenter. He believes in Nicholas' cock-and-bull story which predicts a second flood – Nicholas pretends to have perceived this in his astrological studies.

The carpenter is easily talked into making three wooden tubs in which he wants to survive the disaster together with Alison and Nicholas. So he falls blindly into the trap set for him by the young lovers. He turns out to be the husband who has watched over his wife like a prison guard but is nevertheless outwitted by her. At the end of the story it is he who is the laughing-stock of all his neighbours:

> The folk gan laughen at his fantasye;
> Into the roof they kiken and they cape,
> And turned al his harm unto a jape.

> For what so that this carpenter answerde,
> It was for noght, no man his reson herde.
> With othes grete he was so sworn adoun
> That he was holde wood in al the toun;
> For every clerk anonright heeld with oother.
> They seyde, »The man is wood, my leeve brother«;
> And every wight gan laughen at this stryf.
> (CT, I(A) 3840-3849)

III.

If we measure Chaucer's works interpreted so far against Stierle's definition of comicality, it becomes necessary to change one of his critical terms. If we take into account the interplay between the culture of the aristocracy and that of the bourgeoisie which Chaucer demonstrates as masterly as the contrast he draws between them, Stierle's dictum »the object of comicality is that which *threatens* a culture as a system« would have to be changed into the phrase »the object of comicality is that which *questions* a culture as a system«. However if we look at the *Canterbury Tales*, we can see that Stierle's definition is justified for Chaucer's last major work.

The character who attacks clerical culture most decisively, in triumphant vitalistic gestures as well as with an ingenious rhetoric taken from humanist and clerical traditions, and who subjects this culture most ruthlessly to laughter is the Wife of Bath. Her prologue is one of the artistic highlights of the *Canterbury Tales*.[13]

This prologue is a »threat« – in Stierle's sense – to the cultural system of medieval theology and philosophy insofar as it parodies the methods of »argumentatio« and »disputatio« which were developed by the clergy, in order literally to pervert traditional concepts of the man-woman relationship and, moreover, the conventional hierarchy of material and spiritual values. It is typical of the Wife of Bath's treatment of authorities that she refers to a wealth of quotations, from Jesus, Solomon and St Paul to Socrates, Ovid and Theophrastus, in order to prove her theses. But she has recourse to a number of stratagems, which are included under the

---

[13] For my comments on The Wife of Bath's Prologue I am also indebted to D.R. Howard, The Idea of the Canterbury Tales, Berkeley/Los Angeles/London 1976, 247-255; A. David, The Strumpet Muse, 135-153; D. Aers, Chaucer, Langland and the Creative Imagination, London/Boston/Henley 1980, 146-152 and 156-157.- See also my essay on ›Auctoritee‹ and ›Experience‹ in Chaucer, in Piero Boitani and Anna Torti (eds.), Intellectuals and Writers in Fourteenth-Century Europe, Tübingen 1985, 67-87.

term »glosing«, in order to change and interpret her quotations so that they conform to her preconceived ideas. She does not hesitate to quote only parts of a phrase, reinterpreting the fragments to suit her meaning, nor to ignore the context of her quotations.

She certainly knows the theological doctrine of the hierarchy of ways of life open to women, with virginity at the top and widowhood and marriage as the two lower levels, and she is quite ready to accept the high valuation of the ideal of virginity. But she argues skilfully in order to present her opinion which deviates from the traditional view. She refers – like a preacher – to the second epistle to Tim. 2:20, which says: »In a great house there are not only vessels of gold and silver but also of wood and earthenware, and some for noble use, some for ignoble«. She speaks up for the wooden vessels (i.e. the wives), because they fulfill a purpose, and devaluates the golden vessels (the virgins), because they do not. She also quotes St Paul as her witness for the fact that virginity is only recommended, not commanded:

> Th'apostel, whan he speketh of maydenhede,
> He seyde that precept therof hadde he noon.
> Men may conseille a womman to been oon,
> But conseillyng is no comandement.
> (*CT*, III (D) 64-67)

It is typical of the Wife of Bath's clever and artful way of arguing her point that she adds expressive imagery to support her argument:

> And certes, if ther were no seed ysowe,
> Virginitee, thanne wherof sholde it growe?
> (*CT*, III (D) 71-72)

Here she tries to outwit the clergy by means of common sense. Her strategy aims at redeeming marriage from its inferior position and granting it priority, because it is the necessary basis of the continuity of mankind. She refers to the Old Testament, Gen 1:28 : »be fruitful and multiply« but also to the New Testament, Matth. 19:5: »For this reason a man shall leave his father and mother and be joined to his wife, and the two shall become one«.

Her interpretation of biblical authorities leads her to the conclusion that second and third marriages are not forbidden anywhere. Here, she contradicts current medieval ecclesiastical law but not common practice, as every Englishman could observe in his neighbourhood among aristocratic families. The passages which clerics quoted in her time for only one marriage, namely the wedding at Cana and Christ's meeting with the Samaritan woman, she invalidates by reference to the 1st epistle to the Corinthians 7:39, which says: »A wife is bound to her husband as long as he lives. If the husband dies, she is free to be married to whom she wishes, only in the Lord«.

Finally, she opposes the view that sexuality in marriage only serves to beget children. She stands up eloquently for sensual enjoyment of sexuality and says: » ... I koude noght withdrawe / My chambre of Venus from a good felawe« (III (D) 617-618). These and similar passages in the prologue prove that the Wife of Bath opposes the verdict against sensuality and sex which was very common, particularly in early medieval theology (influenced by St Augustine). She also turns against all antifeminist doctrines as they can be found in an anthology which her fifth husband studies with pleasure. The authors represented in this anthology are, among others, Jerome, *Epistola Adversus Jovinianum*, (a treatise often used by Chaucer); Theophrastus, *Liber de Nuptiis*; Walter Map, *Epistola Valerii ad Rufinum de non Ducenda Uxore*.[14] The marital disputes which the Wife of Bath carries out with Jenkin, her fifth husband, reach their climax when she tears three pages out of this anthology and forces him – after he has taken his revenge on her with brute force – to burn the book. Here, the Wife of Bath's monologue turns into a small dramatized marriage comedy, a farce like those which the audience could have watched between Noah and his wife on the stage in the mystery plays.

According to the Wife of Bath's statement, her experience with her five husbands itself suffices for her to express a valid view on marriage:

> Experience, though noon auctoritee
> Were in this world, is right ynogh for me
> To speke of wo that is in mariage;
> (*CT*, III (D) 1-3)

Her autobiographical reports, but also her comments and the advice which she wants to give other wives, and which she thinks is justified on the basis of her variegated experience, are more than the mere corroboration of the things the authorities say about the »yoke of mariage«. Her arguments aim at putting traditional doctrine in a comic light. The satirical strategy, well-founded in psychology, which the Wife of Bath employs

---

[14] See The Works of Geoffrey Chaucer, ed. F.N. Robinson, 701.

when she refutes the arguments quoted from authorities is most probably due to suggestions taken up from the second part of the *Roman de la Rose*.[15] Like Jean de Meun the Wife of Bath claims that anti-feminist views and judgements are no more than the twaddle of old men, whose lack of vitality prevents them from serving the goddess Venus:

> The clerk, whan he is oold, and may noght do
> Of Venus werkes worth his olde sho,
> Thanne sit he doun, and writ in his dotage
> That wommen kan nat kepe hir mariage!
> (*CT*, III (D) 707-710)

It would be wrong, however, to characterize the Wife of Bath as nothing but the ironic-satiric critic of orthodox tradition. Progressive as her ideas may seem when she fights against the contempt of women and sexuality, she remains within the boundaries of the medieval concept of a male-dominated society when talking about the aims she sets for herself in her marriages. She strives for a change in the paradigm of male-female relations only insofar as she wants to replace male dominance by female dominance. Her prologue and tale both culminate in the demand that »maistrie« and »soveraynetee« are the woman's due. At the end of her account of her fifth marriage, in which she succeeds in taming an anti-feminist man who is a clerk to boot, we find the following verses:

> He yaf me al the bridel in myn hond,
> To han the governance of hous and lond,
> And of his tonge, and of his hond also;
> And made hym brenne his book anon right tho.
> And whan that I hadde geten unto me,
> By maistrie, al the soveraynetee,
> And that he seyde, ›Myn owene trewe wyf,
> Do as thee lust the terme of al thy lyf;
> Keep thyn honour, and keep eek myn estaat' –
> (*CT*, III (D) 813-821)

Medieval theology in accordance with St Paul taught that women ought to be subject to their husbands and that the man is the woman's head; with her subtle and ironic rhetoric the Wife of Bath aims for the contrary: she pleads for the woman's mastery over the man. But this mastery not only refers to physical relations, it also means sovereignty on the

---

[15] See D.M. Murtaugh, Women and Geoffrey Chaucer, ELH, 38 (1971), 473-492; repr. in W. Erzgräber (Hg.), Geoffrey Chaucer, Darmstadt 1983, 336-356.

economic level. In the Middle Ages marriage was widely considered to be a business arrangement in which the woman lost all claims to personal property. The Wife of Bath, however, wants to draw a business advantage from love and marriage. She is well aware of the ›market value‹[16] – as an American critic puts it – of her body; she wants to acquire property through marriage and, finally, she wants to control this property unchecked and follow her amorous inclinations in freedom. In spite of her criticism of everyday life in marriage, she does not change anything in the fundamental structures of dominance as they are mirrored in the behaviour of the men she attacks or in the literary satires she mocks. She only reverses the premises from male to female. As much as the Wife of Bath seems to triumph over all authorities in her exuberant self-portrait, to the same degree she remains tied to traditional concepts in her protest. Her conscious attacks on husbands and clerks contribute to the involuntary unmasking of her conventional mentality; thus, she becomes the victim of an ingeniously constructed piece of dramatic irony on Chaucer's part. She objects to the »isolation from nature« which she perceives in clerical as well as in humanist critics of the female sex, but she gets herself into a tight spot. She claims to set free female nature, but she sets up a system of dominance which only *seems* to be new. Chaucer dissociates himself with authorial irony.

IV.

That Chaucer considered these tensions between theological and philosophical authorities on the one hand and the rebellious vitality directed against them on the other hand as a constant source of comic conflicts is evident above all in the portraits of the clergy which are included in the prologue of the *Canterbury Tales*. In the narrative development of these conflicts in the introductory portraits, we can perceive a subtle refinement of presentation at the point where Chaucer »internalized« the conflicts.[17] While the opposing forces in the Wife of Bath's self-portrait – for example the fifth husband as its representative of a traditional cultural system and she as the critical and satiric assailant – face each other like

---

[16] A. David, The Strumpet Muse, 146.
[17] The term »internalize« goes back to Erich Kahler's analysis of the English 18th century novel. See E. Kahler, Die Verinnerung des Erzählens, Die Neue Rundschau, I: 4 (1957), 501-546; II: 1 (1959), 1-54; III: 2 (1959), 177-220; English Translation: E. Kahler, The Inward Turn of Narrative, translated from the German by R. and C. Winston, Princeton 1973.

the antagonists in a drama, the conflict between systems of culture and values in the prologue to the *Canterbury Tales* takes place within the characters.

Let us take the portrait of the Monk as an example (*CT*, I (A) 165-207). His life ought to be subjected to the Benedictine rule of »ora et labora« to which Chaucer refers in the phrase »The reule of seint Maure or of seint Beneit« (173). The Monk, however, follows the inclinations of his nature: he enjoys eating a fat swan (»A fat swan loved he best of any roost«, 206), he dresses like an elegant nobleman (»I seigh his sleves purfiled at the hond / With grys, and that the fyneste of a lond«, 193-194) and his outer appearance evokes the impression of an epicure who sates himself on the sensual joys of life (»He was a lord ful fat and in good poynt«, 200).

With reference to Stierle's definition which we took as a starting point for our analysis of comicality in Chaucer we could say that the monk disturbs the »isolation of spiritual culture from nature« in the Benedictine rule; » ... it was old and somdel streit« (174), so that he feels called upon to balance this defect in an almost naive and joyful way.

The comic effect which results from the conflict between a prescribed religious way of life and a very wordly vitality is enhanced by the narrator's comment which approves of the Monk's mentality:

> And I seyde his opinion was good.
> What sholde he studie and make hymselven wood,
> Upon a book in cloystre alwey to poure,
> Or swynken with his handes, and laboure,
> As Austyn bit? How shal the world be served?
> Lat Austyn have his swynk to hym reserved!
> (*CT*, I (A) 183-188)

How much authorial irony is hidden in these words must remain open to conjecture, i.e. we must ask ourselves if the author makes his narrator feign approval in order to criticize all the more satirically the secularization of the monks. It is possible, however, that Chaucer indeed agreed with his narrator and joined in his criticism of all the constraints which came with a spiritual culture, speaking as the advocate of ›natura‹ through his comedy. Whatever decision one makes in the interpretation of the lines quoted above, it is obvious that Chaucer refers to a historical change when he portrays tensions which produce comedy:

> This ilke Monk leet olde thynges pace,
> And heeld after the newe world the space.
> (*CT*, I (A) 175-176)

When we said at the beginning of this analysis, in accordance with Stierle, that the object of comicality is that which threatens (or questions) a culture as a system, then this threat or questioning must be placed in a historical context.[18] In the tensions between chivalry and bourgeoisie, between a world-denying and a wordly attitude, one becomes aware of an extensive historical change. The medieval order of life, in its secular, aristocratic and spiritual aspects, is replaced by a new concept of the world and of life which is decidedly orientated towards the here and now and which is governed by the bourgeoisie and its pragmatic attitude. At the waning of the Middle Ages, »when ›olde thynges pace‹«, there were various overlappings in the behaviour and the consciousness of the people, overlappings which showed at once the limitations of the old norms and the value of the new ones, but also the limitations of the new phenomena which were as yet not fully developed, and the subtle perfection and refined intellectuality of the old systems. Chaucer reacted to this interplay of cultural values and systems with his artistic instrument of narrative comedy. From humorous and sympathetic asides to direct satirical attacks, he used all the narrative devices he could summon in order to enable his audience to gain insight into the complexity of their own age, their consciousness and their nature. Thus, he met his own demand which he placed, as it were programmatically, at the end of the prologue to the *Canterbury Tales* he presented »Tales of best sentence and moost solaas« (I(A) 798) for the enjoyment of his contemporaries as well as of a modern audience.

---

[18] See my essay ›European Literature in the Late Middle Ages in its Political and Social Contexts‹, page 345-364 of this volume.

# ›Kynde‹ und ›Nature‹ bei Chaucer

## Zur Bedeutung und Funktion des Naturbegriffes in der Dichtung des ausgehenden Mittelalters

I.

In seinem Buch über Chaucers *Parlement of Foules* stellte J.A.W. Bennett im Jahre 1957 fest:

> The subject of *Natura* in medieval literature and thought demands a monograph; this Appendix can do no more than refer to works that may have a bearing on the *Parlement*.[1]

Eine umfassende Monographie, wie Bennett sie sich wünschte, liegt, soweit ich die Sekundärliteratur überblicke, auch jetzt noch nicht vor, wenngleich nicht zu übersehen ist, daß einige Studien erschienen sind, die die Forschung der Lösung dieser Aufgabe näherbringen.[2] Die folgenden Ausführungen sind als ein Beitrag zur Erörterung einiger ausgewählter Stellen aus Chaucers Werk gedacht, die über seine Naturauffassung und die Funktion der Begriffe *kynde* und *nature* in seinen Dichtungen Auskunft geben und für die Erörterung des Naturbegriffes im europäischen Spätmittelalter von Bedeutung sind.

II.

Analysiert man den Sprachgebrauch Chaucers in *The Book of the Duchess*, dann stellt man fest: Chaucer gebraucht die Begriffe *kynde* und *nature* als Synonyme. Dennoch lassen sich Präferenzen in der Verwendung der beiden Wörter beobachten. Um die schöpferische Kraft zu bezeichnen, die allem Geschaffenen innewohnt – die *natura naturans* in der *natura naturata*, verwendet Chaucer in *The Book of the Duchess* ausschließlich den Begriff

---

[1] J.A.W. Bennett, The Parlement of Foules: An Interpretation, Oxford 1957, 194, Anm. 2.
[2] Genannt seien: Aldo D. Scaglione, Nature and Love in the Late Middle Ages, Berkeley/Los Angeles 1963; Barbara Bartholomew, Fortuna and Natura: A Reading of Three Chaucer Narratives, London/Den Haag/Paris 1966; George D. Economou, The Goddess Natura in Medieval Literature, Cambridge, Mass., 1972.

*nature* und personifiziert ihn zugleich; er spricht von *dame Nature* (*BD*, 871).³ Will er dagegen von der Natur als einer Norm sprechen, von der aus der Wert menschlichen Verhaltens abgeschätzt werden kann und die sich im Leben der Menschen immer wieder Geltung verschafft, dann bevorzugt er das Wort *kynde*. Welcher innere Zusammenhang zwischen diesen beiden Verwendungsweisen der Begriffe *kynde* und *nature* besteht und welche Denktraditionen dabei in Chaucers Werk zusammentreffen, wird im folgenden zu erörtern sein.

Um die Verwendungsweise des Begriffes *kynde* erfassen zu können, sei der Blick zunächst auf eine Stelle gerichtet, die sich am Anfang von *The Book of the Duchess* findet und die sich auf Ovids *Metamorphosen* bezieht, denen der Erzähler die darauf folgende Erzählung von Ceyx und Halkyone entnommen hat. Der Erzähler charakterisiert die Metamorphosen und die antike Literatur mit folgenden Versen:

> And in this bok were written fables
> That clerkes had in olde tyme,
> And other poets, put in rime
> To rede, and for to be in minde,
> While men loved the lawe of kinde.
> (*BD*, 52-56)

Skeat bemerkt in seiner Ausgabe zu Vers 56 folgendes: »›As long as men should love the law of nature‹, i.e. should continue to be swayed by the natural promptings of passion; in other words, for ever«.⁴ Ich halte diese Lesart für unzutreffend und möchte die Bemerkung Skeats wie folgt modifizieren: »As long as men should love the *lex naturalis*, i.e. should continue to be governed by the natural promptings of reason (kynde wit)«. Ich gehe davon aus, daß die Wendung *the lawe of kynde* bei Chaucer wie bei seinen Zeitgenossen, insbesondere bei Langland, die wörtliche Entsprechung des in der lateinischen Literatur der Scholastik weitverbreiteten Terminus *lex naturalis* ist. Das Naturgesetz ist nach den Darlegungen von Thomas von Aquin (*Sum. theol.* I-II, q. 94, a. 2) ein Habitus der Vernunft, der von Natur aus allen Menschen eigen ist. Vernunft und Natur wirken dergestalt zusammen, daß »alles, wozu der Mensch von Natur aus geneigt ist«, von der Vernunft »auf natürlichem Weg als gut und folglich als

---

3   Alle Chaucer-Zitate nach F.N. Robinson (ed.), The Works of Geoffrey Chaucer, London ²1957. Es werden folgende Abkürzungen gebraucht: *BD* = The Book of the Duchess; *PF* = The Parliament of Fowls; *TC* = Troilus and Criseyde.
4   Walter W. Skeat (ed.), The Complete Works of Geoffrey Chaucer, vol.1, Oxford ²1899, 463.

in die Tat umzusetzen«[5] erfaßt wird. Das Grundgebot der *lex naturalis* lautet daher: »Das Gute ist zu tun und zu erstreben, das Böse ist zu meiden«.[6] Im Hinblick auf die zitierte Stelle aus Chaucers *Book of the Duchess* bedeutet dies: In der antiken Literatur findet die *lex naturalis* ihren Ausdruck; Dichtung verfolgt letztlich einen lehrhaften Zweck, denn sie will ›raten‹ (rede), will den Lesern Beispiele einprägen, die sie darin bestärken, im Einklang mit dem Wissen um das durch die Dichtung verdeutlichte Naturgesetz zu handeln. Dichtung wendet sich so gesehen an die Vernunft des Menschen und an seine natürliche Neigung, Gutes zu tun. Beides aber, natürliches Handeln und vernünftiges Handeln, sind nach dieser Auffassung identisch; dies gilt bis hin zur Charakterisierung der Utopier im II. Buch von Thomas Mores *Utopia*.

Die Frage, die sich unmittelbar aus diesen Darlegungen ergibt, lautet: In welcher Weise kann die Erzählung von Ceyx und Halkyone als eine Bestätigung dieser These, daß Ovid mit seinen *Metamorphosen* die Leser an die *lex naturalis* erinnern wolle, aufgefaßt werden? Zunächst sei der Inhalt dieser Erzählung, soweit sie von Chaucer vermittelt wird, kurz zusammengefaßt. Ceyx kommt bei einer Fahrt über das Meer in einem Sturm um. Als die Königin Halkyone diese Nachricht über ihren Gatten erhält, trauert sie um ihn und bittet Juno schließlich um Hilfe. Diese Göttin veranlaßt durch einen Boten, daß Morpheus der Königin im Schlaf in der Gestalt des Ertrunkenen erscheint und ihr rät:

> My swete wyf,
> Awake! let be your sorwful lyf!
> For in your sorwe there lyth no red.
> (*BD*, 201-3)

Halkyone überläßt sich jedoch weiterhin ihrer Sorge und stirbt nach drei Tagen. – Will man nun klären, welcher Zusammenhang zwischen dieser Geschichte und dem *lawe of kynde* besteht, dann helfen die Erläuterungen weiter, die sich in *Sum. theol.* I-II, q. 94, a. 2 zu dem Begriff *lex naturalis* finden. Ein solches Verfahren ist meines Erachtens erlaubt, weil Thomas

---

5   Thomas von Aquin, Summa theologica, I-II, q. 94, a. 2: »omnia illa ad quae homo habet naturalem inclinationem, ratio naturaliter apprehendit ut bona, et per consequens opere prosequenda ... «; zitiert nach der deutschen Thomas-Ausgabe: Vollständige, ungekürzte deutsch-lateinische Ausgabe der Summa Theologica, übersetzt von Dominikanern und Benediktinern Deutschlands und Österreichs, herausgegeben von der Albertus-Magnus-Akademie Walberberg bei Köln, Salzburg 1933ff.; im fortlaufenden Text wird die deutsche Übersetzung, in den Fußnoten das lateinische Original zitiert.
6   Ibid.: »bonum est faciendum et prosequendum, et malum vitandum«.

von Aquin sich gerade in diesem Zusammenhang mehrfach auf Aristoteles bezieht, d.h. auf philosophische Lehren, die vom Hochmittelalter an bei Theologen und Philosophen ebenso verbreitet waren wie bei Juristen. Dazu kommt, daß Chaucer – wie A.J. Minnis am Beispiel von *Troilus and Criseyde* gezeigt hat[7] – von dem Dominikaner Robert Holcot nachweislich beeinflußt war, so daß auch auf diesem Wege Grundanschauungen über die *lex naturalis* an Chaucer vermittelt werden konnten. Schließlich sei daran erinnert, daß der *philosophical Strode,* den Chaucer in der vorletzten Strophe von *Troilus and Criseyde* um Korrekturen bittet, von F.N. Robinson als »an eminent Thomist philosopher«[8] charakterisiert wird.

Folgen wir also Thomas von Aquin, so zeigt sich, daß es nach seinen Darlegungen (in *Sum. theol.* I-II, q. 94) eine dreistufige Geboteordnung innerhalb der *lex naturalis* gibt. Da ich mich im folgenden mehrfach auf diese Stelle beziehen werde, sei sie zunächst im Zusammenhang zitiert:

> Nun ist dem Menschen erstens die Neigung zum Guten inne entsprechend der Natur, in der er mit allen *selbständigen Wesen* übereinkommt: jedes Selbstandwesen erstrebt nämlich die Erhaltung seines Seins gemäß seiner Natur. Und im Hinblick auf diese naturhafte Neigung gehört alles zum natürlichen Gesetz, wodurch das Leben des Menschen erhalten und das Gegenteil abgewehrt wird. – Zweitens ist im Menschen die Neigung zu gewissen, ihm schon mehr arteigenen Dingen, gemäß der Natur, die er mit anderen *Sinnen*wesen gemeinsam hat. Und hiernach heißt das zum natürlichen Gesetz gehörig, »was die Natur allen Sinnenwesen gelehrt hat« [Röm. Recht], wie die Vereinigung von Mann und Frau, die Aufzucht der Kinder und ähnliches mehr. – Drittens ist im Menschen die Neigung zum Guten gemäß der Natur der *Vernunft,* die ihm wesenseigentümlich ist; so hat der Mensch z.B. die natürliche Neigung, die Wahrheit über Gott zu erkennen und in der Gemeinschaft zu leben. Und demzufolge umgreift das natürliche Gesetz alles, was auf diese Naturneigung Bezug hat: daß der Mensch z.B. die Unwissenheit überwinde, daß er andere, mit denen er zusammenleben muß, nicht verletze, und was sonst noch damit zusammenhängt.[9]

---

7 Vgl. A.J. Minnis, Chaucer and Pagan Antiquity, Cambridge 1982, 56 u.ö.
8 F.N. Robinson (ed.), The Works of Geoffrey Chaucer, 838.
9 Thomas von Aquin, Summa theologica, I-II, q. 94, a. 2: »Inest enim primo inclinatio homini ad bonum secundum naturam in qua communicat cum omnibus substantiis: prout scilicet quaelibet substantia appetit conservationem sui esse secundum suam naturam. Et secundum hanc inclinationem, pertinent ad legem naturalem ea per quae vita hominis conservatur, et contrarium impeditur.– Secundo inest homini inclinatio ad aliqua magis specialia, secundum naturam in qua communicat cum ceteris animalibus. Et secundum hoc, dicuntur ea esse de lege naturali ›quae natura omnia animalia docuit‹, ut est conjunctio maris et feminae, et educatio liberorum, et similia. – Tertio modo inest homini inclinatio ad bonum, secundum naturam rationis, quae est sibi propria: sicut homo habet naturalem inclinationem ad hoc quod veritatem cognoscat de Deo, et ad hoc quod in societate vivat. Et secundum hoc, ad legem naturalem pertinent ea quae ad hujusmodi inclinationes spectant:

Wenden wir dieses Modell auf die Interpretation der Erzählung von Ceyx und Halkyone an, so wäre festzustellen, daß die Königin gegen das erste Gebot innerhalb der *lex naturalis* verstößt; während Thomas sagt, daß jedem Lebewesen der Trieb zur Selbsterhaltung eigen sei und daß alles, was zur Selbsterhaltung beiträgt, der *lex naturalis* entspricht, so kann man von Halkyone nicht behaupten, daß sie die Erhaltung ihres Seins gemäß ihrer Natur erstrebt. Sie überläßt sich vielmehr der Sorge, dem Kummer und führt damit ihren Tod herbei. Es fällt auf, daß Chaucer das Wort *sorwe* (und *sorowful*) wie ein Leitmotiv mehrfach wiederholt (vgl. V. 85, 95, 100, 104, 210-13) und daß dieses Leitmotiv auch in der Rede des Gottes Morpheus wiederkehrt, als er in der Gestalt des Königs Ceyx auftritt (vgl. 201-3).[10] *Sorrow* ist der Inbegriff der lebensfeindlichen, der destruktiven Kräfte, gegen die Morpheus die Stimme der natürlichen Vernunft, des *kynde wit*, zur Geltung zu bringen sucht, durch die sich the *lawe of kynde* artikuliert (vgl. *BD*, 202-3).

Zwar geht Chaucer nicht so weit, daß er im Erzählbericht von Selbstmord spricht; aber läßt man einmal die Tatsache gelten, daß dieser Tod nicht ohne eigenes Verschulden herbeigeführt wurde, dann hat in diesem Zusammenhang auch die Feststellung von Thomas von Aquin in *Sum. theol.* II-II, q. 64, a. 5 Bedeutung, wo er bemerkt:

> Daß also einer sich selbst das Leben nimmt, ist gegen den Naturtrieb und gegen die Liebe, mit der jeder sich selbst lieben muß. Deshalb ist Selbstmord immer schwer sündhaft, weil er gegen das Naturgesetz und gegen die Liebe verstößt.[11]

Von der Ceyx und Halkyone-Episode her lassen sich sowohl der Eingangsmonolog wie der Auftritt des Schwarzen Ritters interpretieren, denn in beiden Teilen des Werkes steht das Thema ›Sorge‹ im Mittelpunkt, und in jedem Falle hat Chaucer dem Thema der Sorge das Thema der Natur kontrapunktisch zugeordnet.

In der Selbstvorstellung des Ich-Erzählers zu Beginn von *The Book of the Duchess* finden sich folgende Verse:

---

utpote quod homo ignorantiam vitet, quod alios non offendat cum quibus debet conversari, et cetera hujusmodi quae ad hoc spectant«.

[10] Über »sorwe«, »sorweful« und »wo« als Schlüsselbegriffe in The Book of the Duchess vgl. auch Wolfgang Clemen, Chaucers frühe Dichtung, Göttingen 1963, 80.

[11] Thomas von Aquin, Summa theologica, II-II, q. 64, a. 5: »Et ideo quod aliquis seipsum occidat est contra inclinationem naturalem, et contra caritatem, qua quilibet debet seipsum diligere. Et ideo occisio sui ipsius semper est peccatum mortale, utpote contra naturalem legem et contra caritatem existens«.

> And wel ye woot, agaynes kynde
> Hyt were to lyven in thys wyse;
> For nature wolde nat suffyse
> To noon erthly creature
> Nat longe tyme to endure
> Withoute slep and be in sorwe.
> And I ne may, ne nyght ne morwe,
> Slepe; and thus melancolye
> And drede I have for to dye.
> (*BD*, 16-24)

Zu dieser Stelle bemerkt J.A.W. Bennett in seinen Ausführungen über »Natura, Nature, and Kind« im Appendix seines Buches über *The Parlement of Foules*: »...*Book of the Duchesse*, ll.16ff., probably requires the sense ›lex naturae‹«.[12] Nimmt man diesen Vorschlag Bennetts an, dann ergibt sich eine klare Interpretation. Wer sich wie der Ich-Erzähler ganz seiner *sorwful ymagynacioun* (*BD*, 14) überläßt, verstößt gegen das Gebot der Natur, die ihm Selbsterhaltung als eine seiner natürlichen Neigungen mitgegeben hat. Er handelt *agaynes kynde* und provoziert damit notwendigerweise die Reaktion der Natur: *nature wolde nat suffyse*. (Hier liegt eine der Stellen vor, an denen *nature* im Sinne und in der Funktion von *kynde* verwendet wird.) Die Selbstcharakteristik des Ich-Erzählers zeigt insofern verwandte Züge mit der Charakteristik Halkyones, als auch er das Todesmotiv anklingen läßt: *And drede I have for to dye* (*BD*, 24). Allerdings hat er die Kraft, sich selber vernünftigen Rat zuzusprechen, sich über den Kummer, den unerfüllte Liebe in ihm bewirkt hat, hinwegzusetzen und sich damit selbst zu einem Verhalten zurückzulenken, das den Forderungen der *lex naturalis*, dem Gebot der Selbsterhaltung, entspricht. Bereits im Prolog zu *The Book of the Duchess* macht sich im Ton des Erzählers ein leicht ironischer, oft auch humorvoller Klang bemerkbar; mit dieser Tonlage distanziert er sich von den allzu schweren, allzu ernsten Problemen, von Kummer und Tod. Das bedeutet: der Humor beweist, daß der Erzähler sich auf die Seite der lebenserhaltenden Kräfte schlägt, die in der Natur, auch in der Natur des Menschen, in seinen natürlichen und vernünftigen Neigungen zu erfassen sind, die in ihrer Wirkungsweise durch *the lawe of kynde* reguliert werden.

Die Traumerlebnisse bestärken den Ich-Erzähler in seiner Hinwendung zur Natur, der geschaffenen Natur der Tiere und der Pflanzen, die sich ihm in ihrem Reichtum und ihrer Fülle, ihrer Schönheit und Harmonie erschließt:

---

[12] J.A.W. Bennett, The Parlement of Foules, 208-9, Anm. 3.

> For al my chambre gan to rynge
> Thurgh syngynge of her armonye.
> For instrument nor melodye
> Was nowhere herd yet half so swete,
> Nor of acord half so mete;
> (*BD*, 312-16)

Im Kontrast zu dieser inneren Verfassung steht das Portrait des Black Knight, das in den folgenden Abschnitten entworfen wird und das an das Selbstportrait des Erzählers wie an das Portrait der Halkyone erinnert:

> Hit was gret wonder that Nature
> Myght suffre any creature
> To have such sorwe, and be not ded.
> (*BD*, 467-69)

Allerdings wird in der Portraitierung des Black Knight die Thematik der übermäßigen Trauer, die als ein Verstoß gegen das in der *lex naturalis* enthaltene Gebot der Selbsterhaltung gewertet wird, schärfer herausgearbeitet als zuvor. Der Träumer wendet sich gegen jegliche übertriebene Gemütsbewegung und bemerkt:

> Thogh ye had lost the ferses twelve,
> And ye for sorwe mordred yourselve,
> Ye sholde be dampned in this cas
> By as good ryght as Medea was,
> That slough hir children for Jasoun;
> (*BD*, 723-27)

Außer Medea werden Phyllis, Dido, Ecquo und Sampson[13] als weitere warnende Beispiele als Gestalten aus der Antike und der jüdischen Geschichte genannt, die sich ihren übersteigerten Gemütsbewegungen und Leidenschaften hingaben und sich damit gegen das Gebot der Selbsterhaltung vergingen.

Daß der Ritter sich vom Träumer ansprechen und in den Bereich der durch die *lex naturalis* bestimmten Ordnung zurückholen läßt, geht bereits aus dem Beginn seines Berichtes über die Geschichte seiner Liebe hervor:

---

[13] Die Eigennamen werden in der Schreibweise wiedergegeben, die Chaucer in The Book of the Duchess verwendet; Ecquo = Echo, der Name der Nymphe, deren Liebe Narzissus nicht erwiderte.

> »Syr«, quod he, »sith first I kouthe
> Have any maner wyt fro youthe,
> Or kyndely understondyng
> To comprehende, in any thyng,
> What love was, in myn owne wyt, ...«
> (*BD*, 759-63)

Der Black Knight charakterisiert sich als Vernunftwesen, zweimal wird das Wort *wyt* = ›ratio‹ gebraucht; dazu betont er den natürlichen Ursprung seiner Verstandesgaben, indem er sich *kyndely understondyng* zuschreibt.[14] Das Ziel, das er verfolgt *To comprehende ... what love was*, trifft den Grundbezug zwischen den Menschen und die Forderung, die das natürliche Sittengesetz an sie richtet: Gutes zu tun, d.h. einander zu lieben. Im Sinne der dritten Bestimmung der von mir eingangs zitierten Definition der *lex naturalis* bemüht sich der Ritter um das rechte Leben in der Gemeinschaft.

Es darf jedoch nicht übersehen werden, daß mit dem Auftreten des Black Knight ein neuer Bedeutungsakzent in den Naturbegriff hineingebracht wird. *Nature* ist für den Schwarzen Ritter primär das kreative Potential, das in der Natur angelegt ist und das er einer Gottheit gleichsetzt.[15] Drei Passagen sind in diesem Zusammenhang von Bedeutung:

> (1) Hyt was hir owne pure lokyng
> That the goddesse, dame Nature,
> Had mad hem opene by mesure,
> And close; ... (*BD*, 870-73)

---

[14] Bereits 1909 wies G.L. Kittredge darauf hin, daß Chaucer sich hier an Machauts Le Jugement du roy de Behaigne anlehnte; vgl. G.L. Kittredge, Chauceriana, Modern Philology, VII (1909), 3. Allerdings bleibt zu konstatieren, daß sich für »wyt« und »kyndely understondyng« bei Machaut keine direkten Entsprechungen finden. Vgl. Guillaume de Machaut, Le Jugement du roy de Behaigne and Remede de Fortune, ed. James I. Wimsatt and William W. Kibler, Athen/London 1988, 73, v. 261ff.:
[Dame], tres dont que je me sceuz entendre,
Et que mon cuer pot sentir ne comprendre
Que'estoit amer, je ne finay de tendre
A estre amez; ...

[15] Ein Übergang zu dieser Verwendungsweise des Wortes »nature« läßt sich in den Zeilen 714-16 beobachten:
»A, goode sir«, quod I, »say not soo!
Have som pitee on your nature
That formed yow to creature ... «. (*BD*, 714-16)
Hier sind zwei Bedeutungen des Wortes »nature« miteinander verknüpft. Nimmt man den ersten Vers für sich: »Have som pitee on your nature«, dann bedeutet »nature« soviel wie »Person«, »Körper«. Damit aber verknüpft der Träumer die zweite Vorstellung: »nature /That formed yow to creature«. Natur ist hier die schöpferische Macht, der der Ritter als Mensch überhaupt erst seine Existenz verdankt. Es liegt hier offenbar ein Gedankensprung innerhalb eines Satzes vor.

> (2) And negh hir face was alderbest;
> For certes, Nature had swich lest
> To make that fair, that trewly she
> Was hir chef patron of beaute
> And chef ensample of al hir werk,
> And moustre; (*BD*, 907-12)
>
> (3) I bethoghte me that Nature
> No formed never in creature
> So moche beaute, trewely,
> And bounte, wythoute mercy. (*BD*, 1195-98)

Die zitierten Stellen lassen erkennen, daß der Black Knight nicht nur die schöpferische Fähigkeit, sondern auch das Ebenmaß *(mesure)* und die Schönheit *(beaute)* des von der Natur Geschaffenen hervorhebt. Diese Vorstellungen von der *natura procreatrix* und der *natura artifex* kann der junge Chaucer aus der französischen Literatur des 13. und 14. Jh.s, insbesondere von Machaut, übernommen haben. Sie sind jedoch letztlich auf Alanus ab Insulis zurückzuführen, auf dessen *De Planctu Naturae* er sich in *The Parlement of Foules* ausdrücklich bezieht.[16] An Alanus erinnert auch die Diktion in V. 907-12, wo der Black Knight davon spricht, daß die Natur die Geliebte so gestaltete, daß sie das Muster aller Schönheit ist. Chaucers Termini *patron* (= ›pattern‹), *ensample* und *moustre* entsprechen den Begriffen *exemplar* und *exemplum,* mit denen Alanus im *Anticlaudianus* die Idee bezeichnet, nach der der vollkommene Mensch geschaffen werden soll, für den Natura die passende körperliche Gestalt bereit hält.[17]

Es ergibt sich nun folgende Frage: Stehen die Passagen, an denen Chaucer von *kynde* und *the lawe of kynde* spricht, und die Äußerungen über die Göttin Natura unverbunden nebeneinander, oder gibt es einen inneren

---

[16] Vgl. *PF*, 316. Über den Zusammenhang zwischen Alanus ab Insulis, der altfranzösischen und der mittelhochdeutschen Literatur äußerte sich Julius Schwietering in seiner letzten größeren Studie: Natur und art, ZfdA, 91 (1961/62), 108-37. Die Bedenken der mittelhochdeutschen Dichter, die sich scheuten, »natûre« als Schöpfer menschlicher Schönheit zu bezeichnen, teilte Chaucer offenbar nicht.

[17] Vgl. hierzu Johan Huizinga, Über die Verknüpfung des Poetischen mit dem Theologischen bei Alanus de Insulis, Mededeelingen van de kon. Akademie van Wetenschappen, Afd. Letterkunde, deel 74 ser. B no. 6, Amsterdam 1932, 141: »Die Natur sorge also für eine passende irdische Hülle. Noys wird dann herbeigerufen, um das *exemplar*, die Idee zu suchen, nach der die Seele geschaffen werden soll. Nur mit Mühe findet sie die geeignete Urform:
Hanc formam Noys ipsa Deo praesentat, ut ejus
Formet ad *exemplar* animam; tunc ille sigillum
Sumit, ad ipsius formae vestigia formam
Dans animae vultum qualem deposcit idea
Imprimit *exemplo*, totas usurpat imago
*Exemplaris* opes, loquiturque figura sigillum.
[Hervorhebungen im Zitat v. Vf.]

Zusammenhang? Für die letztere Auffassung hat C.S. Lewis in seinem Buch *Studies in Words* plädiert, wo er ausführt:

> ... ›the law of *nature*‹ is conceived as an absolute moral standard against which the laws of all nations must be judged and to which they ought to conform. It will be in fact the sort of thing Antigone was talking about. Great Mother Nature may well come in at this point but she will be either, for Stoics, a deified Mother Nature, or, for Christians, a Mother Nature who is the ›vicaire of the almightie lord‹, inscribing her laws, which she learned from God, on the human heart. This is the conception of *natural* Law that underlies the work of Thomas Aquinas, Hooker and Grotius.[18]

Verdeutlichend möchte ich zu dieser Interpretation, der ich mich anschließe, hinzufügen, daß es die Synthese von *ratio* und *natura* ist, die eine Brücke herstellt zwischen den abstrakt philosophischen Vorstellungen, wie sie mit dem Begriff *the lawe of kynde* gegeben sind, und den mythologisch-poetischen Vorstellungen, die Chaucer mit der Personifikation Dame Nature verband. Die Handlungsführung in *De Planctu Naturae*, die in der Exkommunikation der verbrecherischen Venus (Venus scelestis) durch Genius, den Priester der Natura, kulminiert, beweist, daß bereits bei Alanus diese innere Verbindung vorgebildet ist: bei ihm ist Natura eine kosmische und eine moralische Macht zugleich. Diesen Aspekt hat insbesondere Peter Ochsenbein in seinen *Studien zum Anticlaudianus des Alanus ab Insulis* (1975) herausgearbeitet; er stellt u.a. fest:

> Als *vicaria Dei* trägt sie [i.e. Natura] sozusagen das von Gott geschaffene moralische Gesetz in sich, das dadurch und nur in diesem Sinne zu einem ›natürlichen‹ wird, und sie sorgt dafür, daß die Menschen es befolgen.[19]

Und er fügt in gleichem Zusammenhang hinzu:

> Der Gedanke von der Natura als der *regulatrix* der menschlichen Moral ist nicht neu. Bereits Cicero, Seneca, aber auch Augustinus haben Ähnliches ausgesprochen. Das denkerische Verdienst Alans besteht jedoch darin, den kosmologischen Aspekt der Natura mit dem moralischen verbunden [...] zu haben. Alanus ist damit zu einem der Begründer einer mittelalterlichen ›natürlichen Moral‹ geworden.[20]

---

[18] C.S. Lewis, Studies in Words, Cambridge 1960, 61.
[19] Peter Ochsenbein, Studien zum Anticlaudianus des Alanus ab Insulis, Bern/Frankfurt/M. 1975, 127.
[20] Ibid., 127-128. – Eine gesonderte Betrachtung verdient eine Stelle, die sich in der Charakterisierung des Schwarzen Ritters findet und in der der griechische Gott Pan erwähnt wird. Die Verse 507-513 lauten:

## III.

Von der doppelten Funktion des Naturbegriffes: a) Bezeichnung für das natürliche Sittengesetz, b) Name für eine mythologische Gestalt, ist auch bei der Deutung des *Parlement of Foules* auszugehen, das in seiner Tonlage einen merklichen Gegensatz zum *Book of the Duchess* darstellt.[21] Während im *Book of the Duchess* die Wörter *sorwe* und *deth* leitmotivisch wiederkehren, ist *The Parlement of Foules* auf die Leitmotive *blysse* (vgl. *PF,* 39, 72, 77, 669) und *blysful* (vgl. *PF,* 48, 83, 113, 127, 413, 689) abgestellt.[22] Nach einer kurzen Einleitung, die im Anschluß an Ciceros *Somnium Scipionis* von

> Hym thoughte hys sorwes were so smerte
> And lay so colde upon hys herte.
> So, throgh hys sorwe and hevy thoght,
> Made hym that he herde me noght;
> For he had wel nygh lost hys mynde,
> Thogh Pan, that men clepe god of kynde,
> Were for hys sorwes never so wroth. (*BD*, 507-13)

F.N. Robinson weist – im Anschluß an eine unveröffentlichte Information von Kittredge – in seinen Anmerkungen (vgl. p. 775, Spalte 2) darauf hin, daß Servius in seinem Kommentar zu Virgils Eklogen (II, 31) mit Bezug auf Pan die Formel »totius Naturae deus« gebraucht, die später von Isidor (Etymologiae, XVIII, 11, 81-83) und Vincenz von Beauvais (Speculum Doctrinale, XVII, 10) übernommen wurde. Ernst Robert Curtius ist in seinem Buch Europäische Literatur und lateinisches Mittelalter, Bern ²1954, innerhalb seines Kapitels über die Göttin Natura (116-137) auch auf Pan eingegangen und hat gezeigt, daß in den Orphischen Hymnen unmittelbar auf die Physis-Hymne eine Hymne auf den Allgott Pan folgt, der durch eine etymologisierende Auslegung seines Namens von einem Hirtengott in Bocksgestalt zur Allgottheit emporstieg. Für Pan wie für die Natura gilt, daß sie »letzte religiöse Erfahrungen der spätheidnischen Welt« (Formulierung in Anlehnung an Curtius, 116-117) darstellen, die in der poetischen Mythologie des Mittelalters weiterleben und die als Umschreibungen (Metaphern) für die kreativen Kräfte im Universum benutzt wurden. Dies entspricht dem Sprachgebrauch Chaucers, der Pan in The Book of the Duchess analog zu »kynde« und »nature« als Kontrast zu »sorwe« benutzt. Allein in den zitierten sieben Versen taucht das Wort »sorwe« dreimal (507, 509, 513) auf. Der Name Pan ist also als eine Variation zu »kynde« und »nature« zu verstehen, nicht aber als eine Bezeichnung für eine gänzlich neue, andersartige Naturvorstellung.

[21] Auf den Unterschied zwischen der mittelalterlichen Naturauffassung bei Chaucer und modernen, romantischen Naturvorstellungen hat Bertrand H. Bronson nachdrücklich hingewiesen. Vgl. Bertrand H. Bronson, In Search of Chaucer, London 1960, 19: »For the last two centuries, at least, thoughts of the natural world have been involved, in greater or less degree, with the idea of divinity, of the imperishable and the sublime; of an immanent deity; ... It is impossible for us to detach ourselves completely from these feelings and associations, no matter what the complexion of our religious beliefs. But, on the contrary, Chaucer was probably never much tempted to *attach* such sentiments to the visual scene. Although the ›noble goddess Nature‹ is most beautiful, and, as ›the vicaire of the almighty Lord‹, acknowledged of all living creatures as in immediate command, she is rather familiar than awe-inspiring as Chaucer presents her – even in the *Parliament*, especially designed to exalt her idea, while she administers the ›lawe of Kynde‹«.

[22] Auf das Leitmotiv »blysful« hat Derek Brewer aufmerksam gemacht; vgl. D.S. Brewer (ed.), Geoffrey Chaucer, The Parlement of Foulys, London/Edinburgh 1960, repr. 1962, 50.

263

einer jenseitigen Glückseligkeit handelt, spricht Chaucer im Hauptteil der Dichtung von einer irdischen Glückseligkeit, die aus der Erfüllung aller natürlichen Neigungen des Menschen hervorgeht. Es soll hier nicht behauptet werden, daß Chaucer diesen gedanklichen Zusammenhang lehrend wie ein didaktischer Dichter vermitteln wollte, sondern daß die Anschauungen, die er bei seiner Alanus-Lektüre aufnahm, ein intellektuelles Konzept bildeten, das sein schöpferisches Verfahren beim Erzählen steuerte, vergleichbar intellektuellen Konzepten der Moderne wie z.B. bestimmten psychoanalytischen Anschauungen, die das Erzählen der Epiker des 20. Jahrhunderts beeinflußten, ohne daß diese je die Absicht gehabt hätten, die Psychoanalyse dadurch lehrend zu verbreiten. Vergegenwärtigen wir uns zunächst einige der Grundideen des Alanus[23], die für das Verständnis des *Parlement of Foules* von Bedeutung sind:

1. Natura ist die Stellvertreterin des Schöpfergottes in der sublunaren Welt. Alanus nennt sie *vicaria Dei,* Chaucer *the vicaire of the almyghty Lord (PF,* 379). Gottes Werk ist die *creatio ex nihilo,* die *prima creatio;* die Aufgabe der Natura ist die *creatio continua,* die kontinuierliche Schöpfung und Zeugung, die nötig ist, um alle Arten, die ständig vom Aussterben bedroht sind, am Leben zu erhalten.
2. Die Göttin Natura überträgt die Regulierung der Geschlechtsliebe Venus, die die Rolle der *subvicaria* einnimmt, weiterhin deren Gatten Hymenäus und beider Sohn Cupido.
3. Innerhalb dieser Ordnung gilt Geschlechtsliebe nicht als Sünde, sondern als eine zu bejahende, natürliche Kraft, die in der Ehe ihre Erfüllung findet.
4. Aus dieser Ordnung bricht Venus jedoch aus schierem Überdruß an ihren Aufgaben und der Naturordnung aus, in die sie sich hineingestellt sieht. Sie gibt sich Antigamus (dem Ehefeind) hin und gebärt ihm einen Sohn namens Jocus. In der gleichen Weise, in der Venus in ein Zwielicht gerät, gewinnt auch Cupido einen zwiespältigen Charakter, denn er fühlt sich an Venus' widernatürliches Liebesverlangen gebunden.
5. Durch das Verhalten der Venus wird auch im Menschen das Verlangen nach widernatürlicher Liebe, nach Sodomie und Homosexualität

---

[23] Folgende Ausgaben der Werke von Alanus ab Insulis seien genannt: 1.Opera omnia, Migne PL 210 (Paris 1855); 2. T. Wright (ed.), The Anglo-Latin Satirical Poets and Epigrammatists of the 12th Century, London 1872, enthält sowohl De Planctu Naturae wie Anticlaudianus de Antirufino; weiterhin sei hingewiesen auf die englische Übersetzung The Complaint of Nature, transl. from the Latin by Douglas M. Moffat, Hamden, Conn., 1972.

ausgelöst. Die Begierde, die Leidenschaft löst sich aus der Herrschaft der Vernunft, und das bedeutet zugleich: aus der Bindung an die gesamte *lex naturalis.*

6. In Alanus' *De Planctu Naturae* löst genau dieser Sachverhalt die Klage der Natur aus. Dichterisch wird die gestörte Weltordnung durch die Beschreibung des Gewandes der Natur zum Ausdruck gebracht. Während die *vestis,* auf der die Vögel abgebildet sind, unversehrt ist, zeigt die *tunica* an der Stelle, an der der Mensch erscheint, einen Riß.

7. Alanus bringt seine Dichtung dadurch zu einem Ende, daß er schildert, wie Genius die Lasterhaften exkommuniziert. –

Chaucer folgt Alanus in der Beschreibung der Göttin Natura: In *De Planctu Naturae* zeigt sich der Träumer beeindruckt von der Göttlichkeit und Majestät Naturas (3. Prosa) und nennt sie in Anlehnung an die Diktion der Mariendichtung »himmlische Königin« (4.Prosa).[24] Bei Chaucer spricht der Träumer von *this noble goddesse Nature* (*PF*, 303) und *this noble emperesse* (*PF*, 319), und auch er fügt eine Wendung hinzu, die unmittelbar an Maria denken läßt: *ful of grace* (*PF*, 319). Er folgt Alanus weiterhin in einigen Äußerungen über die verschiedenen Vogelarten, und schließlich läßt sich auch der Kontrast zwischen dem Bereich der Natura und dem der Venus von Alanus her verstehen.

Im Gegensatz zum Bereich der Göttin Natura ist der zuvor bei Chaucer geschilderte Venustempel und dessen Umgebung ein Symbol der Liebe, die gegen die *lex naturalis* verstößt. Am deutlichsten kommt dies in den auf Bildern im Venustempel dargestellten antiken und mittelalterlichen Gestalten zum Ausdruck. Der Namenskatalog reicht von Calyxte und Atalante bis zu Helena und Cleopatra. Solche Kataloge lassen sich bei Machaut und Froissart ebenso nachweisen wie bei Dante und Boccaccio; schließlich sollte auch in diesem Zusammenhang Alanus' *De Planctu Naturae* nicht vergessen werden, bei dem »alle möglichen Arten widernatürlicher Liebesbeziehungen«[25] dargestelllt und Namen wie Paris und Helena, Pasiphae oder Medea und Hippolytus erwähnt werden. Derek Brewer hat in den Anmerkungen zu seiner Ausgabe des *Parlement of Foules* den Namenskatalog Chaucers kommentiert[26] und gezeigt, wie die Liste der Vergehen, die den genannten Gestalten zuzuschreiben sind, vom Inzest bis zum Selbstmord reicht, und J.A.W. Bennett hat in seinem Buch über

---

[24] Vgl. T. Wright, The Anglo-Latin Satirical Poets, 460: »regina coelestis«.
[25] Peter Ochsenbein, Studien zum Anticlaudianus des Alanus ab Insulis, 123.
[26] Derek Brewer (ed.), The Parlement of Foulys, 111-113.

die gleiche Dichtung dargelegt, weshalb seiner Auffassung nach auch Troilus in diese Namensliste gehört: »... his love was inordinate (in the sense that he would not recognize human limitations), and inasmuch as it disregarded marriage and procreation might be said to be unlawful«.[27] Entsprechende theologische Kommentare zu den Verstößen gegen die *lex naturalis* im Bereich der Liebe liefert auch Thomas von Aquin in seiner *Summa theologica*, II, q. 8-12.

Bei der Beschreibung der Umgebung des Venustempels fällt auf, daß Chaucer Cupido zwar erwähnt, die genealogischen Hintergründe dagegen, die Alanus entwickelt hat, nicht in seine Dichtung einarbeitet. Ähnlich wie Venus in diesem Teil des *Parlement of Foules* als Inbegriff wollüstiger, lasziver Verlockung gesehen wird, wird auch Cupido bereits in die Sphäre der Sinnenlust versetzt: er bereitet seine Pfeile vor, mit denen er die Menschen auf der Liebesjagd treffen möchte:

> Under a tre, besyde a welle, I say
> Cupide, oure lord, his arwes forge and file;
> (*PF*, 211-212)

In seiner Umgebung finden sich Wil(le), seine Tochter, und eine Gestalt namens Craft; der erste Name ist als *carnal desire* zu deuten[28], der zweite wird in der Dichtung selbst durch den Relativsatz *that can and hath the myght / To don by force a wyght to don folye* (*PF*, 220-21) erläutert. In Cupidos Umgebung sind weiterhin allegorische Figuren wie Curteysie und Gentilesse einerseits und Foolhardynesse, Flaterye und Desyr andererseits anzutreffen. So wie bei Alanus Venus ursprünglich dem Bereich der Natura angehört, sich aber dann aus der Ordnung löst, die durch Natura repräsentiert wird, und zum Inbegriff widernatürlichen Verlangens wird, enthält auch die höfische Liebe eine ambivalente Spannung: Sie kann einerseits eine Verfeinerung des physischen Liebesverlangens der Partner im Rahmen der *lex naturalis* bewirken, kann aber zugleich zu einer Übersteigerung von Gefühl und Leidenschaft führen, die den Menschen über den Bereich hinausträgt, der durch die Geboteordnung der *lex naturalis* reguliert wird.

Vergleicht man Alanus' *De Planctu Naturae* mit Chaucers *Parlement of Foules*, so ist bei der Darstellung der Tiere, die mit Natura assoziiert werden, zweierlei nicht zu übersehen: (1) Bei Alanus werden die Tiere als Bilder

---

[27] J.A.W. Bennett, The Parlement of Foules, 103.
[28] Vgl. Derek Brewer (ed.), The Parlement of Foulys, 108.

auf dem Gewand der Natura beschrieben, und obwohl der Begriff *concilium* einmal gebraucht wird, sprechen die Tiere bei Alanus nicht miteinander. (2) Dies wiederum – das Sprechen der Tiere – hat zur Folge, daß bei Chaucer der Bereich der Menschen nicht so eindeutig und radikal von dem der Tiere getrennt ist, wie dies in *De Planctu Naturae* der Fall ist. Im dritten Teil des *Parlement of Foules* führt Chaucer ein *concilium* vor, bei dem alle Vögel entsprechend den literarischen Gepflogenheiten der Fabeldichtung Menschen repräsentieren. Dementsprechend sind bei allen Äußerungen der Tiere grundsätzlich auch die Probleme der Menschen, insbesondere ihres gesellschaftlichen Zusammenlebens, mitzubedenken.[29]
Geht man davon aus, daß die niederen Vögel am Schluß der Versammlung problemlos den Partner oder die Partnerin erhalten, die sie begehren, daß die drei Adler dagegen bestimmte Konventionen befolgen, um ihr Verlangen vorzutragen, und daß schließlich die gleichen Konventionen auch das Verhalten des Adlerweibchens bestimmen und es veranlassen, die drei Bewerber auf ein weiteres Jahr auf die Probe zu stellen, dann stößt man auf unterschiedliche Liebesvorstellungen, die sich mit Hilfe der eingangs zitierten Äußerungen über die Schichtung der *lex naturalis* plausibel deuten lassen. Die niederen Vögel, die am St Valentine's Day zu Dame Nature kommen, begehren nur eine Partnerin, mit der sie ihre Art erhalten können. Mit diesem Wunsch verdeutlichen sie zugleich ein Verlangen, das der Mensch mit anderen Lebewesen gemeinsam hat und auf das sich die zweite der zitierten Bestimmungen der *lex naturalis* bezieht:

> Zweitens ist im Menschen die Neigung zu gewissen, ihm schon mehr arteigenen Dingen, gemäß der Natur, die er mit anderen *Sinnen*wesen gemeinsam hat. Und hiernach heißt das zum natürlichen Gesetz gehörig, »was die Natur allen Sinnenwesen gelehrt hat« [Röm. Recht], wie die Vereinigung von Mann und Frau, die Aufzucht der Kinder und ähnliches mehr. (Thomas v. Aquin, *Sum. theol.* I-II, q. 94, a. 2)[30]

Zu diesem Verlangen bekennen sich die Tiere ungebrochen, die außerhalb des Bereiches der höfischen Liebe stehen, und sie finden damit auch bei Natura am Ende der Dichtung Gehör: *To every foul Nature yaf his make (PF, 667)*.

---

[29] Grundlegend zur mittelalterlichen Tierdichtung: H.R. Jauss, Untersuchungen zur mittelalterlichen Tierdichtung, Tübingen 1959.

[30] Thomas von Aquin, Summa theologica, I-II, q. 94, a. 2: »Secundo inest homini inclinatio ad aliqua magis specialia, secundum naturam in qua communicat cum ceteris animalibus. Et secundum hoc, dicuntur ea esse de lege naturali ›quae natura omnia animalia docuit‹, ut est conjunctio maris et feminae, et educatio liberorum, et similia«.

*Abb. 14*: Alanus ab Insulis
Vom Ansehen, das Alanus im Mittelalter genoß, zeugen die Namen *Alanus Magnus* und *doctor universalis*, unter denen er bekannt war. »Sein hoher Ruhm wird außer durch seine Beinamen durch die Stelle bezeugt, die eine Miniatur aus dem Jahre 1418 [...] ihm neben Thomas von Aquino als Vertreter der Theologie einräumt ...« (J. Huizinga, Über die Verknüpfung des Poetischen mit dem Theologischen bei Alanus de Insulis, Mededeelingen der Kon. Akademie van Wetenschappen, Afd. Letterkunde deel 74, Serie B no.6, Amsterdam 1932, 4).
Im oberen Teil der dem *Anticlaudian* zugeordneten Miniatur Cod. 213 fol. 3, Staatl. Bibliothek in Eichstätt, ist im Zentrum die Theologia als Königin der Wissenschaften dargestellt, links Alanus, rechts Thomas von Aquino. Im unteren Teil sind die drei Künste abgebildet, die im Mittelalter das Trivium ausmachten: Grammatik, Logik, Rhetorik. Statt »logica« heißt es »loyca«, eine Form, die im Mittelalter ebenfalls möglich war. In der linken Hand hält die Logik einen Skorpion, Symbol des Scharfsinns oder des Bösen (vgl. Alanus ab Insulis, *Anticlaudianus*, III 1). Die Grammatik ist mit einem Buch dargestellt, nach dem sie ihre Schüler unterrichtet. Aus dem Mund der Rhetorik gehen Zweige mit Blüten hervor, die die reich geschmückte Rede symbolisieren, die diese Kunst ermöglicht.

Für diejenigen, die außerhalb der Normen der höfischen Liebe stehen, bildet das physische Verlangen die Norm, nach der sie alle anderen Verhaltensweisen beurteilen und dem Gelächter preisgeben. Als Musterbeispiel für einen ironisch-kritischen Kommentar dieser Art seien die Worte der Gans zitiert:

> My wit is sharp, I love no taryinge;
> I seye I rede hym, though he were my brother,
> But she wol love hym, lat hym love another!
> (*PF*, 565-67).

Die Gans beruft sich auf den *wit*, man könnte noch genauer sagen: *the kynde wit*, die *ratio naturalis*.[31] Ihre Vernunft arbeitet auf der Stufe der *lex naturalis*, auf der sie als animalisches Wesen anzusiedeln ist. Auf den Menschen übertragen bedeutet dies: Wer so spricht (und ein Echo dieser Worte ist in *Troilus and Criseyde* bei Pandarus zu vernehmen[32]), folgt nur der animalischen Regung, einer *inclinatio*, die ihm zwar als Lebewesen von Natur aus eigen ist, die aber nicht seine ganze Existenz als Mensch ausmacht. Ausgeklammert bleibt – wie die Worte der Gans beweisen – der individuelle, der persönliche Bezug zum Mitmenschen, zum Partner; und das bedeutet im Verhältnis der Geschlechter zueinander: die Freiheit der Wahl und die Freiheit der Entscheidung. Es sei in diesem Zusammenhang daran erinnert, daß bei den niederen Tieren, die an den Adlern Kritik üben, nirgendwo von der Begegnung eines Partners mit einer Partnerin im Sinne einer personhaften Begegnung die Rede ist. Bei den niederen Tieren ist vielmehr die Individualität eliminiert. Zu Beginn der Szene, die sich vor Natura abspielt, heißt es: ... *every foul cometh there to chese his make* (*PF*, 310) und am Ende: *To every foul Nature yaf his make* (*PF*, 667). Mehr erfahren wir über die Partnerwahl der Tiere, die außerhalb des Geltungsbereichs der höfischen Liebe stehen, nicht. Für das gesellschaftliche Zusammenleben der Menschen aber ist die dritte Klausel des Naturgesetzes von besonderem Belang:

> Drittens ist im Menschen die Neigung zum Guten gemäß der Natur der *Vernunft*, die ihm wesenseigentümlich ist; so hat der Mensch z.B. die natürliche Neigung, die Wahrheit über Gott zu erkennen und in der Gemeinschaft zu leben.[33]

---

[31] Zur Deutung von »kynde wit« = »ratio naturalis« vgl. auch Willi Erzgräber, William Langlands Piers Plowman: Eine Interpretation des C-Textes, Heidelberg 1957, 42-47.
[32] Chaucer, *TC*, IV, 406.
[33] Thomas von Aquin, Summa theologica, I-II, q. 94, a. 2: »Tertio modo inest homini inclinatio ad bonum, secundum naturam rationis, quae est sibi propria: sicut homo habet natura-

Die ritterliche Werbung, die ritterliche Weise, über Liebe zu sprechen und eine Partnerin als Person anzusprechen, ist der Ausdruck einer geschichtlich gewordenen und allmählich sich ausformenden Lebensweise, aus der der Wille spricht, eine bestimmte zivilisierte, d.h. vernunftbestimmte Form des gesellschaftlichen Zusammenlebens zu entwickeln, aufrechtzuerhalten und als Norm vollendeter Lebenskunst durchzusetzen, in der das animalisch-instinktive Verlangen und die kultivierte Form eins geworden sind. Ritterliches Werben, so wie es im *Parlement of Foules* dargestellt wird, ist die Sublimierung des Triebes, der nicht negiert, sondern gesellschaftsfähig und menschenwürdig gemacht wird. Die Diktion der Werbungsrede des Königsadlers liefert den sprachlichen Beweis für meine These:

(1) Der Adler wendet sich *unto my soverayn lady, and not my fere (PF,* 416). Mit den Begriffen *lady* und *fere* ist der Unterschied zwischen einer Partnerin im ritterlich-personalen Sinn und einer Partnerin ausschließlich im biologischen Sinn deutlich markiert.
(2) Die Wahl der Partnerin ist der Ausdruck seines personhaften Seins, seines Willens, seiner Gemütskräfte und seiner Vernunft: *I chese, and chese with wil, and herte, and thought (PF,* 417).
(3) Er bekennt sich zur moralischen Norm, auf der das ritterliche Leben und die gesellschaftliche Kultur im Mittelalter überhaupt aufbauen: *trouthe (PF,* 426).

Der Adler trägt mit seiner Werbung die ritterliche Fassung der *lex naturalis,* des Prinzips: *bonum est faciendum et prosequendum, et malum vitandum* vor. Ein Verstoß gegen dieses Ethos und gegen diese Norm wäre nach seinen eigenen Worten *untrewe* und *unkynde (PF,* 434); das Wort *unkynde* wurde von Chaucer wohl mit Bedacht gewählt, um einen Anklang an die Wendung *the lawe of kynde* zu evozieren. Die beiden Rivalen des Königsadlers bekennen sich zwar zum gleichen Ethos, aber ihre Diktion verrät, daß sie gröbere Vorstellungen von Dienst, Treue und Lohn haben, so daß sich innerhalb des aristokratischen Bereiches eine hierarchische Stufung bezüglich der Würdigkeit der Werber ergibt.
Untersucht man die Lösung des Konfliktes, so zeigt sich, daß sich die Göttin Natura ebenso der Vernunft verpflichtet fühlt wie das Adlerweib-

lem inclinationem ad hoc quod veritatem cognoscat de Deo, et ad hoc quod in societate vivat«.

chen. Ein Gebot der Vernunft ist es für Natura, daß sie an das Parlament der Vögel appelliert, um Rat bittet und je einen Sprecher der im Parlament vertretenen Gruppen je ein Urteil zu dieser Streitfrage abgeben läßt. Natura handelt weiterhin entsprechend den Geboten der Ratio, als sie die letzte Entscheidung dem Adlerweibchen selbst überläßt, dabei aber mit einem vernünftigen Rat nicht zurückhält:

> But as for conseyl for to chese a make,
> If I were Resoun, certes, thanne wolde I
> Conseyle yow the royal tercel take ...
> (*PF*, 631-33)

Natura folgt mit ihrem Rat zugleich den Normen der Aristokratie und empfiehlt – wie der *tercelet* – *the gentilleste and most worthi* (*PF*, 635). Während Natura den übrigen Vögeln einen Partner zuweist, appelliert sie beim Adlerweibchen an dessen Entscheidungsfreiheit, ein Prinzip, auf das sich auch das Adlerweibchen selbst bezieht, als es um ein Jahr Aufschub bittet:

> I axe respit for to avise me,
> And after that to have my choys al fre.
> (*PF*, 648-49)

Aufschub bedeutet für die aristokratischen Bewerber, durch Handeln, durch ritterlichen Dienst und nicht nur durch eine geschickt gebaute und rhetorisch wirksame Werberede die eigene Würdigkeit zu erweisen. Daß Chaucer hiermit eine essentielle Problematik der höfischen Liebe wie der aristokratischen Kultur berührte, hat J.A.W. Bennett hervorgehoben:

> The main emphasis here, however, is on the ennobling, the maturing, effect of service by which the brashness, the callousness of youthful love, is rubbed away; and by which alone the sincerity of the rivals' claims can be tested. We move beyond the world of knights and tourneys here: if tourneying were the solution, the turtle-dove, and Nature, would have accepted it much earlier. The service implied is primarily, of course, that of ›courteous word and noble deed‹.[34]

Die Lösung des Konfliktes im *Parlement of Foules* erinnert an die Lösung, die Shakespeare später, *in Love's Labour's Lost,* eine französische Prinzessin finden ließ.

---

[34] J.A.W. Bennet, The Parlement of Foules, 178.

IV.

Auch in *Troilus and Criseyde* führt der Erzähler – ähnlich wie in *The Book of the Duchess* – den Begriff *the lawe of kynde* sehr früh ein (vgl. I, 238), um daran das Verhalten des Troilus zu messen. Als Troilus die Diener des Gottes Amor verspottet, die am Palladionsfest in den Tempel ziehen, und er die Liebenden mit der Exklamation *O veray fooles, nyce and blynde be ye!* (I, 202) bedauert, als er sich stolz wie ein Pfau gebärdet, setzt der Erzähler dieser Haltung einen langen Kommentar entgegen, in dem sich folgende Strophe findet:

> Forthy ensample taketh of this man,
> Ye wise, proude, and worthi folkes alle,
> To scornen Love, which that so soone kan
> The fredom of youre hertes to hym thralle;
> For evere it was, and evere it shal byfalle,
> That Love is he that alle thing may bynde,
> For may no man fordon the lawe of kynde.
> (*TC*, I, 232-238)

In Anlehnung an die Darlegungen über die *lex naturalis,* von denen ich ausging, ließe sich sagen, daß Troilus übersieht, daß die *conjunctio maris et feminae* eine dem Menschen eigene natürliche Neigung ist, und daß er auch nicht die besonderen Konventionen bedenkt, die sich in der Gesellschaft entwickelt haben, der er kraft Geburt, Stand und geschichtlicher Umstände angehört. Chaucer läßt den kommentierenden Erzähler auf das Zentrum des Naturgesetzes hinweisen: Liebe, die hier als eine universale Macht begriffen wird, *Love is he that alle thing may bynde* (I, 237). Der Erzähler führt weiterhin in diesem Kommentar den Begriff *proude* ein; wer sich dem Weltgesetz der Liebe widersetzt, wird zugleich der *superbia* schuldig, der Todsünde, die als die Wurzel allen Übels durch das ganze Mittelalter hindurch galt (bis ihr die *avaritia* den Rang streitig machte).

Die Entwicklung des Troilus, die in den Büchern I-III dargestellt wird, läßt sich dahingehend zusammenfassen, daß sich in ihm ein grundsätzlicher, existentieller Wandel vollzieht: Die Begegnung mit Criseyde ändert seine Einstellung zu sich selber, zu den anderen Menschen und zur gesamten Schöpfung.[35]

---

[35] Zur Deutung des Troilus vgl. auch die Abhandlung ›Tragik und Komik in Chaucers Troilus and Criseyde‹, S. 203-234 dieses Bandes.

Gegen Ende des III. Buches faßt der Erzähler den Wandel des Troilus in folgenden Worten zusammen:

> And though that he be come of blood roial,
> Hym liste of pride at no wight for to chace;
> Benigne he was to ech in general,
> For which he gat hym thank in every place.
> Thus wolde Love, yheried be his grace,
> That Pride, Envye, and Ire, and Avarice
> He gan to fle, and everich other vice.
> (*TC*, III, 1800-1806)

Die Intention Chaucers, die hinter diesem Kommentar steht, ist klar: Er möchte Troilus nicht nur als den vollendeten Liebhaber im Sinne der mittelalterlichen, hier auf die Antike übertragenen Minnedoktrin darstellen, sondern auch als Musterbild eines *righteous heathen*. (In dieser Beziehung ist Troilus Kaiser Trajan und dessen Funktion in William Langlands *Piers Plowman* vergleichbar.[36]) Troilus hat, wie die Formel bei Robert Holcot und anderen Philosophen und Theologen des 14. Jahrhunderts lautet, diese Vollendung »ex puris naturalibus«[37] erlangt, daß heißt aufgrund seiner natürlichen Veranlagung und des Wissens um *the lawe of kynde*, das ihm wie jedem Heiden, der das alte und neue Gesetz nicht kennt, ins Herz und in die Vernunft eingeschrieben ist. Es sei hier nur auf einen Kommentar zu Robert Holcot hingewiesen, der sich in A.J. Minnis' Buch *Chaucer and Pagan Antiquity* (1982) findet:

> Those gentiles, he argues, who lived in accordance with the principles of natural law, even though they lacked the Mosaic Law, received faith and grace from God, and observed the law, and loved God above all else.[38]

Daß diese Anschauungen bekannt waren, kann im gegenwärtigen Stand der Chaucer-Forschung nicht mehr bezweifelt werden.

Der Hymnus auf die Liebe, den Chaucer Troilus am Ende des III. Buches in den Mund legt und die besonderen Formulierungen, die Chaucer den Protagonisten gebrauchen läßt – sie stammen aus Boethius und Trevet, dem Boethius-Kommentator, den Chaucer mit verarbeitete – sind

---

[36] Zu diesem umstrittenen Problem vgl. R.W. Chambers, Long Will, Dante, and the Righteous Heathen in: Essays and Studies by Members of the English Association, IX, Oxford 1924, 50-69, T.P. Dunning, Langland and the Salvation of the Heathen, Medium Ævum, 12 (1943), 45-54, sowie die Abhandlung ›Predestination in Langland and Chaucer‹, S. 179-202 dieses Bandes.
[37] Vgl. hierzu Janet Coleman, Piers Plowman and the ›Moderni‹, Rom 1981, 24ff.
[38] A.J. Minnis, Chaucer and Pagan Antiquity, 56.

ein Beleg dafür, daß sich in Troilus mit dem moralischen Wandel auch die Einsicht in das Grundgesetz des Universums einstellte. Bemerkenswert ist, daß Boethius in Buch II, Metrum 8, zunächst vom Prinzip der Beständigkeit und Festigkeit (=*fides*) spricht und dann erst auf die Liebe (=*amor*) als das allumfassende Prinzip hinweist. Liebe wird dabei als eine kosmische und moralische Macht zugleich verstanden; sie herrscht im Himmel, bindet die Völker, aber auch zwei Menschen in der Ehe. Bei Chaucer rückt Troilus *Love* an den Anfang seines Hymnus, und in systematischer Abfolge spricht er sodann von der Schöpfung: *erthe and se* (III, 1744) und *hevenes hye* (III, 1745), den Völkern: *peples* (III, 1747) sowie den einzelnen Menschen: *couples* (III, 1749). Erst danach erläutert er in einer Reihe von Bildern und kommentierenden Wendungen das Gesetz der Beständigkeit: *feith* (=*fides*) (III, 1751). In der Schlußstrophe weist er auf den Willen Gottes hin, der in dieser Weltordnung sich bekundet, wobei er den Gottesbegriff durch den Relativsatz: *that auctour is of kynde* (III, 1765) erläutert. Der innere Zusammenhang zwischen *the lawe of kynde* in Buch I und dem *auctour of kynde* in Buch III besteht darin, daß der Erzähler zunächst (in Buch I) das Gesetz zitiert, dem die Menschen unterstellt sind, während Troilus im Anschluß an Boethius die Gesetzmäßigkeit allen Geschehens im Kosmos wie im Leben der Menschen auf den Willen des Gesetzgebers zurückführt, der hier als der Schöpfer der Natur(ordnung) verstanden wird.

Dennoch: es bleibt bei Troilus trotz dieser Einsicht ein Element der Blindheit, das ihn in den Büchern IV und V zu einem tragikomischen Helden macht.[39] Seine ursprüngliche Blindheit kann er überwinden – die Liebe triumphiert, aber sie macht Troilus so blind, daß er die zeitliche Liebe für zeitlos hält und die Hierarchie der Wertordnung umkehrt. Das Verdikt über die Antike, insbesondere die antike Götterwelt im Epilog des Werkes, entspringt Chaucers Absicht, die Vorläufigkeit einer Weltdeutung zu kennzeichnen, die dem Natürlichen ungebrochen vertraut und *the lawe of kynde* als »an absolute moral standard« begreift. Im Gegensatz zu C.S. Lewis, dessen Darlegungen über *kynde* und *nature* diese Wendung entnommen ist[40], will Chaucer in seiner Dichtung nicht nur den Wert, sondern – wie das Beispiel Troilus zeigt – auch die Grenzen des

---

[39] Vgl. die Abhandlung ›Tragik und Komik in Chaucers Troilus and Criseyde‹, insbesondere S. 203-234.
[40] C.S. Lewis, Studies in Words, 61. Auch Gareth W. Dunleavy bedient sich der Formel Natural Law as Chaucer's Ethical Absolute, in: Willi Erzgräber (Hg.), Geoffrey Chaucer, Darmstadt 1983, 196-209.

natürlichen Seins des Menschen und der Ordnung, die es umschreibt, aufleuchten lassen. Um es in einem Bild zu sagen: Die Natur, wie Chaucer sie darstellt, gleicht einer schönen griechischen Urne – mit einem feinen Sprung; und dieser Sprung heißt in Chaucers Diktion: ›false worldes brotelnesse‹ (*Troilus and Criseyde*, V, 1832).

# Chaucer-Forschung im 20. Jahrhundert [1900-1980]

In der Chaucer-Forschung kommt George L. Kittredges Buch *Chaucer and His Poetry* (1915) die gleiche Bedeutung zu, die A.C. Bradleys *Shakespearean Tragedy* (1904) in der Geschichte der Shakespeare-Forschung des 20. Jahrhunderts besitzt. Von einem Urteil Kittredges auszugehen, ihn als den klassischen Repräsentanten der älteren Chaucer-Forschung zu zitieren, ist geradezu ein Topos, der sich durch zahlreiche neuere Abhandlungen hindurch nachweisen läßt. Kittredge repräsentiert eine Richtung in der Chaucer-Kritik, die an der realistischen und psychologischen Erzählkunst des 19. Jahrhunderts orientiert war. Symptomatisch für seine Einstellung ist das Urteil, das er über Chaucers *Troilus and Criseyde* fällte: »... it is the first novel, in the modern sense, that ever was written in the world, and one of the best«.[1] Allerdings können bei Kittredge auch schon Tendenzen nachgewiesen werden, die zu einer Phase in der Chaucer-Forschung hinführen, wie sie seit dem Beginn der 50er Jahre des 20. Jahrhunderts zu beobachten ist. Im Gegensatz zur Forschung des 19. Jahrhunderts, die überwiegend dazu neigte, den Autor Chaucer und den Ich-Erzähler in seinen Werken weitgehend zu identifizieren, betont Kittredge den Unterschied zwischen beiden und bemerkt in seinem Kapitel über *The Book of the Duchess*: »The Dreamer speaks in the first person. One might infer, therefore, that he is Geoffrey Chaucer, but that would be an error: he is a purely imaginary figure, to whom certain purely imaginary things happen, in a purely imaginary dream«.[2]

*Der Autor – der Erzähler*

Die neuere Forschung hat diesen Hinweis aufgenommen und für die Interpretation von *The Book of the Duchess*, *The House of Fame*, *Troilus and Criseyde* und die *Canterbury Tales* daraus mannigfache Anregung gewonnen. Es wurde die Differenz zwischen dem historischen Chaucer, über dessen Tätigkeit im öffentlichen Leben eine Reihe von Urkunden unterrichtet, und seinem fiktiven Ebenbild, etwa Chaucer, dem Pilger nach Canterbury, oder »Geffrey«, dem Ich-Erzähler in *The House of Fame,* herausgear-

---

1   George L. Kittredge, Chaucer and His Poetry, Cambridge, Mass., 1915, 109.
2   Ebd., 48.

*Abb. 15:* Portrait Chaucers
Das (hier reproduzierte) Portrait Chaucers, das sich in der Ellesmere Handschrift, San Marino California, Huntingdon Library), MS EL 26. C. 9. findet, und das Portrait Chaucers in Hoccleves, *The Regement of Princes*, London British Library, MS Harley 4886, ähneln einander sehr, und nach dem Kommentar, den Thomas Hoccleve zu dem zweiten Portrait verfaßte, dürften beide Darstellungen als authentisch angesehen werden.
Für die Entwicklung der englischen Literatur ist diese Betonung der Individualität des Künstlers nicht nur im Werk, sondern auch in den seinen Werken beigefügten Illustrationen von besonderer Bedeutung: es zeichnet sich hier eine neuzeitliche Bewertung der schöpferischen Individualität ab, wie sie auch bei Dante oder Petrarca zu beobachten ist.
Das Chaucer-Portrait der Ellesmere-Handschrift ist am Beginn der Tale of Melibee eingefügt, einer philosophischen Prosaerzählung, die Chaucer sich selbst in den Mund legt. Die linke Hand des Dichters, der wie alle Pilger auf den Portraits dieser Handschrift auf dem Pferd sitzt, weist auf diese Erzählung hin. Möglicherweise ist dies – nach den Darlegungen von Derek Pearsall in »The Chaucer Portraits« in: Derek Pearsall, *The Life of Geoffrey Chaucer*, Cambridge, Mass., 1992, repr. 1994, 228 – auch eine Geste, mit der er als Erzähler die Aufmerksamkeit der Zuhörer erbittet. Die Doppeldeutigkeit der Geste verrät, daß Chaucers Werke für die Lektüre wie für den mündlichen Vortrag gedacht waren.

beitet.[3] Es wurde aber auch daran erinnert, daß Chaucer seine Dichtungen einem Kreis meist aristokratischer Zuhörer vortrug, die ständig den historischen Chaucer, den sie kannten und der vor ihnen agierte, mit dem fiktiven Chaucer und Ich-Erzähler in Verbindung bringen und dabei sein ironisches Spiel mit der selbst gewählten fiktiven Rolle beobachten konnten. Vergleicht man die Resultate, zu denen diese Arbeiten über den Ich-Erzähler bei Chaucer gelangt sind, so wird deutlich, daß der Ich-Erzähler eine Pose, eine Maske war, die von Werk zu Werk variiert und innerhalb des gleichen Werkes mit größter Flexibilität gehandhabt wird. Hatte bei den Erörterungen der Chaucer-Forscher des beginnenden 20. Jahrhunderts, bei der Analyse von *Troilus and Criseyde* oder bei den Kommentaren zu den Canterbury-Pilgern und ihren Erzählungen oft der realistische Roman unausgesprochen als Bezugspunkt gedient, so ist bei den meisten Arbeiten, die nach dem Zweiten Weltkrieg entstanden, insbesondere in den Interpretationen amerikanischer Kritiker, zu erkennen, wie stark die Erzähltheorien, die unter dem Einfluß von Henry James entwickelt wurden, die Chaucer-Forschung beeinflußten. Die Abspaltung des Erzählers, der sich seiner Rolle im Werk bewußt ist (wie etwa der Erzähler in *Troilus and Criseyde*), stellt eine Entwicklung dar, die im ausgehenden Mittelalter mit Chaucer einsetzte und durch die Geschichte der englischen Erzählkunst bis ins ausgehende 19. Jahrhundert hinein zu verfolgen ist – bis hin zu Henry James, der für die Differenz zwischen Erzähler und Autor, zwischen der historischen und fiktiven Wirklichkeit eine theoretische Begründung fand. Während für einen Theoretiker wie Wayne C. Booth, der mit seinem Werk *The Rhetoric of Fiction* (1961) eine Gegenbewegung gegen die Romantheorien einleitete, die sich allzu einseitig den Anschauungen von Henry James verschrieben, die Alternative lautet: »reliable narrator« – »unreliable narrator«, stellt sich im Hinblick auf Chaucer die Frage, ob wir es bei seinem Ich-Erzähler – etwa in den Jugendwerken – mit einem ›naiven‹ oder einem ›subtilen‹, einem stumpfsinnigen oder einem intelligenten Ich-Erzähler zu tun zu haben. Die Abhandlungen von Bertrand H. Bronson »The Book of the Duchess Re-Opened« (1952) und David M. Bevington »The Obtuse Narrator in Chaucer's *House of Fame*« (1961) zeigen, wie selbst bei Interpreten, die sich am New Criticism schulten und die auf alle stilistischen und strukturellen Feinheiten eines Werkes achten, unterschiedliche Anschauungen bezüg-

---

[3] Vgl. z.B. Dieter Mehl, Geoffrey Chaucer: Eine Einführung in seine erzählenden Dichtungen, Berlin 1973, 16ff.

lich der Naivität oder der Intelligenz des Ich-Erzählers in Chaucers Jugendwerken anzutreffen sind.

Bronson übt Kritik an denjenigen, die im Träumer einen unbeholfenen Tölpel, einen naiven Ich-Erzähler sehen. Er veranschlagt die Situation des Autors Geoffrey Chaucer, des Dichters bürgerlicher Abstammung, der vor der Aufgabe steht, seinem adligen Herrn John of Gaunt Mitgefühl anläßlich des Todes der Herzogin Blanche zu bezeugen. Die äußeren Gegebenheiten – soziale Stellung des Autors, Anlaß der Dichtung – erforderten ein taktvolles Agieren. Der Aufbau der Dichtung, die einführende Selbstdarstellung des Ich-Erzählers, die Einbeziehung der Ovidschen Episode, der Erzählung von Ceyx und Halcyone, die idealisierende Figurengestaltung und schließlich auch die Gesprächsführung im Traum beweisen, daß Chaucer in dieser Dichtung bereits eine höchst differenzierte Erzählkunst entwickelte und dabei einen Ich-Erzähler einführte, dessen Verhalten psychologisch plausibel und entsprechend den Verhaltensnormen des 14. Jahrhunderts auch verständlich ist. »The Dreamer's tact leaves nothing to be desired; his etiquette is unimpeachable«.[4] Nicht nur der Träumer innerhalb der Erzählung, sondern auch der Autor läßt in seinem Verhältnis zu John of Gaunt Intelligenz und Takt erkennen.[5] Chaucer blieb mit dieser Dichtung ganz in den Konventionen der höfischen Poesie und der höfischen Verhaltensnormen, und er verstand es zugleich, mit Hilfe eines umsichtig agierenden Ich-Erzählers seinem Mitgefühl überzeugenden Ausdruck zu verleihen: »in this aspect of his poem he exhibits possibly his supreme artistry and greatest human wisdom«.[6]

Im Gegensatz zu Bronson spricht Bevington in seiner Abhandlung über *The House of Fame* von einem naiven, stumpfsinnigen, beschränkten Erzähler (»obtuse narrator«); und er ist davon überzeugt, daß diese Charaktereigenschaften auch für den Erzähler des ersten Werkes, *The Book of the Duchess*, zutreffen. Ob die weitreichenden Konsequenzen, die Bevington aus seiner Analyse von *The House of Fame* bezüglich der Selbstcharakterisierung des Ich-Erzählers beim frühen Chaucer zieht, stimmen, bleibe zunächst dahingestellt. Richtig ist, daß der Stoff und die Thematik, die Chaucer in *The House of Fame* bearbeitete, die Verwendung eines Ich-Erzählers nahelegten, der zunächst reichlich naiv und unerfahren er-

---

4   Bertrand H. Bronson, The Book of the Duchess Re-opened, PMLA, 67 (1952), 873. – Vgl. hierzu auch Willi Erzgräber (Hg.), Geoffrey Chaucer, Darmstadt 1983, 44. (Dieser Band wird im folgenden zitiert: Erzgräber, Chaucer).
5   Vgl. ebd., 878. (Erzgräber, Chaucer, 51)
6   Ebd., 880. (Erzgräber, Chaucer, 53)

scheint. *The House of Fame* ist – wie Bevington darlegt – eine komische Odyssee, in der der Erzähler einen Desillusions- und Erziehungsprozeß zugleich durchläuft. Die Dichtung ist nach Bevington »a humorous and allembracing review of man's frantic quest for fame, learning, and love«.[7] Dementsprechend erscheint »Geffrey«, der Ich-Erzähler, zunächst als ein gelehrter Bücherwurm, der die Traumtheorien auswendig zitieren kann und durch die Schule der französischen Dichtung gegangen ist. Die Traumvision führt ihn nicht nur ein Stück in seiner literarischen Bildung, sondern auch in seinem durch die Literatur vermittelten Wirklichkeitsverständnis weiter. Übernahm er mit der höfischen Romanliteratur die Vorstellung von der Treue der Liebhaber, so sieht er sich durch Virgil und Ovid eines anderen belehrt: die römischen Dichter berichten von der Perfidie der antiken Helden gegenüber den Frauen, denen sie Liebe geschworen hatten. »Geffrey« lernt durch die antike Literatur zwischen einer idealisierten Scheinwirklichkeit und der Schwäche und Niedrigkeit zu unterscheiden, die sich hinter solchem Schein verbergen kann. Die Adlerreise setzt diesen Desillusionierungsprozeß fort; der Dialog mit dem Adler, insbesondere dessen Vortrag über die Schallwellentheorie, vermittelt dem Ich-Erzähler eine Vorstellung von der naturwissenschaftlichen und philosophischen Deutung der Realität, zugleich aber auch von der Eitelkeit, die mit einem solchen Versuch, die Geheimnisse der Wirklichkeit zu durchdringen, verbunden sein kann. Buch III der Dichtung enthüllt in der Sicht Bevingtons das ebenso eitle Streben der Menschen nach Glück und Ruhm. Bevington läßt offen, wer der »man of gret auctorite« gewesen sein könnte, mit dem Chaucer seine Dichtung, bei der offenbar nur wenige Verse am Schluß fehlen, beschließen wollte. Es ist Bevington zuzustimmen, daß dieser »man of gret auctorite« sicherlich keine Hofnachricht überbringen sollte; ein solcher Schluß wäre nicht angemessen gewesen; wahrscheinlicher ist, daß Chaucer mit diesem abschließenden Auftritt nur den Sinn des gesamten Desillusions- und Erziehungsprozesses unterstreichen wollte, den der Ich-Erzähler in dieser Dichtung durchläuft.

Bei der Interpretation von Bevington fällt auf, daß er die Thematik des gesamten Werkes nicht durchgehend auf den Titel des Werkes bezieht, den Chaucer für diese Dichtung auch im Epilog zu den *Canterbury Tales* gebraucht. Fama ist der Ruhm und die üble Nachrede, und es ist eine In-

---

[7] David M. Bevington, The Obtuse Narrator in Chaucer's House of Fame, Speculum, 36 (1961), 288. (Erzgräber, Chaucer, 56)

terpretation des Werkes denkbar, die von vornherein diese Ambiguität des Begriffes ›fama‹ voraussetzt und die weiterhin ›fama‹ im Sinne von ›durch Sprache tradiertes Wissen‹ versteht; eine solche Auslegung des Begriffes Fama läßt das gesamte Werk als eine erzählerische Entfaltung der Ambivalenzen der durch Dichtung und Wissenschaft gestifteten »Tradition« verstehen. Methodisch wäre im Anschluß an Bevingtons Interpretation zu fragen, ob die Tatsache, daß der Ich-Erzähler »Geffrey« sich in *The House of Fame* entwickelt, notwendigerweise zu dem Schluß führen muß, daß auch der Erzähler in *The Book of the Duchess* einen ähnlichen Erziehungs- und Aufklärungsprozeß durchläuft. Es ist durchaus denkbar, daß Chaucer in der ersten Dichtung, auf Grund des gegebenen äußeren Anlasses einen taktvoll, subtil agierenden Erzähler verwandte, in der zweiten Dichtung dagegen einen Ich-Erzähler, der sich von seiner ursprünglichen Unwissenheit zu einem wissenden und gereiften Menschen wandelt. Es ist sehr wohl möglich, daß Chaucer sich in der Reflexion über die eigene dichterische Entwicklung zu einer solchen Behandlung des Ich-Erzählers gedrängt fühlte; der Ich-Erzähler in *The House of Fame* wäre, so gesehen, Chaucers *Portrait of the Artist as a Young Man*.

Mit der Selbstdarstellung Chaucers in den *Canterbury Tales* setzte sich E.Talbot Donaldson in einem vielbeachteten Artikel »Chaucer the Pilgrim« (1954) auseinander. Auch er knüpft an Kittredges Formulierung »a naïf Collector of Customs would be a paradoxical monster«[8] an, trennt den historischen Chaucer vom Dichter und den Dichter wiederum vom literarischen Selbstportrait. Donaldsons Deutung des Pilgers Chaucer fuhrt jedoch – in abgewandelter Weise – zu der Vorstellung von einem ›naiven‹ Chaucer insofern zurück, als er die These vertritt: »the reporter is, usually, acutely unaware of the significance of what he sees, no matter how sharply he sees it«[9]; allerdings versteht er diesen unwissenden und in seinen kritischen Fähigkeiten begrenzten fiktiven Pilger Chaucer als ein Opfer der Ironie und Selbstironie des Dichters. Nach Donaldson ermöglicht das ironische Portrait des Pilgers Chaucer dem Autor erst die Darstellung einer komplexen, ironischen, bald komischen, bald ernsthaft gezeichneten Welt.[10] Der Pilger Chaucer ist ein Bürger, der den Vertretern der höheren Gesellschaftsschichten, sei es der weltlichen oder der geistlichen Stände, mit Respekt begegnet, der die Vertreter des Bürgerstandes oft mit Ironie schildert, der weiterhin sieht, daß Schurken

---

[8]  E.Talbot Donaldson, Chaucer the Pilgrim, PMLA, 69 (1954), 928.
[9]  Ebd., 929.
[10] Vgl. ebd., 929.

Schurken sind, aber auch einige Sympathie für sie hat, wenn sie sich als gesellige Pilger erweisen und als Prachtexemplare ihrer Species erscheinen, und der schließlich den Ritter, den Pfarrer und den Pflüger als Vorbilder menschlichen Verhaltens schildert. Insgesamt ist – nach Donaldsons Deutung – der Pilger durch »intellectual simplicity«[11] charakterisiert; die Kurzsichtigkeit des Pilgers in der moralischen Beurteilung der überwie- gend negativen Charaktere wird von Donaldson als Ausdruck der ironischen Strategie des Autors Chaucer verstanden.

Den Thesen von Donaldson hat Dieter Mehl in seiner Abhandlung »Erscheinungsformen des Erzählers in Chaucers *Canterbury Tales*« (1968) mit überzeugenden Argumenten widersprochen. Seiner Auffassung nach ist es irreführend, von einem naiven Pilger im Prolog zu sprechen. Ähnlich wie Bronson bei seiner Interpretation des *Book of the Duchess* geht auch Mehl von der künstlerischen Flexibilität des Autors Chaucer aus; an die Stelle des »naiv-gutgläubigen Erzähler[s]« rückt in Mehls Deutung ein Erzähler, der »ganz hinter seinem Gegenstand zurücktritt und dem Leser sein eigenes Urteil nicht aufnötigt, obwohl er selbst sich offensichtlich ein Urteil gebildet hat«[12]. Die Ironie etwa bei der Beschreibung der Priorin entsteht nicht aus der mangelnden Einsicht eines naiven Pilgers in den wahren Charakter der Priorin, sondern umgekehrt aus einer raffinierten Zurückhaltung des Erzählers, der seine Beobachtungen registriert und es dem Leser überläßt, aus den mitgeteilten Beobachtungen entsprechende Schlüsse zu ziehen. Dabei geht es Chaucer nicht darum, die Leserreaktionen so zu steuern, daß alle intelligenten Leser zum gleichen Resultat kommen; er eröffnet durch die Art seiner Darstellung vielmehr ein weites Spektrum an Urteilsmöglichkeiten. In der Charakterisierung der Pilger stellt Mehl eine ganze Skala von ironischen Tonlagen fest, und er kommt dabei zu dem Resultat, daß die Ironie des Erzählers im Prolog zu den *Canterbury Tales* insgesamt »sehr viel weniger aggressiv ist als vielfach angenommen wird«[13]. Die Flexibilität des Erzählers im Prolog bekundet sich auch darin, daß er sich immer wieder der jeweils geschilderten Figur anpaßt – der Gegensatz zur Behandlung der Perspektive und zum Gesetz der Plausibilität im modernen realistisch-psychologischen Roman könnte nicht besser verdeutlicht werden.

---

[11] Ebd., 934.
[12] Dieter Mehl, Erscheinungsformen des Erzählers in Chaucers Canterbury Tales, in: Arno Esch (Hg.), Chaucer und seine Zeit. Symposium für Walter F. Schirmer, Tübingen 1968, 193. (Erzgräber, Chaucer, 256)
[13] Ebd., 194. (Erzgräber, Chaucer, 258)

Bemerkenswert an der Abhandlung von Dieter Mehl ist weiterhin die These, »daß die in der neueren Erzähltheorie immer wieder vorausgesetzte Trennung von Autor und Erzähler oft mehr eine methodische Hilfskonstruktion als eine literarische Realität ist«[14]. Im Hinblick auf die beiden von Chaucer selbst erzählten Geschichten, der Parodie einer »tailrhyme romance« in »Sir Thopas« und dem Prosatraktat von Melibeus bedeutet dies, daß wir auch in diesem Zusammenhang nicht von einem naiven Erzähler sprechen sollten, sondern von einem Erzähler, der sich einen Literatenspaß erlaubt und dabei von seinem Autor gedeckt wird. Neigten einige Chaucer-Interpreten im Anschluß an Henry James und der von ihm auch theoretisch begründeten Erzähltechnik dazu, die Differenz zwischen Autor und Erzähler allzu stark zu betonen, so hebt Mehl mit Recht hervor, daß Chaucer durchgehend eine eigene Sprache, einen unverwechselbaren erzählerischen ›Ton‹ entwickelte und damit dem Leser das Gefühl vermittelt, daß er als Autor über dem gesamten Werk steht.[15]

Ein besonderes Problem bildet innerhalb der *Canterbury Tales* die Frage der Zuordnung der Pilger zu den Erzählungen, die sie jeweils vortragen. Daß der Pfarrer einen theologischen Traktat bietet, erschien den meisten Interpreten und Kritikern plausibel und zwingend, wiewohl andere Vertreter des geistlichen Standes in den *Canterbury Tales* einen recht unterschiedlichen literarischen Geschmack verraten. Auch die Tatsache, daß der Ritter (Knight) eine Romanze vorträgt, wurde als angemessen erachtet, wenngleich im einführenden Portrait nur von den kriegerischen Abenteuern des Ritters erzählt wird und keinerlei Verbindungslinie zur Liebesthematik in der Erzählung führt. Andere Erzählungen sind nach dem Urteil etlicher Kritiker mehr oder weniger willkürlich mit den Pilger-Erzählern gekoppelt.

Derek Pearsall untersucht in seinem Aufsatz »The Squire as Story-Teller« (1964), wie das Fragment der »Squire's Tale« stilistisch zu deuten und in das erzählerische Panorama der *Canterbury Tales* insgesamt einzuordnen ist. Pearsall vertritt die Richtung des »dramatic reading«, d.h. die Erzählung wird im Hinblick auf den Charakter des erzählenden Pilgers und den erzählerischen (dramatischen) Kontext gesehen. Er versucht, den eigentümlichen Erzählstil vom Standort des Squire als psychologisch verständlich erscheinen zu lassen: Dabei kam es Chaucer – nach Pearsall –

---

[14] Ebd., 193. (Erzgräber, Chaucer, 256)
[15] Vgl. ebd., 203. (Erzgräber, Chaucer, 266f.)

nicht auf einen einfachen Parallelismus an: psychische Verfassung des Pilgers = Erzählstil; Chaucer gibt zwar zu erkennen, daß der Squire »a nervous, immature, and self-conscious speaker«[16] ist, aber die Geschichte verrät zugleich, welche rhetorischen Formeln und konventionellen erzählerischen Techniken er benutzt, um seine eigenen psychischen Schwierigkeiten beim Erzählen zu überwinden. Zu den rhetorischen Formeln zählen beispielsweise der Bescheidenheitstopos und die ›brevitas‹-Formel, zu den überlieferten Techniken die eingestreuten Reflexionen über die Art der Darbietung, die der Erzähler selbst gewählt hat. Wenngleich die Erzählung auch als eine satirische Kritik Chaucers an bestimmten Stiltendenzen der Romanzenliteratur verstanden werden kann – vor allem durch die lockere Verknüpfung einzelner Episoden –, richtet sich in Pearsalls Sicht die implizite Ironie gegen den jungen Squire selbst. Auch bei der Deutung des fragmentarischen Schlusses legt Pearsall den Akzent auf den Erzähler und die Zuhörer (nicht auf den Autor Chaucer, der nach der älteren Forschungsmeinung dieses Romanzenstils einfach überdrüssig war): Für Pearsall erhält der Squire, der jüngste Teilnehmer an der Pilgerfahrt, eine Chance, sich als Erzähler vorzustellen; nachdem er seine rhetorischen Talente bewiesen hat, entzieht der Pilgerkreis ihm wieder das Wort, wobei das Lob des Franklin, der die rhetorischen Fähigkeiten des Squire anerkennt, in keiner Weise als versteckte Ironie zu werten wäre.

Bei der Erörterung der Beziehungen, die zwischen einem Pilger-Erzähler und der von ihm vorgetragenen Geschichte bestehen, wird man grundsätzlich von zwei Möglichkeiten auszugehen haben: a) die Geschichte stellt eine Form der Selbstdramatisierung des Erzählers dar, oder b) sie ist zum Erzähler nur im rhetorischen Sinn ›passend‹ gewählt, sie entspricht dem Decorum. Für den ersten Typus können der Prolog und die Erzählung des Ablaßkrämers als Beispiel gelten, zu denen Trevor Whittock bemerkt hat: »the *Prologue* and *Tale* also discover the Pardoner's true character«.[17] Als Beispiel für den zweiten Typus läßt sich die Erzählung des Ritters anführen, die durch ihren überaus prunkvollen feierlichen Stil gekennzeichnet ist. Man könnte bei der Koordination von Erzählung und Erzähler von einer rhetorischen und einer psychologischen Angemessenheit sprechen und dazu drittens den Begriff der »stofflich-thematischen Angemessenheit« einführen, wenn man etwa bedenkt, daß der Ritter eine

---

[16] Derek Pearsall, The Squire as Story-Teller, University of Toronto Quarterly, 34 (1964), 84. (Erzgräber, Chaucer, 290)
[17] Trevor Whittock, A Reading of the Canterbury Tales, Cambridge 1968, 185.

Romanze, der Müller und der Verwalter derbe Fabliaux darbieten. Die Frage nach der psychologischen Plausibilität einer Erzählung an sich und weiterhin ihrer Zuordnung zum Erzähler hängt aufs engste mit der übergreifenden Frage, ob Chaucer ein ›Realist‹ gewesen sei, zusammen.

*Realismus – Allegorese*

Zum Realismus Chaucers hat Morton W. Bloomfield einen grundlegenden Beitrag geleistet.[18] Bloomfield geht von der einflußreichen Untersuchung über *Chaucer and the French Tradition* (1957) aus, die Charles Muscatine vorgelegt hat; Muscatine arbeitete die konventionellen Züge des Chaucerschen Realismus heraus und zeigte, daß die Fabliaux in den *Canterbury Tales* nicht als mimetische Nachahmung zeitgenössischen Lebens im Sinne des modernen Realismus zu verstehen sind, sondern als Erzählungen, die nach französischen Vorbildern geschrieben wurden. Bloomfield seinerseits versucht, die Spannweite des Begriffes »realism« zu bestimmen und beschreibt zunächst den »authenticating realism«, d.h. jene Form der literarischen Darbietung, die den Anspruch erhebt, die ›Wahrheit‹ (im umfassenden Sinne des Wortes) zu berichten, oder die zumindest bestrebt ist, den Stoff so zu präsentieren, daß die Erzählung einem Leser ›plausibel‹ erscheint. Bloomfield ist sich bewußt, daß unter dieser Definition von ›Realismus‹ die verschiedenartigsten Darstellungstechniken subsumiert werden können, daß sie aber dennoch gewisse Gemeinsamkeiten aufweisen, auf Grund deren man von »authenticating realism« sprechen kann. Ein Vorwort, eine Vorrede oder ein einleitender Brief, die über die Herkunft eines Stoffes, eines Berichtes informieren, können ebenso als Mittel, den Wahrheitsanspruch zu beteuern, verstanden werden wie die Verwendung eines Ich-Erzählers oder eines authentisch klingenden Erzähl›tones‹. Die Einführung von Orts- und Personennamen sowie von Daten dient nicht nur im realistischen Roman des 19. Jahrhunderts, sondern auch in mittelalterlicher Literatur als Mittel, den Eindruck von Authentizität zu verstärken. Mit Recht hebt Bloomfield hervor, daß in einem Zeitalter, in dem Erzählungen noch mündlich vorgetragen wurden, allein die physische Präsenz des Erzählers im Kreis seiner Zuhörer dazu beitrug, den Anspruch auf die Glaubwürdigkeit des Erzählten zu erhöhen. Außerdem gibt Bloomfield zu bedenken, daß bei

---

18   Morton W. Bloomfield, Authenticating Realism and the Realism of Chaucer, Thought, 34 (1964), 335-358. (Erzgräber, Chaucer, 210-233)

mittelalterlicher Literatur der ästhetische Wahrheitsanspruch stets mit einem religiösen Wahrheitsanspruch gekoppelt war, insofern die Berichte über Jesus, die Apostel und die Heiligen in epischer Form vermittelt wurden und so gestaltet waren, daß der Leser solcher Berichte von der Wahrheit des Erzählten überzeugt war.

Bei Chaucer finden sich Erzähl-Formeln und -Techniken, die dem Bereich des »authenticating realism« zuzurechnen sind wie der Traum oder die Ich-Erzählung, aber er bewegt sich auch in dem Bereich des »circumstantial realism«, d.h. des Detailrealismus, um im Prolog zu den *Canterbury Tales* bei seinen Lesern den Eindruck zu erwecken, daß er in authentischer Form über die zeitgenössische Welt und über zeitgenössisches Geschehen berichtet; einen gleichen Grad an ›Realismus‹, d.h. an »circumstantial realism«[19] läßt sich nach Bloomfield in den einzelnen Erzählungen nicht feststellen. Es ist Bloomfield zuzustimmen, wenn er konstatiert: »It is hard to find before Chaucer's time consistent circumstantial realism used to any degree in English literature, with the exception of religious literature«[20] und wenn er zu dem Resultat gelangt: »Chaucer's originality ... consists in combining the truth claim of his major authenticating device with a circumstantial realism.«[21] Chaucer's »circumstantial realism« wird von Bloomfield in den Kontext der in Bildender Kunst und Literatur im Spätmittelalter zu beobachtenden Hinwendung zum individuellen, sinnlich wahrnehmbaren, konkreten Detail gestellt, die Huizinga ausführlich in seiner faszinierenden kulturgeschichtlichen Darstellung *Herbst des Mittelalters* (1919) beschrieb. Bei den Erörterungen des spätmittelalterlichen Realismus sollten auch die eindringlichen Darlegungen von Erich Auerbach nicht in Vergessenheit geraten, der in seinem einflußreichen Werk *Mimesis: Dargestellte Wirklichkeit in der abendländischen Kultur* (1946) einen Zusammenhang zwischen Realismus und franziskanischer Frömmigkeit herstellt und dabei u.a. bemerkt: »der gröbere Realismus des späteren Mittelalters knüpft sich vielfach an das Wirken und Auftreten der Franziskaner; ihr Einfluß läßt sich bis in die Renaissance verfolgen«.[22]

Auf einen anderen Ursprungsbereich des Realismus in der Figurengestaltung, die Chaucer im Prolog zu den *Canterbury Tales* praktizierte, weist

---

19  Ebd., 350. (Erzgräber, Chaucer, 225)
20  Ebd., 351-352. (Erzgräber, Chaucer, 227)
21  Ebd., 353. (Erzgräber, Chaucer, 228)
22  Erich Auerbach, Mimesis: Dargestellte Wirklichkeit in der abendländischen Kultur, Bern 1946, 163.

Stephan Kohl in seinem Aufsatz »Zum Realismus der Portraits des ›General Prologue‹« hin. Kohl, der zuvor bereits eine Arbeit über *Wissenschaft und Dichtung bei Chaucer* (1973) und eine umfassende Überschau *Realismus: Theorie und Geschichte* (1977) vorlegte, nähert sich dem Problem des Realismus vom Standort der spätmittelalterlichen Naturwissenschaft, insbesondere der Medizin, und es soll »über eine Untersuchung der »physiological significance« einiger Portraits der Nachweis versucht werden, daß Chaucer bei der Gestaltung der Pilger Wirklichkeitstreue und *surface consistency* mit der Herausarbeitung des Typischen und Abstrakten zu verbinden verstand«[23].

Wenn Chaucer seine Leser über die Krankheiten seiner Pilger informiert, sind solche Angaben nicht als ›Befunde‹ im modernen Sinn zu verstehen, denn mittelalterliche Medizin war im Anschluß an biblische Vorstellungen der Überzeugung, daß »Krankheit Zeichen der Sündhaftigkeit des Befallenen sei«[24]. Dementsprechend stehen alle physiognomischen Details der Pilger in innerem Zusammenhang mit der moralischen Beschaffenheit des Charakters. Physiognomische Merkmale sind äußere Zeichen für seine Veranlagung, Krankheitssymptome »Zeichen eines tatsächlichen Fehlverhaltens«.[25] Wenn Kohl die von ihm untersuchte Form des Realismus »moralischen Realismus«[26] nennt, bewegt er sich dabei in einer Terminologie, deren sich auch E. Talbot Donaldson bedient, wenn er, von ganz anderen Voraussetzungen ausgehend, feststellt: »this moral realism discloses a world in which humanity is prevented by its own myopia, the myopia of the describer, from seeing what the dazzling attractive externals of life really represent«.[27] Es bliebe im Anschluß an Kohls Arbeit zu fragen, ob seine These sich auf alle Pilger des Prologs ausdehnen läßt oder ob hier nur ein sehr isolierter Aspekt des Gesamtphänomens Realismus bei Chaucer gesehen wurde.

Eine radikale Wende in der Geschichte der Chaucer-Kritik versuchte zu Beginn der 50er Jahre D.W. Robertson, Jr., mit seinem Buch *A Preface to Chaucer: Studies in Medieval Perspectives* (1962) herbeizuführen. Er betont den Unterschied zwischen mittelalterlicher und neuzeitlicher Kunst und hält es für falsch, wenn Vorstellungen des neuzeitlichen Realismus auf Chaucer (und sei es auch nur teilweise) übertragen werden. Die Frage

---

[23] Stephan Kohl, Zum Realismus der Porträts des ›General Prologue‹, in: Erzgräber, Chaucer, 234-251, hier: 237.
[24] Ebd., 237.
[25] Ebd., 237.
[26] Ebd., 250.
[27] E. Talbot Donaldson, Chaucer the Pilgrim, 935.

nach der psychologischen Plausibilität oder nach der dramatischen Spannung ist seines Erachtens irreführend und bei einem mittelalterlichen Autor wie Chaucer unangemessen. Er geht vielmehr davon aus, daß Chaucer mit der mittelalterlichen Theologie aufs engste vertraut war, daß diese Theologie sich im wesentlichen an der augustinischen Antithese ›caritas‹ – ›cupiditas‹ orientierte, daß Bildende Kunst und Dichtung von dieser Antithese her zu verstehen sind und daß schließlich Figuren und Handlungen in allegorischer Weise von den Autoren auf dieses theologische Begriffsfeld bezogen wurden und dementsprechend auch von den modernen Interpreten auf diesen theologischen Rahmen zurückzubeziehen seien, wenn ein ›mittelaltergemäßes‹ Verständnis der Dichtung erreicht werden soll. Alle Details in den Portraits haben nach Robertson eine allegorische Funktion: die konkrete Einzelheit verweist auf eine abstrakte Vorstellung, einen Begriff: »The use of iconographic details as a means of calling attention to an underlying abstract reality accounts for the surface inconsistency of Chaucer's portraits«.[28]

Um die mittelalterliche Dichtung in diesem Sinne angemessen interpretieren zu können, ging Robertson noch einen Schritt weiter: Er empfahl den Chaucer-Interpreten, die Methode der Bibelauslegung (entsprechend der Lehre vom vierfachen Schriftsinn) auf die mittelalterliche Literatur anzuwenden. Die Übertragung der Bibelexegese auf die Interpretation literarischer Werke erwies sich bereits in D.W. Robertsons gemeinsam mit Bernard F. Huppé verfaßtem Buch *Piers Plowman and the Scriptural Tradition* (1951) als problematisch und stieß auf Widerspruch, wobei nicht nur die praktische Anwendung dieser Methode auf mittelalterliche Dichtung, sondern auch die Ausführungen über die Bedeutung dieser exegetischen Methode im 14. Jahrhundert kritisiert wurden. Erwähnt sei in diesem Zusammenhang insbesondere Morton W. Bloomfields Aufsatz »Symbolism in Medieval Literature« (1958).[29]

Mit Problemen der allegorischen Interpretation von Chaucers Dichtung setzt sich auch der Aufsatz von Ewald Standop »Zur allegorischen Deutung der ›Nonnes Preestes Tale‹« (1961) auseinander. Er weist die Problematik jener Forschungsrichtung auf, die in Chaucers Erzählung eine politische Allegorie sah und den Fuchs mit historischen Persönlichkeiten gleichsetzte oder aber der Tiererzählung einen religiösen Sinn unterlegte

---

[28] D.W. Robertson, Jr., A Preface to Chaucer: Studies in Medieval Perspectives, Princeton 1962, 247.

[29] Morton W. Bloomfield, Symbolism in Medieval Literature, Modern Philology 56 (1958), 73-81.

und den Fuchs als Teufel, als Häretiker oder als Franziskanerbruder deutete. Gegenüber solch extremen, vom Text her kaum zu rechtfertigenden Interpretationen deutet Standop die Vielschichtigkeit der Erzählung des Nonnenpriesters in der Weise, daß er einzelne allegorische Bedeutungsebenen unterscheidet, die miteinander konkurrieren, sich aber auch gegenseitig verstärken und damit die Tierfabel zu einem komplexen Kunstwerk werden lassen, dem freilich die letzte künstlerische Ausgewogenheit fehlt, weil die einführende Beschreibung der alten Witwe und ihres Hühnerhofes ohne ersichtlichen Grund zu breit angelegt ist. Die Bedeutungsebenen, die Standop unterscheidet, sind: 1. die vordergründige Ebene der Tierfabel, 2. die höhere Ebene, auf der menschliche Konflikte wahrgenommen werden, die durch die Verhaltensweise und die Dialoge der Tiere zum Ausdruck kommen, 3. die philosophische Ebene, wonach der Hahn Chauntecleer die Position eines traditionellen Philosophen einnimmt, der sich auf seine Autoritäten beruft, während Pertelote eine Skeptikerin und »Vertreterin einer forschrittlichen Naturheilkunde« 30 ist; 4. die soziologische Ebene, wonach Chauntecleer und Pertelote a) als höfisches Liebespaar, b) als bürgerliches Ehepaar agieren; 5. die theologische Ebene, auf der die beiden Figuren die Rolle von Adam und Eva spielen. Die Deutung von Standop überzeugt, weil er nicht einseitig nur eine bestimmte politische oder theologische Interpretation verficht, sondern sich von der spezifischen Erzähltechnik, die Chaucer für »The Nun's Priest's Tale« wählte, leiten läßt und in kritisch umsichtiger Interpretation die einzelnen Bedeutungsebenen freilegt.
Chaucer ist zwar der allegorischen Denk- und Darstellungsweise verpflichtet, allerdings nicht so einseitig wie Robertson es wahrhaben wollte, sondern in einer ganz originellen Manier, die überdies nicht bei allen Canterbury Tales vorausgesetzt werden darf.

*Tragödie – Tragikomödie*

Mit seinem Aufsatz »Chaucerian Tragedy« (1952) gab D.W. Robertson, Jr., auch der Erörterung von *Troilus and Criseyde* und insbesondere der Diskussion über Chaucers Tragödienkonzeption neue Anstöße.[31] Robertson deutet *Troilus and Criseyde* als eine Tragödie, die auf den Voraussetzungen der augustinischen Theologie, insbesondere der Lehre von der

---

30 Ewald Standop, Zur allegorischen Deutung der ›Nonnes Preestes Tale‹, in: H. Viebrock u. W. Erzgräber (Hgg.), Festschrift zum 75. Geburtstag von Theodor Spira, Heidelberg 1961, 92-93. (Erzgräber, Chaucer, 415)
31 D.W. Robertson, Jr., Chaucerian Tragedy, English Literary History, 19 (1952), 1-37.

›caritas‹ und ›cupiditas‹, sowie der Philosophie des Boethius aufgebaut ist. Troilus, Criseyde und Pandarus erscheinen in dieser Sicht als Analogien zu Adam, Eva und Satan. Pandarus verwirrt die Sinne der beiden Liebenden und bewirkt, daß die niedere Vernunft (›lower reason‹) in ihnen korrumpiert wird; Troilus unterwirft sich deshalb der Fortuna, genießt deren vergängliche Glücksgüter, wird vom Rad der Fortuna geschleudert und beklagt sich schließlich darüber, daß ein unbarmherziges Fatum sein Glück zerstöre; in Wirklichkeit hat er sich selber den Zugang zum Verständnis der ›providentia‹, die über dem ›fatum‹ und der ›Fortuna‹ regiert, verstellt. Der Schluß der Dichtung, der Epilog, in dem Chaucer (durch seinen Erzähler) in moraltheologischer Weise die antiken Götter verdammen läßt und den Blick auf den Gekreuzigten lenkt, ist in der Deutung von Robertson eine logische Konsequenz der vorausgehenden Bewertung des Heidentums und der höfischen Liebe. Es fragt sich jedoch, ob eine derartig einlinige moralphilosophische und theologische Deutung, die das Werk im Grunde vom Ende her interpretiert und bewertet, der Komplexität der künstlerischen Gestaltung Chaucers gerecht wird. Robertson setzt sich allzu leicht über den Eindruck, den Generationen von Lesern bei der Lektüre dieses Werkes gewonnen haben, hinweg. Wer von Troilus, Criseyde oder der Darstellung der höfischen Liebe oder des Heidentums angesprochen, gar fasziniert ist, verfällt offenbar nach Robertson dem gleichen Irrtum wie Troilus im Werk: er wertet die Sinnlichkeit höher als den kritischen Verstand.

Nicht alle Kritiker, die von theologischen Prämissen ausgehen, kommen zu so entschieden eindeutigen und weitgehend negativen Urteilen über Troilus und die Darstellung der höfischen Liebe wie Robertson. Als Beispiel sei T.P. Dunning mit seinem Aufsatz »God and Man in *Troilus and Criseyde*« (1962) genannt, in dem die Liebesauffassung des Troilus in weit positiverem Sinn erscheint. So führt Dunning beispielsweise über Troilus aus:

> To him, therefore, its chief manifestation is fidelity of the most absolute kind, a point of view present in his mind from the beginning but most strikingly revealed in his interview with Pandarus in Book IV (376-658).[32]

---

[32] T.P. Dunning, God and Man in Troilus and Criseyde, in: N. Davis u. C.L. Wrenn (eds.), English and Medieval Studies Presented to J.R.R. Tolkien, London 1962, 166.

und weiterhin:

> More important than this, and more strongly stressed by the poet, is Troilus's sincere natural religion, a dominant feature of his character which has never received the study it merits ...[33]

In den Interpretationen von Robertson und Dunning zeichnen sich zwei Einstellungen zu Chaucer ab, die sich wiederum von Grundtendenzen in der mittelalterlichen Religions- und Frömmigkeitsgeschichte her begreifen lassen. Robertson ist – wie er ausdrücklich bemerkt – an der augustinischen Theologie orientiert und beurteilt dementsprechend Sinnlichkeit, Vernunft und alle natürlichen Regungen des Menschen weit negativer als Dunning, der – wie sein Buch über den A-Text des *Piers Plowman*[34] deutlich zeigt – sehr stark die thomistische Sicht betont und infolgedessen auch die natürliche Religion, die natürliche Sittlichkeit des Troilus hervorhebt, ohne daß damit im geringsten behauptet würde, Chaucer habe den Rahmen der mittelalterlichen Orthodoxie gesprengt.
Ähnlich wie Dunning neigt auch der Verfasser des vorliegenden Bandes in seiner Abhandlung über »Tragik und Komik in Chaucers *Troilus and Criseyde*« (1964) dazu, Troilus höher einzustufen als Robertson; er weist insbesondere auf die Verse III, 1800-1806 hin, in denen festgestellt wird, daß Troilus neben der ›superbia‹ die Todsünden ›invidia‹, ›ira‹ und ›avaritia‹ und weiterhin »everich other vice« überwunden habe: die Liebe zu Criseyde hat nach den Worten des Erzählers im moraltheologischen Sinn eine reinigende Wirkung, und Robertson widerspricht dem Wortlaut der Dichtung, wenn er Troilus' Liebe zu Criseyde nur in Analogie zum Fall des ersten Menschenpaares sieht. W. Erzgräber deutet Troilus jedoch nicht nur als ein schuldloses Opfer der Fortuna; da Troilus sowohl in Buch I wie in den Büchern IV und V auch als stolz und blind charakterisiert wird, faßt er Troilus als einen gemischten Charakter auf, der wie die Helden in der antiken und neuzeitlichen Tragödie schuldlos und schuldig zugleich ist. Chaucer vertiefte die mittelalterliche Tragödienkonzeption weiterhin dadurch, daß sich der Untergang des Troilus aus dem Zusammenspiel von Charakter und Schicksal ergibt. Chaucer modi-

---

[33] Ebd., 168.
[34] T.P. Dunning, Piers Plowman. – An Interpretation of the A-Text, Dublin 1937; Second Edition revised and edited by T.P. Dolan, Oxford 1980.

fizierte die mittelalterliche Vorstellung von einer Tragödie insofern, als er komische Szenen und Charaktere in sein Werk einbezog.[35]
Die Diskussion des Tragischen bei Chaucer hat Paul G. Ruggiers fortgesetzt, der im Anschluß an »The Monkes Tale«, die wahrscheinlich vor *Troilus and Criseyde* geschrieben wurde, ebenfalls zu dem Resultat gelangt, daß Chaucer in seinen größeren Werken im Gegensatz zu den recht primitiven Erzählungen des Mönches das Zusammenwirken von menschlicher Entscheidungsfreiheit und schicksalhafter Notwendigkeit betone:

> Chaucer's achievement in his major works has been to hold in balance the two sides of the Boethian dichotomy: man is free to choose, but the choices are foreseen and foreknown. By throwing a larger emphasis upon human moral choice, Chaucer does more than merely mitigate the fortunal explanation of human experience. He does not shirk that extreme pole of the tragic mode, the pole of an inescapable destiny; he accepts that possibility, but he also admits that other equally tempting possibility: human responsibility is a factor in that destiny. In his mature work the two views are held in a delicate equilibrium in much the same way that fate and human defect are delicately balanced in the finest Greek tragedies.[36]

G.T. Shepherd dagegen betont in einer ausgewogenen Gesamtwürdigung von *Troilus and Criseyde*, in der er sowohl die ›narratio‹, die Darstellung der Ereignisse, wie das ›argumentum‹, die aus den Erzählerkommentaren und der Handlungsführung erschließbare Technik untersucht, die mittelalterlichen Züge der Tragik: »This is not the mode of Shakespearian tragedy, nor of the Greek, nor of Romantic tragedy«[37], versteht aber die mittelalterliche Tradition anders als Robertson. Mittelalterliche Tragik spiegelt sich nach Shepherd im Tod Beowulfs (»no explanation of Beowulf's death satisfies«)[38], im Tod Rolands oder auch in der Atmosphäre, von der die Geschehnisse im zweiten Teil des (alliterierenden) *Morte d'Arthur* geprägt sind:

---

35 Vgl. Willi Erzgräber, Tragik und Komik in Chaucers Troilus and Criseyde, S. 203-234 dieses Bandes.
36 Paul G.Ruggiers, Notes towards a Theory of Tragedy in Chaucer, Chaucer Review, 8 (1973-74), 96. (Erzgräber, Chaucer, 406)
37 G.T. Shepherd, Troilus and Criseyde, in: D.S. Brewer (ed.), Chaucer and Chaucerians: Critical Studies in Middle English Literature, London/Edinburgh 1966, 87. (Erzgräber, Chaucer, 107)
38 Ebd., 86. (Erzgräber, Chaucer, 106)

All that lies between the actions of such heroes and their lamentable deaths is an impenetrable and gathering gloom. We sense in these tragic stories an inexorable process, we cannot see it at work.[39]

Chaucer folgt mit *Troilus and Criseyde* – nach Shepherd – diesem Modell der Tragödie, macht jedoch zugleich auch die Grenzen des menschlichen Erfahrungsbereiches deutlich und vollzieht im Epilog den Sprung in die Transzendenz, an die die meisten mittelalterlichen Werke tragischer Prägung nur heranführen.

Stephen A. Barney gewinnt in seiner Abhandlung »Troilus Bound« (1972) einen Zugang zur Tragik und Komik des Helden, indem er die verschiedenen Formen der ›Gebundenheit‹ des Helden analysiert. Grundsätzlich läßt sich nach Barney sagen: Gebunden sind die Personen in Chaucers Dichtungen an Fortuna, an die Natur und an die Liebe und schließlich im moraltheologischen Sinn an die Sünde, Fleisch und Teufel. Wenn Chaucer bei Troilus in Buch I von der Gebundenheit des Helden an das Gesetz der Liebe spricht, rückt er ihn in ein komisches Licht, wiewohl der Leser spürt, daß mit dem Motiv der Blindheit potentiell auch ein ernstzunehmendes Thema angesprochen ist. Je mehr die Dichtung sich ihrem Ende nähert, desto mehr hebt Chaucer die Gebundenheit des Helden an die Brüchigkeit der Welt, an die Schwächen der menschlichen Natur und an das Fatum hervor; damit aber wird die tragische Sicht der Ereignisse in den Vordergrund gerückt. Daß Troilus letztlich ein komischer und tragischer Charakter ist, erklärt sich nach Barney aus der moralischen Integrität des Helden, aus seiner Bindung an den Bereich der Wahrheit und der Treue, den Chaucer mit dem vielschichtigen Begriff »trouthe« umschreibt: »The integrity which is comic naïveté at first becomes tragic delimitation at the end«.[40]

Die zentrale ethische Norm, an der Chaucer das Verhalten der Charaktere immer wieder mißt, heißt in seiner Sprache »the lawe of kynde«; er meint damit die ›lex naturalis‹. Gerath W. Dunleavy zeigt in seiner Abhandlung »Natural Law as Chaucer's Ethical Absolute« (1963)[41], wie die aus der griechischen Antike stammende Vorstellung von einem moralischen Gesetz, das aus der Natur des Menschen ableitbar sei, von den

---

[39] Ebd., 86. (Erzgräber, Chaucer, 106)
[40] Stephen A. Barney, Troilus Bound, Speculum, 47 (1972), 458. (Erzgräber, Chaucer, 194)
[41] Gareth W. Dunleavy, Natural Law as Chaucer's Ethical Absolute, Transactions of the Wisconsin Academy of Sciences and Letters, 52 (1963), 177-187. (Erzgräber, Chaucer, 196-209) – Vgl. weiterhin die Abhandlung ›Kynde‹ und ›Nature‹ bei Chaucer: Zur Bedeutung und Funktion des Naturbegriffes in der Dichtung des ausgehenden Mittelalters, S. 253-276 dieses Bandes.

römischen Juristen weiterentwickelt und von den Theologen des Mittelalters in die christliche Lehre eingebaut wurde. Zu den Autoren, die dem Mittelalter eine Vorstellung von der ›lex naturalis‹ vermittelten, gehörte auch Boethius, und es ist nicht auszuschließen, daß Chaucer speziell aus der *Consolatio Philosophiae* schöpfte, als er in seinen Werken auf »the lawe of kynde« anspielte. Ob man mit Dunleavy diese ›lex naturalis‹ als »Chaucer's ethical absolute« bezeichnen kann, — die gleiche Meinung vertritt auch C.S. Lewis —, erscheint jedoch insofern fraglich, als die natürliche Sittlichkeit, wie das Schicksal des Helden Troilus und auch der Epilog von *Troilus and Criseyde* beweisen, nach mittelalterlicher Auffassung der Ergänzung und Vollendung durch die neutestamentliche Ethik, durch das neutestamentliche Liebesgebot bedarf, das seinerseits wiederum die natürliche sittliche Anstrengung des Menschen in die Wirksamkeit der göttlichen Gnade einlagert.

*Höfische Liebe — Krise des Rittertums*

Sieht man *Troilus and Criseyde* vor dem Hintergrund der Geschichte des Rittertums und der höfischen Liebesauffassung im späten Mittelalter, so ist Troilus' Haltung zugleich ein Beispiel für eine höfische Lebensform, die bei all ihren hohen Idealen, bei der differenzierten Minnekultur und bei der sublimierten Formensprache in der Darstellung des Liebesempfindens in einen esoterischen Manierismus hineingeraten war, der sich vor der Realität der geschichtlichen Ereignisse und Entwicklungen nicht recht zu behaupten wußte. Johan Huizinga hat in seinem Buch *Herbst des Mittelalters* (1919) an Beispielen aus der westeuropäischen Kultur- und Literaturgeschichte beschrieben, wie ritterliche Lebensformen sich in zunehmendem Maße zu einer hermetischen Spielwirklichkeit entwickelten, wie die Spannung zwischen dem realen politischen Alltag der Aristokraten und der ästhetischen Wirklichkeit so groß wurde, daß die für das Hochmittelalter charakteristische Synthese von historischer Realität und ästhetischem Ausdruck ritterlich-höfischer Gesinnung aufgelöst wurde. Chaucer hatte zwar in seinen Jugenddichtungen über die französischen Rhétoriqueurs und den Rosenroman und schließlich durch den Kontakt mit John of Gaunt und dem englischen Hof die Kultur und Literatur der höfisch-aristokratischen Zirkel aufgenommen, zugleich aber auch die kritische Distanz zu einer in esoterischen Formen erstarrenden Minnekultur zu erkennen gegeben. Am deutlichsten spiegelt sich in Chaucers frühen Werken seine Einstellung zur höfischen Liebesauffassung im *Parliament of Fowls,* mit dem sich Dorothy Everett in ihrer Studie »Chaucer's Love Visions, with Particular Reference to the *Parlement of Foules*« (1955) befaßt hat.[42] Im Gegensatz zu einigen neueren Deutungen, in denen entweder Chaucers Dichtung allzu einseitig als eine Gelegenheitsdichtung aufgefaßt oder als eine Art philosophischer Traktat ausgelegt wurde, arbeitet Dorothy Everett – ähnlich wie Wolfgang Clemen in seinem einflußreichen Buch *Der junge Chaucer* (1937) – die überaus subtile, in mancher Beziehung grazile Erzählweise Chaucers heraus und zeigt, wie seine Bewertung der höfischen Liebe, repräsentiert durch Venus, sowie der natürlich-kreatürlichen Liebe, verkörpert durch die Göttin Natur, in einer verspielt-ironischen Diktion zum Ausdruck gebracht wird. Es ist Dorothy Everett zuzustimmen, wenn sie hervorhebt, daß Chaucer nicht auf eine eindeutig moralische Bewertung der höfischen oder der kreatürlichen Liebe zusteuert, sondern die Eigenart, den Wert und die Grenzen beider Liebesauffassungen darstellt.

Ronald B. Herzman zeigt in seinem Essay »The Paradox of Form: ›The Knight's Tale‹ and Chaucerian Aesthetics«, daß auch die Erzählung des Ritters, von vielen Interpreten als eine der gelungensten Erzählungen im höfisch-ritterlichen Stil eingeschätzt, die Kritik Chaucers an den literarischen Konventionen höfisch-aristokratischer Literatur spiegelt.[43] Die Überbetonung der Form, die für die höfisch-aristokratische Kultur in ihrer mittelalterlichen Spätphase kennzeichnend ist, dokumentiert sich in der Hypertrophie der formalen Elemente, die Herzman an der »Knight's Tale« glaubt ablesen zu können. Die Rede des Theseus thematisiert die Spannungen zwischen jenseitiger Vollkommenheit und diesseitiger Unvollkommenheit – einer Unvollkommenheit, die sich an der Struktur der Erzählung, an deren allzu deutlich sichtbaren »Gelenkstellen« und »Nähten« erkennen läßt. Sowohl die Konventionen des ritterlichen Lebens als auch die Konventionen der Darstellung dieser ritterlichen Welt können nur ein unvollkommener Spiegel der jenseitigen Harmonie und Vollkommenheit sein. Form ist im gesellschaftlichen wie im künstlerischen Bereich notwendig, weil sie die chaotische Vielfalt des Lebens bzw. des Stoffes bändigt und eine Annäherung an die jenseitige Harmonie überhaupt erst ermöglicht. Notwendig ist aber auch das Bewußtsein für

---

[42] Dorothy Everett, Chaucer's Love Visions, with Particular Reference to the ›Parlement of Foules‹, in: P. Kean (ed.), Essays on Middle English Literature, Oxford 1959, 97-114. (Erzgräber, Chaucer, 70-86)

[43] Ronald B. Herzman, The Paradox of Form: ›The Knight's Tale‹ and Chaucerian Aesthetics, Papers on Language and Literature, 10 (1974), 339-352. (Erzgräber, Chaucer, 272-286)

die Grenzen der Form. Indem Chaucer die Grenzen der fiktionalen Illusionswelt verdeutlicht, legt er zugleich die Grenzen der aristokratischen Kultur insgesamt frei. Die Studie von Herzman zeigt deutlich, wie Einsichten, die die moderne Erzählkunst (Joyce, Beckett) den Lesern, Interpreten und Kritikern vermittelt hat, in ähnlicher Weise auf die Deutung Chaucers zurückwirken können wie die Erzähltheorien, die im Anschluß an Henry James entwickelt wurden. Es bliebe zu fragen, ob die Technik der Illusionsbildung und Illusionszerstörung das einzige Mittel ist, das Chaucer benutzte, um seine Kritik am Rittertum anzumelden; neuere Arbeiten wie etwa die Dissertation von Ursula Schaefer: *Höfisch-ritterliche Dichtung und sozialhistorische Realität: Literatursoziologische Studien zum Verhältnis von Adelsstruktur, Ritterideal und Dichtung bei Geoffrey Chaucer* (1977) haben gezeigt, daß auch von der Thematik her die inneren Spannungen und historischen Wandlungen des Rittertums wie des Ritterideals erfaßt werden können.

*Liebes- und Ehethematik in den Canterbury Tales*

Nach Derek Brewer nimmt Chaucer mit seiner Behandlung der höfischen Liebesauffassung, des ›fin' amour‹, insofern eine Sonderstellung ein, als er (in den meisten Fällen) höfische Liebe und Ehe miteinander verknüpft und damit sich deutlich abhebt von einer Auffassung des ›amour courtois‹, die C.S. Lewis in *The Allegory of Love* beschrieben hatte, wonach »adultery« ein Wesensmerkmal der höfischen Liebe sei. Die Frage nach dem Verhältnis von höfischer Liebe und einer durch die Religion gebotenen ehelichen Liebe hat die Chaucer-Forschung bereits zu Beginn des 20. Jahrhunderts beschäftigt, und die Auseinandersetzung mit den Thesen von Kittredge, der in seiner Abhandlung »Chaucer's Discussion of Marriage« (1912)[44] mehrere der *Canterbury Tales* zu einer »marriage group« zusammenfaßte und »The Franklin's Tale« als den Schlußstein dieser die Canterbury-Pilger bewegenden Debatte betrachtete, hat die Chaucer-Forschung bis in die jüngste Zeit beschäftigt.
Alan T. Gaylord versucht in seiner Abhandlung »The Promises in ›The Franklin's Tale‹« (1964)[45] nachzuweisen, daß die meisten Interpreten bisher den Worten des Franklin unkritisch gefolgt sind und infolgedessen der Erzählung eine Bedeutung zugewiesen haben, die ihr nicht gebührt.

---

[44] G.L. Kittredge, Chaucer's Discussion of Marriage, Modern Philogy, 9 (1912), 435-467.
[45] Alan T.Gaylord, The Promises in ›The Franklin's Tale‹, Journal of English Literary History, 31 (1964), 331-365. (Erzgräber, Chaucer, 300-335)

Gaylord analysiert die Versprechen und Verpflichtungen, die Dorigen, Arveragus und schließlich auch Aurelius eingehen, und zeigt, daß sie voller Widersprüche und Inkonsequenzen sind, die der Franklin nicht wahrnimmt, die andererseits aber mit der Methode des »close reading« freigelegt werden können. Gaylord zieht moraltheologische Abhandlungen über die Ehe und speziell auch über die Gültigkeit unbedachter und rascher Versprechungen heran und vergleicht weiterhin »The Franklin's Tale« mit der vierten der dreizehn ›quistione d'amore‹ in Boccacios *Il Filocolo*, um die Gültigkeit seiner These zu bekräftigen, daß dem Franklin das Verständnis für wahre »gentilesse« abgehe. Die Funktion der Ironie Chaucers bestünde demnach darin, daß sie die Absurditäten der Erzählung und die Naivität des Erzählers kennzeichnet.

Der Deutung von Gaylord hat Daniel M. Murtaugh in seiner Abhandlung »Women and Geoffrey Chaucer« (1971)[46] widersprochen und die ironische Lesart der »Franklin's Tale«, die auch in Paul Edward Grays Aufsatz »Synthesis and the Double Standard in the ›Franklin's Tale‹« (1965)[47] vorliegt, abgelehnt: »This would make the Franklin the foolish proponent of an absurd and un-Christian ideal of ›gentilesse‹ and of marriage«.[48] Ein Vergleich der »Franklin's Tale« mit Boccacios *Il Filocolo* ergibt seiner Auffassung nach eindeutig, daß Chaucer »the spiritual qualities of *trouthe* and *fredom* «[49] besonders hervorheben wollte. Murtaugh versucht im Anschluß an diese Prämisse nachzuweisen, daß durch den Konflikt, in den Dorigen gerät, sowohl die Problematik der höfischen Liebesauffassung als auch der patristischen Lehre über die Keuschheit der Frau problematisiert wurden. Nach Murtaugh ist zwischen der physischen und der geistig-sittlichen Integrität zu unterscheiden und in dieser wie in anderen Erzählungen Chaucers vom Primat der »trouthe«, d.h. des moralischen Bereiches auszugehen:

> The patristic tradition, whether pro- or anti-feminist, confined a woman's powers for good or ill to her body. It denied her the possibility of sustaining an essentially spiritual value, like Griselda's *trouthe*, or of committing those graver sins which attack – and thus presuppose – the dignity of a rational soul. Arveragus pays his wife and himself the highest possible compliment when he

---

[46] Daniel M. Murtaugh, Women and Geoffrey Chaucer, Journal of English Literary History, 38 (1971), 473-492. (Erzgräber, Chaucer, 336-356)
[47] Paul Edward Gray, Synthesis and the Double Standard in the ›Franklin's Tale‹, Texas Studies in Literature and Language, 7 (1965), 213-224.
[48] Daniel M. Murtaugh, Women and Geoffrey Chaucer, 486. (Erzgräber, Chaucer, 350)
[49] Ebd., 487. (Erzgräber, Chaucer, 351)

makes them both subject to the same moral law, which has *trouthe* as its highest value and the breaking of faith as its worst sin.[50]

Das moralische Dilemma, in das Dorigen gerät, besteht darin, daß das Treueversprechen, das sie Arveragus gegeben hat, im Gegensatz steht zu dem raschen Versprechen, das sie Aurelius gab. Gaylord ist auf Grund der moraltheologischen Texte, die er zitiert, davon überzeugt, daß alles für das Eheversprechen und alles gegen die Einhaltung des rasch und unbesonnen gegebenen Versprechens spricht; Murtaugh billigt demgegenüber Chaucer einen künstlerischen Freiraum zu und hält es für möglich, daß er über zeitgenössische Vorstellungen hinausgehend eine durchaus modern anmutende Auffassung vertrat, wonach Mann und Frau als gleiche und freie menschliche Wesen angesehen werden:

> Human love must be free because, in woman no less than in man, it is a movement and a commitment of the spirit. It is, at least, if it partakes of *trouthe*, which is both the integrity of the human soul and the objective order of God's creation to which the soul freely conforms. If a man's or a woman's love meets these essentially spiritual criteria, it becomes »free« in Chaucer's other sense; that is, it becomes generous and noble and begets these qualities in all who behold it.[51]

Murtaugh versucht, die Gültigkeit seiner These an Hand weiterer Erzählungen aus den *Canterbury Tales* zu bekräftigen: »The Clerk's Tale« ist für ihn nicht der Ausdruck eines absolutistisch männlichen Anspruchs und einer sich in Geduld selbst verleugnenden Griselda. Er deutet die Beziehungen zwischen Walter und Griselda als »a battle of wills«[52], in dem Griselda »the essential humanity of her free will, that quality of soul by which she is the image of God«[53] bewahrt und damit eine Wandlung in Walter bewirkt. Umgekehrt scheitert in »The Merchant's Tale« January in seinen Beziehungen zu May, weil er sie nicht als ein Wesen achtet, das mit einem freien Willen begabt ist, und weil er glaubt, mit ihr verheiratet zu sein bedeute, sie als ein Instrument zur Befriedigung seiner sexuellen Begierde gebrauchen zu können. Die Erzählung der Frau von Bath entzieht sich – nach der Interpretation von Murtaugh – der Intention der Erzählerin: Geht es ihr letztlich nur um »maistrie«, um den Herrschaftsanspruch über das männliche Geschlecht, so zeigt die Lösung

---

[50] Ebd., 491. (Erzgräber, Chaucer, 354)
[51] Ebd., 492. (Erzgräber, Chaucer, 355-356)
[52] Ebd., 479. (Erzgräber, Chaucer, 342)
[53] Ebd., 480. (Erzgräber, Chaucer, 343)

des Konfliktes in der Erzählung, daß der Ritter der alten, häßlichen Frau die freie Entscheidung gewährt und sie – ganz gegen die Tradition – als ein ebenbürtiges sittliches Wesen anerkennt:

> The knight chooses well. He grants her that essential quality that tradition had denied her, a free will capable of choosing the good simply because it is the good.[54]

Chaucer hat nach Murtaugh mit den genannten Erzählungen zwei Traditionen korrigiert, die das Bewußtsein seiner Zeitgenossen weitgehend bestimmten:
(a) die antifeministischen Vorurteile der Patristik und der antiken und mittelalterlichen Frauensatire;
(b) die höfische Auffassung, wonach Ehebruch ein notwendiger Bestandteil des ›fin' amour‹ sei. Er hat gleichsam zwischen Kloster und Liebesgarten, zwischen der abschätzig-satirischen und der eulogistisch-höfischen Bewertung der Frau, zwischen zwei Extremen, die sich in der ungleichwertigen Bewertung der Partner berühren, einen dritten Weg gesucht und dichterisch dargestellt, ohne daß er sich dabei schon auf Korrelate im sozialen und politischen Bereich hätte berufen können. In dem moralischen Optimismus, den Murtaugh Chaucer zugesteht, steckt ein gut Teil utopischen Denkens, das sich vom zweiten Teil des Rosenromans ableiten läßt, denn Jean de Meun stellte die höfisch-romantische Liebeskonzeption des von Guillaume Lorris verfaßten ersten Teils in Frage und vertrat Anschauungen über das Verhältnis der Geschlechter zueinander, die von der antiken Vorstellung vom Goldenen Zeitalter inspiriert sind, aber auch wie eine Vorwegnahme neuzeitlich-utopischer Ideen wirken.
So überzeugend Murtaughs Deutungen weithin klingen, so muß doch festgestellt werden, daß seine Auslegung des Schlusses der »Franklin's Tale« ihre Schwächen hat. Murtaugh projiziert die utopischen Vorstellungen des Anfangs – die Ehe ist eine Partnerschaft zweier gleichberechtigter Personen – allzu unkritisch in die Deutung des Schlusses hinein. David Aers hat inzwischen in seinem Buch *Chaucer, Langland and the Creative Imagination* (1980) gezeigt, daß die Worte des Arveragus über »trouthe« in einem Kontext stehen, der verrät, daß er sich von den traditionellen Vorstellungen bezüglich der Stellung des Mannes in der Ehe nicht freigemacht hat. Die Erzählung entlarvt vielmehr im Widerspruch zu dem op-

---
[54] Ebd., 485. (Erzgräber, Chaucer, 349)

timistischen Tonfall des Erzählers, daß Arveragus die eigenen utopischen Vorstellungen und Forderungen nicht erfüllt:

> Chaucer's dramatization of the Knight's admirable utopian aspirations thus culminates in a strange but most coherent manner. The husband who has attempted to initiate mutual and non-coercive love, orders his obedient but unwilling wife to subject herself to another male while he himself displays the unreflexive masculine egotism habitual in the traditional culture.[55]

Für die Entwicklung der Chaucer-Kritik im 20. Jahrhundert ist es bemerkenswert, daß Murtaugh sich in seinem Aufsatz offen zu Positionen bekennt, die Kittredge bereits ausformulierte.[56] Noch deutlicher signalisiert Norman T. Harrington seine Wiederaufnahme einzelner Thesen, die Kittredge und Tatlock vortrugen, wenn er seinen Aufsatz betitelt »Chaucer's ›Merchant's Tale‹: Another Swing of the Pendulum« (1971).[57] Harrington lehnt die Deutungen ab, die Bertrand H. Bronson (in »Afterthoughts on ›The Merchant's Tale«, 1961)[58] und Robert M. Jordan (in »The Non-Dramatic Disunity of the ›Merchant's Tale«, 1963)[59] entwickelt hatten, und er vertritt dagegen die Auffassung, daß die Erzählung nicht isoliert gesehen werden dürfe, sondern immer im Kontext mit dem ihr in zahlreichen Manuskripten zugeordneten Prolog gedeutet werden müsse, daß sie weiterhin eine konsistente erzählerische Perspektive aufweise und daß sie schließlich mehr sei als eine komische Darstellung des gehörnten ›senex amans‹.

Nach Harrington besteht zwischen dem Erzähler, dem Kaufmann und der Erzählung kein Zusammenhang, der sich mit den Kriterien des psychologischen Realismus erfassen ließe. Es zeichnen sich aber innerhalb der Erzählung durchgehend eine bestimmte Tonlage und eine bestimmte Einstellung zur Realität ab: der Erzähler zeigt oft ein geradezu morbides, perverses Interesse am sexuellen Bereich, sieht die Perversionen in Freundschaft, Liebe und Ehe und stellt sie mit schonungsloser Offenheit dar. Er betont die düsteren Seiten der menschlichen Natur, und seine einzige Waffe, sich vor dem mit Kälte und Bitterkeit gezeichneten Er-

---

[55] David Aers, Chaucer, Langland and the Creative Imagination, London 1980, 166.
[56] Vgl. Daniel M. Murtaugh, Women and Geoffrey Chaucer, 486. (Erzgräber, Chaucer, 349-350)
[57] Norman T. Harrington, Chaucer's ›Merchant's Tale‹: Another Swing of the Pendulum, PMLA, 86 (1971), 25-31. (Erzgräber, Chaucer, 381-395)
[58] Bertrand H. Bronson, Afterthoughts on ›The Merchant's Tale‹, Studies in Philology, 58 (1961), 583-596.
[59] Robert M. Jordan, The Non-dramatic Disunity of ›The Merchant's Tale‹, PMLA, 78 (1963), 293-299.

fahrungsbereich zu schützen und sich zu distanzieren, ist nach Harrington seine schneidende Ironie. Parallelen für eine solche Erzählweise finden sich bei Chaucer nicht; sie läßt sich am ehesten noch mit dem Stil und der dramatischen Technik von Shakespeares »dark comedies« vergleichen, wo sich eine ähnliche Mischung von (scheinbar) nichtintegrierten Formelementen findet, die letztlich alle auf eine satirisch gebrochene, desillusionierte Sicht der Realität bezogen sind.

*Die Fabliaux und die »Retraction«*

»The Merchant's Tale« wird zusammen mit »The Miller's Tale«, »The Reeve's Tale«, »The Friar's Tale«, »The Summoner's Tale« und »The Shipman's Tale« zum Typus der fabliau-artigen Erzählungen gerechnet, wobei hervorzuheben ist, daß Chaucer innerhalb dieses Erzähltypus eine große Variationsbreite anstrebte. Das Fabliau, eine Erzählform, die im 13. Jahrhundert in Frankreich entstand und sich über mehr als ein Jahrhundert einer großen Beliebtheit erfreute, wurde von Joseph Bédier dem Bürgertum zugeschrieben, bis Per Nykrog mit seinem Buch *Les Fabliaux: Etudes d'histoire littéraire et de stylistique médiévale* (1957) diese These erschütterte und die Fabliaux in den Umkreis der höfischen Literatur eingliederte.[60] Chaucer hat diese Erzählform übernommen und in seinem Sinne weiterentwickelt, wobei er – je nach Stoff, Sprecher oder dramatischer Erzählsituation – entweder einen heiter-versöhnlichen Ton oder – wie in »The Merchant's Tale« – einen bitter-satirischen Ton dominieren ließ. Gemeinsam ist den Fabliaux die Tendenz, die physisch-animalische Sphäre, insbesondere das sexuelle Leben der Menschen, in seinen grotesken Verwirrungen darzustellen, wobei Chaucer sich nicht vor indezenten Bemerkungen und obszönen Späßen scheute. Sicherlich hat die mit D.H. Lawrence beginnende Hinwendung zur freimütigen, oft bewußt provozierenden und schockierenden Darstellung des Sexuellen dazu beigetragen, daß die verschämt-prüde Zurückhaltung der Chaucer-Kritiker, die zu Beginn des 20. Jahrhunderts vorherrschte, aufgegeben wurde und eine sehr lebhafte Diskussion der Fabliaux seit den 40er Jahren dieses Jahrhunderts einsetzte. Aber man muß festhalten, daß die detaillierten

---

[60] Thomas D. Cooke, The Old French and Chaucerian Fabliaux, Columbia/London 1978, 142ff., faßt die Einwände zusammen, die gegen Nykrogs These vorgebracht wurden; Nykrog selbst hat in der 2. Aufl. seines Buches (1973) seine ursprüngliche These in einem ›Post-scriptum‹ entsprechend der Forschungslage zu Beginn der 70er Jahre ein wenig modifiziert.

Beschreibungen physischer und psychischer Vorgänge im Bereich des Sexuallebens, wie sie bei Lawrence, Joyce und vielen ihrer Nachfolger und Nachahmer zu finden sind, bei Chaucer fehlen: das Obszöne wird bei ihm in dramatischer Weise dargestellt; es wird durch eine knappe Situationsschilderung oder durch eine kurze, meist in einen Dialog eingefügte Bemerkung vermittelt. Die Frage, ob Chaucers Fabliaux nichts anderes seien als schmutzige Erzählungen (»nothing but dirty stories«)[61] konnte nicht ausbleiben, zumal bei jenen Kritikern nicht, die im Gefolge der von Robertson vertretenen allegorischen Interpretationsweise das Prinzip des »aut delectare aut prodesse« in ein »delectare et prodesse« umwandelten.

M. Copland versucht in seinem Aufsatz »›The Reeve's Tale‹: Harlotrie, or Sermonyng?« (1962) nachzuweisen, daß man die Geschichte des Verwalters durchaus im Hinblick auf ihre moralische Substanz analysieren kann, ohne dabei jenem »allegorizing, schematic approach«[62] zu verkennen, der insbesondere bei amerikanischen Kritikern lange Zeit Mode war, und ohne die spezifisch ästhetischen Qualitäten dieser Erzählung zu vernachlässigen. »The Reeve's Tale« ist für Copland mehr als nur eine nächtliche »Comedy of Errors«, mehr als ein Studentenstreich, durch den sich Alan und John an dem betrügerischen Müller Simkin rächen. Wenn die beiden Scholaren Simkins Frau ins falsche Bett schicken und dann die Nacht mit der Frau des Müllers und deren Tochter verbringen, werden damit das prätentiöse Gehabe, der soziale Stolz des Simkin, aber indirekt auch der korrupte Gemeindepriester, der Vater von Simkins Frau, bestraft. Der moralische Konflikt der Erzählung ist nach Copland ernst zu nehmen, die Komik liegt in der Desillusionierung des Müllers beschlossen. Daß die Erzählung des Simkin auf die Einstellung des Verwalters zu seiner Umgebung abgestimmt ist und daß sowohl der Verwalter und der Müller als auch die beiden Erzählungen, die ihnen in den Mund gelegt sind, mit sehr viel künstlerischem Geschick aufeinander bezogen sind, wird von Copland in minutiöser Analyse dargelegt. In den beiden Erzählungen stehen sich zwei verschiedene Lebensauffassungen, zwei ›Welten‹ gegenüber: während der Müller ein farbenreiches Gemälde der Wirklichkeit entwirft, bietet der Verwalter ein Abbild der Wirklichkeit, in dem alles grau in grau gemalt ist: »It is a grey tale for grey and depressing people and is decorously placed in the mouth of the grey,

---

[61] Vgl. M. Copland, ›The Reeve's Tale‹: Harlotrie or Sermonyng?, Medium Ævum, 31 (1962), 15. (Erzgräber, Chaucer, 358)
[62] Ebd., 17. (Erzgräber, Chaucer, 361)

ascetic Reeve«.⁶³ Die ›Modernität‹ Chaucers beruht nach Copland darin, daß er mit den Fabliaux und den Canterbury Erzählungen insgesamt dem Leser nicht nur einen Einblick in die Fülle und den Reichtum der Wirklichkeit vermittelt, sondern im Leser durch die verschiedenen Darstellungsweisen – die selbst innerhalb ein und desselben Erzähltypus wie dem Fabliau anzutreffen sind – ein Bewußtsein für die Begrenztheit, die Relativität der dargebotenen Aspekte der Realität und der von den Erzählern jeweils vermittelten Bewertungsmaßstäbe evoziert. Damit erhebt sich zugleich die Frage, welcher Stellenwert dem religiösen Widerruf, der sog. »Retraction« zuzuweisen sei, mit der Chaucer die *Canterbury Tales* beschlossen hat, zumal er dort ausdrücklich jene Erzählungen revoziert, die sich in den Bereich der Sünde bewegen, »thilke that sownen into synne«.⁶⁴ Mit dieser Frage befaßt sich Olive Sayce in der Abhandlung »Chaucer's ›Retractions‹: The Conclusion of the *Canterbury Tales* and its Place in Literary Tradition« (1971).⁶⁵

Während einige der bisherigen Interpreten davon überzeugt waren, daß es sich bei dem Schluß um eine persönliche, autobiographisch authentische Äußerung des Autors Chaucer handle, hält Sayce eine derartige Deutung angesichts der gegenwärtig weithin akzeptierten Trennung von Autor und Erzähler nicht mehr für gerechtfertigt. Sayce betont vielmehr die literarischen und rhetorischen Konventionen, die sich bei den mittelalterlichen Autoren herausbildeten, wenn sie ihre Werke mit einem Prolog oder einem Epilog versahen. Dabei ergibt sich, daß verhältnismäßig häufig Werke vorwiegend ›weltlichen‹ Charakters religiöse Motive im Epilog zur Geltung kommen lassen. Ein Vergleich der Werke Chaucers mit Texten, die vor seinen Werken entstanden, führt zu dem Resultat, daß er mit den gängigen Prolog- und Epilog-Topoi vertraut gewesen sein mußte und souverän über die traditionellen Techniken verfügen konnte. Sayce vermag zu zeigen, wie stark der Epilog zu den *Canterbury Tales* bis in kleinste Einzelheiten hinein von literarisch-rhetorischen Vorbildern geprägt ist. Wenn Chaucer andererseits – wie so oft in seinen Werken – auch in diesen Epilog einzelne Formulierungen einfließen läßt, die auf eine humorvoll-ironische Distanz zur Tradition hindeuten, so ist dies nach Sayce ein Beweis dafür, daß die weltliche Literatur an Selbstvertrauen und Selbstbewußtsein gewonnen hatte, während sie

---

63 Ebd., 30. (Erzgräber, Chaucer, 378)
64 F.N. Robinson (ed.), The Works of Geoffrey Chaucer, London ²1957, 265.
65 Olive Sayce, Chaucer's ›Retractions‹: The Conclusion of the Canterbury Tales and its place in Literary Tradition, Medium Ævum, 40 (1971), 230-248. (Erzgräber, 422-446)

früher auf Grund des mangelnden Selbstbewußtseins nach zaghaften Versuchen zur Eigenständigkeit immer wieder unter das schützende Dach konventioneller religiöser Formulierungen flüchtete, zu denen auch die Verurteilung weltlicher Literatur, d.h. die Selbstverurteilung gehörte. Wenn der Epilog zu den *Canterbury Tales* in Form und Struktur konventionellen Vorstellungen entspricht, spiegelt sich inhaltlich in ihm die wachsende Spannung, in die Chaucer hineingeriet, als er über sein Verhältnis zur Tradition reflektierte: »Thematically ... it reflects the tension between traditional ecclesiastical teaching and the growing autonomy of secular literature«.[66] In der Abhandlung von Sayce zeichnet sich eine Tendenz ab, die auch in einigen Arbeiten, die in den 70er Jahren entstanden und publiziert wurden, zu erkennen ist. Nach der starken Betonung der Traditionsgebundenheit, die in den theologisch beeinflußten, insbesondere an Robertson orientierten Arbeiten seit den 50er Jahren festzustellen war, neigen zahlreiche Forscher, die sich stärker an die empirisch-historische Methode der Engländer anlehnen, dazu, den Übergangscharakter der Dichtung Chaucers, ihren spezifisch spätmittelalterlichen Aspekt hervorzuheben; dieser Aspekt wird um so deutlicher sichtbar, je stärker in Verbindung mit der ästhetischen Interpretation die politischen, sozialen und religiösen Kontexte betont werden, wie dies in David Aers Buch *Chaucer, Langland and the Creative Imagination* (1980) der Fall ist, das für die zukünftige Forschung ein deutliches Signal gesetzt haben dürfte.

---

[66] Ebd., 245. (Erzgräber, Chaucer, 445-446)

# Common Traits of Chaucer's and Joyce's Narrative Art

Chaucer's early poem *The House of Fame* occupies a special place among his works inasmuch as it is in this poem that he reflects upon the presuppositions of his artistic work, in particular, upon the literary tradition which he follows, and the written and oral materials that are available for him. The same theme can also be found in the novels of James Joyce, without however implying that the latter was in any way directly influenced by his medieval predecessor. We shall therefore not speak of influence but rather of a line of tradition, to which both writers belong and which until now has not received much attention in literary criticism.
One of the main features of *The House of Fame* is its experimental character. Viewing Chaucer against the background of medieval literature it is evident that he knew its great models: Dante, the *Roman de la Rose*, Virgil and Ovid; but also that his work is not directly ascribable to any one of the already established literary genres. He adopts elements from the religious epic and from the *roman courtois*, modifies them to suit his purposes, and thus distances himself from this tradition, generally in a lightly ironic manner. To what extent he could be sceptical toward traditional concepts and ideas can be seen in his treatment of the dream theories found in the proem.

> Why this a fantome, why these oracles,
> I not; but whoso of these miracles
> The causes knoweth bet then I,
> Devyne he, for I certeinly
> Ne kan hem noght, ne never thinke
> To besily my wyt to swinke
> To knowe of hir signifiaunce
> The gendres, neyther the distaunce
> Of tymes of hem, ne the causes,
> Or why this more then that cause is –
> (*HF*, 11-20)[1]

Chaucer regards the traditional authorities (*auctoritates*) of dream interpretation with the same critical-sceptical attitude as he does the authorities of the literary tradition. He reads ancient authors – each of his early works begins with an episode from this literary tradition –, but he then draws

---

[1] All quotations and line numberings refer to The Riverside Chaucer, ed. Larry D. Benson, Oxford 1988; all references to The House of Fame as *HF*, to the Canterbury Tales as *CT*.

upon his own experience and, although using traditional literary techniques, attempts to integrate it into his work and to present it in a style and tone of his own. The description he gives of himself at the end of the first book in *The House of Fame* is worthy of note:

> When I out at the dores cam,
> I faste about me beheld.
> Then sawgh I but a large feld,
> As fer as that I myghte see,
> Withouten toun, or hous, or tree,
> Or bush, or grass, or eryd lond;
> For al the feld nas but of sond
> As smal as man may se yet lye
> In the desert of Lybye.
> Ne no maner creature
> That ys yformed be Nature
> Ne sawgh I, me to rede or wisse.
> (*HF*, 480-491)

The first person narrator is shown here completely on his own; he has no authority who can help or give him advice.

We can observe the same situation in Joyce's work inasmuch as for him, too, the literary tradition is no longer binding. For Joyce modern experience cannot be classified unconditionally in terms of an ancient world view or judged according to ancient norms. In Joyce's mind, the *Odyssey* supplies him with one possible system of reference for the presentation of modern themes – whereby the perspective used to view the *Odyssey* and its characters can be rearranged, depending upon the narrative situation and its particular subject matter.

The impression of a playful treatment of the literature of a past culture is reinforced by the fact that Joyce at the same time draws upon Dante's *Divine Comedy* and Shakespeare's *Hamlet* in order to help integrate into his novel the fragments of his experience and to allow new possibilities of meaning to arise, for example, in the structuring of the father-son theme. Through the permanent metamorphosis of its characters the novel takes on a protean character; and the reader is exposed to this protean reality in the same way as the narrator who, at the end of the first book of Chaucer's *House of Fame*, finds himself in an empty landscape which in many ways recalls the settings of Beckett's dramas.

For Chaucer as well as for Joyce the journey into unknown reality is like a voyage of discovery. In *The House of Fame* – at the beginning of Book II – an eagle appears who carries the first-person narrator through the air to the ›House of Fame‹. Afterwards the narrator reaches the ›House of Tidings‹, the ›house of news‹ or ›newspaper house‹ on his own initiative. What counts on this voyage of discovery are not just the new insights which he is granted, but also the new intellectual attitude that he learns from the eagle. While explaining to the narrator his theory of sound waves, the eagle makes the following remarkable statement:

> I preve hyt thus – take hede now –
> Be experience; ...
> (*HF*, 787-788)

Here Chaucer characterizes an empirical attitude that is based on observation and is open to all manifestations of reality.
When Stephen, the protagonist of Joyce's *A Portrait of the Artist as a Young Man*, decides to leave his native Dublin in order to dedicate himself to a life of art, he also perceives a bird-like creature, »a winged form flying above the waves and slowly climbing the air [...] a hawklike man flying sunward above the sea«[2] It is the figure of Daedalus with whom he feels associated because of his family name »Dedalus«, and who has become the symbol of his future artistic endeavour especially now that he departs for Paris »to encounter for the millionth time the reality of experience and to forge in the smithy of my soul the uncreated conscience of my race« (*P*, 252-253).
The close affinity between Joyce's and Chaucer's view of reality can be demonstrated by their use of the Daedalus theme. Joyce had taken on the pseudonym »Daedalus« (later written »Dedalus«) for publications and letters since 1904, and used this name for his fictitious ego that he portrayed in *A Portrait of the Artist* and in *Ulysses*. Joyce chose this name because, like the Daedalus of ancient mythology, he wanted to be an artificer, who in this case would be a story-teller able to construct a novel with the greatest technical skill. The basic model that underlies all his novels is the labyrinth. In the *Portrait* and in *Ulysses* the labyrinth is both the model for the outer reality in which the protagonist's life takes place, and a symbol for the inner reality in which Stephen is lost and trying to find his way. It is the symbol of the *condition humaine* of error and loss in the world after the Fall.

---

[2] James Joyce, A Portrait of the Artist as a Young Man, New York 1972 ([1]1916, [2]1964), 169. Referred to as *P*.

*Abb. 16*: Das Labyrinth
Die Darstellung des Labyrinthes mit Theseus stammt aus dem 15. Jahrhundert und wurde Maso Finiguerra, einem Goldschmied aus Florenz, zugeschrieben. Die Abbildung zeigt neben dem Labyrinth Theseus mit der Keule; am Eingangstor ist der Ariadne-Faden (mit Knäuel) zu sehen. Im Hintergrund (links) werden Phasen der Ariadne-Erzählung abgebildet: sie stürzt sich ins Meer, wird aber von Jupiter (=Giove) gerettet.
Das Labyrinth, das von Dädalus erbaut wurde und in dem der Minotaurus gefangen gehalten wird, ist von den antiken Anfängen des Mythos her ein Symbol der schändlichen Liebe der Pasiphäe zu einem weißen Stier. Im Mittelalter war es Symbol für die Erbsünde der Menschheit; es ist der Ort, wo die gefallene Menschheit herumirrt (und gelegentlich auch einen Weg der Buße findet.) Das Kontrastsymbol zum Labyrinth ist die Rose.
Für Joyce ist das Labyrinth das Symbol der Wirklichkeit, der er sich als Künstler aussetzt und über die er sich in einem schöpferischen Akt – dem Dädalus gleich – erheben möchte.

The wanderer in the labyrinth is the everyman in the fallen world of temporality, who is caught in the hidden snares and traps of reality.[3] Chaucer alludes to Daedalus twice in *The House of Fame*: The first occurrence is in Book II as the narrator is carried through the air by the eagle. There he says:

> Quod he, »for half so high as this
> Nas Alixandre Macedo;
> Ne the kyng, Daun Scipio,
> That saw in drem, at poynt devys,
> Helle and erthe and paradys;
> Ne eke the wrechche Dedalus,
> Ne his child, nyce Ykarus, ...«
> (*HF*, 914-920)

And in Book III Chaucer refers to the labyrinth in his description of the House of Tidings:

> Tho saugh y stonde in a valeye,
> Unter the castel, faste by,
> An hous, that Domus Dedaly,
> That Laboryntus cleped ys,
> Nas mad so wonderlych, ywis,
> Ne half so queyntelych ywrought.
> And ever mo, as swyft as thought,
> This queynte hous aboute wente,
> That never mo hyt stille stente.
> (*HF*, 1918-1926)

When we inquire into the historical sources for these references to Daedalus, we discover that both authors were drawing upon the same ancient text, namely Ovid's *Metamorphoses*. In Book VIII, ll. 157-161 we find the following description:

> destinat hunc Minos thalami removere pudorem
> multipliciqe domo caecisque includere tectis.
> Daedalus ingenio fabrae celeberrimus artis
> ponit opus turbatque notas et lumina flexu
> ducit in errorem variarum ambage viarum.[4]

---

[3] Cf. Joseph Leo Koerner, Die Suche nach dem Labyrinth: Der Mythos von Dädalus und Icarus, Frankfurt a.M. 1983, 176; Willi Erzgräber, James Joyce und die Antike, in: W. Erzgräber, Von Thomas Hardy bis Ted Hughes, Studien zur modernen englischen und angloirischen Literatur, Freiburg 1995, 195-216.
[4] Publius Ovidius Naso, Metamorphosen, in deutsche Hexameter übertragen und mit dem Text hg. von Erich Rösch, München 1964, 282.

Minos planned to remove this shame from his house and to hide it away in a labyrinthine enclosure with blind passages. Daedalus, a man famous for his skill in the builder's art, planned and performed the work. He confused the usual passages and deceived the eye by a conflicting maze of divers winding paths.[5]

Ovid provided for both Chaucer and Joyce the archetype from which each could individually adapt a symbol that gave expression to his view of reality.

The adjective »queynt« and the adverb »queyntelyche«, which Chaucer uses to characterize the House of Tidings and the style of its architecture, deserve special attention. The semantic range of the adjective is circumscribed by Fred N. Robinson with the following modern English adjectives: »strange; curious, curiously contrived; elaborate, ornamented; neat; artful, sly; graceful«; and he assigns the following modern English meanings to the adverb: »strangely, curiously; cunningly, skilfully«[6]. When we choose the adverb »cunningly«, we can link the passage from the *House of Fame* to James Joyce who, in the *Portrait of the Artist* uses the motto »silence, exile, and cunning« (*P*, 247) to characterize Stephen the artist. Stephen (like the author himself) is striving to create works of art that are elegantly shaped and full of cunningly hidden significance.

The adjective »queynt«, which Chaucer applies to the »Domus Dedaly« in *The House of Fame,* could also serve to characterize his style in this poem generally. In the conceptual language of modern literary studies and art history the adjective »queynt« would correspond to the adjective »manneristic« in the sense in which it is used by Gustav R. Hocke (following Ernst Robert Curtius) in his two works, *Die Welt als Labyrinth: Manier und Manie in der europäischen Kunst* (Hamburg 1957) and *Manierismus in der Literatur. Sprach-Alchimie und esoterische Kombinationskunst* (Hamburg 1959). The entire range of criteria that Hocke employs to characterize »manneristic ingenuity«[7] could be applied to Chaucer's style in the *House of Fame* or to Joyce's style in his novels. The entire spectrum of ingenious, expressive language and combinatory techniques that Hocke discovered and analysed in works of pictorial art and literature are also employed by Chaucer and Joyce in their narrative depictions of the labyrinthine structure of reality.

---

[5] Ovid, Metamorphoses, with an English translation by Frank Justus Miller, 2 vols., Cambridge, Mass., ³1977 (¹1916), vol. I, 417.
[6] The Works of Geoffrey Chaucer, ed. Fred N. Robinson, London 1970 (¹1933, ²1957), 972.
[7] Cf. Manierismus in der Literatur, 305.

In the works of both authors the labyrinthine character of reality is revealed most clearly in their description of the paths that language takes in both the oral and written transmission of certain events.

Chaucer's account of oral tradition probably found its model in Ovid's description of the house of Fama, which he transposed to his portrayal of the events in the House of Tidings. In Book XII, ll. 53-61 of the *Metamorphoses* we find, for example, the following passage:

> atria turba tenet: veniunt leve vulgus euntque,
> mixtaque cum veris passim commenta vagantur
> milia rumorum confusaque verba volutant.
> e quibus hi vacuas inplent sermonibus aures,
> hi narrata ferunt alio, mensuraque ficti
> crescit, et auditis aliquid novus adicit auctor.
> illic Credulitas, illic temerarius Error
> vanaque Laetitia est consternatique Timores
> Seditioque repens dubioque auctore Susurri.[8]

> Crowds fill the hall, shifting throngs come and go, and everywhere wander thousands of rumours, falsehoods mingled with the truth, and confused reports flit about. Some of these fill their idle ears with talk, and others go and tell elsewhere what they have heard; while the story grows in size, and each new teller makes contribution to what he has heard. Here is Credulity, here is heedless Error, unfounded Joy and panic Fear; here sudden Sedition and unauthentic Whisperings.[9]

Chaucer not only describes in his narrative report how rumours are spread, loudly one moment, quietly the next; he also quotes (in *HF*, ll. 2046-2054) the formulae used by individuals who spread rumours and, along with Ovid, points to the principle of gradual increase that can be observed in oral tradition.

> ... Thus north and south
> Wente every tydyng fro mouth to mouth,
> And that encresing ever moo,
> As fyr ys wont to quyke and goo
> From a sparke spronge amys,
> Til al a citee brent up ys.
> (*HF*, 2075-2080)

For both Ovid and Chaucer oral tradition is characterized by the fact that it contains truth and falsity inseparably bound together. Ovid says:

---

[8] Publius Ovidius Naso, Metamorphosen, ed. E Rösch, 436f.
[9] Ovid, Metamorphoses, ed. F.J. Miller, vol. II, 185.

»mixtaque cum veris passim commenta vagantur« (XII, 1. 54), and in Chaucer's words: »Thus saugh I fals and soth compouned / Togeder fle for oo tydynge«. (*HF*, 2108-2109)

The description of oral tradition offered by Ovid and Chaucer has a parallel in Joyce's *Finnegans Wake*. In Book I, Chapter 2 of the novel various people attempt to find out something about an offence which the protagonist, HCE, is supposed to have committed one evening in Dublin's Phoenix Park. In his presentation of these events Joyce reveals to the reader that it is not only impossible to attain a clear picture of any specific offence, but that the entire process of inquiry and communication connected with this incident is itself corrupted. All the individuals who pass on detailed knowledge about Earwicker's offence contribute to an ongoing process of distortion, whose initial cause may have been some actual fault of Earwicker's, but which increasingly evades the grasp of language the greater the distance is between the event in question and the individuals talking about it.

Whereas the second chapter of Book I describes the labyrinthine path of the stories about HCE in Dublin, i.e. in spatial terms, the third chapter is concerned with the equally labyrinthine path of the oral statements and reports about HCE in temporal terms. The changes in the narratives that are caused by the growing temporal distance of the various reports to the original events are also indicated by the changes to which the names of the narrators, who are later only vaguely remembered, are subjected. Hosti now appears as Osti-Fosti[10], O'Mara as A'Hara (*FW*, 49), Peter Cloran as Paul Horan (*FW*, 49). The individual interviews with over twenty people reported in the third chapter of Book I offer all in all a varied picture of the public opinion that developed with respect to HCE after the disappearence of the author of the ballad of Persse O'Reilly, in which all the rumours about HCE had found expression. This colourful spectrum of viewpoints begins with the opinion of the three soldiers: »It was the first woman, they said, souped him, that fatal wellesday, Lili Coninghams, by suggesting him they go in a field«. (*FW*, 58) The name of Lili is meant to suggest Lilith, who, according to popular Jewish belief, was an evil demon (*FW*, 34). At the end of the series of interviews Meagher, the British sailor, suspects that the soldiers were actually behind all the stories. Taken as a whole the interviews do not lead to any

---

[10] James Joyce, Finnegans Wake, London ³1964 (¹1939, ²1950), 48. Referred to as *FW*. – Cf. W. Erzgräber, The Narrative Presentation of Orality in James Joyce's Finnegans Wake, Oral Tradition, 7/1 (1992), 150-170.

clear judgement of HCE, so that the narrator concludes in Chapter 3: »Thus the unfacts did we possess them, are too imprecisely few to warrant our certitude«. (*FW*, 57) Here he is not concerned with facts but rather with statements about events which did not happen, the »unfacts«. And about these he can only speak adequately in a paradox: They are too imprecise, too few, and, moreover, we do not have them.

In summary it can be said that orally transmitted knowledge such as Joyce describes with respect to HCE retains only isolated pieces of information, sometimes only isolated impressions. In most cases this information is not based on immediate experience and observation, but on reports from others. What originally happened remains questionable because everyone involved in the events interprets them from his point of view and either blames somebody else or, as is the case with Earwicker, exaggerates his own fault. In any case the same pattern that characterizes oral tradition for Ovid and Chaucer, is also valid for Joyce. In all orally transmitted reports about human life truth and deception are inseparably linked.

A further similarity between Chaucer and Joyce is reflected in the fact that both demonstrate how the content and themes of oral tradition are reworked into a written version. In *Finnegans Wake* Joyce shows how the orally transmitted reports on Earwicker's offence finally lead to the composition of a ballad, whose text Joyce presents in the novel *in extenso,* including its score. The »Ballad of Persse O'Reilly« is a defamation of Earwicker and spreads a tissue of lies about him. It is the culmination of all the rumours and slander about him that have been put into circulation and a prime example of the further distortion of the already questionable word of mouth reports about the protagonist. But the ballad does have, on the other hand, some informative value (and paradoxically contains some truth) in that it allows us to recognize the fictitious picture of the protagonist that has arisen in the consciousness of the Dubliners because of all the rumour, gossip and irresponsible chatter.

Chaucer tells us how the seamen and pilgrims, the pardoners, the couriers and messengers bring the news from the House of Tidings to the House of Fame, where the raw material that these ›reporters‹ (in the modern sense) convey to the editorial office, so to speak, is edited. Chaucer describes this process of editorial revision as follows:

> Thus out at holes gunne wringe
> Every tydynge streght to Fame,
> And she gan yeven ech hys name,

> After hir disposicioun,
> And yaf hem eke duracioun,
> Somme to wexe and wane sone,
> As doth the faire white mone,
> And let hem goon. ...
> (*HF*, 2110-2117)

Fama provides every piece of news, as it were, with a heading and decides on its value. A critical evaluation, journalistic research, is unknown to her. She judges her material in a completely subjective and arbitrary way, thus acting similarly to the goddess Fortuna in her distribution of fortune and misfortune; and it is not surprising, therefore, that according to Chaucer Fortuna and Fama are sisters.

Fama embodies everything from past or present, whether good or bad, that is or can be known about mankind; she is mankind's collective self-awareness, or, in medieval terms, »memoria«. Poets and historians are the servants of Fama and occupy a special place as the transmitters of a written tradition, of everything that can be known and remembered. In accordance with this view the first-person narrator, whose fate is described in *The House of Fame,* perceives in Fama's throne-room two rows of pillars upon which famous authors are portrayed. They embody the different pillars of tradition. The first to be named is Josephus, the author of the *Antiquitates Judaicae*:

> The Ebrayk Josephus the olde,
> That of Jewes gestes tolde;
> And he bar on hys shuldres hye
> The fame up of the Jewerye.
> (*HF*, 1433-1436)

He is described quite literally as the »bearer« of a tradition. The bearers of Greek tradition, with regard to the Theban and Trojan Wars, are Statius, Homer, Dares, Dictys Cretensis and Lollius (the latter Chaucer believed to be an author, who wrote not only of the Trojan war but of Troilus and Criseyde as well), and finally Guido delle Colonne and Geoffrey of Monmouth. The Latin tradition is represented by Virgil, Ovid, Lucian and Claudian. It is significant that the written traditions recording the heroic actions and fate of the Jews, Greeks and Romans are not supposed to be the exclusive accomplishment of a single authority. For Chaucer just as for the Middle Ages as a whole there was always more than one author considered to be an authority for specific traditions. Moreover,

Chaucer did not follow these various authorities blindly, but with an alert and critical mind. He was very well aware of the tensions and contradictions within the different strands of tradition and expressed this insight in the following lines:

> ... I gan ful wel espie,
> Betwex hem was a litil envye.
> Oon seyde that Omer made lyes,
> Feynynge in hys poetries,
> And was to Grekes favorable;
> Therfor held he hyt but fable.
> (*HF*, 1475-1480)

In his criticism of Homer Chaucer has primarily Dares Phrygius and Dictys Cretensis in mind; for it was they who claimed that Homer, not being a contemporary of the Greeks and Trojans whose fate he describes, must be biased, and finally that he spread lies about the gods. The latter claim can also be found in Plato's *Republic*.

The discussion of Homer reveals that for Chaucer the written tradition is as ambivalent as the oral, and that in both truth and falsity are inseparably mixed. And inasmuch as the written tradition is ultimately based on the oral, it must also contain this intrinsic feature which characterizes every form of transmission through language of non-linguistic phenomena.

To illustrate this point Chaucer had already – in preparation as it were – drawn attention to an ambivalence in the story of Aeneas and Dido. At the beginning of the *Aeneid* the protagonist is portrayed as a model hero. He is the »pius Aeneas« who founds an empire and carries out the will of the gods. The narrator, however, condemns him – as does Ovid in the *Heroides* – because of his faithless behaviour toward Dido:

> Allas! what harm doth apparence,
> Whan hit is fals in existence!
> For he to hir a traytour was;
> Wherfore she slow hirself, allas!
> (*HF*, 265-268)

The story of Aeneas and Dido illustrates the ambivalent structure of Fama. When Aeneas, just as Achilles, Paris, Hercules or Theseus, attains glory, and down through the centuries has been considered as a hero, he illustrates only one significant aspect of Fama: »gloria«. The above-named figures, however, are described by the narrator at the same time as faithless traitors (in keeping with a tradition that was for the most part kept secret or repressed). Yet the slander is not directed to the heroes – on the contrary, it is connected to the names of the respective women who become the target of malicious gossip. With this distortion of the facts in mind Chaucer has Dido lament:

> »O wel-awey that I was born!
> For thorgh yow is my name lorn,
> And alle myn actes red and songe
> Over al thys lond, on every tonge.
> O wikke Fame! – for ther nys
> Nothing so swift, lo, as she is! ...«
> (*HF*, 345-350)

In the house of Fama it is the god Aeolus who is responsible for the distribution of the news. Each piece of news upon which Fama has left her editorial mark is conveyed to mankind by means of his instruments. He must see to it that the trumpet he uses for an individual message corresponds to its content. The goddess Fama orders, for example:

> »Lat now ... thy trumpe goon,
> Thou Eolus, that is so blak;
> And out thyn other trumpe tak
> That highte Laude, and blow yt soo
> That thrugh the world her fame goo
> Al esely, and not to faste,
> That hyt be knowen atte laste«.
> (*HF*, 1670-1676)

And Chaucer describes Aeolus' answer in the following lines:

> »Ful gladly, lady myn«, he seyde;
> And out hys trumpe of gold he brayde
> Anon, and sette hyt to his mouth,
> And blew it est, and west, and south,
> And north, as lowde as any thunder,
> That every wight hath of hit wonder,
> So brode hyt ran or than hit stente.
> And, certes, al the breth that wente
> Out of his trumpes mouth it smelde
> As men a pot of bawme helde
> Among a basket ful of roses.
> This favour dide he til her loses.«
> (*HF*, 1677-1688)

The appearance of Aeolus in *The House of Fame* also has a parallel – in modified form – in the seventh episode of Joyce's *Ulysses*, which literary critics still call the Aeolus-Chapter in keeping with Joyce's originally intended chapter headings. Joyce equates the editor-in-chief of the *Freeman's Journal and National Press*, Myles Crawford, with the ancient god Aeolus, the lord of the winds. Crawford's newspapers in turn correspond to the bags holding the winds; the winds themselves are identified with the news which is proclaimed to the world at large with much fanfare, just as the news of Chaucer's Fama. The task of trumpeting forth the news is attributed by Joyce to the editors, but above all to the newsboys, who in their noisy turbulent manner storm through the streets like the winds of Aeolus. Joyce gives the following descriptions of their appearance: »Screams of newsboys barefoot in the hall rushed near and the door was flung open«[11]; and later with shrill voices they sing: » – *We are the boys of Wexford / Who fought with heart and hand*« (*U*, Episode 7, ll. 427-428); finally the conversation of those who are gathered around Myles Crawford is interrupted by their cries offering special editions with the race results:

> The first newsboy came pattering down the stairs at their heels and rushed into the street, yelling:
> – Racing special!
> [...]
> Another newsboy shot past them, yelling as he ran:
> – Racing special!
> (*U*, Episode 7, ll. 912-914, 919-920)

From the discussion of the journalists, in particular their critical remarks about the above quoted examples of speech, which in terms of Aristotelian rhetoric illustrate the forensic, the deliberative and the epideictic style, it becomes evident that their reflections on how certain matters are formulated in language show a similarity to Chaucer's Fama, who gives directives to Aeolus regarding the »tone« in which he should communicate the news.

It is noteworthy that Stephen Dedalus tells the journalists a story as they walk to the pub together that stands in clear contrast to the rhetorical style which his companions praised so highly during their conversation

---

[11] James Joyce, Ulysses. The Corrected Text, ed. by Hans Walter Gabler with Wolfhard Steppe and Claus Melchior and with a New Preface by Richard Ellmann, Harmondsworth 1986 ([1]1984), Episode 7, ll. 391-392. Referred to as *U*. – See also my essay: Übergänge und Spannungsfelder zwischen Mündlichkeit und Schriftlichkeit im ›Æolus‹-Kapitel des Ulysses von James Joyce, Stilfragen, (= ScriptOralia 38), hg. von Willi Erzgräber und Hans-Martin Gauger, Tübingen 1992, 188-205.

in the newspaper office. Stephen's story of the two virgins who climb Nelson's pillar resembles a trivial anecdote but is meant to be understood as a parable, as is indicated by its title: »*A Pisgah Sight of Palestine or The Parable of The Plums*« (*U*, Episode 7, ll. 1057-1058). The story is free from every rhetorical ornament, and it also avoids the stilted, manneristic style of *l'art pour l'art* that Stephen (in the *Portrait*) preferred in his villanelle. Here he reports an everyday occurrence in a realistic, occasionally naturalistic language. Hidden in this apparently trivial story there is a great deal of observation, experience and truth. Stephen communicates to his listeners (and Joyce to his readers) the feeling that this is the everyday language of communication and conversation.

A reorientation of style similar to the one that Joyce achieved with Stephen's parable of the plums can also be observed in Chaucer's development. At the beginning of Book II of *The House of Fame* the eagle reports that Chaucer, up to now, has shown himself in his poetry to be a servant of Venus and Cupid, i.e. a writer, who imitates courtly poetry, but has ignored more mundane experience and the life of his fellow men:

> But of thy verray neyghebores,
> That duellen almost at thy dores,
> Thou herist neyther that ne this;
> For when thy labour doon al ys,
> And hast mad alle thy rekenynges,
> In stede of reste and newe thynges
> Thou goost hom to thy hous anoon,
> And, also domb as any stoon,
> Thou sittest at another book
> Tyl fully daswed ys thy look;
> And lyvest thus as an heremyte,
> Although thyn abstynence ys lyte.
> (*HF*, 649-660)

Chaucer first implements the literary program that Jupiter, speaking through the eagle, urges upon him in the *House of Fame* in the *Canterbury Tales,* where he pays special attention to the language of the common people, and where he suggests the style of spoken language in order to give his poetry an authentic ring. In this context we should recall a remark of Chaucer's that he casually mentions in the prologue to the *Canterbury Tales*:

> But first I pray yow, of youre curteisye,
> That ye n'arette it nat my vileynye,
> Thogh that I pleynly speke in this mateere,
> To telle yow hir wordes and hir cheere,
> Ne thogh I speke hir wordes proprely.
> For this ye knowen al so wel as I,
> Whoso shal telle a tale after a man,
> He moot reherce as ny as evere he kan
> Everich a word, if it be in his charge,
> Al speke he never so rudeliche and large,
> Or ellis he moot telle his tale untrewe,
> Or feyne thyng, or fynde wordes newe.
> (*CT*, I(A), 725-736)

In a similar way, Joyce is open to the sounds and rhythms of a prose language such as is heard in everyday Dublin. Neither Joyce nor Chaucer, however, are committed to a slavish imitation of the spoken word. Both of them show that it is through the interplay of sound and diction of spoken language on the one hand with an artfully concealed restructuring of the spoken word on the other hand that the fascinating effects of poetry are achieved.

Chaucer's appreciation of everyday life and his pragmatic attitude toward empirical reality have also left their imprint on the scenes that are based on ancient mythology. Wolfgang Clemen comments, for example, on a scene in *The Book of the Duchess* where messengers from Juno and Morpheus make an appearance: »Compared to Machaut's polished, elegant but unvaried mode of speech, Chaucer's style has an everyday, colloquial quality, at times even rough and drastic«.[12] And in his commentary on the Dido scene in the *House of Fame* Clemen remarks: »This brings the lofty tale of Aeneas and the strife among the gods down from its pedestal into a familiar everyday sphere and presents it with an appeal for the sympathy or disapproval of the public«.[13] And finally Clemen says about Book III of *The House of Fame*: »Here, as in the Ceyx episode from the *Book of the Duchess*, or in the Dido episode, the gods of old appear in a comic light; Chaucer gaily works his own playful will with the apparatus of mythology and strains its themes and devices till they become grotesque«.[14]

Joyce's ironic treatment of ancient mythology in *Ulysses* is more comprehensive. His humourous playing with the mythological figures from the

---

[12] W. Clemen, Chaucer's Early Poetry, transl. by Cecilia A.M. Sym, London 1936, 35.
[13] Ibid., 80.
[14] Ibid., 108.

*Odyssey* turns the modern novel into a parodistic version of the ancient epic. When we examine the correspondences between the figures of the ancient *Odyssey* and those of Joyce's novel, we encounter a series of fixed contrasts with which Joyce was able to achieve a parodistic effect. Odysseus has been degraded to the advertisement canvasser Leopold Bloom; the faithful Penelope has become the obliging Molly Bloom; Nausicaa the sentimental teenager, Gerty MacDowell; and Circe, who was the daughter of Helios, Bella Cohen, the owner of a brothel. With his ironic-parodistic reshaping of the *Odyssey,* Joyce is continuing a stylistic tradition of English parodies of Homer that goes back to Fielding in the 18th century (cf. *Tom Jones*, Bk. IV, Ch. 8). Whereas Fielding's parody of Homer was only of limited, rhetorical significance, for Joyce the ironic distance between the ancient and the modern story is kept in the reader's mind, who is able to remember the *Odyssey* all the time, throughout the entire novel. Joyce's parodistic demythologizing and anti-heroic attitude is closely related to that of his countryman G. B. Shaw, whose historical dramas similarly reduced mythic greatness to the average measure of the modern age. It would be misleading, however, to think that the *Odyssey* correspondences which Joyce incorporated into his novel should be attributed to a mania of an author who had no inventive powers and was simply absorbed in ancient myths. Already in 1949 Margaret Church pointed out in her book. *Time and Reality: Studies in Contemporary Fiction* (Chapel Hill, N.C., repr. 1963) that Joyce's ideas on Homer and the Odyssey were influenced by concepts developed by Giambattista Vico in his *Scienza Nuova* (1725, $^{3}$1744), and that Odysseus must be seen as a representative of the heroic age and Ulysses (i.e. Leopold Bloom) as the representative of the age of man, the democratic age. The difference between the ancient and the modern protagonist might be formulated as follows: Odysseus is the hero of an ancient epic, in which, as a rule, the trials of the protagonists are presented and judged in terms of an ancient (or any other valid) aristocratic heroic ideal. This is especially the case when Odysseus fights against his wife's suitors in order to bring about the restoration of righteous order through revenge. The modern Ulysses' radius of action is highly limited; in contrast to the adventurous travels of Odysseus who is constantly exposed to danger and saves himself through a combination of valiant heroism and cunning, Leopold Bloom's wanderings through the various districts of the city of Dublin are rather harmless. The details of Leopold Bloom's life revealed in the course of the novel confirm the basic thesis that in comparison to the ancient

Odysseus he is a modern anti-hero, a figure whose mundane life is, in Vico's sense, typical of the age of man.

The similarities between Chaucer and Joyce indicate that both are connected with a literary tradition characteristic of a bourgeois age. In England, this tradition found its first striking expression in Chaucer in the 14th century, and it culminated in the 20th century in the complex narrative techniques of the Anglo-Irishman James Joyce. It should not be overlooked, however, that the work of both these authors also contains features that only belong to the respective ages in which they were written. This includes for Chaucer the close connection with courtly literature and for Joyce the close connection with realism and symbolism. The critical reflection on oral and written tradition, in particular on the ancient tradition that they made use of for their work, forms, on the other hand, the common basis for Chaucer's and Joyce's narrative art. If there is one ancient author to whom both are indebted it was the urbane, elegant and critical Ovid. The motto from the *Metamorphoses* that Joyce placed at the beginning of the *Portrait* is also valid for Chaucer, especially for the Chaucer of *The House of Fame*: »... et ignotas animum dimittit in artes«[15]; »... he sets his mind at work upon unkown arts«.[16]

---

[15] Publius Ovidius Naso, Metamorphosen, ed. E. Rösch, VIII, l. 188, 284.
[16] Ovid, Metamorphoses, ed. F.J. Miller, vol. I, 419.

# Chaucer zwischen Mittelalter und Neuzeit[1]

Bei dem Versuch, die eigentümliche Stellung Chaucers zwischen Mittelalter und Neuzeit zu beschreiben und zu deuten, möchte ich von einer Stelle ausgehen, die sich im Prolog zu den gegen Ende des 14. Jahrhunderts entstandenen *Canterbury Tales* findet; dort heißt es in der Charakterisierung eines Benediktinermönches wie folgt:

> This ilke Monk leet olde thynges pace,
> And heeld after the newe world the space.
> (*CT*, I (A), 175-176)[2]

Fragt man nach der Bedeutung der Wendung »olde thynges« im Hinblick auf Chaucer selbst, so ergibt sich am ehesten eine Antwort, wenn man den Blick auf den Schluß von *Troilus and Criseyde* lenkt, auf ein Werk, das um 1385 abgeschlossen wurde. Dort wendet er sich in der vorletzten Strophe an seine beiden Freunde John Gower, »moral Gower«, und Ralph Strode, »philosophical Strode«, und bittet sie, falls es nötig sei, ihn mit Wohlwollen und gütigem Eifer zu korrigieren (vgl. *CT*, V, 1856ff.).
John Gower hatte sich durch moraltheologisch fundierte Werke wie den *Miroir de l'Omme* (1376-1379) die *Vox Clamantis* (ca. 1377 bis 1382) und die *Confessio Amantis* (1390-1393) einen Namen gemacht und war für seine Zeitgenossen ein weithin bewundertes dichterisches Vorbild. Über Strode ist seit eh und je mehrfach spekuliert worden. Wahrscheinlich wandte sich Chaucer hier an Ralph Strode, Fellow des Merton College, Oxford, auf dessen Lehrmeinungen sich Wyclif in seinen Werken bezieht. Selbst wenn diese Auslegung umstritten bleiben sollte, kann nicht geleugnet werden, daß der zitierte Text auf zwei verschiedene Tendenzen im geistigen und religiösen Leben des 14. Jahrhunderts hinweist:
(a) die moraltheologische und
(b) die philosophische.

---

[1] In der anläßlich seiner Emeritierung (SS 1994) gehaltenen Vorlesung versucht der Verfasser einige Resultate seiner Chaucer-Forschung unter einem übergreifenden Gesichtspunkt zusammenzufassen.
[2] Alle mittelenglischen Zitate nach folgender Ausgabe: Larry D. Benson (ed.), The Riverside Chaucer, Oxford ³1988; The Canterbury Tales zitiert *CT*, The House of Fame *HF*, Troilus and Criseyde *TC*.

*Abb. 17*: Pilgergruppe
Mit der Versdichtung *The Siege of Thebes* (um 1420) brachte Lydgate seine enge Beziehung zu Chaucer zum Ausdruck. Im Prolog dieser Dichtung stellte er sich der Schar von Chaucers Pilgern, die er in Canterbury getroffen haben will, wie folgt vor:

> I answered my name was Lydgate,
> Monk of Bery, nyz fyfty zere of age.
> (92 – 93)

Er lebte mit Unterbrechungen als Mönch in der Benediktinerabtei Bury St. Edmund's bis zu seinem Tode im Jahre 1449. Die Miniatur, die sich in dem Manuskript British Museum MS Royal 18, D. II findet, zeigt den Dichter im Kreis der Pilger, die bereits die Rückreise von Canterbury angetreten haben. W.F. Schirmer glaubte, die auf dem Schimmel reitende Person mit Lydgate identifizieren zu können; dem hat Derek Pearsall widersprochen, der die dritte Figur von links, den Mönch, mit Lydgate gleichsetzt. Die Gestalt auf dem Schimmel, die auf den Ritter einredet, könnte ein Rechtsanwalt oder ein Gutsherr sein. Rechts finden sich ein Kaufmann und (möglicherweise) ein Junker, in der Mitte ein Bettelmönch. Bemerkenswert ist der Versuch des Künstlers, die Gesprächssituation durch die Gebärdensprache zu simulieren.

Der moraltheologische Rahmen, auf den Chaucers *Canterbury Tales* zu beziehen sind, wird vom Autor auf mannigfache Weise markiert. Zunächst ist zu bedenken, daß die Erzähler allesamt Pilger sind, die von London nach Canterbury reiten, »um den heiligen, segensreichen Märtyrer aufzusuchen, der ihnen geholfen hat, als sie krank waren« (*CT,* I (A), 17-18).[3] Unter diesen Pilgern finden sich Vertreter der geistlichen Stände, die Priorin, der Ordensgeistliche und der Bettelmönch, der Pfarrer, der Ablaßkrämer und der Büttel eines Kirchengerichts sowie drei weitere Priester und eine Nonne. Und einigen von ihnen werden Erzählungen zugeordnet, die eindeutig dem religiösen Bereich angehören.

Für das Verständnis der moraltheologischen Kategorien, mit denen Chaucer vertraut war und deren er sich in allen seinen Dichtungen bediente, ist die »Erzählung des Pfarrers« am bedeutsamsten, die nach Derek Pearsall als »a treatise«[4], nach Jörg Fichte eher als eine Meditation zu bezeichnen ist, zumal dieser Begriff auch im Prolog zur »Parson's Tale«, X, 55, verwendet wird.[5] Der Pfarrer will mit dieser Meditation den Blick auf das spirituelle Ziel der menschlichen Pilgerschaft schlechthin lenken; es ist das himmlische Jerusalem, und zur Charakterisierung des Weges, den der Mensch zurückzulegen hat, bezieht er sich auf eine Äußerung des Propheten Jeremia:

> ›Stondeth upon the weyes, and seeth and axeth of olde pathes (that is to seyn, of olde sentences) which is the goode wey, /and walketh in that wey, and ye shal fynde refresshynge for youre soules, etc.‹
> (*CT,* X (I), 76-77)

Vorbild für die »Parson's Tale« waren Traktate in lateinischer Sprache und auch in der Volkssprache, die von der Reue, den Sieben Todsünden und der Buße handeln. Als Hauptquellen kommen nach dem neuesten Stand der Forschung zwei Redaktionen der *Summa vitiorum* eines Dominikaners namens Peraldus in Frage sowie ein Text, der im Anschluß an Siegfried Wenzels Arbeiten *Postquam* genannt wird.[6] Verbindungslinien von der »Parson's Tale« zu den einzelnen Erzählungen der Pilger sind nachgewiesen worden; Anklänge finden sich in den Erzählungen des Ablaßkrämers, des Mönchs und der Frau von Bath. Aber es bleibt fraglich,

---

[3] Chaucer, Die Canterbury-Erzählungen, Geoffrey Chaucer, Die Canterbury-Erzählungen, mittelenglisch und deutsch, in deutsche Prosa übertragen von Fritz Kemmler, mit Erläuterungen von Jörg O. Fichte, 3 Bde., München 1989, Bd. 1, 12.
[4] Derek Pearsall, The Canterbury Tales, London 1985, 289.
[5] Fichte, in: Chaucer, Die Canterbury-Erzählungen, Bd. 3, 1843.
[6] Vgl. The Riverside Chaucer, 956.

ob der »Traktat des Pfarrers als moralische Instanz« zu verstehen ist, »in der alle Geschichten konvergieren«.[7] Daß Chaucer in der Koordination der *Canterbury Tales* und dem moraltheologischen System der Sieben Todsünden einen eigenen Weg gegangen ist, läßt sich durch einen Vergleich mit Gowers *Miroir de l'Omme* nachweisen.

> Wie stark bei Gower von Anfang an der Sinn für systematische Differenzierung des Moralischen ausgeprägt war, zeigt sich darin, daß er den Sieben Todsünden nicht nur Sieben Tugenden gegenüberstellt, sondern aus der Verbindung der Sieben Todsünden mit der allegorischen Figur Welt je fünf Tochtersünden und aus der Ehe der Vernunft mit den Sieben Tugenden je fünf Tochtertugenden hervorgehen läßt.[8]

Die erzählerischen Passagen dienen dazu, das Wesen aller Sünden und Tochtersünden zu erläutern. Chaucer dagegen hat sich von solch systematischem Zwang grundsätzlich freigemacht: Außerhalb der »Parson's Tale« bietet er ganz eigenständige Geschichten, in die – je nach Thematik und Situation – moraltheologische Reflexionen eingebaut sind. Für Chaucer steht die erzählerische Darstellung des menschlichen Erfahrungsbereiches im Mittelpunkt; er schildert mit den unterschiedlichsten erzähltechnischen und stilistischen Mitteln die ganze Variationsbreite menschlicher Erfahrung – »experience« in seiner Terminologie.

> In seiner eigenen Literaturauffassung hat sich Chaucer immer wieder von engstirnigen Limitierungsversuchen distanziert, die er, indem er sie von seinen eigenen literarischen Geschöpfen, den Pilgern, vorbringen ließ, subtiler Ironisierung preisgab.[9]

Mit der »Parson's Tale« tritt er aus dem fiktionalen Kosmos heraus und zeigt, wie vom streng moraltheologischen Standort die vielfältigen Erscheinungsformen der »comédie humaine« zu beurteilen sind, die er zuvor vorgeführt hat. Hier meldet sich die traditionelle moraltheologische Lehre zu Wort, »auctoritee« in Chaucers Sprache genannt, und es zeigt sich, daß er »experience« und »auctoritee« nicht harmonisch aufeinander abstimmte, sondern daß es ihm darauf ankam, den Spannungsreichtum zwischen der Erfahrung, die jeder seiner Hörer und Leser machen konnte, und der moraltheologischen Deutung dieser Erfahrung herauszuarbei-

---

[7] Fichte, in: Chaucer, Die Canterbury-Erzählungen, Bd. 3, 1848.
[8] Willi Erzgräber, Langland – Gower – Chaucer, in: Willi Erzgräber (Hg.), Europäisches Spätmittelalter, Neues Handbuch der Literaturwissenschaft, Bd. 8, Wiesbaden 1978, 239.
[9] Fichte, in: Chaucer, Die Canterbury-Erzählungen, Bd. 3, 1850.

ten.¹⁰ Besonders deutlich tritt dieser Konflikt im Prolog zur Erzählung der Frau von Bath zutage, der bezeichnenderweise mit dem Satz beginnt:

> Experience, though noon auctoritee
> Were in this world, is right ynogh for me
> To speke of wo that is in mariage.
> (*CT*, III (D), 1-3)

Daß Chaucer zutiefst von den Grundfragen betroffen war, die in der zweiten Hälfte des 14. Jahrhunderts Theologen und Philosophen beschäftigten, geht aus der Tatsache hervor, daß er sich in den 80er Jahren dieses Jahrhunderts ähnlich wie Langland in seinem *Piers Plowman* und der Mathematiker, Philosoph und Theologe Thomas Bradwardinus in *De Causa Dei* mit der Prädestinationslehre befaßte und zur Klärung seiner eigenen geistigen Position eines der einflußreichsten Werke der spätantiken Philosophie, die *Consolatio Philosophiae* des Boethius ins Mittelenglische übertrug – ein Werk, das vor der Hinrichtung des Verfassers im Jahre 525 entstand (er fiel einer politischen Intrige unter Theoderich zum Opfer) und das Johannes Hirschberger »eine weitausholende Theodizee« genannt hat, »in der die Probleme um Welt, Gott, das Glück, die Vorsehung, das Schicksal, den freien Willen zur Sprache kommen, besonders aber die Frage des Übels und der Gerechtigkeit Gottes«.¹¹ Mit Theodore A. Stroud können wir grundsätzlich feststellen:

> At the time *Il Filostrato* was transformed into *Troilus*, Boethius was a basic stimulant to Chaucer's creative imagination.¹²

Chaucer hat in *Troilus and Criseyde*, dem geschlossensten aller seiner Werke, Boethius nach künstlerischen Gesichtspunkten verarbeitet.¹³ Troilus wird eingeführt als ein Trojaner, der die Macht der Liebe unterschätzt, der für das Wirken des Gottes Amor blind ist. Er entdeckt sodann durch die Begegnung mit Criseyde die Schönheit des weiblichen Geschlechts, und die Liebe zur Frau verwandelt ihn dergestalt, daß er vom Erzähler

---

10 Vgl. hierzu: Willi Erzgräber, ›Auctorite‹ and ›Experience‹ in Chaucer, in: Intellectuals and Writers in Fourteenth-Century Europe: The J.A.W. Bennett Memorial Lectures, Perugia 1984, ed. Piero Boitani and Anna Torti, Tübingen 1986, 67-87.
11 Johannes Hirschberger, Geschichte der Philosophie, Bd. I, Altertum und Mittelalter, Freiburg ²1954, 329.
12 Theodore A. Stroud, Boethius' Influence on Chaucer's Troilus, Modern Philology 49 (1951-52), 2. – Vgl. in diesem Zusammenhang weiterhin: B.L. Jefferson, Chaucer and the Consolation of Philosophy of Boethius, Princeton 1917, sowie Willi Erzgräber, Tragik und Komik in Chaucers Troilus and Criseyde, S. 203-234 dieses Bandes.
13 Vgl. Willi Erzgräber, Predestination in Langland and Chaucer, S. 179-202 dieses Bandes.

als ein Ritter charakterisiert wird, der den höchsten Grad sittlicher Vollendung erreicht (vgl. *TC,* III, 1800-1806).
Doch zeigt das Preislied, das sich im Schlußteil des III. Buches findet, daß Troilus zwischen göttlicher und menschlicher Liebe nicht zu unterscheiden vermag, daß er glaubt, Zeitliches und Zeitloses gleichsetzen zu dürfen. Er ist in *dieser* Situation sowohl blind hinsichtlich der menschlichen Liebe wie der Fortuna. Im Sinne des Boethius ist die Liebe, die Troilus für Criseyde empfindet, nicht nur eine Quelle seiner Tugenden, sondern zugleich Teil der »goodes of the body«, wie es in der mittelenglischen Übersetzung der *Consolatio,* III, pr. 2, heißt. Physische Liebe ist eines der Glücksgüter nach Boethius, die die Fortuna gewährt, die aber wie all ihre Geschenke vergeben, wenn – wenn das Rad der Fortuna sich dreht, das in der mittelalterlichen Ikonographie das Gesetz des Wandels symbolisiert.
Troilus wird in diesen Sog des Zeitlichen hineingerissen, und sein berühmter Monolog über das Walten des Schicksals im IV. Buch ist ein Beispiel für seine (philosophische) Blindheit. Troilus stellt an den Anfang seiner monologischen Äußerungen die These, daß alles, was geschieht, dem Prinzip der Notwendigkeit unterworfen sei. Der Monolog gibt dem Leser Einblick in die seelische Verfassung des Monologsprechers und läßt ihn verstehen, weshalb er über die Anfangsthese nicht hinausgelangen kann. Vergleicht man den Monolog des Troilus mit der philosophischen Vorlage bei Boethius, *Consolatio Philosophiae,* Buch V, pr. 3, dann wird deutlich, daß es Chaucer nicht darauf ankam, an dieser Stelle eine ausgewogene Rekapitulation der vollen Argumentation des Boethius zu bieten, sondern mit Hilfe der vorgegebenen Äußerungen des ›Boethius‹, d.h. der Figur innerhalb der *Consolatio,* auf deren Klage die Philosophie antwortet, zur Charakterisierung des Troilus beizutragen. Troilus intensiviert mit der Sprache des Boethius den deterministischen Gedankengang, die fatalistische Sicht allen Geschehens. Seine lähmende Resignation prägt die gesamte Gedankenführung.
Auch Pandarus sind Äußerungen in den Mund gelegt, die bei Boethius bereits vorformuliert sind; aus diesen Äußerungen geht hervor, daß Pandarus im Gegensatz zu Troilus ein bewußter, selbstbewußter Vertreter der Fortuna-Philosophie ist. Dementsprechend sind die Ratschläge, mit denen er Troilus zu helfen bemüht ist: Er möchte den passiv-klagenden Troilus zu Mut und männlicher Selbstbehauptung aufrufen, getreu dem Motto, das sich ebenfalls in der *Consolatio* findet, daß jeder seines Glückes Schmied ist. Als Pandarus freilich sieht, welches Schicksal seinem Freund

widerfährt, muß er die Grenzen seiner Philosophie eingestehen (vgl. *TC*, V, 1743). Es zeugt von der inneren Verwandtschaft Criseydes mit Pandarus, daß auch sie begreift, daß der Mensch nicht auf die falschen Glücksgüter vertrauen darf (vgl. *TC*, III, 813-840; 1016-1022).
Es wäre allerdings irreführend, wollte man die philosophischen Kommentare, die Chaucer den Hauptpersonen in den Mund legt, als die einzig verbindliche interpretatorische Richtschnur für das Verständnis der Charaktere oder gar als die verbindliche Norm für ihre moralische Beurteilung verstehen. Der von allen Charakteren gebrauchte Begriff »entente« (= Intention) läßt erkennen, daß der Erzähler immer wieder auf das eigentümliche Verhältnis von Intention und tatsächlichem Handeln aufmerksam machen möchte.[14] Niemals deckt die ausdrücklich formulierte Intention das volle Ausmaß des tatsächlichen Handelns. Besonders deutlich tritt dieser Sachverhalt bei Criseyde zutage. Sie beteuert zwar, Troilus die Treue wahren zu wollen (»al this thyng was seyd of good entente«, *TC*, IV, 1416), in ihrem Unterbewußtsein aber eilt sie ihrer Absicht voraus; ihre charakterliche Disposition läßt die Abkehr von Troilus und die Hinwendung zu Diomed verständlich werden. Chaucer verrät einen subtilen Sinn für die Komplexität, die Widersprüchlichkeit der menschlichen Natur, und er stellt mit Criseyde eine Frau vor, von der E. Talbot Donaldson gesagt hat:

> ... every sensitive reader will feel that he really knows Criseide – and no sensible reader will ever claim that he really understands her.[15]

Pandarus ist das beste Beispiel für Chaucers Darstellung eines komplexen Charakters. Pandarus weiß, daß er praktisch Kupplerdienste verrichtet, er legt aber Wert darauf, daß Troilus darin einen Ausdruck seiner Freundschaft sieht.[16] Er bietet alle Argumente der *amicitia*-Lehre auf, um sein Verhalten als moralisch akzeptabel erscheinen zu lassen. Streng genommen läßt sich sein Verhalten als ein Bündel von Rollen interpretieren (»He adopts and diverts himself of a wide variety of roles«[17]), aber man kann nicht behaupten, daß es ihm je gelänge, alle Rollen zu einer Einheit zu integrieren.

---

[14] Vgl. dazu Lee Patterson, Chaucer and the Subject of History, Madison, Wis, 1991, 139ff.
[15] E. Talbot Donaldson, Speaking of Chaucer, London 1970, 83.
[16] Vgl. Troilus and Criseyde, III, 239ff.
[17] Vgl. dazu Patterson, Chaucer and the Subject of History, 142-143.

*Abb. 18*: Die Frau von Bath
Maurice Hussey nennt die Frau von Bath »a figure of shameless vitality« (M. Hussey, *Chaucer's World, A Pictorial Companion*, Cambridge 1967, 110). Chaucer charakterisiert diese Frau sowohl im Prolog zu den *Canterbury Tales* wie im Prolog ihrer eigenen Geschichte, wobei er im zweiten Prolog alle Techniken der ironischen Selbstdarstellung verwendet, die ihm zu Gebote standen. Der Maler der Miniatur konnte aus der breiten Schilderung des Epikers nur wenige bezeichnende Details auswählen, um die auffallenden Charakterzüge zu treffen. Die Peitsche und die Sporen sind Symbole ihres Herrschaftsanspruchs, der große Hut und das goldene Haarnetz (eine Besonderheit, die der Maler eingeführt hat) weisen auf ihr gesellschaftliches Geltungsbedürfnis hin. Daß die Frau von Bath es den Männern gleichtun möchte, wird dadurch verdeutlicht, daß sie – anders als die Vertreterinnen des geistlichen Standes – im Herrensitz reitet.

Die gleiche Beobachtung läßt sich auch bei Troilus machen, der in vielen Situationen in Wort und Gestik als der ideale höfische Liebhaber auftritt, aber nicht zögert, Pandarus die gleichen Dienste anzubieten, die sein Freund ihm erweist, d.h. eine seiner schönen Schwestern, Polixena, Cassandra, Helena oder irgendeine andere für ihn zu gewinnen.[18]

Als eine psychologisch komplexe Figur tritt schließlich auch der Erzähler in diesem Werk auf. Er gibt sich unwissend und kenntnisreich zugleich, verhält sich diplomatisch geschickt und einfühlsam und doch oft auch distanziert. Er fällt klare moralische Urteile und versucht zugleich, eine Frau, die ihre Schuld bereut, zu entschuldigen und um Verständnis für sie zu werben. Und immer wieder bezieht er sich auf seine Quelle oder andere Autoren, aus denen er gewisse Kenntnisse schöpft, um seine wahre Einstellung zu den Charakteren und den Ereignissen zu verschleiern.

Zusammenfassend können wir feststellen: Die Figuren sowie der Erzähler selbst sind nach den Prinzipien eines psychologischen Realismus gestaltet, der im Roman des 18. und 19. Jahrhunderts weiter entfaltet wurde. Darauf hat K.H. Göller in seiner Interpretation von *Troilus and Criseyde* aufmerksam gemacht, die Franz Stanzel sicherlich mit Absicht an den Anfang des von ihm herausgegebenen Sammelwerkes *Der englische Roman* gestellt hat.[19] Göller weist in diesem Zusammenhang auf die Genealogie des Urteils hin, das er mit seiner Auslegung eingehend begründet; vor ihm waren es bereits Kittredge, Root, Ker, de Selincourt,[20] die die Beziehungen zum neuzeitlichen Realismus herausarbeiteten, um Chaucers besondere künstlerische Leistung zu charakterisieren.

Wenn der Begriff »Realismus« auf Chaucer angewandt wird, ist hervorzuheben, daß wir bei ihm nicht nur von einem psychologischen, sondern auch von einem faktisch-physischen Realismus sprechen können. Als Beleg dafür sei das Portrait der Frau von Bath angeführt, das sich im »General Prologue« zu den *Canterbury Tales* findet.

> A good WIF was ther OF biside BATHE,
> But she was somdel deef, and that was scathe.
> Of clooth-makyng she hadde swich an haunt
> She passed hem of Ypres and of Gaunt.
> In al the parisshe wif ne was ther noon
> That to the offrynge bifore hire sholde goon;
> And if ther dide, certeyn so wrooth was she

---

[18] Ebd., 144.
[19] Vgl. Karl Heinz Göller, Chaucer, Troilus and Criseyde, in: Franz K. Stanzel (Hg.), Der englische Roman. Bd. I, Vom Mittelalter zur Moderne, Düsseldorf 1969, 23-53.
[20] Vgl. ebd., 379, Anm. 7-10.

> That she was out of alle charitee.
> Hir coverchiefs ful fyne weren of ground;
> I dorste swere they weyeden ten pound
> That on a Sonday weren upon hir heed.
> Hir hosen weren of fyn scarlet reed,
> Ful streite yteyd, and shoes ful moyste and newe.
> Boold was hir face, and fair, and reed of hewe.
> She was a worthy womman al hir lyve:
> Housbondes at chirche dore she hadde fyve,
> Withouten oother compaignye in youthe -
> But thereof nedeth nat to speke as nowthe.
> And thries hadde she been at Jerusalem;
> She hadde passed many a straunge strem;
> At Rome she hadde been, and at Boloigne,
> In Galice at Seint-Jame, and at Coloigne.
> She koude muchel of wandrynge by the weye.
> Gat-tothed was she, soothly for to seye.
> Upon an amblere esily she sat,
> Ywympled wel, and on hir heed an hat
> As brood as is a bokeler or a targe;
> A foot-mantel aboute hir hipes large,
> And on hir feet a paire of spores sharpe.
> In felaweshipe wel koude she laughe and carpe.
> Of remedies of love she knew per chaunce,
> For she koude of that art the olde daunce.
> (*CT*, I (A) 445-476)

Ordnen wir die Angaben, die der Erzähler bei der Charakterisierung der Frau von Bath vorträgt, systematisch an, so ergibt sich folgendes Bild:

1. Er berichtet über ihre physische Erscheinung und stellt fest, daß sie schön und von gesunder Gesichtsfarbe war, aber sie unterscheidet sich doch merklich von den Frauen, die dem mittelalterlichen, ritterlichen Schönheitsideal entsprachen. Das Adjektiv »bold« deutet auf eine aggressive Haltung hin: Sie ist kühn, herausfordernd; im Glossar der *Riverside Edition* wird zu »bold« angegeben: »(of persons) overconfident, brazen, rash«[21], wobei daran zu erinnern ist, daß das ne. Adjektiv »brazen-faced« soviel bedeutet wie »unverschämt, frech, schamlos«. Gleich zu Beginn wird weiterhin auf eine gewisse Gebrechlichkeit hingewiesen: Sie war ein wenig taub, und später wird gesagt, daß ihre Zähne weit auseinanderstanden, was in der mittelalterlichen Physiologie als ein Zeichen der Lüsternheit gedeutet wurde.

---

[21] The Riverside Chaucer, 1224, sub »bold« (4).

2. Dazu kommen Angaben zu ihrer Kleidung: Sonntags trägt sie einen kostbaren Kopfschmuck, der – so der Erzähler – wohl zehn Pfund schwer war. Forschungen zur mittelalterlichen Frauenmode haben ermittelt, daß dieser Kopfschmuck aus einem Drahtgerüst bestand, um das Kopftücher kunstvoll geschlungen waren.[22] Auf der Pilgerreise trägt sie einen Hut, so groß wie ein Buckelschild oder Rundschild. Durch diesen Vergleich weist der Erzähler auf den martialischen Zug bei dieser Frau hin, die später von sich sagt, daß sie unter dem Sternbild von Venus und Mars geboren sei. Darauf spielt auch die Tatsache an, daß sie scharfe Sporen trägt. Farblich eindrucksvoll sind ihre gutsitzenden, glänzenden scharlachroten Strümpfe.

3. Sie gehört dem bürgerlichen Stand an; sie arbeitet als Tuchmacherin und übertrifft diejenigen von Ypern und Gent. Die Charakterisierung dieser Frau mit all ihren vital-derben Zügen paßt zur Mentalität des Standes, der im Spätmittelalter neben den alten drei Ständen, dem Rittertum, der Geistlichkeit und den Bauern, an Bedeutung gewann und der in der Neuzeit im politischen und gesellschaftlichen Leben aller europäischen Völker eine zentrale Rolle spielen sollte.

4. Ihre persönliche Lebensführung ist dadurch charakterisiert, daß sie fünfmal verheiratet war und in der Jugend mancherlei Liebhaber hatte. Ihre amouröse Veranlagung wird abschließend dadurch noch einmal betont, daß von ihr gesagt wird, sie verstehe sich auf den alten Tanz, eine Formulierung, die Chaucer zuvor bereits bei Pandarus gebraucht hatte, und sie kenne auch allerlei Liebesmittel, wobei die Formulierung »remedies of love« unmittelbar an Ovids *Remedia Amoris* erinnert.

5. Sie ist eine gesellige Natur; sie lacht und plaudert gerne, und es ist zu vermuten, daß sie die Pilgerreisen zu allen bedeutenden Wallfahrtsorten vor allem als Vergnügungsreisen betrachtete.

6. Daß ihre Beziehung zu Kirche und Religion stark veräußerlicht ist, zeigt auch ihr Verhalten beim sonntäglichen Kirchgang. Beim Offertorium beansprucht sie den Vortritt vor allen Frauen der Gemeinde: Wenn ihr dieses Vorrecht streitig gemacht wird, wird sie zornig und vergißt alle Nächstenliebe. Das Adjektiv »wrooth« erinnert an die moraltheologischen Kommentare des Pfarrers zu »Ira«, dem Zorn, der zu den Sieben Todsünden gehört.[23] Und die Wendung »out of charitee« zeigt, daß sie die Grundtugend verletzt, auf der nach der Lehre der Kirche das Zu-

---

22 Vgl. hierzu James Winney (ed.), The General Prologue to the Canterbury Tales, Cambridge 1965, 110.
23 Vgl. The Riverside Chaucer, 305ff.

sammenleben der Menschen aufgebaut sein sollte. Die Darstellungsweise des Erzählers schließt sich also aufs engste an die Fakten an, die er als Pilger bei der Begegnung mit der Frau von Bath an ihr beobachten kann. Dazu kommen faktische Informationen über ihr bisheriges Leben, die nur aus den Gesprächen zu ermitteln sind, die sie mit ihm oder anderen führt. Auffallend ist, daß Chaucer sich bei dieser Charakterisierung nicht, wie er dies in seinen Jugenddichtungen noch tat, an ein strenges rhetorisches Schema hält, sondern daß er die Impressionen in einer recht willkürlichen, sprunghaften Weise darbietet und damit überraschende Effekte erzielt. Faßt man das Komische mit Wolfgang Iser als ein »Kipp-Phänomen«[24], so muß man sagen, daß Chaucer im *General Prologue* diese erzählerische Technik ständig nutzt; er ist der erste in der englischen Literatur, der bei der Charakterisierung von Figuren in epischer Literatur so verfährt, und er begründet damit eine Tradition, die bei Fielding und Dickens in aller Breite und Differenziertheit fortgesetzt wurde.

In dieser realistisch-komischen Charakterisierungstechnik bekundet sich die souveräne Distanz des humanistisch gebildeten Chaucer zu der gesamten »comédie humaine«. Diese Komik gewinnt dadurch in vielen Fällen humoristische Züge, daß er die Pilger zugleich mit Sympathie und Einfühlungsgabe beschreibt. Er versucht, jeden von seiner personalen, individuellen Mitte her zu fassen. Deshalb scheut er sich nicht, Adjektive wie »good« oder »worthy« sehr weitherzig zu verwenden. Trotz allem, was er später an versteckter Kritik gegen die Frau von Bath vorbringt, stellt er sie zunächst als »a good wif« vor, und ehe er mitteilt, daß sie fünfmal verheiratet war, bemerkt er: »She was a worthy womman al hir lyve« (459). Durch diese Verwendungsweise rücken die Adjektive »good« und »worthy« in ein leicht komisches Licht: Sie können auch als Ausdruck der Prätentionen der jeweiligen Figur verstanden werden – von Prätentionen, die durch den Erzähler ironisch entlarvt werden.
Bei der Deutung des Realismus in den Charakterportraits und der sprunghaften Darstellungsweise ist weiterhin zu bedenken, daß der Erzähler aus der Erinnerung spricht, daß er nicht unmittelbar aufzeichnet, was er sieht und hört. Sein Realismus ist ein Realismus der *memoria*. Selbst wenn wir von einem faktischen Realismus sprechen, muß zugleich festgestellt werden, daß die Erinnerung – ähnlich wie dies Wordsworth

---

[24] Wolfgang Iser, ›Das Komische: ein Kipp-Phänomen‹, in: Wolfgang Preisendanz und Rainer Warning (Hgg.), Das Komische, Poetik und Hermeneutik VII, München 1976, 398-402.

in der Vorrede zu den *Lyrical Ballads* für die Romantik beschrieben hat – ein auswählendes Verfahren mit sich bringt und scharf beobachtete Details sowie authentische Informationen über eine Person zu einer neuen, ganz eigenen künstlerischen Einheit verbindet, die auf ihre Weise im fiktionalen Raum wahr und wirklich ist. Es sei in diesem Zusammenhang auf eine Bemerkung von Donald R. Howard hingewiesen, der in seinem Buch *The Idea of the Canterbury Tales* der Frage der Mimesis bei Chaucer nachgegangen ist und zu dem Resultat kommt:

> ... Chaucer was the first to understand that writing down a memory and a memory of others' memories might cumulatively produce the reality by means of which we know who we are – that what is »real« is an interior realm.[25]

Die erzählerische Portraitierung eines Charakters wie der Frau von Bath ist nicht auf die einführende Beschreibung im *General Prologue* begrenzt. Ergänzt wird dieses Portrait durch den ausführlichen Prolog, den sie ihrer Erzählung vorausschickt. Hier berichtet sie über ihre fünf Ehemänner und die Erfahrungen, die sie mit ihnen machte. Die Variante des Realismus, die Chaucer mit diesem Prolog zur Geltung kommen läßt, kann »dramatischer Realismus« genannt werden, zumal die Frau von Bath mit ihrem Prolog die Form des »dramatic monologue« antizipiert, wie er im viktorianischen Zeitalter von Robert Browning angewandt wurde.[26]

Der Prolog der Frau von Bath ist der überschwenglich-fröhliche Triumph der Vitalität über die Fesseln, die die theologische Lehre, die gesellschaftliche und schließlich auch die literarisch-satirische Konvention ihrer Selbstentfaltung anzulegen versuchten.[27] Als Verkörperung der Vitalität, des elementaren physischen Ja zum Leben gleicht die Frau von Bath James Joyces Molly Bloom, obgleich nicht zu übersehen ist, daß Molly in einem Akt der Selbstbespiegelung im Inneren Monolog ihre Empfindungen, Erinnerungen und Reflexionen freisetzt, während die Frau von Bath sich vor einem Publikum verteidigt, dessen Einstellung zur Frau stark misogyne Züge hat. In geschickter Argumentation kehrt sie die hierarchische Ordnung: Jungfrau – Witwe – Ehefrau um und verteidigt ihre Sicht der Sexualität, die sie nicht auf die Funktion eingeschränkt sehen möchte, in der Ehe Kinder zu zeugen. Sie genießt mit Wollust alle sinnlichen Freuden, empfindet deswegen keinerlei Gewissensbisse und benutzt alle

---

[25] Donald R. Howard, The Idea of the Canterbury Tales, Berkeley, Cal., 1976, 383.
[26] Vgl. hierzu auch Pearsall, The Canterbury Tales, 43.
[27] Zur Deutung des Prologs zur Erzählung der Frau von Bath vgl. auch Fichte in: Chaucer, Die Canterbury-Erzählungen, Bd. 3, 1566-1578.

Tricks des raffinierten Interpretierens, das auch vor der Verwendung von sinnentstellenden Teilzitaten nicht zurückschreckt, um ihre Lebensauffassung zu verteidigen. Sie gewinnt in ihrer fünften Ehe »governance« (814), »maistrie« (818) und »soveraynetee« (818) über ihren Ehemann, dessen frauenfeindliche Anthologie sie zerstört, und sie erlangt auch die Verfügungsgewalt über sein Vermögen. Oft übersehen wird der Schluß ihres Prologs, in dem sie das neue Verhältnis charakterisiert, das sich zwischen den Ehepartnern herausbildet, nachdem sie »soveraynetee« gewonnen hat:

> ... I was to hym as kynde
> As any wyf from Denmark unto Ynde,
> And also trewe, and so was he to me.
> (*CT*, III (D), 823-825).

Ich möchte dies einen utopischen Schluß nennen, in dem auch ein leicht ironischer Unterton des Erzählers nicht zu überhören ist. Der Charakter der Frau von Bath hat die Leser und Kritiker über die Jahrhunderte hinweg nicht wegen dieses – wie es scheint – so versöhnlichen Schlusses beschäftigt, sondern wegen des kühnen Protestes, mit dem sie sich gegen die traditionelle Festlegung der Geschlechterrollen zur Wehr setzt; sie ist – wie David Aers formulierte – die Repräsentantin eines selbstbewußten Individualismus (»a self-conscious individualism«[28]), der in Daniel Defoes *Moll Flanders* zu Beginn des 18. Jahrhunderts eine neue literarische Ausprägung fand. Dies bedeutet aber auch, daß der Monolog der Frau von Bath mehr ist als nur ein realistischer Spiegel der Erfahrung einer einzigen Frau. Er ist die paradigmatische Darstellung der Situation des weiblichen Geschlechtes im ausgehenden Mittelalter und einer geschichtlichen Tendenz, die sich im gesellschaftlichen Leben wie in der Literatur der Neuzeit bis in die unmittelbare Gegenwart hinein verfolgen läßt.

Gelegentlich wurde an Chaucer Kritik geübt, weil er der Frau von Bath theologische und literarische Kenntnisse und dazu noch die rhetorischen Fähigkeiten zuschrieb, die Kleriker nur in den Klosterschulen und an den Universitäten kennenlernen konnten. Zu einem solchen negativen Urteil gelangt man nur dann, wenn man von Chaucer die konsequente Befolgung realistischer Darstellungskonventionen verlangt.[29] Genau dagegen

---

[28] David Aers, Chaucer, Langland and the Creative Imagination, London 1980, 88.
[29] Zur Beurteilung der Frau von Bath in der vorliegenden Forschung vgl. auch Beryl Rowland, Chaucer's Dame Alys: Critics in Blunderland?, in: Studies Presented to Tauno F. Mu-

setzt sich Chaucer immer wieder zur Wehr. Er beherrscht die verschiedenen Spielformen des Realismus, die hier unterschieden wurden – vom psychologischen zum faktischen Realismus –, aber er vermag sich stets über die Anforderungen dieser Darstellungsweise hinwegzusetzen. Ein Beispiel dafür ist die Erzählung des Nonnenpriesters, eine Tiererzählung, in der Chauntecleer, der Hahn, und Pertelote, die Henne, durch ihre Dialoge wie durch berichtende und kommentierende Passagen des Erzählers abwechselnd als höfisches Liebespaar, als bürgerliches Ehepaar, als Adam und Eva und schließlich als Philosophen erscheinen, die über das Wesen und die rechte Deutung von Träumen miteinander disputieren.

Eine solche Erzähltechnik läßt erkennen, daß Chaucer sich des Sonderstatus der Sprache und damit insbesondere auch der Literatur bewußt war. Sehr deutlich zeichnet sich sein sprach- und literaturtheoretisches Bewußtsein in seiner Jugenddichtung *The House of Fame* ab. Äußerlich gesehen beschreibt er in dieser Dichtung einen Flug in den Weltraum; er wird von einem Adler zum Haus der Fama getragen, in moderner Diktion: zu einer ›Weltraumstation‹, in deren unmittelbarer Nachbarschaft sich ein ›Satellit‹, das »House of Tidings«, das ›Zeitungshaus‹ befindet, d.h. ein Ort, wo Nachrichten über die unterschiedlichsten Ereignisse im Leben der Menschen eintreffen. Der 16 Verse lange Katalog der Nachrichten, die im »House of Tidings« eingehen, beginnt mit »Of werres, of pes« (*HF*, 1961) (von Krieg und Frieden) und erwähnt in der vorletzten Zeile »good or mys governement« (*HF*, 1975) (gute oder schlechte Regierung). Die gesamte lebensweltliche Wirklichkeit wird durch das Widerspiel von *discordia* und *concordia* bestimmt. Bemerkenswert ist, daß bei Chaucer alle anderen Bereiche, die beispielsweise Dante durchwandert, dessen Weg vom »Inferno« durch das »Purgatorio« ins »Paradiso« führt, ausgeschlossen bleiben.[30] Das bedeutet: obwohl er sich von der irdischen Wirklichkeit entfernt, bleibt er ihr dennoch ständig verbunden. Innere Nähe und äußere Distanz sind hier bereits miteinander verknüpft wie in seinen späteren Dichtungen, wenngleich die Distanz dort nicht so deutlich markiert wird wie in *The House of Fame*.

Die Basis aller Kunde über das Leben und über die Schicksale der Menschen sind mündliche Berichte.[31] Chaucer nennt (in den Versen *HF*,

---

stanoja on the Occasion of His Sixtieth Birthday, Neuphilologische Mitteilungen, 73 (1972), 381-395.
[30] Vgl. Piero Boitani, Chaucer and the Imaginary World of Fame, Cambridge 1984, 209.
[31] Vgl. in diesem Zusammenhang auch Willi Erzgräber, Problems of Oral and Written Transmission as Reflected in Chaucer's House of Fame, in: Mary-Jo Arn and Hanneke

2122-2128) insbesondere die Seeleute, die Pilger, die Ablaßkrämer und die Boten. Mit dieser Aufzählung sind bereits die Erzähler der *Canterbury Tales*, die Pilger, vorweggenommen, denn auch in seiner letzten Dichtung stellt Chaucer im »General Prologue« ausdrücklich fest, daß er wiedergibt, was er von verschiedenen Pilgern auf ihrem Weg nach Canterbury hörte. Auch er schließt sich Erzählungen an, die andere ihm übermittelten, d.h. streng genommen ist Chaucer ein Nacherzähler. Es gibt nur wenige Passagen, in denen sein Bericht auf direktem Erleben basiert: es sind dies die »links«, die Verbindungsglieder zwischen den einzelnen Erzählungen, die von den unterschiedlichen Reaktionen der Pilger auf die vorgetragenen Geschichten oder vom Streit handeln, wer als nächster erzählen dürfe.

Bereits bei der Darstellung des mündlichen Tradierens im »House of Tidings« berührt Chaucer eines der zentralen Probleme seiner Dichtung: er geht dem Verhältnis zwischen Sprache und Wahrheit nach. Er hebt zum einen hervor, daß jegliche sprachliche Übermittlung von lebensweltlichem Geschehen eine Transformation mit einschließt. Bei der Übersetzung von Erfahrung in Sprache und der Überlieferung von einem Sprecher zum anderen vermischen sich Wahrheit und Falschheit dergestalt, daß sie letztlich untrennbar sind (vgl. *HF*, 2108-2109).

Besondere Aufmerksamkeit lenkt Chaucer auf die mündliche und schriftliche Tradition von Dichtung. In seiner Sicht ist auch die Dichtung durch die Ambivalenz gekennzeichnet, die der mündlichen Überlieferung von ihren Anfängen her eigen ist. Er verdeutlicht diese Ambivalenz durch einen Vergleich der Dido-Episode in Virgils *Aeneis* mit der Darbietung des gleichen Stoffes in Ovids *Heroiden*. Bei Virgil ist Aeneas der vorbildliche Held, der Gründer eines Weltreiches. Ovid rückt Dido und deren Schicksal als verlassene Frau in den Vordergrund. Indem Chaucer die Virgilsche und Ovidsche Sicht gegeneinander ausspielt, erzeugt er im Leser oder Zuhörer ein Bewußtsein für die Ambivalenz schriftlich fixierter dichterischer Überlieferung überhaupt.[32] Obgleich nicht zu verkennen ist, daß Chaucer Dido mit Sympathie darstellt, distanziert er sich von der allzu sentimentalen Selbstdarstellung, die er ihr in seiner Dichtung zuschreibt. Chaucer spielt zwei gegensätzliche Perspektiven gegeneinander aus und nimmt einen übergeordneten Standpunkt ein, der es ihm ermög-

---

Wirtjes (eds.), Historical & Editorial Studies in Medieval & Early Modern English: For Johan Gerritsen, Groningen 1985, 113-128.

[32] Vgl. dazu auch Willi Erzgräber, Common Traits of Chaucer's and Joyce's Narrative Art, S. 307-324 dieses Bandes.

licht, den Stoff in einer illusionslosen Weise darzubieten.[33] Es dominiert bei Chaucer letztlich eine kritisch-skeptische Haltung gegenüber aller mündlichen und schriftlichen Überlieferung, gegenüber der Dichtung der Antike, die als Autorität verehrt und unkritisch hingenommen wurde, aber auch gegenüber seinen eigenen Versuchen.

Die kritisch-skeptische Haltung und das ironisch-spielerische Verfügen über die Formen der epischen Tradition von der Antike bis zur jeweiligen Gegenwart verbindet Chaucer mit Tendenzen, die in der Literatur des 20. Jahrhunderts, insbesondere bei James Joyce zu beobachten sind. Man könnte auch, in der Terminologie der Literatursoziologie, sagen: Mit Chaucer beginnt eine Tradition der bürgerlichen Erzählkunst, die sich im 18. Jahrhundert bei Fielding und Sterne nachweisen läßt – bei Fielding, der mit Versatzstücken aus der antiken Literatur spielt, wenn er etwa in *Tom Jones* die Rauferei auf einem ländlichen Friedhof im Stile einer homerischen Schlacht beschreibt und aus der heroisch-mythischen Vorlage eine Burleske werden läßt, und bei Sterne, der in *Tristram Shandy* alle Formen der epischen Illusionsbildung ironisch unterläuft und den Leser gewahr werden läßt, was es bedeutet, sich einer Fiktion anzuvertrauen. James Joyce hat beide Vorbilder, Fielding und Sterne, aufgegriffen und mit *Ulysses* sowie *Finnegans Wake* die experimentellen Formen des Erzählens in ein Extrem getrieben, das der künstlerischen Bewußtseinslage in der ersten Hälfte des 20. Jahrhunderts angemessen war.

Chaucer verschrieb sich bereits mit *The House of Fame* einer aus poetologischen Reflexionen resultierenden experimentellen Erzählweise, so daß J.M. Fyler über diese Jugenddichtung feststellen kann:

> ... its most distinctive quality, which gives it – more than the other visions – an experimental character, is its notable speculative energy.[34]

Für Chaucer wie für Joyce heißt erzählen: neue Möglichkeiten zu entdecken, um über die Welt berichten zu können. Beide machten sich in ihrer künstlerischen Ingeniosität das ganze Spektrum der Ausdrucksmöglichkeiten zu eigen, die von der Rhetorik einem Erzähler im 14. wie im 20. Jahrhundert zur Verfügung gestellt wurden. Die Wirklichkeit ist ein bei beiden nicht völlig durchschaubares Labyrinth; sie ist deshalb so schwer zu fassen, weil sie permanent im Wandel begriffen ist. Dieses Gesetz der Metamorphose zeichnet sich für jeden der beiden Autoren in der

---

[33] Vgl. Wolfgang Clemen, Chaucers frühe Dichtung, Göttingen 1963, 115.
[34] The Riverside Chaucer, 347.

mündlichen Überlieferung ab, der sie (angeblich oder tatsächlich) ihre Materialien entnehmen, und selbst die schriftlich fixierte Tradition durchläuft einen ständigen Wandel, wie dies mühelos an der Geschichte des Troilus und Cressida-Stoffes von seinen rudimentären Anfängen in der Antike bis zu Chaucer und Shakespeare abgelesen werden kann.

Bemerkenswert ist, daß Chaucer und Joyce sich angesichts der Vielfalt und Vieldeutigkeit der mündlichen wie der schriftlichen Überlieferung immer wieder an dem realistisch-schmucklosen Alltagsdialog orientieren, um sich von Diktion, Klang und Rhythmus der Sprache inspirieren zu lassen, die von ihrer heimischen Umgebung gesprochen wurde. Im Prolog zu den *Canterbury Tales* fühlt Chaucer sich sogar verpflichtet, sich für diese Verfahrensweise bei seinen Lesern zu entschuldigen (vgl. *CT*, I(A), 730-736).

Die Hauptmerkmale der künstlerischen und intellektuellen Physiognomie Chaucers, die sich aufgrund dieser Darlegungen ermitteln ließen, können wie folgt zusammengefaßt werden: Chaucer richtet den Blick auf die konkrete Erfahrung, das Einmalige, das Individuelle. Er begegnet der Realität mit Skepsis und kritischen Vorbehalten und läßt erkennen, daß er niemals den Anspruch erhebt, die Wirklichkeit in allen Einzelheiten schlüssig erfassen und in einem ästhetisch geschlossenen Werk darstellen zu können. Er sieht die Grenzen der Sprache und der literarischen Formen, mit denen er arbeitet, und er erhebt deshalb die Ironie zum universalen Gestaltungsprinzip. Dabei richtet er die Ironie auch gegen sich selbst.

Es ist in der Chaucer-Forschung der beiden letzten Jahrzehnte in einer Reihe von Untersuchungen hervorgehoben worden, daß sich in der Grundeinstellung des Erzählers Chaucer ein Habitus abzeichnet, der in der spätmittelalterlichen Philosophie- und Geistesgeschichte mit dem Namen William Ockham und dem Begriff Nominalismus verbunden ist. Eine tiefdringende Studie dieser philosophischen Richtung hat Gordon Leff vorgelegt, in der er feststellt:

> Universal knowledge was not denied; but in Ockham's view it could only be reached through knowledge of individuals and it was ultimately about individuals.[35]

---

[35] Gordon Leff, The Dissolution of the Medieval Outlook: An Essay on Intellectual and Spiritual Change in the Fourteenth Century, New York 1976, 12. – Vgl. in diesem Zusammenhang weiterhin: Russell A. Peck, Chaucer and the Nominalist Question, Speculum, 53 (1978), 745-760. William H. Watts and Richard J. Utz, Nominalist Perspectives on Chau-

Mit Ockham setzt der Versuch ein, das Wißbare und die Wege zum Wissen sowie die Grenzen möglichen Wissens neu und genauer als je zuvor zu bestimmen. Und dies bedeutet auch, Erfahrungswahrheit und Glaubenswahrheit gegenüberzustellen und gegeneinander abzuwägen. Daß bei Chaucer starke Spannungen gerade in diesem Problembereich bestanden, wurde schon angedeutet. In der »Retraccioun«, dem Widerruf, den er an seine *Canterbury Tales* anhängte, verurteilt er gerade diejenigen seiner Werke, die die heutige Literaturwissenschaft sehr hoch einstuft, dies gilt beispielsweise für *Troilus and Criseyde*, aber auch für *The House of Fame* und für diejenigen seiner *Canterbury Tales*, die sich in den Bereich der Sünde bewegen. Die Boethius-Übersetzung und lehrhafte Erzählungen finden dagegen nach wie vor bei ihm Anerkennung.

Wir können nicht ermessen, ob Chaucer hier nur formal einer im Mittelalter auch bei anderen Autoren weit verbreiteten Konvention folgte oder ob er diesen Widerruf kurz vor seinem Tode mit letztem religiösen Ernst geschrieben hat. Wir können nur konstatieren: Als historische Person urteilte Chaucer über sein Werk entsprechend den Grundsätzen des mittelalterlichen Glaubens: » ... when he looked beyond language he knew where he wanted to go«.[36] Leser und Kritiker dieses Jahrhunderts haben dagegen – vorwiegend – die Werke eindeutig positiv beurteilt, mit denen er weit in die Neuzeit hineinwirkte. Rang und künstlerische Eigenart Chaucers erschlossen sich erst in vollem Umfang, als die neuzeitliche Erzählkunst vom psychologischen Realismus des 19. Jahrhunderts bis zur experimentellen Erzählkunst des 20. Jahrhunderts in Theorie und Praxis die Voraussetzungen geschaffen hatten, um Chaucer in angemessener Weise lesen, verstehen und beurteilen zu können. Und dieser Prozeß ist auch gegen Ende des 20. Jahrhunderts längst nicht abgeschlossen. Bei der weiteren Forschung sollten beide Aspekte nicht aus dem Auge verloren werden: Chaucers enge Verbindung mit dem Mittelalter und seine Kühnheit, in spielerischer Ironie über diesen Horizont in neue Bereiche des fiktionalen Gestaltens vorzustoßen.

---

cer's Poetry: A Bibliographical Essay, Medievalia et Humanistica. New Series, Number 20 (1993), 147-173.

[36] Robert M. Jordan, Chaucer's Poetics and the Modern Reader, Berkeley 1987, 174.

# European Literature in the Late Middle Ages in its Political and Social Contexts[1]

1.

The most influential book on the development of European literature, art and philosophy in the 14th and 15th centuries that was published in the 19th century was Jakob Burckhardt's *The Civilization of the Renaissance in Italy*.[2] Burckhardt laid particular stress on the difference between the Middle Ages where man – according to his theory – acted from his collective consciousness and the Quattrocento which, for him, marked the awakening of the individual consciousness; the soul of the individual – as he once put it – tore the veil under which it had slept for centuries.
The antithesis to Burckhardt's interpretation of the Quattrocento is Johan Huizinga's fascinating book *The Waning of the Middle Ages* which came out in 1919. Basing his interpretation mainly on French and Dutch art and literature, he stressed the continuity in the development of European civilization from the 12th to the 15th century, trying at the same time to discover and to delineate the particular features of the late Middle Ages. With a wealth of material he documented his theory that the late Middle Ages were a period of sharp antitheses; against the descriptions of courtly splendour and luxury he sets scenes of primitive vindictiveness, of tribulation and affliction caused either by wars or the Plague that reduced the English population by one third within two years.
In spite of all the books and essays that seem to support Huizinga's basic tenets we should not overlook the fact that he concentrated mainly on the life of the nobility. He has little to say about the spread of wealth and commerce in the European towns and cities, about the rise of the middle class in political life, about the specific mentality of the merchants, bankers, and artisans, or about the peasants' insurrections in the Netherlands, in France, Italy and England. Finally, Huizinga excluded the far-reaching theological and philosophical developments that characterize the 14th and 15th centuries. The gradual shift from the philosophical realism of the High Middle Ages to William Occam's nominalism is for me one of

---

[1] This essay is based on material that was first presented in Europäisches Spätmittttelalter, Neues Handbuch der Literaturwissenschaft, vol. 8, ed. Willi Erzgräber, Wiesbaden 1978, 11-85 and 221-274.
[2] First edition, Basle 1860.

the major developments of the late Medieval period; and Johan Hus, who was burnt at the stake at Constance, is as much a symbol of the growing intellectual unrest as the whole mystical movement from Meister Eckhart to Margarete of Porete, who was burnt in the streets of Paris in 1310 because she was thought to have uttered heretical views. It is not surprising that in recent publications on the late Medieval period a growing tendency to reject Huizinga's theory on the decay of the Middle Ages is noticeable. F.R.H. Du Boulay entitled his book on English society in the late Middle Ages (1970) *An Age of Ambition* and he expressly attacks what he calls »the Myth of the Decline«. And Hellmut Diwald's book on European history from 1400 to 1555 has the telling, though somewhat pretentious title *Anspruch auf Mündigkeit* (Right to Maturity).[3] These recent publications sum up and with modifications repeat what Charles Homer Haskins had asserted in his classical book on *The Renaissance of the Twelfth Century* (1927), namely that the Middle Ages produced several Renaissance movements that finally culminated in the era that we nowadays call *the* Renaissance.

I personally think that it is misleading – especially when studying the historical development of European society and its various literary activities in the 14th and 15th centuries – to arrange all one's material so that it serves either to support or to reject Burckhardt's or Huizinga's views. One of the main problems is whether Burckhardt's or Huizinga's results are valid for all European countries and whether their theories can be applied to all fields of artistic activities. As early as in the 14th century, the Italian cities and the development of fine arts in Italy had reached their modern, i.e., Renaissance phase, while in Germany, literature and fine arts were still in their »medieval« period. And we all know that C.S. Lewis answered the question: »What did Chaucer really do to *Il Filostrato*?« by saying that he medievalized it.[4] That is to say: we must be aware of the fact that there were common European traditions in the late Middle Ages, while at the same time we cannot ignore the fact that some countries and regions of Europe that were on their way to becoming autonomous nations developed much in their artistic activities as well as in their political, social and religious life at different paces.

---

[3] Hellmut Diwald, Propyläen Geschichte Europas, Bd I: Anspruch auf Mündigkeit (um 1400-1555), Frankfurt/Berlin/Wien 1975.

[4] C.S. Lewis, What Chaucer Really Did to Il Filostrato, in: Essays and Studies by Members of the English Association, XVII (1932), 56-75.

2.

If we concentrate on the political background of European literature it is comparatively easy to define the end of the Middle Ages. It is with Luther that a new era in European history begins: he broke away from all medieval traditions in which he had grown up, and in his religious radicalism he not only severed all connections with Rome, but he also created new habits of feeling and thinking in the social, political and artistic life of Europeans. The beginning of the late medieval period is much more difficult to define: when the »gradual ebbing of the self-confidence on which the high-medieval synthesis had rested«[5] actually began can hardly be dated with precision. What we do know from the history of Germany and Italy is that with Frederick II of the Hohenstaufen dynasty all the hopes of the Holy Roman Empire died. When studying German history after 1250 one is often reminded of Yeats's poem »The Second Coming«: »Things fall apart; the centre cannot hold; /Mere anarchy is loosed upon the world ... « and also of his lines: »The best lack all conviction, while the worst /Are full of passionate intensity«.

Germany had to endure a crippling interregnum, was divided internally and finally drifted towards a loose confederation of principalities without any chance of developing a central government as the other European countries did. The centre of the German Empire moved to its eastern parts, to Prague, the golden city of Emperor Charles IV, and finally to Vienna, where the Hapsburgs gradually built up an Empire according to their famous maxim: »Alii bella gerant, tu, felix Austria, nube«. Liberated from the dominating influence of the German Emperors, five political units developed a delicate power balance in Italy: the Kingdom of Naples, the Papal States, and the city-states of Florence, Milan and Venice. Although power in Italy was divided into hundreds of small political units, and although the history of the cities in northern Italy seems to be nothing but an unending melodrama with all its perfidy and treason, its intrigues and its secret marriages and intermarriages, the Italians – and above all their poets such as Petrarch and Dante – developed and kept alive a holistic idea of Italy, that is a framework within which they could develop independently and enjoy their intellectual liberty. What the Italians dreamed of, what the Germans scarcely attained in art and

---

5   C.Warren Hollister, Medieval Europe: A Short History (1964), New York/London/Sydney 1968, 295.

literature, not to speak of politics – namely an awareness of their national identity – was gained by the English and the French in the Hundred Years' War, and by the Spanish in their conflicts with the Arabs. Jeanne d'Arc not only encouraged a vacillating king to march to Reims; she also inspired the French with a new faith. It was her firm conviction and her visionary power that brought victory to France and resuscitated the hidden energies of a people that, after the battles of Crécy, Poitiers and Agincourt, seemed to be on the verge of chaos.

The paradox of English history lies in the fact that, although the English lost the Hundred Years' War and although their noble families nearly extinguished each other in the War of the Roses, they developed at the same time a parliamentary system that – with modifications – has served as a model for nearly all modern democratic states. The gradual awakening of feeling for national identity that goes together with military successes and defeats can be traced through many literary and non-literary documents. The English considered the French as their natural enemies, whereas the French saw in the English brutal and blasphemous exploiters of their country. European nationalism is not a latterday product of the imperialistic period – late medieval literature enables us to study that nationalism in its very origins. This also holds true for the development of Spain where several cultures had co-existed for centuries. Besides the Latin races that were predominant there lived the Moors, with the kingdom of Granada as their centre, and the Jews, some of them converted, others still practising their old faith. With the marriage of Juan of Aragon to Isabella of Castile in 1469, a phase in Spanish history began that was to lead to an integration of the two kingdoms under Charles V. As, from 1478 onwards, the Spanish kings exercised a direct control on the Inquisition, they wielded an instrument of power from which both Moriscoes and Jews were to suffer: all the Jews were expelled from Spain in 1492, and all Moriscoes that remained in the country after Granada had been conquered were persecuted by the Inquisition. Although the direct Arabic influence on Spanish political and cultural life ended with the Conquest of Granada, a new page in the book of the European-Arabic relations was turned in the middle of the fifteenth century. On May 29, 1453 the Hagia Sophia in Constantinople was conquered by the Turks and from that time onwards south-eastern Europe was more or less isolated from the vital culture of the West.

In the northern and eastern countries of Europe tendencies that aimed at a strengthening of the royal power could be observed as well; but the conflicts between noble families, a characteristic trait of European history in that period, weakened many of these political unions and in most cases caused their dissolution.

And what about the situation of the Church and the Pope? The 14th and 15th centuries were – as we have seen – an age of growing national self-assertion. As a consequence of that development, the Church underwent a complete change: its foundations were sapped and its claim to universal spiritual and political power was reduced. The weakening of the Church's power started at the beginning of the 14th century with financial and economic problems. The Bull *Clericis Laicos* declared it unlawful, under pain of excommunication, for lay governments to tax church property and forbade clergymen to pay such impositions without papal consent«.[6] Neither the French nor the English king was willing to accept these measures and opposed the Pope, who was finally forced to move to Avignon. Though the Church outwardly prospered in Avignon, the luxurious living of the clergy provoked harsh criticism. Petrarch, when lashing out against Avignon in his letters, called it »Babylon«. When the Pope finally decided to return to Rome, a period of still greater confusion began for the Church; after 1378, two, sometimes even three lines of Popes fought against each other for influence and power using literally whatever spiritual and military means were at their disposal. When the unity of the Church was finally restored by the Council of Constance (1415), the Church remained weakened. Its spiritual authority continued to be questioned by heretical movements, and most of the Popes in the 15th century were more concerned with maintaining their political power in Italy than with a true reformation of the Church.

3.

The ways in which literature registered and reflected these political processes were manifold and often as complex as the processes themselves. Two types of historiographical prose-literature in the vernacular had developed in the Old English period, both of them based on literature in Latin. With his translations of Bede's *Ecclesiastical History of the English People,* Alfred the Great had set an example for the treatment of national history; his translation of Orosius' *World History* was the companion piece that could serve as a model for the treatment of universal history in reli-

---

[6] Edward P. Cheyney, The Dawn of a New Era, 1250-1453 (1936), New York 1962, 177.

gious terms. As a second type of historiographical prose-literature the chronicles deserve to be mentioned.

Whereas the chronicles of the early Middle Ages are sometimes nothing but mere skeleton reports of military events, a new type of chronicle came into existence in the late Middle Ages when towns and city-states became politically important and townsmen wrote about the history of their own community for the instruction and entertainment of their fellow-citizens. There are 28 folio volumes in which the most important city-chronicles of Italy have been collected, and 36 volumes of chronicles of the German cities – such as Augsburg, Hamburg or Cologne – edited between 1862 and 1931 under the title *Die Chroniken der deutschen Städte vom 14. bis ins 16. Jahrhundert*.[7] In France and England there are only a few urban chronicles of that type and in most cases they are rather parochial.

The models that Alfred the Great had set with his translations of Bede and Orosius were followed in the 13th century in Spain by King Alfonso the Wise. He wrote a *General* (i.e. universal) *Estoria* and, more important than that, a *History of Spain (Estoria España)*. He and his collaborators combined Arabic sources on historical events and on geographical facts with a Christian interpretation of the main phases that he was able to distinguish in Spanish history. This synthesis of factual knowledge and Christian interpretation is characteristic of many similar encyclopedic works on history of that era such as Vincent of Beauvais' *Speculum historiale;* Vincent, like so many other authors, especially of the Franciscan school, also inserted entertaining stories that could appeal to the medieval »common reader«.

The late medieval historiographical prose underwent a development which can be perceived in the works of the French and Burgundian historians. Joinville in his *Life of Louis the Ninth* still relies on hagiographical traditions. For instance, the King is stylized according to the narrative patterns and conventions that prevailed in legends since the early Middle Ages. Nevertheless, Joinville breaks the old formulas to a certain extent and moves in the direction of the modern novel and the modern autobiography when he characterizes himself as a friend of the King and vice versa the King as on friendly terms with this companion. In addition, Joinville developed a »circumstantial realism« (to borrow a term by which

---

[7] Die Chroniken der deutschen Städte vom 14. bis ins 16. Jahrhundert, ed. Historische Kommission bei der Akademie der Wissenschaften, München 1862-1931.

Ian Watt characterizes Daniel Defoe's style) to give the reader life-like pictures of the Oriental milieus in which they lived. Ready-made formulas about the Orient, literary clichés, were replaced by descriptions that stemmed from personal experience and observation.

In a similar way, Froissart, Chaucer's contemporary, recorded in his *Chroniques* what he saw. He lived through his eyes and his imagination and described the events of the Hundred Years' War as if they were a picturesque tournament. Modern narrative techniques were anticipated by Froissart when he used a point-of view technique of his own. He never went to the archives, he always relied on oral reports, and, with the reporters, shifted in the evaluation of material from a francophile to an anglophile point of view without attempting an evaluation of his own. Wayne C. Booth would probably call him an unreliable narrator and would blame him for that (cf. *The Rhetoric of Fiction*, 1961).

The most fascinating historiographer and interpreter of the history of the 15th century is Philippe de Commynes who, after serving Charles the Bold of Burgundy for some time, offered his services to Louis XI. His predecessors had used the conception of chivalry as the key by which they explained the motives of the actors on the political stage to themselves and to their readers. History was for them (and especially for Froissart) a noble game, a fascinating spectacle with clearly defined rules. The social and economic forces in the development of Europe at that late period of the Middle Ages went unmentioned. Commynes was one of the first to free himself from the illusion of chivalry. His description of military events is realistic and his interpretive comments are psychological in the modern sense. Fear and courage are phenomena that attract his attention again and again; he is the only medieval historian who stated that courage increases with the growth of the feeling of security. Huizinga has remarked that Philippe de Commynes uses the term »honour« only rarely. But let me add this: when he does use it, he puts it in a new perspective as in his famous statement: »Qui a le profit de la guerre, il en a l'honneur«.[8] (He who profits from the war also gains his honour from it). Commynes, who descended from a merchant's family and was made a nobleman, saw the subtle interrelations between ideal and economic values, and, by opposing commonly accepted patterns emphasized the importance of economic factors in political life. He has been compared with Machiavelli because of his penetrating analysis of the sphere that we

---

[8] Philippe de Comines, Mémoires, ed. Denys Godefroy, Vol. I, Brussels 1706, IV, 4.

nowadays call »realpolitik«, but even though there is an affinity between the two political thinkers, a main difference should not be overlooked: Commynes was convinced that in all historical events there was a trace of Divine Providence. In that respect he remained a medieval thinker. He never considered history as a subject and theme reserved only for the historian and chronicler.

4.

The medieval tendency to use all genres of literature as means to convey »knowledge« and furthermore as instruments to influence people in their thoughts as well as in their actions, led poets, at a very early date, to apply their subtle art to political themes. Peire Vidal – to name only one of the Provençal poets – wrote poems which contain as much satire and abuse as praise of the sovereigns of his time. In the 14th and 15th centuries, political songs and poems on historical events became fashionable all over Europe. In Switzerland songs were written about the battles of Sempach (1386) and Nancy (1477); English poems deal with events of the Hundred Years' War such as the Siege of Calais or the Battle of Agincourt or with the battles in the War of the Roses. In some cases the purpose of these poems is mere agitation, and the poets seem to have vied to surpass each other in the art of caricature. In their »passionate intensity« (to borrow once more the phrase from W.B. Yeats) the political songs of the Hussites rank highest. They are inspired by the awakening of the national feeling of the Czechs as well as by their thirst for revenge after Hus had been burnt at the stake. In order to be fair to this type of poetry, I should like to add that there are English poems of the same period that do not merely give vent to feelings of hatred and revenge but are full of sympathy for the dead, both friend and foe alike.

If one thinks of the development of the English and the Continental drama, it is not surprising that detailed descriptions of the political situation of the age and direct satirical attacks on kings and rulers come comparatively late. The Mysteries of the 14th and 15th centuries and similar cycles of plays that were performed on the Continent at Easter, Whitsun or Christmas were as much concerned with the presentation of history as the History of Salvation. There was little room for a detailed presentation of national or local conflicts. And the Moralities, too, tended more towards a generalized view of the human predicament than towards the dramatization of specific conflicts within a precisely defined historical epoch. We have to wait until the 16th century in order to see the dramatists using their genre for polemical purposes in politics, religion and economics. Sir David Lindsay offers us, in his *Satire of the Three Estates* (1540), a vast panorama of the political and economic situation of Scotland at that time. He combined allegorical, realistic and comic techniques and thus followed the example that had been set by the epic poets – Langland above all – in the 14th century.

5.

Of all poetic genres, the epic was considered by authors of the late Middle Ages as the best means of describing political and historical situations in detail, for interpreting and for criticizing these situations and for presenting in poetic terms a vision of a better world. Let me illustrate this by two examples taken from English literature: Gower's *Vox Clamantis* and Langland's *Piers Plowman*. Originally Gower had conceived his *Vox Clamantis* as a Prince's Mirror, as a handbook explaining the duties of a king to young Richard II. The Epistle addressed to Richard in Book VI clearly shows the poet's intention. But under the impact of the Peasants' Revolt in 1381, Gower modified his whole conception, wrote a Visio, which in the final version is Book I of the *Vox Clamantis,* and addressed himself now to all educated readers in the country. With that new intention Gower's style changed: Books II to VII, written before Book I was even planned, rely on the traditional topoi and clichés Gower had used before in his Anglo-Norman *Miroir de l'Omme* where he described in minute detail the social and political structure of England. In Book I he uses the techniques of satirical literature: like many satirists before him, he uses animals to illustrate patterns of human behaviour, and in order to show how the order of reason was completely destroyed by the Peasants' Revolt during which men abandoned themselves to their political passions, he depicts domestic animals turning into wild beasts, the oxen becoming lions, panthers or bears at the same time. With that the political fable turns into an apocalyptic vision of History: John Ball is unmasked as a false prophet and Wat Tyler appears as the Antichrist. In his criticism of the Pope and the Church, the monks and the friars, the King and the merchants, Gower resembles Langland and both agree on many points with John Wyclif.

Nevertheless, Langland surpasses his contemporary by the sharpness and bitterness of his satire and by the visionary intensity with which he expresses his hope and his conviction that a reform of society as well as a renewal of the individual was possible. When Langland, in the first section of his poem, »The Visio de Petro Plouhman«, sketches a state of society in which the relations between law and love have been reversed, in which man no longer will be told by law that his duty is to love his neighbour, in which all his actions will be the expression of his endless reservoir of charity, the poet relies on Old Testament prophecies to give his visions concrete poetic shape. And when he describes the Scale of Perfection that leads from DoWel to DoBet and DoBest, he draws his inspiration from a long tradition of devotional and mystic literature, from St Bernard to Richard Rolle and Walter Hilton, without aiming at a complete withdrawal of the individual from the world and a dissolution of the individual existence in the divine essence. Langland, at the end of his poem, returns to the Here and Now: Conscience cries for Piers Plowman who is to start and bring about that work of reformation that the poet has in mind.

Langland's epic poem illustrates the threefold function literature may have in a historical context:

(1) It may mirror the reality of our political and social experiences.
(2) It may (and should) offer a criticism of that reality, whereby the means of criticism may range from direct comment to subtle satire.
(3) It may offer a view, or rather a vision, of an ideal society.

By combining satire and vision, Langland anticipated to a certain degree Thomas More's *Utopia* with its biting comments and its satire on the European situation, the kings and their courts in Book I, and its description of Utopian society in Book II.

6.

The social context is even more important than the political context for European literature in the late Middle Ages. Edward Cheyney has characterized the main social changes that took place in the 14th and 15th centuries as follows:

> In these 200 years trade, industry and finance, under the influence of a nascent capitalism, superseded agriculture as the main economic basis of European society; town life grew in importance; the middle class became more influential,

the lower classes more restive; freedom took the place of serfdom among the rural masses ...[9]

New areas for trading all over Europe had been opened by the Crusades. The extension of commerce led to an extension of wealth and with the increase of wealth, the middle class became an important factor in political as well as in literary life. The tripartite structure of medieval society – clergy, knighthood, peasantry, still mirrored in the idealized portraits of Chaucer's *Canterbury Tales* – was enlarged. In the 14th century the merchant is as familiar a literary type as the priest or the knight. And capital, though still frowned on in theological discussions and satirized by poets such as Langland, gains in importance and takes – at least in the value-system of the merchant class – a place it had never had before. The practical needs of the merchants led to the foundation of schools where their sons could be taught reading, writing and arithmetic, and more than that, it led to the foundation of new universities. The clergy as well as the worldly rulers supported the intellectual endeavours of the rising middle class and initiated the foundation of universities in Prague and Vienna, Heidelberg and Cologne, Leipzig and Basle. The citizens of these wealthy towns were not only interested in having good Law Schools where future merchants could be trained, they also aimed at developing within the city-walls a community that was firmly based on the expert knowledge that could only be acquired at universities.

The invention of the art of printing in the late Middle Ages may be considered as the symbol of the new impetus that was given to intellectual life by the middle class. After the Europeans had learned how to produce paper from the Arabs, Johannes Gutenberg invented the movable metal types by which books could be produced in a comparatively short time. Though the aristocratic connoisseurs continued to prefer the manuscripts to printed books, the art of printing spread quickly all over Europe in the 15th century. It was Caxton who took this art from the Netherlands to England, printed nearly a hundred books, translated twenty into English and thereby laid the basis for a lay culture in the English-speaking world. He united in himself activities of the middle class that in most cases were practised by different members of the same social group: he was a printer and a publisher, a translator and an entrepreneur.

If one considers the intimate relationships between medieval towns and villages, it will be easily understood that the new ideas that had been de-

---

[9] Cheyney, The Dawn of a New Era, 2.

veloped by the citizens, the ideas of personal liberty, of work and wages, also spread amongst the rural population. The serfs used all the chances they saw to gain liberty by economic means, and to enjoy their newly gained independence either as tenants or as agricultural labourers. G.M. Trevelyan has given the best analysis of this social development in England: »Farm leases and money wages«, he states in his *Social History of England*, »were increasingly taking the place of cultivation of the lord's demesne by servile labour, so beginning the gradual transformation of the English village from a community of semibondsmen to an individualist society in which the cash nexus had replaced customary rights«.[10] That the rural population all over Europe vehemently tried to assert their rights is proved by the greater number of popular insurrections of which the French Jacquerie (1358) and the English Peasants' Revolt (1381) are the most famous. The slogan of the English peasants, »When Adam delved and Eve span /Who was then a gentleman«, proves that the rebels had understood John Ball's lesson who had told them »that there be no villains or gentlemen, but that we may be all united together and that the lords be no greater masters than we be«.[11]

The revolt of the peasants, their liberation from serfdom in many European countries, and the increasing political and economic influence of the townsmen – the kings and rulers sought their support in administration and (financially) in warfare – these were not the only factors that brought about the crisis of feudalism. The military power and the political importance of the aristocracy were enormously reduced when warfare changed; the English archers proved to be superior to the French knights, and so were the Swiss soldiers in their battles against the Austrian and Burgundian armies. The nobles who stuck to codes of traditional warfare and of chivalry and to the »Law of Arms« were beaten by a mechanized and rationalized warfare – one of the many mirrors in which the sober, calculating and inventive spirit of the middle class reflected itself.

---

[10] G.M. Trevelyan, Illustrated English Social History, 4 vols, London 1949-1952, Vol. 1: Chaucer's England and the Early Tudors, 4.
[11] Cheyney, The Dawn of a New Era, 132.

*Abb. 19:* Adam und Eva
Die Zeilen, die in den turbulenten Wandlungen des Spätmittelalters oft zitiert wurden, »When Adam delved, and Eve span /Who was then a gentleman?«, spiegeln die Kritik am hierarchischen Aufbau der mittelalterlichen Gesellschaft, an den Prärogativen der Aristokratie. Die Abbildung im York Psalter, Glasgow, Hunterian Museum, MS U. 3. 2. ist durch eine sehr strenge Formensprache gekennzeichnet: die Gebärden und Gewänder suggerieren eher eine metallische Struktur als die normalen Bewegungen eines Körpers bei der Arbeit und die fließenden Bewegungen der Kleider bei einem Bauern, der ein Stück Land umgräbt.
Die Illustration zeigt einen Adam, dessen Blick auf den Baum gerichtet ist – eine Erinnerung an den Sündenfall. Bemerkenswert ist, daß Adam nicht wie ein Bauer des Spätmittelalters abgebildet ist; er arbeitet barfuß, ein Zeichen seiner Niedrigkeit. Eva sitzt am Spinnrocken, hat aber ihre Arbeit unterbrochen; ihre Gestik läßt vermuten, daß sie Adam ansprechen möchte. Vor ihr liegt in der Wiege eines ihrer Kinder. Während die landwirtschaftliche Tätigkeit Adams vom Bibeltext her verständlich ist, geht das Motiv »Eva am Spinnrocken« auf eine jüdische Legende zurück (vgl. Lutz Röhrich, *Lexikon der sprichwörtlichen Redensarten*, Freiburg/Basel/Wien 1973, Bd. 1, 46).
In der oberen Hälfte der Illustration aus dem York Psalter wird die Vertreibung aus dem Paradies dargestellt, wobei der Künstler einen deutlichen Kontrast zwischen der strafenden Gebärde des Engels und der Niedergeschlagenheit des ersten Menschenpaares zum Ausdruck bringt.

7.

Those nobles and knights who abandoned the old chivalrous tradition and adapted themselves ruthlessly to the violence of the new age often turned to banditry. And those who clung to the tradition had to play it out in make believe. The tournaments, in which »knights fought with blunted spears, often now resembled a ballet more than mimic warfare«.[12] »Chivalry« had been in the High Middle Ages a social and an aesthetic ideal; it was a form of life with a special emphasis on form. The changes in the social sphere necessarily had their repercussions on the literary genres in which this ideal of life had been first developed.

The ideal of courtly love had found its earliest expression in Provençal poetry, and though there have been endless discussions as to the origins of this type of poetry, there is no denying that not only the psychological relations of a group of young knights to one aristocratic lady, but also their social aspirations – sometimes with very little artistic modifications – are reflected in Provençal poetry. Love wants to have its »meed«, its reward, in a spiritual as well as in a social sense; the young knight and lover wants to be accepted as a full member of the aristocratic society, to be welcomed in the courtly circles.

When German poets of the second half of the 13th century – such as Burckhart von Hohenfels, Gottfried von Neifen, Ulrich von Winterstetten – tried to keep the old classical, courtly tradition alive in their poetry, they, often unwillingly, tended towards an esoteric style whether they used the »ornatus facilis« or the »ornatus difficilis«. In order to preserve that delicate balance between the imitation of traditional patterns and the hitherto unattempted variation of the same patterns, they abandoned themselves to purely artistic experiences that lacked nearly all direct relations to existing social contexts. Poetry became art for art's sake; the semantic function of the words was reduced; wordplay, with all its subtle and sometimes disturbing acoustic effects, was the main characteristic of courtly poetry about 1300.

The social context that had given rise to Provençal poetry vanished; poetry was increasingly seen as a mere art that anyone could learn who felt in himself a gift for language and was assiduous enough to study rhetorical handbooks. Poets of middle class origin, such as Hadloub of Zurich or Konrad of Würzburg, were accepted by their audience, which con-

---

[12] Denys Hay, Europe in the Fourteenth and Fifteenth Centuries, London 1966, 70.

sisted of members of the nobility and the clergy as well as rich citizens, as the true successors and inheritors of the great love-poets of the classical age of medieval poetry, i.e., of the time between 1170 and 1220. Johannes Hadloub of Zurich served as a municipal secretary and clerk and rehearsed and acted the role of a courtly poet for the mere entertainment of his rich, distinguished and sophisticated patrons. Their social position and his own social status were eliminated from his art which, by its motives and themes, mirrored a social context that had altered or even passed. This type of poetry lacks the tension between the existential situation of the poet and his audience and the delicately heightened rendering of that situation in the poem itself. Poetry tended to become a mere collection of frozen gestures. In order to overcome the stilted mannerisms of courtly art in its late period, some poets, e.g., Steinmar, included elements, such as metaphors and little epic situations, of rural life in their poems. There is very often a greater emphasis on the purely physical aspect of love, on the realistic background of love-scenes, even on the occupations of the rustics in the different seasons.

Gradually the poets learned to integrate new social contexts into their poetry. Satirical poetry served as a means to make the audience aware of this process: traditional images and topoi were counterpointed by new images; the amalgamation of new and old patterns in one poem helped the reader to develop a sharpened sense for the limitations of the traditional patterns of poetic diction, rhythms, metres and strophes, and it created in him an awareness of a new poetic art that had emancipated itself from all clichés.

It is no surprise that this process of emancipation from the courtly tradition promoted the development of a highly subjective autobiographical art and that the poet in whose work this development is mirrored, François Villon, ranks highest amongst all European poets of the 15th century. François Villon lived a very adventurous life: he joined a gang in Paris after having read theology for some years; he appeared in court several times; he was sentenced to death; finally his punishment was commuted into lifetime banishment from Paris. There is no document that gives us information about his life after 1463; but he gave us his Ballads, his *Grand Testament* and his *Petit Testament* which tell us more about his personal life and his relations with friends and neighbours than any medieval records could offer us. As a poet he did not act the outcast; he was an outcast who laughed beneath tears; he was a medieval vagabond who waited without hope and who makes us think of the two vagabonds who wait for Godot; he had a philosophically trained mind that faced life with a deep scepticism: nothing is certain for him but incertitude, and his doubt has reached such a degree that the sudden accident is the only thing he can trust. Villon understood his poems as confessions and was constantly aware of his failures, of the discrepancy between his real and his potential existence. And there is no clear, constant attitude in the evaluation of this discrepancy. At times he despises himself, at other times he defends himself. Whatever may be said about such an inconsistent attitude from a moral point of view, the artistic expression that Villon found for this complex experience, the precision and succinctness with which he analysed himself, have fascinated readers throughout the centuries.

8.

In epic poetry the courtly tradition proved stronger than in lyrical poetry throughout the 14th and 15th centuries. Motives, methods of characterization, and even the ideals of the heroes of courtly epic poems remained alive up to the 17th century (and with modifications up to Victorian poetry). Spencer's *Fairy Queen* testifies to this type of literature as well as Bunyan's *Pilgrim's Progress* which relies to a large extent on the arsenal of epic and narrative devices that had been developed in medieval romances. In the late Middle Ages, members of the nobility and gentry who sponsored epic poets and their art helped to keep the ideals of heroism, self-sacrifice and courage alive. Political and aesthetic purposes were often mixed, and no critic of the 20th century will be able to find out with certainty which of the two purposes prevailed in the minds of a poet, his patrons or his readers. We know at any rate that some of the poets coming from the middle class saw it as their peculiar function to exhort and admonish their noble patrons to live up to the ideals of the past. In an age of robberbarons, for many poets, the main function of epic poetry was primarily to teach and not to delight. If citizens felt drawn to courtly epic poetry, if they spent large amounts of money to procure either illuminated manuscripts or newly printed volumes in which several of the traditional epic poems were united, their motives are understandable: epic poems, *le roman courtois* and its imitations offered at least an illusory fulfilment for those who yearned for a higher and more refined form of life. It is wrong to expect from a social class or group that newly rises into the literary scene a totally new, authentic and direct expression of its ideas, customs, habits of thought or even critical norms. The gradual growth to literary maturity of the middle class shows that the primary aim of the citizens and their poets was to assimilate the literature of the higher class or group which they politically and socially rivalled. In the age of the Black Death and the Hundred Years' War the citizens of European towns did not expect a writer to entertain them with *A Journal of the Plague Year* or an existentialist novel entitled *La Peste*. Art for them was not primarily a mirror of their own everyday experience. If art was considered by them as a mirror, it had to be a »speculum« that revealed their dreams and secret longings for a more refined, sophisticated form of life. That epic art in Germany as in most other European countries – with a few exceptions – never attained the degree of perfection which it had reached in the High Middle Ages with Chrestien de Troyes, Wolfram of Eschenbach or Gottfried of Strassburg (in his *Tristan and Isolde*) cannot be denied. As can be seen in Malory's *Morte Darthur*, epic poetry very often tended towards an encyclopedic synthesis of plots and themes which, in the preceding centuries, had been treated independently, or had developed in various European countries at various times. Epic poems became, so to speak, store-houses for raw material, and the poets often took very little care to polish the precious stones they had discovered in Celtic or Oriental sources; they merely confined themselves to collecting traditional material and to compiling it with little or no sense of narrative architecture. If epic poets such as Konrad of Würzburg excelled their predecessors, it was mostly because of their mannered diction which often dazzled the reader with stylistic feats and made him forget what the poet was actually saying.

The highly mannered and often very stilted poetic diction seems to have appealed only to a limited circle of connoisseurs. As early as in the 13th century the first prose epics, mostly translations of classical epics that had all been written in verse, came into existence. It is one of the characteristic traits of literary life in the late Middle Ages that vernacular prose was gradually rising to preference. The mystics with their tracts contributed to this development as much as the Schoolmen with their prose-writings in the vernacular that were meant to reach a wider audience. All the statements made by authors on their use of prose show a basic distrust of metre and rhyme. Metre and rhyme, they would say, distort the truth – an argument that clerics had used in the Early as well as in the High Middles Ages, whereas prose is the best linguistic means to express truth in an unadulterated manner. In addition we should not forget that, with the introduction of the art of printing, the audience changed from listeners into readers: rhymes have primarily an auditory effect that is to a great degree lost when an epic of great length is only read. Finally prose appealed to a group of readers such as merchants and patricians of prosperous Swiss or Dutch cities who had developed a sober-minded, cool, matter-of fact attitude towards life which we nowadays call »prosaic« because it prefers prose for its expression.

9.

Within the field of epic poetry the short forms of narrative which the French called »fabliaux« and the Germans »maere« (tale) deserve special attention. Chaucer's »Miller's Tale« and the even coarser »Reeve's Tale« are good illustrations of this type of epic literature that very often shows little of the idealized, romantic view that is characteristic of courtly poetry, but lays stress on the animal nature of man, on his instincts rather than on his longing for spiritual perfection. The social background for most of these stories is not the court, but the town and the country, though courtiers appear in these stories; fabliaux are masterpieces of irony. What is taken seriously in a »roman courtois« is parodied in a fabliau. For this reason scholars believed for a long time that these »contes à rire« had to be attributed to middle-class authors, or, at any rate, authors that wrote for the middle class. Nykrog, in his book on *Les Fabliaux,* reversed this theory.[13] For him the fabliaux belong to the courtly genres. They were, he maintained, mostly written by clergymen and knights who ridiculed the members of the lower classes for aping courtly manners and using courtly language when wooing a young girl without ever understanding what these social and linguistic conventions stood for within aristocratic circles. It must be conceded that in those of Chaucer's *Canterbury Tales* which belong to the fabliau genre the knights, clergymen and scholars are always superior and dupe the husbands that come from a lower social class. And the fact that Chaucer told these stories to a courtly audience seems to endorse Nykrog's theory that the fabliaux were primarily courtly entertainment, and that the audience needed to have expert knowledge and a sophisticated taste in order to understand the parody of courtly love.

---

[13] Per Nykrog, Les Fabliaux. Etude d'histoire littéraire et de stylistique médiévale, Copenhague 1957; new edition: *Les Fabliaux,* Genève, Publications Romanes et Françaises, Vol. 123, 1973.

Nevertheless, it should not be overlooked that in the »maeren« and the fabliaux knights are seen in an ironic light, and we must be aware of the fact that this irony could easily be re-interpreted: in a fabliau irony, which in the poet's original intention might have been an indication of the playful self-criticism of the nobles, might develop into a satirical attack on the higher class and their outmoded ideals.

Studies in the social and literary history of the 14th and 15th centuries will lead to the conclusion that there was a subtle interplay between nobility, gentry and the middle class. In social and political history this phenomenon is reflected in the development and the structure of the House of Commons and of the English Parliament on the whole. In literature it found its best expression, in my opinion, in Chaucer's *Troilus and Criseyde*.

# Humanismus und Renaissance in England im 16. Jahrhundert

## 1. Vorbemerkung

Versteht man unter Humanismus primär ›humanistische Studien‹, d.h. eine intensive Auseinandersetzung mit Autoren der griechischen und römischen Antike, so muß man sagen, daß es das ganze Mittelalter hindurch eine durch die Klosterschulen ermöglichte Beschäftigung mit antiken Texten gegeben hat, wobei sich diese weitgehend im Medium der lateinischen Sprache vollzog. In England wurde in der Geschichte des mittelalterlichen Bildungswesens bereits vor 900 ein Höhepunkt erreicht, der mit dem Namen Alfreds des Großen verbunden ist. Mit seinem Übersetzerkreis lieferte er altenglische Übertragungen von Augustinus (der *Soliloquien*), von Orosius und Boethius, von Gregor dem Großen und Beda. Die einzelnen Phasen der Rezeption antiker Dichtung und Philosophie während des Mittelalters können hier nicht näher erläutert werden. Von Bedeutung ist, daß mit dem Beginn der Neuzeit in den europäischen Ländern, insbesondere in Italien, ein neuer Höhepunkt in der Hinwendung zur Antike zu beobachten ist, wobei sich der Akzent merklich auf die griechischen Autoren und die griechischen Originaltexte verschob.

Die Verlagerung der Weltbetrachtung vom theozentrischen auf den anthropozentrischen Standpunkt löste bei vielen Humanisten das Verlangen aus, durch die Antike eine Renaissance zu erleben, d.h. zu einem neuen Selbst- und Weltverständnis zu gelangen, das Welt- und Menschenbild wiederzuentdecken und als Leitbild für Erziehung und Bildung wirksam werden zu lassen, das sich in Griechenland wie in Rom bereits vor der Begegnung mit dem Christentum ausgebildet hatte. Dabei ist im Hinblick auf England zu berücksichtigen, daß politische, soziale, kulturelle und sprachliche Sonderentwicklungen dazu beitrugen, daß sich die Renaissance nicht mit der Eigenständigkeit und den scharfen Profilen ausbildete wie in Italien: Die Neigung zum Kompromiß ist stärker als die zum kühnen Bruch mit der Tradition.[1]

---

[1] Vgl. Wolfgang Weiß, Renaissance, in: Bernhard Fabian (ed.), Die englische Literatur, Bd. 1: Epochen – Formen, München 1991, 32-81.

## 2. Thomas Morus und die *Utopia*[2]

Ausgangspunkt der folgenden Betrachtungen über Humanismus und Renaissance in England ist Thomas Mores *Utopia*, ein Buch, das im Jahre 1516 veröffentlicht wurde, d.h. wenige Jahre vor dem Auftreten Luthers. Diese chronologische Tatsache ist festzuhalten, denn es muß als wahrscheinlich gelten, daß Morus *nach* dem Beginn der europäischen Reformation seine Ideen, die der Ausdruck eines christlichen Humanismus sind, für den er sich mit seinem Freundeskreis begeisterte, nicht mehr in gleich ungebrochener, heiter verspielter Weise hätte präsentieren können.
Die *Utopia* ist ein Buch für den *gelehrten* Freundeskreis: es ist in lateinischer Sprache geschrieben und spielt mit den Namen, von Utopia bis Hythlodaeus, auf griechische Wörter an. Der Begriff »Utopia« wurde erst von Morus gebildet; es ist der ›Ou-topos‹, das Nirgendwo, und die Ideen über das Leben, die Staatsform und die politischen Grundüberzeugungen sind Hythlodaeus in den Mund gelegt. Der Name ist als ›Unsinnschwätzer‹ gedeutet worden[3]; dies könnte andeuten, daß die utopischen Ideen vom Berichterstatter selbst nicht ernst genommen wurden – im Gegensatz zu vielen späteren Staatsphilosophen und interessierten Lesern. Die *Utopia* ist, wie ein englischer Kritiker gesagt hat[4], eine Satire im Stile Lukians und Swifts *Gulliver's Travels* zur Seite zu stellen. Und wenn auch nicht alle Ideen der Utopier der Lächerlichkeit preisgegeben werden, so erscheinen einige doch vom Standpunkt des ›Thomas Morus‹ in der *Utopia* als »perquam absurde«[5]. Je mehr man über die Frage, was Ernst, was Spott und Satire in diesem Werk sei, nachdenkt, um so mehr öffnet sich die Tür zu einer unendlichen Flucht von Interpretationen. Nur eines scheint sicher zu sein: das ironische Prinzip, das Ausdruck der spielerisch-souveränen Geistigkeit des Autors und seines Humanistenkreises ist.
An der Charakterisierung der Utopier lassen sich zwei Hauptmerkmale ablesen, die für die Humanisten des 16. Jahrhunderts kennzeichnend sind: In ihrer Lebensführung sind sie der Welt zugewandt; sie genießen das Leben in maßvoller Weise und richten sich dabei nach einer Ethik, in der

---

[2] Vgl. die Abhandlung ›Zur Utopia des Thomas Morus‹, im vorliegenden Band S. 389-426.
[3] Paul Turner bemerkt: »Hythlodaeus means ›dispenser of nonsense‹« und gibt in seiner Übersetzung den Namen mit ›Nonsenso‹ wieder. Vgl. Thomas More, Utopia, translated with an Introduction by Paul Turner, Harmondsworth 1965, 8.
[4] T.S. Dorsch, Sir Thomas More and Lucian: An Interpretation of Utopia, Archiv 203 (1967), 345-363.
[5] The Yale Edition of the Complete Works of St. Thomas More, vol. 4: UTOPIA, ed. E. Surtz, S.J., u. J.H. Hexter, New Haven/London ³1974, 244.

stoische und epikureische Elemente miteinander verbunden sind. Zugleich sind die Utopier wie die Humanisten des 16. Jahrhunderts gelehrt; sie widmen sich mit großem Eifer vor allem dem Studium des Griechischen und sind – wie Hythlodaeus ausführt – in weniger als drei Jahren in der Lage, gute griechische Schriftsteller in der Ursprache zu lesen. In der Reihenfolge, die dem Bericht des Hythlodaeus zugrunde liegt, stehen bei ihrer Lektüre die Philosophen Platon und Aristoteles an der Spitze, es folgen Theophrast, Plutarch, Lukian; dann erst werden Aristophanes und Homer, Euripides und Sophokles erwähnt. Sie kennen weiterhin die Historiker Thukydides und Herodot sowie Herodian und schließlich auch die medizinischen Werke des Hippokrates und des Galen.

Über die innere Einstellung der Utopier zur griechischen Literatur und die schnelle Aneignung der genannten Texte bemerkt der Erzähler folgendes:

> Als sie von uns etwas über die Schriften und Wissenschaften der Griechen vernahmen – denn von den Lateinern, schien es uns, würde ihnen außer den Geschichtsschreibern und Dichtern nichts sonderlich gefallen –, stürzten sie sich mit einem erstaunlichen Eifer darauf, um es mit Hilfe unserer Erläuterungen gründlich kennenzulernen.[6]

Die Utopier wenden sich den griechischen Texten mit dem gleichen Enthusiasmus zu wie die Humanisten des 15. und 16. Jahrhunderts bei ihrer Erschließung der griechischen Sprache, Dichtung und Philosophie.

Wenn Hythlodaeus weiterhin berichtet, daß es kaum glaublich sei, mit welcher Bereitschaft die Utopier den christlichen Glauben annahmen, sobald sie von der Lehre Christi erfuhren, so zeichnet sich damit in ihrem gesamten geistigen Habitus die gleiche Synthese von Antike und Christentum ab, wie sie für den Freundeskreis um Thomas Morus kennzeichnend war.

## 3. Auf dem Weg zu Thomas Morus

Der christliche Humanismus, wie er von Thomas Morus vertreten wurde, war durch die mannigfachen geistigen Aktivitäten der englischen Humanisten des 15. Jahrhunderts vorbereitet worden. Grundsätzlich ist im Hinblick auf die vorliegende Forschung hervorzuheben, daß ein Unterschied besteht zwischen dem italienischen und dem englischen Humanismus die-

---

[6] Der utopische Staat: Morus, Utopia; Campanella, Sonnenstaat; Bacon, Neu-Atlantis, übersetzt und mit einem Essay ›Zum Verständnis der Werke‹, Bibliographie und Kommentar, hg. von Klaus J. Heinisch, Reinbek (1960) ³1964, 78.

ser Epoche. Die Italiener strebten nach einer vom Mittelalter deutlich abgehobenen geistigen Lebensform; R. Weiss spricht von »a new intellectual system«[7]. In England dagegen lag die Gelehrsamkeit meist in den Händen von Männern, die in den Universitäten und in der staatlichen Verwaltung Schlüsselpositionen innehatten. Humanistisches Gedankengut wurde von ihnen in die scholastische Tradition integriert, so daß von einer organischen Weiterentwicklung der mittelalterlichen Tradition gesprochen werden kann. Ein Bruch, ein Versuch der revolutionären Erneuerung der geistigen Grundlagen ist in England nicht zu verzeichnen; »the humanities [were] at the service of scholasticism«[8].
Der einflußreichste Vertreter des englischen Adels, der die Bestrebungen des Humanismus in England im 15. Jahrhundert förderte, war Duke Humphrey of Gloucester, ein Bruder Heinrichs V.[9] Wenn er zusammen mit anderen Aristokraten das Studium des Lateinischen unterstützte und Übersetzungen griechischer Autoren ins Lateinische anregte, geschah dies weniger aus idealistischer Begeisterung für die Antike, sondern es spielte ein ausgeprägtes Nützlichkeitsdenken mit. Man hielt Ausschau nach intelligenten Köpfen, die aufgrund ihrer Lateinkenntnisse und rhetorischen Fähigkeiten die Krone im diplomatischen Dienst repräsentieren konnten. Weiss bemerkt dazu:

> ... a high standard of classical Latin constituted a sure avenue to a brilliant political and diplomatic career, and eventually to high preferment in Church.[10]

Humphrey of Gloucester war in ständigem Kontakt mit Vertretern der römischen Kurie, die nach England kamen, und er lud führende italienische Humanisten ein, in seinen Diensten in England tätig zu sein. Genannt sei in diesem Zusammenhang Tito Livio Frulovisi, der von Duke Humphrey als »poet and orator« angestellt wurde. Er schrieb nicht nur lateinische Komödien, sondern auch eine *Vita Henrici Quinti*, eine Biographie, die als die erste offizielle Vita eines englischen Königs bezeichnet worden ist.[11] Duke Humphrey hatte weiterhin Kontakt mit Leonardo Bruni von Arezzo, der u.a. die *Nichomachische Ethik* des Aristoteles übersetzte (1416-17). Danach wünschte sich Duke Humphrey eine lateinische Übersetzung von Platons

---

[7] R. Weiss, Humanism in England During the Fifteenth Century, Oxford (1941), ²1957, 179.
[8] Ebd., 183.
[9] Vgl. hierzu Hans Hecht und L.L. Schücking, Die englische Literatur im Mittelalter, Handbuch der Literaturwissenschaft, hg. von Oskar Walzel, Wildpark-Potsdam 1929, 179-184.
[10] Weiss, Humanism, 187.
[11] Vgl. ebd., 45.

*Staat*, die Pier Candido Decembrio lieferte. 1440 waren die Bücher I bis V fertiggestellt, 1443 erhielt der Mäzen ein Exemplar mit den Widmungen, die er sich erhofft und gewünscht hatte. Über die Beziehungen des englischen Herzogs zu dem italienischen Humanisten geben Briefe aus den Jahren 1439 bis 1444 Aufschluß, deren kulturgeschichtliche Bedeutung H. Hecht in seiner Darstellung der englischen Literatur des ausgehenden Mittelalters wie folgt charakterisiert hat:

> Der Briefwechsel zwischen dem Herzog und Pier Candido, [...] ist von unschätzbarem Werte, inhaltlich neben anderem als Urkunde für die literarischen und bibliophilen Interessen des Herzogs, psychologisch als Ausdruck des ständeüberbrückenden Verkehrs zwischen gleichgestimmten Bewunderern der neuentdeckten Schätze des klassischen Altertums, in seiner Gesamtheit als das erste sichere und vollkommene Bindeglied zwischen dem Humanismus in Italien und in England.[12]

Wie aus den weiteren Darlegungen von Hecht hervorgeht, gewann Duke Humphrey nicht nur als Förderer der Übersetzer aus dem Humanistenkreis großes Ansehen; er machte sich zugleich einen Namen als Besitzer der bedeutendsten Bibliothek und Handschriftensammlung im England des 15. Jahrhundert. Seine Sammlung klassischer, humanistischer und medizinischer Literatur galt als die bedeutendste in England zu dieser Zeit. Es kennzeichnet die intellektuelle und politische Einstellung dieses Fürsten, daß er seine Bibliothek nicht ängstlich hütete, um sie in seinen Mußestunden in humanistischer Beschaulichkeit zu genießen. Er wußte um die damalige desolate Situation der Universität Oxford und half ihr mit seinen Beständen als großzügiger Mäzen:

> Er spendete aus seinem Besten und erwies sich durchaus als der Mann, den die Humanisten schätzen gelernt hatten, als Adligen im Geiste, als Förderer wissenschaftlichen Strebens und Betätigungswillens. In den Jahren von 1438-1444 hat Humphrey von Gloucester der Universität Oxford in wiederholten kleineren und größeren Sendungen etwa 300 Bände aus seinem eigenen Besitz überwiesen, eine für die damalige Zeit wahrhaft fürstliche Schenkung.[13]

---

[12] Hecht, Die englische Literatur im Mittelalter, 181.
[13] Ebd., 183-84.

## 4. Grocyn und Linacre; Elyot und Ascham

Die Wege, die Humphrey of Gloucester, der »literatissimus«, wie er genannt wurde, gewiesen hatte, wurden in der zweiten Hälfte des 15. Jahrhunderts und zu Beginn des 16. Jahrhunderts von englischen Gelehrten wie Thomas Linacre (1460-1524) und William Grocyn (1446-1519) fortgesetzt. Sie allerdings reisten nach Italien, um den Humanismus gleichsam vor Ort, in seinem Ursprungsland kennenzulernen. Grocyn und Linacre »kamen allem Anschein nach als vollendete Humanisten zurück«; so jedenfalls urteilt Walter F. Schirmer in seiner grundlegenden Studie *Antike, Renaissance und Puritanismus*, und er fügt hinzu: »Damit tritt das Studium des Griechischen, das in der Klosterschule Christchurch in Canterbury seinen Anfang nahm, in eine ganz neue Entwicklungsphase«.[14] Grocyn war der erste, der 1490 in Oxford Vorlesungen über die griechische Literatur und Sprache hielt, wobei er Dionysius Areopagita in den Mittelpunkt rückte, um von diesem Autor aus seinen christlichen Humanismus zu begründen. Thomas Linacre hatte in Italien Medizin studiert und machte sich die neuen humanistischen Maßstäbe für das Studium Galens zu eigen.[15] Er genoß so großes Ansehen, daß ihn Heinrich VIII. zu seinem Leibarzt machte. Bemerkenswert für die Stimmung in England ist, daß Grocyn sich bei seinen Landsleuten gegen den Vorwurf wehren mußte, er verbreite mit seinen Vorlesungen heidnisches Wissen und ketzerische Ideen.

Wenn sich der englische Hof für die Ideen des Humanismus, die von Italien her nach Norden vordrangen, interessierte, so standen dabei zwei Themenkreise im Vordergrund: der Idealstaat und der beste Herrscher. Das erste Thema behandelte Thomas Morus in seiner *Utopia*, von der wir ausgingen, in einer so grundlegenden Weise, daß er damit eine literarische Gattung begründete, die bis in unser Jahrhundert hineinreicht, auch wenn das 20. Jahrhundert an Anti-Utopien größeren Gefallen findet als an traditionellen Utopien. Das zweite Thema wurde von Sir Thomas Elyot in *The boke named the Gouernour* (1531) in den Mittelpunkt gerückt. Gewiß fragt auch er nach einem Modell der politisch-staatlichen Ordnung, aber die Frage nach der Erziehung eines Herrschers und der Angehörigen der aristokratischen Führungsschicht beschäftigt ihn mehr. Elyot plädiert für die Monarchie, die absolute Königsherrschaft und verficht weiterhin die Vor-

---

[14] Walter F. Schirmer, Antike, Renaissance und Puritanismus, Eine Studie zur englischen Literaturgeschichte des 16. und 17. Jahrhunderts, München 1924, 77.
[15] Paul Meissner, England im Zeitalter von Humanismus, Renaissance und Reformation, Heidelberg 1952, 66.

stellung von einer hierarchisch streng gestuften Gesellschaftsordnung. In den Büchern II und III versucht er, ein ideales Erziehungssystem zu entwerfen, wobei er ständig Römer und Griechen als Vorbilder hinstellt, um die Kritik an den bestehenden Zuständen in England zu begründen. Stolz und Geiz sind nach seiner Auffassung die Hauptlaster, die zur Verderbnis des englischen Bildungssystems beigetragen haben. Die Väter der jungen Aristokraten kümmern sich nach seinen Beobachtungen mehr um gute Falkner und gute Köche, weniger um gute Lehrer, die in der Lage wären, ihren Kindern »the elegant speking of Latin« beizubringen.[16]

Für die Erziehung der jungen Aristokraten, die in Zukunft als »governors« Schlüsselstellungen im Staat einnehmen sollen, entwirft Elyot in seinem Buch ein abgestuftes Lehr- und Bildungsprogramm. Mit sieben Jahren könne man den Jungen schon Griechisch und Latein zumuten, wobei er empfiehlt, mit dem Griechischen zu beginnen, d.h. mit der schwersten Sprache; dann könne man mit Latein fortfahren und schließlich solle man Französisch folgen lassen. Homer wird als erster Autor behandelt, danach solle Vergil folgen. Von den *Metamorphosen* des Ovid läßt er nur einiges zu, Horaz dagegen könne ausführlicher behandelt werden. Vom 14. Lebensjahr an solle die Aufmerksamkeit auf Cicero, auf Rhetorik, Historiographie, Geographie und schließlich auf Moralphilosophie gelenkt werden. Für diesen Unterricht empfiehlt Elyot die *Ethik* des Aristoteles, Cicero, *De officiis*, Platon und schließlich auch die Bibel.

Für die Geschichte des englischen Unterrichtswesens bis in die Gegenwart hinein ist es von Bedeutung, daß Elyot auch großen Wert auf den Sport, d.h. auf Schwimmen, Tennis, Reiten und Bogenschießen legt und auch an Unterricht in den musischen Fächern und Tanz denkt.

Die Darlegungen über das ethische Fundament des gesamten Erziehungsprogramms zeigen, daß Elyot an die mittelalterlich-ritterliche Tradition anknüpft, beispielsweise wenn er von der Bedeutung der vier Kardinaltugenden spricht, daß er gleichzeitig im Sinn des Humanismus ein Wertesystem entwickelt, bei dem Freundschaft, Güte, Großzügigkeit, Humanität im Mittelpunkt stehen. Das bedeutet: er umschreibt als erster die Erziehung, die über die Jahrhunderte hinweg einem englischen Gentleman zuteil wurde. Gattungsmäßig ist Elyots *Gouernour* in die Tradition des Fürstenspiegels eingereiht worden,[17] wozu Aegidius Romanus' *De regimine principum* ebenso

---

[16] Sir Thomas Elyot, The Book Named The Governor, English Linguistics 1500-1800, No. 246, Menston, Yorkshire, 1970, 43. Vgl. in diesem Zusammenhang auch Stanford E. Lehmberg, Sir Thomas Elyot: Tudor Humanist, Austin 1960.
[17] Vgl. Lehmberg, 73-74.

zu rechnen ist wie die *Institutio principis christiani* des Erasmus. Quellengeschichtliche Forschung hat gezeigt, daß er einen weiten Umkreis von Texten präsent hatte, als er seine Erziehungsschrift verfaßte: Platon und Aristoteles, Quintilian, Plutarch und Cicero werden ebenso verwertet wie Petrarca, Erasmus, Castiglione und Pontano. Zum Erfolg dieses klassischen Werkes des englischen Humanismus trug ebenso die Fähigkeit des Autors bei, seine Lehren durch unterhaltsame Geschichten zu verdeutlichen und aufzulockern, wie sein Bemühen um einen knappen, bündigen, sachbezogenen und unterhaltsamen Prosastil.

In der Geschichte des pädagogischen Schrifttums des englischen Humanismus verdient neben Elyots *Gouernour* Roger Aschams *The Schoolmaster* besondere Erwähnung, ein Buch, das um 1563 geschrieben, aber erst 1570, zwei Jahre nach dem Tod des Autors veröffentlicht wurde. Das Buch ging aus einer Unterhaltung bei Tisch hervor und wird von Andrew Sanders als »a chatty and discursive series of observations, examples, and anecdotes« charakterisiert.[18] Dennoch läßt sich insofern ein klares Kompositionsprinzip erkennen, als Buch I sich mit Grundprinzipien der Erziehung, Buch II mit der Didaktik des Lateinunterrichts befaßt. Bemerkenswert hinsichtlich der Grundelemente des Erziehungsideals ist die Tatsache, daß Ascham humanistische, religiöse und politische Elemente miteinander verbindet. Er tritt entschieden für die christliche (d.h. in seinem Fall: protestantische) Moral als Basis für die Erziehung junger Menschen ein; er vertritt aber ebenso entschieden auch einen nationalen Standpunkt, der sich insbesondere in seiner Kritik an Italien äußert. Während zu Beginn des 16. Jahrhunderts Italien als Ursprungsland des Humanismus gepriesen wurde, sieht Ascham in Italien ein Land der Amoralität und der Freigeisterei. Er schreckt vor den Landsleuten zurück, die von ihrer Bildungsreise nach dem Süden als »italianisierte Engländer« zurückkehren.

Methodisch ist der Lateinunterricht in seiner Darstellung zunächst auf das Prinzip der Übersetzung und Rückübersetzung aufzubauen; erst in der zweiten Phase rückt das Prinzip der Imitatio methodisch in den Vordergrund: die Schüler sollen durch die Nachahmung hervorragender Prosaisten wie Cicero einen guten Stil beim Gebrauch des Lateinischen erlernen.

Grundsätzlich war es das Ziel der englischen Humanisten, die sich mit pädagogischen Fragen befaßten, die christliche Lehre vom Menschen durch die vernunftbezogene Weisheit der Antike zu ergänzen. Dabei verfolgten sie (wie auch die meisten der kontinentalen Humanisten) praktisch-

---

18 Andrew Sanders, The Short Oxford History of English Literature, Oxford 1994, 96.

pragmatische Ziele. So bemerkt Douglas Bush in seiner grundlegenden Monographie *The Renaissance and English Humanism*:

> All the English humanists, like the majority of continental ones, regarded classical learning as a means, not an end, and their energies were given to education. They wished to produce citizens and statesmen, not scholars.[19]

Bildungsgeschichtlich bedeutsam ist, daß in das pädagogische Programm des Roger Ascham auch die Frauen miteinbezogen waren, wobei daran zu erinnern ist, daß Thomas Morus bereits zu Beginn des 16. Jahrhunderts in Theorie und Praxis, in der *Utopia* wie in der Erziehung seiner Töchter, für eine Erziehung des weiblichen Geschlechts im Sinne des Humanismus eingetreten war. Lady Jane Grey zählte zusammen mit der Countess of Pembroke und der Countess of Bedford zu den gebildetsten Frauen des 16. Jahrhunderts.[20] In diesem Zusammenhang ist auch Königin Elisabeth zu nennen, die acht Sprachen beherrscht haben soll und die – wie Alfred der Große in altenglischer und Geoffrey Chaucer in mittelenglischer Zeit – eine Übersetzung der *Consolatio Philosophiae* des Boethius anfertigte, wobei anzumerken ist, daß ihr Hauslehrer Roger Ascham war.

## 5. Humanistische Moralitäten

Die eingehende Beschäftigung mit der griechischen und römischen Literatur führte zu einer allmählichen Umgestaltung der literarischen Tradition in England, wobei sich Heimisches und Fremdes in mannigfacher Weise überlagerten, bis schließlich im elisabethanischen Zeitalter eine komplexe Synthese gefunden war, die im Schaffen Shakespeares und seiner Zeitgenossen ihren künstlerisch wirkungsvollsten Ausdruck fand.
Dieser Prozeß der Assimilation der antiken Literatur, der zugleich ein Prozeß der Adaptation und der Adoption war, läßt sich am besten an der Gattung des Dramas ablesen. Die dramatische Form, die vom 15. Jahrhundert her Anregungen für das Theater des 16. Jahrhundert geben konnte, war die Moralität, und von allen Charakteren war es die Gestalt des Vice, des Hauptlasters, das eine »komisch-teuflische Gestalt« genannt worden ist.[21] Als Laster ist diese Figur im Bereich des Bösen angesiedelt; als Bühnenfi-

---

[19] Douglas Bush, The Renaissance and English Humanism, Toronto 1939, repr. 1958, 79.
[20] Schirmer, Antike, Renaissance und Puritanismus, 113.
[21] Heinz Kindermann, Theatergeschichte Europas, Bd. III, Das Theater der Barockzeit, Salzburg (1959) ²1967, 24.

gur, die mit Hilfe von Monologen das Publikum über die eigenen schlauen Tricks informiert und demonstriert, in welcher Weise Menschen überlistet werden können, ist die Vice-Gestalt ein wesentlicher Bestandteil zahlloser Komödien.

Humanistisch gebildete Autoren wie John Skelton und Thomas Lupton nahmen die traditionelle Form der Moralität auf und füllten sie mit neuen Ideen. John Skelton, der sich mit der ca. 1515 verfaßten humanistischen Moralität *Magnyfycence* einen Namen machte, war ein Geistlicher, der 1489 den Titel »poeta laureatus« erhielt.[22] Er war eine Zeitlang der Erzieher des späteren Heinrich VIII., und sein Drama kann als eine Art Fürstenspiegel verstanden werden, mit dem er den König vor Cardinal Wolsey warnen wollte, dessen Außen- und Innenpolitik nach Meinung des Verfassers für England gefährlich werden mußte. Aber Skelton war geschickt genug, seine politischen Anspielungen nicht allzu offenkundig werden zu lassen, und so ist das überlieferte Drama eine allgemein gehaltene allegorische Darstellung des Sturzes eines Fürsten. Dabei stützte sich der Autor auf die Staatsphilosophie des Aristoteles, um den Herrscher zu charakterisieren. Magnyfycence erscheint als ein Fürst, der mit Maß und Vernunft über seine Güter zu verfügen versteht. Ein Wandel tritt ein, als die Laster Fancy und Folly seine Urteilskraft trüben und sein Handeln bestimmen. Es ist typisch für die Helden der Moralitäten (und der Interludien, die im 16. Jahrhundert als neue Gattung hinzukommen), daß sie in ihrer Ausweglosigkeit zum Selbstmord bereit sind. Bei Skelton sind es drei Gestalten – Good Hope, Redress und Circumspection –, die den Helden retten, nicht die göttliche Gnade, wie dies ursprünglich in der Moralität der Fall war. Die Rettung kommt aus dem Diesseits – dadurch wird der humanistische Tenor dieser politischen Lehrstücke deutlich unterstrichen. Von der humanistischen Bildung des Verfassers zeugen auch seine künstlerischen Fähigkeiten: Er versteht es, in der Redegestaltung rhetorische Prinzipien zur Anwendung zu bringen und weiterhin die Verssprache auf die einzelnen Charaktere abzustimmen.

In Thomas Luptons Stück *All for Money*, das in das Jahr 1578 zu datieren ist, zeigt sich, wie stark sich das Interesse zugunsten der klassisch-antiken Tradition verschoben hat. Die moralphilosophischen Maximen und Lektionen, die der Autor in dieses Stück eingebaut hat, basieren auf Sallust, Socrates, Plautus, Perimander, Juvenal, Antisthenes, Platon, Aristoteles, Py-

---

22   Vgl. A. Koelbing, Barclay and Skelton. Early German Influences on English Literature, in: The Cambridge History of English Literature, ed. A.W. Ward and A.R. Waller, vol. III, Cambridge 1932, 67.

thagoras und Seneca.²³ Diese starke Umorientierung im moralphilosophischen Denken führt zu einer Zurückdrängung der christlich-homiletischen Elemente:

> The expanding moral authority of the classic writers in the allegorical drama is prologue to the renovation of the English stage, including the disappearance of homiletic allegory altogether, under the influence of their artistic authority.²⁴

## 6. Universitätstheater, Schultheater, Juristentheater

Zur weiteren Entfaltung des englischen Dramas trugen drei Formen bei, die man das Universitätstheater, das Schultheater und das Juristentheater nennt.
Wie stark das Interesse der Universitäten und zugleich des Hofes an der Pflege des klassischen und neo-klassischen Dramas war, läßt sich durch folgendes Beispiel erläutern: Als Königin Elisabeth 1564 nach Cambridge kam, wurden in der King's College Chapel vier Theaterabende veranstaltet. Auf dem Programm standen:

(1) Plautus, *Aulularia*, das Vorbild für Molières *L'Avare*;
(2) ein lateinisches *Dido*-Drama von Edward Halliwell, der ehedem in Cambridge studiert hatte;
(3) die Tragödie *Ezechias* von Nicholas Udall;
(4) eine lateinische Bearbeitung des *Ajax* von Sophokles.²⁵

Es ist mit Recht darauf hingewiesen worden, daß diese vier Werke umfassende Kenntnisse in der Dramaturgie, fähige Schauspieler und eine souveräne intellektuelle Durchdringung der Stoffe voraussetzten.
Ähnlich vielfältig war die Pflege des Schultheaters, wo zahlreiche Plautus-, Terenz- und Seneca-Aufführungen stattfanden, teils in lateinischer Sprache, teils in englischer Übersetzung.
Im Rahmen des Schuldramas verdient Nicholas Udall (1505-1556) Erwähnung, der in den Jahren 1531 bis 1541 Headmaster zu Eton war und in seinen letzten Lebensjahren Headmaster der Westminster School. Für die

---

[23] Vgl. Bernard Spivack, Shakespeare and the Allegory of Evil: The History of a Metaphor in Relation to his Major Villains, New York 1958, 217.
[24] Ebd.
[25] Kindermann, Das Theater der Barockzeit, 34.

Entwicklung des englischen Dramas ist bedeutsam, daß er sich bei seiner Komödie *Ralph Roister Doister* (1551) strukturell von Terenz anregen ließ und jeden Akt so aufbaute, daß die jeweiligen Eröffnungs- und Schlußszenen deutlich aufeinander bezogen sind. Weiterhin hat er sich an das Modell der drei Einheiten gehalten. Schließlich folgte er auch bei der Figurengestaltung dem Vorbild des antiken Theaters.[26]

Dem klassischen Formideal folgt auch die Dorfkomödie *Gammer Gurton's Needle*, in der eine triviale Begebenheit – die Suche nach einer Nähnadel – in ein fünfaktiges Drama umgeformt wird, so daß wir es mit einem ironischen Kontrast zwischen der klassischen Struktur und einem nichtssagenden Inhalt zu tun haben. Dazu kommt, daß die Charaktere ohne antike Vorbilder gezeichnet wurden. Sie sprechen südwestlichen Dialekt und bedienen sich einer viel derberen Sprache, als sie Nicholas Udall benutzt, der seine Rollen für Schuljungen konzipierte.

Das große Vorbild für die englische Tragödie im 16. Jahrhundert war Seneca, für dessen Erschließung Nicholas Treveth, ein englischer Dominikaner, im 14. Jahrhundert Bahnbrechendes geleistet hatte. Von den damaligen Seneca-Übersetzern seien Jasper Heywood und Thomas Newton hervorgehoben; Heywood übersetzte *Troades* (1559), *Thyestes* (1560) und *Hercules Furens* (1561).[27] Thomas Newton legte eine Gesamtausgabe des römischen Dramatikers (soweit er bekannt war) vor. Seneca wurde zwar auch im Mittelalter gelesen, aber vor allem wegen seiner Moralphilosophie, die eine Art Brücke von der Antike über das Mittelalter bis hin zur Neuzeit bildet. Die Elisabethaner rezipierten ihn aus dreierlei Gründen: (1) Er lieferte ein Modell für die dramatische *Form* der Tragödie; (2) er behandelte *Themen*, die im Interessenbereich der Künstler ebenso wie des Publikums lagen; (3) seine *Charaktergestaltung*, seine Medea und Phaedra, sein Oedipus und Thyestes, und seine Darstellung des Hercules waren Vorbilder für die großen Charaktere, die die Elisabethaner bewunderten und die sie ihrerseits darzustellen versuchten.

Diese Einzelaspekte seien kurz erläutert:

---

[26] Vgl. die Abhandlung ›Die Komische Figur auf der englischen Bühne des 15. und 16. Jahrhunderts: Vom Schafdieb Mak bis zu Shakespeares Falstaff‹, im vorliegenden Band S. 443-456.

[27] Christian W. Thomsen, Von den Interludien bis zu Marlowes Tod, in: Josefa Nünning (Hg.), Das englische Drama, Darmstadt 1973, 83.

(1) Zur Form: Seneca folgte – wie Christian Thomsen gezeigt hat – der 5-Akt-Struktur, über die sich bereits Horaz in seiner *Poetik* geäußert hatte.[28] Jeder Akt weist nur eine kurze Szenenfolge auf, Botenberichte informieren über die Geschehnisse, die nicht auf der Bühne gezeigt werden; zahlreiche Monologe geben über die seelische Verfassung der Personen und die Beweggründe ihres Handelns Aufschluß. Seneca lieferte vor allem Rededramen, weniger Handlungsdramen. An seiner Redegestaltung bewunderten die Elisabethaner Pathos und rhetorischen Prunk. Nachgeahmt wurde schließlich auch der kommentierende Chor.
(2) Zur Thematik: Mord – sei es Vater-, Bruder-, Gatten- oder Kindesmord – steht im Mittelpunkt des Interesses. Die Handlung ist Ausdruck verzehrender Leidenschaft; sie treibt ins Verbrechen und provoziert die Rächer. Damit ist der Anstoß für eine Form der Tragödie gegeben, die von der Mitte des 16. bis in die ersten Jahrzehnte des 17. Jahrhunderts zu den Lieblingsgattungen des elisabethanischen Theaters und seines Publikums zählte: die Rachetragödie.
(3) Zu den Charakteren: Die Elisabethaner bewunderten Senecas Willensmenschen, die Steigerung der Willensdynamik ins Übermenschliche; sie ließen sich von Charakteren faszinieren, für die Freiheit gleichbedeutend mit Protest gegen jegliche Form von Ordnung ist.[29] Primitive Wildheit und subtile Verfeinerung gehen hier eine eigentümliche Mischung ein, worauf insbesondere David Daiches aufmerksam gemacht hat: »they represent a strange« mixture of sophistication and crudeness«.[30]

Blickt man zurück auf die mittelalterliche Tradition, etwa auf die Herodes-Szenen in den Mysterienzyklen, so wird deutlich, daß Sprache und Stil Senecas, seine barock-bombastische Diktion dort bereits einen Vorläufer hat; es kann daher nicht überraschen, daß im 16. Jahrhundert eine Reihe von hybriden Dramen entstanden, in denen klassische Elemente aus der Seneca-Tradition mit dem heimischen Substrat verschmolzen wurden.
Daß Seneca für das Juristendrama das große Vorbild war, kann angesichts seines rhetorischen Stiles nicht überraschen. (Juristen veranstalteten im 16. Jahrhundert Feste, bei denen Angehörige des Standes durch eigene Werke zur Unterhaltung ihrer Kollegen beitrugen.) Das hervorragendste Beispiel für diese Theatertradition in England ist ein Werk, das die heutige Litera-

---

[28] Ebd., 81-83.
[29] Vgl. Karl Büchner, Römische Literaturgeschichte: Ihre Grundzüge in interpretierenden Darstellungen, Stuttgart 1957, 429-31.
[30] David Daiches, A Critical History of English Literature, vol. I, London 1960, 222.

turgeschichtsschreibung als die erste klassische Blankverstragödie in englischer Sprache bezeichnet. Es wurde von den beiden Juristen Thomas Norton und Thomas Sackville verfaßt, 1562 im Inner Temple vor der Königin aufgeführt und trägt den Titel *Gorboduc, or, Ferrex and Porrex*. Der Stoff stammt aus der *Historia Regum Britanniae* des Geoffrey of Monmouth und erinnert an den *King Lear*-Stoff. Auch hier beschließt ein Herrscher, Gorboduc, sein Reich ohne triftigen Grund unter seinen beiden Söhne aufzuteilen. Es entsteht Streit zwischen den Brüdern, der jüngere tötet den älteren; der König verbannt den Mörder, die Mutter vollstreckt die Rache an ihm. Beim folgenden Aufstand des Volkes werden die Königin und der König getötet; es kommt zu chaotischen Verhältnissen. Die Schlußrede bringt die Hoffnung auf einen idealen Herrscher zum Ausdruck, wie ihn die Elisabethaner sich wünschten. Der Zweck des Stückes tritt gerade am Ende deutlich zutage: es war als Fürstenspiegel gedacht, und sollte der Königin, die bei der Erstaufführung anwesend war, zeigen, welche Gefahren einem Lande drohen, wenn die Nachfolge ungeregelt bleibt.

Auch wenn der Stoff Handlungsfülle nahelegt, ist *Gorboduc* im Gegensatz zu *King Lear* ein Drama, das auf der Bühne wenig Handlung, dagegen zahlreiche Reden bietet.[31] Es sind Beratungs- und Klagereden, dazu kommen Botenberichte, die über das komplexe Hintergrundgeschehen unterrichten. In Akt I erörtert in Szene 1 die Mutter mit dem ältesten Sohn die Situation; in I, 2 spricht Gorboduc mit seinen Beratern über sein Vorhaben. In Akt II stehen in jeweils getrennten Szenen die Söhne im Mittelpunkt, sie schlagen den Rat der guten Ratgeber in den Wind und folgen den Einflüsterungen der Schmeichler. Akt III besteht aus einer einzigen Klageszene, aus der erst allmählich hervorgeht, was sich inzwischen ereignet hat. Am Ende steht der Entschluß zur Rache. Akt IV beginnt mit einer Klage der Mutter, die abschließend den Willen zur Rache bekundet. Die zweite Szene des IV. Aktes zeigt die Begegnung zwischen Vater und Sohn. Auf die Anklage des Vaters folgt die Verteidigungsrede des Sohnes. Alle persönlichen Regungen werden eliminiert; Rede und Gegenrede sind rein vom juristischen Standpunkt aus konzipiert, und die Schlußrede in V, 2 gleicht einer staatspolitischen Lektion.

Die Verfasser bedienen sich der verschiedensten rhetorischen Mittel: Die Reden sind klar gegliedert; häufig wird mit Parallelismus und Kontrast gearbeitet. Schwellreden, die bei Shakespeare in den großen Tragödien Aus-

---

31 Vgl. Wolfgang Clemen, Die Tragödie vor Shakespeare: Ihre Entwicklung im Spiegel der dramatischen Rede, Heidelberg 1955, 51ff. und 225ff.

druck eines unerschöpflichen seelischen Reichtums sind, gehen hier aus dem logischen Kalkül, aus dem staatspolitisch-juristischen Raisonnement hervor, das einen Sachverhalt mit aller gedanklichen Schärfe faßt. Der gleiche Wille zu symmetrischer Strukturierung, der sich in der Syntax der Reden abzeichnet, ist auch für die Szenenanordnung und die Personengruppierung kennzeichnend, auch wenn nicht zu übersehen ist, daß die beiden Brüder zwischen guten und bösen Ratgebern an die Moralitätenhelden zwischen Tugenden und Lastern erinnern; sie haben sich für die eine oder die andere Gruppe zu entscheiden.

Zur Verdeutlichung des Sinnes einzelner Szenen verwenden die beiden Autoren »dumb shows«, d.h. pantomimische Szenen wie diejenige, die Shakespeare dem Spiel im Spiel im *Hamlet* vorausschickt. Man hat dieses Formelement mit Spieltraditionen im italienischen Drama in Verbindung gebracht, es läßt sich aber auch von der heimischen Tradition her erklären.[32]

## 7. Seneca, Kyd und Shakespeare

Wie stark Seneca auf die gesamte elisabethanische Dramatik wirkte, kann durch zwei Beispiele verdeutlicht werden: (1) Thomas Kyds *Spanish Tragedy*, (2) Shakespeares *Hamlet*, zwei Stücke, zwischen denen ein enger Zusammenhang besteht. Zu Kyd bemerkt T.S. Eliot in seinem umfänglichen Essay »Seneca in Elizabethan Translation«: »The most significant popular play under Senecan influence is of course *The Spanish Tragedy*«.[33] Dem sei das Urteil Madeleine Dorans zur Seite gestellt: »*Hamlet* without Seneca is inconceivable«.[34]

*The Spanish Tragedy* ist eine Rachetragödie, in der der Vater Hieronymo die Ermordung seines Sohnes Horatio rächt. Die komplexe Handlung und zahlreiche szenische Erweiterungen sind auf die heimische Theatertradition zurückzuführen. Daß Kyd aber zugleich unter dem Eindruck der Dramen Senecas schrieb, geht aus dem Wortlaut der Tragödie selbst hervor; als Hieronymo im III. Akt in der 13. Szene die Bühne betritt und in einem Monolog über sein Verhalten als Rächer reflektiert, hat er ein Buch in der Hand, bei dem es sich um Seneca handeln muß, denn er zitiert aus dessen

---

32  Vgl. hierzu Dieter Mehl, Die Funktion des »Dumb Show« im elisabethanischen Drama, München 1960, 137.
33  T.S. Eliot, Selected Essays, London 1932, third enlarged edition 1951, repr. 1966, 80.
34  Madeleine Doran, Endeavors of Art: A Study of Form in Elizabethan Drama, Madison, Wis., 1954, 16.

*Agamemnon* (V. 6), *Troades* (V. 12-13) und schließlich – wenngleich in leicht veränderter Form – aus dem *Oedipus* (V. 35). Zumindest bei den beiden ersten Zitaten erweckt der Sprecher den Eindruck, daß er auf den Text Senecas schaut und sich von dieser Vorlage beeinflussen läßt.
Das Vorbild Senecas läßt sich jedoch über Einzelstellen hinaus an der gesamten Redegestaltung ablesen. Neben Passagen in einfacher, volkstümlicher Art stehen wirkungsvolle Stichomythien, wobei Kyd noch einen Schritt weitergeht und das Mittel der gebrochenen Stichomythie verwendet, bei der Halbzeile gegen Halbzeile gesetzt wird. Kyds Sinn für Bühnenwirksamkeit bekundet sich auch darin, daß er solche temporeichen Dialogteile in die Nachbarschaft weitausladender Rede rückt, so daß wir es mit effektvollen Kontrasten zu tun haben: Zeigt er in den langen Reden eine Vorliebe für die prunkvolle, mit zahlreichen rhetorischen Figuren und mit Sentenzen geschmückte Entfaltung eines Gedankens oder eines Sachverhaltes, so reißen Stichomythie und gebrochene Stichomythie den Zuschauer in den schnellen Ablauf des Bühnengeschehens hinein.
Beim Aufbau der Handlung folgt Kyd der Aktgliederung, wiewohl es gerade bei der *Spanish Tragedy* Streitfragen bezüglich der Einteilung des Stückes gibt. Zum »Senecan apparatus«[35] gehört auch eine Geistererscheinung; hier ist es der Geist des Andrea, der zusammen mit der allegorischen Figur Revenge das Bühnengeschehen kommentiert. Ein Dialog zwischen den beiden Figuren eröffnet und schließt die Tragödie und liefert einen Rahmen, den andere Dramatiker den Chor bilden lassen. Gestützt werden die kommentierenden Bemerkungen der Geister durch die Monologe, die in ihrer Art Meisterstücke des rhetorischen Könnens sind und sich durch die dialektische Durchdringung bestimmter Themen wie Gerechtigkeit und Rache auszeichnen.
Die Thematik der Dialoge zwischen dem Geist des Andrea und Revenge sowie die Monologe lassen erkennen, daß sich der Seneca-Einfluß bei Kyd nicht nur auf die Diktion und dramatische Technik beschränkt; das Werk bringt zugleich eine bestimmte geistige Atmosphäre zum Ausdruck, die an Senecas Tragödien erinnert. J.B. Mulryne charakterisiert *The Spanish Tragedy* als ein Werk »that re-makes for sixteenth century audiences Seneca's horrifying vision of political collapse and personal waste«.[36] Es sei hier nur am Rande vermerkt, daß Machiavelli auf dieses Drama wie auf zahlreiche Rachedramen und politisch-historische Stücke der elisabethanischen Zeit seine

---

[35] Eliot, Selected Essays, 80.
[36] J.B. Mulryne (ed.), Thomas Kyd, The Spanish Tragedy, London/New York ²1989, XVII.

Wirkung hatte und das Seneca-Vorbild dahingehend verstärkte, daß die Werke vom Standort der damaligen Zeit als ›modern‹ erscheinen mußten. Die Literaturwissenschaft nimmt an, daß Thomas Kyd auch den nicht erhaltenen Ur-*Hamlet* schrieb, in dem – wie aus Shakespeares Stück zu schließen ist – die Grundsituation der *Spanish Tragedy* umgekehrt wurde: Hier ist es der Sohn, der den Tod des Vaters rächt. Shakespeares Verarbeitung der Seneca-Tradition sei an der Trojarede verdeutlicht, dem Bericht, den Aeneas Dido vorträgt und der von der Ermordung des Priamus durch Pyrrhus handelt. Diese Rede wurde höchstwahrscheinlich durch das *Dido*-Drama von Christopher Marlowe und Thomas Nash angeregt, ist aber insgesamt deutlich der Seneca-Tradition verpflichtet, wie L.L. Schücking ausgeführt hat.[37]

Dramaturgisch aufschlußreich ist, daß Hamlet zunächst einen Teil dieser Rede vorträgt, die insbesondere in ihrer Bildersprache an Seneca erinnert; erst danach bittet er den Ersten Schauspieler, die Rede zu Ende zu führen. Innerhalb des zweiten Teiles der Rede ist eine Stelle bemerkenswert: als Pyrrhus Priamus erschlagen will, scheint sein Schwert in der Luft gehemmt zu werden. Diesen Augenblick beschreibt er wie folgt:

> So, as a painted tyrant, Pyrrhus stood,
> And like a neutral to his will and matter,
> Did nothing.
> (II, 2, 476-78)[38]

Die beiden Wörter »*Did nothing*« bilden einen Vers für sich; auf diese Weise wird die Parallele zu Hamlets Verhalten besonders hervorgehoben.[39] Die folgenden Zeilen schaffen einen ebenso deutlichen Kontrast, denn während Hamlet sein Zögern und Zweifeln nicht überwinden kann, führt Pyrrhus nach einem Augenblick des Zögerns sein Rachewerk zu Ende (vgl. II, 2, 483-88). Als Hamlet später den König beim Gebet überrascht, könnte er, dem Beispiel des Pyrrhus folgend, seine Rache am König vollziehen. Aber er schreckt aus Gründen, die vom christlichen Glauben herrühren, vor der Ausführung zurück. Erst im V. Akt ändert sich sein Verhalten merklich. Als er Laertes am Grab Ophelias gegenübersteht, charakterisiert er seinen

---

[37] L.L. Schücking (ed.), William Shakespeare, Hamlet, Englisch und deutsch, Wiesbaden 1946, 385-91.– Dieser Ausgabe entsprechen im folgenden die Seitenangaben nach den deutschen Hamlet-Zitaten.
[38] Alle englischen Hamlet-Zitate nach: Hamlet, Harold Jenkins (ed.), The Arden Edition of the Works of William Shakespeare, London/New York 1982.
[39] Vgl. Robert S. Miola, Shakespeare and Classical Tragedy: The Influence of Seneca, Oxford 1992, 46.

Antagonisten in der bombastisch-rhetorischen Weise, die an Senecas Stil erinnert. Und er geht noch einen Schritt weiter, wenn er behauptet, er selbst könne sich genauso verhalten wie Laertes: »Nay, an thou'lt mouth/ I'll rant as well as thou«, (V, 1, 278-279). Erst als Hamlet weiß, daß er im Fechtkampf mit Laertes tödlich verwundet worden ist, gelingt es ihm, sich mit der Rächerrolle voll zu identifizieren. In seiner Diktion ist es allerdings nur ein Vers, der an die Sprache der Rächer bei Seneca erinnert: »Here, thou incestuous, murd'rous, damned Dane« (V, 2, 330).

Die Komplexität der Hamlet-Gestalt läßt sich bis zu einem gewissen Grad dadurch erklären, daß Shakespeare zwei Rollen von Seneca abzuleiten versuchte: die Rächerrolle und die des meditierenden Philosophen, dessen Vernunft die Wallungen der Leidenschaft in Schach halten sollte. Modellhaft wird Horatio von Hamlet mit folgenden Worten charakterisiert:

> ... thou hast been
> As one, in suff'ring all, that suffers nothing,
> A man that Fortune's buffets and rewards
> Hast ta'en with equal thanks.
> (III, 2, 65-68)

Wiederum ist zu beobachten, daß Hamlet die distanziert philosophische Haltung zum Leben erst verwirklichen kann, als er weiß, daß er sterben muß. Mit dem an Horatio gerichteten Satz: »But let it be« (V, 2, 343) deutet er an, daß er nun nicht mehr Sklave der Leidenschaft ist.[40]

Hamlet nimmt die Rächerrolle und die Rolle des Philosophen von Seneca und der Seneca-Tradition auf und wandelt beide Rollen ab, ohne sie miteinander zu verbinden. Sie sind Orientierungsmöglichkeiten für einen komplexen Charakter, der sie in seiner besonderen Veranlagung weit übersteigt und deshalb mit innerer Notwendigkeit tragisch scheitern muß.

Robert S. Miola hat in seinem Buch *Shakespeare and Classical Tragedy: The Influence of Seneca* gezeigt, daß Seneca den elisabethanischen Dramatiker durch sein gesamtes Schaffen hindurch beeinflußte. Bereits in *Titus Andronicus* ließ sich Shakespeare von Senecas Darstellung verbotener Leidenschaften und unaussprechlicher Verbrechen faszinieren. Und auch bei der Charakterisierung der Tyrannengestalten in *Richard III* und *Macbeth* folgte er den Konventionen des Seneca-Theaters, verarbeitete aber zusätzlich Anregungen, die die Herodesgestalt der Mysterienzyklen geben konnte. Lady Macbeth

---

[40] Vgl. hierzu auch die Abhandlung ›Shakespeares Hamlet als Rachetragödie‹, im vorliegenden Band S. 497-518.

erinnert in Sprache und Gebärde an die Protagonistinnen der Seneca-Dramen, wobei insbesondere *Medea* als Vorbild in Frage kommt.

Bei der Darstellung blinden Zornes und blinder Wut in *Othello* und *King Lear* konnte sich Shakespeare an den beiden *Hercules*-Dramen orientieren. Beachtenswert ist dabei die Rolle, die Jago spielt, denn ihm gelingt es einerseits, Othello zu einem Helden im Sinne Senecas umzuformen, zu einer Art Hercules, der in leidenschaftlicher Empörung nach Rache schreit; andererseits karikiert er Othello als einen komischen Hercules, als einen »boastful ranter«[41]. Im zornigen Lear gehen zwei Seneca-Rollen eine Synthese ein: er gebärdet sich wie ein Tyrann und Rächer zugleich. Allerdings läßt sich auch an ihm eine eigene Transformation der Vorbilder beobachten: die Leidenschaft, die ihn in den Wahnsinn treibt, läßt ihn zugleich zur Einsicht in die wahren Zusammenhänge im Zusammenleben der Menschen vordringen; Shakespeare spricht von »reason in madness«[42]. Lear ist ein gewandelter Vater, als er Cordelia nach ihrer Rückkehr aus Frankreich wiederbegegnet.

Es kennzeichnet den Stand der Shakespeareforschung zu Beginn dieses Jahrzehnts, daß eine Art Gegenbewegung gegen die Forschungsrichtung einsetzte, die zuvor die Elemente des Volkstheaters in Shakespeares dramatischem Schaffen betonte. Jetzt erscheinen Darstellungen, die in umfassender Weise seine Beziehung zur römischen Literatur herausstellen. Neben Miolas Buch sind hier vor allem zu nennen: Wolfgang Riehle, *Shakespeare, Plautus and the Humanist Tradition*, Cambridge 1990, und Jonathan Bate, *Shakespeare and Ovid*, Oxford 1993.[43]

Charakteristisch für diese Bücher ist die Tatsache, daß es den Verfassern nicht im Sinne der älteren Einfluß-Studien um den Nachweis einseitiger Abhängigkeiten geht, sondern um die Erfassung subtiler Wechselbeziehungen zwischen dem antiken Vorbild und dem elisabethanischen Autor. Bei seiner Plautus-Rezeption folgte Shakespeare den Humanisten insofern, als auch er der Komödie eine didaktische Funktion zuwies; in der dramatischen Gestaltung allerdings integrierte er die didaktischen Elemente in die

---

[41] Miola, Shakespeare and Classical Tragedy, 131.
[42] King Lear, Kenneth Muir (ed.), The Arden Edition of the Works of William Shakespeare, London/New York, ($^9$1972) repr. 1978, IV, 6, 173.- Vgl. dazu auch die Abhandlung ›Reason in Madness‹: Shakespeares King Lear zwischen Moralität und Tragödie, im vorliegenden Band S. 519-542.
[43] Zu den Monographien von Riehle, Bate und Miola vgl. Willi Erzgräber, Rezension im Jahrbuch 1994 der Deutschen Shakespeare-Gesellschaft und der Deutschen Shakespeare-Gesellschaft West, 229-36.

Entfaltung des Konflikts und vermied so eine aufdringliche Belehrung des Publikums.

Zwei Plautusdramen lieferten das Material für Shakespeares *Comedy of Errors*: die *Menaechmi* und der *Amphitruo*.[44] Im ersten Stück geht es um Zwillinge und deren turbulente Beziehung zur Kurtisane Erotium sowie zur Ehefrau des Menaechmus, der in Epidamnus ansässig ist. Erst dem Diener des Syrakuser Menaechmus gelingt es, die Verwirrungen aufzuklären. Die Änderungen, die Shakespeare bei der Bearbeitung dieses Stoffes vornahm, sind tiefgreifend: die Kurtisane wird in den Hintergrund gedrängt, dafür gewinnt Adriana, die Ehefrau, an Bedeutung. Neu hinzu kommt Luciana, die Schwester Adrianas, die vom Syrakuser Zwillingsbruder umworben wird. Liebe, Werbung und Ehe werden als dramatische Themen bei Shakespeare viel stärker betont als in der antiken Vorlage. Dazu paßt, daß Ephesus der Schauplatz ist. Seine Charakterisierung erinnert an die Äußerungen des Apostels Paulus über diesen Ort, wie auch dessen Ausführungen über das Verhältnis von Ehemann und Ehefrau, Herr und Diener in das Stück eingegangen sein dürften.[45]

Shakespeares Komödie wird dadurch thematisch mit größerem Gewicht befrachtet, daß er auch den *Amphitruo* des Plautus einarbeitete und dem Zwillingspaar der Herren mit den beiden Dromios ein Zwillingspaar der Diener zur Seite stellte. Sehr stark betont Shakespeare das Motiv der Verwandlung, wofür der folgende kurze Dialogabschnitt ein Beispiel sein kann.

> Syr. Dro. : I am transformed, master, am I not?
> Syr. Ant. : I think thou art in mind, and so am I.
> Syr. Dro. : Nay, master, both in mind and in my shape.
> Syr. Ant. : Thou hast thine own form.
> Syr. Dro. : No, I am an ape.
> Luc. : If thou art chang'd to aught, 'tis to an ass.
> (II, 2, 195-199)

Besonders deutlich tritt die Transformation des antiken Stoffes und seine Anpassung an die elisabethanische Mentalität am Schluß der Komödie zutage. Hier werden die Konflikte vom Herzog, dem Repräsentanten der weltlichen Macht und der irdischen Gerechtigkeit, sowie der Äbtissin, der

---

[44] Vgl. R.A. Foakes (ed.), The Comedy of Errors, The Arden Edition of the Works of William Shakespeare, London 1962, XXIV-XXXIV, und William Shakespeare, The Comedy of Errors, Die Komödie der Irrungen. Englisch-deutsche Studienausgabe, übers. v. Kurt Tetzeli v. Rosador, Bern/München 1982, 19-22. Englische Zitate nach der Arden-Ausgabe.
[45] Tetzeli v. Rosador (ed.), The Comedy of Errors, 21.

Mutter der Zwillingsbrüder, die den Namen Antipholus tragen, gelöst. Der Auftritt der Äbtissin bringt gleichsam als Ergänzung zur staatlichen Gerechtigkeit das Element der Liebe, der Güte, der Verzeihung und der Gnade im christlichen Sinn zur Geltung.[46]

Ovids Werke bildeten für Shakespeare von seinen Anfängen bis zu seinen letzten Werken eine beständige Quelle der Inspiration. Bereits in der Grammar School lernte er – nach den damaligen Gepflogenheiten im Lateinunterricht – Ovids Werke kennen, und er benutzte später das lateinische Original der *Metamorphosen* ebenso wie die berühmte Übersetzung von Arthur Golding. Vorbilder für die Ovid-Verarbeitung lieferten ihm die Werke John Lylys, der sich seinerseits an der eleganten, witzigen Diktion Ovids (aber auch an Cicero) geschult hatte, als er in locker souveräner Weise mythologische Stoffe in seinen Komödien verarbeitete.

Die frühen Verserzählungen Shakespeares verraten, wie eng er sich an Ovid anschloß: *Venus and Adonis* basiert auf der entsprechenden Erzählung in den *Metamorphosen*, *The Rape of Lucrece* geht von einer Behandlung dieses Stoffes in den *Fasti* aus und stellt mit den Mitteln Ovidscher Rhetorik Liebesverlangen und sexuelle Begierde, Grausamkeit, Vergewaltigung und Selbstmord dar.[47]

Die besondere Verarbeitung der Erzählung von »Pyramus und Thisbe« in *A Midsummer Night's Dream*, die Beschreibung des Inszenierungsstils der Handwerker und ihre Kommentare zur Theaterpraxis wirken wie eine Parodie auf die Übersetzungskunst und poetologischen Reflexionen der Renaissanceautoren. Die Buchstabengläubigkeit der Handwerker zerstört die poetische Substanz des Originals. Im Gegensatz hierzu steht in dieser Komödie (wie in den späteren Werken) Shakespeares eigene Fähigkeit, im Sinne Ovids die antiken Vorlagen in vielfacher Variation zu übertragen und in origineller Weise zu verwandeln.

Diese Fähigkeit läßt sich – wie Jonathan Bate in seiner Monographie nachweist – in den übrigen Komödien ebenso beobachten wie in den Tragödien und den späten Spielen, bis hin zu *The Tempest* und Gestalten wie Caliban, Sycorax und Prospero.[48] Ovid war für die Elisabethaner vor allem ein exzellenter Stilist, und Shakespeare fand bei seiner Ovid-Transformation in der englischen Sprache derart kongeniale Entsprechungen, daß Francis Meres, einer seiner Zeitgenossen, behaupten konnte: »The

---

[46] Anders deutet Wolfgang Riehle die Äbtissin. Vgl. Riehle, Shakespeare, Plautus and the Humanist Tradition, 200, sowie Erzgräber, Rezension in: Shakespeare-Jahrbuch 1994, 231.
[47] Vgl. Bate, Shakespeare and Ovid, 48-67 und 65-83.
[48] Vgl. ebd., 118-263.

sweete wittie soule of Ovid lives in mellifluous and honey-tongued Shakespeare«.[49]

## 8. Christopher Marlowe

Mit Shakespeare erreichte die Rezeption und künstlerische Umgestaltung der Antike im Zeitalter des englischen Humanismus ihren Höhepunkt. Wenn man unter den Zeitgenossen Shakespeares nach einem ebenbürtigen Rivalen Ausschau hält, kann man nur einen Namen nennen: Christopher Marlowe. Das »suae medietatis experimentum«[50], von dem Augustinus sprach und das als *das* Kennzeichen der Renaissance gedeutet werden kann, wenn man von ihren italienischen Ursprüngen ausgeht, hat Marlowe in seinem Leben wie in seinem künstlerischen Schaffen am radikalsten durchgeführt. Bleiben wir bei seinen Tragödien, so müssen wir feststellen: Am eindrucksvollsten demonstrieren Tamburlaine the Great und Dr. Faustus den kühnen Renaissance-Geist. Sie beide wollen die Welt besitzen und zugleich genießen. Das Streben nach Weltbesitz kann sich dabei in dreifacher Weise bekunden: (1) in dem Streben nach politischer Macht, (2) in dem Genuß irdischer Schönheit, (3) in dem Verlangen nach einem Wissen, das dem Menschen die letzten Weltgeheimnisse erschließt.[51]
Tamburlaine ist der Machtmensch, der fasziniert ist von seiner eigenen Willensleistung, von seinen Eroberungen, die ihn allen orientalischen Glanz und Reichtum genießen lassen. Er tritt seine Feldzüge an wie ein Weltentdecker, der fremde Länder nicht nur erkundet, sondern zugleich in Besitz nimmt, so daß aus dem Weltentdecker ein Welteroberer wird. Er transzendiert dabei die dem Menschen gesetzten Grenzen und glaubt, die Götter herausfordern und ihnen trotzen zu können. Er fühlt sich stärker als die Parzen und möchte mit eigener Hand das Rad der Fortuna drehen:

> I hold the Fates bound fast in iron chaines,
> And with my hand turn Fortunes wheel about.[52]

---

[49] Zit. nach ebd., 2.
[50] Aurelius Augustinus, De Trinitate, XII, 11, Corpus Christianorum, Series Latina, Bd. 50: Aurelii Augustini Opera, Pars XVI, 1, Turnholt 1968.
[51] Vgl. hierzu Harry Levin, The Overreacher, London 1954, 30-54 und 108-135.
[52] C.F. Tucker Brooke (ed.), The Works of Christopher Marlowe, Oxford 1910, repr. 1969, Tamburlaine, ll. 369-70.

Tamburlaine setzt seinen Willen absolut, fühlt sich in keiner Weise mehr durch göttliche Gebote eingegrenzt; er ist die erste große Gestalt in der europäischen Dichtungsgeschichte, die Nietzsche vorwegnimmt und jenseits von Gut und Böse zu existieren versucht. In seinem prometheischen Trotz glaubt er so weit gehen zu können, daß er sich die Ermordung der Götter, »the slaughter of the Gods«[53], zum Ziel setzt, bis er an die Grenze der menschlichen Macht stößt und stirbt.

*The Tragical History of Doctor Faustus* geht insofern noch über den Entwurf eines Renaissance-Menschen wie Tamburlaine hinaus, als Faustus Macht nicht durch die Entfaltung seines (politischen) Willens begehrt, sondern durch Wissen, wobei er über die vorgegebenen Bahnen des Wissenserwerbs hinausstrebt, die Schwarze Magie einsetzt, einen Bund mit Mephistopheles schließt und dabei kaltblütig das Schicksal seiner Seele aufs Spiel setzt. Faust wiederholt auf seine Weise den Sündenfall, was aus ihm eine mythische Figur macht, die zum Symbol der Neuzeit werden konnte. Das Ausmaß der prometheischen Kühnheit wird dadurch verdeutlicht, daß bis in die Sterbeszene hinein die mittelalterlich-christliche Tradition in seinem Bewußtsein lebendig bleibt, daß er zweifelt, ob er überhaupt noch durch die göttliche Gnade gerettet werden könne, daß er schließlich von Visionen der ewigen Verdammnis erfüllt wird und in eindrucksvollen, bewegenden wie bedrückenden Versen feststellt:

> Let Faustus liue in hel a thousand yeeres,
> A hundred thousand, and at last be sau'd.
> O no end is limited to damned souls ...[54]

Faustus gehört zu den tragischen Gestalten, an deren Charakter sich die (mögliche) Größe des Menschen ablesen läßt, die aber durch die Entfaltung der angeborenen Größe sich selbst vernichten.

## 9. Ausblick

Kehren wir noch einmal zu Shakespeare zurück, so müssen wir feststellen, daß auch seine Tragödien Hinweise enthalten, daß der Zenith in der kreativen Hochstimmung der Renaissancekunst und des gesteigerten Selbstbewußtseins, das der Humanismus in allen europäischen Literaturen und

---

[53] Ebd., l. 4442.
[54] Ebd., Doctor Faustus, ll. 1456-58.

Kulturen mit sich brachte, bereits überschritten war. Eine Stelle aus *Hamlet* soll dies belegen: Im II. Akt, 2. Szene stellt Hamlet über den Menschen fest:

> ... What piece of work is a man,
> how noble in reason, how infinite in faculties, in form
> and moving how express and admirable, in action
> how like an angel, in apprehension how like a god:
> the beauty of the world, the paragon of animals –
> (II, 2, 303-7).

> (Welch ein Meisterwerk ist der Mensch! /Wie edel durch Vernunft! Wie unbegrenzt an Fähigkeiten! In Gestalt /und Bewegung wie bedeutend und wunderwürdig! Im Handeln /wie ähnlich einem Engel! Im Begreifen wie ähnlich einem Gott! /Die Zierde der Welt! Das Vorbild des Lebendigen! (127))

Die Zeilen wecken Erinnerungen an italienische Renaissance-Autoren, beispielsweise an Pico della Mirandola (1463-94) und dessen Schrift *De dignitate hominis* (1486). Aber Hamlet fügt hinzu: »and yet, to me, what is this quintessence of dust?« (II, 2, 308) (»Und doch, was ist mir diese Quintessenz von Staube?« (127)

Es ist behauptet worden, diese Charakterisierung des Menschen sei eine Rückkehr ins Mittelalter.[55] Man kann mit kunstgeschichtlichen Begriffen aber auch sagen: hier vollzieht sich der Übergang von der Renaissance zum Barock; oder rein chronologisch gesehen, der Übergang vom 16. zum 17. Jahrhundert, in dem gleichsam zum äußeren Zeichen dafür, daß eine Epoche zu Ende war, von den Puritanern die Theater geschlossen wurden (1647). Dabei muß man aber auch feststellen, daß gerade im Puritanismus das Erbe des Humanismus im 17. Jahrhundert weiterlebte; dies beweist das Werk John Miltons in künstlerisch eindrucksvoller Form.

---

[55] Vgl. Manfred Pfister, Die frühe Neuzeit: Von Morus bis Milton, in: Hans Ulrich Seeber (Hg.), Englische Literaturgeschichte, Stuttgart 1991, 76.

## Zur *Utopia* des Thomas Morus

Besinnen wir uns zunächst auf das Ende des Thomas Morus: am 6. Juli 1535 wurde Thomas Morus in London enthauptet, weil er sich als ehemaliger Lordkanzler Heinrichs VIII. weigerte, die Suprematsakte, die im Jahre 1534 erlassen worden war, anzuerkennen, einen persönlichen Eid darauf zu leisten und damit dem englischen König in allen Glaubensfragen höchste Entscheidungsgewalt zuzubilligen. Er konnte eine solche Vereinigung weltlicher und kirchlicher Macht in der Hand eines Königs nicht gutheißen und mit seinem Gewissen vereinbaren. Sein Tod auf dem Schafott war der sichtbare Beweis dafür, daß er sich zu einer Eingrenzung staatlicher Gewalt bekannte, wie sie das ganze Mittelalter hindurch gefordert, gelehrt und auch praktiziert worden war; er nannte sich »the King's good servant, but God's first«.[1]

Der Märtyrertod des Thomas Morus ist die Konsequenz einer religiösen Überzeugung, die er sich nicht erst in der Auseinandersetzung mit dem König und in den Kontroversen mit Martin Luther und William Tyndale zu eigen machte, gegen deren reformatorische Lehren und Schriften er sich wandte; sie war von frühester Jugend an in ihm angelegt. Als er in London an den berühmten Rechtsschulen New Inn und Lincoln's Inn das Studium der Jurisprudenz betrieb, ergab er sich etwa vier Jahre lang in einer Kartäuserabtei zugleich einem Leben der Andacht und des Gebetes. Zur selben Zeit hielt er, von seinem gelehrten Freund William Grocyn dazu eingeladen, in der Kirche von St. Lawrence Jewry Vorlesungen über Augustins Schrift *De Civitate Dei*.[2] Wenn er auch seinen ursprünglichen Plan, Mönch zu werden und in den Franziskanerorden einzutreten, nicht verwirklichte, eine Ehe einging und einen bürgerlichen Beruf ausübte, so war sein ganzes Leben und Denken doch durch eine strenge geistliche Zucht bestimmt. Allzeit trug er unter seiner Kleidung ein härenes Büßergewand, und William Roper, sein Schwiegersohn, spricht davon, daß Thomas Morus von Zeit zu Zeit seinen Körper mit Peitschen zu züchtigen pflegte.[3]

---

[1] R.W. Chambers, Thomas More, London 1935, repr. 1959, 350.
[2] Vgl. R.W. Chambers, a.a.O., 77ff.
[3] Vgl. R.W. Chambers, a.a.O., 127.

*Abb. 20*: Portrait des Thomas Morus
Hans Holbein d.J. (1498 – 1543) war in Basel mit Erasmus von Rotterdam bekannt geworden, den er mehrfach portraitierte und dessen *Lob der Torheit* er mit Randzeichnungen versah. Als Erasmus den Maler seinem Freund Thomas Morus empfahl, war Holbein bereits ein angesehener Künstler, der sehr bald Zugang zur höchsten englischen Gesellschaft und zum König fand.
1527 entstanden Kreidezeichnung und Ölgemälde des Thomas Morus, über die Peter Berglar bemerkt: »Wenn man weiß, daß More Humor und Schalkhaftigkeit, Witz und Sarkasmus besaß, dann findet man sie auch in beiden Darstellungen. Im Ölbild, wo die »Lachfältchen« um Augen und Nasenwurzeln besser herauskommen, zeigt sich mehr der Humor, in der Kreidezeichnung mehr der Witz. Auf beiden Bildnissen scheint der Blick ernst und gesammelt in die Ferne zu gehen – doch – und darin erweist sich die wunderbare Kunst Holbeins, in eine Ferne, die zugleich im Innern des Gemalten wie auch im Innern des Betrachters liegt« (P. Berglar, *Die Stunde des Thomas Morus*, Olten/Freiburg i.Br. 1978, 152).
Die heiter-humanistische Atmosphäre, in der die 1516 publizierte *Utopia* entstand, bestand allerdings nicht mehr, als Holbein Morus portraitierte. Thomas Morus der »Heitere« – wie ihn Fr. Brie nannte – wurde ernster und nachdenklicher, was seine »Responsio ad Lutherum« (1523) belegt. Sein Weg führte konsequent zur Ablehnung des Suprematseids (1534), zur Inhaftierung, Verurteilung und Enthauptung am 6. Juli 1535.

Die Aufzeichnungen und Äußerungen über sein Lebensende, die uns erhalten sind, lassen nicht nur erkennen, daß Thomas Morus als überzeugter Katholik gelebt und gehandelt hat und wegen seines Glaubens auch bereit war, als Märtyrer zu sterben. Sie wissen außerdem von der sokratischen Ironie zu berichten, die für ihn als gelehrten Juristen und Humanisten des 16. Jahrhunderts kennzeichnend war. Es wird überliefert, daß er auf dem Schafott den Henker bat zu warten, bis er seinen Bart beiseite geschoben habe, denn dieser habe niemals irgendeinen Verrat begangen.[4] R.W. Chambers ist in seiner grundlegenden Darstellung allen Zügen nachgegangen, die für Morus charakteristisch sind und die an Sokrates erinnern, und er zitiert in diesem Zusammenhang eine Bemerkung von Nicholas Harpsfield, der Morus in seiner Biographie »our noble new Christian Socrates« nannte.[5] Antike und mittelalterliche Denk- und Fühlweise – dies lehrt uns das Studium der Biographie – durchdringen sich bei diesem Manne und bilden eine Synthese, die in ihren Grundzügen für das 16. Jahrhundert nichts Ungewöhnliches war, spätere Generationen und Interpreten jedoch immer wieder irritierte. Fehlinterpretationen ergaben sich, sobald man diejenigen Komponenten der geistigen Welt des Thomas Morus gegeneinander ausspielte, die er zu einer gelebten Einheit zu verbinden wußte, sobald man außer acht ließ, daß er antik-heidnisches und mittelalterlich-christliches Gedankengut mit philosophischem Scharfsinn und einer überragenden rhetorischen Gewandtheit als Stufen eines hierarchisch gegliederten Baus, als Aspekte einer vielschichtigen, aber in sich wohlgeordneten geistigen Welt zu begreifen vermochte.

Morus erlitt, was seine geistige Wirkungsgeschichte, das Verständnis seines Lebens wie seiner Werke bei den späteren Generationen anbelangt, ein ähnliches Schicksal wie Boethius, der im Leben wie im Sterben Thomas Morus nicht unähnlich war. Die Tatsache, daß Boethius eine *Consolatio Philosophiae* schrieb, die ganz aus dem Geist griechischer und römischer Philosophie konzipiert ist, ließ die Interpreten an seinem Christentum zweifeln; seitdem allerdings die Echtheit der unter seinem Namen bekannten theologischen Schriften erwiesen ist, steht es außer Frage, daß Boethius dem christlichen Glauben angehörte.[6] Boethius wie Morus

---

[4] Vgl. R.W. Chambers, a.a.O., 19.
[5] Zitiert nach R.W. Chambers, a.a.O., 16.
[6] Vgl. Die Religion in Geschichte und Gegenwart, Handwörterbuch für Theologie und Religionswissenschaft, 3., völlig neu bearbeitete Auflage, Tübingen 1957ff., I, Sp. 1344, und Lexikon für Theologie und Kirche, 2., völlig neu bearbeitete Auflage, Freiburg i. Br. 1957ff., II, Sp. 555.

wird man nur gerecht, wenn man sich vergegenwärtigt, daß sie zu prüfen versuchten – ohne sich dabei von ihrem Glauben zu lösen oder sich bewußt in Widerspruch zu ihm zu setzen –, zu welchen Schlüssen die Vernunft bei der Reflexion über Grundprobleme des menschlichen Daseins gelangt: Boethius machte das rhetorisch-literarische »experimentum rationis« im Hinblick auf das Schicksal, Morus in Beziehung auf den Staat.[7] Das heißt: die Darlegungen über den Staat der Utopier, über ihre politischen und gesellschaftlichen Einrichtungen können nicht als der umfassende Ausdruck der gesamten geistigen Welt des Thomas Morus angesehen werden. Sie sind von ihm aus als eine Konstruktion der natürlichen Vernunft zu verstehen, als eine Konstruktion, an der er als gelehrter Humanist ein literarisches Vergnügen empfand; sie waren nicht als ein mit fanatischem Ernst verfochtenes Reformprogramm gedacht,[8] wenngleich nicht zu übersehen ist, daß Morus auf eine indirekte Weise, durch ein Buch voller Witz und kluger Einsichten, zu belehren und zur Besserung der gesellschaftlichen Zustände seiner Zeit beizutragen bestrebt war. Die *Utopia* entspricht damit – wie bereits in der Morus-Forschung vermerkt wurde – der Auffassung vom Wesen der Dichtung, die Sir Philip Sidney gegen Ende des 16. Jahrhunderts in seiner *Defense of Poesy* entwickelte; sie ist »a speaking picture, with this end, – to teach and delight«.[9]
Die Ausführungen von Thomas Morus in dem 1516 in Löwen zum ersten Male veröffentlichten Werk gewinnen dadurch vor allem eine rätselhafte Tiefe und Hintergründigkeit, daß die Form nicht einheitlich dem philosophischen Traktat mit seiner begrifflich direkten, gedanklich eindeutigen Darstellungsweise nachgebildet ist.[10] Der Form des Traktates kommen die Ausführungen über die utopische Ethik am nächsten; im übrigen ist das Buch II dieses Werkes ein Bericht eines fiktiven Reisenden namens Raphael Hythlodeus, dessen geographische Beschreibungen mit einer erzählerischen Charakterisierung der Sitten und Gebräuche der

---

7   Vgl. hierzu Eberhard Jäckel, Experimentum rationis. Christentum und Heidentum in der Utopia des Thomas Morus, Diss. (Masch.-Schr.), Freiburg i. Br. 1955. In dieser von G. Ritter angeregten Diss. wird allerdings die Trennungslinie zwischen Heidentum und Christentum im Hinblick auf die Utopia zu scharf gezogen. Wir werden im folgenden zu zeigen haben, wie Morus in sein »experimentum rationis« Grundlehren der christlichen Tradition hineingenommen hat.
8   Vgl. hierzu auch H.W. Donner, Introduction to Utopia, London 1945, 23. Die sozialreformerisch-programmatischen Züge werden demgegenüber besonders stark von Russell Ames, Citizen Thomas More and His Utopia, Princeton, N.J., 1949 betont.
9   Vgl. Edward Surtz, S.J., The Praise of Pleasure. Philosophy, Education, and Communism in More's Utopia, Cambridge, Mass., 1957, 3-4.
10  Zur Form der Utopia vgl. u.a. die Ausführungen von V. Dupont, L'utopie et le roman utopique dans la littérature anglaise, Paris 1941, 116ff.

Utopier verbunden sind. Der Hinweis, daß Hythlodeus als einstiger Reisegefährte des Amerigo Vespucci nach Utopien verschlagen wurde, legt die Vermutung nahe, daß neben Platons *Politeia* und Augustins *De Civitate Dei* die Berichte eben jenes Mannes, nach dem die Neue Welt benannt wurde, Morus mancherlei Anregung für sein Werk gaben.[11] Die Kombination des philosophisch-theologisch diskursiven Stils mit dem episch darstellenden Stil der Reiseberichte spiegelt sich auch in der Variabilität des Tones, in dem Hythlodeus im II. Buch die Darstellung des utopischen Staates vor seinen Zuhörern vorträgt: er spricht bald mit wissenschaftlichem Ernst, bald in einer künstlerisch verspielten Heiterkeit.[12] Das I. Buch, das – nach den Forschungen von J.H. Hexter[13] – zunächst nur als eine kurze Einleitung zum Bericht des Hythlodeus konzipiert war, wurde zum größten Teil erst 1516, nach Buch II, geschrieben. Es erzählt von der diplomatischen Mission des Thomas Morus, die ihn 1515 nach Brügge führte, weiterhin von seinem Besuch bei dem holländischen Humanisten Petrus Ägidius, den er tatsächlich in Antwerpen aufsuchte, womit geschickt die Einführung des Raphael Hythlodeus verknüpft wird. Der Dialog der drei Gesprächspartner wird sodann zum Anlaß genommen, um die zeitgenössischen gesellschaftlichen und politischen Verhältnisse in England kritisch zu beleuchten, denn Hythlodeus will nicht nur Utopien, sondern auch England besucht haben und bei Cardinal Morton gewesen sein. Seine Ausführungen über den besten der heidnischen Staaten im II. Buch werden innerhalb des I. Buches insofern vorbereitet, als Hythlodeus hier bereits andeutungsweise von der vorbildlichen politischen und sozialen Ordnung in Utopien spricht und dazu noch Berichte über einzelne gesellschaftliche Einrichtungen der Polyleriten (75), der Achorier (88f.) und der Makarenser (97) einschiebt, die er in ähnlicher Weise bewundert wie das Staatswesen der Utopier.[14] Das große literari-

---

[11] Die Bedeutung von Amerigo Vespuccis Schriften für die Utopia des Thomas Morus wurde insbesondere von G. Dudok, Sir Thomas More and His Utopia, Amsterdam 1923, 63ff., herausgearbeitet. Zur Quellenfrage vgl. weiterhin die Ausführungen von H.W. Donner, Introduction to Utopia, 27-29.
[12] Vgl. hierzu insbesondere auch F. Brie, Thomas More der Heitere, ESt, LXXI (1936-37), 27-57.
[13] J.H. Hexter, More's Utopia: The Biography of an Idea, Princeton, N.J., 1952, 15ff.
[14] Die Seitenangaben beziehen sich auf The Yale Edition of the Complete Works of St. Thomas More, vol. 4, UTOPIA, ed. E. Surtz, S.J., and J.H. Hexter, New Haven/London 1965, 3rd printing 1974. Nach dieser Ausgabe wird im folgenden zitiert. Von den deutschen Übersetzungen seien genannt: Klaus J. Heinisch, Der utopische Staat; Morus: Utopia; Campanella: Sonnenstaat; Bacon: Neu-Atlantis. Rowohlts Klassiker der Literatur und der Wissenschaft, 1960; Thomas Morus, Utopia, übertragen von G. Ritter mit einem Nachwort von E. Jäckel, Stuttgart 1964.

sche Vorbild für das I. Buch der *Utopia* war die platonische Form des Dialogs, die Morus als gelehrter Humanist zu handhaben verstand, wenn auch nicht mit jener Subtilität, die für Platon kennzeichnend ist.[15]
Schließlich ist im Hinblick auf die Deutung des Gehaltes zu berücksichtigen, daß Morus innerhalb des gesamten Werkes unter seinem eigenen Namen als Gesprächspartner und auch als Kritiker des Hythlodeus auftritt. Infolge dieser eigentümlichen Darbietungsweise wurde in der Forschung immer wieder die Frage aufgeworfen, ob jener Morus in der *Utopia* mit dem Autor des gesamten Werkes ohne weiteres gleichgesetzt werden dürfe oder ob der Verfasser nicht vielmehr durch den Mund des Hythlodeus spreche, so daß dem gleichnamigen Doppelgänger in der *Utopia* die Aufgabe zufallen würde, nicht die ureigensten Überzeugungen des Autors wiederzugeben, sondern ganz allgemein die realistisch-konservativen Auffassungen eines Mannes jener Zeit.[16] Wie dieser Sachverhalt mit größter Wahrscheinlichkeit zu deuten ist, kann erst gezeigt werden, nachdem die Grundgedanken der *Utopia* dargestellt sind; wir möchten hier lediglich darauf aufmerksam machen, daß die Form des Werkes so differenziert ist, daß man ständig mit einer versteckten Ironie in den Aussagen des Thomas Morus rechnen muß.[17]
Bei der eigentümlichen Struktur der *Utopia* empfiehlt es sich, zunächst das Buch II in den Mittelpunkt der Betrachtung zu rücken und die Anschauungen über den utopischen Staat, die ethischen, religiösen, wirtschaftlichen, politischen und sozialen Grundideen zu charakterisieren, die Hythlodeus in den Mund gelegt sind. Erst im Anschluß an diese Erörterung können wir uns der Frage zuwenden, wie der Bericht über die Utopier mit dem Dialog im I. Buch und der Kritik des Morus an Hythlodeus, die sich am Ende des II. Buches findet, verbunden ist.
Das stete Richtmaß für das Handeln der Utopier ist die Vernunft. Wer der Stimme der Vernunft gehorcht, findet nicht nur Erfüllung in seinem angeborenen und natürlichen Verlangen nach persönlichem Glück; er wird darüber hinaus angetrieben, für die Gemeinschaft, in der er lebt,

---

Für bibliographische Angaben sei verwiesen auf: The Cambridge Bibliography of English Literature, I, ed. F.W. Bateson, Cambridge 1940, 666-668; V, ed. G. Watson, Cambridge 1957, 312-314.

[15] Vgl. hierzu H.W. Donner, Introduction to Utopia, 15ff.
[16] Vgl. zu dieser umstrittenen Frage u.a. H.W. Donner, Introduction to Utopia, 24ff.; J.H. Hexter, More's Utopia, 34ff.; E. Surtz, The Praise of Pleasure, 3. Das »ingenium versatile« des Thomas Morus und seiner Zeitgenossen erläutert H. Oppel in seinem Aufsatz: Zur Problematik des Willenskampfes, in: Shakespeare. Studien zum Werk und zur Welt des Dichters, Heidelberg 1963, 88ff.
[17] Vgl. R.W. Chambers, Thomas More, 19.

das Beste zu tun, d.h. seinen Mitmenschen zu helfen, das gleiche Ziel zu erreichen. Um das Wechselspiel der Interessen der einzelnen Bürger zu regeln, mögliche Kollisionen in ihrem Handeln zu vermeiden und das Wohl aller zu fördern, bedarf es auch im Staate Utopia der Gesetze. Von den Gesetzen aus gesehen ergeben sich folgende Werturteile über das Handeln der Utopier: wer im Rahmen der gesetzlichen Ordnung nach Vorteil strebt und persönliches Glück zu erlangen versucht, handelt klug; wer gegen die gesetzliche Ordnung und die Vorschriften der eigenen Vernunft verstößt, handelt unrecht. Höchste sittliche Vollendung aber wird demjenigen zuteil, der im Konfliktfalle das Glück der anderen über das eigene stellt; er erfüllt damit nicht nur eine Pflicht, die durch die gesamte utopische Lebens- und Gesellschaftsordnung geboten ist, sondern er handelt auch gütig und human.

Durch die Vernunft spricht nach der Ethik der Utopier zugleich die Stimme der »Natur« zum Menschen. Mit dieser Verknüpfung von Vernunft und Natur bewegt sich Morus in denkerischen Bahnen, die von der Stoa[18] sowie der scholastischen Philosophie[19] vorgezeichnet waren. Morus führt damit in seiner *Utopia* – sicherlich unbewußt – zugleich eine Tradition fort, die in der spätmittelalterlichen mittelenglischen Dichtung lebendig ist. Langlands *Piers Plowman* und die in diesem Epos auftretende allegorische Gestalt *Kynde Wit* (= »ratio naturalis«) sind dafür die besten Beispiele.[20]

Freilich ist nicht zu verkennen, daß mit den geistigen Bestrebungen der Renaissance und des Humanismus das Vertrauen auf Vernunft und Natur merklich gewachsen ist und daß auch diese Entwicklung in der *Utopia* des Thomas Morus ihren Niederschlag gefunden hat. Denn der Natur folgen heißt für die Bewohner des Landes Utopia erstens: nach einem sinnenfrohen Dasein streben und dabei das Gefühl haben, in der ungebrochenen Entfaltung individueller Neigungen kein Unrecht zu begehen; der Natur folgen bedeutet zweitens: tugendhaft sein. Eine Verbindung zwischen beiden Verhaltensweisen ergibt sich dadurch, daß – wie wir schon gesehen haben – erst durch das rechte Handeln das Glücksstreben der Utopier seine Erfüllung findet.

---

[18] Auf die Beziehung zur Stoa verweist J.H. Lupton, The Utopia of Sir Thomas More, Oxford 1895, 190, Anm. 1.
[19] Zu Morus und Thomas von Aquin vgl. E. Surtz, The Praise of Pleasure, 107f., und V. Dupont, L'utopie et le roman utopique dans la littérature anglaise, 114.
[20] Vgl. dazu Willi Erzgräber, William Langlands Piers Plowman: Eine Interpretation des C-Textes, Heidelberg 1957, 42ff.

Die Utopier vertreten also eine eudämonistische Lebensauffassung; in ihrer Ethik rücken sie den Lustbegriff (= »uoluptas«, »pleasure«) in den Mittelpunkt, und sie neigen zur Auffassung, daß in der Lust die eigentliche Glückseligkeit des Menschen (= »felicitas«, »felicytye«) bestehe.[21] Damit kommen neben den stoischen Elementen auch epikureische Gedanken in der utopischen Ethik zur Geltung.[22] Die Vorstellung von einem heiteren, sorglosen Dasein, das zugleich ein kluges, vernünftiges und sittenreines Leben ist, zieht sich durch das gesamte II. Buch der *Utopia* und zeugt von der humanistischen Gestimmtheit, die den Verfasser erfüllte, als er diesen Teil seines Werkes niederschrieb.

Es sei jedoch bereits in diesem Zusammenhang mit Nachdruck hervorgehoben, daß nirgendwo eine extrem hedonistische Fassung des Lustbegriffes in der *Utopia* nachgewiesen werden kann. Sehr wohl wissen die Utopier körperliche Lust zu schätzen; Hythlodeus spricht u.a. von den Genüssen, die durch Ohren, Augen und Nase aufgenommen werden, und in gleichem Zusammenhang heißt es :

> Gaudent tamen etiam his, gratique agnoscunt naturae parentis indulgentiam, quae foetus suos ad id quod necessitatis causa tam assidue faciundum erat, etiam blandissima suauitate pelliceat. (176)

Die Physis wird demnach rückhaltlos bejaht – aber nicht in einem modernen, biologisch-vitalistischen Sinne absolut gesetzt, denn die physischen Lustempfindungen bedürfen nach der Ethik der Utopier der Ergänzung durch psychische Erlebnisse. Die Quellen seelischen Wohlbefindens sind nach ihrer Auffassung die kontemplative Schau des Wahren, die angenehme Erinnerung, stets ein gutes Leben geführt zu haben, und schließlich die feste Hoffnung auf ein zukünftiges Heil (172). Philosophisch-theoretische, ethisch-praktische und eindeutig religiöse Motive werden also zusammengenommen, um das Gefühl seelischen Wohlbefindens zu umschreiben.

Die Bemerkung, daß zu den Lustmomenten seelischer Art auch die Hoffnung auf ein zukünftiges Heil (im transzendenten Sinne) gehöre, deutet an, daß die gesamte Sittenlehre der Utopier von einer religiösen Mentalität getragen und bestimmt wird. Mit anderen Worten: wir haben

---

[21] Vgl.hierzu insbesondere E.L. Surtz, The Defense of Pleasure in More's Utopia, SP, XLVI (1949), 99-112.
[22] Vgl. J.H. Lupton, The Utopia of Sir Thomas More, 188, Anm. 1 und 189, Anm. 1; E.L. Surtz, Epicurus in Utopia, ELH, XVI (1949), 89-103; Robert P. Adams, Designs by More and Erasmus for a New Social Order, SP, XLII (1945), 131-145.

es hier nicht mit einer absolut autonomen, humanistischen Ethik zu tun, sondern mit einer Ethik, die nachweislich auf einem Fundament ruht, das von Glaubensüberzeugungen gebildet wird.

Die Bedeutung der Religion für die utopische Sittenlehre ist dabei in doppelter Weise zu fassen: durch die Religion wird zum einen die – oben beschriebene – Einstellung der Utopier zum Diesseits nachhaltig beeinflußt; zum andern vermittelt sie ihnen grundlegende Vorstellungen von der Seele und ihrem Schicksal nach dem Tode, die nach der Meinung der Utopier auf philosophischem Wege allein nicht mit dem gleichen Grad an Gewißheit gewonnen werden können.

Für ihre Einstellung zum diesseitigen Leben ist folgendes festzuhalten: nach den Worten des Hythlodeus sorgt die Religion bei den Utopiern dafür, daß das körperlich-geistige Leben im Hier und Jetzt nicht entwertet wird; sie treibt vielmehr seine volle Entfaltung an. Ausdrücklich wird vermerkt, daß die Utopier mit Argumenten, die der Religion entnommen sind, ihre Lehre von der Lust begründen. Im VI. Kapitel des II. Buches der *Utopia* führt Hythlodeus dazu aus:

> Et quo magis mireris ab religione quoque (quae grauis et seuera est fereque tristis et rigida) petunt tamen sententiae tam delicatae patrocinium. (160)

Gerade auf Grund ihrer religiösen Gesamteinstellung erblicken die Utopier in der Erde keinen Ort des Leidens, der Qualen, der Entbehrung und der geforderten Askese; sie sehen im Diesseits eine Stätte, an der der Mensch glücklich sein kann, und es (in ehrenhafter Weise) von Natur und Gott aus auch sein soll.

Von besonderer Bedeutung sind dabei für die Utopier zwei Lehren, die gemäß dem Bericht des Hythlodeus von ihnen als religiöse Grundwahrheiten anerkannt und in ihre Ethik einbezogen werden (a) »Animam esse immortalem, ac dei beneficentia ad felicitatem natam« (160) und (b) »uirtutibus ac bene factis nostris praemia post hanc uitam, flagitijs destinata supplicia« (162).

Die Utopier haben diese beiden Glaubenssätze in ihre Sittenlehre aufgenommen, weil ihres Erachtens die Vernunft zu schwach ist und aus eigenem Vermögen nicht mit absoluter Sicherheit zu ergründen vermag, welches das wahre Heil sei. Mit dieser Lehre von der Seele und ihrem Schicksal nach dem Tod distanzierte sich Morus vor allem von Epikur, der die Unsterblichkeit der Seele und die Vorstellung von der Vergeltung und der Belohnung menschlicher Taten im Jenseits leugnete, wie stark in anderen Teilen der utopischen Sittenlehre die Anklänge an diesen Denker auch sein mögen.

Die Worte des fiktiven Reisenden Hythlodeus über die Schwäche und Unzulänglichkeit der Vernunft (160) lassen an Thomas von Aquin denken, an jene Stelle der *Summa theologica* (I-II, q. 109), an der von der verderbten Natur des Menschen gesprochen wird, die auf die göttliche Gnade angewiesen ist wie der Kranke auf die Arznei. Da Morus bei der Schilderung des Staates eines weithin heidnischen Volkes und insbesondere der utopischen Sittenlehre den Begriff der Gnade nicht verwenden konnte (und wollte), stützte er sich auf Lehren, die für ihn mit seinem christlichen Glauben gegeben waren, die aber in der antik-heidnischen Philosophie (etwa bei Platon) ebenfalls belegt werden konnten.[23] Wenn er die zitierten Sätze ausdrücklich als Glaubenssätze in Utopien bezeichnete, so dürfte dies wohl darauf zurückzuführen sein, daß er sie gegen die Zweifel, die in Vergangenheit und Gegenwart gegen sie vorgebracht wurden, zu schützen versuchte. Zu beachten ist weiterhin, daß – nach den Ausführungen des Hythlodeus – die Utopier es nicht als den besonderen Auftrag der Philosophie ansehen, solchen Sätzen mit Skepsis zu begegnen. Es ist nach ihrer Anschauung vielmehr die Aufgabe der Vernunft, die Billigung und Anerkennung der zitierten Glaubenssätze mit eigenen Argumenten zu stützen (162). Im übrigen fällt auf, daß Morus es – wohl mit Absicht – im VI. Kapitel des II. Buches unterläßt, sich eingehender über die religiösen Auffassungen der Utopier und die Herkunft der genannten Glaubenssätze zu äußern. Es ging ihm in diesem Zusammenhang offenbar nur darum zu zeigen, daß in seiner Konzeption auch eine utopische Ethik nicht als ein in sich geschlossenes System zu verstehen sei, sondern daß gerade umgekehrt ihre Offenheit zum religiösen Bereich hin als eines ihrer hervorstechendsten Merkmale zu gelten habe.

Die Bedeutung der beiden zitierten Lehren für das Zusammenleben der Utopier liegt also darin, daß durch sie erstens die Priorität des Geistig-Seelischen vor dem Physischen gewahrt und gesichert wird. Zweitens lenken sie das Glücksstreben über den rein innerweltlichen Bereich hinaus: die utopische Ethik fordert ein Handeln, das in der Hingabe an das Diesseits, die bejaht wird, den Gedanken an Jenseitiges nicht aufgibt.

Aus der Verwurzelung der utopischen Ethik in der Religion erklären sich auch die Aufgaben, die die Utopier ihren Priestern zuweisen (Morus

---

23  Vgl. hierzu sowie zum folgenden Edward L. Surtz, The Praise of Wisdom. A Commentary on the Religious and Moral Problems and Backgrounds of St. Thomas More's Utopia, Chicago 1957, 30ff.

spricht davon im IX. Kapitel des II. Buches der *Utopia*). Die vom Volk gewählten Priester haben in diesem Staat nicht nur die Pflicht, sich um die Gottesdienste zu kümmern. Es obliegt ihnen darüber hinaus, dafür zu sorgen, daß jene Gesittung erhalten und von Generation zu Generation überliefert wird, auf welcher das utopische Staatsgebilde ruht. Sie sind deshalb mit der Erziehung der Jugend beauftragt und haben ratend und mahnend über die Sitten des ganzen Volkes zu wachen (226, 228). Jeder Utopier empfindet es als eine Schande, wenn er von einem Priester wegen seines Lebenswandels getadelt wird, und es gilt als die schlimmste Strafe, deswegen vom Gottesdienst ausgeschlossen zu werden. Wer in einem solchen Falle nicht unverzüglich Buße bei einem Priester tut, wird vom Senat wegen seines Verhaltens bestraft.

Das religiöse Leben in Utopien gewinnt dadurch seine Besonderheit, daß nicht nur verschiedene Formen der Gottesverehrung in den Städten dieses Landes und bei einzelnen Gruppen der Bevölkerung nebeneinander existieren, sondern daß in diesem Staat auch zwei Sekten erlaubt sind (226). Die Angehörigen der ersten Sekte verzichten auf die Ehe. Sie enthalten sich weiterhin der fleischlichen Nahrung; manche meiden sogar den Genuß aller Nahrungsmittel, die von Tieren stammen.[24] In dieser Sekte kommen mittelalterliche Vorstellungen von einer asketischen Lebensführung deutlich zur Geltung: alle Annehmlichkeiten und Vergnügen des irdischen Lebens werden als sündhaft abgelehnt. Die zweite Sekte gestattet den Ehestand und billigt auch tierische Nahrung; sie verhält sich zur ersten ungefähr wie die weltlichen franziskanischen Tertiarier zu dem eigentlichen Franziskanerorden.[25]

Aufschlußreich ist nun zu sehen, wie – nach dem Bericht des Raphael Hythlodeus – die Utopier diese Sekten werten: die Angehörigen der zweiten Sekte werden von den Utopiern als die Klügeren bezeichnet; sie stehen dem gesunden Menschenverstand mit ihrer Lebensform näher. Dagegen gelten die Angehörigen der ersten Sekte als die Frömmeren; sie haben sich stärker von den Geboten der natürlichen Vernunft gelöst und sich dem absoluten Anspruch religiöser Forderungen unterstellt. Die Sekten werden also von den Utopiern ähnlich gestuft und bewertet wie im Mittelalter die Stände der Ehe und der Jungfräulichkeit. Und es fällt weiterhin auf, daß die Abgrenzung des strengen asketischen Lebens von einem natürlich-kreatürlichen Dasein sehr scharf vorgenommen wird. Es

---

[24] Vgl. hierzu auch J.H. Lupton, The Utopia of Sir Thomas More, 281, Anm. 2.
[25] Vgl. R.W. Chambers, Thomas More, 256.

gibt in dieser Beziehung kein harmonisierendes Ausgleichen: Ehelosigkeit und Askese lassen sich nach der Anschauung der Utopier nicht mit der natürlichen Vernunft rechtfertigen; wer eine solche Begründung einer Lebensform vorbringt, die sie an sich achten, wird von den Utopiern verlacht.

Mit der Einbeziehung der Sekten in das Leben im Staate Utopia ist ein Problem verbunden, das vom Beginn der Neuzeit an alle politischen Denker und Sozialkritiker beschäftigte, zumal wenn sie über die Normen reflektierten, die ein ideales Staatsgebilde bestimmen sollten: das Problem der Toleranz.[26] Knüpfen wir an das Beispiel an, das Morus bietet: eine Sekte, die ihre asketischen Ideale von der Natur her begründen möchte, wird – wie wir sahen – dem Gelächter preisgegeben; führt sie dagegen religiöse Gründe an, dann werden ihre Angehörigen verehrt. Auf den ersten Blick könnte man sagen, Morus empfehle hier ein raffiniertes Manipulieren mit Worten, und es gibt Interpreten, die einzelne politische Ideen in der *Utopia* ausgesprochen machiavellistisch nennen und behaupten, er habe in seiner denkerischen Raffinesse Machiavelli noch übertroffen.[27] Aber solche Vermutungen dürften in diesem besonderen Falle in die Irre führen. Bei seinen Ausführungen über die Duldung von Sekten in Utopien möchte Thomas Morus zeigen, in welcher Weise die in diesem Staat vorhandenen Gruppen und die durch sie repräsentierten Lebensauffassungen abzustufen sind. Nach der Überzeugung der Utopier kommt es vor allem darauf an, daß sich die Angehörigen der einzelnen Sekten um das rechte Selbstverständnis bemühen, damit sie sich in das gesellschaftliche Zusammenleben aller Bürger in Utopia in angemessener Weise einzuordnen wissen. Das friedliche Nebeneinander der verschiedenen Lebensauffassungen wird im übrigen dadurch gewährleistet, daß die Utopier danach streben, einander mit Güte und Klugheit zu begegnen und die Freiheit der persönlichen Überzeugung zu schützen und zu wahren. Sie achten insbesondere darauf, daß niemand über eine andere Religion etwas Unüberlegtes und Herausforderndes äußert:

> Nihil enim sollicitius obseruant, quam ne temere quicquam ulla de religione pronuncient. (226)

---

[26] Vgl. hierzu auch H.W. Donner, Introduction to Utopia, 50.
[27] Zu einer solchen Beurteilung von Morus neigte insbesondere Hermann Oncken; vgl. seine Einleitung zur Utopia-Übersetzung von G. Ritter, Berlin 1922, und seine Abhandlung Die Utopia des Thomas Morus und das Machtproblem in der Staatslehre, Sitzungsberichte der Heidelberger Akademie der Wissenschaften, Phil.-hist. Klasse, XIII (1922), 16 u. 18.

Im Hinblick auf die Darstellung der religiösen Anschauungen der Utopier und der in ihrem Staat geltenden Toleranzidee ist bemerkenswert, daß Morus in diesem Kapitel seines Werkes (216, 218ff.) die historisch-genetische Betrachtungsweise anwendet, während er sich sonst meist mit der Deskription des Bestehenden (das freilich nur Fiktion ist) zufrieden gibt. Die Toleranz, wie sie in Utopia geübt wird, ist nicht der Ausdruck eines ganz ursprünglichen, freiwilligen, freiheitlichen und vernünftigen Entschlusses, sondern das Resultat einer geschichtlichen Entwicklung. Sowohl die erste Phase der Geschichte des utopischen Volkes wie der von Hythlodeus beschriebene augenblickliche Zustand ist durch ein Neben- und Miteinander von mehreren religiösen Überzeugungen gekennzeichnet. Ursprünglicher und gegenwärtiger Zustand unterscheiden sich jedoch dadurch, daß die anfängliche Vielfalt religiöser Überzeugungen in einen Kampf aller gegen alle auszuarten drohte, während der gegenwärtige Zustand durch die Achtung der meisten vor den meisten charakterisiert ist. Weshalb wir hier nicht von der »Achtung aller vor allen« sprechen können, sondern auf die »Achtung der meisten vor den meisten« vorsichtig einschränken müssen, wird im folgenden noch zu erläutern sein.

Gehen wir zunächst dem historischen Prozeß, wie ihn Morus sich vorstellt, ein wenig nach. Wenn Utopos in dem von ihm begründeten und nach ihm genannten Staat das Toleranzgebot einführte, so geschah dies primär aus folgendem Grund: er konnte beobachten, daß die religiösen Streitigkeiten unter den Bewohnern des Landes es ihm erleichterten, sie zu bezwingen. Um den Staat politisch zu stärken, um Frieden zu stiften, sorgte er dafür, daß jeder über seine Religionszugehörigkeit frei entscheiden konnte. Utopos folgte in dieser besonderen Frage, wie in allen anderen Problemen des gesellschaftlichen Lebens, der Stimme der natürlichen und praktischen Vernunft. Diese Vernunft dient nach seinem Willen in Utopia fortan als eine Art Regulator für alle Spannungen, die zwischen religiös verschieden denkenden Menschen immer wieder auftreten können. Versuche, einen anderen zu bekehren, sind nur erlaubt, wenn der Werbende und Bekehrende seine Anschauung mit ruhiger und vernünftiger Duldsamkeit vorträgt und dabei auf gehässige Äußerungen, auf Schmähungen und die Anwendung von Gewalt verzichtet. Wo das vernünftige Maß bei solchen Bemühungen überschritten wird, trifft den Schuldigen die Strafe der Verbannung oder der Zwangsarbeit. Das gilt vom Standpunkt der Utopier aus gesehen nicht nur für das Spannungsgefüge der in ihrem Staat vorhandenen divergierenden heidnischen Religionen, sondern auch für die christliche Religion, mit der sie bekannt gemacht wurden. Hythlodeus berichtet, daß einer der Utopier nach seinem Übertritt zum Christentum mit allzu großem Eifer (»maiore studio, quam prudentia«, 218) über den christlichen Glauben sprach. Dabei äußerte er sich so scharf über alle Andersgläubigen in Utopien, daß er verhaftet und verbannt wurde.

Freilich ist bei der Betrachtung der religiösen Anschauungen der Utopier und ihrer Auffassung von religiöser Toleranz nicht zu übersehen, daß nach dem Willen ihres Stammvaters zwei Lehren keine Zustimmung finden: a) die Lehre, daß die Seele mit dem Körper vergehe, und b) die Lehre, daß der Weltlauf dem Gesetz des Zufalls unterworfen sei und nicht durch eine göttliche Vorsehung gelenkt werde. In dem Kapitel, das sich mit den religiösen Anschauungen in dem von Hythlodeus beschriebenen Staat befaßt, heißt es von dem Stammvater Utopos :

> … et quid credendum putaret liberum cuique reliquit. Nisi quod sancte ac seuere uetuit, ne quis usque adeo ab humanae naturae dignitate degeneret, ut animas quoque interire cum corpore, aut mundum temere ferri, sublata prouidentia putet. (220)

In aller Schärfe könnte man formulieren: Materialismus und Atheismus werden als Weltanschauungen in Utopia im Interesse eines wohlgeordneten Zusammenlebens aller Bürger nicht gebilligt.[28] Der Materialismus kommt nach der Auffassung der Utopier einer Negierung der besonderen Stellung des Menschen im Stufenbau der Wirklichkeit gleich. Er wird von ihnen vor allem deshalb als eine Gefahr für ihr gesellschaftliches und politisches Leben betrachtet, weil ihrem Dafürhalten nach derjenige, der die Physis verabsolutiert, keine Verpflichtungen gegenüber der Gemeinschaft kennen kann. Da befürchtet werden muß, daß er sich in Widerspruch zu aller staatlichen Ordnung setzt, um die Lustgefühle seiner Natur zu befriedigen, wird er nicht zur Bürgerschaft ihres Landes gerechnet und darf kein Amt in Utopia bekleiden. Infolgedessen kann für die Utopier einem solchen Menschen gegenüber auch das Prinzip der Toleranz keine Gültigkeit besitzen. Sie lassen es einem Anhänger des Materialismus gegenüber an Achtung fehlen; sie strafen ihn mit Verachtung; aber – so müssen wir hinzufügen – auch nicht härter. Die Art und Weise, in der die Utopier einem Materialisten oder einem Atheisten begegnen, läßt

---

[28] Vgl. hierzu H. Freyer, Die politische Insel: Eine Geschichte der Utopien von Platon bis zur Gegenwart, Leipzig 1936, 37.

erkennen, daß sie zweierlei Ziele verfolgen: sie möchten einerseits den Anhänger einer solchen Lehre in seinem elementaren Recht auf Leben schützen; sie möchten andererseits verhüten, daß er das allgemeine Wohl gefährdet. Man verbietet ihm daher, seine Anschauungen in der breiten Öffentlichkeit zu verkünden; man zwingt ihn aber nicht, seine Gesinnung um jeden Preis zu verbergen und gar mit Falschheit, Täuschung und Lüge zu arbeiten. Man fordert ihn vielmehr auf, vor Priestern und erfahrenen Männern offen zu reden, in der Hoffnung, ihn von seinem Wahn befreien zu können. Solche Überlegungen mögen überaus subtil, spitzfindig und manchem Leser der *Utopia* sogar fragwürdig erscheinen – sie sind bei Morus aus der Praxis des Juristen und Politikers zu verstehen und aus der im 16. Jahrhundert allgemein verbreiteten Angst vor öffentlichem Aufruhr.

Wenn Thomas Morus in seinen Auseinandersetzungen mit Häretikern in den folgenden Jahren eine sehr entschiedene Haltung zeigte und die Frage auftauchen konnte, ob er damit seinen eigenen, in der *Utopia* entwickelten Ideen grundsätzlich widersprach, dann ist dazu folgendes festzustellen[29]: Es besteht zwischen seinen späteren Anschauungen und den Ausführungen über den Toleranzgedanken der Utopier insofern ein innerer Zusammenhang, als Morus das Prinzip der Duldung Häretikern gegenüber in ähnlicher Weise einschränkte wie Utopos gegenüber den Atheisten und Materialisten. War Utopos nach der Darstellung des Hythlodeus dabei um die Erhaltung der von ihm gegründeten staatlichen Ordnung besorgt, so hielt Morus an dem überlieferten Verhältnis von Staat und Kirche fest und war stets bemüht, es gegen jegliche Unterhöhlung und Auflösung abzusichern.

Weiterhin ist bei der Erörterung dieses Sachverhaltes zu berücksichtigen, daß die geschichtlichen Situationen, in die sich Morus als Lordkanzler eines europäischen Nationalstaates nach der Veröffentlichung seines Werkes gestellt sah, komplexer waren als irgendeine Situation, die er in seiner *Utopia* beschrieben hatte.[30] Wo Morus im II. Buch ausdrücklich vom Christentum spricht, geht es ihm nicht darum, die geistigen Spannungen zu umschreiben, die letztlich zur Reformation führten; er verfolgt dabei vielmehr die Absicht, diejenigen Elemente aus der christlichen

---

[29] Vgl. zum folgenden E.L. Surtz, The Praise of Wisdom, Kap. III: Toleration and Heresy, 40-78.

[30] Vgl. zu diesen Fragen die – mehrfach schon genannte – Gesamtdarstellung von R.W. Chambers. Einwände gegen Chambers hat mit polemischer Schärfe R. Ames in seinem Buch Citizen Thomas More and His Utopia, Princeton, N.J., 1949 vorgebracht (vgl. insbesondere 179-181: Appendix A, Religious Toleration vs More's Persecution of Heretics).

Denk- und Glaubenstradition herauszuheben, die er als Bestätigung für sein Idealbild eines heidnischen Staates ansehen konnte.
Von diesem Hintergrund aus lassen sich auch die Ausführungen des Hythlodeus (216, 218) über die Begegnung der Utopier mit dem Christentum verstehen. Wenn einige von ihnen bereits Christen geworden sind, ist diese Entwicklung erstens darauf zurückzuführen, daß sie für den Übertritt zum christlichen Glauben innerlich vorbereitet waren: ihr eigenes religiöses Leben strebte immer mehr einem Monotheismus entgegen, womit – nach Morus – ein sichtbarer Beweis für die Wirksamkeit der Vernunft im Menschengeschlecht gegeben ist. Zweitens bewundern die Utopier die sittliche Standhaftigkeit der Christen, die für ihren Glauben zu sterben bereit sind, und drittens sehen sie sich durch das Christentum in der von ihnen allgemein anerkannten und verwirklichten Forderung nach Gütergemeinschaft bestärkt. Hythlodeus bemerkt einmal:

> quanquam hoc quoque fuisse non paulum momenti crediderim, quod CHRISTO communem suorum uictum audierant placuisse, et apud germanissimos Christianorum conuentus adhuc in usu esse. (218)

Das Verhältnis der Utopier zu den irdischen Gütern ist jedoch unzureichend charakterisiert, wenn man lediglich feststellt, daß es bei ihnen keinen Privatbesitz gibt und alle »bona temporalia« Gemeinbesitz sind. Hythlodeus zeigt zugleich, daß diese äußeren Verhältnisse durch eine bestimmte innere Haltung bedingt sind: die Utopier sind frei von der Begierde nach weltlichem Besitz, und ihre innere Freiheit findet in ihrer kritisch-skeptischen Bewertung von Geld und Gold den besten Ausdruck. Eine epikureische Haltung, von der in der utopischen Sittenlehre einmal im Hinblick auf alles, was den Sinnen gefällt, die Rede ist (172), suchen wir bei der Charakterisierung ihres Verhältnisses zu Geld, Gold und Besitz vergebens (150, 152; 166, 168). Ihre Gelöstheit von allem Besitz erinnert geradezu an Ideen, wie sie im ausgehenden Mittelalter insbesondere von den Franziskanern verbreitet wurden. Die Wandlungen im Wirtschaftsleben jener Zeit, die – nach Henri Pirenne[31] – bereits ein kapitalistisches Gepräge trugen, riefen als Reaktion im religiösen Bereich eine verstärkte Hinwendung zu der neutestamentlichen Forderung der Armut hervor. Diese Tendenz setzt sich bei Morus fort, was nur allzu verständ-

---

31 Vgl. Henri Pirenne, Sozial- und Wirtschaftsgeschichte Europas im Mittelalter, Bern [1946], 156ff.

lich ist, wenn man bedenkt, daß er sich in seiner Jugend für einige Zeit ernsthaft mit dem Gedanken trug, Franziskanermönch zu werden.
Im übrigen spürt man auch bei dieser Charakterisierung des Verhältnisses der Utopier zu Geld, Gold und irdischem Besitz den humanistischen Ironiker in Thomas Morus – so etwa, wenn er Hythlodeus berichten läßt, daß Gold und Silber in Utopien dadurch der Verachtung preisgegeben werden, daß Nachtgeschirre sowie die Ketten und Fußfesseln für die Sklaven aus diesen Metallen hergestellt werden. Ehrlose Verbrecher tragen in Utopien Halsketten, Ohrringe, Fingerringe und einen Stirnreif aus Gold. Schließlich ist festzuhalten, daß Gold und Silber als Zahlungsmittel für Exporte sehr wohl angenommen werden, weil sie in Zeiten äußerster Gefahr als Staatsschatz dazu verwendet werden, um fremde Soldaten anzuwerben – Morus denkt hier wohl an das Beispiel der Schweizer Söldner –, weiterhin um Zwietracht unter die Feinde zu säen und sie durch List zu überwältigen und zu bezwingen. Gold und Silber sind also im Bereich des Außenhandels und der Außenpolitik von Belang; ohne Funktion und Bedeutung sind sie in der Innenpolitik der Utopier. Geld ist in dem Wirtschaftssystem Utopias nicht nötig, weil alle lebensnotwendigen Güter entweder in reicher Fülle vorhanden sind oder erzeugt werden und von Staats wegen ein Mangel in der einen Stadt durch einen Überfluß in der anderen Stadt ausgeglichen wird.
So sehr manche Ausführungen in der *Utopia* an moderne Auffassungen von »Planwirtschaft« erinnern, so stark ist Morus mit seinen Vorstellungen von einer vernünftigen volkswirtschaftlichen Ordnung, wie sie in Utopien herrscht, in der mittelalterlichen Denktradition verwurzelt, wonach die Agrarwirtschaft als die Grundlage eines jeden Gesellschafts- und Wirtschaftssystems angesehen wurde. Wie hoch die Utopier den Ackerbau einstufen, geht aus folgender Bemerkung des Hythlodeus hervor:

> Ars una est omnibus uiris, mulieribusque promiscua agricultura, cuius nemo est expers. Hac a pueritia erudiuntur omnes, partim in schola traditis praeceptis, partim in agros uiciniores urbi, quasi per ludum educti, non intuentes modo, sed per exercitandi corporis occasionem tractantes etiam. (124)

Gleich zu Beginn des zweiten Buches wird geschildert, wie ein ländlicher Haushalt aussieht: er umfaßt mindestens vierzig Männer und Frauen und zwei schollengebundene Dienstleute (»ascriptitios seruos« [114]). Jährlich kommen zu dieser Gemeinschaft zwanzig neue Mitglieder aus der Stadt hinzu; dafür kehren zwanzig andere in die Stadt zurück, die bereits zwei Jahre auf dem Land gearbeitet haben. Die übrigen, die erst ein

Jahr dem ländlichen Haushalt angehören, weisen die Neulinge in ihre Arbeiten ein, so daß bei allem Wechsel in der Zusammensetzung stets ein gleichmäßiger Rhythmus im Leben und in der Arbeit einer solchen Gemeinschaft herrscht. Morus geht in dieser Beziehung also weiter als Platon, bei dem nur ein Stand im Staat dazu verpflichtet ist, für die Erhaltung der agrarwirtschaftlichen Basis zu sorgen.

Darüber hinaus wird in Utopien jeder gezwungen, ein Handwerk zu erlernen, wobei auffällt, daß Morus sich auf die Grundarten des Handwerks beschränkt; er erwähnt in Buch II, Kap. IV Tuchmacher, Leineweber, Maurer, Schmiede und Zimmerleute; alle Berufe dagegen, die Luxusgegenstände herstellen, sind in Utopien verpönt. Wie in der Landwirtschaft, so sind auch im Bereich der handwerklichen Berufe beide Geschlechter in den Arbeitsprozeß einbezogen. Eine Befreiung von handwerklicher Arbeit ist nur möglich, wenn der Betreffende sich auf Empfehlung der Priester und nach geheimer Abstimmung der Syphogranten (d.h. weltlicher Beamten) dem Studium widmet. Dabei behält sich der Staat die Kontrolle über die Befreiten vor und hat dazu noch das Recht, Handwerker, die in ihrer Freizeit mit Fleiß und Eifer einem Studium nachgehen, ganz in den Stand[32] der Wissenschaftler zu übernehmen. Es sei in diesem Zusammenhang nebenbei vermerkt, daß in jeder Stadt (die nächste Umgebung mit eingeschlossen) insgesamt höchstens 500 Einwohner für das Studium befreit werden und daß aus dem Stande der Wissenschaftler sich der Nachwuchs für alle wichtigen Ämter im religiösen und politischen Leben des Landes rekrutiert (132).

Das Wirtschaftssystem, das die Utopier entwickelt haben, führt – wie oben schon erwähnt wurde – zu einem Überschuß an lebenswichtigen Gütern, der dadurch noch gesteigert wird, daß der alltägliche Lebenswandel der Angehörigen dieses Volkes von einer Kargheit ist, die in gleicher Weise an spartanische und klösterliche Sitten gemahnt. Hythlodeus erzählt u.a. (132, 134), daß die Utopier bei ihrer Arbeit schlichte Anzüge aus Leder oder Fellen tragen, die bis zu sieben Jahren halten; außerhalb der Arbeitszeit kleiden sie sich in naturfarbene Obergewänder. Prunk und Luxus in der Kleidung werden verachtet; alle Möglichkeiten zu einem ausschweifenden Leben, zu einem »otium *sine* dignitate« sind ihnen genommen. Das Wirtschaftssystem und die alltägliche Lebensweise ermöglichen es den Utopiern, sich mit sechs Stunden Arbeit am Tag zu begnügen. Für die Arbeitsverteilung in Utopien ist charakteristisch, daß ei-

---

[32] Morus gebraucht in diesem Zusammenhang die Termini »classis« und »ordo« (132).

ne Reihe von niedrigen Arbeiten von Sklaven[33] oder von Leuten verrichtet werden, die sich aus religiösen Gründen dazu verpflichtet fühlen; sie lassen z. B. Vieh nur von Sklaven schlachten, weil sie meinen, daß durch eine solche Beschäftigung alles Mitgefühl im Menschen abgestumpft werde:

> (nam neque suos ciues patiuntur assuescere laniatu animalium, cuius usu, clementiam humanissimum naturae nostrae affectum paulatim deperire putant, ...) (138)

Jene Utopier, die nicht zum Sklavenstand zählen, werden angehalten, ihre Freizeit mit wissenschaftlichen Studien zu verbringen; denn in der Ausbildung und Verfeinerung des Geistes erblicken sie das höchste irdische Glück (134). So erklärt sich auch die Sitte der Utopier, bereits in der Frühe, vor dem eigentlichen Arbeitsbeginn, öffentliche Vorlesungen zu besuchen. Wer zu solchen wissenschaftlichen Studien keine Neigung verspürt, geht auch außerhalb der Arbeitszeit seinem Beruf nach, oder er hört Musik oder entspannt sich bei einem der in Utopien erlaubten Spiele.

Mit besonderer Leidenschaft widmen sich die Utopier dem Studium des Griechischen und jener antiken Autoren, die sie erst durch Hythlodeus kennengelernt haben (180ff.). Mit einem Enthusiasmus, der an die Humanisten des 16. Jahrhunderts denken läßt, lesen sie Platon und Aristoteles, Theophrast, Homer, Sophokles, Euripides und Aristophanes; dazu kommen Plutarch, dessen kleine Schriften sie besonders hoch einstufen, sowie Lukian, der sie wegen seines heiteren, geistreichen Witzes zu fesseln vermag. Von den Historikern kennen sie Thukydides, Herodot und Herodian, und schließlich stehen bei ihnen die medizinischen Schriften des Hippocrates und des Galen in hohem Ansehen, wiewohl ausdrücklich vermerkt wird, daß sie von allen Völkern auf die medizinische Kunst am wenigsten angewiesen sind. Die Utopier schätzen die Medizin den-

---

33 Als Sklaven gelten bei den Utopiern: (a) Angehörige des eigenen Volkes, die ein Verbrechen begangen haben; (b) Kriegsgefangene aus Kriegen, die die Utopier selbst führten; (c) Ausländer, die in ihrer Heimat zum Tode verurteilt, von den Utopiern jedoch in ihr Land geholt wurden; d) fremde Tagelöhner, die freiwillig bei ihnen arbeiten. Von Wichtigkeit ist, daß verurteilte Utopier – bei entsprechender Führung – wieder aus dem Sklavenstand befreit werden können, daß weiterhin die Kinder von Sklaven niemals als Sklaven betrachtet werden und daß schließlich die Utopier es ablehnen, Sklaven anderer Völker für ihr Land zu kaufen. Über die umstrittene Frage der Sklaverei in Utopien vgl. Oswald Bendemann, Studie zur Staats- und Sozialauffassung des Thomas Morus, Diss., Berlin 1928, 42-56; weiterhin V. Dupont, L'utopie et le roman utopique dans la littérature anglaise, 108; H.W. Donner, Introduction to Utopia, 30-31; E.L. Surtz, The Praise of Wisdom, 258-269.

noch, weil sie zu jenen Wissenschaften zählt, mit deren Hilfe sie in die Geheimnisse der Natur einzudringen vermögen. Die Utopier sind dabei überzeugt, daß es ein gottgefälliges Leben ist, wenn sie ihre Vernunft dazu benutzen, um die Schöpfung, die sie als ein Kunstwerk aus der Hand Gottes verehren, zu verstehen und in ihrem Aufbau und inneren Gefüge zu erkennen.

Insbesondere die Forschungen von E. Surtz[34] haben im einzelnen gezeigt, wie eng die Anschauungen der Utopier über den Wert der gelehrten Studien und die Bedeutung der griechischen Sprache und Literatur mit den humanistischen Erziehungsprogrammen eines Erasmus von Rotterdam und eines Thomas Elyot verwandt sind, so daß wir sagen können: die Utopier – Männer und Frauen – leben wie ein humanistischer Freundeskreis, wie Thomas Morus, seine Frau, seine Kinder und seine gelehrten Freunde aus allen europäischen Ländern.

Liest man sodann, was Hythlodeus über die gärtnerischen Anlagen der Städte in Utopia (120), über die vorzügliche Pflege der Kranken in öffentlichen Krankenhäusern (138, 140) und die Sitten und Gebräuche bei den gemeinsamen Mahlzeiten (140-144) ausführt, so kann man in diesen Beschreibungen Züge wahrnehmen, die – wie es H. Freyer formuliert hat – an ein sehr nobles Sanatorium erinnern.[35] Die Gestaltung der äußeren Lebensbedingungen zielt in Utopien darauf ab, die Gesundheit aller Bewohner dieses Staates als höchstes körperliches Gut zu erhalten und gleichzeitig alle Voraussetzungen für die Entfaltung eines hochentwickelten geistigen Lebens zu schaffen.

Die besonderen Wesensmerkmale der Utopier und ihres gesellschaftlichen Zusammenlebens treten noch schärfer hervor, wenn man sich daran erinnert, was das Mittelalter mit seiner Lehre von den Sieben Todsünden (= Hochmut, Zorn, Neid, Geiz, Unmäßigkeit, Trägheit und Wollust) über Mißstände in der menschlichen Gesellschaft und die Sündhaftigkeit des Menschen überhaupt zu sagen hatte.[36] Es zeigt sich nämlich, daß die Utopier in ihrer Mehrheit diese Laster völlig überwunden haben und frei von ihnen sind. In diesem Sinne führt Hythlodeus im V. Kapitel des II. Buches der *Utopia* folgendes aus:

> Nempe auidum ac rapacem, aut timor carendi facit, in omni animantum genere, aut in homine sola reddit superbia, quae gloriae sibi ducit, superflua rerum

---

[34] Vgl. E. Surtz, The Praise of Pleasure, 144.
[35] H. Freyer, Die politische Insel, 97.
[36] Zu Morus und den Sieben Todsünden vgl. J.H. Hexter, More's Utopia, 72-73.

ostentatione caeteros antecellere, quod uitij genus in Vtopiensium institutis nullum omnino locum habet. (138)

Die Utopier kennen keine räuberische Begierde; die Furcht vor Entbehrung ist ihnen fremd, und ihre gesamte Gesellschaftsordnung verhindert es, daß sich der Hochmut bei ihnen ausbreiten kann. »Gleichmäßiger Eifer und Fleiß, Neidlosigkeit und uneigennützige Brüderlichkeit«[37] sind die Triebkräfte im Denken und Handeln der Utopier, die darin den Bewohnern von Campanellas *Sonnenstaat* ähneln. Über allem persönlichen Verlangen nach Glück steht für sie das Wohl des ganzen Volkes, und es entspricht dieser inneren Einstellung der Utopier gegenüber dem Nächsten und der Gemeinschaft, wenn die äußere Ordnung ihres politischen Lebens Züge einer Demokratie hat.
Unmittelbar zu Beginn des II. Buches wird berichtet, daß sich die 54 weiträumigen Städte dieses Landes nicht nur nach Anlage und Aussehen gleichen (soweit es die örtlichen Gegebenheiten erlauben), sondern daß sie auch in ihrer Sprache, in ihren Sitten und Gebräuchen sowie in ihren Einrichtungen und Gesetzen übereinstimmen. Als Modell für die Beschreibung dieser Institutionen (116ff.) dient Amaurotum, die Hauptstadt des Landes, in der Hythlodeus fünf Jahre lang gelebt haben will.
Amaurotum umfaßt wie jede Stadt in Utopien insgesamt 6000 Familien; je 30 Familien sind zu einer Gruppe zusammengeschlossen, an deren Spitze ein Syphogrant (auch »Phylarch« genannt) steht, der jährlich gewählt wird. Je 10 Syphogranten haben als Vorgesetzten einen ebenfalls jährlich zu wählenden Traniboren (= »Protophylarchen«). Aus einer Gruppe von vier Kandidaten, die vom Volk vorgeschlagen werden, ernennen die insgesamt 200 Syphogranten nach geheimer Abstimmung den höchsten Beamten eines Stadtstaates in Utopien. Dieses Stadtoberhaupt, für das Morus die Bezeichnung »princeps«[38] gebraucht, geht aus

---

[37] K.J. Heinisch, Der utopische Staat, 250.
[38] Diese Bezeichnung »princeps«, die im Engl. häufig mit »prince« und im Deutschen mit »Fürst« wiedergegeben wurde, hat zu mancherlei Irrtümern in der Morus-Forschung geführt. Zwar wird berichtet, daß Utopos, der sagenhafte Gründer des Staates Utopia, als einzelner Herrscher auftrat und dem Land eine Verfassung gab. In der Beschreibung des gegenwärtigen Zustandes wird jedoch nirgendwo von einem Monarchen, der über das ganze Land regiert, gesprochen; einen »princeps« gibt es in jeder Stadt. Auf diesen Sachverhalt hatte Lupton in seiner Ausgabe bereits 1895 hingewiesen (vgl. XLV, Anm. 1 u. 136, Anm. 1). Seine Ausführungen wurden jedoch von einigen Interpreten nicht genügend beachtet, so z.B. auch nicht von H.H. Glunz, der in seinem Buch Shakespeare und Morus, Kölner Anglistische Arbeiten, 32 (1938), aus der Utopia eine Art Fürstenspiegel machte. Der Glunzschen Auslegung widersprach F. Brie in seiner Abhandlung Machtpolitik und Krieg in der Utopia des Thomas More, Historisches Jahrbuch, LXI (1941), 117, Anm. 6.

jener Gruppe von Personen hervor, die sich (auf Vorschlag der Priester und gleichfalls nach geheimer Abstimmung der Syphogranten) einem Studium gewidmet haben. Im Gegensatz zu den Syphogranten und Traniboren wird der »princeps« auf Lebenszeit gewählt; er kann jedoch abgesetzt werden, wenn er tyrannische Gelüste zeigt. Um über die Geschicke der Stadt zu beraten, trifft der »princeps« mindestens jeden dritten Tag mit den Traniboren zusammen, die den Senat bilden und die zu ihren Sitzungen stets auch zwei Syphogranten hinzuziehen. Es gehört zu den politischen Gepflogenheiten in Utopien, daß diese Syphogranten der Person nach von Sitzung zu Sitzung wechseln. Um Fragen des ganzen Landes zu erörtern, werden jährlich ältere und erfahrene Bürger aus den 54 Städten Utopiens in die Hauptstadt geschickt; sie bilden eine Art »Ältestenrat« (123, 125).[39] Alle Beschlüsse, die das Gemeinwohl betreffen, werden entweder im Senat oder in der Volksversammlung gefaßt; wer außerhalb von Senat oder Volksversammlung solche Entscheidungen anstrebt, macht sich nach der Auffassung der Utopier eines Verbrechens schuldig, das mit der Todesstrafe geahndet werden muß. Sinn und Ziel der gesamten Regierungsform der Utopier ist die Verhinderung der Gewaltherrschaft, und wer die Ausführungen des Thomas Morus über dieses besondere Problem im Zusammenhang mit der politischen Situation Englands und Europas zu Beginn des 16. Jahrhunderts sieht, erkennt, daß er hiermit gegen eine Gefahr ankämpfte, die im politischen Leben seiner Zeit ständig gegeben war.

Die Angaben über die Anzahl der Volksvertreter, die Größe der Städte und der Familien usw. mögen den meisten Lesern der *Utopia* ganz selbstverständlich vorkommen, weil solche Angaben in staatsphilosophischen Traktaten der Antike ebenso auftauchen wie in der Moderne; bei Morus sind sie jedoch nicht nur als ein Zeichen seines politischen Realismus und Rationalismus zu werten, es bekundet sich in ihnen gleichzeitig sein ästhetischer Sinn.[40] Wie viele seiner Zeitgenossen und humanistisch gesinnten Freunde betrachtete auch er den Staat als eine Art Kunstwerk, und es versteht sich daher von selbst, daß auch im Hinblick auf die Ge-

---

[39] Vgl. hierzu auch die Ausführungen von V. Dupont, L'utopie et le roman utopique dans la littérature anglaise, 105: »Le ›prince‹ d'Amaurote n'a d'influence que sur la province d'Amaurote; le conseil général de l'Ile décide seul et en dernier ressort des affaires fédérales, donc principales, et son autorité est supérieure à celle des ›princes‹ et conseils locaux. Ce conseil est essentiellement démocratique, puisque constitué par trois ›citoyens d'âge et d'expérience‹, venus de chaque ›cité‹, c'est-à-dire probablement de chaque comté«.

[40] Über die Zahlenangaben und deren Funktion in der Utopia finden sich treffende Ausführungen bei V. Dupont, L'utopie et le roman utopique dans la littérature anglaise, 120.

staltung der politisch-sozialen Ordnung in Utopia dieselben Prinzipien angewendet werden, die in der damaligen klassisch-humanistischen Poetik gang und gäbe waren.[41] In der Politik wie in der Ästhetik sind Natur und Vernunft zentrale Begriffe, hier wie dort erstrebt man eine klare, einfache, schlichte, übersichtliche, harmonisch ausgeglichene Anordnung der Teile, eine Gestaltung des Ganzen (des Staates wie des Kunstwerkes) nach wohlerwogenen mathematischen und geometrischen Grundverhältnissen. Das Vergnügen, das – nach der Ästhetik der Renaissance – der Betrachter des Kunstwerkes empfindet, wenn diese Grundverhältnisse getroffen sind, ist dem Vergnügen vergleichbar, welches die Utopier angesichts der Ordnung ihres gesellschaftlichen Zusammenlebens erfüllt.
Richten wir unseren Blick nun auf die Ausführungen des Hythlodeus über Ehe und Familie, dann erkennen wir, wie Morus einerseits seinem Hang zu rationalistisch-ästhetischem Denken freien Lauf lassen kann, was bis zu überschäumenden Humanistenspäßen führt, wie er andererseits gerade diesem Denken wieder Einhalt gebietet, sich selber Schranken setzt und an geheiligten Traditionen festhält. Hythlodeus berichtet z.B. (134f.), daß Familien durchschnittlich 10-16 Mitglieder zählen; falls eine Familie diese Grenze überschreitet, wird vom Staat die gewünschte Größe kurzerhand dadurch wieder hergestellt, daß die überschüssigen Familienmitglieder anderen Familien zugewiesen werden, die weniger Kinder haben. Und um das Eheglück von vorneherein zu sichern und zu fördern, gehen die Utopier so weit, daß sie Brautleute vor der Eheschließung durch ehrbare Erwachsene einander nackt vorstellen lassen (188). Daß Morus sich hier wohl einen Humanistenscherz erlaubte, dürfte aus dem Erzählstil hervorgehen, den er für den Bericht des Hythlodeus an dieser Stelle wählte.[42]
Zugleich jedoch zeigt sich, daß Morus in der Schilderung der Eheauffassung der Utopier für eine strenge Einhaltung der Monogamie eintritt, daß er jener Form des platonischen Kommunismus, bei dem der Gütergemeinschaft die Weibergemeinschaft zugesellt ist und den er – gemäß Erasmus – in seiner Jugend einmal scherzhaft vertrat, nun mit größter

---

[41] Vgl. hierzu die Abhandlung von Robert P. Adams, The Philosophic Unity of More's Utopia, SP, XXXVIII (1941), 45-65, insbesondere 58ff.

[42] Daß in dieser verspielt anmutenden Partie auch ein ernstes Problem stecken kann, das Morus und seine Zeitgenossen beschäftigte, nehmen G. Dudok, Sir Thomas More and his Utopia, 137-138, und E.L. Surtz, The Praise of Wisdom, 237ff., an. Sie weisen auf die großen Gefahren hin, die Europa seit dem Ende des 15. Jahrhunderts mit der Ausbreitung der Syphilis drohten. H.W. Donner, Introduction to Utopia, 96, Anm.5, macht auf Anklänge an Platons Gesetze aufmerksam.

Distanz gegenübersteht.⁴³ Morus nimmt vielmehr in der *Utopia* Vorstellungen vom Ehestand auf, wie sie insbesondere das Mittelalter ausprägte und wie sie auch von seinen Zeitgenossen vertreten wurden. Die Utopier dulden es z.B. nicht, daß ein Mann seine Frau verstößt, wenn ihre Schönheit verblüht ist und sie keine Kinder mehr gebären kann; ein solches Verhalten wäre ihrer Auffassung nach unbillig. Die gleiche Argumentation findet sich – wie Surtz dargelegt hat – u. a. auch bei Thomas von Aquin in der *Summa contra Gentiles*.⁴⁴

Insgesamt lassen die Ausführungen des Hythlodeus klar erkennen, daß die strenge Auffassung der Utopier von Ehe und Familie vor allem in rein praktisch vernünftigen Erwägungen begründet ist: sie sind stets, in ihrer Innen- wie in ihrer Außenpolitik, um die Stabilität ihres gesellschaftlichen Lebens besorgt. Dieses Ziel kann nach ihren Erfahrungen aber nur erreicht werden, wenn die kleinsten Zellen des Zusammenlebens der Menschen in diesem Staat intakt sind. Daher werden Ehebrecher in Utopien mit härtester Sklavenarbeit bestraft, und Rückfällige trifft sogar die Todesstrafe. Wenn die Utopier trotzdem die Möglichkeit der Scheidung einer Ehe in ihrem Staat bestehen lassen, so ist dies von der rationalistischen Struktur ihrer Gesellschaftsordnung aus gesehen durchaus verständlich. Eine Ehe, die in Utopien ja keinerlei sakramentalen Charakter hat, kann nach den Gesetzen dieses Staates dann aufgelöst werden, wenn Ehebruch vorliegt, wenn einer der Ehegatten ein unerträgliches Verhalten zeigt oder wenn eine allzu große charakterliche Verschiedenheit der Partner ihr Zusammenleben unmöglich macht. Eine Scheidung bedarf der Zustimmung des Senates, und sie wird, falls die charakterliche Verschiedenheit der Eheleute der Scheidungsgrund ist, nur bei gegenseitigem Einverständnis der beiden Partner und nach genauer Prüfung der Gründe gewährt. Die Erschwerung der Scheidung ist ebenso wie die harte Bestrafung der Ehebrecher ein weiteres Mittel, durch das verhindert werden soll, daß der Fortbestand der in Utopien einmal geschlossenen Ehen allzuleicht gefährdet und bedroht werden kann.

Die strengen Gesetze, mit welchen in Utopien Ehebruch geahndet wird, sind zugleich charakteristisch für die gesamte Rechtsprechung in diesem Staat. Die Utopier bevorzugen als Strafe die Zwangsarbeit, weil sie glauben, daß es unklug und unvorteilhaft sei, Schuldige schleunigst »abzuschlachten« (Morus gebraucht in diesem Zusammenhang das Verbum

---

43 H.W. Donner, Introduction to Utopia, 29.
44 E.L. Surtz, The Praise of Wisdom, 246 u. 341, Anm. 5.

»mactare«, 190). Zwangsarbeit ist eine produktive Strafe, aus der die Gesellschaft Nutzen zu ziehen vermag; sie wirkt darüber hinaus als abschreckendes Beispiel, und schließlich läßt sie dem Schuldigen die Möglichkeit, sich zu bessern. Allerdings zögern die Utopier bei rückfälligen Ehebrechern (wie schon angedeutet) oder bei widerspenstigen und rebellischen Verbrechern nicht, die Todesstrafe anzuwenden; sie schlagen sie tot wie die wilden Tiere:

> quod si sic habiti rebellent atque recalcitrent, tum demum uelut indomitae beluae. quos cohercere carcer et catena non potest, trucidantur. (190)

Das heißt: humane Güte und konsequente Härte sind in ihrer Rechtsprechung miteinander gepaart, und beide Haltungen erscheinen Thomas Morus, je nach der Situation und den betreffenden Umständen, als vernünftig. Es hängt von dem Schuldigen ab, welche Strafe ihn trifft.
Die knappen Ausführungen über die Gesetze und das Rechtswesen in Utopien, die Hythlodeus in den Mund gelegt sind, haben um so größeres Gewicht, als Morus ja zu den angesehensten Juristen seiner Zeit zählte und sein Name im Gedächtnis des englischen Volkes weniger wegen seines Märtyrertodes fortlebte, als vor allem wegen seiner gütigen und unbestechlichen Art, die er im Richteramt zeigte.[45]
Wenn nun Thomas Morus durch Hythlodeus berichten läßt, daß im Staate Utopia wenige Gesetze ausreichen, um das gesellschaftliche Zusammenleben aller Bürger zu ordnen, dann spricht er an dieser Stelle wiederum gleichzeitig als »Utopist« und erfahrener Jurist. Gesetze sind in Utopien insofern nötig, als auch die Bürger dieses Staates nicht völlig frei sind von menschlichen Schwächen und der Anfälligkeit für Vergehen; da sie andrerseits ein Volk sind, das sich durch Güte und Wohlwollen auszeichnet, können sie sich mit einer geringen Anzahl von Gesetzen begnügen. Außerdem ist zu beachten, daß im Bereich der Gesetzgebung und der Rechtsprechung wie in zahlreichen anderen politischen und sozialen Angelegenheiten eine rein praktisch vernünftige Erwägung bei den Utopiern eine entscheidende Rolle spielt: nur wenn die Bürger eines Staates alle Gesetze zu überschauen vermögen, kann man erwarten, daß sie sich danach richten. Die Utopier sind davon überzeugt, daß Mißstände in sehr vielen Staaten allein dadurch schon zustande kommen, daß der einzelne Bürger nicht alle Gesetze (wegen ihrer großen Anzahl) kennt und daß dazu noch ihr Wortlaut unklar ist.

---
[45] Vgl. R.W. Chambers, Thomas More, 267ff.

Für die Vernünftigkeit der utopischen Rechtspflege spricht weiterhin: in diesem Staat gilt die Auslegung eines Gesetzes als die beste, die dem gesunden Menschenverstand als die einfachste erscheint. Nicht nur die Formulierung der Gesetze, sondern auch ihre Interpretation ist an der Urteilsfähigkeit des Volkes (»crassum uulgi iudicium« [194]) orientiert. Dem Streben nach Einfachheit und Klarheit in juristischen Fragen ist es schließlich zuzuschreiben, daß es in Utopia keine Rechtsanwälte gibt; die Bürger dieses Staates befürworten den direkten Weg des Klägers und des Angeklagten zum Richter. Nur auf diese Weise läßt sich nach ihrer Auffassung die Wahrheit schnell und unverstellt erkennen; darüber hinaus wird durch ein solches Verfahren das größte Maß an Gerechtigkeit in der Urteilsfindung verbürgt. Anwälte sind für die Utopier nicht mehr als Lehrer in der Kunst der Verstellung.

Ist das Zusammenleben der Utopier innerhalb ihres Staates durch wenige Gesetze geregelt, so ist für ihre Beziehungen zu fremden Völkern charakteristisch, daß sie keinerlei Bündnisse kennen (196ff.). In den Ausführungen über die Außenpolitik dieses Volkes und über sein Verhältnis zu Krieg und Frieden wird spürbar, daß Thomas Morus dabei die genaue Kenntnis der politischen Situation seiner Zeit zustatten kam, die er sich schon in jungen Jahren angeeignet hatte, und daß er in unerschrockener, unbestechlicher Kritik die Außenpolitik der damaligen europäischen Staaten zu analysieren verstand.[46] Sein politisches Urteil, seine Weisheit in Angelegenheiten der Verwaltung und Regierung wurden immerhin so hoch eingeschätzt, daß Heinrich VIII. ihn 1518, d.h. zwei Jahre nach der Veröffentlichung der *Utopia,* in den Privy Council berief, fünf Jahre später (1521) zum Under-Treasurer und dreizehn Jahre danach (1529) zum Lord Chancellor ernannte.

Die Utopier lehnen es deshalb ab, Bündnisse mit fremden Völkern zu schließen, weil sie sich in dieser besonderen Frage allein auf das Solidaritätsgefühl verlassen, das alle Menschen miteinander verbindet, die bereit sind, in ihrem Handeln der natürlichen Stimme der Vernunft zu folgen. Wo die Bereitschaft, sich zu vertragen und einander in Wohlwollen zu begegnen, nicht vorhanden ist, sind nach Ansicht der Utopier Bündnisse ohne jeglichen Wert :

---

[46] Wenn Morus im VII. Kap. des II. Buches (196f.) einmal die europäischen Verhältnisse als ideal hinstellt, so ist dies ein Ausdruck seiner sarkastisch-ironischen Kritik an seinen Zeitgenossen. Vgl. dazu auch J.H. Lupton, The Utopia of Sir Thomas More, 239, Anm. 1.

> Quorsum enim foedus inquiunt: quasi non hominem homini satis natura conciliet quam qui contempserit, hunc uerba scilicet putes curaturum? In hanc sententiam eo uel maxime trahuntur, quod in illis terrarum plagis, foedera pactaque principum solent parum bona fide seruari. (196)

In ihrer Außenpolitik zeichnen sich die Utopier insgesamt durch eine ausgesprochen realistisch-skeptische Gesinnung aus: aller hochfliegende Idealismus ist ihnen in dieser Beziehung fremd. Die Beobachtung des Zusammenlebens der Völker in ihrem nächsten Lebenskreis hat sie gelehrt, daß Bündnisse häufig feierlich geschlossen und schnell wieder gebrochen werden. Sie werden mit Absicht spitzfindig formuliert, damit die Möglichkeit offen bleibt, sie mit allerlei juristischen Winkelzügen geschickt zu umgehen. Schließlich haben die Utopier festgestellt, daß die Gerechtigkeit in manchem Volk zu einer geringwertigen Tugend degradiert wird, die nur für die einfachen Leute gilt (Morus spricht von »plebea uirtus et humilis« [198]), so daß sich die Willkür des Herrschenden ungehemmt entfalten kann. Dabei wird nicht selten der Begriff der Gerechtigkeit in doppelzüngiger Weise für die Willkürherrschaft der Fürsten ebenfalls in Anspruch genommen.

Aus der skeptischen Haltung der Utopier in außenpolitischen Fragen erklärt sich auch ihre Einstellung zur Gewaltanwendung in internationalen Konflikten, zum Problem der Macht und des Krieges. So sehr sich die Utopier auch durch Güte, Wohlwollen, Nächstenliebe, gerechtes und maßvolles Urteil und Klugheit auszeichnen, so friedliebend sie im Grunde sind, sie verzichten nicht auf den Krieg. In der unbeugsamen Selbstbehauptung sehen sie eine Tugend. Es ist die Tugend der »fortitudo«, die in ihrem Staat von Männern und Frauen in gleicher Weise geübt wird, wie man überhaupt feststellen kann, daß sowohl die Gestaltung ihrer Außenpolitik als auch ihrer Innenpolitik im Zeichen einer Lebensführung steht, die an den vier Kardinaltugenden der »prudentia«, »fortitudo«, »temperantia« und »justitia« orientiert ist.[47]

Eine Analyse der einzelnen Motive, die die Utopier dazu bewegen können, die Waffen zu ergreifen (136; 198ff.), ergibt eine überraschend weite Skala von Kriegsgründen[48]: der Schutz der eigenen Landesgrenzen, die Befreiung eines anderen Volkes aus dem Joch der Tyrannei können sie ebenso zum Krieg bestimmen wie der Wunsch, Freunden bei der Vergeltung zugefügten Unrechts zu helfen. Der Anlaß für solche Vergeltungs-

---

[47] Vgl. R.W. Chambers, Thomas More, 127.
[48] Zur Frage der Kriegsgründe und der Kriegsführung der Utopier vgl. H.W. Donner, Introduction to Utopia, 39ff., und E.L. Surtz, The Praise of Wisdom, 270ff. und 286ff.

kriege ist oft in den wirtschaftlichen Beziehungen der Völker zu suchen: wurden etwa Kaufleute ihrer Freunde durch fremde Völker ungerechterweise benachteiligt, so betrachten die Utopier dies als einen ausreichenden Kriegsgrund. Sie ziehen weiterhin in den Krieg, wenn es gilt, Angehörige des eigenen Volkes zu rächen, welchen bei fremden Völkern Unrecht widerfahren ist, vorausgesetzt, daß diese Völker nicht bereit sind, die Schuldigen zur Bestrafung an die Utopier auszuliefern. Schließlich verabscheuen sie es nicht, einen Krieg zu beginnen, um bei einer Übervölkerung des eigenen Landes neuen Siedlungsraum zu gewinnen, wobei sie freilich nur solche Gebiete erobern, die von einem anderen Volk nicht genutzt werden.

Die Anschauungen der Utopier über den Krieg basieren insgesamt darauf, daß Recht und Unrecht im Zusammenleben der Völker einwandfrei zu erkennen sind und daß es ein Gebot der praktischen Vernunft ist, dem Recht in internationalen Konflikten, gegebenenfalls mit Waffengewalt, zum Durchbruch zu verhelfen.[49] Mit diesem ausgeprägten Sinn für Gerechtigkeit ist bei den Utopiern stets ein Gespür für vorteilhafte Wege und Methoden in außenpolitischen Fragen verbunden. Ihre nüchterne Einstellung im Bereich der Kriegführung zeigt sich darin, daß sie alle erdenklichen Mittel benützen, um großes Blutvergießen zu vermeiden, und sie scheuen auch vor einer schlauen List nicht zurück, wenn es gilt, dieses Ziel zu erreichen. Sie halten es beispielsweise für zweckmäßig, Mörder zu dingen, um einen Fürsten oder eine politische Gruppe des gegnerischen Staates zu beseitigen und damit einen Krieg schnell zu Ende zu führen. Der Tod weniger Missetäter erscheint ihnen nicht nur lobenswert und klug, sondern auch human und barmherzig. (204)

---

[49] Das Verhältnis von Macht und Recht in der Utopia ist eines der umstrittensten Probleme der Morus-Forschung. H. Oncken, Die Utopia des Thomas Morus und das Machtproblem in der Staatslehre, Sitzungsberichte der Heidelberger Akademie der Wissenschaften, Phil.hist. Klasse, XIII (1922), 1-25, und G. Ritter, Machtstaat und Utopie, München/Berlin 1940 machen Morus zu einem Vertreter des englischen Imperialismus. F. Brie stand zunächst im Banne der Onckenschen Interpretation; vgl. sein Buch Imperialistische Strömungen in der englischen Literatur, Halle a.d.S. ²1928. Er löste sich jedoch später von dieser Auffassung, und es gelang ihm damit, zu einer zutreffenden Deutung des Rechtsdenkens der Utopier im Bereich der Außenpolitik vorzustoßen; vgl. seinen Aufsatz Machtpolitik und Krieg in der Utopia des Thomas More, Historisches Jahrbuch, LXI (1941), 116-137. Argumente gegen Oncken hatte in den 20er Jahren bereits O. Bendemann in seiner – schon genannten – Dissertation Studie zur Staats- und Sozialauffassung des Thomas Morus, Berlin 1928, vorgebracht. Mit aller Deutlichkeit und Schärfe wurde Onckens und Ritters These von H.W. Donner in seinem Buch Introduction to Utopia, 60-66 und 98-103, zurückgewiesen. Die Darstellung von Gerhard Möbus, Politik des Heiligen: Geist und Gesetz der Utopia des Thomas Morus, Berlin 1953, bestätigt und bekräftigt Donners Interpretation.

Falls ihnen eine kriegerische Auseinandersetzung nicht erspart bleibt, ziehen sie fremde Söldner eigenen Truppen vor; erst an letzter Stelle setzen sie ihre Landsleute ein, deren Art zu kämpfen als zäh und ausdauernd charakterisiert wird (210). Für ihre eigene Kampfesweise ist außerdem bezeichnend, daß die Frauen, ja ganze Familien den Kämpfenden zur Seite stehen. Man fühlt sich bei diesen Ausführungen geradezu an Berichte von Tacitus und Caesar über die Kriegführung und Kampfesweise der Germanen erinnert.[50] Droht den Utopiern im Kampf der Tod, dann sehen sie ihrem Ende mit kluger und maßvoller Besonnenheit entgegen, sie schätzen ihr Leben weder zu niedrig noch zu hoch ein, sie sind weder leichtsinnig noch in einer schmählichen Weise furchtsam :

> ... postremo rectae opiniones (quibus et doctrina et bonis reipublicae institutis imbuti a pueris sunt) uirtutem addunt. qua neque tam uilem habent uitam, ut temere prodigant, neque tam improbe charam, ut quum honestas ponendam suadeat, auare turpiterque retineant. (210)

Bei all den Ausführungen des Hythlodeus über das Verhältnis der Utopier zum Krieg ist zu berücksichtigen, daß sich Utopien – wie übrigens alle »utopischen« Staaten – geographisch in einer besonders günstigen Lage befindet; bereits zu Beginn des II. Buches wird berichtet, daß Utopien ehedem mit dem Kontinent verbunden war, daß der Begründer dieses Staates diese Verbindung jedoch zerstören ließ.[51] Seitdem gewährt die Insellage diesem Land einen natürlichen Schutz und verhindert die permanenten Reibungen, die zwischen eng benachbarten Staaten immer wieder auftreten. So führt auch die Erörterung der Außenpolitik der Utopier zur Erkenntnis, daß es sich hier um einen einmaligen, glücklichen Einzelfall eines Staatsgebildes handelt, das zwar in einigen Zügen – in seiner geographischen Lage – mit England verglichen werden kann, das aber trotzdem ein »Nirgendwo«, ein »oû-tópos« bleibt.
Dieser fiktive »oû-tópos«, den Morus durch den Mund des Hythlodeus beschreiben läßt, ist – das dürfte durch unsere Analyse deutlich geworden sein – zwar durchgehend eine Konstruktion der natürlichen Ver-

---

50  Einen Hinweis auf Tacitus, Germ. c. VIII und Caesar, Bell. Gall. VII, 51, gibt J.H. Lupton, The Utopia of Sir Thomas More, 257, Anm. 1. Donner denkt vor allem an entsprechende Stellen in Platons Politeia, die Morus als Vorbild benutzt haben könnte (vgl. Introduction to Utopia, 46).
51  Vgl. hierzu F. Brie, Machtpolitik und Krieg in der Utopia des Thomas More, Historisches Jahrbuch, LXI (1941), 122, Anm. 13: »Zu diesem Einfall wurde er vermutlich angeregt durch die Schilderung der Insel Atlantis in Platons Kritias (Abschn. 113), wo Poseidon um den Hügel größere runde Meereskanäle und Erdwälle anlegt«.

nunft, und das Wort »prudens« taucht wie ein Leitmotiv in diesem Buch mehrmals auf. Es ist jedoch zu beachten, daß die kluge Vernunft, die dieses Gebilde entwirft, eine geschichtlich geformte Kraft ist. Wiederholt wird in diesem Werk spürbar, daß Morus hier einer Vernunft freien Lauf läßt, die durch den christlichen Glauben (mittelalterlicher Prägung) erleuchtet wurde, die sich – wie Morus es selber einmal formulierte – als »servant to fayth, not enemy«[52] versteht. Das heißt: Utopia ist zwar der äußeren Form nach ein heidnisches Staatsgebilde, es birgt jedoch zugleich in verhüllter Gestalt politische, soziale und religiöse Ideen in sich, die man im Mittelalter bereits kannte und um deren Verwirklichung man sich z.B. in den Benediktinerklöstern lange vor der Renaissance bemühte. Bei der Schilderung des Staates Utopia hat Morus nicht alle Bindungen an die Vergangenheit abgestreift und einen geschichtlich voraussetzungslosen Entwurf eines vorbildlichen Staates entwickelt, sondern – wie dies u.a. E. Bliesener in seiner Dissertation *Zum Begriff der Utopie*[53] herauszuarbeiten versuchte – in mehrfacher Hinsicht in fiktivem Gewande die Konturen einer Kultur nachgezeichnet, die bereits historische Gestalt angenommen hatte und deren Versinken im 16. Jahrhundert deutlich genug zu spüren war. Die Verknüpfung der utopischen Welt mit der mittelalterlich-christlichen Kultur kommt nicht nur dadurch äußerlich zum Ausdruck, daß ein Teil der Utopier bereits den christlichen Glauben angenommen hat. Wie wir feststellen konnten, bestehen zwischen der christlichen Lehre und der utopischen Lebensauffassung auch insofern innere Beziehungen, als die Utopier in einem christlichen Kommunismus eine Bestätigung ihrer Sozialordnung sehen, ihre eigene Sittenlehre auf Sätzen aufbaut, die Hauptbestandteile der mittelalterlichen Theologie und Ethik waren, und sie dazu Sekten in ihrem Staat anerkennen, die in einigen charakteristischen Merkmalen den mittelalterlichen Orden ähnlich sind.[54] Schließlich sei in diesem Zusammenhang auf das Gebet hingewiesen, das die Utopier zum Abschluß der öffentlichen Gottesdienste gemeinsam sprechen und dessen Inhalt im letzten Kapitel der *Utopia* ausführlich angegeben wird. Dieses Gebet läßt die Verwandtschaft zwischen der utopi-

---

52 The English Works of Sir Thomas More, ed. W.E. Campbell, with introductions and notes by A.W. Reed, R.W. Chambers and W.A.G. Doyle-Davidson, II, London/New York 1931, 152.
53 Frankfurt a. M. 1950 (Masch.-Schr.).– In der Deutung des »princeps« und seiner Rolle im Staate Utopia stimmt der Vf. der vorliegenden Studie mit E. Bliesener nicht überein.
54 Vgl. hierzu J.H. Hexter, More's Utopia, 85ff. In diesem Zusammenhang stellt Hexter u.a. fest: »Like the Rule of the Religious the institutions of Utopia aim to level pride; unlike the Rules of the Religious they do not aim to inculcate humility, docility, and self-abasement«. (89)

schen und der christlichen Einstufung des irdischen Daseins klar zutage treten; es endet damit, daß der Utopier – einerlei zu welcher Religion er sich persönlich auch bekennen mag – seine Bereitschaft bekundet, lieber einen schmerzlichen Tod zu sterben, als in irdischem Glück zu verharren und dafür länger von Gott getrennt zu sein (»difficillima morte obita, ad deum peruadere, quam ab eo diutius, prosperrimo uitae cursu distineri« (236).

Freilich: das Denken des Thomas Morus war gleichzeitig geprägt durch die besondere Atmosphäre des Humanismus, wie sie im 16. Jahrhundert in den westlichen und nördlichen Ländern Europas herrschte. Er dachte mit jener »superb open-mindedness«[55], die diesen Humanismus von verwandten Strömungen im Mittelalter unterscheidet. Er orientierte sich am Leitbild der griechischen Antike, übersprang dabei das Mittelalter in Gedanken und zeichnete einen Staat, der ein Gebilde ist, wie es der Mensch auf Grund angeborener Fähigkeiten (und ohne Hilfe der göttlichen Gnade) gestalten könnte, wenn nur die Vernunft die Oberhand über alle anderen menschlichen Kräfte gewinnen würde.

Bei aller Gebundenheit an die Vergangenheit und allen starken Bezügen zu geistigen Strömungen des 16. Jahrhunderts gelangte Morus zu Anschauungen, die zukunftsweisenden Charakter hatten. Was er über die sozialen Einrichtungen der Utopier, die Verminderung der Arbeitszeit, die durchdachte hygienische Anlage der Städte, die allgemeine Arbeitspflicht, die Erziehung des ganzen Volkes, den Anteil der Frau am öffentlichen Leben oder über die Toleranz in religiösen Fragen zu sagen hatte, sprach die Sozialreformer des 19. und 20. Jahrhunderts so stark an, daß Karl Kautsky Morus als den ersten europäischen Sozialisten überhaupt feiern konnte.[56]

Es ist in diesem Zusammenhang allerdings auch daran zu erinnern, daß Morus ein sicheres Gespür dafür besaß, daß er mit seinen Reflexionen gelegentlich bis zu jenem Extrem vorstieß, wo die Vernunft in ihr Gegenteil umschlägt, wo sie pure Unvernunft wird. Morus selber vermerkt am Schluß seines Buches, daß ihm manches an den Sitten und Gesetzen der Utopier, wie er sie durch Hythlodeus beschreiben ließ, widersinnig, »perquam absurde« (244) vorkam. Er warnt vor einem übertriebenen Ernstnehmen und einer unüberlegten Anwendung utopischer Ideen ins-

---

[55] E. Surtz, The Praise of Pleasure, 3.
[56] Karl Kautsky, Thomas More und seine Utopie, Stuttgart ¹1887. Kautskys Betrachtungsweise setzt in modifizierter Form Russell Ames in seinem schon genannten Buch Citizen Thomas More and His Utopia, Princeton, N.J., 1949, fort.

besondere deshalb, weil er Utopia als einen Staat betrachtet, der – wie das im letzten Kapitel des Werkes (240, 242) noch einmal klar ausgesprochen wird – sich stets für eine noch höhere Auffassung vom gesellschaftlichen Zusammenleben der Menschen offen hält. Utopia ist für Morus ein *vorbildlicher,* zugleich aber auch ein *vorläufiger* Staat.[57]
Bleibt der Leser von Thomas Morus' Werk sich dieses Sachverhaltes bewußt, dann erschließt sich ihm auch der Sinn des I. Buches der *Utopia,* wo wiederum durch Hythlodeus die Zustände, wie sie zu Beginn des 16. Jahrhunderts in England herrschten, mit den Verhältnissen, wie er sie in Utopien kennengelernt haben will, verglichen werden. Das (fiktive) Vorbild wird also mit der historischen Wirklichkeit konfrontiert; die Diskrepanz zwischen beiden ergibt die Satire. Dazu kommt, daß in Buch I, das – wie oben vermerkt – mit Ausnahme eines kürzeren Abschnittes nach Buch II entstand, immer wieder die Frage aufgeworfen wird, ob und auf welchem Weg die Ideen der Utopier in einer bestimmten historischen Situation in Europa verwirklicht werden könnten. Es durchdringen sich auf diese Art in Buch I die satirische Kritik an dem Bestehenden und die Reflexionen über die Möglichkeiten einer Annäherung an das Vorbild. Dabei möchte Morus – wie das R.W. Chambers insbesondere hervorgehoben hat – durch das Beispiel von dem besten heidnischen Staat seine christlichen Zeitgenossen anspornen, es den Utopiern nicht nur gleichzutun, sondern sie noch zu übertreffen.[58]
Hythlodeus sieht bei der Erörterung zeitgenössischer politischer Fragen die Mißstände in England in drei Faktoren begründet: in der bestehenden Wirtschaftsordnung, in der Politik des Adels und in dem traditionellen Rechtssystem. Eine grundlegende Änderung könnte seiner Auffassung nach erst dann erreicht werden, wenn alles Privateigentum abgeschafft würde.[59] So erklärt er wörtlich:

> Adeo mihi certe persuadeo, res aequabili ac iusta aliqua ratione distribui, aut feliciter agi cum rebus mortalium, nisi sublata prorsus proprietate, non posse. Sed manente illa, mansuram semper apud multo maximam, multoque optimam hominum partem, egestatis et erumnarum anxiam atque ineuitabilem sarcinam. (104)

---

[57] Über die Utopia als Vorbild vgl. auch K.J. Heinisch, Der utopische Staat, 224.
[58] Vgl. R.W. Chambers, Thomas More, 127-128.
[59] Die Herkunft der kommunistischen Ideen bei Thomas Morus und ihre Funktion in der Utopia sind vielfach untersucht worden; vgl. u.a. E.L. Surtz, Thomas More and Communism, PMLA, LXIV (1949), 549-564.

Reformen, die das Besitzstreben einschränken, sind nach Hythlodeus Hilfsmittel; eine völlige Heilung des kranken Körpers des englischen Volkes ist nur auf dem angedeuteten Weg des absoluten Verzichtes auf Privateigentum zu erreichen. Der Adel Englands aber trägt umgekehrt dazu bei, den bestehenden Zustand zu erhalten und die Agrarwirtschaft durch falsche Maßnahmen verkümmern zu lassen. Das führt zu einem Bettlerproletariat, das selbst durch übertriebene Härte des Strafsystems – auf Diebstahl steht Todesstrafe – nicht in Schach zu halten ist.
Die Diskussion mit Cardinal Morton und seinen Gästen, von welcher Hythlodeus im Gespräch mit Morus und Petrus Ägidius berichtet (60-84), läßt erkennen, welche Widerstände den von Hythlodeus empfohlenen Reformen entgegenstehen würden. Ein Jurist aus dem Laienstand, der für eine besonders harte Bestrafung von Dieben plädiert, formuliert den Widerspruch gegen Hythlodeus am schärfsten :

> Nunquam inquit istud sic stabiliri queat in Anglia, ut non in summum discrimen adducat rempublicam ... (80)

Er spricht für all jene, die sich auf altehrwürdige Traditionen berufen und jeglicher Änderung des Bestehenden widersetzen; utopische Reformen würden nach der Auffassung des Juristen das Gefüge des englischen Staates von Grund auf gefährden und erschüttern. Damit stehen sich fiktives Vorbild und historische Wirklichkeit unvereinbar gegenüber.
Die kritische Auseinandersetzung mit dem Idealbild eines Staates ist im I. Buch der *Utopia* jedoch noch differenzierter angelegt, als der oben aufgezeigte Kontrast vermuten läßt. So erwägt Thomas Morus – als Gesprächspartner des Hythlodeus – z.B. die Möglichkeit, ob nicht auch vernünftige Einsicht die Änderung herbeiführen könne, die Hythlodeus mit einer radikalen Umwandlung der Besitzverhältnisse erreichen möchte. Auf die konkrete Gesprächssituation bezogen heißt das: er fragt Hythlodeus, warum er sich einem Leben in Muße widme und nicht einer aktiven Teilnahme an der Politik. Morus hielte es für einen Staat von Vorteil, wenn ein Mann wie Hythlodeus sich entschließen würde, einem Herrscher als Ratgeber zur Seite zu stehen. Er nimmt damit in seiner *Utopia* bewußt eine Problematik auf, die Platon bereits beschäftigte, und er spielt in dem genannten Dialog des I. Buches auf die berühmte Stelle in der *Politeia* an, wonach alle Übel in den Staaten erst dann überwunden werden können, wenn entweder die Philosophen das Herrscheramt ausüben oder aber die Herrscher in rechter Weise philosophieren.

Die Antwort des Hythlodeus zeigt, wie skeptisch er über die Möglichkeit denkt, einen Idealstaat in Europa Wirklichkeit werden zu lassen. Seine Argumente lauten:

(a) die Philosophen haben bereits auf ihre Weise – nämlich durch Bücher – ihren Rat erteilt, all dies fruchtet wenig oder gar nichts;
(b) als Berater ist ein Philosoph in aussichtsloser Lage, denn damit ist die platonische Forderung nicht erfüllt. Erst wenn der Herrscher selber – und nicht nur einer seiner Ratgeber – von der Suche nach der Wahrheit im Sinne Platons durchdrungen ist, wird die Philosophie ihre Chance in der Politik haben. Ein Philosoph als Berater eines Herrschers, der diese Beziehung zur Wahrheit nicht hat, muß scheitern – so wie Platon selber auf Sizilien bei Dionysios gescheitert ist.

Die beiden Ratsszenen, die Hythlodeus in Buch I konstruiert (86ff. und 90ff.), dienen zu nichts anderem, als diese These beispielhaft zu erhärten.[60] In einer dieser erdachten Szenen nimmt Hythlodeus einmal an, daß er der Ratgeber des Königs von Frankreich sei; er glaubt nun nicht, daß der König sich bereit finden könnte, auf seinen Vorschlag hin auf alle militärische Expansionspolitik zu verzichten und in Frieden zu regieren. In seiner kompromißlosen Haltung sieht Hythlodeus keine Möglichkeit, als Philosoph gleichzeitig Staatsmann zu sein und Fürstendienst zu leisten und dabei seine moralische Integrität zu wahren. Er lehnt es ab, »Helfer des Unsinns« (»adiutor ... insaniae«, 102)[61] zu werden, und über den Umgang mit Politikern fällt er das scharfe Urteil:

> Porro nihil occurrit, in quo prodesse quicquam possis, in eos delatus collegas, qui uel optimum uirum facilius corruperint, quam ipsi corrigantur, quorum peruersa consuetudine uel deprauaberis, uel ipse integer atque innocens, alienae malitiae, stultitiaeque praetexeris, ... (102)

Am Schluß des gesamten Werkes weist Hythlodeus in aller Deutlichkeit noch einmal darauf hin, daß das Haupthindernis für eine »reformatio« der gesellschaftlichen und wirtschaftlichen Zustände in Europa der Stolz, die »superbia« ist, die – wie wir in anderem Zusammenhang schon sag-

---

[60] J.H. Hexter nimmt an, daß sich die Ausführungen im I. Buch der Utopia auf die Politik Heinrichs VII. von England beziehen (More's Utopia, 100).
[61] Die zitierte lat. Wendung stammt, wie Morus selber angibt, aus Terenz, Adelphi, I, 2, 65; mit der deutschen Wiedergabe folgen wir K.J. Heinisch, Der utopische Staat, 43.

ten – für das Mittelalter und ebenso für Thomas Morus eine Todsünde war:

> Haec auerni serpens mortalium pererrans pectora, ne meliorem uitae capessant uiam, uelut remora retrahit ac remoratur.⁶² (242f.)

Würden sich die Völker Europas entschließen, ihren Hochmut zu überwinden und der Stimme der Vernunft zu folgen, so könnten sie damit – nach der Meinung des Hythlodeus – auch dem Vorbild der Utopier gleichkommen. Auf eine solche Möglichkeit wagt er allerdings seine Hoffnung nicht zu setzen. Hythlodeus ist also »Utopist« und »skeptischer Realist« zugleich; er bewundert Utopia und verachtet das Europa seiner Zeit.

Thomas Morus gibt im Dialog mit Hythlodeus (im I. Buch) zu erkennen, daß er sehr wohl weiß, wie wenig allzu offene, gutgemeinte, idealistische Ratschläge bei den Fürsten nützen. Dennoch neigt er nicht zu jenem extremen Skeptizismus, den Hythlodeus wiederholt zum Ausdruck bringt. Er glaubt vielmehr, daß man bei den Erörterungen, inwiefern ein Philosoph in der Politik etwas ausrichten könne, zwischen einer reinen Schulphilosophie, die alles überall für geeignet hält, und einer mehr praktischen Philosophie, einer »philosophia ciuilior« (98) unterscheiden müsse, die in kluger Weise politisches Handeln zu steuern vermag. Mit anderen Worten: Thomas Morus erstrebt in diesem Dialog den vernünftigen diplomatischen Kompromiß zwischen Philosophie und Politik. Dabei spricht der Autor durch die Figur des Thomas Morus in der *Utopia* offenbar insofern eine persönliche Überzeugung aus, als er in der Phase seines schriftstellerischen Schaffens, in der dieses Werk entstand, stark von den Ideen des zeitgenössischen Humanismus durchdrungen war, der auf die Erziehungsfähigkeit des Menschen vertraute und glaubte, daß der einzelne Mensch aus eigener Kraft zum Guten und die gesamte menschliche Gesellschaft zu Besserem fähig sei.⁶³

Die Erfahrungen, die Thomas Morus danach in seinem Konflikt mit Heinrich VIII. machen mußte, haben nachträglich dem skeptischen Realismus des von ihm selbst erdachten Hythlodeus recht gegeben, vor allem

---

⁶² Die Wendung »omnium princeps parensque pestium, superbia« (242), die Morus im gleichen Zusammenhang gebraucht, erinnert an eine Formulierung Augustins: »caput omnium morborum superbia est« (In: Joannis Evangelium Tractatus 25, 16, Migne P.L., 35, Sp. 1604).

⁶³ Vgl. dazu auch Pearl Hogrefe, The Sir Thomas More Circle. A program of ideas and their impact on secular drama, Urbana, Illinois, 1959.

auch deshalb, weil er als Lordkanzler nicht bereit war, aus diplomatischen Gründen seine eigene sittliche Integrität zu zerstören. Thomas Morus stellte sich mit klarer Entschiedenheit und illusionslosem Ernst der historischen Situation: er löste sich von der Politik und verzichtete auf sein hohes Amt. Der Tod auf dem Schafott, den Morus, seinen innersten religiösen Überzeugungen getreu, zu sterben bereit war, ließ seine Zeitgenossen, aber auch alle späteren Generationen erkennen, wie weit Europa in der ersten Hälfte des 16. Jahrhunderts von Utopia entfernt war.

## Utopia and the Principle of Reason

In 1516 a little book by Thomas More was published which promised its readers a report »de optimo rei publicae statu«. More gave it the title *Utopia,* a word he coined from the Greek *ou,* meaning ›not‹, and *topos,* meaning ›place‹. The report is presented by Hythloday, a fictitious travelling companion of Amerigo Vespucci. His account, however, goes considerably beyond being merely the minute description of the system of government established by King Utopos presented in Book II of *Utopia*. Both in his detailed account and at Hythloday's supposed first meeting with Thomas More in Book I, Hythloday bitingly satirizes the deplorable social and political abuses prevailing in England and the rest of Europe at the time.

Hence from *Utopia* onwards, a utopia has been understood as either a *report on an ideal state* or simply *an ideal state itself,* conceived of in critical contrast to existing political and social conditions. And with these two definitions of what a utopia is, the ambivalence in the use of the term observable from More's time onwards already becomes apparent. ›Utopia‹ can be used to refer to a mode of presentation or a mode of thought. It is, on the one hand, a literary genre and, on the other, an ideal model of government, which can find expression just as readily in a philosophical treatise or programme for political reform as in a particular literary genre. Utopia as an ideal has been likened to mythical conceptions such as the Earthly Paradise, Arcadia and the Golden Age and linked with fairy tales and the Land of Cockayne. Like these traditional conceptions, whether oral or written, the utopian ideal of a happy and full life transcends historical reality. And there can be no doubt that these mythical conceptions have influenced the concrete literary expression of utopian ideals; Arcadia, to mention only one example, is given substance in William Morris's *News from Nowhere* (1891). However, it must be emphasized that there is an essential difference between the »expressions of collective desires and fantasies (such as an Ideal City, the Garden of Eden, the Golden Age, the Land of Cockayne, the Islands of the Blessed)«[1] and a Utopia in the narrow sense. A utopia derives its unique position from the fact that it is rooted in the conceptions of the »perfectibility of man« and the »con-

---

[1] Utopieforschung: Interdisziplinäre Studien zur neuzeitlichen Utopie, ed. W. Voßkamp, Stuttgart 1982, I, 4: » ... Ausprägungen kollektiver Wunsch- und Phantasiebilder (ideale Stadt, Garten Eden, Goldenes Zeitalter, Schlaraffenland, Insel der Seligen)«.

structibility of the world«.² And both of these characteristics – perfectibility and constructibility – are in turn rooted in reason. Thus, while a utopia may be fed by desires arising from the collective unconsciousness, as a detailed plan of an ideal state it is a construct of reason. In addition to that we should not overlook the fact that in all the authors who followed in More's footsteps (20th century creators of dystopias or anti-utopias included), the reason which gives birth to the utopian model of an ideal state is a capacity shaped by history. This also holds good for utopias set in some distant future time: whatever their authors predict for the future is dependent upon the principle of reason as shaped by their own contemporary circumstances.

With this in mind, let us turn to Thomas More's *Utopia*. Here one can note numerous instances of a reason inspired by Christian faith (in its medieval expression), a reason regarded as »servant to fayth, not enemy«.³ In describing the state Utopia, More has not broken all bonds with the past. His exemplary state is no ahistorical construct: in many respects More presents in fictional garb the profile of a culture which had not only taken historical shape but whose decline was already evident in the 16th century. Although Utopia – as described by Hythloday – purports to be a heathen state, it presents in foreign guise a range of political, social and religious ideas familiar to medieval man and which, to name but one group, Benedictine monks had been trying to put into practice long before the Renaissance.⁴

Of course, Thomas More's way of reasoning was at the same time shaped by the Humanistic climate of 16th century western and northern Europe. He was independent, bold, and innovative in his search for what was good and true and just, and he considered what was useful and necessary for human nature – in this respect very much a kindred spirit of Erasmus, Rabelais and Montaigne. In this process Thomas More's reason, guided by a firm belief in the perfectibility of man and the constructibility of the state, was led to prophetic insights, as recent research has increasingly recognized.⁵

---

2   Cf. F. Seibt, Utopie als Funktion abendländischen Denkens, in: Utopieforschung, ed. Voßkamp, I, 259.
3   The English Works of Sir Thomas More, ed. W.E. Campbell, London/New York 1931, II, 152.- For detailed interpretations of Thomas More, William Morris, H.G. Wells, Aldous Huxley and George Orwell see W. Erzgräber, Utopie und Anti-Utopie in der englischen Literatur, Reihe Literaturstudium, I, München 1980, ²1985.
4   Cf. Willi Erzgräber, Zur *Utopia* des Thomas Morus, page 389-426 of this volume.
5   Cf. also Erzgräber, Zur *Utopia* des Thomas Morus, page 389-426 and Erzgräber, Utopie und Anti-Utopie in der englischen Literatur.

An analysis of each of the passages in *Utopia* which deal with the effectiveness and the formative influence of reason leads one to conclude that More uses two competing concepts of reason which together lend his principle of reason its ambivalent character. Thus, on the one hand, reason is understood in the sense of ancient philosophy and medieval theology as an integrated part of a larger cosmic order and, on the other hand, as a faculty allowed to develop unencumbered in both creative and destructive directions. Some examples from *Utopia* may serve to clarify this dichotomy:

(1) I turn first to the ethics of the Utopians. The standard against which all their actions are judged is reason. By obeying the voice of reason, not only will the inherent and natural desire for personal happiness be fulfilled but people will also be driven to do their best for the society in which they live. The decisions of man's subjective reason are in accord with the cosmic order or the *lex naturalis*, which, metaphorically speaking, is a reflection, a distillation of the *lex aeterna* at a level accessible to humankind.[6]

(2) In addition to natural reason, there is a practical, operative or ›instrumental‹ reason[7] which is not dependent on a prescribed norm inherent in the reality of creation, that is, in nature. Instead, it is dependent on concrete experience, i.e. on specific insights based on observation and the critical assessment of what has been observed. These insights, in turn, can acquire the force of norms. This is a concept of reason in which the characteristics of the perfectibility of man and the constructibility of the state conjoin in planning the shape of a state. One only needs to read Hythloday's expositions on Utopia's urban gardens, on education, the excellent care of the sick in public hospitals, and the Utopians' interest in poetry and historiography to realize that the ›goal‹ of the Utopians' instrumental reason is to maintain and further the health of the entire population, first as their most valuable physical asset and more importantly as the prerequisite for a life of spiritual and intellectual improvement. The effect of this planning, instrumental reason is also noticeable in the details of the political structures of the city states in Utopia, the description of the economic order, in which, as in Plato, private property does not exist.

Instrumental reason prevails even more strongly in the section on warfare. Should military conflict be unavoidable, the Utopians prefer to em-

---

[6] Cf. Erzgräber, Zur *Utopia* des Thomas Morus, page 389-426.
[7] For a discussion of the concept of ›instrumental reason‹ cf. M. Horkheimer, Zur Kritik der instrumentellen Vernunft, Frankfurt a.M. 1967.

ploy mercenaries (called Zapoletans) rather than send their own citizens into battle. »When need requires«, [continues Hythloday in his report] »they thrust them under the tempting bait of great promises into greatest perils. Generally a large proportion never returns to claim payment, but the survivors are honestly paid what has been promised them to incite them again to like deeds of daring. The Utopians do not care in the least how many Zapoletans they lose, thinking that they would be the greatest benefactors to the human race if they could relieve the world of all the dregs of this abominable and impious people«.[8]

Here reason is transformed into its inhuman opposite. Even Edward Surtz, who although accepting the Utopian state as a heathen creation, tends to regard it in many respects as a model for the Christian states of Europe, has to admit: »This is the point at which Utopian reason becomes unreason«.[9] This aspect, this dialectic of instrumental reason, in which politically creative reason becomes purely destructive reason, must be borne in mind when designating the Utopian state described by Hythloday, as an »experimentum rationis«.[10] In the following I will argue that the ambivalence in Thomas More's *Utopia* is not only in evidence throughout the history of this genre but is, moreover, a defining characteristic of the genre. The expression and narrative treatment of this ambivalence take different forms, reflecting given historical conditions and literary requirements.

If one compares earlier utopias with the utopias created in the late 19th and early 20th centuries – William Morris's *News from Nowhere* (1891) and H.G. Wells's *A Modern Utopia* (1905) may serve as examples – *one* fundamental difference is obvious. The utopias of More and Swift were devised as contemporary alternative blueprints to the respective given realities, upon which the authors pronounced their satirical verdicts. *Utopia* and the utopian passages *in Gulliver's Travels* are utopias distanced in space. In the 19th century the device of distancing utopias in time became popular. This new development had been heralded in French literature of the late 18th century with the publication of Louis Sébastien Mercier's utopia under the paradigmatic title *L'an deux mille quatre cent quarante* (1770). This utopia is a product of the belief in progress. Although there are obvious

---

[8] The Yale Edition of the Complete Works of St.Thomas More, vol. 4, UTOPIA, ed. E. Surtz, S.J. and J.H. Hexter, New Haven/London 1965, third printing 1974, 209.
[9] E.L. Surtz, S.J., The Praise of Wisdom: A Commentary on the Religious and Moral Problems and Backgrounds of St. Thomas More's Utopia, Chicago 1957, 290.
[10] Cf. E. Jäckel, Experimentum rationis: Christentum und Heidentum in der Utopia des Thomas Morus, Diss., Freiburg i.Br. 1955.

connections between the reality of 18th century France and the fictitious reality of the year 2440, the fundamental change in social relationships which has taken place is unmistakable. There can be no denying that the enlightened belief in the possibility of correcting current abuses and improving the condition of man gave new impetus to all of what can be subscribed under ›utopian thought‹.

Two models determined 19th century thought about the future: (1) the political revolution and (2) the biological evolution. In the guise of a tremendous time utopia, Marxism argued that the secular expectation of man's self redemption could be realized by perfecting the world, a view still maintained in Ernst Bloch's *Das Prinzip Hoffnung* in the 1950s. Darwin strengthened utopian thinkers' conviction that »fantastic visions of the future would grow naturally out of infinite evolution [...] and life itself as the horizon of man's perception would surplant the religious superstructure«.[11] New scientific disciplines – politics, sociology, biology – increasingly influenced the fantasies of the utopians as well as the expressions of the principle of reason – both the principle of reason in the minds of the creators of utopias and the principle of reason in the utopian reality constructed.

William Morris drew inspiration for his utopia *News from Nowhere* from Edward Bellamy's *Looking Backward: 2000-1887* (1888) which describes a state at the beginning of the 21st century in which all human beings are governed by reason and common sense and in which the ideal of a classless society has become reality. Though William Morris was deeply impressed by the idea of a classless society, he had strong reservations about the fictional shape Bellamy gave these ideas. He was irritated above all by Bellamy's bureaucratic perfectionism and the uncritical admiration of all technological progress expressed in Bellamy's book. William Morris was one of a number of 19th century authors who approved of a radical, revolutionary change in the existing social order, but whose ultimate aim was a return to nature in the sense of Rousseau and his English Romantic followers. Like so many other artists of the 19th century, Morris suffered under »the burden of the ugliness of things«.[12] The critical writings of Carlyle and Ruskin encouraged him at an early age to

---

[11] Cf. H.U. Seeber and W. Bachem, Aspekte und Probleme der neueren Utopiediskussion in der Anglistik, in: Utopieforschung, ed. Voßkamp, I, 157. – Seeber and Bachem refer to R. Gerber, Utopian Fantasy: A Study of English Utopian Fiction Since the End of the 19th Century, London 1973.

[12] Cf. E. Bloch, Das Prinzip Hoffnung, Frankfurt a.M. 1959, II, 183 (Bloch quotes from van der Velde).

reflect upon the function of art in contemporary society. Not content with being a poet and writer, a decorator, manufacturer and printer, from the 1880s on he felt drawn towards politics. This was at a time when the influence of Socialist ideas was beginning to permeate public life in England. In 1884 Morris founded the Socialist League. He left it again in 1890, so as to be free to spread his own ideas – which he did in a willful and sometimes headstrong manner. He was convinced that only by a revolutionary change in the social order (as advocated by Karl Marx) would any improvement in Victorian living conditions and any progress in society towards an ideal utopian state be brought about.

From the author's biography we know that in 1883 he started to study Karl Marx's work in a French translation. The extent to which William Morris was influenced by Marxian ideas in writing *News from Nowhere* is reflected in Chapter 17: »How the Change Came« and in Chapter 18: »The Beginning of the New Life«, in which he describes the development of England from the end of the 19th century through a revolutionary period of the 1950s to a new society in the 21st century. The military events that culminate in the victory of communism are touched on but briefly; William Morris eschews a detailed description of the negation of the negative, i.e., the development of society from the destruction of capitalism and most of 19th century technology to the establishment of the utopian state of the 21st century. He merely alludes to the possibility of a regeneration that may spring from the instinctive longing of human beings for freedom and equality.

Like More, Morris was convinced that in this instinctive urge for freedom and equality nature and reason co-operate, that man is prepared to follow rational insight and also to subordinate his private interests to the common weal. It is an expression of rational insight that the Utopians (both of *Nowhere* and of the republic of *Utopia*) abolish private property, that the means of production are state-owned, and that no special laws, civil or criminal, are needed to regulate the rights of the members of society. In economic, political, and social matters they rely on traditional customs developed in the period since they attained utopian freedom and equality. The detailed descriptions Morris gives of life in a classless society testify to the citizens' belief in reason and common sense and to their readiness to cooperate. Having turned its back on capitalism and technological progress, the classless society lives in Morris' version of a romantic idyllic state – it seems in effect to have returned to the Childhood of Man, to the Golden Age. It is fitting that the experience of the 21st century is presented as a visionary dream, that Morris eliminates numerous details about the utopian society which Thomas More included in the description of Utopia and that the transition from the capitalist age to the communist era is only paraphrased in very vague terms.

Indeed, the predominance of the idyllic genre in the description of the Utopian state weakens the rational principle. Morris himself was aware of this peculiarity and stated: »I *am* a sentimentalist in all the affairs of life, and I am proud of the title«.[13] He responded to reality as an artist who, through the political discussions and activities in which he participated, worked himself up into a dream, into a vision of humankind liberated from all compulsion and coercion, and whose enthusiasm tended to move his contemporaries to political action.

In *A Modern Utopia* (1905), H.G. Wells set himself the task of reappraising the utopian tradition from Plato through More and Campanella to William Morris, and of creating a new utopia in keeping with contemporary awareness. This book constitutes the ›end‹, in the Hegelian sense, of the history of utopian thought. Wells incorporates ideas of Plato and More in a modern conception of the state; theories of those utopian thinkers he disapproves of are refuted at great length.

Nevertheless: Wells does not claim to have produced *the* binding version of *the* utopian state. Thus, for instance, he remarks towards the end of his book:

> Utopias were once in good faith, projects for a fresh creation of the world and of a most unworldly completeness; this so-called Modern Utopia is a mere story of personal adventures among Utopian philosophies.[14]

And he appends to his Utopia an extract from a treatise entitled *Scepticism of the Instrument*. In this extract Wells deals with epistemological problems: he assumes a nominalistic position and questions the validity of all categories and (scientific) laws. Wells is aware of the possible consequences of such a theory, for it questions not only the claims of all ethical and religious norms but also any claim to objective knowledge. This in turn, effects the conception of a utopian state, such as Wells presented to his readers at the beginning of the 20th century.

Wells' utopian state differs from its predecessors in that it is *not* conceived of as a *static* construction. Whereas history seems to stand virtual-

---

[13] E.P. Thompson, William Morris: Romantic to Revolutionary, London 1977, 718.
[14] H.G. Wells, A Modern Utopia, Lincoln, Nebr., 1967, 372.

ly still in More and Morris, once the utopian state has been realized, Wells clearly believes in development and progress in so far as he regards utopia as a *dynamic,* or as he puts it: *kinetic* construction. It is certainly no coincidence that the name Darwin appears in the third line of the first chapter. This is Wells's way of pointing out the relationship between his conception of a utopian state and the evolutionist thought characteristic of Darwin's biological *weltanschauung*. Wells regards the modern utopia as a flexible compromise which is to be renewed from generation to generation. And, although Wells's belief in the perfectibility of man and the constructibility (or rather ›feasibility‹) of the utopian state places him firmly in the utopian tradition, he believes only in the tendency towards improvement and perfection. It is the task of each generation to devise new ways of constructing a utopian relationship. He is not convinced that man will ever achieve a permanent return to a prelapsarian state or ever attain again the Golden Age.

Wells endeavoured to base his construct of a utopian state on his analysis of the conditions existing in Europe at the beginning of the 20th century. Hence, he felt obliged to comment on the two conflicting trends which governed the social and political life of his time: Marxism and Socialism, on the one hand, and Liberalism and Individualism on the other. It is characteristic of Wells's masterly and ironic treatment of the trends of his age that he concludes that both principles, seen in absolute terms, must be regarded as absurdities. In his attempt to construct a utopian state based on rational considerations, Wells strives to find a compromise combining the advantages of both systems. To be sure, his search for perfect, rational and logical syntheses is not always successful; at times he has to accept contradictions. But this also means that Wells occasionally presents a forced synthesis which he regarded as plausible but which could not have been reached by rational processes. And, in his rationally lucid construct of the world, a kinetic tendency can be noted: he declares his support for a view of the world which contains both rationalistic and dynamic, voluntaristic features.

Detailed policies on marriage, family and population in Utopia testify to Wells's search for a compromise between the individual's freedom of decision and a reasonable degree of control by the state. Wells is opposed to concepts in any form which grant the state the power to force two people to marry solely in the interests of the state. In this field, too, he would give priority to the decision of the individual. Nevertheless, Wells accepts as reasonable the right of the state to lay down certain conditions for those who want to increase the population, especially as the state bears the responsibility for the care and education of children. The utopian state therefore practises eugenics to improve the human race: the mentally or physically disabled as well as those regarded as inferior members of society are refused the right to marry and hence to reproduce. For Wells this form of birth control is a civilizing act necessary if man is to rise above the brutality of his natural state. However, any society which restricts reproduction to its physically and mentally healthy members gives preference to biological considerations. Consequently, the freedom of the individual, for which Wells so eloquently pleads in other contexts, is subjected in the final instance to the biological ›organism‹ of the state. Indeed, the willingness to accept eugenic manipulation in the interests of evolutionary improvement goes even further:

> Should neighbouring races prove to be inferior, the Utopians will eradicate them without exception in the same dispassionate eugenic fashion as they have rid themselves of their own inferior elements.[15]

Thus, the reason of Wells's Utopians leads them along the path trodden by More's Utopians and Swift's Houyhnhnms. At the beginning of Book IV, Chapter 9, of *Gulliver's Travels,* Gulliver reports the following on »a grand Debate at the General Assembly of the Houyhnhnms«:

> The Question to be debated was, Whether the *Yahoos* should be exterminated from the Face of the Earth. One of the *Members* for the Affirmative offered several Arguments of great Strength and Weight; alledging, That, as the *Yahoos* were the most filthy, noisome, and deformed Animal which Nature ever produced, so they were the most restive and indocible, mischievous and malicious.[16]

The only difference between More and Swift, on the one hand, and Wells and other modern authors, on the other, lies in the means employed to eradicate inferior elements. Eugenic manipulation has replaced warfare and brutal force.

---

[15] B. Schultze, Herbert George Wells: A Modern Utopia (1905), in: Die Utopie in der anglo-amerikanischen Literatur, ed. H. Heuermann and B.P. Lange, Düsseldorf 1984, 170f.: »Sollte sich allerdings herausstellen, daß es rundum minderwertige Rassen gibt, werden die Utopier sie ausnahmslos ausrotten, und zwar auf dem gleichen kalten eugenischen Weg, auf dem sie sich auch ihrer sonstig minderwertigen Elemente entledigen«.

[16] J. Swift, Gulliver's Travels, ed. P. Turner, Oxford 1971, 277.- For a detailed analysis of Book IV of Gulliver's Travels cf. W. Erzgräber, ›Reason‹ und ›Nature‹ in Swifts Gulliver's Travels, Buch IV, in: Papers on Language and Medieval Studies Presented to Alfred Schopf, ed. R. Matthews and J. Schmole-Rostosky, Frankfurt a.M. 1988, 69-88.

Looking at *A Modern Utopia* in the context of Wells's whole literary career, we should note that he was aware of the possibility that mankind's further development need not be progressive in the Darwinian sense; it could also be retrogressive. And this awareness was present even at early stages in his literary development, as *The Time Machine* (1895) reflects. Borrowing the idea of retrogression in the natural order back to lower or more primitive organisms from Thomas Henry Huxley,[17] in *The Time Machine* he constructs a state in which the employers have developed into flower-children with the intelligence of five-year-olds and the workers have become lemure-like beings which at night feed on the flower-children: »Utopian reason's dreams of order and happiness become in the dialectic process barbarism«.[18] Utopia becomes dystopia. In Wells' case, this means that right from the beginning he was aware of the possibility of dialectical change in the utopian principle of reason, but suppressed this knowledge. From the beginning of the 20th century he championed a socialist utopia in the shape of a world state and dreamt of *Men Like Gods* (1923); later he conceded that the evidence of history rendered utopian belief increasingly difficult; and, finally, in *Mind at the End of its Tether* (1945), he admitted that his optimism and the convictions upon which it had been based were shattered.

A feature of the dystopias of the 20th century is the contrast and consequent tension between a purely operative reason and a critical, creative reason. Both Orwell and Huxley present the structure of the state as an expression of operative reason refined by the insights of modern science.[19] Opposition to this system, in contrast, is a product of critical reason. The difference between Orwell and Huxley lies in the respective expression of the effectiveness of operative reason: for Orwell this is primarily to be found in the political structure of the state, for Huxley in the scientific basis of the social order. I shall deal first with Orwell's approach and then with Huxley's.

In his anti-utopia *Nineteen Eighty-Four* Orwell constructs the model of a totalitarian state. The fundamental credo of this state is stated and explained by O'Brien in the third part of the book:

---

[17] Cf. H.U. Seeber, Utopier und Biologen: Zu H.G. Wells' The Time Machine (1895) und A Modern Utopia (1905), in: Literarische Utopien von Morus bis zur Gegenwart, ed. K.L. Berghahn and H.U. Seeber, Königstein, Ts., 1983, 174.
[18] Ibid., 176: »Die Ordnungs- und Glücksträume der utopischen Vernunft schlagen dialektisch in die Barbarei um«.
[19] Cf. Erzgräber, Utopie und Anti-Utopie in der englischen Literatur, cf. 134ff. and 170ff.

> Power is not a means, it is an end. One does not establish a dictatorship in order to safeguard a revolution; one makes the revolution in order to establish the dictatorship. The object of persecution is persecution. The object of torture is torture. The object of power is power.[20]

In contrast to the Utopians, for whom power is the means to a greater end, that of heavenly bliss on earth, power is supreme for O'Brien. In Orwell's state all political measures, practices and organizations are subordinated to the pursuit of this goal. Some examples may illustrate this. One method devised by operative reason for maintaining totalitarian domination is the abolition of constitutional rights. There are neither written laws nor customary rights. The state arbitrarily defines and decides what constitutes crime. People are not judged and sentenced according to their deeds but according to the opinion the state has of them. For the rulers in Orwell's state, the greatest threat is posed by critical reason which does not accept the current ›authorized state version‹ of past events. Consequently, the state concentrates primarily on people's thoughts, not their deeds. It is the duty of the secret police, the »Thought-Police«, to track down all potential or actual rebels or deviants; the crime to be combatted is »thought-crime«.

The mode of thinking, or rather »doublethink«, developed in Orwell's state, is further evidence of the eradication of traditional reason. Doublethink means that every party member has two mutually contradictory opinions or judgements to hand at any one time and is able to accept both as correct. Orwell himself said that this was intended as a parody of the dialectical method. Strictly speaking, however, he avoids the dialectical method and instead pinpoints a common feature of political diction, namely the abuse of paradoxes and ambivalences, which are presented to deceive people about true facts and thus render unequivocal moral value judgements impossible. A prerequisite of doublethink is the weakening or elimination of the relationship between speaking and thinking, on the one hand, and facticity on the other hand, thereby separating consciousness and being. The consequence is that consciousness can be manipulated to suit arbitrary goals.

Orwell's portrayal of state domination stems from two sources: His own experience, particularly during the Spanish Civil War, and two books by the sociologist (and former Trotskyist) James Burnham: *The Managerial Revolution* (1941) and *The Machiavellians* (1943). James Burnham was con-

---

[20] George Orwell, Nineteen Eighty-Four, Harmondsworth 1968, 211f.

vinced that the struggle for power was the driving force in mankind's history, and that in the 20th century both major societal systems – capitalism and communism – were developing towards a manager state. A discussion of those aspects of Burnham's theories rejected by Orwell would go beyond the bounds of this essay. The important point to note is that Orwell accepted Burnham's theory that the practical (operative) reason of managers in East and West would decide the fate of mankind and that he has O'Brien proclaim this view as official state philosophy – although O'Brien himself is unaware of its real source.

Winston Smith embodies the critical objection to the political system sketched by Orwell. He is a loner whose individualistic way of life (»ownlife«) runs counter to the way of life ordained by the state. A member of the Outer Party, his job consists of rewriting reports about events to suit the wishes of the Party. But Winston tries to organize his »ownlife« in accordance with the principles of a life-style in which thought, word and deed form an indissoluble unity. He labours under the illusion that he can bring Julia, his girl-friend, to join his intellectual revolt. The third part of the novel shows how the totalitarian regime employs all available physical and psychological means of repression to nip any opposition by any individual in the bud. Gradually Winston loses all sense of chronological orientation, and is prepared to confess to real and imaginary crimes. Finally he submits totally to the state's claims to absolute power; in the end the cunning of operative reason brings Winston to degrade himself and to become a mere tool of the state. Neither Julia's revolt in the form of physical sex nor Winston's mental, intellectual revolt stand any chance of shaking the totalitarian regime. The totalitarian state presented *in Nineteen Eighty-Four* has already reached the point where it resembles a physical and psychological prison from which there is no escape.

To understand Orwell's anti-utopia properly we must keep his intention in mind: He was not prophesying what he saw as an unavoidable future but rather issuing a warning – a warning, which will retain its validity beyond 1984 and our time, as long as the danger of totalitarian states remains. As a warning, *Nineteen Eighty-Four* appeals to the moral and political sense of responsibility of readers as well as to their critical reason. The defeat of Winston's critical reason in a fictional world is the defeat Orwell would like to see avoided in historical reality.

In *Brave New World* (1932) Huxley describes a societal order based, like More's *Utopia,* on the conviction that forms of human coexistence are constructible and that man himself is perfectible. In contrast to More, this conviction is not rooted in a Christian, humanist anthropology but in a scientific mode of thought; and he even goes a step further: Biological, psychological and sociological knowledge and discoveries have led to the conclusion that man is not only perfectible but also constructible. In *Brave New World* life is no longer conceived in the sexual act but artificially produced. In this world the heartless term ›human stock‹ is taken literally. In the first chapter the reproduction process is described ›ab ovo‹: From the Fertilizing Room, which receives a fresh batch of ovaries each week, through the Bottling Room, the Social Predestination Room, to the Decanting Room, where the embryos first see the light of day, already conditioned for their future occupations.

The artificial production of humans is one of the main means by which the world state strives to realize its aim of »Community, Identity, Stability«, an aim at once a substitute for and parody of the cry of »Liberté, Egalité, Fraternité«, which epitomized the aims of the French Revolution. »Community« is the term for a »group« of citizens artificially produced by scientific means. They derive their identity from compliance with the norms of the state and not as a result of the individual's interaction with other people and the environment. The chief aim of the state of the future is stability, achieved through »Social Predestination«. There are five classes of people, each labelled with one of the first five letters of the Greek alphabet. The conditions of reproduction ensure that these classes are permanent. State-controlled reactions for the separate classes have replaced the principle of liberty and the class system has superseded the principle of equality. Equality and fraternity are parodied by the technical possibility of producing 96 identical living organisms which, without difficulty, can be put to 96 identical work processes. Solidarity as an expression of an individual's personal decision has no place here.

Although the »Brave New World« is perfectly constructed in every detail, the dialectic possibility that the principle of reason can produce the opposite of what is intended is demonstrated by Bernard Marx and Helmholtz Watson. Both belong to the alpha class. On account of their functions, alpha citizens have to be granted a certain freedom of action and certain discretionary powers. The World Controller for Western Europe defines this caste as »separate and unrelated individuals of good heredity and conditioned so as to be capable (within limits) of making a free choice and assuming responsibilities«.²¹ In the light of recent research it is probable that Bernard is intended as a parody of George Bernard Shaw, who is mentioned several times in the novel. He shares Shaw's command of language and role in society: Bernard is the courtjester of the society in which he lives; he criticizes it but stops short of open rebellion; he is a »conformist rebel«.²² Helmholtz Watson appears to be a perfect representative of the alpha-plus caste. As an Emotional Engineering representative, his »literary output« contributes to stabilizing both the individual and society as a whole. However, for some inexplicable reason he feels the urge to put language to new uses, without being able to say what these are; he only knows that they involve more than a mere playing with words and would go beyond the bounds within which he has worked so far. Both men are a threat to the stability of the New World merely because they are critical thinkers. Therefore they are banished to islands, where they must live among others who have opposed the norms of the New World and approved of unrestricted individualism and a concept of reason appropriate to this individualism.

Huxley creates a further critical antithesis to the New World in the form of John the Savage. Although born of parents from the New World, John the Savage grew up among primitive people in an Indian Reservation and pursued his unguided study of Shakespeare there before entering the New World. In many respects John's arguments against the utopian views of the World Controller are plausible. He laments the lack of humanity in the artificially produced people. Huxley took a similar stand in his critical essays on culture in the 1920s and 30s. However, in his novel Huxley also expresses reservations against John the Savage. When John remarks: »I want God, I want poetry, I want real danger, I want freedom, I want goodness, I want sin«,²³ there can be no denying Huxley's sympathy for these demands. But when the World Controller adds:

> Not to mention the right to grow old and ugly and impotent; the right to have syphilis and cancer; the right to have too little to eat; the right to be lousy; the right to live in constant apprehension of what may happen tomorrow; the right to catch typhoid; the right to be tortured by unspeakable pains of every kind.²⁴

---

21 A. Huxley, Brave New World, Harmondsworth 1967, 174.
22 This term has also been applied to Oscar Wilde; N. Kohl, Oscar Wilde: Das literarische Werk zwischen Provokation und Anpassung, Heidelberg 1980, 520 and N. Kohl, Oscar Wilde: The Works of a conformist rebel, transl. from the German by David Henry Wilson, Cambridge/New York/Port Chester/Melbourne/Sydney 1989.
23 Huxley, Brave New World, 187.
24 Ibid.

Huxley stands behind these words too; for they criticize an intentional relapse into a primitive state which mankind believed it had, through civilization, overcome. There is no way of overcoming the dialectic of reason in which John the Savage finds himself. He can see no way of reconciling his humanistic reason, with its principle of personal liberty, acquired in his case through reading Shakespeare, with scientifically determined operative reason, which strives to improve the civilization of the human race, although this reduces man to malleable material. When John's – as it were utopian – attempt to change the world to his way of thinking fails, he becomes a penitent, a voluntary martyr to his convictions. And when he realizes that even a hermit is denied a decent existence in the New World, he commits suicide.

Thirty years after the publication of *Brave New World,* Huxley eventually reached an intellectual and spiritual point which enabled him to crown his artistic career with the novel *Island* (1962), an island utopia like Thomas More's *Utopia*. In this book Huxley describes a state founded by a Scottish scientist, Dr. Andrew MacPhail, and the Raja of Pala (ostensibly an island in the vicinity of Sumatra). In this work European science and Buddhist religion form a unique synthesis. The attitude to life in this utopia is based on self-knowledge, self-discipline, and self-liberation, its greatest values are love and compassion, its aim the affirmation of life.

The Palanese society has retained certain achievements of Western technology (such as electricity), but takes care not to overexploit nature; natural resources for instance are used sparingly. Population control is achieved through Maithuna, a type of yoga they use to control and guide their social life. The education of children is aimed not at cultivating the intellect but at a contemplative, intuitive attitude towards nature, towards physical and psychic life. Whereas Huxley's approach to sex and the body is distant and critical in his numerous satires, in this utopian book his attitude is quite the opposite: he is as much in favour of sexuality as he is of nature – as long as the limits set by reason are observed. And finally, in his Palanese utopia Huxley rejects all forms of organized religion. He makes a plea for meditative contemplation with the aim of liberating the immanently divine in man, and using this experience to recover the unity of the individual. *Island* is a utopia because this novel lives by the conviction that the entire population of the island practises this way of life.

The most remarkable thing about this book is Huxley's intention. Pala is not intended as a description of an ideal *future* state. Like More's *Utopia,*

Pala is situated in the present: both are 'space-utopias'. Huxley takes account of the current situation by surrounding the utopian island with states under dictatorial regimes. Although the book closes not with the expansion of the utopian state but with its destruction by military force, Huxley remains nevertheless a utopian. The last lines of the novel *Island* contain the sentence: »Disregarded in the darkness, the fact of enlightenment remained«.[25] And the final word of the novel is: »Attention«.[26] This is one of the principle demands of the utopian state on mankind. The attention man pays to all of life is the source of respect for one's neighbour, of love and compassion.

Even in Huxley's *Island* the principle of reason remains an integral part of the utopian construct of life, society and the state. However, in as much as Huxley places reason within transcending ethical and religious, metaphysical contexts, he has returned to the ethics of Thomas More's Utopians. These contexts give reason its tasks and its inner purpose, denoted by the words love and compassion. The history of utopias and dystopias testifies to the fact that reason without this frame of reference continually runs the risk of switching dialectically from creativity to destruction. Utopians who support the radical autonomy of the principle of reason should bear this possibility in mind. Not only the Palanese but everyone who constructs a utopian state, as well as those who might even consider making it a historical reality, should heed Huxley's final call in the novel: »Attention«.

---

[25] A. Huxley, Island, Harmondsworth 1968, 296f.
[26] Ibid., 297.

# Die komische Figur auf der englischen Bühne des 15. und 16. Jahrhunderts:

## Vom Schafdieb Mak bis zu Shakespeares Falstaff

Bedenkt man, daß durch das ganze Mittelalter hindurch die mimischen Traditionen der Antike im subliterarischen Leben lebendig blieben und das religiöse Drama von diesen Traditionen ständig Anregungen empfing, bedenkt man weiterhin, daß das Liebes- und Eheleben der Götter ein Lieblingsgegenstand der Mimenspiele in der Antike waren und diese Thematik auf niederem Niveau auch im Mittelalter Interesse erregte, dann kann es nicht verwundern, wenn in den Mysterienzyklen die Szene zwischen Noah und seiner Frau als eine kleine Ehekomödie dargestellt wird, in der Noahs Frau (»uxor Noe«, wie sie in den Manuskripten heißt) mit einem Faustschlag hinters Ohr zur Raison gebracht und gezwungen wird, in die Arche einzusteigen, um zu überleben; viel lieber hätte sie mit ihren Gevatterinnen fortgeschwatzt, als ihrem Mann Gehorsam geleistet. Festzuhalten ist, daß das spielerische Element, das dem Mimus entstammt, dadurch seinen besonderen Stellenwert erhält, daß es in das übergreifende System des mittelalterlich-theologischen Weltverständnisses eingelagert ist.

Zu den besten Teilen der englischen Mysterienzyklen gehören die Spiele, die dem namentlich unbekannten »Wakefield Master« zuzuschreiben sind, einem sprachlich wie dramaturgisch hochbegabten Autor, von dem auch das zweite Hirtenspiel stammt, das in der Forschung allgemein die *Secunda Pastorum* genannt wird und die als die erste geschlossene englische Komödie (aus dem 15. Jahrhundert) zu gelten hat.

Einer vereinfachenden Definition zufolge pflegte man im Mittelalter die beiden Hauptgattungen, die Komödie und die Tragödie, nach den Stimmungen zu unterscheiden, die zu Beginn und am Ende eines Stückes vorherrschten: Die Tragödie – so kann man lesen – beginnt heiter und endet traurig, die Komödie hat einen ernsten Anfang und schließt heiter. Dementsprechend beginnt die *Secunda Pastorum* mit drei Schäfern, die ihre Not beklagen. Der erste setzt mit einer realistischen Beschreibung der physischen Leiden ein, die der Winter mit sich bringt; er spricht aber

auch von der Unterdrückung durch die Adligen, unter der sie zu leiden haben. Der zweite Schäfer variiert diese Thematik insofern, als seine Klagen durchmischt sind mit mittelalterlicher Frauensatire. Der dritte Schäfer scheint der ärmste zu sein, er ist der Diener des ersten und zweiten Schäfers und erbittet von ihnen Essen und Trinken. In paradoxer Umkehrung der Ausgangssituation spielen sie nun dem dritten Schäfer gegenüber die Herren; aber als sich herausstellt, daß die Schafe wohlversorgt sind, wandelt sich ihre Stimmung: Der Dialog geht in Gesang über. Mit dem Auftritt von Mak, dem vierten Schäfer, der sich in der großsprecherischen Weise eines Herodes selbst vorstellt, beginnt die dramatische Handlung, aufgrund deren man das ganze Stück eine Gaunerkomödie nennen könnte. Die Hirten mißtrauen Mak von vornherein; sie kennen ihn als einen Schurken, der verdient hätte, daß ihn der Teufel holt. Die folgende Szene beweist, wie gerechtfertigt der Verdacht der drei Hirten war. Er spricht ein Nachtgebet (»In manus tuas commendo, Poncio Pilato«), und wie ein Zauberer versenkt er seine Gefährten in tiefen Schlaf, um ungehindert ein Schaf stehlen zu können, das er in die Hütte zu seiner Frau bringt. Mit einer üblen List wollen sie die drei anderen Schäfer übertölpeln. Das Schaf wird in die Wiege gelegt, es soll als das neugeborene Kind ausgegeben werden, und die Frau will sich ins Bett legen und Schmerzen vortäuschen. Als die Hirten erwachen, spüren sie, daß etwas geschehen ist, daß sich Unrechtes ereignet hat. Mak gibt vor, geträumt zu haben, daß seine Frau ihm ein weiteres Kind geboren habe. Die Hirten folgen ihm, suchen in seiner Hütte das Schaf, das sie vermissen, finden es jedoch zunächst nicht; schon wollen sie das Haus verlassen, als einer der Schäfer auf den Gedanken kommt, man müsse dem Neugeborenen ein kleines Geschenk machen. Natürlich möchte man das Neugeborene auch sehen. Hier nun kommt es zu einer delikaten Situationskomik, die der Wakefield Master auch in gekonnten Reimen zum Ausdruck bringt.
Mak möchte seine Gefährten wegdrängen, damit sie nicht den Diebstahl entdecken.

> Mak: Nay, do away; he slepys.
> Tertius Pastor: Me thynk he pepys.
> Mak: When he wakyns he wepys;
>    I pray you go hence.[1]

---

[1] Towneley Plays: The Second Sheperd's Play (Secunda Pastorum), in: Specimens of the Pre-Shakespearean Drama, vol. 1, John Matthews Manly (ed.), Boston, USA/London 1897, 113.

Die Hirten durchschauen den Sachverhalt jedoch, bleiben aber mit Mak, dem Dieb, zunächst bei der fingierten Situation. Mak wird nicht als Dieb entlarvt, sondern mit seiner Frau wegen dieses seltsamen Nachwuchses verspottet. Und die Komik steigert sich noch, als Maks Frau versucht, die Illusion aufrechtzuerhalten, es handle sich tatsächlich um ihr Kind; wir können also von einer doppelseitigen Überlistungsstrategie sprechen. Mak steigert dieses Ränkespiel noch dadurch, daß er sich auf das Zeugnis eines Gelehrten beruft, der ihm erklärt habe, das Kind sei auf eine magische Art verwandelt worden, und seine Frau beteuert, dabei gewesen zu sein, als eine Elfe dieses Kind verwandelte.

> He was takyn with an elfe,
> I saw it myself;
> The clock stroke twelf ...[2]

Als die Hirten feststellen müssen, daß Mak von seinem Übertölpelungsversuch nicht ablassen will, strafen sie ihn auf eine gutmütige Art und Weise: Sie werfen ihn in einem Tuch hoch, und in dieses ausgelassene Spiel klingt das *Gloria in Excelsis* hinein – dazu erfolgt die Aufforderung des Engels an die Hirten, sich aufzumachen zur Krippe im Stall von Bethlehem. Damit tritt Mak (und die Welt der Illusion, der Täuschung und Lüge, die er verkörpert) zurück; das Gespräch der Hirten geht in einen Lobgesang auf die Menschwerdung Gottes über.

Vom Schluß aus gesehen, verwandelt sich der Sinn des Spieles: Es bleibt keine bloße Farce, keine reine Gaunerkomödie, sondern es ist als ein Gegenspiel zum Weihnachtsgeschehen aufzufassen. In Mak und seiner Frau Gill ist menschlicher Trug, alle menschliche Schuld symbolisch konzentriert. Gill selbst ist ein Gegenbild zu Maria, das falsche Kind, das Schaf in der Krippe, ein Gegenbild zum Jesuskind. Der Stufe des Aberglaubens, der hier freilich schon zu betrügerischem Spiel ausgemünzt wird (man denke an das Feenmotiv), steht die Stufe des Glaubens gegenüber. Der angeblich magischen Verwandlung durch die Feen ist das unbegreifliche Ereignis der Menschwerdung Gottes entgegengesetzt. Die Welt des Aberglaubens wird durch das Spiel als illusionärer Trug entzaubert; der christliche Glaube bleibt in aller Schlichtheit bestehen.

---

[2] Ebd., 114f.

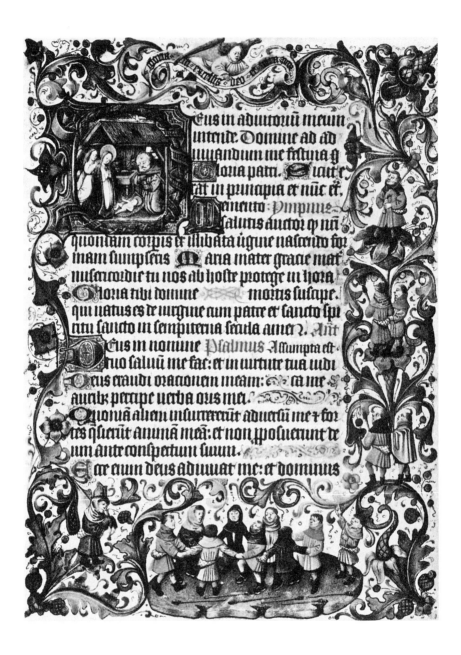

*Abb. 21:* Verkündigungsszene und bäuerlicher Tanz
Die Illustration Rustic Festival, Annunciation to Shepherds, Nativity, Oxford, Bodleian Library, MS Douce, fo 28r, die aus der Mitte des 15. Jahrhunderts stammt und in Utrecht entstand, zeigt, wie ein bäuerlicher Tanz und die Darstellung von Maria und Joseph mit dem Kind nicht nur im Drama, sondern auch in der bildenden Kunst angetroffen werden können. Die dramatischen Szenen in den Shepherd Plays des Wakefield Master im Towneley Zyklus sind ungleich hintergründiger als die Darstellung des Rundtanzes in MS Douce 93. Elizabeth Salter hat in ihrer Abhandlung »The Annunciation to the Shepherds in later medieval art and drama« (in: Elizabeth Salter, *English and International: Studies in the Literature, Art and Patronage of Medieval England*, ed. by Derek Pearsall and Nicolette Zeeman, Cambridge 1988, 272 – 292) gezeigt, wie breit die Palette der künstlerischen Möglichkeiten in bildender Kunst und Literatur bei der Behandlung dieses Motivs war; zugleich geht aus ihrer Sichtung des Materials hervor, daß deutliche Unterschiede zwischen der französischen und der englischen Tradition in den Hirtenszenen zu beobachten sind. Schließlich gibt es auch eine weite Skala von symbolischen und realistischen Konventionen in der Behandlung dieses Themas.

In dem Gauner Mak und seinem Betrugsversuch bildet sich der komische Grundkonflikt ab, der in allen religiösen Spielen des ausgehenden Mittelalters zu beobachten ist.[3] Geht man davon aus, daß der Komik (oft) ein Konflikt zugrunde liegt, bei dem sich die Gegner einer weit überlegenen Partei in ihrer illusionären Selbsteinschätzung für ebenbürtig erachten, von vornherein aber für das Publikum als die hoffnungslos Unterlegenen erscheinen, dann ist Mak, der glaubt, mit Lug und Trug die Macht der Wahrheit bezwingen zu können, eine komische Figur. Von diesem Hintergrund aus ist es auch verständlich, weshalb der Teufel (und seine Gefährten) sowie Herodes in den religiösen Dramen des 14. und 15. Jahrhunderts in vielen Fällen komische Figuren sind.

Konzentrieren wir uns nur auf die Komik in der *Secunda Pastorum*, so können wir feststellen: In diesem subtil konstruierten Spiel läßt sich eine weite Skala der Erscheinungsformen des Komischen ablesen, vom versöhnlichen Humor der Hirten bis zur listigen spielerischen Verstellung des Gauners, von der absichtlich eingesetzten satirischen Ironie bis zu einer fast blasphemisch klingenden Parodie des Weihnachtsgeschehens. Die Komik wird jedoch nie absolut gesetzt, sondern sie ist eingelagert in ein religiöses Weltbild, in Kontexte, die ihr einen Stellenwert gaben, den jeder Zuschauer aufgrund seiner eigenen Gläubigkeit akzeptieren konnte und mußte.

In den Spielen des John Heywood, die im zweiten und dritten Jahrzehnt des 16. Jahrhunderts im Umkreis von Thomas Morus entstanden, haben diese Kontexte bereits an Verbindlichkeit eingebüßt. Es sei hier nur erinnert an die – manchmal John Heywood zugeschriebene – farcenhafte Komödie *A Merry Play between John John the Husband, Tyb his Wife, and Sir John the Priest* (ersch. 1533), in der ein Priester zusammen mit der Ehefrau Tyb deren Ehemann John John betrügt und sich beim Liebesspiel noch über den Betrogenen lustig macht, indem er ihm durch die Zimmertür hindurch zur Unterhaltung Ehebruchsgeschichten erzählt, derweilen John John in der Küche mit Wachs einen Eimer reparieren muß. Im Zeitalter des Humanismus wird der Mensch zunehmend zum Maß aller Dinge; es bildet sich eine neue Sicht des Natürlichen heraus, die als Norm den komischen Konflikten zugrunde liegt. Wer gegen diese Norm des Natürlichen verstößt, macht sich lächerlich, wobei nicht zu übersehen ist, daß die einzelnen Epochen wiederum unterschiedliche Auffassung vom

---

[3] Vgl. hierzu auch Friedrich Georg Jünger, Über das Komische, Hamburg 1936.

Wesen des Natürlichen haben – man braucht nur Shakespeare, Molière und Bernard Shaw nebeneinanderzurücken.
Die Entwicklung einer neuen Komödie wurde von der Mitte des 16. Jahrhunderts an in verstärktem Maße durch die Rezeption der antiken Autoren, d.h. durch die Aufnahme von Plautus und Terenz, gefördert. Nicholas Udall, dem wir die Komödie *Ralph Roister Doister* zu verdanken haben, war Lehrer der alten Sprachen und gab u.a. eine Anthologie heraus, die Auszüge aus drei Komödien von Terenz enthielt. Als Vorbild für seine eigene Komödie diente ihm der ›miles gloriosus‹ des Plautus, weiterhin auch der *Eunuchus* des Terenz und (möglicherweise) die *Lysistrata* des Aristophanes.[4]
Als ›miles gloriosus‹ agiert bei Udall der Titelheld, Ralph Roister Doister, dessen Name bereits sein großsprecherisches Wesen andeutet. Ihm zur Seite steht Matthew Merrygreek, ein Parasit, d.h. eine Dienergestalt, wie sie auch in der antiken Komödie häufig zu finden ist. Freilich zeigt das Stück, daß Udall diesen Typus mit der Gestalt des Vice, des listig-lasterhaften Versuchers aus der heimischen Moralitäten- und Interludientradition verschmolz, so daß eine eigene Figur zustande kam: gutmütige Züge und ein wenig hinterhältige Verschlagenheit sind miteinander gemischt. Er ist einerseits darauf aus, seinem Herrn Streiche zu spielen; andererseits steht er ihm doch auch hilfreich zur Seite.
Der Name der Frauengestalt, die im Mittelpunkt der Handlung steht, Dame Christian Custance (= Constantia), zeigt auf allegorische Weise an, daß an ihrer Liebe zu Gawayn Goodluck, ihrem Verlobten, nicht zu zweifeln ist: »No man hath my faith and troth but Gawayn Goodluck« (IV, 5)[5]. Sie ist aufgrund ihrer moralischen Qualität ihrer Umgebung überlegen; jeder Versuch, sie zur Untreue zu bewegen, muß auf komische Weise scheitern. Die Drohungen und Befehle des Ralph Roister Doister sind – vom Standpunkt der Zuschauer aus gesehen – nicht mehr als eitle Worte eines eingebildeten Großsprechers. Seine Machtlosigkeit spiegelt sich allein schon darin, daß er ständig auf die Hilfe seines Dieners Merrygreek angewiesen ist.
In seiner Naivität und Dummheit verdreht Ralph Roister Doister bei einer Abschrift durch falsche Interpunktion den Sinn des Briefes, den er an

---

[4] Vgl. hierzu die Abhandlung ›Humanismus und Renaissance in England im 16. Jahrhundert‹ im vorliegenden Band, S. 365-388.
[5] Nicholas Udall: Ralph Roister Doister, in: Five Pre-Shakespearean Comedies (Early Tudor Period), Frederick S. Boas (ed.), London/New York/Toronto (1934) 1950, 185. Im folgenden findet sich die Seitenangabe nach den Zitaten.

seine Geliebte sendet und den er durch Merrygreek dort vorlesen läßt. In korrekter Zeichensetzung und Vortragsweise lautet der Anfang des Briefes – wie aus den Worten des Scrivener in III, 5 hervorgeht – wie folgt:

> Sweet mistress, whereas I love you – nothing at all
> Regarding your riches and substance, chief of all
> For your personage, beauty, demeanour and wit –
> I commend me unto you. Never a whit
> Sorry to hear report of your good welfare; ...
> (III, 5 [172])

In der von Merrygreek vorgetragenen, entstellten Version heißt es dagegen:

> Sweet mistress, whereas I love you nothing at all,
> Regarding your substance and riches chief of all,
> For your personage, beauty, demeanour and wit
> I commend me unto you never a whit.
> Sorry to hear report of your good welfare.
> (III, 4 [ 165])

Merrygreek ist jedoch mehr als nur ein Diener, Bote und Vorleser; wie die Gestalt des Vice ist auch er der witzige, raffinierte Regisseur, der sich und Ralph Roister Doister eine bestimmte Rolle vorgibt und seine Rolle jewels mit der Raffinesse eines Intriganten zu spielen versteht, während sein Herr wegen seiner eingebildeten Selbstgefälligkeit verlacht wird. Wie oft in der Shakespeare-Komödie ist schon bei Nicholas Udall der Diener dem Herrn an Schlauheit und diplomatischem Geschick überlegen, so daß sich die Komik aus der Umkehr der Machtverhältnisse ergibt. Ralph Roister Doister fühlt sich geschmeichelt, wenn er mit ritterlichen Helden wie Guy of Warwick oder Lancelot du Lake verglichen wird; er entpuppt sich jedoch als ein erbärmlicher Feigling und Aufschneider, der im Kampf um die Geliebte zu allem Überfluß noch von seinem eigenen Diener verprügelt wird. Ralph ist eine der parodistischen Varianten des ritterlichen Helden, die von Don Quichote bis zu Junker Bleichenwang (in Shakespeares *Twelfth Night*) reichen. Während die verkehrte Weltordnung in der Komödientradition – etwa in Shakespeares *Comedy of Errors* – aus der Sicht der Herrn durch Prügel wenigstens äußerlich wiederhergestellt werden soll, ist bei Ralph Roister Doister diese Möglichkeit ausgeschaltet: dadurch, daß der Diener seinen Herrn verprügelt, wird die Komödie noch potenziert.

Die Gestalt des Falstaff in Shakespeares Henry IV und in The Merry Wives of Windsor markiert den Höhepunkt in der Entwicklung komischer Gestalten auf der englischen Bühne des 16. Jahrhunderts. An Falstaff lassen sich alle Theatertraditionen ablesen, die seit dem Mittelalter in England lebendig waren und die unter dem Einfluß der Antike im Renaissance-Zeitalter neu ausgebildet wurden. Falstaff ist der Dickwanst, der schon auf der antiken Bühne anzutreffen ist; er hat die Züge eines ›miles gloriosus‹, aber auch eines Parasiten, wie sie bei Plautus vorkommen. Er ist ein Gauner und Betrüger wie der Schafdieb Mak, und er erinnert an Gluttony, die Völlerei, eine der Sieben Todsünden, wie sie in den Moralitäten auftritt, aber auch an die Gestalt des Vice, des Hauptlasters, das bis zu Shakespeares Jago die Charakterisierung der Schurkengestalten beeinflußte. Schließlich läßt sich Falstaff auch mit dem Lord of Misrule in Verbindung bringen, der in den volkstümlichen Spieltraditionen eine beliebte Figur war.

Gehen wir bei den Darlegungen über Falstaff von seiner äußeren Erscheinungsweise aus. Er ist ein Dickwanst, dessen Gestalt bereits zum Lachen Anlaß bietet, weil der Körper gegen die Norm verstößt, die die Zuschauer mit einem wohlgeratenen und gutgewachsenen Menschen in der Renaissance wie auch heute noch verbinden. Bei Falstaff ist der Dickwanst jedoch nicht nur ein Gegenstand des Lachens für den Zuschauer, sondern auch ein Anlaß für die Selbstironie Falstaffs, der um seine äußere Erscheinung weiß und sich darüber gerne mokiert.

Der berühmte Monolog Falstaffs über die Ehre, mit dem die erste Szene des V. Aktes des ersten Teiles von Henry IV endet, zeigt, daß der Leib, die Körperlichkeit, die Norm ist, an der er das Leben mißt:

> ... Well, 'tis no matter, honour pricks
> me on. Yea, but how if honour prick me off when I
> come on, how then? Can honour set to a leg? No.
> Or an arm? No. Or take away the grief of a wound?
> No. Honour hath no skill in surgery then? No.
> What is honour? A word. What is in that word
> honour? What is that honour? Air. A trim reckoning!
> Who hath it? He that died a-Wednesday.
> Doth he feel it? No. Doth he hear it? No. 'Tis
> insensible, then? Yea, to the dead. But will it not live
> with the living? No. Why? Detraction will not
> suffer it. Therefore I'll none of it. Honour is a mere
> scutcheon – and so ends my catechism.
> (1 Henry IV, V, 1, 129-141)[6]

---

[6] William Shakespeare: The First Part of King Henry IV, A.R. Humphreys (ed.), London (¹1914), ⁶1960, repr. with minor corrections 1961 (=The Arden Edition of the Works of William Shakespeare), 145f. Im folgenden findet sich die Seitenangabe nach den Zitaten.

Obwohl Falstaff dem Ritterstand angehört – er heißt Sir John Falstaff – hat für ihn der ritterliche Ehrenkodex seine Bedeutung verloren. Er genießt zwar die Freundschaft mit dem Prinzen und zeigt eine gewisse Souveränität im Umgang mit anderen Menschen – aber der elementare Lebenswille, der Wunsch, im Krieg zu überleben, und als Überlebender das Leben in vollen Zügen zu genießen, macht aus Falstaff einen Epikureer, einen Materialisten, für den das Wort Ehre nur ein Hauch, kein Wertbegriff, sondern ein Nichts ist. Für ihn zählt der physische Genuß; das gute Essen und Trinken, die Liebe der Dirnen, die im Hause der von ihm schamlos ausgenutzten Wirtin verkehren. Und er zögert auch nicht, andere ins Feld zu führen, in der Gewißheit, daß sie das Leben verlieren werden, er aber das seinige mit List retten wird.

In der vierten Szene des V. Aktes (in 1 *Henry IV*) kommt es zu einem Gefecht zwischen Prince Hal und Percy, der bezwungen wird und stirbt, sowie zwischen Douglas und Falstaff, der niederfällt. Der Prinz meint, Falstaff sei tot, in Wirklichkeit aber stellt er sich nur tot und überlebt. Ernst und Komik sind in dieser Szene auf eine subtile Art miteinander vermischt. Als der Prinz den am Boden liegenden Falstaff erblickt, nimmt er in bewegten Worten von ihm Abschied, läßt dabei aber immer leicht ironische Anspielungen auf die körperliche Gestalt Falstaffs einfließen.

> What, old acquaintance, could not all this flesh
> Keep in a little life? Poor Jack, farewell!
> (1 *Henry IV*, V, 4, 101-102 [S. 159f.])

Falstaff erhebt sich, nachdem der Prinz ihn verlassen hat, und reflektiert über sein Verhalten, über die List, mit der er seine Umgebung und – in seiner Perspektive – sogar auch den Tod überlistet hat.

Falstaff feiert seine raffinierte Verstellung, sein Maskenspiel, als einen Triumph der Vorsicht, der Klugheit; sich im Krieg totzustellen, die Maske des Todes anzunehmen, heißt für ihn das Leben in seiner Vollkommenheit darzustellen. Mit der Lebensphilosophie des 20. Jahrhunderts könnte man sagen: Für Falstaff ist der Sinn des Lebens das Leben selber. Alle List ist erlaubt, wenn sie dazu dient, das Leben zu retten.

Sobald Falstaff sieht, daß er allein vor dem Leichnam des gefallenen Percy steht, regt sich in ihm sogleich der Wille, seine ängstliche Verstellung in Heroentum zu verkehren. Zunächst möchte er verhindern, daß Percy auf die gleiche Weise zum Leben zurückkehrt wie er selbst. Er sticht nach ihm, fügt ihm eine Wunde am Schenkel zu, packt ihn auf den Rücken und wirft sodann den Toten Prince Hal zu Füßen, als dieser mit

Prince John erscheint. Nun spielt Falstaff mit wiedergewonnenem Selbstvertrauen den Helden, den ›miles gloriosus‹, der selbstverständlich vom Prinzen entsprechenden Lohn für seine Heldentaten erwartet. »I look to be either earl or duke, I can assure you« (1 *Henry IV*, V, 4, 141-142 [S. 161]). Auf den Einwand des Prinzen, *er* habe Percy bezwungen, korrigiert Falstaff diese Aussage; er klagt über die Welt, die dem Lügen ergeben sei, und trägt sodann *seine* Version des Geschehens vor. Falstaff behauptet, daß beide zur gleichen Zeit sich vom Kampf erholten und aufstanden, um eine gute Stunde miteinander zu fechten. Dabei habe er Percy einen Schlag am Schenkel versetzt. In seinem Bericht sind Wahrheit und Lüge in raffinierter Weise miteinander vereint. Daß er dem Gegner eine Wunde am Schenkel zufügte, ist wahr. Daß er aber der eigentliche Bezwinger Percys war, ist gelogen. Es ist kennzeichnend für den Prinzen, daß er die Lüge Falstaffs akzeptiert und ihn in seiner Art gewähren läßt.

In ähnlicher Weise spielt Falstaff bereits im II. Akt beim Überfall der Räuber über die Reisenden eine fragwürdige Rolle. Während Falstaff mit den Räubern die Beute teilen will, fallen Prince Hal und Poins unerkannt über sie her, so daß Falstaff und die Räuber die Flucht ergreifen und die Beute zurücklassen. Bei seinem Bericht über dieses Geschehen überkommt ihn die Lust zur barock-prahlerischen Übertreibung. Mit ein paar Dutzend Gegnern will Falstaff einige Stunden gefochten haben. Acht Stöße will er durchs Wams erhalten haben, vier durch die Beinkleider, und sein Schild sei völlig zerschlagen worden. Alsbald steigert sich die Zahl seiner Gegner auf fünfzig. Bei einem weiteren Bericht spricht er zunächst von zweien, die ihn angriffen, alsbald sind es vier, sieben, neun, elf. Schließlich will er von drei abscheulichen Spitzbuben in hellgrünen Röcken von hinten angefallen worden sein. Er verliert sich an solche malerischen Details, obwohl er sogleich hinzusetzt, daß man vor Dunkelheit die Hand nicht vor den Augen sehen konnte. Prince Hal nimmt diesen Widerspruch, um Falstaff, »this sanguine coward, this bed-presser, this horse-back-breaker, this huge hill of flesh« (1 *Henry IV*, II, 4, 237-239 [S. 69]) zu entlarven. Er hält ihm entgegen, daß er mit Poins ihn und die drei Kumpane überfiel und ihnen die Beute abnahm. Wiederum zeigt sich Falstaff der Situation mit einer List gewachsen, obwohl er bereits als Bramarbas entlarvt ist. Er will den Prinzen erkannt haben, und er begründet sein Verhalten damit, daß es ihm nicht zustand, sich gegen den Prinzen aufzulehnen und den Thronerben umzubringen. Auch hier beendet der Prinz auf humoristisch-versöhnliche Weise den Streit.

In der gleichen Szene (II, 4) kommt es dazu, daß der Prinz und Falstaff eine Begegnung zwischen dem König und dem Prinzen durchspielen, um den Prinzen auf diese Weise auf das nächste Zusammentreffen mit dem Vater vorzubereiten. Falstaff übernimmt dabei die Rolle des Königs und parodiert zugleich das Königtum, indem er den Armstuhl zum Thron, den Dolch zum Szepter, das Kissen zur Krone werden läßt. Mit sublimer Ironie tadelt Falstaff (in seiner Rolle als König) den Prinzen wegen seines Umgangs mit liederlicher Gesellschaft und warnt ihn vor dem Umgang mit Dieben und Beutelschneidern. Wenn der Zuschauer annimmt, Falstaff verurteile damit sich selbst, sieht er sich getäuscht, denn völlig unerwartet zeichnet Falstaff – immer noch als König agierend – ein Idealbild von sich selbst:

> A goodly portly man, i'faith, and a corpulent; of a
> cheerful look, a pleasing eye, and a most noble
> carriage; ...
> (1 *Henry IV*, II, 4, 416-418 [S. 79])

Und er fügt sogleich hinzu:

> If then the tree may be known by the fruit,
> as the fruit by the tree, then peremptorily I speak it,
> there is virtue in that Falstaff; him keep with, the
> rest banish.
> (1 *Henry IV*, II, 4, 422-425 [S. 79])

Diese Szene nimmt dadurch eine überraschende Wendung, daß der Prinz die Rolle tauscht, selbst den Vater spielt und Falstaff in die Rolle des Prinzen drängt. Der Prinz versteht es, sich sehr wohl in die Rolle, aber auch in die Haltung eines verantwortungsbewußten Königs zu versetzen. Das Verdikt des (gespielten) Königs ist zugleich eine scharfe Selbstverurteilung des Prinzen, als auch eine vernichtende Verurteilung Falstaffs, seines Charakters wie seines Verhaltens. Der (vom Prinzen gespielte) König wirft seinem Sohn vor:

> ... Why
> dost thou converse with that trunk of humours,
> that bolting-hutch of beastliness, that swollen parcel
> of dropsies, that huge bombard of sack, that
> stuffed cloak-bag of guts, that roasted Manningtree
> ox with the pudding in his belly, that reverend vice,
> that grey iniquity, that father ruffian, that vanity in
> years? Wherein is he good, but to taste sack and

drink it? wherein neat and cleanly, but to carve a
capon and eat it? wherein cunning, but in craft?
wherein crafty, but in villainy? wherein villainous,
but in all things? wherein worthy, but in nothing?
(1 *Henry IV*, II, 4, 442-453 [S. 80f.])

Schließlich nennt der Prinz den Zechgenossen »That villainous a-
bominable misleader of youth, Falstaff, that old white-bearded Satan« (1
*Henry IV*, II, 4, 456-457 [S. 81]). In seiner Replik charakterisiert sich Falstaff als den lieben, guten, biederen Jack Falstaff, und er bittet in der gespielten Prinzenrolle den Vater, diesen lieben, alten Jack nicht zu verban-
nen. Die Bemerkung von Prince Hal: »I do, I will« (1 *Henry IV*, II, 4, 475
[82]) bereitet auf knappe, aber treffende Weise das wahre Schicksal Falstaffs am Ende von 1 *Henry IV* vor.
Dort tritt die ironische Umkehr in den Beziehungen zwischen Prince Hal,
jetzt King Henry V, und seinem früheren Zechgenossen deutlich zutage.
Während Falstaff glaubt, daß die alte Freundschaft weiterbestehen werde
und er mit der Erlaubnis des neuen Königs seinen alten Lebensstil fort-
setzen könne, weist der König ihn zurück. Falstaff ist für ihn ein Traum,
den er jetzt verachtet. Wie ein Prediger mahnt der König ihn, vom
Schwelgen abzulassen, an den Tod zu denken und dieses *memento mori*
nicht mit einem Narrenspaß zu beantworten. Der König geht sogar so
weit, daß er ihn mit seinen Kumpanen zehn Meilen weit vom Königssitz
verbannt. Er will ihn versorgen lassen, und, er wäre auch bereit, ihm Be-
förderung zuteil werden zu lassen, falls er sich wandelt. Bei diesem Be-
schluß bleibt es auch, wiewohl der Lord Chief Justice Falstaff und sein
Gefolge ins Gefängnis bringen möchte.
Im Lebensstil des Falstaff meldet sich der karnevalistische Geist zu Wort,
der im Mittelalter mit dem ›*Lord of Misrule*‹, einem volkstümlichen
Brauch, seinen Ausdruck fand. Als ›*Lords of Misrule*‹ wurden »Morris-
Tänzer, Sommer-Lords (also Maikönige) und vermummte Personen« bezeichnet, die »die Dinge respektlos auf den Kopf zu stellen pflegten«.[7] Der
Geist dieses ›*Lord of Misrule*‹ ging – wie Robert Weimann dargelegt hat –
in die elisabethanischen Clowns, Jig-Tänzer und Jester ein und lebt – so
fügen wir hinzu – auch in der Gestalt des Falstaff weiter. Wenn Prince
Hal sich mit Falstaff assoziiert, dann bekundet er damit, daß er offen ist
für die elementaren physischen Ursprünge des Lebens, für die dionysi-
schen Kräfte, die von der Antike an sich immer wieder in Fruchtbarkeits-

---

[7] Robert Weimann, Shakespeare und die Tradition des Volkstheaters. Soziologie – Dramaturgie – Gestaltung, Berlin 1967, 63.

riten Ausdruck verschafften. Als König aber kann der ehemalige Prince Hal nicht die Herrschaft in seinem Reich einem karnevalistischen Anarchismus überlassen, und er verbannt deshalb Falstaff von seinem Hof.[8]
Die Komik dieser Figur läßt sich ähnlich wie die Komik des Schafdiebs in dem Zweiten Hirtenspiel oder des Ralph Roister Doister erklären: In jedem Fall lacht der Zuschauer über das Aufbegehren einer Kraft, die einer überlegenen Macht – sei es der Allmächtige, sei es der König – zu widersprechen versucht und ihr von vornherein unterlegen ist.

Da Falstaff bereits im ersten Teil von *Henry IV* nicht als ein Ritter dargestellt wird, der sich mit Percy vergleichen ließe, da er als dickbäuchiger, listiger, gelegentlich auch feiger Mann dem Prinzen, dem er sich als Zechgenosse glaubt gleichstellen zu können, unterlegen ist, ist und bleibt er eine komische Figur. Und der Prinz, der Falstaff stets in seiner illusionären Anmaßung entlarvt, verweist ihn als König eindeutig in die Schranken, über die sich Falstaff – bildlich gesprochen – immer wieder hinwegsetzte. Die permanente Entlarvung macht den fintenreichen Großsprecher zum permanenten Gegenstand des Gelächters. Offenbar war die Phantasie des elisabethanischen Publikums so stark von Falstaff beeindruckt, daß die Königin einer alten, allerdings umstrittenen Überlieferung zufolge Shakespeare um einen erneuten Beweis für das Weiterleben dieses Genius der Komik gebeten haben soll. Diesen Beweis lieferte Shakespeare mit *The Merry Wives of Windsor*.

---

[8] Zu Falstaff vgl. auch das Buch von J. Dover Wilson, The Fortunes of Falstaff, Cambridge 1964.

# Probleme der Hamlet-Interpretation im 20. Jahrhundert (1900-1970)

In Deutschland wurde das Verständnis von Shakespeares *Hamlet* vom Ende des 18. Jahrhunderts bis weit in das 20. Jahrhundert durch die Deutung beeinflußt, die Goethe im 13. Kapitel des IV. Buches von *Wilhelm Meisters Lehrjahren* dem Helden in den Mund legt. Für Wilhelm Meister liegt der Schlüssel für das Verständnis des Shakespeareschen Helden in der Diskrepanz, die zwischen Hamlets Charakter und der von ihm geforderten Tat besteht. Hamlet wird »ein köstliches Gefäß« genannt, »das nur liebliche Blumen in seinen Schoß hätte aufnehmen sollen«; er wird als »ein schönes, reines, edles, höchst moralisches Wesen« charakterisiert, »ohne die sinnliche Stärke, die den Helden macht«; er »geht unter einer Last zugrunde, die [er] weder tragen noch abwerfen kann«.[1] Eine ähnlich einflußreiche Hamlet-Deutung hat in England zu Beginn des 19. Jahrhunderts Coleridge entwickelt, der – vom Monolog »To be or not to be« ausgehend – Hamlet als einen Menschen versteht, den das Denken unfähig macht zu handeln: »Hamlet's character is the prevalence of the abstracting and generalizing habit over the practical«.[2] Goethes Hamlet – so ist gesagt worden – trage die Züge des jungen Werther; Coleridges Hamlet aber gleiche Samuel Taylor Coleridge.
Es ist kennzeichnend für die Dichter-Kritiker der englischen Romantik, zu denen neben Coleridge vor allem Lamb und Hazlitt zu zählen sind, daß sie *Hamlet* als ein Lesedrama betrachteten und ihre Aufmerksamkeit auf die psychologische Analyse des Helden richteten. Sie wiesen damit der Shakespeare-Kritik des 19. Jahrhunderts den Weg, die sich bei der interpretatorischen Erschließung und Würdigung des *Hamlet* primär auf die Deutung der Charaktere konzentrierte. Von der nachhaltigen Wirkung dieser Methode zeugen auch die herausragenden Leistungen der *Hamlet*-Kritik, die zu Beginn des 20. Jahrhunderts zu verzeichnen sind: A.C. Bradleys einflußreiches Werk *Shakespearean Tragedy* (1904)[3], das zur ständigen Herausforderung für die Interpreten der folgenden Jahrzehnte wurde, und Ernest Jones' (erste) *Hamlet*-Studie »*The Oedipus-Complex as an*

---
[1] J.W. Goethe, Werke, Insel-Verlag, o.J., Bd. IV, 323.
[2] S.T. Coleridge, The Table Talk and Omniana, London 1884, 47 (24. Juni 1827).
[3] A.C. Bradley, Shakespearean Tragedy: Lectures on Hamlet, Othello, King Lear, Macbeth, London ¹1904, 1966. – (Eine deutsche Übersetzung des Kapitels »Hamlet's Melancholy« findet sich in Willi Erzgräber (Hg.), Hamlet-Interpretationen, Darmstadt 1977, 47-67; dieser Band wird im folgenden zitiert als Erzgräber, Hamlet-Interpretationen.)

*Explanation of Hamlet's Mystery: A Study in Motive«* (1910), eine Abhandlung, mit der Jones im Anschluß an Freud der psychoanalytischen Methode Eingang in die Shakespeare-Forschung verschaffte.[4] Bradley und Jones machen in ihren Arbeiten eine methodische Voraussetzung, die in der psychologisch orientierten Richtung der *Hamlet*-Forschung bis in die jüngsten Publikationen bewußt vertreten wird: Hamlet, die Tragödienfigur, wird befragt und gedeutet wie eine Person aus dem tatsächlichen Leben.

Bei Bradley läßt sich die Neigung, bei der Lektüre einer Shakespeare-Tragödie das ganze Interesse auf die Charaktere zu lenken und sich lesend, nacherlebend und reflektierend mit den Bühnenfiguren zu identifizieren, nicht nur auf die Methode Coleridges zurückführen, sie ist auch mitbedingt durch die Einstellung der Romanleser und Romankritiker der viktorianischen Zeit, die – geprägt vom liberalistischen Individualismus – sich von den großen, interessanten Individuen der Literatur, den ›lebensechten‹ Charakteren faszinieren ließen und dabei allzu gerne die Grenzen zwischen ›fact‹ und ›fiction‹ überspielten. Auf Bradleys Methode der *Hamlet*-Interpretation wirkt sich dies dergestalt aus, daß er mit einem geradezu detektivischen Sinn eine Art Biographie des Helden zu rekonstruieren versucht und in den ›Notes on Hamlet‹ etwa die Frage behandelt: »Where was Hamlet at the time of his father's death?«[5]. Um die Handlung des Dramas in all ihren Einzelheiten plausibel erscheinen zu lassen, sucht Bradley Hamlets Verhalten auf eine einzige psychologische Formel zu bringen, und er findet sie in dem Terminus ›melancholy‹, den er im Sinne der Elisabethaner verwendet. Hamlet besitzt nach Bradley von Anfang an eine latente Disposition zur Melancholie, die durch den Schock, den die rasche zweite Heirat seiner Mutter in ihm hervorruft, zur Entfaltung gebracht wird und die sein weiteres Verhalten, besonders nach dem Auftritt des Geistes, sein Gebaren gegenüber Ophelia und schließlich auch sein Zögern in der Gebetsszene erklärt.

Gegen Bradleys Deutung ist eingewendet worden, daß er mit psychologischer Spekulation Lücken in der Entwicklung Hamlets ausfüllt und dabei zu Behauptungen gelangt, für die es im Text keinerlei konkrete Beweise gibt. Damit ist aber eines der zentralen Probleme der *Hamlet*-Interpretati-

---

4   Zur Rolle der Psychoanalyse in der Shakespeare-Forschung vgl. u.a. Norman N. Holland, Psychoanalysis and Shakespeare, New York 1966, und Horst Breuer, Zur Methodik der Hamlet-Deutung von Ernest Jones, Jahrbuch der Deutschen Shakespeare-Gesellschaft West (1973) 144-171.
5   Bradley, Shakespearean Tragedy, 403-406.

on des 20. Jahrhunderts berührt, denn wenn wir zugestehen, daß die fiktive Existenz eines Charakters im Drama nicht auf die Worte begrenzt sein kann, die ihm in den Mund gelegt sind, so bleibt die Frage offen, in welcher Weise die ›Leerstellen‹, die an die Imagination und Reflexion des Lesers bzw. Zuschauers appellieren, ausgefüllt werden können (oder sollen). Die psychologischen, insbesondere psychoanalytischen, historischen, geistes- und kulturgeschichtlichen Deutungen, die im folgenden charakterisiert werden, lassen sich als Versuche verstehen, die ›Leerstellen‹ des Textes zu überbrücken. Bei jeder Interpretation, die ihr begriffliches Instrumentarium aus anderen Wissenschaften als der Ästhetik holt, ist zu prüfen, ob und wieweit es dem Gegenstand angemessen ist oder ob es den Zugang zum Werk verstellt.

Daß Bradley sich gelegentlich selbst der Grenze der eigenen psychologischen Methode bewußt wurde, geht aus folgender Bemerkung hervor: »... the psychological point of view is not equivalent to the tragic.«[6] Da er eine ausschließlich psychologisch motivierte Deutung des Tragischen nicht zu liefern vermag, entwickelt er im Anschluß an den aristotelischen, mittelalterlichen und hegelianischen Tragödienbegriff eine eigene Interpretation des Tragischen bei Shakespeare. Mittelalterliche Vorstellungen nimmt Shakespeare – nach Bradley – insofern auf, als auch er – ähnlich wie Chaucer in *The Monkes Tale* – den Sturz eines Helden von hohem Stand darstellt.[7] Im Gegensatz zur mittelalterlichen Tragödie räumt Shakespeare dem menschlichen Handeln größeren Spielraum ein und mindert damit die Bedeutung der Fortuna. Wenn Bradley weiterhin bei der Charakterisierung des Tragödienhelden von »some marked imperfection or defect«[8] spricht, dann knüpft er damit an jene englischen Aristoteles-Interpreten des 19. Jahrhunderts an, die den Begriff *hamartia* im Sinne von »tragic flaw« verstanden.[9]

Der innere Zusammenhang zwischen Bradleys und Hegels Tragödienkonzeption wird am ehesten faßbar, wenn man Bradleys und Hegels Äußerungen über das Verhältnis des Tragischen zum Sittlichen untersucht. Der tragische Fall impliziert nach Bradley zwei Komponenten: (1) die

---

[6] Bradley, Shakespearean Tragedy, 127.
[7] Ebd., 8-9.
[8] Ebd., 34.
[9] Katharine Cooke bestreitet in ihrem Buch A.C. Bradley and His Influence in Twentieth-Century Shakespeare Criticism, Oxford 1972 (insbesondere 90-118), daß Bradley sich den Aristoteles-Interpreten angeschlossen habe, die *hamartia* mit »tragic flaw« interpretierten. Sie läßt jedoch bei ihren Darlegungen die Stelle aus Bradleys Shakepearean Tragedy außer acht, an der er die Wendung »some marked imperfection or defect« (34) in Verbindung mit seinen Ausführungen über den tragischen Helden gebrauchte.

freie Entscheidung des Handelnden, (2) das Prinzip der Notwendigkeit, das allen Geschehnissen der Tragödie zugrunde liegt. Der Held wird nicht willkürlich vernichtet: Charakter, Handlung und Schicksal sind vielmehr dergestalt aufeinander abgestimmt, daß das Handeln des Helden und sein Schicksal vom Charakter her plausibel erscheinen. Wenn von der Notwendigkeit gesprochen werden kann, der die Charaktere in einer Shakespeare-Tragödie unterworfen sind, dann ist dies eine moralische Notwendigkeit (»moral necessity«[10]).

Nach Hegel entspringt die Tragödie dem »Prinzip der Besonderung«, »dem alles unterworfen ist, was sich in die reale Objektivität hinaustreibt«.[11] Das Sittliche entfaltet sich, in den Bereich des individuellen Handelns übersetzt, mit innerer Notwendigkeit in einem antithetischen Rhythmus: Es kommt zu einer Kollision von Mächten, deren Forderungen an den Menschen an sich genommen berechtigt sind; macht sich der Mensch jedoch eine dieser Forderungen ganz zu eigen, dann involviert dies eine »*Verletzung* der anderen, gleichberechtigten Macht«, und der Konflikt läßt ihn »in *Schuld* geraten«.[12] Wenngleich Bradley in seiner Vorlesung über Hegels Theorie der Tragödie (in den *Oxford Lectures on Poetry*) konstatiert: »The essential tragic fact is the self-division and intestinal warfare of the ethical substance, not so much the war of good with evil as the war of good with good«,[13] so hat er gerade diesen Gedanken nicht in sein Kapitel »The Substance of Shakespearean Tragedy«[14] übernommen. Er sieht sich vielmehr durch die Shakespeareschen Tragödien zu einer entscheidenden Modifikation gezwungen, denn er stellt fest:

> In Shakespearean tragedy the main source of the convulsion which produces suffering and death is never good: good contributes to this convulsion only from its tragic implication with its opposite in one and the same character. The main source, on the contrary, is in every case evil; and, what is more (though this seems to have been little noticed), it is in almost every case evil in the fullest sense, not mere imperfection but plain moral evil.[15]

Die moralische Ordnung in Shakespeares Tragödien gleicht nach Bradley einem Organismus, der Gutes, aber auch Böses in sich selber erzeugt

---

10 Bradley, Shakespearean Tragedy, 31.
11 Georg Wilhelm Friedrich Hegel, Ästhetik, 2 Bde., hg. von Friedrich Bassenge, mit einem Essay von Georg Lukács, Berlin 1955; Bd. 2, 548.
12 Ebd., 549.
13 A.C. Bradley, Oxford Lectures on Poetry, London 1950, 71.
14 Bradley, Shakespearean Tragedy, 5-39.
15 Ebd., 34.

und danach strebt, in einem Prozeß der Reinigung und Gesundung das Gift, das Böse auszustoßen. Tragischen Charakter gewinnt dieser Vorgang dadurch, daß mit der Reinigung nicht nur Böses ausgeschieden, sondern auch Gutes ›verschwendet‹ wird (Bradley spricht von »the waste of good«[16]). Wie das Böse in einer Shakespeare-Tragödie letztlich zu erklären ist und weiterhin: weshalb Gutes in einer Welt zerstört wird, von der zugleich gesagt wird, daß ihr die Tendenz zur Vollkommenheit immanent sei, vermag Bradley nicht zu erklären. Das Tragische bleibt für ihn ein unerklärbares Phänomen; die Tragödie ist ›ein schmerzliches Geheimnis‹ (»a painful mystery«[17]). Dieser Mystizismus, in den sich Bradley damit verliert, ist das Resultat einer idealistischen Philosophie, die sich zwar vom christlichen Welt- und Geschichtsverständnis gelöst, aber die Vorstellung von dem unerforschlichen Walten Gottes oder göttlicher Mächte nicht völlig aufgegeben hat; die die Widersprüche in der menschlichen Existenz sieht, sie aber nur beschreiben, sie nicht deutend auflösen kann.

Als Beiträge zur Interpretation des Charakters und des tragischen Konfliktes des Helden verstehen sich auch zahlreiche Arbeiten aus der psychoanalytischen Schule. Freud selbst äußerte sich über *Hamlet* bereits im Jahre 1900 in seiner *Traumdeutung*. Aus psychoanalytischer Sicht erklärt er bei Oedipus die Ermordung des Vaters und die Vermählung mit der Mutter als Realisation einer typisch kindlichen Wunschphantasie, die, als sogenannter ›Oedipus-Komplex‹, auch in Hamlet wirksam sei, von ihm zwar verdrängt werde, nichtsdestoweniger aber das Verhalten Hamlets der Erscheinung des Geistes gegenüber verständlich mache.

Hamlet – so konstatiert Freud – kann alles, nur nicht die Rache an dem Mann vollziehen, der seinen Vater beseitigt und bei seiner Mutter dessen Stelle eingenommen hat, an dem Mann, der ihm die Realisierung seiner verdrängten Kinderwünsche zeigt. Der Abscheu, der ihn zur Rache drängen sollte, ersetzt sich so bei ihm durch Selbstvorwürfe, durch Gewissensskrupel, die ihm vorhalten, daß er, wörtlich verstanden, selbst nicht besser sei als der von ihm zu strafende Sünder.[18]

Es ist kennzeichnend für Freuds Methode der Literaturbetrachtung, daß er die Sexualabneigung des Helden als den Ausdruck einer gleichgearteten Einstellung des Dichters sieht; er glaubt, daß der Tod von Shakespeares Vater und der frühe Verlust des Sohnes sich auf die dichterische

---

[16] Ebd., 37.
[17] Bradley, Shakespearean Tragedy, 38.
[18] Sigmund Freud, Die Traumdeutung, Studienausgabe, Bd. 2, Frankfurt a. M. 1972, 269.

Produktion Shakespeares nach 1601 ausgewirkt haben. Es darf hier schon gesagt werden, daß die Verknüpfung von Werk und Dichterbiographie der problematischste Teil aller Freudianischen *Hamlet*-Deutungen ist und die geringste Überzeugungskraft besitzt.

Das Verdienst, die Freudsche These weiter ausgebaut, modifiziert und in der Shakespeare-Forschung weithin bekanntgemacht zu haben, gebührt Ernest Jones, der seit 1910 mit mehreren Studien zu *Hamlet* hervortrat, die er schließlich in dem Buch *Hamlet und Oedipus* (1949) zusammenfaßte.[19] Im Zentrum der Jonesschen *Hamlet*-Interpretation steht die These von der doppelten Identifikation: Das Zögern Hamlets erklärt sich dadurch, daß er Claudius sowohl mit sich selbst als auch mit dem Vater identifiziert. Claudius, den Liebhaber der Mutter, töten hieße sich selbst töten. Dazu kommt, daß Hamlet durch die Verdrängung des Oedipuskomplexes unfähig wird zum Vatermord, handele es sich nun um den wirklichen Vater oder um Claudius als ›Vaterfigur‹. Hamlet duldet, daß der König gleichsam stellvertretend seine geheimsten Wünsche erfüllt; in einer Art Strafmechanismus bewirkt er aber zugleich durch sein gesamtes Verhalten die eigene Zerstörung durch Claudius. In dieser paradoxen Situation ist nach Jones die Tragik Hamlets begründet.

Hat die psychoanalytische Deutung der Stellung Hamlets zu seiner Mutter auf Grund des Wortlauts der Dichtung weithin Zustimmung gefunden, so ist umgekehrt der Kommentar zu den Beziehungen, die zwischen Hamlet und König Claudius bestehen, auf Widerstand gestoßen.[20] Auch Kritiker, die der psychoanalytischen Richtung mit Sympathie begegneten, mußten feststellen, daß es keinerlei Anhaltspunkte im Text gibt, wonach Hamlet den König als eine ›Vatergestalt‹ versteht und er weiterhin eine innere Entsprechung zwischen seiner Situation und derjenigen des Königs Claudius sieht. Zwar kann sich die psychoanalytische Schule darauf berufen, daß es ihr im Sinne Freuds gerade darauf ankommt, Zusammenhänge zu erhellen, die den Charakteren nicht bewußt sind und die sie infolgedessen auch nicht artikulieren können, aber selbst wenn man

---

[19] Vgl. hierzu auch Ernest Jones, Die psychoanalytische Lösung, in: Erzgräber, Hamlet-Interpretationen, 290-315. – Weiterhin seien folgende Publikationen von Ernest Jones genannt: The Oedipus-Complex as an Explanation of Hamlet's Mystery: A Study in Motive, American Journal of Psychology 21 (1910) 72-113; deutsche Übersetzung: Das Problem des Hamlet und der Ödipus-Komplex, Schriften zur angewandten Seelenkunde, Heft 10, Leipzig/Wien 1911; A Psychoanalytic Study of Hamlet, in: Ernest Jones, Essays in Applied Psychoanalysis, London 1923; William Shakespeare, Hamlet. With a Psycho-analytical Study by Ernest Jones, London 1947.

[20] Vgl. z.B. Horst Breuer, Zur Methodik der Hamlet-Deutung von Ernest Jones, Jahrbuch der Deutschen Shakespeare-Gesellschaft West (1973) 168.

den Prämissen der Psychoanalyse folgt, bleiben zentrale Motive in Hamlets Verhalten umstritten. So ist mit Recht gefragt worden, warum Hamlet in Claudius nicht den unliebsamen Nebenbuhler sehe, warum der Wunsch, den Vater bzw. die ›Vaterfigur‹ zu töten, nicht in verstärktem Maße durch Claudius ausgelöst werde. Außerdem ist zu bedenken: Wenn nach der psychoanalytischen Lehre von einer Dekomposition des Vaterbildes in einen guten und einen bösen Vater gesprochen werden kann, ist nicht ganz einzusehen, weshalb Claudius, der die Züge eines machiavellistischen Schurken trägt, nicht mit dem negativen Vaterbild identifiziert wird. Es bleibt demnach auch in der psychoanalytischen Deutung letztlich ungeklärt, weshalb Hamlet bei der Durchführung der Rache zögert.

Bei Shakespeare, der als Dichter zu Einsichten gelangte, die die Wissenschaft erst 300 Jahre später terminologisch adäquat erfaßte, von psychologischem Realismus zu sprechen, ist zweifelsohne möglich, ja notwendig; doch kann das nicht darüber hinwegtäuschen, daß der Konflikt, den Hamlet zu lösen versucht, moralische und religiöse Implikationen hat, die sich von der psychoanalytischen Konzeption des ›Über-Ich‹ her nur unzureichend deuten lassen. Gerade wenn man die semantischen Konnotationen untersucht, die in Hamlets Sprache Wörter wie »conscience«, »reason«, »fate« oder »providence« haben, und wenn man dabei veranschlagt, welchen Stellenwert derartige Wörter in der elisabethanischen Sprache besaßen, wird deutlich, daß metaphysische und ethische Vorstellungen bei einer *Hamlet*-Deutung von ebenso großem Belang sind wie psychologische. Vor allem wird durch solche Untersuchungen der Unterschied zwischen dem elisabethanischen und dem gegenwärtigen Wirklichkeitsverständnis faßbar.

Als eine Gegenbewegung gegen die zu Beginn des 20. Jahrhunderts weithin verbreitete Methode der *Hamlet*-Interpretation, die von der Prämisse ausging, man könne die Charaktere des Stückes wie reale Menschen analysieren, entstand seit etwa 1919 die »historisch-realistische« Schule, zu der insbesondere J.M. Robertson, E.E. Stoll und L.L. Schücking zu rechnen sind. Sie konzentrierten sich auf die Analyse der dramatischen Konventionen des 16. Jahrhunderts, die Entstehungsgeschichte des Werkes und das Verhältnis der elisabethanischen Dramatiker zu ihrem Publikum und versuchten auf diese Weise, eine dem Werk angemessene Deutung zu erarbeiten.

So geht Robertson in seiner bahnbrechenden Studie *The Problem of Hamlet* (1919) davon aus, daß weder die ›subjektive‹ Methode, die das Drama vom Helden her aufschlüsselt, noch die ›objektive‹, die ihren Ausgangspunkt in der dem Helden gestellten Aufgabe sucht, eine befriedigende Deutung liefern könne. Die vielen Unstimmigkeiten, die das Drama nach der Forschungslage aufweist, lassen sich nach Robertson erklären, wenn man sich der genetischen Methode bedient und nach Stoff-, Quellen- und Entstehungsgeschichte des Dramas fragt. Auch diese Forschungsrichtung hat – ähnlich wie diejenige Bradleys – ihre geistigen Wurzeln im 19. Jahrhundert. Ihr liegt ein evolutionistisches Geschichtsverständnis zugrunde, das auf die Literaturgeschichte übertragen wurde. Dieser Ansatz hat zur Folge, daß man nicht mehr im Sinne einer romantischen Organismusästhetik eine bruchlose Einheit von Handlung und Charakter unterstellt, sondern – wie in der Geologie – ›Schichten‹ im *Hamlet* unterscheidet und die Überlagerungen und Widersprüche, die das aus Schichten aufgebaute Werk in sich birgt, herausarbeitet. Dementsprechend bezieht Robertson die Dänengeschichte des *Saxo Grammaticus*, die *Histoires Tragiques* von Belleforest, Kyds dramatisches Werk, das deutsche Drama *Der bestrafte Brudermord* sowie die verschiedenen Versionen des *Hamlet*, d.h. Quarto I, Quarto II und die Folio-Edition, in seine Betrachtungen mit ein. Im Mittelpunkt steht dabei das Verhältnis Shakespeares zu Kyd, insbesondere die Frage, wie der zu erschließende *Ur-Hamlet* ausgesehen habe, und weiterhin, was Shakespeare an dieser (hypothetischen) Vorlage änderte. Robertson möchte dabei zeigen, daß es falsch ist, anzunehmen, Shakespeare habe bei dieser Tragödie alle Einzelheiten sorgfältig geplant. Ihm zufolge übernahm er eine alte Handlung und Kyds Zutaten und Ergänzungen und ließ sich dabei von der Rücksicht auf das Publikum und die Schauspieler leiten. Handlungen und Rollen, die sich bereits als theaterwirksam erwiesen hatten, wurden nicht wesentlich geändert, sondern nur modifiziert und verfeinert. Daß dieses Verfahren zu mancherlei Ungereimtheiten führte, weist Robertson am Motiv des gespielten Wahnsinns nach: War in der ursprünglichen Fassung die Wahnsinnsmaske notwendig, weil allgemein bekannt war, wer der Mörder war, so entfällt diese Motivierung bei Shakespeare, weil der wahre Mörder verborgen bleibt. Nach Robertson stellt sich Hamlet in Shakespeares Drama einfach deshalb wahnsinnig, weil Kyd die Rolle schon so aufgefaßt hatte. Robertson sieht also in diesem Drama einen markanten, künstlerisch nicht ausgeglichenen Kontrast zwischen der Handlung und der psychischen Verfassung des Helden. Überraschenderweise kommt er jedoch nicht zu einem negativen Urteil über die Tragödie. Er wendet den sog. ›pragmatischen Test‹ an (d.h. er fragt nach der Theaterwirksamkeit des Stückes) und muß konzedieren, daß Shakespeare die krude Vorlage in ein dramatisches Meisterwerk verwandelte. Worin die dramatisch geniale Verwandlung des vorgefundenen Materials im einzelnen besteht, vermag Robertson mit seiner Methode jedoch nicht zu zeigen. Sein Gesamturteil bleibt daher inkonsequent. Demgegenüber verfährt T.S. Eliot in seinem Essay »Hamlet and his Problems« (1919) folgerichtiger: Er verknüpft die genetische Methode (Robertsons und Stolls) mit dem psychoanalytischen Ansatz und kommt zu dem Resultat, daß *Hamlet* künstlerisch ein Fehlschlag sei: »... the play is most certainly an artistic failure«.[21] In der Handlung, die Shakespeare von Kyd übernahm, habe dieser nicht das »objektive Korrelat« gefunden, das den inneren Erfahrungen, die er ausdrücken wollte, angemessen gewesen wäre.

E.E. Stoll setzt mit seinen Arbeiten die von Robertson eingeschlagene Forschungsrichtung insofern fort, als auch er von einer Trennung in ein von Kyd übernommenes Handlungsschema und einer allein Shakespeare zuzuschreibenden differenzierten Charaktergestalt des Helden ausgeht. Stoll vertritt die Auffassung, daß Shakespeare aus dichterischem Interesse an der Darstellung der menschlichen Natur mit Hamlet einen Charakter schuf, der die Erfordernisse der dramatischen Handlung bei weitem überragt. Die Frage, ob und bis zu welchem Grad Shakespeare den Charakter und die Handlung aufeinander abstimmte, hält Stoll für irrelevant. Shakespeare kam es nach Stoll nicht auf psychologische Plausibilität, sondern auf dramatische Wirksamkeit an. Wenn Hamlet in der Friedhofsszene über die Vergänglichkeit meditiert und nicht über seinen Rachcplan nachsinnt, darf man diese Stelle nicht für schwach und überflüssig erklären; sie trägt zur Wirkung der Tragödie, die nicht als Lesedrama, sondern als Schauspiel aufzufassen ist, nachhaltig bei.

Von dem Verhältnis des Dramatikers zu seinem Publikum her deutet Stoll auch das (angebliche) Zögern des Helden. Die Selbstbezichtigungen Hamlets sind nicht als der Ausdruck seiner persönlichen Schwäche zu verstehen, sondern als ein dramatisches Mittel, um auf die Größe, die unerhörte Bedeutung des Rachewerkes aufmerksam zu machen, das er zu vollenden hat. Solche Selbstbezichtigungen sind nach Stoll reine Konvention; sie sind in der griechischen Tragödie ebenso anzutreffen wie im Seneca-Drama. Und auch in der Gebetsszene hat das Verhalten Hamlets nichts Außergewöhnliches: Vom antiken Theater, ja von den homerischen Helden bis zum Renaissance-Drama läßt sich eine derartige Ein-

---

[21] T.S. Eliot, Selected Essays, London 1966, 143.

stellung gegenüber den Schuldigen, an denen Rache zu vollziehen ist, beobachten: »He spares the King, indeed, but because he would kill more than the body of him who had ›taken his father grossly, full of bread, with all his crimes broad blown, as flush as May‹: an excellent and appropriate reason, not only in Elizabethan but other Renaissance tragedy, as even in Homer«.[22] Die *Hamlet*-Interpretation ist nach Stoll seit der Romantik einem Irrtum verfallen, wenn sie von einem schwachen, hypersensiblen Hamlet gesprochen hat: Hamlet ist ohne tragischen Makel, ohne Willensschwäche. Stoll greift damit ausdrücklich auf die *Hamlet*-Auffassung zurück, die bis ins 18. Jahrhundert hinein vorherrschte.[23]
Genau an diesem Punkt aber widerspricht L.L. Schücking der Stollschen Interpretation, wiewohl er selbst ein Vertreter der ›historisch-realistischen‹ Methode ist. In seinem Buch *Die Charakterprobleme bei Shakespeare: Eine Einführung in das Verständnis des Dramatikers* (³1932) bemerkt er: »Fragen wir also, was der Urgrund der Hamletschen Natur ist, so kann die Antwort trotz aller Leidenschaftlichkeit nur sein: Schwäche und Reizbarkeit«,[24] und weiterhin: »Der Ausgangspunkt für die Hamleterklärung liegt eben in der krankhaften Willensschwäche des Melancholikers«.[25] Die Shakespeare-Forschung des 20. Jahrhunderts scheint damit zum Stand, der mit Bradleys Werk gegeben war, zurückgekehrt zu sein. Der Unterschied zwischen Schücking und Bradley besteht jedoch darin, daß Schücking sich der literarhistorisch-genetischen Methode bedient, während Bradley (im wesentlichen) ahistorisch verfährt. So verweist Schücking bei seiner Deutung der Figur Hamlets auf Kyd, dessen Hieronimo eine Gestaltung des Melancholikertypus ist, weiterhin auf Marston und Chapman und schließlich auch auf die wissenschaftliche Darstellung des Melancholikertypus in Timothy Brights *A Treatise of Melancholie* (1586) und auf Sir Thomas Overburys *Characters* (1614). Schücking erschließt aus diesen Werken die elisabethanische Auffassung des Melancholikers und deutet die Charaktereigenschaften und Verhaltensweisen Hamlets von dieser Basis aus.

---

[22] E.E. Stoll, Hamlet the Man, London 1935, 17.
[23] Vgl. E.E. Stoll, Hamlet: An Historical and Comparative Study, Minneapolis 1919, 11. – Vgl. auch E.E. Stoll, Hamlets Fehler im Lichte anderer Tragödien, in: Erzgräber, Hamlet-Interpretationen, 68-93.
[24] L.L. Schücking, Die Charakterprobleme bei Shakespeare: Eine Einführung in das Verständnis des Dramatikers, Leipzig 1919, ²1927, ³1932, 160.
[25] Ebd., 168. – Vgl. hierzu auch L.L. Schücking, Die Gestaltung des Helden als Melancholiker, in: Erzgräber, Hamlet-Interpretationen, 201-210.

*Abb. 22*: Lucas van Leyden: Der Jüngling mit dem Totenschädel
Melancholie war eines der großen Themen der europäischen Kunst seit dem Beginn der Neuzeit. Lucas van Leydens Stich *Der Jüngling mit dem Totenschädel* stammt aus dem Jahr 1519. Modischer Federhut und das vornehme Gewand weisen auf die Wertschätzung des Weltlichen hin, der im Mantel halb verborgene Totenkopf, das Symbol der Vergänglichkeit, steht dazu in markantem Kontrast; die Geste der rechten Hand, die fast lehrhaft auf den Totenkopf deutet, lädt den Betrachter ein, den schwermütigen Gedanken des jungen Mannes zu folgen. »Ohne Zweifel bedeutet das Bild nichts anderes als eine symbolische Mahnung, ein memento mori« (Max I. Friedländer, *Lucas van Leyden*, Leipzig 1924, 22).

Der Wahrheitsfanatismus des Helden, seine erotisch-sexuellen Anzüglichkeiten, seine Bereitschaft, den Sittenrichter zu spielen, und schließlich auch seine jähen Reaktionen, die dazu führen, daß er Polonius ersticht und überdies Rosencrantz und Guildenstern in den Tod schickt – all dies läßt sich nach Schücking als Ausdruck der ›Modekrankheit‹ fassen, an der Hamlet wie andere Charaktere auf der elisabethanischen Bühne leidet. In seinem Buch *Shakespeare und der Tragödienstil seiner Zeit* (1947) hat Schücking den literarhistorischen Hintergrund, in den Shakespeares Tragödie einzuordnen ist, noch weiter ausgeführt und gezeigt, daß das Exzentrische und Absonderliche, die übersteigerte Sensibilität und das getrübte Weltbild als Stilmerkmale des Dramas dieses Zeitalters gelten können, und er hat diese Merkmale mit der Tendenz zum ›barocken‹ Stil in Verbindung gebracht.

Im Zusammenhang mit seinen literarhistorischen und stilgeschichtlichen Studien hat Schücking unablässig auf die primitiven Aspekte der dramatischen Technik Shakespeares aufmerksam gemacht und damit eine Betrachtungsweise fortgesetzt, die bei Robertson schon anzutreffen ist. So hat er nicht nur nachgewiesen, daß die Äußerungen in den Monologen des Helden als objektive Selbstcharakteristik zu verstehen sind (und nicht als subjektive Selbsttäuschung); er war auch davon überzeugt, daß bei Shakespeare von einer szenenweise verschieden ausgeführten Charakterisierung derselben Figur gesprochen werden kann. Der Dramatiker war primär auf die publikumswirksame Gestaltung einer Szene bedacht und kam dem Geschmack seines (nach Schücking) weithin primitiven Publikums entgegen. Daß es dabei auch zu Brüchen in der psychologischen Plausibilität der Charaktere kam, versteht sich von selbst.

Wie die Arbeiten von L.L. Schücking zeigen, läßt sich die gehaltliche Problematik des Werkes mit literaturwissenschaftlichen Begriffen allein nicht gänzlich fassen; Schücking und zahlreiche Vertreter der historisch-realistischen Schule strebten daher eine Verknüpfung der literaturgeschichtlichen und der kulturgeschichtlichen Methode an, um einen Standort zu gewinnen, der dem eines elisabethanischen Betrachters möglichst nahekommen sollte. Überblickt man die Arbeiten, die seit den dreißiger Jahren aus dieser Forschungsrichtung hervorgingen, so standen dabei drei Probleme im Vordergrund: das Motiv der Rache, die Geistererscheinungen, das Inzestmotiv (die Ehe des Claudius mit der Frau seines Bruders).

Betrachtet man *Hamlet* als eine Rachetragödie, so ist zum einen darauf hinzuweisen, daß Shakespeare mit dieser Tragödie der Vorliebe seiner

Zeitgenossen für melodramatische Handlung, leidenschaftliche Gefühlsausbrüche, für Verbrechen und Vergeltung entsprach und einer literarischen Mode folgte, die sich durch die Übersetzung der Seneca-Tragödien, durch die Übertragung italienischer und französischer Novellen und schließlich durch die Dramen Kyds herausbildete, der als der eigentliche Begründer der Rachetragödie gilt.[26] Zum anderen ist zu bedenken, daß dieser Dramentypus die Blutrache voraussetzt, wie sie unter den englischen Adligen im Mittelalter vorkam und in den aristokratischen Zirkeln des 16. Jahrhunderts in der Form des Duells weiterlebte, auch wenn Theologen und Moralphilosophen diese Art, Gerechtigkeit zu üben, verurteilten. Zu den Grundüberzeugungen der Elisabethaner ist nach Fredson Bowers' Darstellung in *Elizabethan Revenge Tragedy* (1940) die Auffassung zu zählen, daß ein Sohn unter bestimmten Voraussetzungen moralisch verpflichtet sei, die Ermordung des Vaters zu rächen:

> ... there was a very real tradition existing in favor of revenge under certain circumstances, and especially of the heir's legal duty to revenge his father, even though this could be satisfied (if the individual chose and if the legal evidence were so strong as to assure conviction) by bringing a legal appeal or indictment. [...] There would be few Elizabethans who would condemn the son's blood-revenge on a treacherous murderer whom the law could not apprehend for lack of proper legal evidence.[27]

Eine Rachetragödie wie Shakespeares *Hamlet*, insbesondere die Forderung des Geistes, an Claudius Rache zu üben, und die Bereitschaft Hamlets, den Racheauftrag zu übernehmen, basiert demgemäß nicht nur auf ästhetischen, sondern auch auf moralischen Konventionen der Zeit. Genau diese These wird von Eleanor Prosser in ihrem Buch *Hamlet and Revenge* (1967) bestritten. Alle Dokumente der elisabethanischen Zeit, die sie durchgearbeitet hat, sprechen gegen die Auffassung, die Rache sei eine moralische Pflicht. Für sie ist die christliche Orientierung des elisabethanischen Publikums eine unbestreitbare Tatsache; ebenso unbestreitbar ist für sie das Faktum, daß der Geist keinen göttlichen Auftrag übermittelt; er ist ein böser Geist, der Hamlet in Versuchung führt; in der Gebetsszene gleicht Hamlet einem schurkischen Rächer des zeitgenössischen Dramas, in der Szene mit der Mutter nimmt er in der Rachehysterie die Züge eines Vice der Moralitätenbühne an. Gegen diese Interpretation ist ein-

---

[26] Vgl. die Abhandlung ›Shakespeares Hamlet als Rachetragödie‹, im vorliegenden Band S. 497-518.
[27] Fredson Bowers, Elizabethan Revenge Tragedy, Princeton 1940, 40.

gewendet worden: Wenn die Geistererscheinungen ausschließlich als Teufelswerk zu verstehen wären, hätten sich Hamlet und vor allem auch Horatio dementsprechend äußern müssen. Dazu kommt, daß nirgendwo in den Shakespeareschen Tragödien Blutrache eindeutig negativ beurteilt und als verabscheuungswürdig hingestellt wird, was immer moraltheologische Traktate der elisabethanischen Zeit besagen.

Wie die Rachethematik wird auch die Geistererscheinung in *Hamlet* von Eleanor Prosser in einer Weise beurteilt, die dem Sinn des Werkes nicht gerecht wird. Die Ausführungen über das Thema ›Ghost or Devil?‹, die in John Dover Wilsons Buch *What Happens in Hamlet* (1935) enthalten sind, haben vor allem deshalb nach wie vor ihre Gültigkeit, weil Wilson die Geisterszene mit größerer Einfühlungskraft in die künstlerische Gestaltung interpretiert, als dies von Eleanor Prosser gesagt werden kann, die oft ihre These gegen die Intention einer Szene oder eines Aktes durchzusetzen versucht. Wilson unterscheidet im elisabethanischen Schrifttum drei Theorien über Geister: (1) Geister sind Verstorbene, die unter bestimmten Bedingungen aus dem Purgatorio wiederkehren dürfen (katholische Lehre), (2) Geister sind Teufel, die die Gestalt eines Verstorbenen annehmen (protestantische Lehre), (3) Geister sind illusionäre Gebilde (philosophisch-skeptische Lehre). Die Werkanalyse und die damit verbundene Auslegung zeitgenössischer Dokumente über den Geisterglauben führen zu dem Resultat, daß weder im elisabethanischen Zeitalter noch in Shakespeares Tragödie eine einhellige und allgemein akzeptierte Meinung über Geistererscheinungen zu finden ist: »there was nothing certain or determined about it; all was in dispute«.[28]

In ähnlicher Weise bleiben auch die Frage des Inzestes und des Ehebruchs im Drama in der Schwebe. Vom katholischen wie vom protestantischen Standpunkt aus galt die Ehe mit dem Schwager als Inzest. Im Drama selbst sprechen in dieser Weise nur Hamlet und der Geist über die Beziehungen, die zwischen Claudius und Gertrude bestehen. Weder in den Dialogen des Königs und der Königin noch im Gebet des Königs spielt das Inzestmotiv eine Rolle. Will man das Schweigen der Höflinge über dieses Thema als ein Zeichen ihrer Korruptheit deuten, so bleibt die Frage, warum Horatio und die Soldaten niemals dieses Argument gebrauchen, wenn sie die Gründe für das Erscheinen des Geistes erörtern. Daher ist A.L. French zuzustimmen, der in seinem Buch *Shakespeare and*

---

[28] John Dover Wilson, What Happens in Hamlet, Cambridge 1935, 66. – (Vgl. auch Erzgräber, Hamlet-Interpretationen, 94-126)

*the Critics* (1972) bemerkt: »Thus one singularity of *Hamlet* is that about the incest Shakespeare never makes clear his basic assumptions«.[29]
Die Untersuchungen zum Rachemotiv, zum Auftreten des Geistes, zu Inzest und Ehebruch, die aus der ›historisch-realistischen‹ Schule stammen, lassen – ähnlich wie T.S. Eliots Essay – das Werk abermals in einem recht problematischen Licht erscheinen. Die Motivierung der Handlung ist an etlichen Stellen undurchsichtig, unvollkommen und oft auch unerklärlich. Es ist verständlich, daß sich bei dieser Problemlage die geisteswissenschaftlich orientierten Interpreten zur Stellungnahme herausgefordert fühlten. Sie versuchten, die Spannungen und Widersprüche im Verhalten des Helden wie in der Gesamtanlage des Werkes von den geistigen Strömungen im elisabethanischen Zeitalter her zu deuten. Um die Erschließung des elisabethanischen Weltbildes haben sich seit den dreißiger Jahren Arthur Lovejoy [*The Great Chain of Being*, 1936], Hardin Craig [*The Enchanted Glass: The Elizabethan Mind in Literature*, 1936], Theodore Spencer [*Shakespeare and the Nature of Man*, 1942], E.M.W. Tillyard [*The Elizabethan World Picture*, 1943] und D.G. James [*The Dream of Learning: An Essay on the »Advancement of Learning«, »Hamlet«, and »King Lear«*, 1951] besonders verdient gemacht. Die Studie von Theodore Spencer kann als paradigmatisch für diese Forschungsrichtung gelten. Wenn im elisabethanischen Zeitalter das traditionelle Weltverständnis, das vom Muster der hierarchischen Ordnung des gesamten Seins ausging, keine uneingeschränkte Geltung mehr beanspruchen konnte, so ist dies nach Spencer auf den Einfluß von drei Denkern zurückzuführen: (1) Kopernikus, der an die Fundamente des ptolemäischen Weltbildes rührte, (2) Machiavelli, der den Menschen und die Geschichte nicht mehr im Lichte der Offenbarung betrachtete, (3) Montaigne, der nicht nur der ›theologia naturalis‹ des Raimundus Sebundus mit Skepsis begegnete, sondern auch allem Wissen, das auf der vernünftigen Verarbeitung sinnlicher Wahrnehmung beruht, und auch allen ethischen Urteilen, die der Vernunft entspringen. Hamlets Haltung gegenüber der Geistererscheinung, sein Unvermögen, mit den Sinnen und der Vernunft Gewißheit über die Realität – d.h. auf die dramatische Situation bezogen – über die Natur des Geistes und die Gültigkeit seines Auftrages zu gewinnen, läßt eine intellektuelle Einstellung erkennen, die von Montaigne beeinflußt scheint.
Französische und deutsche Studien zeigen, wie weit verbreitet die geistesgeschichtliche Shakespeare-Forschung auch in den kontinental-europä-

---

[29] A.L. French, Shakespeare and the Critics, Cambridge 1972, 61.

ischen Ländern war. So bezieht sich Jean Paris, einer der französischen Shakespeare-Kritiker, in seinem Essay »Les trois mystères de Hamlet« (1953) ebenfalls auf Kopernikus, Montaigne und Machiavelli, wenn er *Hamlet* in die Übergangsphase vom Mittelalter zur Neuzeit einordnet. In der deutschen Forschung wurde Shakespeares Verhältnis zu Montaigne mehrfach erörtert. Bereits vor Spencer hatte sich (auf Anregung von Schücking) Susanne Türck in ihrer Dissertation mit dem Thema *Shakespeare und Montaigne* (1930) befaßt. Schücking selbst vertrat in der Einleitung zur zweisprachigen *Hamlet*-Ausgabe (1941) die Auffassung, daß Shakespeare die englische Übersetzung der Essais von Montaigne gekannt haben müsse, bevor sie 1603 im Druck erschien. Eine solche Annahme stützt sich auf die Tatsache, daß der Montaigne-Übersetzer John Florio, ein Italiener, wie Shakespeare im Freundeskreis des Grafen Southampton verkehrte. So distanziert sich Schücking sonst gegenüber ideengeschichtlichen Spekulationen verhielt, so hoch veranschlagt er in diesem Fall den Einfluß des französischen Philosophen auf den englischen Dramatiker: »So lassen sich denn die Spuren dieser Lektüre – wahrscheinlich ohne daß es ihm bewußt geworden – an vielen Stellen bis in die Wortgebung hinein finden«.[30]

Diesen Spuren ist Max Deutschbein in seiner Studie *Shakespeares Hamlet und Montaigne* (1946)[31] weiter nachgegangen und hat gezeigt, daß wenig damit gewonnen ist, wenn nur gedankliche Parallelen zwischen beiden Autoren aufgewiesen werden. Ihm kommt es darauf an zu ermitteln, in welcher Weise übernommenes Gedankengut in das Drama integriert wurde; zugleich legt er dar, wo und in welcher Weise Shakespeare in *Hamlet* dem französischen Philosophen widersprach oder sich von ihm distanzierte. Shakespeares Auseinandersetzung mit Montaigne erscheint in Deutschbeins Deutung als ein höchst lebendiger, im weitesten Sinne des Wortes ›dramatischer‹ Prozeß. Auch Wolfgang Clemen hat in diese Diskussion mit seiner Abhandlung *Schein und Sein bei Shakespeare* (1959) eingegriffen und vor allem auf das neue Menschenbild hingewiesen, das sich bei Shakespeare und Montaigne abzeichnet; gleichzeitig hat er darauf aufmerksam gemacht, daß bei allen Einzelstudien und philologischen Analysen, die bereits vorliegen, die umfassende Darstellung der Zusammenhänge zwischen beiden Autoren noch aussteht: »In der Tat bestehen zwischen der Menschen*deutung* Montaignes und der Menschen*darstellung*

---

[30] Shakespeare, Hamlet, Englisch und Deutsch, hg. von L.L. Schücking, Leipzig 1941, LXVI-LXVII.
[31] Erzgräber, Hamlet-Interpretationen, 211-252.

Shakespeares frappierende Ähnlichkeiten, die auch von der Forschung noch nicht genügend ausgewertet sein dürften«.[32] Daß es in dieser Diskussion nicht an Stimmen gefehlt hat, die vor einer Überbetonung des Montaigne-Einflusses warnen, geht aus dem Aufsatz von Alice Harmon »How Great Was Shakespeare's Debt to Montaigne?« (1942)[33] hervor. Insgesamt ist zu beobachten, daß bei der Erörterung des ideengeschichtlichen Hintergrundes in den fünfziger Jahren zahlreiche Forscher dazu neigten, *Hamlet* von der mittelalterlichen Tradition und vom christlichen Humanismus des 16. Jahrhunderts her zu verstehen; zu den Arbeiten, die in dieser Phase die *Hamlet*-Diskussion nachhaltig förderten, gehören u.a. G.R. Elliott, *Scourge and Minister: A Study of Hamlet as a Tragedy of Revengefulness and Justice* (1951), Bertram Joseph, *Conscience and the King: A Study of Hamlet* (1953) und Paul N. Siegel, *Shakespearean Tragedy and the Elizabethan Compromise* (1957). Die Tragödie rückt in diesen Interpretationen in die Nähe der Moralität, obwohl immer auch die Sonderstellung des *Hamlet* durch den Vergleich mit der Moralitätentradition hervorgehoben wird. So bemerkt z.B. Siegel: »A resemblance with a difference between the ending of *Everyman* and that of *Hamlet* is significant ...«.[34] Im Gegensatz zu *Everyman* schwingt in *Hamlet* die religiöse Komponente am Schluß der Tragödie nur verhalten mit; im Zuschauer wird auf diese Weise – wie schon Bradley bemerkt hatte – die Empfindung ausgelöst, daß mit Hamlets Tod Gutes in der Welt verschwendet und vernichtet wird: »the intimation of heaven does not obliterate the sense of tragic waste we feel in witnessing the suffering of the comparatively innocent heroes Hamlet and Lear ...«.[35] Dieser Forschungsrichtung hat sich auch Robert Fricker in mehreren Untersuchungen angeschlossen, die zu Beginn der sechziger Jahre erschienen.[36] In seiner *Hamlet*-Studie kommt er zu dem Resultat, daß die Tragödie durch einen »kunstvollen Schwebezustand zwischen heroischen und christlichen Elementen«[37] gekennzeichnet sei, und über die »Sinngebung des Geschehens« stellt er fest: »sie ist reli-

---

[32] Wolfgang Clemen, Schein und Sein bei Shakespeare, München 1959, 31.
[33] Erschienen in PMLA 57 (1942) 988-1008.
[34] Paul N. Siegel, Shakespearean Tragedy and the Elizabetban Compromise, New York 1957, 92.
[35] Ebd., 93.
[36] Vgl. Robert Fricker, Hamlet: Mensch und Vorsehung, Anglia 78 (1960) 317-40; Vom Wirken der Providenz bei Shakespeare, Anglia 79 (1961) 17-44; Mittelalter und Neuzeit in Shakespeares Tragödien, Bern 1964.
[37] Robert Fricker, Hamlet: Mensch und Vorsehung, Anglia 78 (1960) 327.

giös im Sinne eines feinen Obertones; christlich aber ist ihre Ethik in dem Maße, als sie die heroische Gebärde nicht beeinträchtigt«.[38]

Für *Hamlet*-Interpreten wie Patrick Cruttwell, Virgil K. Whitaker und Helmut Viebrock, die in den sechziger Jahren eine Gegenbewegung gegen die im vorausgehenden Jahrzehnt vorherrschende *Hamlet*-Deutung vertraten, kann von einem derart subtilen Ineinander heroischer, humanistischer und christlicher Elemente nicht die Rede sein. Cruttwell versucht vielmehr in seiner Studie »The Morality of Hamlet – ›Sweet Prince‹ or ›Arrant Knave‹?« zu zeigen, daß im Grunde in *Hamlet* zwei Wertwelten, die christliche Moral und die anti-christliche Racheethik, nebeneinander bestehen, ohne daß im Drama über das Verhältnis beider Wertwelten zueinander völlige Klarheit geschaffen werde: »... what we have in *Hamlet* is an extraordinary muddle of *two* moralities, one avowed, the other not avowed, but both playing heavily and continuously on the central character.«[39] Es muß offenbleiben, ob und bis zu welchem Grad sich Shakespeare dieser Spannung bewußt war und ob er ein entsprechendes Bewußtsein in *Hamlet* darstellen wollte. Cruttwell ist aber davon überzeugt, daß Shakespeare mit der Darstellung dieser konkurrierenden Wertwelten einen geschichtlichen Sachverhalt traf, der für die Zeit um 1600 kennzeichnend ist. Für Virgil K. Whitaker ist der ungelöste Konflikt zwischen Racheethik und christlicher Gesinnungsethik ein Zeichen für die begrenzte intellektuelle Durchgeformtheit des Dramas; sein kritisches Urteil: »In *Hamlet* Shakespeare failed to make his borrowed plot and his moral interests coalesce«[40] läßt an Eliots Verdikt aus dem Jahre 1919 denken.

Auch Helmut Viebrock geht in seiner Abhandlung *Shakespeares Hamlet: Die Tragödie des Gewissens* (1967) von der Spannung zwischen dem paganen Racheethos und dem christlichen Gewissen aus; er vertritt jedoch die These, daß Hamlets Weg nachweislich durch einen »Wandel des Gewissens«[41] gekennzeichnet werde: »das alte heidnisch-atavistische Gewissen war der verwundende Stachel, das jüngere christlich-oktroyierte Gewissen war das ärgerliche Hemmnis, ein neues humanes, geistverpflichtetes Gewissen war das unerreichbare, sich in der Verhinderung andeuten-

---

[38] Ebd., 327.
[39] Patrick Cruttwell, The Morality of Hamlet – ›Sweet Prince‹ or ›Arrant Knave‹?, in: Hamlet, Stratford-upon-Avon Studies 5, London 1963, 121.
[40] Virgil K. Whitaker, The Mirror Up to Nature: The Technique of Shakespeare's Tragedies, San Marino 1965, 201.
[41] Helmut Viebrock, Shakespeares Hamlet: Die Tragödie des Gewissens, Wiesbaden 1967, 26.

de Ziel«.⁴² Es bleibt die Frage, ob die Vernunft (und mit ihr die neue Form des Gewissens), von der Hamlet im Monolog des IV. Aktes spricht, aus der christlichen Wertwelt herausgelöst werden kann, benutzt doch Hamlet gerade in diesem Monolog zugleich eine Wendung, die an den christlichen Schöpfergott (»he that made us«, IV, 4, 36) erinnert.

Neben den vielfältigen Versuchen, den Sinn des *Hamlet* mit den Mitteln der literarhistorischen, kulturgeschichtlichen und geistesgeschichtlichen Betrachtungsweise zu ermitteln, sind insbesondere seit den zwanziger Jahren Forschungen zu verzeichnen, die das Drama vom politisch-historischen Hintergrund der elisabethanischen Zeit her aufschlüsseln möchten. Der erste bemerkenswerte Beitrag zu dieser Forschungsrichtung war Lilian Winstanleys Buch *Hamlet and the Scottish Succession* (1921). Lilian Winstanley erhebt den Anspruch, mit ihrer Betrachtung das Stück so zu sehen wie das elisabethanische Publikum. Sie fragt jedoch nicht nach den möglichen ästhetischen, psychologischen oder moralischen Reaktionen der Zuschauer um 1603, sondern sie konzentriert sich ausschließlich auf die zeitgenössische politische Dimension und vereinfacht damit ihre Aufgabe in unzulässiger Weise. Shakespeares Tragödie mußte nach ihrer Auffassung den elisabethanischen Zuschauer unmittelbar an die schottischen Verhältnisse erinnern. Von dem anarchischen Zustand in der Feudalherrschaft bis zum Nebeneinander germanischer (dänischer bzw. schottischer) und italienischer Namen gleichen sich der dargestellte und der gemeinte historische Bereich. Die Ermordung von Hamlets Vater weckte – nach Lilian Winstanley – Erinnerungen an die Ermordung Darnleys; Claudius repräsentiert den älteren Bothwell. Hamlet selbst wird Jakob I. von Schottland gleichgesetzt. Die starre Parallelisierung von schottischer und dänischer Geschichte wird jedoch nicht durchgehend beibehalten: Lilian Winstanley konzediert z.B., daß in Hamlet auch Züge hineinkomponiert wurden, die an die Umgebung von Elisabeth I. erinnern konnten: »Hamlet is mainly James I, but there are certainly large elements in his character and story taken from Essex, and probably some from Southampton«.⁴³ Man kann sich bei der Lektüre von Lilian Winstanleys Buch des Eindrucks nicht erwehren, daß unter dem Anspruch, ein historisch ›objektives‹ Verständnis des *Hamlet* zu erarbeiten, die detektivische Phantasie höchst eigenwillige, subjektive Bahnen einschlägt. Die-

---

42   Ebd., 26.
43   Lilian Winstanley, Hamlet and the Scottish Succession: Being an Examination of the Relations of the Play of Hamlet to the Succession and the Essex Conspiracy, Cambridge 1921, 173.

se Deutung hat daher auch mannigfachen Widerspruch erfahren, aber es ist nicht zu verkennen, daß ihre Methode in modifizierter Form weitergewirkt hat.

John Erskine Hankins versichert in seinem Essay »Politics in *Hamlet*« (1941)[44] ausdrücklich, die Tragödie nicht als eine politische Allegorie lesen zu wollen, jedoch sieht er in diesem Werk zahlreiche subtile Anspielungen auf politische Tagesfragen, die die Elisabethaner bewegten. Wenn Hamlet die Ehe seiner Mutter mit Claudius als »incestuous« charakterisiert, dann erinnert dies an die Diskussionen, die über die Ehe von Heinrich VIII. mit Katharina von Aragon geführt wurden und die für die Frage, ob Elisabeth I. legitimerweise englische Königin sei, Bedeutung hatten. Denn Katharina von Aragon war in erster Ehe mit Arthur, dem ältesten Sohn Heinrichs VII. und Bruder des späteren Heinrich VIII., vermählt, und die Ehe mit Heinrich VIII. war mit päpstlicher Dispens geschlossen worden. Die Protestanten betrachteten diese Ehe als Inzest und die Scheidung Heinrichs VIII. als rechtmäßig. Die Katholiken hielten umgekehrt die Ehe mit Katharina für rechtmäßig und unauflöslich; die Thronansprüche Elisabeths waren in ihren Augen nicht legitim. Allerdings ist nicht zu übersehen, daß für Hamlet das Urteil über die Mutter und ihre Ehe mit Claudius primär ein moralisches, nicht ein ausgesprochen politisches Problem ist.

Daß zwischen der politischen Situation Elisabeths und der Situation Hamlets Parallelen bestehen, versucht Hankins dadurch zu erhärten, daß er das Zögern Hamlets, Claudius zu töten, als eine literarische Entsprechung zum Zögern Elisabeths sieht, Maria Stuart hinrichten zu lassen, bevor sie eindeutige Beweise für ihre Schuld hatte. In die Nähe der Interpretation von Lilian Winstanley gerät Hankins schließlich dadurch, daß er – mit wenig überzeugenden Gründen – die Essex-These aufnimmt und Züge dieser historischen Gestalt in Laertes und Fortinbras zugleich nachweisen möchte. Wie stark für englische Kritiker die Faszination der These war, Shakespeare sei zu seinem *Hamlet* durch den Grafen Essex und dessen Schicksal angeregt worden, zeigt ein Blick auf die Publikationen von Dover Wilson.[45]

---

[44] In: John Erskine Hankins, The Character of Hamlet and Other Essays, Chapel Hill 1941, 95-114. – (Vgl. auch John Erskine Hankins, Zeitgeschichtliches in Hamlet, in: Erzgräber, Hamlet-Interpretationen, 169-190.)

[45] John Dover Wilson, What Happens in Hamlet, 228-29, sowie The Essential Shakespeare, Cambridge 1932, reprinted 1948, 95-107, und Hamlet, Cambridge 1934, LXV-LXVI.

Kritiker der marxistischen Richtung haben auf solche Versuche, die Personen des Dramas mit historischen Persönlichkeiten in Beziehung zu setzen, von vornherein verzichtet und danach gefragt, in welcher Weise sich in Shakespeares Tragödie politische und soziale Tendenzen des elisabethanischen Zeitalters spiegeln. Als Beispiel für eine auf marxistischen Überzeugungen basierende *Hamlet*-Interpretation sei der Essay »Hamlet« (1962) von Arnold Kettle genannt.[46] Für Kettle gibt es in den vorliegenden *Hamlet*-Interpretationen einen Kardinalfehler – nämlich: den Helden als einen Neurotiker zu betrachten und ihn, den Kranken, als Kontrast zur Sphäre gesunder Lebenstüchtigkeit zu verstehen, die durch den König und den Hof repräsentiert werde. Kettle setzt die Akzente gerade umgekehrt: Der König und der Hof sind korrupt, und er schließt weiter: »The evil is a social one«.[47] Daß Shakespeare mit den Äußerungen über die Zeit, die aus den Fugen ist, eine allgemeine Erfahrung und Stimmung seiner Zeitgenossen wiedergibt, versucht Kettle mit Hilfe einiger Parallelstellen aus *Hamlet* und den Werken von John Donne zu belegen. Die Größe des Helden, seine singuläre Position im Drama, beruht darin, daß er sich nicht von der Scheinwelt des Claudius und dessen Umgebung täuschen läßt, sondern dem Trug die Einsicht in die Wahrheit entgegensetzt. Das Handeln Hamlets wird nach Kettle von zwei Motiven bestimmt: Zum einen handelt er in Übereinstimmung mit den Normen, die um 1600 allgemein für das Verhalten eines Aristokraten Geltung hatten, und er bewährt sich auch in der entscheidenden Situation des V. Aktes im Sinne dieser Normen. Zum anderen aber bekennt sich Hamlet zu einem Humanismus, wie er in Europa im 16. Jahrhundert seine Ausprägung gefunden hatte. Hamlet analysiert und entlarvt die Beziehungen innerhalb der herrschenden Klasse mit den rationalen Mitteln, die der Renaissance-Humanismus ihm zur Verfügung stellte, mit dem Instrumentarium, dessen sich die Naturwissenschaft der Neuzeit ebenso bediente wie die bürgerlich-demokratische Revolution des 17. Jahrhunderts. Hamlet scheitert nicht aus charakterlichen Schwächen, sondern weil er nicht die angemessenen Mittel findet, um die geschichtlich-politische Situation, in die er sich gestellt sieht, entscheidend zu ändern.

Es fragt sich, ob Kettle mit seiner Deutung die Komplexität der Hamlet-Gestalt und des Hamlet-Dramas nicht über Gebühr vereinfacht. Wenn er Hamlet zum gesunden, lebenstüchtigen Helden und Humanisten macht,

---

[46] Vgl. Erzgräber, Hamlet-Interpretationen, 387-403.
[47] Arnold Kettle, Hamlet, Zeitschrift für Anglistik und Amerikanistik 10 (1962) 119.

überspielt er die krankhaft-melancholischen und auch morbiden Züge, die z.B. Schücking herausgearbeitet hat. Hamlet ist nicht nur ein Gegenbild zur korrupten Gesellschaft. Da es ihm nicht gelingt, im Sinne der humanistisch gebildeten Aristokraten des beginnenden 16. Jahrhunderts »soldier, courtier and scholar« gleichzeitig zu sein, d.h. drei Rollen zu einer Einheit zu integrieren, ist er (nach Werner Habicht) auch ein Spiegelbild der desintegrierten Gesellschaft seiner Zeit.[48] Weiterhin fragt es sich, ob man »Hamlet's humanism« (wie ihn Kettle versteht) ohne weiteres mit dem Humanismus des 16. Jahrhunderts gleichsetzen darf. Paul N. Siegel hat in seinem Buch *Shakespearean Tragedy and the Elizabethan Compromise* (1957) die polare Spannung innerhalb des Humanismus um 1600, »a conflict between Christian humanist values and anti-Christian humanist values«,[49] aufgewiesen und gezeigt, daß Shakespeare diesen Konflikt in die Tragödienkonflikte und -helden hineinprojizierte. Mit dieser These Siegels setzt sich Kettle nicht auseinander, sondern er bleibt bei der einfachen Antithese zwischen Humanismus und korrupter Gesellschaft. Will die marxistische *Hamlet*-Forschung über den von Kettle markierten Stand hinausgelangen, dann ist es notwendig, daß sie – etwa im Anschluß an Robert Weimanns Buch *Drama und Wirklichkeit in der Shakespeare-Zeit* (1958) – nicht nur die gesellschaftlichen Verhältnisse, die den Hintergrund für Shakespeares dramatisches Werk bilden, präziser erfaßt, sondern auch die Formen der ästhetischen Vermittlung der außerliterarischen Wirklichkeit und damit die Frage des Verhältnisses von dramatischer Illusion und historischer Realität am Beispiel der Shakespeareschen Tragödien eindringlicher analysiert.

Als eine Art Gegenbewegung gegen die ›realistisch-historische‹ Schule sind die vielfältigen Bemühungen zu verstehen, die in der Shakespeare-Forschung etwa um 1930 einsetzten und die eine werkimmanente Interpretation des *Hamlet*, insbesondere der sprachlichen Ausdrucksmittel, der Szenengestaltung, der Behandlung von Raum und Zeit und des gesamten Aufbaus zum Ziel hatten. Diese Tendenzen sind im Zusammenhang mit den Wandlungen zu sehen, die sich zur gleichen Zeit in der angelsächsischen Literaturkritik, aber auch im literarischen Schaffen selbst vollzogen. T.S. Eliots Essays über das ›poetic drama‹ und seine eigenen dramatischen Versuche wirkten auf die Einstellung führender Shakespeare-Kritiker ebenso stark wie die neuen literaturkritischen Theorien und in-

---

[48] Werner Habicht, Die desintegrierte Hamlet-Gestalt, in: Albert Schäfer (Hg.), Weltliteratur und Volksliteratur, München 1972, 135-153.
[49] Siegel, Shakespearean Tragedy and the Elizabethan Compromise, 87.

terpretatorischen Verfahrensweisen, die von I.A. Richards und William Empson, von F.R. Leavis oder Cleanth Brooks entwickelt wurden.

Als einer der Exponenten dieser neuen Forschungsrichtung hat G.Wilson Knight zu gelten, der nicht nur ein umfangreiches Corpus an Shakespeare-Studien vorlegte, sondern in seinem Essay »On the Principles of Shakespeare Interpretation« auch eine Begründung seiner eigenen Methode lieferte.[50] Aus diesen theoretischen Ausführungen wie aus seinen Shakespeare-Studien insgesamt geht hervor, daß Knight bei der Interpretation eines Dramas einen statischen Strukturbegriff zugrunde legt. Knight versteht das Drama als ein in sich ruhendes Gebilde, in das er sich als Interpret versenkt, um in einem Akt der simultanen Wahrnehmung die vielfältigen Korrespondenzen zwischen den einzelnen Formelementen des Werkes zu erfassen. Das interpretierende Eindringen in das Drama hat die Aufgabe, die Integration der Formelemente zu einer künstlerischen Einheit und Ganzheit verständlich werden zu lassen. Knight verzichtet ausdrücklich auf ein distanziertes kritisches Abwägen der dichterischen Leistung und verschreibt sich dafür einem ›intuitiven‹ Erkennen.

Bei seiner Shakespeare-Interpretation lenkt Knight den Blick primär auf die Themen und Symbole eines Dramas: Die Themen, die dem Werk zugrunde liegen, konstituieren dessen spezifische Atmosphäre, und alle formalen Elemente, die dazu beitragen, diese Atmosphäre zu konkretisieren, werden ›Symbole‹ genannt. Es ist sicherlich kein Zufall, daß die Einführung zu G.Wilson Knights Buch *The Wheel of Fire* (1930) von T.S. Eliot stammt. Knight betrachtet Shakespeares Dramen nicht primär als Texte, die für eine Aufführung bestimmt sind, sondern als ›poetische Dramen‹, als ›dramatische Dichtungen‹.[51] Er wurde dabei von Anschauungen mitgeprägt, wie sie in den zwanziger und dreißiger Jahren von Virginia Woolf und anderen Autoren und Kritikern vertreten wurden, die sich gegen eine Überbetonung des ›plot‹ (im Drama wie im Roman) wandten, eine logisch-kausale Verknüpfung von Charakter und Handlung ablehnten und statt dessen den Blick stärker auf Bilder und Symbole, auf Gebärden und Gespräche und schließlich auf die Thematik eines Werkes lenkten. Insofern Knight die einzelnen Dramen Shakespeares als

---

[50] George Wilson Knight, The Wheel of Fire: Interpretations of Shakespearean Tragedy. With Three New Essays, London 1930, [4]1949, reprinted with minor corrections, 1954, 1-16.
[51] Andererseits sollte erwähnt werden, daß Knight sich auch zu Fragen der Shakespeare-Inszenierung geäußert hat (vgl. G. Wilson Knight, Principles of Shakespearean Production, 1936).

autonome ästhetische Gebilde versteht und bei der Interpretation weithin auf die Einbeziehung des historischen Kontextes verzichtet, setzt er bei aller Divergenz in der Bewertung von Charakter und Handlung auch Bradleys Betrachtungsweise fort. Knight selbst bemerkt dazu:

> Though Bradley certainly on occasion pushed ›character‹ analysis to an unnecessary extreme, yet he it was who first subjected the atmospheric, what I have called the ›spatial‹ qualities of the Shakespearian play to a considered, if rudimentary, comment.[52]

Bereits die Titel der *Hamlet*-Studien, die Knight seit 1930 veröffentlichte (vgl. »The Embassy of Death: an Essay on *Hamlet*«, 1930[53], und »Rose of May: An Essay on Life-themes in *Hamlet*«, 1931[54]) weisen darauf hin, daß er die Thematik der Tragödie durch die polare Spannung »life« – »death« konstituiert sieht. Hamlet leidet an der ›Krankheit zum Tode‹; das Drama stellt die Phasen seines geistigen und seelischen Todes dar und endet mit seiner physischen Vernichtung. Aus dieser Krankheit erklären sich die inhumanen Züge des Helden, insbesondere seine Grausamkeit. Knight entwickelt diese Deutung, ohne sich auf die ethischen und religiösen Vorstellungen des elisabethanischen Zeitalters zu beziehen; da er andererseits bei seiner Beschäftigung mit der Thematik nicht gänzlich auf moralphilosophische Begriffe verzichten kann, übernimmt er derartige Begriffe – ohne weitere methodische Begründung – aus der philosophischen Diskussion der Gegenwart und fügt sie in seine *Hamlet*-Interpretation ein. Aus Hamlet spricht für ihn »the nihilism of the superman«[55]; König Claudius und Laertes sind für ihn hingegen Symbole des Lebens oder auch der Lebenskraft – die Beziehungen zum Gedankengut des 19. Jahrhunderts, zu Nietzsches Philosophie einerseits und zur »life-force theory« andererseits, liegen nahe. Hatten Generationen von Kritikern im König zwar die Verkörperung eines Herrschers im elisabethanischen Sinne, aber doch zugleich einen korrupten Herrscher gesehen, so überrascht Knight seine Leser mit Wendungen wie »a good and gentle king«[56], »a politic, wise, and gentle king«[57]. Auch Knight sieht die Fehler

---

[52] Knight, The Wheel of Fire, V.
[53] Ebd., 17-46.
[54] In: G. Wilson Knight, The Imperial Theme: Further Interpretations of Shakespeare's Tragedies Including the Roman Plays, London 1931, ³1951, 96-124.
[55] Knight, The Wheel of Fire, 40.
[56] Ebd., 35.
[57] Knight, The Imperial Theme, 112.

und Mängel des Königs, aber für ihn ist er doch mehr ein beklagenswertes Opfer der Umstände als ein machiavellistischer Schurke.

In dem Essay »Hamlet Reconsidered« (1947)[58] gibt Knight zu, daß er in seinen früheren Studien zu *Hamlet* recht eigenwillige und einseitige Deutungen gegeben hat; an seiner Grundkonzeption hat sich jedoch wenig geändert. Die Anlehnung an Nietzsche, die in der ersten *Hamlet*-Studie schon zu erkennen ist, tritt hier noch entschiedener zutage und führt dazu, daß Hamlet als ein Charakter gedeutet wird, der auf dem Weg zu einer philosophisch-religiösen Haltung ist. Geht man vom Zentrum des Dramas aus, so scheint der Status des Übermenschen, eine Existenzweise jenseits von Gut und Böse, Hamlets Ziel zu sein; er versucht, das Ideal einer integrierten Persönlichkeit im Sinne Nietzsches zu verwirklichen. Er findet am Ende den Weg zu einer neuen ›Gelassenheit‹, zu einer Form von Demut und Liebe, die einem humanistisch geprägten Verhältnis zum Mitmenschen (nicht christlichem Glauben) entspringt; er geht jedoch letztlich nicht über die Lebensformen der höfischen Gesellschaft hinaus.

Knight ist auf scharfe Kritik gestoßen. So urteilt Morris Weitz: »His entire criticism, both in theory and practice, is not true«[59], und Paul Gottschalk bemerkt: »I must leave it to the reader to see if he can find any direct evidence of *love* on Hamlet's part for the court of Claudius; I cannot«.[60] Alex Newell schließlich hat in seiner Abhandlung »The Dramatic Context and Meaning of Hamlet's ›To be or not to be‹ Soliloquy« (1965)[61] dargelegt, daß eine Interpretation wie diejenige von Knight methodisch bedenklich ist und zu unzutreffenden ›Resultaten‹ führt, weil sie Hamlets berühmten Monolog aus dem dramatischen Kontext löst, in den er von Shakespeare (nach der Quarto-Ausgabe von 1604 und der Folio-Ausgabe zu schließen) eingeordnet wurde.

Dennoch sind die *Hamlet*-Interpretationen von G. Wilson Knight – der wegen des weitreichenden Einflusses seiner zahlreichen und umfangreichen Shakespeare-Studien von einigen Literarhistorikern als die zentrale Figur in der englischsprachigen Shakespeare-Kritik des 20. Jahrhunderts angesehen wird – nicht als kuriose Anschauungen eines eigenwilligen

---

[58] Knight, The Wheel of Fire, 298-325. – (Vgl. auch Erzgräber, Hamlet-Interpretationen, 253-289)
[59] Morris Weitz, Hamlet and the Philosophy of Literary Criticism, Chicago 1964/London 1965, 32.
[60] Paul Gottschalk, The Meanings of Hamlet: Modes of Literary Interpretation Since Bradley, Albuquerque 1972, 119.
[61] Alex Newell, The Dramatic Context and Meaning of Hamlet's ›To be or not to be‹ Soliloquy, PMLA 80 (1965) 38-50.- (Vgl. auch Erzgräber, Hamlet-Interpretationen, 423-461)

Einzelgängers abzutun. Seine Arbeiten sind kennzeichnend für eine Tendenz in der *Hamlet*-Forschung, die seit dem Beginn der dreißiger Jahre zu bemerken ist. So stimmt z.B. die *Hamlet*-Deutung, die L.C. Knights vorgelegt hat, mit derjenigen von G.Wilson Knight in den Grundzügen überein. Auch Knights neigt zu einer Beurteilung des Königs und der Königin, die positiver ist als die seiner Vorgänger; und er bezieht sich ausdrücklich auf *The Wheel of Fire*, wenn er seinerseits die Bitterkeit und den Zynismus, den Witz und die Grausamkeit, den Ekel vor dem Sexus und die Todessehnsucht Hamlets interpretiert. Für ihn sind diese Charakterzüge und Verhaltensformen jedoch nicht der Ausdruck eines Übermenschentums, sondern Posen, hinter denen sich kindliche Impulse, ein Zurückweichen vor der Komplexität des Lebens der Erwachsenen verbergen. Neigen die meisten Interpreten dazu, in Hamlet eine höchst differenzierte Natur zu sehen, so betont Knights die Tendenz zur Vereinfachung, die sich in Hamlets Urteilen über seine Umwelt und die Probleme, mit denen er sich konfrontiert sieht, abzeichne.

L.C. Knights ist in seinem Essay »Prince Hamlet«(1940)[62] deutlich von der Richtung des New Criticism geprägt, die mit dem Namen F.R. Leavis verbunden ist, und es ist kein Zufall, daß diese Studie zuerst in der von ihnen gemeinsam edierten Zeitschrift *Scrutiny* erschien. Knights macht sich Leavis' Kriterium des »adult mind«, des reifen Urteilsvermögens des erwachsenen, lebenserfahrenen Menschen zu eigen und mißt daran das Verhalten Hamlets. Wenngleich Knights Shakespeare nicht mit dem Tragödienhelden identifiziert, nimmt er dennoch eine Verwandtschaft zwischen dem Autor und Hamlet an. Hamlet ist für ihn ein Werk des Übergangs; eine gewisse Unentschiedenheit in der dramatischen Präsentation moralischer Werturteile sei auch für Shakespeare in dieser Phase symptomatisch und erkläre die faszinierende Ambiguität der Tragödie. Wie bei Leavis wird das Kriterium des »adult mind« sowohl auf den Autor wie auf die von ihm geschaffenen Charaktere angewendet.

Die Grenzen dieser besonderen Richtung innerhalb des New Criticism liegen in der Verkürzung der ästhetischen Dimension und in der allzu rigiden Anwendung moralischer Maßstäbe auf das Werk und den Dichter. Freilich ist festzuhalten, daß Knights in anderen Arbeiten diesen Gefahren begegnete; so trat er bereits 1933 mit seiner berühmten Abhandlung *How Many Children had Lady Macbeth?*[63] einer unkritischen Gleichsetzung

---

[62] L.C. Knights, Prince Hamlet, Scrutiny 9 (1940) 148-160. – (Vgl. auch Erzgräber, Hamlet-Interpretationen, 151-168)
[63] L.C. Knights, How Many Children Had Lady Macbeth?, Cambridge 1933.

von Tragödienfiguren mit Menschen aus dem wirklichen Leben entgegen. Die Aufgabe einer eindringlichen Interpretation einzelner Formelemente, wie man sie bei Knight mit dem Hinweis auf die ›Symbole‹ der Dichtung schon erwarten konnte, wurde in den dreißiger Jahren erst durch die Vertreter der Bildforschung in umfassender Weise bearbeitet. Dabei zeichneten sich von Anfang an zwei Hauptrichtungen ab, die durch die Namen Caroline Spurgeon und Wolfgang Clemen gekennzeichnet werden. Caroline Spurgeon ist in ihrem Buch *Shakespeare's Imagery and What It Tells Us* (1935) um die Ermittlung leitmotivisch wiederkehrender Bilder und um eine Klassifikation der Bildvorstellungen bemüht – mit dem Ziel, Einblicke in Shakespeares geistige Eigenart und Weltvorstellung zu gewinnen. Ihre Studie führt vom Werk zum Autor. Clemen dagegen fragt in seiner Untersuchung über *Shakespeares Bilder* (1936)[64], welche Funktion die Bilder im dramatischen Vorgang, insbesondere im Hinblick auf Charakter und Situation, jeweils erfüllen. Durch seinen methodischen Ansatz wird von vornherein verhindert, daß sich die Bilder in der Interpretation zu einem Formelement verselbständigen, das mehr als nur dienende Funktion hat. Während Spurgeons Methode ausgesprochen statistisch ist, charakterisiert Clemen seine eigene Verfahrensweise als »a truly organic method of understanding the images«.[65] Er versteht das Drama als »an organic whole«[66] und warnt davor, durch methodische Schnitte den lebendigen Organismus des dichterischen Werkes zu zerstören.[67] Es fällt bei Clemens Darlegungen über *Hamlet* auf, daß er sich im wesentlichen auf die Sprache des Titelhelden konzentriert und in Hamlets Diktion wiederum den Bildbereich heraushebt, der für die zentrale Thematik und den Ton des Dramas von Belang ist. Die Stelle in I, 5, an der Hamlets Vater berichtet, wie er von seinem Bruder vergiftet wurde, ist für Clemen eine Kernstelle des gesamten Werkes: Die Begegnung Hamlets mit dem Geist erklärt nicht nur seine psychischen Wandlungen, sondern auch Eigentümlichkeiten seiner Sprache, insbesondere die metaphorische Verwendung der auf Krankheit und Gift bezogenen Bilder in den folgenden Szenen und Akten.

---

[64] Englische Übersetzung und Neufassung: Wolfgang Clemen, The Development of Shakespeare's Imagery, London 1951. – (Vgl. auch Erzgräber, Hamlet-Interpretationen, 127-138)
[65] Clemen, The Development of Shakespeare's Imagery, 3.
[66] Ebd., 2.
[67] Vgl., ebd. 2.

Clemens Interpretation der Bildersprache in *Hamlet* ist in der neueren Shakespeare-Forschung auf Widerspruch gestoßen. So hat Kenneth Muir eingewandt, daß in Clemens Analyse die Grenze zwischen den Bildern des Vergiftens eines Körpers und denjenigen, die sich auf eine Erkrankung des menschlichen Organismus beziehen, nicht scharf genug gezogen werde. Er versucht daher seinerseits in seinem Aufsatz »Imagery and Symbolism in *Hamlet*« (1964), klar zwischen »disease imagery«[68] und »symbolism concerned with the odour of corruption«[69] zu scheiden und die Belegstellen vom jeweiligen Kontext her aufzuschlüsseln. Er weist weiterhin auf Bildbereiche des Dramas hin, die bislang in der Forschung unberücksichtigt blieben, wie die Bilder aus dem Bereich der Schauspielkunst oder aus dem Bereich menschlicher Sinnesorgane (Auge und Ohr), und die sich auf die übergreifende Thematik von ›Schein und Sein‹ in Shakespeares *Hamlet* beziehen lassen. Vor allem macht Muir auf die Bilder aus dem Kriegswesen aufmerksam, die nach seinen Beobachtungen stärker vertreten sind als Bilder, die sich auf Krankheit und Verfall beziehen. Die Bilder des Krieges eröffnen nach Muir dem Interpreten den Zugang zur spezifischen Sicht des dramatischen Konfliktes, die Shakespeare zum Ausdruck bringen wollte.

Die Anregungen, die Muir für die Erforschung der Bilder im *Hamlet* gab, wurden von Maurice Charney aufgenommen und in seinem Buch *Style in Hamlet* (1969) in sehr detaillierter Weise ausgebaut.[70] Unter ›style‹ versteht er alle sprachlichen und auch außersprachlichen gestischen und szenischen Mittel, die Shakespeare einsetzte, um seinen künstlerischen Intentionen Ausdruck zu verleihen. Der enge Zusammenhang zwischen Muirs Aufsatz und Charneys Buch ist allein daran schon zu erkennen, daß Charney von den Bildern, die sich auf das Kriegswesen beziehen, ausgeht und dann erst Analysen der Bilder aus den Sinnbereichen »Secrecy and Poison«, »Corruption: Animals, Disease, Food, Gardens«, »Limits: Confinement, Money and Numbers« und schließlich »Art, Acting, and the Theatre« folgen läßt. Entsprechend der schon von Clemen geäußerten Auffassung, daß bei der Bildanalyse Charakter und Situation zu berücksichtigen seien, liefert Charney im dritten Teil seiner Untersuchungen subtile Analysen des Sprachstils von Polonius, Claudius und Hamlet, wobei er den Helden zunächst als einen höchst sprachbewußten

---

[68] Kenneth Muir, Imagery and Symbolism in Hamlet, Études Anglaises 17 (1964) 354.
[69] Ebd., 356.
[70] Vgl. hierzu M. Charney, Stilistische Ebenen in der Sprache des Helden, in: Erzgräber, Hamlet-Interpretationen, 488-515.

und sprachkritischen Sprecher charakterisiert und sodann drei Stilarten in Hamlets Diktion unterscheidet: »the Witty Style, the Passion-ate Style, the Simple Style«.[71] Seine Analyse der Personalstile berührt sich mit der Untersuchung von R.A. Foakes über »Character and Speech in *Hamlet*«[72], die er mitverarbeitete, aber auch mit Charlotte Ehrls Buch *Sprachstil und Charakter bei Shakespeare* (1957), das aus einer von Wolfgang Clemen angeregten Dissertation hervorging und das Charney seinerseits nicht berücksichtigte.

Charlotte Ehrls Beobachtungsskala ist insgesamt noch breiter angelegt als diejenige von Charney: sie lenkt bei ihrer Analyse den Blick auf »Rhythmus und Qualität des Verses, Länge und Kürze der Reden, stilistische Abtönung der Prosa, Bildersprache, Reim, rhetorische Figuren, Wortwahl und gesamtes sprachliches Verhalten«[73] und zeigt, wie in dieser Tragödie »die Schöpfung einer Vielfalt von Gestalten, vom Stand über den Typ bis zum ausgeprägten Individuum«[74] gelungen ist und wie »die Sprache jeden Wechsel der Empfindung und jede Reaktion auf die Umwelt registriert«, zugleich aber auch »typische Eigenschaften oder innerstes Wesen der Menschen«[75] offenbar werden läßt. Die Tatsache, daß Charlotte Ehrl und – wenige Jahre nach ihr – Charney zu gleichen Einsichten bei der sprachlichen Analyse der Tragödie gekommen sind, zeigt, welche Möglichkeiten in der von ihnen angewandten Methode liegen. Daß andererseits die sprachstilistische Analyse des *Hamlet* im Hinblick auf die Problematik und Tragik des Werkes eine Verengung in sich birgt, daß es auch anderer Perspektiven bedarf, um das Werk in seinen gehaltlichen Dimensionen voll zu erschließen, hat Hermann Heuer in seinen kritischen Äußerungen zu Charneys Buch hervorgehoben.[76]

Neben den Arbeiten zur Bildersprache und zum Sprachstil der Charaktere gab es seit den dreißiger und vierziger Jahren eine Reihe von Untersuchungen, die sich mit Shakespeares Darstellungskonventionen befaßten und Zusammenhänge zwischen seiner Formkunst und der des spätmittelalterlichen sowie des elisabethanischen Dramas zu ergründen versuchten. Als Beispiel für diese Forschungsrichtung sei S.L. Bethells Buch *Shakespeare and the Popular Dramatic Tradition* (1944) genannt. Bethell schloß

---

[71] Ebd.
[72] In: Hamlet, Stratford-upon-Avon Studies 5, London 1963, 148-162.
[73] Charlotte Ehrl, Sprachstil und Charakter bei Shakespeare, Heidelberg 1957, 103.
[74] Ebd.
[75] Ebd.
[76] Hermann Heuer, Rez. von Maurice Charney, Style in Hamlet, Princeton 1969, in: Jahrbuch der deutschen Shakespeare-Gesellschaft West (1973) 217-220, insbesondere 220.

sich in grundsätzlichen Fragen an die Forschungen von G.Wilson Knight und L.C. Knights an; in der Darstellung des elisabethanischen Zeitalters und seiner dramatischen Traditionen bezieht er sich auf E.M.W. Tillyard und M.C. Bradbrook; als Literaturkritiker bekennt er sich zu Eliot und Leavis. Das Buch läßt sich als eine Antwort auf provozierende Behauptungen über das elisabethanische Theater verstehen, die sich in Eliots *Selected Essays* finden: »The art of the Elizabethans is an impure art«, und:

> What is fundamentally objectionable is that in the Elizabethan drama there has been no firm principle of what is to be postulated as a convention and what is not.[77]

Bethell geht bei seinen Betrachtungen von den zwei Theatertraditionen aus, die im elisabethanischen Zeitalter nebeneinander existierten, dem Volkstheater und dem neoklassischen Theater der Humanisten. Das Volkstheater, in dem die Konventionen der spätmittelalterlichen Simultanbühne weiterlebten, ist nach Bethell dadurch gekennzeichnet, daß es die Aufmerksamkeit des Publikums gleichzeitig auf mehrere Realitätsebenen lenken kann, während das neoklassische Humanistendrama bereits weitgehend die Prinzipien eines naturalistischen Illusionstheaters entwickelte, bedingt durch die neue, von der Wissenschaft der Renaissance geförderte Einstellung zur Wirklichkeit.

Von diesem Hintergrund her versucht Bethell auch zu Fragen der Shakespeare-Kritik Stellung zu nehmen. Bethell wendet sich insbesondere gegen Bradley und Schücking, die – bei aller Verschiedenheit der Methoden im einzelnen – in ihren Interpretationen voraussetzten, daß Shakespeare dem ›naturalistischen‹ Darstellungsmodus folgte und nach einem ›psychologischen Naturalismus‹ strebte. Die Interpretation der Schauspieler-Rede in *Hamlet*, II, 2, die Bradley im Anhang zu seinem Buch *Shakespearean Tragedy* vorlegte, ist nach Bethell ein Musterbeispiel für eine Interpretation, die in die Irre führt, weil Shakespeares Darstellungstechnik verkannt wurde.[78] Bethell geht bei seiner Deutung von einem doppelten Bewußtsein der Zuschauer aus, d.h. von ihrer Fähigkeit, die Differenz zwischen Spielwelt und realer Welt bei der Aufnahme eines Stückes mitzudenken, und er gelangt zu dem Resultat, daß die elisabethanischen Zuschauer die Rede des Schauspielers (a) ernst nahmen und sich dabei mit

---

[77] T.S. Eliot, Selected Essays, 114 u. 115; zit. bei Bethell, Shakespeare and the Popular Tradition, London 1944, 29, Anm. 1.
[78] Vgl. hierzu S.L. Bethell, Die Rede des Schauspielers und Hamlet als Theaterkritiker, in: Erzgräber, Hamlet-Interpretationen, 191-200.

Hamlet identifizierten, (b) als eine Parodie auf eine ältere Stilart innerhalb der elisabethanischen Dramentradition verstanden; d.h. sie versetzten sich einerseits in die dramatische Situation und traten andererseits aus ihr heraus und ordneten den gleichen Text in theatergeschichtliche Zusammenhänge ein, die für das Verständnis der Tragödie selbst ohne jegliche Bedeutung sind. Neigten Bradley und Schücking dazu, Darstellungsprinzipien des zeitgenössischen Naturalismus auf Shakespeare zu übertragen und die mittelalterlichen Relikte dramatischer Technik in seinen Werken als ›primitiv‹ zu kennzeichnen, so bewegt sich Bethell in die entgegengesetzte Richtung: Er läßt sich bei seiner Deutung Shakespearescher Dramen von T.S. Eliots theoretischen Äußerungen über das ›poetic drama‹ leiten und wertet auch die Fähigkeit Shakespeares, den Bühnenvorgang auf mehrere Realitätsebenen zu beziehen, dementsprechend hoch.

Wolfgang Iser setzt mit seiner Studie »Das Spiel im Spiel: Formen dramatischer Illusion bei Shakespeare« (1961) die Erörterungen von Bethell insofern fort, als auch er Shakespeares Werk vom ›naturalistischen‹ Illusionstheater abhebt, die Überlagerung der Perspektiven jedoch nicht vom spätmittelalterlichen Theater her sieht, sondern als ein Spezifikum des englischen Renaissancetheaters deutet. Er kommt in seiner Untersuchung zu dem Ergebnis:

> Sowenig ... die Shakespearesche Theaterillusion idealistische Leitbilder aufzurichten versucht, sowenig gleicht sie einer naturalistischen Reproduktion der menschlichen Welt, wie sie im Theater des 19. Jahrhunderts angestrebt wurde. Der Spiegelcharakter der Illusion hat gezeigt, daß sich der Mensch verändert, wenn er sich anschaut. So geschieht in der Illusion des Shakespeareschen Theaters eine Aktualisierung des Potentiellen, das im Menschen verborgen ist. Zwischen der Verpflichtung auf idealistische Normen und der naiven Reproduktion der gegebenen Welt deckt Shakespearesche Theaterillusion die Möglichkeiten des Menschen auf.[79]

Isers Ausführungen sind zum einen im Zusammenhang mit seinen Arbeiten zum Thema ›Nachahmung und Illusion‹[80] zu sehen, sie verweisen zum anderen auf Diskussionen, die seit Henry James über die Funktion des Polyperspektivismus in der erzählenden Literatur geführt werden. Läßt man Isers *Hamlet*-Deutung gelten, dann wäre zu folgern: Bereits in der Shakespeareschen Tragödie wird die Technik der polyperspektivi-

---

[79] Wolfgang Iser, Das Spiel im Spiel: Formen dramatischer Illusion bei Shakespeare, Archiv für das Studium der neueren Sprachen und Literaturen 198 (1961) 226.
[80] Vgl. u.a. Wolfgang Iser, Möglichkeiten der Illusion im historischen Roman, in: H.R. Jauss (Hg.), Nachahmung und Illusion, München ²1969, 135-156.

schen Darstellung benützt, um dem Zuschauer nicht nur eine Vorstellung von den im Menschen verborgenen Möglichkeiten zu vermitteln, sondern in ihm auch das Bewußtsein für die begrenzte Sicht der Wirklichkeit zu wecken, die mit der jeweils gewählten Darstellungstechnik mitgegeben ist.

Daß die strukturanalytischen Untersuchungen in der Shakespeare-Forschung von Henry James mit beeinflußt sind, zeigt auch die *Hamlet*-Interpretation, die Norman N. Holland in seinem Buch *The Shakespearean Imagination* (1964) vorgelegt hat. Er sieht in der Diskrepanz von Wort und Tat, Gedanke und Handlung das strukturelle und thematische Zentrum des gesamten Dramas. Im Helden der Tragödie kommt diese Diskrepanz am intensivsten zum Ausdruck; die übrigen Figuren sind (zum größten Teil) so um den Helden gruppiert, daß sie als ›Reflektoren‹ im Sinne von Henry James verstanden werden können: sie spiegeln einzelne Aspekte seines Charakters. So repräsentiert Fortinbras als Reflektor des Helden den Aspekt des Handelns, Horatio den des Denkens. In ähnlicher Weise sind auch Laertes und Ophelia auf Hamlet bezogen: Während Hamlet über den Racheauftrag nachsinnt, ist bei Laertes die Überlegung dem Willen zur Tat untergeordnet; während Hamlet den Wahnsinnigen spielt, wird Ophelia tatsächlich wahnsinnig und geht daran zugrunde. Als Reflektoren in dem von Holland beschriebenen Sinn fungieren schließlich die Schauspieler und die Totengräber: Verdeutlichen die Schauspieler die Scheinhaftigkeit nicht nur der ästhetischen, sondern auf subtile Weise auch der außerästhetischen Sphäre, so weisen die Totengräber offen und direkt auf die Hinfälligkeit und Scheinhaftigkeit der irdischen Existenz hin: »The end of all action, play action or real action, is death«.[81] Die Gefahr einer Strukturanalyse, wie sie von Holland vorgelegt wurde, liegt darin, daß sie ein Strukturmuster postuliert, aus dem in der anschließenden Interpretation alle Einzelheiten und dabei auch die Unvollkommenheiten des Werkes erklärt werden. Ein solches Muster läßt sich in dieser Deutlichkeit weder im Wortlaut der Dichtung erkennen, noch kann es der Zuschauer bei einer Bühnenaufführung bemerken. Wenngleich Shakespeare sich durchgängig des Prinzips des Kontrastes, der Parallelität und der Polarität bediente, hat er diese Strukturprinzipien in *Hamlet* nicht mehr mit der Strenge gehandhabt wie beispielsweise in *Love's Labour's Lost*.

---

81 Norman N. Holland, The Shakespearean Imagination, New York 1964, 167.

Zur Erörterung der Gesamtstruktur des Werkes trug vor allem jene Richtung der neueren Literaturkritik bei, die sich dem sog. ›myth criticism‹ verpflichtet fühlte. Seit dem Erscheinen von J.G. Frazers umfassender Untersuchung *The Golden Bough* (1890-1915) setzten vielfältige Forschungen ein, die insbesondere in der antiken und mittelalterlichen Literatur das Weiterleben mythischer und ritualistischer Elemente nachzuweisen versuchten; weitreichenden Einfluß hatten insbesondere Jane Ellen Harrisons *Ancient Art and Ritual* (1913), Francis Cornfords *The Origin of Attic Comedy* (1914) und Jessie L. Westons *From Ritual to Romance* (1920). Über das Verhältnis von Ritus und Mythos wurde vielfach gestritten, und der weite Bedeutungsumfang sowie die begrifflich unscharfe Verwendung des Wortes Mythos gab weiteren Anlaß zu Kontroversen innerhalb dieser Forschungsrichtung und zu scharfen Polemiken gegen sie. Dennoch ging von dem ›myth-criticism‹ eine ganz besondere Faszination aus, nicht zuletzt deshalb, weil sich ein Autor wie T.S. Eliot in seinem James-Joyce-Essay für die mythische Methode in der modernen Dichtung aussprach und er weiterhin in den Anmerkungen zu *The Waste Land* bekannte, wieviel er den Büchern von Frazer und Weston verdankte.

In die *Hamlet*-Forschung wurde die Methode des ›myth-criticism‹ (wie sie insbesondere von den ›Cambridge Anthropologists‹ entwickelt worden war) von Gilbert Murray bereits 1914 in seiner ›British Academy Lecture‹ über das Thema *Hamlet and Orestes: A Study in Traditional Types* eingeführt. Der antike Orestes-Mythos und die Hamlet-Saga gehen nach seinen Darlegungen letztlich auf das (über die ganze Welt verbreitete) Ritual des Kampfes zwischen Sommer und Winter, zwischen Leben und Tod zurück. Die Anregungen von Gilbert Murray und den ›Cambridge Anthropologists‹ griff Francis Fergusson in seinem Buch *The Idea of a Theater* (1949) auf, in dem *er Hamlet* vom Orestes- und Oedipus-Mythos her deutet: Die Reinigung des Staates von den Folgen des Verbrechens, das König Claudius beging, und der Opfertod Hamlets sind nach Fergusson »the anagogue, or ultimate meaning«[82] der Tragödie. Dieses zentrale Thema (Fergusson spricht auch von »the ... underlying ›essence‹«[83]) entfaltet sich im Drama in einer Vielzahl von Analogien, etwa in der Analogie des Vater-Sohn-Verhältnisses, die sich bei Hamlet und Laertes abzeichnet. Wenn die Handlung nicht am Modell eines unilinearen, monokausalen *plot*-Schemas gemessen, sondern als ein System von Analogien

---

[82] Francis Fergusson, The Idea of a Theater: A Study of Ten Plays, Princeton 1949, 152.
[83] Ebd., 147.

verstanden wird, und die Personen (im Sinne von Henry James) als ›Reflektoren‹ der übergreifenden Thematik erscheinen, läßt sich nach Fergusson auch die entlegenste Episode in das mythische Grundmuster, von dem er ausgeht, einbeziehen. Die ehedem bestrittene dramatische Einheit des *Hamlet* sieht Fergusson demnach für erwiesen an.

Auch Jan Kott, der in seinem vielzitierten Buch *Shakespeare heute* (1964) die Modernität Shakespeares betont und Hamlet als politisches Stück deutet, geht in seiner *Hamlet*-Interpretation, die in *The Eating of the Gods* (1970) enthalten ist, von einem System der Spiegelungen aus, das er im Anschluß an Studien wie die von Gilbert Murray durch einen Vergleich des *Hamlet* mit antiken Tragödien ermittelt. Der Vorzug der mythischritualistischen Methode für eine Strukturanalyse besteht seines Erachtens darin, daß mit ihrer Hilfe gleichbleibende Elemente herausgearbeitet werden können, die den antiken Tragödien ebenso wie Shakespeares Werk zugrunde liegen, zugleich aber auch die Variation der tradierten Struktur erkennen läßt. Dieser methodische Weg führt zu dem Ergebnis, daß Hamlets Situation in Akt I bis IV derjenigen Elektras gleicht; erst mit dem V. Akt nimmt Shakespeare den Orestes-Mythos auf. Die Variation des Orestes-Mythos liegt in der Lösung des Konfliktes beschlossen; im Gegensatz zu Orestes stirbt Hamlet am Ende der Tragödie, und die besonderen Umstände seines Todes sind nach Kott aus Shakespeares Absicht zu erklären, nicht nur einen Rachezyklus, sondern auch dessen Beendigung darzustellen. Fortinbras besitzt nach der Deutung von Kott innerhalb der Handlung keinerlei dramatische Funktion; sein Auftreten sei letztlich ›ohne eine Rechtfertigung‹.[84]

Einen Versuch, auch Fortinbras' Auftreten als einen integralen Bestandteil des Werkes erscheinen zu lassen, hat Jean Paris in seiner Abhandlung »Les trois mystères de Hamlet« (1953) unternommen. Es entsteht nach Paris ein unzutreffendes Bild vom gesamten Werk, wenn man den Konflikt zwischen dem alten König Hamlet und seinem norwegischen Rivalen, von dem in der ersten Szene des I. Aktes berichtet wird, in der Deutung außer acht läßt. Denn König Hamlet hat Fortinbras, seinen Gegner, getötet und dessen Ländereien annektiert; dies ruft den jungen Fortinbras auf den Plan, der seinen Vater rächen möchte. Der alte Hamlet erscheint in dieser Deutung als der erste Mörder, und es gibt in dieser Tragödie insgesamt drei Söhne: Hamlet, Laertes, Fortinbras, die jeweils ihren Vater zu rächen haben. Die Rachehandlungen sind nicht als mechanische

---

[84] Jan Kott, Orestes, Electra, Hamlet, in: Erzgräber, Hamlet-Interpretationen, 542.

Parallelen aufzufassen; sie stehen vielmehr in einem dialektischen Zusammenhang. Ein mythisches Korrelat für das Verhältnis dieser drei Söhne zueinander glaubt Paris im antiken Mythos von Uranos, Kronos und Zeus zu finden. Der Weg führt im Mythos wie in der Tragödie vom Chaos zur »Freisprechung des Menschen im Kosmos«.[85] Der Gefahr einer ahistorischen Deutung versucht Paris dadurch zu entgehen, daß er die Befunde seiner Strukturanalyse (wie oben schon erwähnt) in eine geistesgeschichtliche Deutung des *Hamlet* einordnet. Sein Verfahren wirkt insgesamt eklektisch, und es bleibt die Frage, ob der Held des *Hamlet* wirklich Fortinbras heißt, wie es Jean Paris seinen Lesern nahelegt. Wenngleich H.D.F. Kitto in seinem Buch *Form and Meaning in Drama* (1956) *Hamlet* ebenfalls vor dem Hintergrund der griechischen Tragödie deutet[86], distanziert er sich von Anfang an von der ›mythisch-ritualistischen‹ Methode, weil er keinerlei Beweise für die These finden kann, daß die griechische Tragödie aus dem Dionysos-Kult und -Ritus zu erklären sei. Die antiken Tragödien, insbesondere ihre Form, sind für Kitto ›Erfindungen‹ der griechischen Dramatiker. Es liegt diesen Werken die Vorstellung einer göttlichen Weltordnung (*dike*) zugrunde, die im Konflikt wie in der Lösung des Konfliktes faßbar wird. In die gleichen Kategorien des religiösen Dramas ist *Hamlet* einzuordnen. Auf die Weltordnung, von der Shakespeare ausgeht, weisen die Stellen hin, an denen von der göttlichen Providenz gesprochen wird. In Frage gestellt wird diese Ordnung durch Claudius, der mit der Ermordung des Königs Hamlet die Königin und deren Sohn, Polonius und dessen Familie und schließlich Rosencrantz und Guildenstern ins Verderben stürzt. Stimmen nach Kitto *Hamlet* und die antiken Tragödien in ihrem religiösen Grundcharakter überein, so unterscheiden sie sich in der Behandlung des Konfliktes zwischen Gut und Böse wie eine gotische Kathedrale von einem griechischen Tempel. Das antike Drama konzentriert sich auf einen speziellen Fall, der in linearer Weise entfaltet wird. Shakespeare dagegen lockert diese Konzentration auf und erfaßt im Einzelfall zugleich eine Vielfalt von Konfliktmöglichkeiten. Kitto deutet zumindest an, daß die Verschiedenheit in der Behandlung des zentralen Konfliktes letztlich im Unterschied zwischen antiker und christlicher Denkweise begründet sein dürfte. Er berührt sich in dieser Beziehung mit der Interpretation Hegels, der

---

[85] Jean Paris, Die drei Rätsel in Hamlet, in: Erzgräber, Hamlet-Interpretationen, 329.
[86] H.D.F. Kitto, Hamlet, in: Erzgräber, Hamlet-Interpretationen, 363-386.

in der Tendenz zur »Breite und Mannigfaltigkeit«[87] ein Charakteristikum der neuzeitlichen Tragödie überhaupt sah.

Bei der übergroßen Konzentration auf ästhetische, historische, philologische und philosophische Fragen, die für die gesamte Shakespeare-Forschung des 20. Jahrhunderts charakteristisch ist, mußte von Zeit zu Zeit daran erinnert werden, daß *Hamlet* ein Bühnenwerk, nicht ein poetisches Lesedrama ist. Für die Aufgabe, *Hamlet* als Theaterstück zu deuten, brachte Harley Granville-Barker die besten Voraussetzungen mit. Als er seine berühmten *Prefaces to Shakespeare*[88] begann, konnte er auf eine zwanzigjährige Erfahrung als Regisseur und Schauspieler zurückblicken. Seine Ausführungen über *Hamlet* sind bis heute für Regisseure und Schauspieler, Literaturwissenschaftler und Theaterhistoriker in gleicher Weise von Bedeutung geblieben. Für ihn ist *Hamlet* ein Stück lebendiges Theater, und sein fortlaufender Kommentar zu diesem Werk geht von der Grundüberzeugung aus, daß ein Drama »characters in action«[89] ist. So ist er primär darauf bedacht darzulegen, was auf der Bühne geschieht und wie das Bühnengeschehen am besten zu inszenieren sei, wenn man sich das Ziel setzt, Shakespeares Intentionen wenigstens nahezukommen und ein Höchstmaß an dramatischer Wirkung zu erzielen. Vom Kriterium der dramatischen Wirksamkeit her nimmt Granville-Barker sowohl zu textlichen Detailfragen wie zur Auffassung der Figuren und des gesamten Stückes Stellung. In gleicher Weise verfährt er auch, wenn er sich über Fragen der Form und Struktur wie etwa die Behandlung von Raum und Zeit äußert.[90] Da die elisabethanische Bühne nur wenig Bühnenrequisiten kannte und an die Konventionen einer naturalistischen Guckkastenbühne nicht gebunden war, konnte Shakespeare die Schauplätze schnell wechseln und im Dialog ständig neue ›Wortkulissen‹ aufbauen. Auch das freie Verfügen über die Zeit ist in dieser Tragödie auf den jeweiligen dramatischen Zusammenhang abgestimmt: Shakespeare setzt weder die Tradition der Anarchie der Zeitangaben seiner Vorgänger fort, noch bindet er sich an ein strenges chronologisches Schema oder an die Regel von der Einheit der Zeit. Er betont die Chronologie der Ereignisse, wo es die dramatische Situation erfordert (etwa in Akt I); er löst sich von der

---

[87] Hegel, Ästhetik, Bd. 2, 573.
[88] Der erste Band von Granville-Barkers Prefaces to Shakespeare erschien 1927.
[89] Harley Granville-Barker, Prefaces to Shakespeare, First published in a single volume, London 1972, 5.
[90] Harley Granville-Barker, Raumstruktur und Zeitstruktur in Shakespeares Hamlet, in: Erzgräber, Hamlet-Interpretationen, 139-150.

Chronologie, wenn er Hamlets Untätigkeit und dessen gestörtes Verhältnis zur Umwelt akzentuieren möchte.[91]

Gleich Granville-Barker geht es auch Rudolf Stamm in seiner vergleichenden Studie zu »Kyds *Spanish Tragedy* und Shakespeares *Hamlet*« (1967; 1975)[92] um eine Ergründung der besonderen »theatralischen Physiognomie« der Tragödie. Er ist darum bemüht, den Text auf Hinweise zu durchsuchen, die Shakespeares dramaturgische Intentionen verraten könnten. Stamm analysiert die ›gestischen Impulse‹, die ›implizierten Gesten‹, die ›Spiegelstellen‹, die berichteten Szenen und schließlich die ›Wortszenerie‹. Wenn es Stamm auch nicht um die vollständige Rekonstruktion einer elisabethanischen Aufführung geht, so können seine Einsichten in Shakespeares Dramaturgie verhindern, daß moderne Schauspieler und Regisseure in absoluter Willkür über den Text verfügen und damit Shakespeares Absichten verfälschen.

Worin die Schwierigkeiten einer modernen *Hamlet*-Inszenierung liegen, hat David William aus persönlicher schauspielerischer Erfahrung geschildert.[93] Weder beim zeitgenössischen Publikum noch bei den Schauspielern kann das gleiche Verhältnis zum Übernatürlichen vorausgesetzt werden, wie es bei Shakespeares Zeitgenossen offenbar noch vorhanden war. Die Inszenierungen der Auftritte des Geistes im I. Akt verfallen daher meist in einen melodramatischen Stil. Dazu kommt, daß beim Publikum des 20. Jahrhunderts der Zugang zu einem angemessenen Verständnis der Tragik des Helden weithin verstellt ist; für klassische Tragödien, die den Untergang eines heroischen Einzelnen darstellen, ist offenbar im Zeitalter der Atombombe und der kollektiven Vernichtung kein Platz. Dennoch möchte William einem Verzicht auf eine Aufführung des *Hamlet* nicht das Wort reden: Er möchte vielmehr die Schwierigkeiten bewußt machen (und verringern), die Regisseure und Schauspieler in einer extremen Anstrengung der darstellerischen Möglichkeiten und das Publikum in seiner Aufnahmebereitschaft zu überwinden haben.

---

[91] Vgl. in diesem Zusammenhang auch Horst Oppel, Die Zeit-Gestaltung in Hamlet, in: Horst Oppel, Shakespeare: Studien zum Werk und zur Welt des Dichters, Heidelberg 1963, 107-132.

[92] Rudolf Stamms Studie erschien zunächst in englischer Fassung unter dem Titel: The Spanish Tragedy and Hamlet, in: The Shaping Powers at Work: Fifteen Essays on Poetic Transmutation, Heidelberg 1967, 11-32. – Eine vom Vf. revidierte Übersetzung aus dem Englischen von Regina Krawschak erschien in: Erzgräber, Hamlet-Interpretationen, 462-487.

[93] Vgl. David William, Hamlet in the Theatre, in: Hamlet, Stratford-upon-Avon Studies 5 (1963), 29-43. – (Vgl. auch Erzgräber, Hamlet-Interpretationen, 404-422)

Gegen die Auffassung, daß *Hamlet* nur »raw material for acting«[94] sei – wie Granville-Barker es formulierte – wandte sich Peter Alexander, der den *Hamlet*-Film (mit Sir Laurence Olivier in der Hauptrolle) zum Anlaß nahm, eine *Hamlet*-Deutung zu widerlegen, die durch das Massenmedium ca. 20 Millionen Menschen nahegebracht wurde. Dem Film wurde als Prolog und Verständnishilfe die Stelle aus I, 4 vorausgeschickt, an der Hamlet von dem ›Naturmal‹ (»mole of nature«) und dem ›Gran von Schlechtem‹ (»the dram of evil«) spricht, das auch den Tugendhaften zugrunde richtet. Eine solche *Hamlet*-Deutung läßt sich auf Bradley und dessen Vorstellung vom »tragic flaw« zurückführen. Hamlet ist nach der Interpretation Peter Alexanders jedoch nicht durch einen tragischen Charakterfehler, sondern durch seine Tugendhaftigkeit *(arete)* und Größe gekennzeichnet. Er ist freilich kein typisierter, idealisierter Heros; in ihm verbinden sich vielmehr heroische Züge einer älteren Kulturepoche mit den humanen Zügen einer jüngeren Phase. Diese ›Verbindung der Gegensätze‹ macht Hamlet zu einem gemischten Charakter im Sinne Montaignes, Pascals und Lessings und erklärt zugleich sein tragisches Scheitern an der Wirklichkeit. Peter Alexanders Buch *Hamlet: Father and Son* (1955)[95] ist als eine Replik auf eine ältere These der Shakespeare-Forschung und auf eine neuere filmische Inszenierung zugleich zu verstehen.

Die Kontroversen zwischen Regisseuren und Literaturwissenschaftlern über *Hamlet* werden ebensowenig zu Ende kommen wie die Kontroversen der Literaturwissenschaftler untereinander. Wenn man *Hamlet* nicht nur auf der Bühne aktualisieren, sondern den im Werk – bewußt oder unbewußt – artikulierten Sinn erschließen will, wird es weiterer Anstrengungen bedürfen, um dieses rätselhafte Werk mit den Methoden der Literaturwissenschaft und der Literaturkritik zu ergründen. Der Versuch, sich gänzlich in Shakespeare und seine Zeit zu versetzen, wird nie gelingen; der historischen Situation, in die der Interpret gestellt ist, kann er sich niemals ganz entziehen. Dennoch ist es ein Unterschied, ob er gegenwärtiges Gedankengut kritiklos in *Hamlet* hineinspiegelt oder ob er eingedenk des eigenen Standortes das Werk zugleich im Zusammenhang mit den ästhetischen, politischen, sozialen, philosophischen und religiösen Vorstellungen des elisabethanischen Zeitalters sieht. Die bisherige *Hamlet*-Forschung hat gezeigt, daß Untersuchungen zu den künstlerischen

---

[94] Harley Granville-Barker, Prefaces to Shakespeare, 27.
[95] Vgl. hierzu auch Peter Alexander, Die Verbindung der Gegensätze, in: Erzgräber: Hamlet-Interpretationen, 337-362.

und weltanschaulichen Überzeugungen der Elisabethaner wenigstens Bedingungen für Shakespeares künstlerisches Schaffen und Voraussetzungen für die interpretatorische Erschließung seines Werkes freilegen können. Es genügt jedoch nicht, das Werk nur als ein Spiegelbild von Anschauungen des elisabethanischen Zeitalters zu deuten. Der ›Sinn‹ des *Hamlet* ist wie der eines jeden Kunstwerkes zugleich an die Formen der künstlerischen Vermittlung – vom Vers und Rhythmus bis zum Dialog und zur Handlung – gebunden und gewinnt durch die Koordination dieser Formen seine einmalige und spezifische Ausprägung. Diesen Formen der Vermittlung und ihrer dramatischen Funktion, d.h. dem Verhältnis von Werk und Publikum dürfte in künftigen Arbeiten zu *Hamlet* die besondere Aufmerksamkeit gelten.

# Shakespeares *Hamlet* als Rachetragödie

I.

Die Rachetragödie gehörte von den 80er Jahren des 16. Jahrhunderts bis zur Schließung der Theater im Jahre 1642 zu den beliebtesten Gattungen auf der englischen Bühne. Das Modell der Rachetragödie lieferte Thomas Kyd mit seiner *Spanish Tragedy* (1582-1592), dem zugleich der nicht erhaltene »Ur-Hamlet« zugeschrieben wird.[1] Die Form der Rachetragödie läßt sich mit Wolfgang Weiß wie folgt charakterisieren:

> Ein Mord, begangen vor oder zu Beginn der Handlung und aus verschiedenen Gründen ungesühnt, wird einem Menschen und zumeist nur ihm zur Kenntnis gebracht, der zum Mordopfer in enger Bindung steht. Dieser Mord erfolgt in einem Kontext, in dem aus den verschiedensten Gründen die Sühne nicht vollzogen werden kann. Dadurch erwächst dem Protagonisten die Verpflichtung, die Gerechtigkeit durch Rache selbst wiederherzustellen. Diese Aufgabe verändert sowohl seine Persönlichkeit wie auch seine Beziehung zur Umwelt. Das Racheproblem kann seine seelische Struktur und moralische Urteilsfähigkeit bis zum Wahnsinn zeitweilig deformieren oder ganz zerstören, weil der Racheauftrag innerhalb eines Normenhorizonts erteilt und übernommen wird, in der die Blutrache nicht mehr unbestrittener Bestandteil des sozialen Verhaltenskodex ist.[2]

Bei der Ausarbeitung der Form der Rachetragödie schloß sich Thomas Kyd an Seneca an, dessen Tragödien in der Mitte des 16. Jahrhunderts, u.a. von Thomas Heywood, ins Englische übersetzt wurden. Sophokles und Euripides blieben für die Engländer trotz eifriger Bemühungen der Humanisten im Hintergrund[3], während der bereits im Mittelalter wegen seiner Sentenzen gelesene Seneca auch im 16. Jahrhundert von Interesse war, weil die Autoren, meist rhetorisch-juristisch geschult, an seiner Sprache Gefallen fanden, bei ihm studieren konnten, wie ein Drama gebaut werden kann, und weil die Charaktergestaltung und die Thematik dem Geschmack und der geistigen Einstellung des Publikums im 16. Jahrhundert entgegen kamen.

---

[1] Vgl. Fredson Thayer Bowers, Elizabethan Revenge Tragedy 1587-1642, Princeton, N.J., 1940; 2., unveränderte Aufl., Gloucester, Mass., 1959, 85-98.
[2] Wolfgang Weiß, Das Drama der Shakespeare-Zeit: Versuch einer Beschreibung, Stuttgart/Berlin/Köln/Mainz 1979, 151-152.
[3] Vgl. Christian W. Thomsen, Von den Interludien bis zu Marlowes Tod, in: Das englische Drama, Josefa Nünning (Hg.), Darmstadt 1973, 80.

Die Tragödie ist für Seneca ein Werk, in dem »die Schuld tyrannischen Handelns«[4] aufgezeigt wird, in dem Machtmenschen vorgeführt werden, deren zügellose Leidenschaften und selbstherrliches Handeln Ausdruck einer Willensdynamik sind, in der Menschen des 16. Jahrhunderts sich selbst zu erkennen schienen. Seneca gab nicht nur Beispiele für die Psychologie des Machtmenschen, sondern er lehrte Dramatiker wie Thomas Kyd auch, was solche Charaktere in bestimmten Situationen zu sagen, wie sie sich sprachlich zu artikulieren hatten. Ihr hyperbolisch-bombastischer Stil (der im 16. Jahrhundert bald auch zu Parodien herausforderte) war das sprachliche Merkmal für die angespannte Willensdynamik, mit der Frevler und Rächer zugleich zu Werke gingen.

Um die Handlung in Gang zu bringen, ließ Thomas Kyd in Anlehnung an Seneca einen Geist, den Geist des ermordeten Don Andrea, auf der Bühne erscheinen. Er wurde damit beispielhaft für die folgenden Rachetragödien, in denen das Auftreten eines Geistes ein obligatorischer Bestandteil ist. »... the typical tragedy of the day was not only full of murders and broils, but was also a revenge play with a ghost«.[5] Weiterhin benutzte er das Mittel des Spieles im Spiel, das vor höfischem Publikum aufgeführt wird, das mit notwendigen Abweichungen die tatsächlichen Geschehnisse spiegelt und nicht nur die Schuldigen entlarvt, sondern an ihnen Gerechtigkeit, die Rache vollzieht. Schließlich werden mit der rächenden Ermordung der Schuldigen die Rächer ihrerseits des Mordes schuldig, sie stellen sich mit den Personen, an denen sie Rache vollziehen, auf eine Stufe und müssen deshalb selbst ihre Rachetat mit dem Leben büßen. Die Rachetragödien sind deshalb auch »Tragödien der Gerechtigkeit«[6] genannt worden.

## II.

Als Shakespeare Kyds *Ur-Hamlet* übernahm, überarbeitete er einen Stoff, der bereits eine längere Vorgeschichte hatte. Der Ausgangspunkt ist eine skandinavische Erzählung, die den Konflikt zweier Brüder darstellt: Feng tötet Horwendil und heiratet Gerutha, deren Sohn Amleth Wahnsinn vortäuscht, um seinen Vater rächen zu können. Aus der mündlichen

---

[4] Karl Büchner, Römische Literaturgeschichte: Ihre Grundzüge in interpretierender Darstellung, 2., unveränderte Aufl., Stuttgart 1959, 428.
[5] Ashley H. Thorndike, The Relations of Hamlet to Contemporary Revenge Plays, PMLA 17 (1902), 129.
[6] Weiß, 148.

Tradition wanderte dieser Stoff in die schriftliche, als er 1185 von Saxo Grammaticus in dessen *Historia Danica* aufgezeichnet wurde. Rache ist in dieser Urfassung ein Gebot der germanischen Kriegerethik; sie ist »allgemein anerkannter Brauch«[7]. Bei François de Belleforest, der den Hamlet-Stoff in seine *Histoires Tragiques* aufnahm, wird die Rache in eine neue Perspektive gerückt: Aus christlicher Sicht erscheint die Rache als eine Strafe Gottes, Amleth ist das Instrument, dessen sich der rächende Gott bedient. »Mein ist die Rache, spricht der Herr« (Römer 12, 19) – dieses Wort aus dem Neuen Testament erscheint bereits in *The Spanish Tragedy* als Leitmotiv.

> »Die Motivierung der Rache ist bei Belleforest sorgfältig ausgearbeitet: Amleth hat als der rechtmäßige Thronerbe das Recht, den Mörder seines Vaters, der durch den Mord zum Usurpator und damit zum Verräter an seinem Lehnsherrn, nämlich dem Thronfolger, wird, nach feudalem Lehnsrecht als hochverräterischen Vasallen mit dem Tode zu bestrafen«.[8]

Heidnische und christliche, mittelalterliche und neuzeitliche, skandinavische und romanische Vorstellungen überlagern sich in diesem Stoff, den Shakespeare wiederum nach einer eigenen Konzeption umformte. Seine Umformung sei nach zwei Haupt-Gesichtspunkten analysiert: nach der Funktion des Geistes und nach der Durchführung der Rache.

III.

Der Interpretation des Auftrittes von Hamlets Vater als Geist (im ersten Akt der Tragödie) ist eine grundsätzliche Bemerkung über den Geisterglauben im 16. Jahrhundert vorauszuschicken. Wie John Dover Wilson in seinem Buch *What Happens in Hamlet* [9] gezeigt hat, lassen sich in der Literatur zu Geister- und Dämonenglauben im 16. Jahrhundert grundsätzlich drei Positionen unterscheiden:

(1) Die katholische Lehre sah in den Geistern die Seelen von Verstorbenen, denen es gestattet wurde, aus dem Purgatorio zur Erfüllung einer bestimmten Aufgabe zur Erde zurückzukehren.

---

[7] Helmut Viebrock, Shakespeares ›Hamlet‹: Die Tragödie des Gewissens, Wiesbaden 1967, 13.
[8] Viebrock, 12.
[9] J. Dover Wilson, What Happens in Hamlet, Cambridge 1935, 51-86. Eine Übersetzung des Kapitels ›Ghost or Devil?‹ findet sich in: W. Erzgräber (Hg.), Hamlet-Interpretationen, Darmstadt 1977, 94-126.

(2) Da nach protestantischer Lehre der Glaube an das Fegefeuer wegfiel, mußte die verbreitete, vor allem durch volkstümlichen Aberglauben gestützte Auffassung von Geistern neu gedeutet werden. Die Geister wurden nun eindeutig negativ ausgelegt; es waren diabolische Gestalten, die den Menschen, dem sie erschienen, zu täuschen, zu verführen und zu verderben suchten; um dies bewirken zu können, nahmen sie die Gestalt von Freunden und Verwandten an. Diese Auffassung wurde von King James I, dem Nachfolger Elisabeths auf dem englischen Thron, vertreten, der 1597 ein Buch mit dem Titel *Daemonologie* publizierte.

(3) Die dritte Richtung kann die skeptisch-kritische genannt werden; sie fand in Reginald Scots Buch *Discoverie of Witchcraft* (1584) und dem dazugehörigen *Discourse upon Diuels and Spirits* ihren Niederschlag: »Erscheinungen sind« – nach Scot – »entweder Illusionen melancholischer Gemüter oder schlicht und einfach Gaunereien eines Schurken«[10]. Wie stark dieses Buch wirkte, geht daraus hervor, daß es vom Henker öffentlich verbrannt wurde, weil es – wie man meinte – eine Irrlehre verbreitete. Noch im 17. Jahrhundert galten Autoren wie Reginald Scot als Atheisten.

Interpretation und Beurteilung des Geistes haben ihre Konsequenzen für unser Urteil über Hamlet und auch über seinen Gegenspieler, den König. Folgende Fragen lassen sich leitmotivisch durch die Hamlet-Forschung des 20. Jahrhunderts verfolgen: Ist der Geist ein Bote Gottes, der an eine heilige Pflicht, »a sacred duty«, erinnert und der Hamlet ein »Gebot«, »commandment«, wie es im Stück selbst heißt, auferlegt?[11] Hat dieses Gebot unbedingte Gültigkeit? Wenn ja, dann läßt sich an der Verwirklichung und Erfüllung des Auftrags Hamlets Größe oder Schwäche ablesen. Als Beispiel für eine positive Interpretation von Geist und Protagonisten sei aus Hans H. Glunz' Monographie *Der ›Hamlet‹ Shakespeares* nur folgende Stelle zitiert:

> Der Befehl des Geistes besagt eben dies, daß Hamlet nicht bloß ahnen und dem vergangenen Alter größerer Herrlichkeit nachtrauern, daß er den Abfall und seine Ursache, den Mord, nicht nur wissen soll, sondern daß er den früheren Zustand lebendig und zum aktiven Besitz machen muß, erst für sich

---

[10] John Dover Wilson, ›Geist oder Teufel?‹, in: Erzgräber, Hamlet-Interpretationen, 105.
[11] Vgl. in diesem Zusammenhang Peter Mercer, ›Hamlet‹ and the Acting of Revenge, London 1987.

selbst, dann durch die Tat auch für das Land, die Welt und den geistigen Raum menschlichen Daseins.[12]

Im Gegensatz dazu steht das viel zitierte Buch von Eleanor Prosser, ›Hamlet‹ and Revenge[13], wo die These vertreten wird, daß der Geist keinen göttlichen Auftrag vermittelt; er gleicht dem *Vice* der Moralitätenbühne, und Hamlet wird das Opfer eines diabolischen Blendwerks.

Schließlich wird der Geist als ein komplexes Wesen gesehen, das Forderungen artikuliert, die aus dem aristokratischen Ethos der Renaissance und der aus dem Mittelalter überlieferten christlichen Morallehre abgeleitet werden können. Diese Verbindung, dieses Nebeneinander zweier Moralsysteme ist nach Patrick Cruttwells Aufsatz »The Morality of Hamlet – ›Sweet Prince‹ or ›Arrant Knave‹?«[14] kein listiges Machwerk eines Versuchers, sondern eine Synthese geistiger Einstellungen, die sich geschichtlich herausgebildet hatten und deren Tragfähigkeit oder Brüchigkeit im Rachedrama der elisabethanischen Zeit gleichsam spielerisch getestet wurde.

Um zu dieser Problematik Stellung nehmen zu können, ist die dramatische Gestaltung der Geistererscheinung im Text erneut zu befragen. Es fällt auf, daß Shakespeare den Auftritt des Geistes in einer überaus differenzierten Weise darbietet:

(a) Zunächst erscheint der Geist den wachhabenden Soldaten, die Horatio mit ins Vertrauen ziehen.

(b) Horatio wird selbst Augenzeuge des Geschehens, und

(c) er berichtet anschließend Hamlet von seinem Erlebnis.

(d) Hamlet erwartet den Geist mit seinen Freunden.

(e) Schließlich spricht er allein mit dem Geist und läßt seine Freunde schwören, nichts von diesem nächtlichen Geschehen zu berichten.

An den Reaktionen der verschiedenen Personen auf die Geistererscheinung läßt sich nicht nur die unterschiedliche Mentalität der einzelnen

---
12 Hans H. Glunz, Der ›Hamlet‹ Shakespeares, Frankfurt a.M. 1940, 37.
13 Eleanor Prosser, ›Hamlet‹ and Revenge, Stanford, Cal., 1967, ²1971.
14 Patrick Cruttwell, The Morality of Hamlet – ›Sweet Prince‹ or ›Arrant Knave‹?, in: Hamlet, Stratford-upon-Avon Studies, Bd. 5, London 1963, 110-128.

Charaktere ablesen; es zeigt sich nicht nur, daß alle Auffassungen von Geistererscheinungen, die nach John Dover Wilson im elisabethanischen Zeitalter bekannt waren, bei den Soldaten, bei Horatio und bei Hamlet nachgewiesen werden können, sondern daß sie auch mit mancherlei Elementen aus dem Volksaberglauben verknüpft sind, und schließlich, daß ein und dieselbe Person in ihren Urteilen schwankend ist. Es werden Vermutungen ausgesprochen, die je nach Stimmung wieder umgestoßen werden können. Auf diese Weise gewinnt die Wirklichkeit, die sich mit der Geistererscheinung eröffnet und an die höfische Wirklichkeit angrenzt, einen vielschichtigen, aber auch einen unscharfen Charakter. Dies gilt nicht nur für dieses besondere Phänomen der Geistererscheinung, sondern für die gesamte Wirklichkeit, die Shakespeare in dieser Tragödie präsentiert. An die Stelle fester Überzeugungen, wie man sie im mittelalterlichen Drama, insbesondere den Moralitäten des 15. Jahrhunderts erwarten konnte, ist der Zweifel einer neuen Epoche getreten. Alle Erscheinungen werden in Frage gestellt; es ist kein Zufall, daß das Drama mit einer Frage, dem Ausruf der Wache beginnt: »Who's there?« (I, 1, 1)[15], daß der Geist in einer fragwürdigen Gestalt, »... a questionable shape« (I, 4, 43), erscheint und Hamlet in seinem berühmten Monolog mit der Beantwortung der Frage ringt, welches die edlere Art zu leben sei.

Im Gespräch zwischen Horatio, Marcellus und Barnardo dominiert zunächst die kritisch-skeptische Haltung einer Geistererscheinung gegenüber; sie wird von Horatio, dem Freund Hamlets, vertreten, der mit ihm in Wittenberg studiert.

Für Horatio ist der Geist ein Phantasieprodukt; es geht ihm darum, den Glauben, die Überzeugungen, die er von der Realität hat, kritisch abzusichern. Deshalb ist der Geist für Horatio zunächst nur »... this thing ...« (I, 1, 24). Marcellus dagegen, der den Geist beobachtet hat, spricht von »... this dreaded sight ...« (I, 1, 28) und »... this apparition ...« (I, 1, 31). Der Auftritt des Geistes beseitigt sogleich alle Zweifel des Horatio, zumal die äußere Gestalt des Geistes für ihn vertrauenerweckend ist. Barnardo weist als erster auf die königliche Gestalt der Erscheinung hin (vgl. »In the same figure like the King that's dead« und »Looks a not like the King? ...« I, 1, 44 und 46). Horatio muß diesen Eindruck bestätigen, er verbindet damit aber zugleich die Frage nach dem Wesen, nach der Natur des Geistes; ein Sinneseindruck allein genügt ihm nicht:

---

15   Alle Hamlet-Zitate nach folgender Ausgabe: William Shakespeare, Hamlet, Harold Jenkins (ed.), The Arden Edition of the Works of William Shakespeare, London/New York 1982.

> What art thou that usurp't this time of night,
> Together with that fair and warlike form
> In which the majesty of buried Denmark
> Did sometimes march? ...
> (I, 1, 49-52)

Die majestätische Gestalt des Geistes ist bemerkenswert: er ist kein Gespenst, halb vermodert, dem Grabe entstiegen und häßlich und furchterregend anzuschauen. Die äußere Form wird vielmehr »fair and warlike« genannt. Mit dem Wort »fair« ist nicht nur die äußere Schönheit bezeichnet, in »fair« klingt zugleich eine moralische Bedeutung an, vergleichbar der Verwendungsweise des Wortes zu Beginn des *Macbeth*: »Fair is foul, and foul is fair« (I, 1, 11). Dazu steht wiederum das Attribut »warlike« im Kontrast: der Geist ist allein von dieser Charakterisierung her gesehen ambivalent; er verweist auf Gutes und Schönes und Zerstörerisches zugleich.

Nach dem Verschwinden der Erscheinung muß Horatio gestehen, daß er dem Augenschein, »... the sensible and true avouch /Of mine own eyes ...« (I, 1, 60-61), traut, daß alle Einzelheiten an den ehemaligen König erinnern. Durch die wiederholte detaillierte Beschreibung wird der Geist immer mehr aus dem Bereich des Unwirklichen und Überwirklichen in die empirische Realität einbezogen, in der die Menschen glauben, mit Hilfe ihrer Sinne und ihres Verstandes verläßliche Orientierung finden zu können.

Im Sinne einer vernünftig-deutenden Weltorientierung versucht Horatio die Erscheinung des Geistes auszulegen. Er sieht im Geist eine Prophezeiung kommenden Unheils für den Staat: »This bodes some strange eruption to our state« (I, 1, 72). Details für diese These kann Marcellus mit seinem Bericht über die vielfältigen Kriegsvorbereitungen im Lande liefern, Horatio stimmt in diese politisch-militärische Deutung mit ein, wenn er von den politischen Spannungen zwischen Dänemark und Norwegen, dem alten König Hamlet und König Fortinbras sowie von dem jungen Fortinbras berichtet, der zurückerobern möchte, was sein Vater verlor. Schließlich beruft sich der klassisch gebildete Horatio auf die römische Geschichte, auf die verschiedenen Vorzeichen, die dem Fall des Julius Caesar vorausgingen. Horatio vertraut also zugleich dem Zeugnis, das Historiker über vergangene Ereignisse ablegen, und er ist unmittelbar vor dem zweiten Auftritt des Geistes bereits der Überzeugung, daß Himmel und Erde zusammenwirken, um den Zeitgenossen Warnungen zukommen zu lassen. Bemerkenswert ist: er spricht von »... heaven and

earth ...« (I, 1, 127), d.h. er läßt die Hölle, den Bereich des Bösen, in seiner Deutung völlig außer acht; nach der These von Eleanor Prosser hätte Horatio zumindest die Möglichkeit einer diabolischen Täuschung anklingen lassen müssen.
Als der Geist zum zweiten Mal erscheint, versucht Horatio ihn erneut zum Reden zu bringen. Bemerkenswert ist die Art, in der er den Geist anspricht:
(a) Der Imperativ »... Stay, illusion« (I, 1, 130) erinnert an seine ursprünglich skeptische Einstellung gegenüber den Geistern.
(b) Die folgenden vier »if«-Sätze:
»If thou hast any sound or use of voice« (I, 1, 131);
»If there be any good thing to be done« (I, 1, 133);
»If thou art privy to thy country's fate« (I, 1, 136);
»Or if thou hast uphoarded in thy life /Extorted treasure ...« (I, 1, 139-140) — weisen auf die verschiedenen Möglichkeiten hin, die Natur und die Funktion der Geistererscheinung zu erklären. Als Marcellus nach dem erneuten Verschwinden des Geistes eine religiöse Deutung ins Spiel bringt und davon spricht, daß sich in der Zeit, in der die Geburt des Heilands gefeiert wird, keine Geister regen dürfen, bezieht sich Horatio wiederum auf die mündliche Tradition, grenzt deren Wert- und Geltungsbereich aber entsprechend seiner skeptischen Haltung ein: »So have I heard and do in part believe it« (I, 1, 170).
In dem Bericht, den Horatio in der anschließenden Szene Hamlet gibt, zeichnet er in allen Details das Bild der Geistererscheinung aus: an der Identität der äußeren Erscheinung mit dem Erscheinungsbild von Hamlets Vater, das in seiner Erinnerung lebendig blieb, vermag er nicht zu zweifeln. Der inquisitorische Dialog, der sich sodann zwischen Hamlet und Horatio abspielt, bekräftigt die Glaubwürdigkeit des Berichtes und veranlaßt Hamlet zu einem schnellen Entschluß: »... I will watch tonight« (I, 2, 242).

IV.

Um die Reaktion Hamlets auf die Nachricht von der Geistererscheinung und auf die Begegnung mit dem Geist richtig einzuordnen, bedarf es einer kurzen Charakterisierung seines ersten Auftretens in der Hofratsszene (I, 2). Hamlet erscheint zunächst in der Haltung eines Sohnes, der im Übermaß über den Tod seines Vaters trauert; auf die Frage der Mutter: »Why seems it so particular with thee?« (I, 2, 75), entgegnet er entschieden: »Seems, madam? Nay, it is. I know not ›seems‹« (I, 2, 76). Hier stoßen zwei Welten aufeinander: der Schein, die höfische Scheinwirklichkeit, in der jeder seine Rolle spielt und in der jedem vom König eine Rolle zugeschrieben wird, und das Sein, zu dem sich Hamlet bekennt, d.h. die Wahrheit, für die er innerlich eintritt, der er sich kompromißlos unterstellt: »But I have that within which passes show« (I, 2, 85). Was ihn innerlich zutiefst getroffen hat, ist freilich nicht nur der Tod des Vaters, sondern mehr die schnelle Hochzeit seiner Mutter mit seinem Onkel, eine Ehe, die er in Übereinstimmung mit zeitgenössischen Auffassungen als Inzest deutet; vgl. I, 2, 157: »... incestuous sheets«. Daher befürchtet er, daß der Geist ihm Aufschluß über ein übles Ränkespiel zu vermitteln hat: »I doubt some foul play ...« (I, 2, 256); das Verbum »doubt« hat hier die Bedeutung »befürchten«, »vermuten«, und das Adjektiv »foul«, das sogleich in der Wendung »... Foul deeds will rise« (I, 2, 257) noch einmal aufgenommen wird, ist das Antonym zu »fair«, das Horatio verwendete. Auffällig ist, daß im Kreise der Freunde und Soldaten nirgendwo die Vermutung geäußert wird, die Geistererscheinung könne mit dem Verhalten des jetzigen Königs und der Königin in Zusammenhang stehen. Sie sind ganz mit dem militärischen Geschehen und möglichen kriegerischen Gefahren befaßt; Hamlet dagegen ist von Vorahnungen erfüllt, die sich aus seiner persönlichen Situation ergeben und die in einer für ihn geradezu niederschmetternden Weise bestätigt werden, als der Vater in der Gestalt des Geistes erscheint und dem Sohn berichtet, wie er ums Leben kam.

Als der Geist zum ersten Mal erscheint, lassen die Worte Hamlets erkennen, daß für ihn Herkunft und Natur des Geistes nicht eindeutig festlegbar sind:

> Be thou a spirit of health or goblin damn'd,
> Bring with thee airs from heaven or blasts from hell,
> Be thy intents wicked or charitable, ...
> (I, 4, 40-42)

Hamlet schwankt, ob der Geist gut oder böse, ein Abgesandter des Himmels oder der Hölle ist; daß dieser Geist die Gestalt des Vaters annahm, bleibt zunächst von untergeordneter Bedeutung. Erst in einem zweiten Gedankengang setzt er die These: »... I'll call thee Hamlet, /King, father, royal Dane ...« (I, 4, 44-45); er verleiht ihm aufgrund der äußeren Erscheinung eine Identität, die es ihm erlaubt, in einen Dialog einzutreten und auf die Worte des Geistes sinnvoll zu reagieren. Bemer-

kenswert ist, daß Hamlet in dem Geist den Übermittler eines Auftrages sieht, *ehe* der Geist überhaupt ein Wort gesprochen hat: »... What should we do?« (I, 4, 57).
In der fünften Szene des ersten Aktes übermittelt der Geist des Vaters genaue Informationen über die Art, wie er von Claudius getötet wurde, und er entwickelt daraus den Auftrag, den Hamlet erfüllen sollte. Nur wenige Zeilen seien aus diesem Dialog herausgegriffen:

> *Ghost.* Revenge his foul and most unnatural murder.
> *Ham.* Murder!
> *Ghost.* Murder most foul, as in the best it is,
> But this most foul, strange and unnatural.
> (I, 5, 25-28)

Der Mord am König ist ein Eingriff in die Wertordnung, auf die sich Shakespeare nicht nur in dieser, sondern in allen seinen Tragödien bezieht. Darauf verweist der Begriff »foul« und in einer besonderen Weise das Wort »unnatural«: es bezeichnet nicht nur das Verhalten, das sich »natürlicherweise« bei Menschen, die miteinander verwandt sind, geziemt. Mit »nature« und »natural« verweist Shakespeare im ethischen Bereich auf die *lex naturalis*, die – wie auch Richard Hooker in seinen *Laws of Ecclesiastical Polity* noch lehrte – dem Menschen eigen ist, die ihm ein Wissen von Gut und Böse vermittelt und auf der das geordnete Zusammenleben der Menschen aufgebaut ist.[16]

Gegen dieses Gesetz und die Geboteordnung, die in diesem Gesetz gründet, verstieß Claudius mit der Ermordung des Königs, aber auch die Mutter mit ihren ehebrecherischen Beziehungen zu Claudius vor der Ermordung des Königs, wovon Hamlet durch den Bericht des Geistes erfährt; vgl. I, 5, 42: »Ay, that incestuous, that adulterate beast« und I, 5, 46: »... my most seeming-virtuous queen«. Wenn der Geist zu Hamlet gewandt sagt: »If thou has nature in thee, bear it not« (I, 5, 81), dann bedeutet dies: wenn in dir die Stimme der *lex naturalis* lebendig ist, dulde dies nicht, räche mich: »Revenge his foul and most unnatural murder« (I, 5, 25). Aber der Geist verbindet damit noch ein zweites und ein drittes Gebot:

> Taint not thy mind nor let thy soul contrive
> Against thy mother aught. Leave her to heaven, ...
> (I, 5, 85-86).

---

[16] Vgl. hierzu die Abhandlung ›Natur bei Shakespeare‹, S. 543-566 dieses Bandes.

Der Gang der Handlung zeigt, daß die Forderung »Taint not thy mind« nicht zu erfüllen ist. Mit dem Vollzug des Rachegebots löscht Hamlet eine ganze Familie aus, Polonius, Laertes und Ophelia, und dazu schickt er Rosenkrantz und Guildenstern mit einer List heimtückisch in den Tod. Und schließlich schont er auch seine Mutter nicht; »I will speak daggers to her, but use none« (III, 2, 387), stellt Hamlet am Ende der zweiten Szene des dritten Aktes fest: Insofern er ihr mit Worten zusetzt, ist er grausam; insofern er sie nicht – wie Orestes Klytämnestra – ermordet, verstößt er *nicht* gegen die *lex naturalis*. Deshalb kann er im gleichen Zusammenhang feststellen: »Let me be cruel, not unnatural« (III, 2, 386).

Kehren wir zum ersten Akt zurück: Die Forderungen des Geistes erscheinen für sich genommen plausibel, zusammengenommen unerfüllbar. Weiterhin: Der Geist kann nicht als Bote verstanden werden, der *nur* das Prinzip der absoluten (göttlichen) Wahrheit zu vertreten und zu vermitteln hat. Mit dem Rachegebot erweist er sich als Vertreter eines in der elisabethanischen Zeit nachweisbaren Ethos. Helmut Viebrock hat auf eine Bemerkung von Sir William Segar hingewiesen, die sich in dessen *Book of Honor and Armes* (London 1590) findet: »vertue alloweth just revenge«[17]. Shakespeare hat sicherlich mit Absicht den Geist in einer Gestalt auftreten lassen, die eine solche Forderung plausibel macht. So wie der König mit allen äußeren Attributen des weltlich-aristokratischen Herrschers auftritt, gebietet er dem Sohn, was aristokratischer Denkart entsprach. Der Zusatz, der das Verhalten gegenüber der Mutter festlegt, zeigt, daß Shakespeare den Geist mit dem Rachegebot nicht gänzlich in eine heroisch-archaische Mentalität versetzen wollte; christlich-religiöse Motive sind für ihn ebenso von Belang wie die säkulare Forderung nach Wiederherstellung der gerechten Ordnung im Staat. Hamlet begreift sehr bald, daß er damit vor eine unlösbare Aufgabe gestellt wurde; der erste Akt schließt mit der Feststellung:

> The time is out of joint. O cursed spite,
> That ever I was born to set it right.
> (I, 5, 196-197)

Hamlets unmittelbare Reaktion auf die Geistererscheinung zeigt, daß er ohne jeglichen Vorbehalt bereit ist, sich dem Rachegebot zu unterstellen:

---

[17] Zitiert bei Viebrock, 15.

> And thy commandment all alone shall live
> Within the book and volume of my brain,
> Unmix'd with baser matter ...
> (I, 5, 102-104)

Er setzt absolutes Vertrauen in den Geist: »It is an honest ghost, that let me tell you« (I, 5, 144). Schließlich deutet er auch auf das Verhalten, das er künftig zeigen wird, um seinen Racheplan durchzuführen:

> ... I perchance hereafter shall think meet
> To put an antic disposition on – ...
> (I, 5, 179-180)

Er wird sich verstellen und sein wahres Sein hinter einer gespielten Maske verbergen. Damit aber läßt er sich – ohne dies zunächst zu überblicken – auf eine Existenzweise ein, der sich seine Gegner, der König und die Königin, auf ihre Weise verschrieben haben: der Schein verdeckt das wahre Sein. Hierin liegt bereits der Ansatz für Hamlets tragisches Scheitern.

## V.

Die Problematik, mit der sich Hamlet in seiner Bereitschaft zur Rache konfrontiert sieht, besteht darin, daß er sich mit seiner ganzen Existenz in die Rolle des Rächers hineinzwingen mußte. Dagegen steht die Komplexität seines Charakters, er ist »courtier«, »soldier«, »scholar« (vgl. III, 1, 153) zugleich; er ist mit einer höchst differenzierten Sensibilität begabt, die sich in theoretisch-philosophischer Meditation ebenso bekundet wie in praktisch-moralischer Reflexion. Denken und Handeln stehen bei ihm in ständigem Wechselbezug, wiewohl immer wieder spontane Reaktionen erfolgen, die ihn durchaus als begabt zur Durchführung des von dem Geist aufgetragenen Rachewerkes erscheinen lassen.

Hamlets Monolog im dritten Akt dokumentiert diese Problematik des Helden. Zu Beginn stellt er modellhaft die beiden Existenzmöglichkeiten gegenüber:

> To be, or not to be, that is the question:
> Whether 'tis nobler in the mind to suffer
> The slings and arrows of outrageous fortune,
> Or to take arms against a sea of troubles
> And by opposing end them ...
> (III, 1, 56-60)

Die beiden Möglichkeiten, über die er zu entscheiden hat, sind: (a) tapfer geduldiges Ausharren (dem entspricht der ständige Hinweis auf »patience« in der *Spanish Tragedy*); (b) mutiger Widerstand gegen alle Widrigkeiten, denen die Fortuna die Menschen aussetzt. Widerstand heißt aber zugleich Selbstvernichtung. Die Wendung »by opposing end them« bedeutet nicht, daß die Widrigkeiten aus der Welt geschafft werden, sondern daß sie in demjenigen, der an ihnen leidet, ein Ende finden. In diesem Sinne kommentiert der Herausgeber der Arden-Edition: »Not by overcoming them but (paradoxically) by being overcome by them«[18].
Daher folgt mit innerer Notwendigkeit nach diesem Auftakt eine Reflexion über das Sterben – und damit über ein Leben nach dem Tod, insbesondere nach einem Tod, den der Handelnde selbst herbeigeführt hat. Der innere Widerstand, der nach Hamlet den Menschen daran hindert, zu handeln und dabei den Untergang zu finden, wird mit dem Wort »conscience« belegt. August Wilhelm Schlegel übersetzte die Zeile »Thus conscience does make cowards of us all« (III, 1, 83) mit: »So macht Gewissen Feige aus uns allen«; L.L. Schücking emendierte in: »So macht Bewußtsein Feige aus uns allen«[19]. Diese Übersetzung verengt die Bedeutung des englischen Wortes »conscience«, liest es im Sinne des modernen »consciousness« und macht aus den ethischen Problemen der Rache und des Selbstmordes ein rein psychologisches Problem. Ich möchte angesichts der vielfältigen Interpretationsversuche, »conscience« als ›Gewissen‹ und ›Wertbewußtsein‹ zugleich deuten; so wie in dem scholastischen Begriff »conscientia« die Bedeutung von »synteresis« und »conscientia« zusammenfielen, ist auch im englischen »conscience« bereits in mittelenglischer Zeit diese doppelte Bedeutung anzutreffen: (a) Synteresis = »eine Art Wissen [...], die Erkenntnis der höchsten Grundsätze des sittlichen Denkens und Handelns«[20] und (b) Conscientia = die Anwendung dieses Wissens auf den Einzelfall[21]. Daß Shakespeares »conscience« im Sinne der Synteresis intellektualistisch ist, belegen die beiden folgenden Zeilen:

---

[18] Shakespeare, Hamlet, Jenkins (ed.), 278, Anm. 60.
[19] William Shakespeare, Hamlet, Englisch und deutsch, hg. von L.L. Schücking, Leipzig 1941, 157.
[20] Michael Wittmann, Die Ethik des Hl. Thomas von Aquin: In ihrem systematischen Aufbau dargestellt und in ihren geschichtlichen, besonders in den antiken Quellen erforscht, München 1933, 273.
[21] Vgl. die Abhandlung ›William Langlands Piers Plowman im Lichte der mittelalterlichen Philosophie‹, S. 107-128 dieses Bandes. – Zur Bedeutung des Begriffes »conscience« bei Shakespeare vgl. auch Catherine Belsey, The Case of Hamlet's Conscience, Studies in Philology, Bd. 76 (1979), 127-148.

> And thus the native hue of resolution
> Is sicklied o'er with the pale cast of thought.
> (III, 1, 84-85)

Da »conscience« gegen die Verfahrensweise der aktiven Bekämpfung der Übel dieser Welt in Form der Rache ihre Stimme erhebt, bedarf es immer wieder der Anstöße von außen, wenn Hamlet sein Rachewerk ernsthaft vorantreiben möchte. Ein solcher Anstoß wird durch die Schauspieler geliefert. Das Drama, das einen Rächer porträtiert, gibt Hamlet die Rolle und die Sprache vor, die er sich zu eigen machen sollte, wenn er ernsthaft als Rächer auftreten will. Die gespielte Rolle dient dazu, ihn zu provozieren, *seine* Rolle zu spielen.

Die berühmte Troja-Rede des ersten Schauspielers ist ein Musterbeispiel für den hyperbolisch-bombastischen Stil einer Rache-Tragödie, Pyrrhus ist das Modell eines Rächers, und es ist nicht überraschend, daß Hamlet unmittelbar nach dem Abschied der Schauspieler den Unterschied zwischen der Art, in der sich der erste Schauspieler mit seiner Rächer-Rolle identifiziert, und der Weise, wie er selbst mit dem Rache-Auftrag umgeht, beklagt: »O what a rogue and peasant slave am I!« (II, 2, 544). Obwohl Hamlet sich noch nicht völlig in einen Rächer verwandelt hat, verwendet er wenigstens die Sprache, deren sich seit Kyds *Spanish Tragedy* Rächer auf der Bühne bedienten und deutet damit indirekt an, daß er mit allem gespielten Wahnsinn in der Erfahrungswirklichkeit, in einer politisch-historischen Realität steht, von der der ästhetische Schein – aus seiner Perspektive gesehen – zu unterscheiden ist. Deshalb läßt Shakespeare seinen Protagonisten von Anfang an eine eigene Sprache sprechen, die von derjenigen der Rächer verschieden ist.

Die grundsätzliche Verbindung zwischen Kunst und Leben wird von Hamlet im Gespräch mit dem ersten Schauspieler zu Beginn des dritten Aktes herausgehoben: Der Zweck des Schauspiels ist es nach seinen Worten: »... to hold as 'twere the mirror up to nature; to show virtue her feature, scorn her own image, and the very age and body of the time his form and pressure ...« (III, 2, 21-24). Das heißt: Kunst ist für Hamlet nicht die Darstellung des schönen Scheins, sondern ein Spiegel moralischer Art, der die Wahrheit über die menschliche Natur (»nature«) und das ganze Zeitalter zum *Vorschein* bringt. Daher ist das Schauspiel, das von den Schauspielern aufgeführte Spiel im Spiel, ein geeignetes Mittel, um den König zu entlarven und die Authentizität des Geistes zu überprüfen.[22] Dementsprechend heißt es am Schluß des II. Aktes in Hamlets Monolog:

> ... The play's the thing
> Wherein I'll catch the conscience of the King.
> (II, 2, 600-601)

Wenn Hamlet an dieser Stelle zugleich Zweifel an dem Geist und damit an dessen Botschaft hegt, begründet er dies wie folgt:

> ... The spirit that I have seen
> May be a devil, and the devil hath power
> T'assume a pleasing shape, yea, and perhaps,
> Out of my weakness and my melancholy,
> As he is very potent with such spirits,
> Abuses me to damn me ...
> (II, 2, 594-599).

Hier vertritt Hamlet, der Student aus Wittenberg, die eindeutig protestantische Position: der Geist = ein Teufel. Eleanor Prosser kann eine solche Stelle ganz im Sinne ihrer These werten. Aber es ist einzuwenden, daß die weiteren Ereignisse die Gültigkeit der Botschaft des Geistes bestätigen.

## VI.

Das Spiel im Spiel, »Der Mord des Gonzago«, bringt eine Parallele zum Königsmord, den Claudius begangen hat, auf die Bühne, insofern die äußeren Umstände der Ermordung die gleichen sind; und wie diese Umstände zu verstehen sind, wird durch die vorausgehende Pantomime (»dumb-show«) zum Ausdruck gebracht. Dennoch gibt es einen wesentlichen Unterschied: Im Spiel ist der Neffe Lucianus (nicht der Bruder des Königs) der Mörder. Damit wird ein Unterschied zwischen der illusionären und der realen Wirklichkeit angedeutet, und Hamlet könnte zu seiner Verteidigung stets auf diese Differenz hinweisen, und der König als der Betroffene könnte sich damit trösten, daß auf der Bühne ein Geschehen dargestellt wird, das mit der Realität nicht übereinstimmt. Aber gleichzeitig ist zu bedenken: Wenn im Spiel der Neffe der Königsmörder ist, läßt sich dies – gewollt oder ungewollt – als eine Antizipation eines möglichen (und dann auch tatsächlich eintretenden) Geschehens verste-

---

22  Vgl. hierzu Bertram Joseph, Conscience and the King: A Study of ›Hamlet‹, London 1953.

hen. Hamlet, der Neffe des Königs, wird Claudius töten, auch wenn die Umstände wiederum anders sind als im Spiel. Dieses setzt gleichsam den Plan Hamlets frei, und die heftige Reaktion des Königs läßt sich auch dahingehend deuten, daß ihm durch das Spiel bewußt wird, was er zu befürchten hat. Um so mehr erscheint es ihm geboten, Hamlet nach England zu schicken und ihn dort beseitigen zu lassen.

Zwar entlarvt das Spiel im Spiel den König als einen Schuldigen; dennoch zögert Hamlet, Claudius zu töten, als er ihn danach beim Gebet trifft. Obwohl er zunächst in Gedanken und Gebärden das Rachemotiv durchspielt, setzen im gleichen Monolog die Fragen ein, ob dies der rechte Moment für die Rache sei. Auf folgende Stellen sei besonders hingewiesen:

(a) Now might I do it pat, now a is a-praying.
And now I'll do't.
And so a goes to heaven;
And so am I reveng'd ...
(III, 3, 73-75),

(b) Why, this is hire and salary, not revenge.
(III, 3, 79),

(c) ... am I then reveng'd,
To take him in the purging of his soul,
When he is fit and season'd for his passage?
(III, 3, 84-86)

Hamlet will den König nicht als einen Menschen treffen, der seine Sünden bekannt und bereut hat (»in the purging of his soul«), sondern als den Sünder, damit er als ein Schuldiger zur Hölle fahre. Die Ironie dieser Situation, in der sich – im Zentrum des Dramas – die beiden Protagonisten zwar begegnen, jeder aber nur im Monolog seine seelische Situation zum Ausduck bringt, besteht darin, daß der König zwar seine Schuld bekennt und sich des Brudermordes anklagt, daß er sich zwar um Reue bemüht, daß ihm dieser Durchbruch zur Reue jedoch nicht gelingt:

> Try what repentance can. What can it not?
> Yet what can it, when one cannot repent?
> (III, 3, 65-66)

Hamlet möchte nicht in einem rein perfunktorischen Akt als Rächer den Brudermörder vernichten, sondern den König als korruptes Wesen bei der handelnden Verwirklichung seiner Korruptheit treffen.²³
Nach der Begegnung mit dem König, die genau in die Mitte des Dramas placiert ist, zeigt Hamlet in zunehmendem Maße die Bereitschaft, sich durch äußere Umstände zur Rächerpose provozieren zu lassen:

(1) Der Mutter gegenüber tritt er wie ein Satiriker auf, die er mit einer Sprache, die durch Kyd ebenso wie die lange mittelalterliche Tradition der Frauensatire vorgeprägt ist, als blutschänderische Ehebrecherin geißelt und gleichsam mit Worten auspeitscht, so daß es eines erneuten Auftritts des Geistes bedarf, um ihn in Schranken zu halten.

(2) Seine Bereitschaft zu impulsivem Handeln bekundet er, als er Polonius, den er für den König hält, hinter der Tapete ersticht. Zugleich setzt mit dieser Tat eine neue Interpretation der Rächerrolle ein:

> ... heaven hath pleas'd it so,
> To punish me with this and this with me,
> That I must be their scourge and minister.
> (III, 4, 175-177)

Hamlet versteht sich als Werkzeug des Himmels, als gottgesandte Geißel und rechtfertigt damit sein Handeln.

(3) In der gleichen Szene deutet er bereits an, wie er den Plan des Königs, ihn nach England und damit in den Tod zu schicken, zunichte machen will: »Der Spaß ist, wenn mit seinem eignen Pulver /Der Feuerwerker auffliegt ...«²⁴. Rosencrantz und Guildenstern zu töten, ist für Hamlet ein Spaß, und er versteht es, diese Rolle mit der Eleganz eines italienischen Rächers und Machiavellisten zu spielen:

> ... O, 'tis most sweet
> When in one line two crafts directly meet.
> (III, 4, 211-212)

---

[23] Siehe hierzu Franz H. Link, Die Reue bei Shakespeare in: Festschrift zum 75. Geburtstag von Theodor Spira, hg. von Helmut Viebrock und Willi Erzgräber, Heidelberg 1961, 136f.
[24] Shakespeare, Hamlet, hg. von Schücking, 223.

(4) Die Begegnung mit Fortinbras und dessen Soldaten, die ihr Leben für eine Nichtigkeit riskieren, bestärkt ihn noch in seiner Bereitschaft, nun ausschließlich als Rächer aufzutreten; seine Sprache ist dafür das entsprechende Indiz:

> ... O, from this time forth
> My thoughts be bloody or be nothing worth.
> (IV, 4, 65-66)

## VII.

Mit dem Tod des Polonius, dem Wahnsinn und dem Tod Ophelias wird schließlich ein neues Rachedrama eingeleitet, das als Parallele und Kontrast zur *Hamlet*-Handlung zu sehen ist. Laertes will Rache für seinen Vater und gebärdet sich von Anfang an als Rächer im archaischen Stil:

> ... only I'll be reveng'd
> Most throughly for my father ...
> (IV, 5, 135-136)

Im Gegensatz zu Hamlet ist Laertes, der zunächst den König für den Schuldigen hält, sogleich bereit, sich von allen ethischen und religiösen Bindungen loszusagen: »Conscience and grace, to the profoundest pit!« (IV, 5, 132). Und es entspricht ganz dem Modell der Rachetragödie, wenn Laertes sich angesichts der geistigen Zerrüttung Ophelias vom König in einen gegen Hamlet gerichteten Racheplan einspannen läßt. Im Stile eines machiavellistischen Rächers will er auch nicht davor zurückschrecken »... To cut his throat i' th' church« (IV, 7, 125).
Der Racheplan des Königs wird im Dialog zielstrebig entwickelt: Claudius schlägt vor, daß Laertes eine nicht abgestumpfte Klinge benutzt; Laertes will die Spitze mit einem Gift benetzen, das unmittelbar zum Tode führt. Der König will schließlich einen Kelch mit einem giftigen Trank bereitstellen. All dies sind Einzelheiten, wie sie in italienischen Rachegeschichten zu finden sind, die im elisabethanischen Zeitalter in England gelesen wurden. In der Begegnung mit Hamlet kennt Laertes (angeblich) nur Ehre und Gerechtigkeit:

> ... in my terms of honour
> I stand aloof, and will no reconcilement.
> (V, 2, 242-243)

Dennoch erweist sich, daß er gerade bei der Durchführung der Rache mehr als ein gewissenloser Rächer ist. Als er zum entscheidenden Angriff ansetzt, bemerkt er:

> And yet it is almost against my conscience.
> (V, 2, 300)

Und als Laertes im Gang der Ereignisse schließlich das Opfer des von ihm selbst vergifteten Rapiers wird (die Gegner tauschen in der Hitze des Gefechts die Waffen), bekennt er sich offen zu Wahrheit und Gerechtigkeit:

> I am justly kill'd with mine own treachery.
> (V, 2, 313)

Gleich darauf unterstreicht er diesen Gedanken noch einmal:

> ... The foul practice
> Hath turn'd itself on me ...
> (V, 2, 323-324)

Hamlet vollzieht die gerechte Rache am König, indem er ihn mit seinen eigenen Waffen trifft, er tötet ihn mit dem vergifteten Degen und zwingt ihn, aus dem vergifteten Kelch zu trinken. Es ist bemerkenswert, daß Shakespeare die gerechte Bestrafung der Königin ganz den Umständen überläßt: da sie in den Plan des Königs nicht eingeweiht ist, trinkt sie bereits zuvor aus dem vergifteten Becher.

Während Laertes bei dem Vollzug der Rache plant und agiert, zeigt Hamlet im fünften Akt eine bemerkenswerte Gelassenheit: er reagiert nur auf die Umstände und tötet den König erst, als er weiß, daß er selbst schon vom Tode gezeichnet ist. Diese Gelassenheit wird von ihm selbst charakterisiert, ehe der Fechtkampf stattfindet. Zu Beginn der ersten Szene bemerkt er zu Horatio:

> ... and that should learn us
> There's a divinity that shapes our ends,
> Rough-hew them how we will – ...
> (V, 2, 9-11)

Diese Stelle wirkt wie ein Echo aus John Florios Montaigne-Übersetzung, III, 8, wo ebenfalls die Wendung »roughly hew« vorkommt.[25] Ergänzt wird Hamlets einleitende Feststellung durch die Aussage:

> ... There is special providence in the fall of a sparrow ...
> (V, 2, 215-216)

Mit dieser Einsicht schließt er sich zum einen an Matthäus, 10, 29-31 an, »wo das Fallen eines Sperlings und eines Haares der göttlichen Providenz unterstellt wird«[26]. Aber es ist zum anderen auch zu bedenken, daß Hamlet zunächst den Schicksalbegriff (»fate«) gebrauchte, als er sich von dem Geist zum Handeln aufgefordert sah: »... My fate cries out« (I, 4, 81). Jetzt sieht er in allem das Walten der Vorsehung, »providence«. Im Wandel seiner Sprache zeichnet sich der Wandel von Hamlets Welt- und Selbstverständnis ab: »fate« deutet darauf hin, daß er ein unausweichliches Verhängnis auf sich zukommen sieht; aus »providentia« spricht die Gewißheit, daß in allem Geschehen, allen äußeren Umständen, eine sinnvolle Fügung steckt, daß es einen Weltenplan gibt, in den er sich in innerer Freiheit und Gelassenheit einordnet.

Wenngleich Hamlet im V. Akt von »divinity« und »providence« spricht, ist damit die Problematik seiner Existenz, wie sie sich aus der Aufforderung des Geistes, den Vater zu rächen, ergibt, nicht aufgehoben. Er vollzieht schließlich unter Umständen, die er nicht herbeigeführt hat, den Auftrag und verliert dabei das Leben. Die Paradoxie des elisabethanischen Rächers hat Catherine Belsey auf die knappe Formel gebracht: »To uphold the law Hamlet has to break it«[27].

Hamlets Auftrag ist deshalb so schwierig, weil er sich als Individuum in einer Wirklichkeit zurechtzufinden hat, die für ihn voller Ambiguitäten ist und ständig Zweifel und Fragen in ihm wachruft. Der Geist erscheint in »a questionable shape«; soll er in christlicher Geduld das Leben hinnehmen oder es handelnd gestalten, wie es einem Prinzen geziemt? »To be, or not to be, that is the question«.

---

[25] Vgl. Shakespeare, Hamlet, ed. Jenkins, 557.
[26] Robert Fricker, ›Hamlet‹: Mensch und Vorsehung, Anglia 78 (1960), 323.
[27] Belsey, 146.

Und im V. Akt fragt Hamlet sich und sein Publikum:

> ... is't not perfect conscience
> To quit him with this arm? And is't not to be damn'd
> To let this canker of our nature come
> In further evil?
> (V, 2, 67-70)

Hamlet fühlt sich in seinem Handeln von keiner Autorität gedeckt. Er zweifelt an der Autorität des Geistes, und es gibt auch keine weltliche Autorität, an die er appellieren könnte. Der König, die Spitze des Staates, die höchste Autorität in der weltlichen Rechtsordnung, ist korrupt, ist die Inkarnation des Bösen selbst. Es bleibt – für den Studenten aus Wittenberg – nur »conscience«. Wenn er sich aber von dieser Stimme leiten läßt, führt der Weg, der den Vollzug der Rache zum Ziel hat, auch zu seiner Selbstvernichtung. Diese Paradoxie ist der Kern seiner tragischen Existenz.

## ›Reason in madness‹ — Shakespeares *King Lear* zwischen Moralität und Tragödie

Wenn Polonius in Shakespeares *Hamlet* die Schauspieler und ihr Repertoire vorstellt, dann geschieht dies auf folgende Weise:

> The best actors in the world, either for tragedy, comedy, history, pastoral, pastoral-comical, historical-pastoral, tragical-historical, tragical-comical-historical-pastoral, scene individable, or poem unlimited. Seneca cannot be too heavy, nor Plautus too light. For the law of writ, and the liberty, these are the only men. (II, 2, 392-398)

Gewiß dient die Klassifizierung der Dramen von der Tragödie bis zur Tragiko-Komiko-Historiko-Pastorale dazu, den Pedanten Polonius in ein ironisches Licht zu rücken; aber es steckt in der Terminologie des Polonius doch auch ein Körnchen Wahrheit: er spielt damit auf die stilistische Vielfalt des elisabethanischen Dramas an, und es nimmt daher nicht wunder, wenn in den 60er Jahren dieses Jahrhunderts ein amerikanischer Shakespeare-Forscher die Tragödie *King Lear* in Anlehnung an Polonius und mit einiger Selbstironie mit der Formel »tragical-comical-historical-pastoral-romantical«[1] charakterisierte.

Die komplexen Mischformen des Dramas sind gattungsgeschichtlich darauf zurückzuführen, daß im 16. Jahrhundert viele Autoren die mittelalterliche Formtradition mit Anregungen zu verknüpfen suchten, die sie aus dem wiederentdeckten lateinischen Drama gewannen, und es ist sicherlich kein Zufall, daß Polonius auf Plautus und Seneca hinweist. Dazu ist zu bedenken, daß schon die heimische Tradition in sich durch einen Mischstil gekennzeichnet war. In den Moralitäten des 15. Jahrhunderts und den Interludien des 16. Jahrhunderts stehen satirische und didaktische, komische und tragische Passagen nebeneinander: Die Darstellung religiöser Verzweiflung öffnet den Weg zur Tragik, die Schilderung der Versucher, die letztlich der göttlichen Allmacht immer unterlegen waren, ist in den meisten Dramen komischer Natur. Nicht Stil-Reinheit, nicht exklusive Formkunst ist das Ziel der englischen Dramatiker im ausgehenden Mittelalter und in der Renaissance; sie praktizieren vielmehr eine inklusive Dramatik und kombinieren die verschiedensten Stilelemente

---

[1] M. Mack, King Lear in Our Time, Berkeley/Los Angeles 1965, 5.

und Techniken, wenn es darum geht, eine bestimmte Thematik zum Ausdruck zu bringen. Werner Habicht spricht daher mit Recht von der »thematischen Struktur«[2] des vorshakespeareschen Dramas.

In den folgenden Ausführungen soll nicht das ganze Prisma der Formelemente, die Shakespeare in seinem *King Lear* verarbeitet hat, untersucht werden; der Blick wird vielmehr nur auf zwei Formtraditionen gelenkt, die seit der Mitte des 16. Jahrhunderts einander ständig beeinflußten: die Moralität und die Tragödie. Die Analyse der Moralitätenelemente in *King Lear* wird uns erkennen lassen, wie tief Shakespeare von heimischen Theatertraditionen bis in die Technik der Einführung einzelner Personen beeinflußt war[3]; da *King Lear* andererseits nicht als Moralität konzipiert wurde, sondern als Tragödie, bietet der Vergleich mit der Moralität einen Ansatz, um Shakespeares Tragödienbegriff schärfer zu fassen.[4]

Englische Moralitäten des 15. Jahrhunderts – wie *The Pride of Life, The Castle of Perseverance* oder der (wahrscheinlich aus dem Holländischen übersetzte) *Everyman* – schildern in moraltheologischer Absicht den »geistlichen Lebensweg«[5] des Menschen; »Versuchung, Sünde, Buße und Läuterung sind ihre Kernsituationen«[6]. Der Held – Everyman, Humanum Genus, Rex Vivus genannt – steht für die Menschheit; die Laster- und Tugendpersonifikationen, mit denen er sich im Dialog auseinandersetzt, sind Aspekte seines eigenen, inneren Seins; die Regie im Angriff der Laster übernimmt meist eine Hauptfigur, die theatergeschichtlich kurz Vice genannt wird; die Mächte der Versuchung heißen Welt, Fleisch und Teufel; die Haupthandlung besteht meist in der Demonstration des Falles, in der Illustration des weltlichen Laster- und Lotterlebens; das Ende des Dramas erläutert den Sieg der guten Mächte, die Bedeutung der guten Werke und die Wirksamkeit der göttlichen Gnade.

---

2  Vgl. W. Habicht, Studien zur Dramenform vor Shakespeare: Moralität, Interlude, romaneskes Drama, Heidelberg 1968, 17.
3  Vgl. dazu auch M. Mack, King Lear in Our Time, 57ff., sowie D.G. James, The Dream of Learning: An Essay on the Advancement of Learning, Hamlet and King Lear, Oxford 1951, 84ff., und E. Creeth, Mankynde in Shakespeare, Athens 1976, 111ff.
4  Zum Tragödienbegriff bei Shakespeare vgl. u.a. A.C. Bradley, Shakespearean Tragedy: Lectures on Hamlet, Othello, King Lear, Macbeth, London 1906; L.B. Campbell, Shakespeare's Tragic Heroes, London 1930; F.T. Bowers, Elizabethan Revenge Tragedy 1587-1642, Princeton 1940; L.L. Schücking, Shakespeare und der Tragödienstil seiner Zeit, Bern 1947; W. Farnham, Shakespeare's Tragic Frontier, Berkeley 1950; P.N. Siegel, Shakespearean Tragedy and the Elizabethan Compromise, New York 1957; H.S. Wilson, On the Design of Shakespearean Tragedy, Toronto 1957; I. Ribner, Patterns in Shakespearian Tragedy, London 1960; J. Holloway, The Story of the Night, London 1961; K. Muir, Shakespeare: The Great Tragedies, London 1961; R.B. Heilman, Tragedy and Melodrama, Seattle 1968.
5  W. Habicht, Dramenform vor Shakespeare, 16.
6  Ebd.

In der Dramatik des 16. Jahrhunderts, in den sog. »Interludien«, dauert die Moralitätentradition zwar noch fort; aber es zeichnen sich einige Akzentverlagerungen im Zeitalter des Humanismus ab.[7] Das eschatologische Element der frühen Moralitäten tritt zurück oder schwindet ganz. Auch der Gnaden-Gedanke wird geschwächt. Dafür rückt der Gedanke der Gerechtigkeit, der gerechten Weltordnung, die mit menschlicher Anstrengung und göttlicher Mitwirkung durchgesetzt werden müsse, in den Vordergrund. Die Darstellung der »Welt« wird differenzierter: Das Interesse gilt nun den (meist durch allegorische Personifikationen dargestellten) politischen, sozialen und wirtschaftlichen Kräften, die das Leben der menschlichen Gesellschaft beeinflussen; Mißstände im Staat, Störungen der gerechten Ordnung werden satirisch attackiert; der einzelne Mensch, insbesondere der Herrscher, der blind ist, der durch die Versuchungen weltlicher Macht und weltlichen Prunkes sich täuschen läßt, erscheint weniger als ein Sünder denn als ein Narr. Zielscheibe der Kritik ist die (korrigierbare) Torheit der Menschen. Das Drama bindet sich stärker an die konkreten historischen Verhältnisse; es schildert nicht primär ein allgemein menschliches Schicksal, sondern die Schicksale bestimmter Menschen, die in der Gesellschaft an einem klar definierten Ort stehen. War mit der Bezeichnung »Rex Vivus« in der frühesten Moralität *The Pride of Life* der Mensch schlechthin gemeint, wurde mit dieser Bezeichnung auf die königliche Stellung des Menschen in der Schöpfung angespielt, deren er verlustig ging, als er der Versuchung erlag, so meint Skelton mit dem Titelhelden seines Dramas *Magnyfycence* den Herrscher; das gleiche gilt für David Lindsays Figur »Rex Humanitas«, die in *The Satire of the Three Estates* auftritt.

Bei dem Versuch, Verbindungslinien aufzuzeigen, die von den Moralitäten und Interludien zu *King Lear* hinführen, sei der Blick zunächst auf die dramatische Ausgangssituation gelenkt, die insofern an den typischen Moralitätenauftakt erinnert, als auch dort der Held sich durch die Schmeichelreden der Laster oder des Versuchers betören und blenden läßt und die Tugendhaften, die ihn vor der Versuchung bewahren möchten, verstößt.

Lear erscheint als der König eines Reiches, das er – um nach seinem Tod Streit zu vermeiden – unter seine drei Töchter aufteilen möchte. Nachdem er sich im Zorn von Cordelia abgewandt hat, deren kühle Art ihn enttäuscht, präzisiert er sein Vorhaben:

---

[7] Vgl. dazu W. Habicht, Dramenform vor Shakespeare, 87ff.

> I do invest you jointly with my power,
> Pre-eminence, and all the large effects
> That troop with majesty. Ourself, by monthly course,
> With reservation of an hundred knights
> By you to be sustain'd, shall our abode
> Make with you by due turn. Only we shall retain
> The name and all th'addition to a king; the sway,
> Revenue, execution of the rest,
> Beloved sons, be yours: ...
> (I, 1, 129-137)[8]

Shakespeare gibt in der 1. Szene zu verstehen, daß der König dem äußeren Schein verfallen ist, und bringt dies in Zusammenhang mit Lears Mangel an Selbsterkenntnis. Von zentraler Bedeutung ist hier Regans Aussage: »yet he hath ever but slenderly known himself« (I, 1, 292-293). Die fehlende Einsicht in die eigene Natur ist bei ihm gekoppelt mit der Unfähigkeit, die wahre Natur seines Amtes und seiner Stellung im politisch-gesellschaftlichen Gefüge richtig einzuschätzen und das wahre Wesen der Menschen, die ihn umgeben, zu erkennen. Getäuscht durch Mangel an Selbsterkenntnis, wendet er sich äußeren Scheinwerten zu, die eine Gewähr für sein Ansehen darstellen. Daß in dem Wertfeld, das in Akt I aufgebaut wird, »honour«, d.h. Ansehen, das auf äußeren Werten wie Reichtum, Prunk, Macht beruht, in spannungsvollem Bezug zu inneren Werten wie »honesty«, »truth« steht, wird noch zu zeigen sein.

Die hohe Wertschätzung, die Lear äußerem Glanz beimißt, macht ihn für die seiner Selbstgefälligkeit schmeichelnden leeren Reden seiner Töchter Goneril und Regan, den Repräsentanten der Falschheit, empfänglich, die ihr eigennütziges Gewinnstreben hinter rhetorischem Dekor und abstrakten Begriffen verbergen, nachdem Lear in einer Art von märchenhaftem Ritual, das seine Verblendung deutlich werden läßt, seine Töchter darum gebeten hat, ihm ihre Liebe zu erklären; diejenige, die ihn am meisten liebt, soll die größte Mitgift erhalten.

Im Gegensatz zum König von Frankreich, der Cordelias innere Werte erkennt (vgl. I, 1, 249) und weiß: »Love's not love /When it is mingled with regards that stand /Aloof from th'entire point« (I, 1, 237-239), glaubt Lear, daß das wahre Wesen der Liebe sich angemessen in schöne Worte umsetzen lasse, daß an Worten das Ausmaß der Liebe ablesbar sei. Wäh-

---

[8] Alle englischen Zitate nach folgender Ausgabe: William Shakespeare, King Lear, Kenneth Muir (ed.), The Arden Edition of the Works of William Shakespeare, London ⁹1972, first publ. as a University Paperback 1964, repr. 1978. Alle deutschen Übersetzungen nach: Shakespeare, Dramatische Werke, übersetzt von August Wilhelm von Schlegel und Ludwig Tieck, 3. Bd.: Tragödien, Frankfurt a. M., o.J.

rend Goneril und Regan einander im Gebrauch rhetorischer und poetischer Formeln zu übertreffen versuchen – ihre Liebesbeteuerungen erinnern an mittelalterliche Dichterwettstreite – antwortet Cordelia mit einem einfachen ›nichts‹ (»nothing«), einem Wort, das leitmotivisch in der Tragödie wiederkehrt. Als sie sich gezwungen sieht, diese Antwort zu verdeutlichen, stellt sie in knapper und schmuckloser Diktion fest:

> Unhappy that I am, I cannot heave
> My heart into my mouth: I love your Majesty
> According to my bond; no more nor less.
> (I, 1, 90-92)

Ihr Sprachstil, der durch »plainness« gekennzeichnet ist, steht in engem Zusammenhang zu ihrer geistigen Haltung, zu den inneren Werten, die sie vertritt: Wahrhaftigkeit und Aufrichtigkeit, wobei zu beachten ist, daß »plainness« sowohl Schlichtheit als auch Aufrichtigkeit heißen kann. Weiterhin fällt auf, daß Cordelia sich mehrfach einer Sprache bedient, wie sie im religiösen Schrifttum der Elisabethaner anzutreffen ist. Heißt es in Nowells Kommentar zum Kleinen Katechismus: »sacra scriptura liberos iubet parentibus obtemperare, atque inseruire: parentes timere charissimos eos habere, eos colere et reuereri«[9], so knüpft Cordelia an diese sprachlichen Konventionen an, wenn sie, zu ihrem Vater gewandt, feststellt:

> Good my Lord,
> You have begot me, bred me, lov'd me: I
> Return those duties back as are right fit,
> Obey you, love you, and most honour you.
> (I, 1, 94-97)

Insofern Cordelias Haltung dem Vierten Gebot entspricht, hat sie auch Mittel, ihr Verhalten angemessen zu beschreiben. Daß ihre Liebe die Forderung des Gebotes und des Katechismus übersteigt, weiß sie in diesem Augenblick selbst nicht; die heilende und erlösende Kraft ihrer Liebe tritt erst zutage, als sie (am Ende des IV. Aktes) ihrem Vater wiederbegegnet, und auch dort wird das Wesen ihrer Liebe nicht durch Worte, sondern durch Gebärden und Handlungen verdeutlicht.

Wenn mit der Verstoßung und Verfluchung Cordelias die Verbannung Kents gekoppelt ist, dann deutet Shakespeare damit an, daß der Familien-

---

[9] K. Muir (ed.), King Lear, The Arden Edition, 9, Anm. zu V. 97-103.

zwist des Königs auch seine Auswirkungen auf das gesamte Gefüge des Staates hat. Kent ist als der Typus des guten und treuen Dieners konzipiert; zugleich ist er als Berater des Königs ein Fürsprecher des Wahren und Guten, d.h. der Interpret der Wertordnung, auf der der Staat insgesamt ruht. Ehe Kent zur Kritik des Königs ansetzt, verdeutlicht er die Wertordnung, die bislang für sein Verhältnis zum König maßgebend war:

> Royal Lear,
> Whom I have ever honour'd as my King,
> Lov'd as my father, as my master follow'd,
> As my great patron thought on in my prayers, –
> (I, 1, 138-141)

In seiner Sprache und seiner inneren Einstellung gleicht er Cordelia: auch er liebt und achtet den König wie seinen Vater. Und gleich Cordelia bricht er mit der höfischen Sitte, wenn es darum geht, die Masken der Heuchelei und des trügerischen Scheins zu durchstoßen und den König aus seiner Verblendung zu befreien.

> ... be Kent unmannerly,
> When Lear is mad. What would'st thou do, old man?
> Think'st thou that duty shall have dread to speak
> When power to flattery bows? To plainness honour's bound
> When majesty falls to folly.
> (I, 1, 144-148)

In der allegorisierenden Diktion Kents klingen die Dialoge der allegorischen Figuren der Moralitätenbühne nach, und in unbestechlicher Weise analysiert er sowohl das Verhalten und die Motive der Königstöchter wie die Situation des Königs. Mit den knappen Feststellungen: »When Lear is mad« und »When majesty falls to folly« antizipiert Kent, was später erst in der Handlung voll entfaltet wird: die Torheit und den Wahnsinn des Königs. Es entspricht zwar den Konventionen der Moralitätenbühne, daß Kent, der unablässige Mahner und Berater (vgl. I, 1, 165: »I'll tell thee thou dost evil«), verbannt wird; aber bereits in I, 4 erscheint er wieder in der Umgebung Lears: Jetzt bietet er in Verkleidung dem König seine Dienste an und folgt ihm wieder als treuer Diener.

Je mehr Lear seine Töchter Goneril und Regan durchschaut und damit seinen Irrtum erkennt, um so stärker assoziiert er sich mit Charakteren wie Kent, dem Narren und schließlich mit Edgar, die als Verkörperungen des Guten anzusehen sind. Sie repräsentieren Aspekte des menschlichen

Seins, wiewohl sie gleichzeitig unabhängige Bühnenfiguren sind; sie sind Indikatoren von geistigen Einstellungen, Gemütsbewegungen und Gewissensregungen gleich den Personifikationen der Sieben Todsünden und der Tugenden auf der Moralitätenbühne. Shakespeares subtile Abwandlung der Konventionen der Moralitätenbühne besteht darin, daß er die Verkörperungen des Guten und Wahren in Masken auftreten läßt. Kent erscheint in Verkleidung, Edgar spielt den Tollhausbettler. Traditionell ist dagegen das professionelle Gewand und auch der sprachliche Habitus des Narren. Die Masken sind für die Guten das notwendige Requisit, das es ihnen ermöglicht, in einer Welt des falschen Scheins überhaupt bestehen und ihre Funktion, Lear zur Wahrheit zu führen, erfüllen zu können.[10]

Im Kontrast dazu stehen die Verkörperungen des Bösen, die Heuchler, die ihrerseits rhetorische Masken benutzen, um ihre Intentionen zugleich verbergen und durchsetzen zu können. Während der dramatische Konflikt die Guten dazu zwingt, sich Masken zuzulegen oder durch Masken zum König zu sprechen, führt der gleiche Konflikt bei den Verkörperungen des Bösen zu einer Demaskierung: In der 4. Szene des I. Aktes erkennt Lear das wahre Wesen Gonerils, in der Parallelszene (der 4. Szene) des II. Aktes ›entlarvt‹ Regan ihre wahren Absichten.

Parallel zur Demaskierung der Verkörperungen des Bösen läuft die graduelle Desillusionierung des Königs, der erfahren muß, daß ihm die gewohnte »ceremonious affection« (I, 4, 57) in zunehmendem Maße entzogen wird und daß die an sein bisheriges Selbstbild geknüpften Erwartungen, man habe ihm, dem alternden Herrscher, zu gehorchen und die gebührende Ehre zu erweisen, immer wieder enttäuscht werden, so daß sich sein Geist schließlich verwirrt. Der Versuch Gonerils und Regans, seine Gefolgschaft und damit sein äußeres Ansehen zu reduzieren und aufzulösen, stellt die letzte Steigerung einer Reihe von demütigenden Handlungen dar, die von der Weigerung Oswalds, Gonerils Diener, mit Lear zu sprechen (vgl. I, 4), bis hin zur Bestrafung seines Begleiters Kent durch Regan und Cornwall reichen (vgl. II, 4).

Die 4. Szene des I. Aktes zeigt, in welchem Maße Lear beginnt, an sich selber zu zweifeln. Seine Frage: »Who is it that can tell me who I am?« (I, 4, 227) läßt sich als Schlüsselfrage für das ganze Drama verstehen. Die

---

[10] Vgl. in diesem Zusammenhang E. Welsford, The Fool: His Social and Literary History, London 1935, paperback edition London 1968; weiterhin R.B. Heilman, This Great Stage, Baton Rouge 1948, 182-192.

Antwort des Narren, Lear sei nur der Schatten seiner selbst, veranlaßt den König hinzuzufügen:

> I would learn that; for by the marks of sove-
> reignty, knowledge, and reason, I should be false
> persuaded I had daughters.
> (I, 4, 229-231)

Lear deutet damit an, daß sich in ihm eine Art »Lernprozeß« abspielt; alle Autorität, alles Wissen, alle Vernunft, auf die er sich bisher verließ, werden durch die Erfahrung in Frage gestellt. Da Lears Charakter durch polare Spannungen gekennzeichnet ist, wäre es falsch, einen *einlinigen* Lernprozeß bei ihm zu konstruieren. Er durchläuft einen Wandel im III. Akt – aber innerhalb des polaren Spannungsfeldes seiner Natur, eines Spannungsfeldes, das durch die Begriffe »passion« und »patience«, Leidenschaft und Geduld gekennzeichnet werden kann. Leidenschaftlicher Zorn ist der Ausgangspunkt in seinen Konflikten mit der Welt, Geduld das Ziel, das er sich mehrfach setzt. Die immer wieder aufbrechende Spannung zwischen seinen Erwartungen, die er an die Umwelt stellt, und der Erfahrung des Bösen, durch die die Gültigkeit seiner bisherigen Wertvorstellungen ständig unterlaufen wird, wird im II. Akt so stark, daß er sich nicht mehr zu beherrschen vermag. Der letzte Satz, den Lear vor dem Ende dieses Aktes spricht: »O Fool! I shall go mad« (II, 4, 284) deutet an, daß er nach der Herrschaft über den Staat auch die Herrschaft über das eigene Ich verliert.[11]

Wenn Lear im III. Akt sich selbst analysiert und wenn er weiterhin allgemein über den Menschen spricht, gebraucht er Formeln, die darauf hindeuten, daß sich mit seiner Desillusionierung, mit seinem Streben nach Geduld auch eine Überwindung seines ursprünglichen Hochmuts anbahnt. Sich selber bezeichnet er als »A poor, infirm, weak, and despis'd old man« (III, 2, 20); den Menschen definiert er als »a poor, bare, forked animal« (III, 4, 105-106). Zum Zeichen dafür, daß er allem Pomp und Stolz, aller *vanitas* und aller *superbia* entsagt, reißt er sich die Kleider vom Leibe; seine Gewänder sind für ihn nur geliehene Gegenstände; sie sind äußerer Schein, die wahres menschliches Sein verdecken.[12] Und im gleichen Augenblick, in dem er die Kleider ablegt, verzichtet er in seiner

---

[11] Vgl. hierzu K. Muir, Madness in King Lear, Shakespeare Survey, 13, 1960, 30-40.
[12] Vgl. hierzu auch R.B. Heilman, This Great Stage, 67-88.

Sprache auf allen poetischen Schmuck und spricht (III, 4, 99ff.) – wie Edgar – in Prosa.

Aus seiner Lebenserfahrung glaubt Lear den Schluß ziehen zu dürfen, daß der Mensch kein königlicher Herrscher ist, sondern nicht mehr als ein armer, nackter Wurm, der im Staub kriecht. Diese Selbsteinschätzung bedingt bei Lear auch eine neue Einstellung zum Mitmenschen. Nachdem der Narr sich in der Sturmszene in einer Hütte verborgen hat, spricht Lear zu jenen armen, nackten Menschen, die hilflos dem Hunger und dem Sturm ausgesetzt sind:

> Poor naked wretches, whereso'er you are,
> That bide the pelting of this pitiless storm,
> How shall your houseless heads and unfed sides,
> Your loop'd and window'd raggedness, defend you
> From seasons such as these? O! I have ta'en
> Too little care of this. Take physic, Pomp;
> Expose thyself to feel what wretches feel,
> That thou mayst shake the superflux to them,
> And show the Heavens more just.
> (III, 4, 28-36)

Leser dieses Jahrhunderts mögen dazu neigen, hinter diesen Worten, die wie eine abgesetzte Rede wirken, ein sozialkritisches Programm des Königs zu sehen; im Kontext des Dramas selbst sind sie ein Beweis für das gewandelte Bewußtsein des Königs.[13] Die Reflexion über die Armen, Nackten und Elenden führt den König ebenso zur Frage einer gerechten, einer gerechteren Weltordnung wie die ständige Erinnerung an die Töchter. Die Reflexion über Gerechtigkeit gipfelt in der Gerichtsszene, in der Lear dem Narren, Edgar und Kent die Funktion von Richtern überträgt. Die Szene ist eine der Ausdrucksformen des Wahnsinns des Königs, der in der 4. Szene des III. Aktes bereits einsetzt; sie ist aber zugleich ein Beweis dafür, daß es Shakespeare nicht primär darum geht, eine medizinisch exakte Studie des Wahnsinns zu liefern, sondern durch die Formen verwirrten Sprechens und Agierens hindurch den eigentlichen Grund des Wahnsinns zutage treten zu lassen.

---

[13] Vgl. zur Deutung dieser Stelle auch D. Mehl, King Lear and the ›Poor Naked Wretches‹, Shakespeare-Jahrbuch (West) 1975, 154-162.

*Abb. 23*: King Lear
Von der Verstoßung Cordelias bis zur Blendung Gloucesters gibt es in Shakespeares *King Lear* zahlreiche Szenen, die Illustratoren zur Nachgestaltung reizten. Johann Heinrich Füßli (1741–1825) neigte – wie Horst Oppel gezeigt hat – einem »Monumentalstil« zu, während Ferdinand Fellner (1799–1859) in einer Bleistiftzeichnung subtilere Wege ging, um Aufruhr und Erregung Lears in der Heideszene zum Ausdruck zu bringen. Oppel hat in einem eindringlichen Kommentar zu Fellners Illustration die »kompositorische Geschlossenheit der Gruppe« hervorgehoben, die »durch eine außerordentlich beschwingte Linienführung« erreicht wird. Und er fügt hinzu: »Nur der ausgestreckte Arm Lears, steil auf den erzürnten Himmel weisend, stößt aus dieser Gruppe flüchtiger, getriebener, hilfloser Menschen hervor. Es kommt gar nicht auf den genauen Wortlaut an, mit dem Lear bei Shakespeare diese Gebärde begleitet. Wichtiger ist für Fellner, daß dieses Wort von einem ganzen Schwarm mitschwingender Töne (Drohungen wie Klagen) umgeben ist. Nicht nur die Gewänder der drei Figuren werden vom Sturm gezaust, sondern die Welt droht nun ihrer Hüllen bar zu werden. Abermals ist es der unverfälschte und unverwechselbare Shakespeare, dem wir im Spiegel der bildenden Kunst begegnen« (Horst Oppel, *King Lear* in der Bildkunst, in: *Festschrift Rudolf Stamm*, hg. v. Eduard Kolb und Jörg Hasler, Bern/München 1969, 39–40).

Wie für *Hamlet* so gilt auch für *King Lear:* Die Welt ist aus den Fugen, und dieser Weltzustand ist nicht ein von äußeren Mächten her dem Menschen auferlegtes Schicksal, sondern ein durch menschliche Schuld ausgelöstes Unheil. Lear ist es aufgetragen, das mögliche Ausmaß menschlicher Verwirrung auszuloten; den Einsichten, die er dabei gewinnt, vermag er weder kraft seines Willens noch kraft seiner Vernunft standzuhalten. Er bricht vielmehr zusammen und versinkt in einen todähnlichen Schlaf. Der König ist von nun an ganz der Narrheit ausgeliefert; er ist selber zum Narren geworden; ein äußeres Zeichen dafür ist, daß der Narr im gleichen Augenblick, in dem sich der König niederlegt, von der Bühne verschwindet und darüber hinaus in keiner der folgenden Szenen mehr auf der Bühne erscheint.

Die Reden des Königs im IV. Akt variieren und erweitern Themen, die sein verwirrter Verstand im III. Akt bereits umkreiste: Die Erinnerung an Gloucesters frühere Schuld – Edmund wurde im Ehebruch gezeugt – veranlaßt ihn zu einer satirischen Rede über die geschlechtliche Begierde und das Diabolische im weiblichen Geschlecht; Gloucesters Blindheit löst in ihm eine Klage über die Heuchelei und die Zerrüttung der staatlichen Ordnung aus. Die satirische Geißelung aller Ungerechtigkeiten in der Welt – die eigene Schuld übersieht er dabei – gipfelt in seiner Feststellung, daß die Welt eine einzige Narrenbühne sei. In seiner »*Hysterica passio*« – Shakespeare gebraucht diesen Ausdruck in II, 4, 55 – weiß Lear nichts anderes mehr zu raten und zu befehlen, als das Leben seiner Feinde (seiner Schwiegersöhne) auszutilgen; sein blindwütendes Verlangen nach Rache spiegelt sich in einem sechsmal wiederholten Imperativ: »Then, kill, kill, kill, kill, kill, kill!« (IV, 6, 185).

Erst die Wiederbegegnung mit Cordelia in der 7. Szene des IV. Aktes stellt die Heilung des Königs dar. Diese Szene wird durch den einführenden Bericht eines Edelmannes über Cordelia (in IV, 3) und das Gespräch Cordelias mit dem Arzt (in IV, 4) vorbereitet. Die Reaktion Cordelias auf die brieflichen Nachrichten über ihren Vater und ihre Schwestern beschreibt der Edelmann mit folgenden Worten:

> ... There she shook
> The holy water from her heavenly eyes,
> And clamour moisten'd, then away she started
> To deal with grief alone.
> (IV, 3, 29-32)

Die Adjektive »holy« und »heavenly« rücken Cordelia in die Nähe von Heiligengestalten, und sie erinnern an die Charakterisierung der Misericordia auf der Moralitätenbühne.[14] In ihrem Gespräch mit dem Arzt appelliert Cordelia an menschliche, d.h. ärztliche Weisheit und an die Kräfte der Natur. Sie geht allerdings davon aus, daß die Natur »bless'd secrets« (IV, 4,15) enthält; für sie ist die Natur die Schöpfungsordnung, aus der demjenigen, der sie verletzt hat, auch Kräfte zuwachsen können, die ihn heilen.

Als Lear auf der Bühne erscheint, wird er in einem Stuhl von Dienern wie ein Herrscher in einer Sänfte getragen, und der Edelmann bemerkt: »Ay, Madam, in the heaviness of sleep /We put fresh garments on him« (IV, 7, 21-22). Wie oft bei Shakespeare ist auch hier die Bühnenanweisung in den Dialog eingearbeitet. Der Tausch der Gewänder – Lear erscheint in den meisten Inszenierungen in Weiß – ist ein dramatisches Mittel, das Shakespeares Tragödie mit den Moralitäten gemeinsam hat; auch Everyman erscheint vor seinem Ende als der gereinigte Sünder in neuem Gewand (vgl. *Everyman*, 634-647). Daß Gewänder in Shakespeares Tragödie eine symbolische Funktion haben, läßt sich vom I. Akt an verfolgen: In Akt I trägt Lear die Gewänder und Insignien eines Königs; in Akt III und IV tritt er in Bettlergewändern und mit den Blumengirlanden eines Irren und Wahnsinnigen auf; am Ende des IV. Aktes wird ihm zum Zeichen der Heilung ein reines Gewand angelegt. Wenn weiterhin in der Heilungsszene Musik erklingt und der Arzt die Musiker bittet: »Please you, draw near. Louder the music there!« (IV, 7, 25), dann hat auch diese gesprochene Bühnenanweisung symbolische Funktion; Musik ist für das elisabethanische Publikum – wie aus dem V. Akt des *Merchant of Venice* hervorgeht – ein Zeichen für die kosmische Ordnung und Harmonie der Sphären; sie steht für die Schöpfungsordnung insgesamt. Aus dieser Ordnung war der König herausgetreten; Musik ist daher eines der Mittel, das dazu dient, ihn in diese Ordnung wieder zurückzuführen.

Als Lear erwacht und Cordelia ihn auf Geheiß des Arztes anspricht, antwortet der König in Bildern, die symbolisch die Situationen verdeutlichen, die er seit dem Beginn des Wahnsinns durchlitten hat: Er fühlt sich auf ein Feuerrad gebunden (dieses Bild wird auf die apokryphen Schriften zum Neuen Testament zurückgeführt, es kommt aber auch in mittelenglischen Legenden und Jenseitsvisionen vor), und er spricht von seinen

---

[14] Vgl. The Castle of Perseverance, in: The Macro Plays, ed. M. Eccles, The Early English Text Society, Oxford 1969, 95ff.

Tränen, die das Feuerrad wie geschmolzenes Blei durchglühen (auch dieses Bild ist – wie Kenneth Muir bemerkt – bereits in *The Pricke of Conscience,* einer didaktischen Dichtung aus dem 14. Jahrhundert, belegt[15]). Beide Bildsphären dienen dazu, die Höllenqualen zu verdeutlichen, die Lear durchlebte, und dem Leser bzw. dem Publikum eine Vorstellung von der Intensität seines Erlebens zu vermitteln. Cordelia ist für ihn in diesem Augenblick ein rein spirituelles Wesen, »a soul in bliss« (IV, 7, 46), das ihn aus seinem todesähnlichen Schlaf aufweckt, ihn gleichsam aus seinem Grab zurückholt.

Von höchster Symbolkraft sind in dieser Szene die Gebärden. Wenn Cordelia zu Beginn der Szene ihren noch schlafenden Vater küßt, ist diese Gebärde ein Symbol der Heilung, die sie ihm bringen möchte. Als der König erwacht ist, kniet er – wie den Worten Cordelias zu entnehmen ist – vor seiner Tochter nieder, die er verstoßen und gegen die er sich versündigt hat; und Cordelia wehrt diese Gebärde des Vaters ab, indem sie ihrerseits vor ihm niederkniet und seinen Segen erbittet. In der Gebärdensprache spiegelt sich bei beiden Charakteren die Bereitschaft zur Verzeihung. Wenn Cordelia dabei den Vater gleichsam in seinen alten Rang als Herrscher, König und Vater mit der Wendung »No, Sir, you must not kneel« (IV, 7, 59) wiedereinzusetzen versucht, weist er ihre Worte zurück. Noch hat er die rechte Beziehung zur Realität nicht gefunden; noch leidet er an der Erinnerung an den Wahnsinn, und er unternimmt einen zweiten Versuch, sich in dieser Wirklichkeit zurechtzufinden, indem er die Personen anschaut, die sich in seiner Nähe befinden. Als Cordelia bestätigt, daß sie wirklich seine Tochter ist, möchte er sofort an sich selber ein – wie ihm dünkt – gerechtes Urteil vollziehen und den Giftbecher trinken. Cordelias Antwort deutet darauf hin, daß sie über allem Verlangen nach Rache steht; sie fühlt sich nicht als die Repräsentantin von Gesetz und Recht, sie steht nicht für eine unerbittliche Gerechtigkeit – sie ist die Verkörperung der Liebe, die sich selbstlos im Überfluß verschwendet. So bleibt für Lear nur die Bitte: »You must bear with me. /Pray you now, forget und forgive: I am old and foolish« (IV, 7, 83-84).

Unsere bisherigen Darlegungen dienten dazu, die These zu bekräftigen, daß in Akt I bis IV des *King Lear* wesentliche Strukturelemente einer Moralität, vom Fall des Helden über das Leiden an der Welt – das bei Lear in Verzweiflung und Wahnsinn gipfelt – bis hin zur Läuterung und Erlö-

---

[15] Vgl. K.Muir (ed.), King Lear, The Arden Edition, 178, Anm. zu V. 47.

sung nachgewiesen werden können. Auch die Charakterisierung der Personen, die Lears Entscheidungen beeinflussen, erinnert an die Kontrasttechnik der Moralitäten.

Dennoch: Bei allen Anklängen an die Moralitäten dürfen die Unterschiede nicht übersehen werden: Während die Moralitäten einer ungebrochen mittelalterlich-theologischen Denkweise entstammen und die Moralitätendichter dieses Weltbild in zahlreichen sentenziösen Kommentaren explizit werden lassen, sprechen die Shakespeareschen Charaktere meist von »Göttern«, wenn sie übernatürliche Mächte anrufen.[16] Dazu kommt, daß Shakespeare keine offiziellen Repräsentanten der Kirche in dieser Tragödie auftreten läßt (in *The Pride of Life* z.B. ist der Episcopus Gesprächspartner und zugleich Kritiker des Königs) und daß er weiterhin auch nicht auf kirchliche Riten oder die alltägliche Praxis des religiösen Lebens anspielt. Wie stark sich Shakespeare in dieser Beziehung von der Tradition löste, zeigt sich, wenn man *King Lear* mit dem alten Chronikstück *King Leir* vergleicht, das in den Jahren 1588 bis ca. 1594 entstand und 1605 veröffentlicht wurde. (Shakespeares Tragödie wird meist in den Winter 1604/5 datiert; die erste nachweisbare Aufführung fand am 26. Dezember 1606 vor King James I statt.)[17] Wendungen wie »the Temple of my God« (1062)[18], »Oh just Jehova« (1649), »the God of Abraham« (2326) oder »I will to Church, and pray unto my Saviour« (1092), durch die ein starker Bezug zur offiziell-kirchlichen Sprache hergestellt wird, fehlen bei Shakespeare. Da er das Chronikstück über *King Leir* gekannt haben muß (wie zahlreiche wörtliche Entsprechungen an anderen Stellen beweisen), darf gefolgert werden, daß die Dämpfung des christlich-kirchlichen Bezugs bewußter künstlerischer Absicht entspricht. Shakespeares *King Lear* ist eines der zahlreichen Dokumente des christlichen Humanismus, wie er in England seit Beginn des 16. Jahrhunderts zu finden ist. Ähnlich wie Thomas Morus in seiner *Utopia* einen paganen Staat schildert, in den aber zugleich Elemente eingebaut sind, die mit der christlichen Tradition im Einklang stehen, konzipierte Shakespeare eine Tragödie, die primär auf einem anthropozentrischen, humanistischen Weltbild aufgebaut ist, die menschliche Gebrochenheit und menschliches

---

[16] Vgl. in diesem Zusammenhang auch W.R. Elton, King Lear and the Gods, San Marino, Cal., 1966.
[17] Vgl. hierzu U. Schläfer, in: Shakespeare-Handbuch. Die Zeit – Der Mensch – Das Werk – Die Nachwelt, hg. von I. Schabert, Stuttgart 1992, 618.
[18] Das Chronikstück King Leir wird zitiert nach: W.W. Greg (ed.), The History of King Leir 1605, Malone Society Reprints, London 1907. – Vgl. in diesem Zusammenhang weiterhin W.R. Elton, King Lear and the Gods, 63-71.

Scheitern aber so darstellt, daß in wesentlichen Aspekten Übereinstimmung mit der christlichen Anthropologie, die den Dramen des 15. und 16. Jahrhunderts zugrunde liegt, festgestellt werden kann. Der eigene Ansatz Shakespeares zeigt sich darin, daß er die festen Klammern der moraltheologischen Sentenzen löste. Dies sei an Hand von zwei Äußerungen über die Götter erläutert. Der blinde Gloucester, der in Begleitung eines alten Mannes über die Heide irrt, stellt über die Götter fest:

> As flies to wanton boys, are we to th' Gods;
> They kill us for their sport.
> (IV, 1, 36-37)

Edgar dagegen bemerkt nach dem Zweikampf mit Edmund, in dem der Bastard unterliegt:

> The Gods are just, and of our pleasant vices
> Make instruments to plague us;
> The dark and vicious place where thee he got
> Cost him his eyes.
> (V, 3, 169-172)

Die beiden Äußerungen widersprechen sich: Gloucester betont die Willkür der Götter, Edgar ihre Gerechtigkeit. Es geht Shakespeare nicht darum, die Gültigkeit einer dieser Sentenzen zu beweisen, wiewohl der Zuschauer im ersten Augenblick dazu neigen mag, Edgar im V. Akt zuzustimmen und rückschauend Gloucesters Äußerung als falsch zu bezeichnen. Sieht man aber Edgars Äußerungen in ihrem weiteren dramatischen Kontext, so wird deutlich, daß allein durch die Bühnenvorgänge eine ironische Ambivalenz in den Ausspruch Edgars hineingetragen wird. In Vers 169 heißt es: »The Gods are just«; die Bühnenanweisung nach Vers 237 lautet: »The bodies of Goneril and Regan are brought in«; dies muß der Zuschauer als eine Bestätigung der Richtigkeit von Edgars Ausspruch auffassen. Nach Vers 255 heißt es jedoch: »Re-enter Lear, with Cordelia dead in his arms; Officer«; hier scheint eher der Kommentar Gloucesters über die Willkür der Götter angebracht zu sein. Lear, der Vater mit der toten Tochter in den Armen, kann nach Helen Gardner in dieser Szene als eine weltliche Kontrafaktur zu den spätmittelalterlichen Andachtsbildern verstanden werden, die die Muttergottes mit dem toten Sohn in den Armen zeigen. Shakespeare problematisiert also das Welt- und Wirklichkeitsverständnis der Charaktere nicht nur dadurch, daß er in antithetischer Manier Sentenzen gegeneinander ausspielt; er setzt auch eindeutig ausformulierte Maximen in Kontrast zur dargestellten Erfahrungswirklichkeit, so daß für den Zuschauer im Untergrund des dramatischen Geschehens immer Lears Frage mitklingt: »Who is it that can tell me who I am?« (I, 4, 227). Die Form der Frage ist nicht nur für Lear charakteristisch, sondern sie ist als die Abbreviatur der Thematik und der Struktur des gesamten Stückes zu verstehen.

Im Hinblick auf die Struktur des Werkes bedeutet dies: Das Prinzip der dramatischen Ironie durchdringt alle Szenen und Akte. Es gibt keine Passage des Werkes, die sich diesem Prinzip entziehen könnte. Der dramatischen Ironie in der Handlungsführung und der Szenengestaltung entspricht im sprachlichen Bereich die semantische Ambivalenz zentraler Schlüsselbegriffe. Während in den Moralitäten jeder Name einer allegorischen Figur seinen klar definierten Platz in der moraltheologischen Begriffshierarchie hatte, entbehren die von Shakespeare verwendeten Schlüsselbegriffe der eindeutigen Kontur. Als Beispiel sei nur der Begriff »nature« genannt. Im Sprachgebrauch des Königs zeichnet sich – wie J.F. Danby gezeigt hat[19] – ein Naturbegriff ab, wie er bei Hooker und Bacon nachzuweisen ist; Edmund dagegen verwendet »nature« in einer Weise, die eher an Thomas Hobbes' *Leviathan* denken läßt.[20] Sicherlich sind damit nur zwei Haupttendenzen in der Bedeutung dieses Terminus umschrieben. In jeder neuen dramatischen Situation und bei jedem Charakter sind individuelle Nuancierungen möglich.[21]

Die individualisierende Tendenz im Sprachstil hebt die Personen dieser Tragödie über die typisierenden Züge hinaus, die ihnen von der Moralitätentradition her anhaften. Sie oszillieren zwischen Typ und Individualität. Selbst der König ist in dieser doppelten Weise konzipiert. Als König, Vater, nackter Bettler vereint er in sich eine Vielzahl von Rollen, so daß er immer als Repräsentant des Menschengeschlechtes, als künstlerisches Modell potentieller allgemeinmenschlicher Erfahrung begriffen werden kann. Der V. Akt ist andererseits der deutliche Beweis dafür, daß Shakespeare dem König auch ein eigenes, individuelles Schicksal zu geben versuchte.

Zunächst ist vorauszuschicken, daß die anonyme Fassung des Stoffes, *The True Chronicle of King Leir* in einer utopisch-märchenhaften Weise zeigt,

---

[19] Vgl. J.F. Danby, Shakepeare's Doctrine of Nature: A Study of King Lear, London 1949, 20-31.
[20] Vgl. hierzu ausführlicher die Abhandlung ›Natur bei Shakespeare‹, im vorliegenden Band S. 543-566.
[21] Vgl. hierzu die grundlegende Arbeit von Ch. Ehrl, Sprachstil und Charakter bei Shakespeare, Heidelberg 1957, 130ff.

wie der König von Cordelia und ihrem Gatten wieder in seine alten Rechte eingesetzt wird; danach sehen beide noch einem langen Leben entgegen. Shakespeare knüpft dagegen an die tragischen Gestaltungen des Stoffes an, wie sie in den nicht-dramatischen Versionen (bei Geoffrey of Monmouth, in Holinsheds Chronik und im *Mirror for Magistrates*) vorliegen. Danach wird Cordelia nach Lears friedlichem Tod die Nachfolgerin des Vaters; sie fällt jedoch ihren Neffen in die Hände und verübt im Kerker Selbstmord.[22] Eine derartig simplifizierende melodramatische Lösung konnte Shakespeare offenbar nicht befriedigen. Zunächst läßt er im V. Akt einen jähen Stimmungsumschwung eintreten. Als Lear und Cordelia in der 2. Szene des V. Aktes auf der Bühne erscheinen, sind sie Gefangene Edmunds. Eine Wiederbegegnung mit Goneril und Regan lehnt Lear ab: Er ist bereit, mit seiner jüngsten Tochter ins Gefängnis zu gehen, das für ihn in dieser Situation der einzige Ort ist, wo sich ein Leben gegenseitigen Verzeihens auf die Dauer verwirklichen läßt. Der Vergleich mit den Vögeln im Käfig, den Lear selbst gebraucht, fördert die Ironie und Paradoxie der Situation zutage: Er ist erlöst und doch gefangen; er singt – wie Dylan Thomas es im 20. Jahrhundert in einem seiner Gedichte formuliert – in Ketten.[23]

Als Lear wiederum auf der Bühne erscheint, trägt er Cordelia tot auf den Armen. Edmunds Anwandlung der Reue kam zu spät; eine zuvor gegebene Weisung wurde ausgeführt und Cordelia gehängt. Lear vermochte nur noch insofern Gerechtigkeit walten zu lassen, als er den Schurken erschlug, der den Befehl Edmunds ausführte. Die Worte, die Lear über der toten Cordelia spricht, zeugen von der Bereitschaft, die Unabwendbarkeit des brutalen Geschehens anzunehmen, und zugleich von dem Willen, sich gegen dieses Faktum, daß Cordelia tot ist, anzustemmen – und sei es auch nur in einem Akt letzter Verzweiflung. Shakespeare zeichnet die ständigen Gefühlsschwankungen des Königs in so differenzierter Weise nach, daß Kritiker und Interpreten bis heute darüber gestritten haben, wie die Worte des Königs zu deuten seien. Sind seine Äußerungen über die Zeichen des Lebens in Cordelia eine abgründige Selbsttäuschung, oder sieht er mehr als alle anderen, die nur vom physischen En-

---

[22] Vgl. U. Schläfer, in: Shakespeare-Handbuch, 619.
[23] Vgl. Dylan Thomas, Fern Hill: »Time held me green and dying /Though I sang in my chains like the sea«.

de der Königstochter betroffen sind – sieht er tatsächlich Leben im Tod?[24]

Der Bühnenvorgang selbst und die Kommentare der Personen, die Zeugen dieses Geschehens sind, lassen den Zuschauer erkennen, daß Lear einer letzten Illusion erliegt, und nichts in den folgenden Zeilen deutet darauf hin, daß die letzten Worte Lears im Sinne einer religiös-christlichen Auslegung des Todes als Beginn eines neuen Lebens zu verstehen seien. Die knappen Schlußworte heben vielmehr noch einmal das Ausmaß des Leidens, das er zu bestehen hatte, hervor. Er wird nicht wie Cäsar oder Hamlet als eine bewundernswerte Heldengestalt gepriesen, kein höfisches, militärisches oder religiöses Zeremoniell wird aufgeboten, um den Toten gebührend zu ehren; die Umstehenden sind ausschließlich mit dem Gedanken an den Tod oder die Kürze ihres eigenen Daseins befaßt. Das aber bedeutet: In Lear hat Shakespeare mit der Gestaltung der Todesszene die Tragik des Scheiterns absolut gesetzt. Gerade der Kontrast zur Versöhnungsszene im IV. Akt, die von der Kraft der erlösenden Liebe zeugt, läßt erkennen, welches Ausmaß die Tragik in diesem Werk angenommen hat. Gewiß ist Lear schuldig geworden, aber es ist offenkundig, daß Cordelia dem Vater alle Schuld verzeiht. Wenn der König und Cordelia dann trotzdem dem Tod ausgeliefert werden, kann dieser Vorgang (mit J. Stampfer) nur als »the tragedy of penance« bezeichnet werden.[25] Die Todesszene zeigt, wie weit sich Shakespeare mit der Lösung des Konfliktes in der Haupthandlung von der Moralitätentradition entfernte, die bis zum Ende des IV. Aktes als Bezugspunkt dient, und auf welche Weise er eine eigene Form der Tragödie entwickelte.

Es ergibt sich noch die Frage, in welchem Verhältnis die Nebenhandlung mit Gloucester und seinen beiden Söhnen Edgar und Edmund zur Haupthandlung steht.[26] Ist sie als Parallelhandlung konzipiert, um die

---

[24] Zur Interpretation des Schlusses vgl. N. Brooke, The Ending of King Lear, in: E.A. Bloom (ed.), Shakespeare 1564-1964, Rhode Island 1964, 71-87; weiterhin: H. Gardner, King Lear, The John Coffin Memorial Lecture, London 1966, insbesondere 27f.; zur Deutung der letzten Verse der Tragödie vgl. H. Oppel, Die Schlußverse von King Lear: Text-, Interpretations- und Übersetzungsprobleme, Akademie der Wissenschaften und der Literatur, Mainz, Abhandlungen der Geistes- und Sozialwissenschaftlichen Klasse, Jahrgang 1976, Nr. 6, Mainz/Wiesbaden 1976.

[25] J. Stampfer, The Catharsis of King Lear, Shakespeare Survey, 13, 1960, 10.

[26] Zur Deutung der Nebenhandlung vgl. B.G. Lyons, The Subplot as Simplification in King Lear, in: R.L. Colie and F.T. Flahiff (eds.), Some Facets of King Lear: Essays in Prismatic Criticism, Toronto 1974, 23-38, und H. Oppel, Die Vorgeschichte zu King Lear im Lichte moderner Adaptationen, Akademie der Wissenschaften und Literatur, Mainz, Abhandlungen der Geistes- und Sozialwissenschaftlichen Klasse, Jahrgang 1978, Nr. 9, Mainz/Wiesbaden 1978, 57-60.

Tragödie der Haupthandlung zu intensivieren – oder als Kontrast, um gegen die Ereignisse der Haupthandlung ein Gegengewicht zu schaffen? Vorab sei gesagt, daß sich Shakespeare bei der Koordination von Haupt- und Nebenhandlung niemals mit einfachen Lösungen begnügte: Sehr häufig sind die Strukturprinzipien des Kontrastes und der Parallelität miteinander gekoppelt; und zwar so, daß in der Parallelführung der Handlung und der Themen durch subtile Variationen die Kontraste zwischen beiden Handlungssträngen und den jeweiligen Personen sichtbar werden.

Bemerkenswert ist, daß zu Beginn der Tragödie Gloucester zusammen mit Kent auf der Bühne erscheint und dabei nicht nur die Nachricht, der König werde sein Reich teilen, vorbereitet – er gibt in dem einführenden Dialog auch Informationen über sich und Edmund, den er als unehelichen Sohn vorstellt. Dabei deutet sich insofern ein Wertekonflikt an, als sie zwar vom Vergehen Gloucesters gegen Gesetz und Sitte sprechen, jedoch ihre Bewunderung für Edmund nicht verbergen. Edmund ist gleichsam der Triumph der biologischen (Natur-)Kräfte über alle Ordnungen, die in der *lex naturalis* begründet sind. Daß Shakespeare solche Zusammenhänge intendierte, zeigt der Selbstvorstellungsmonolog Edmunds in der 2. Szene des I. Aktes. Die Ironie dieses Monologs liegt darin, daß Edmund durch seinen Entschluß, sich das legitime Erbe durch Intrigen anzueignen, seine niedrige Gesinnung beweist.

Die Technik der monologischen Enthüllung eines listigen Racheplanes entspricht den Konventionen der Moralitätenbühne, wo der *Vice*, der Schurke, die Verkörperung des Hauptlasters, das Publikum von Anfang an über sein Vorhaben unterrichtet. Im Konflikt mit dem Vater gleicht Edmund Goneril und Regan in der Haupthandlung, so daß es kein Zufall ist, wenn sich diese drei Personen später assoziieren und alle drei bei dem Versuch, ihre Pläne zu verwirklichen, scheitern. Wenn Edmund den von ihm verfaßten Brief, in dem Edgar (angeblich) seinen Halbbruder zur Auflehnung gegen den tyrannischen Vater auffordert, erst nach einigem gespielten Zögern vorzeigt, so erinnert er in seinem Verhalten und auch in der von ihm gewählten Diktion an die machiavellistischen Schurken auf der englischen Bühne des 16. Jahrhunderts, deren Stichworte ebenfalls »policy« und »cunning« (vgl. *Lear,* I, 2, 45 und 57) waren. Shakespeare hat – wie Bernard Spivack in einer umfassenden Darstellung nachwies[27] – die *Vice*-Figur durch Anregungen bereichert, die er dem Drama seines Jahrhunderts entnehmen konnte. Religiöse und humanistisch-philosophische Elemente durchdringen sich in der Charakterisierung der Bösewichte, wobei Edmund nicht zu jener abgründigen Verkörperung des Bösen ausgeformt wurde wie etwa Jago in *Othello*. Er ist der raffinierte Politiker, der es versteht, seinen Vater und seinen Halbbruder zu täuschen und mit Raffinesse die Zuneigung der beiden Töchter Lears, die ihm ähnlich sind, zu gewinnen.

Alle Theorien, die menschliches Verhalten auf wie immer geartete übernatürliche, göttliche oder planetarische Einflüsse zurückführen, werden von Edmund verspottet. Für ihn ist der Mensch Herr seiner selbst; das heißt denn auch: Er fühlt sich in der listigen Ausführung seines Racheplanes nur dem Diktat seines Verstandes verpflichtet. Eine humanistische Ethik gibt es für Edmund nicht; die Ehrlichkeit und Aufrichtigkeit Edgars erscheint aus Edmunds Perspektive als »foolish honesty« (I, 2, 178). In dem Augenblick, in dem Edmund in Cornwalls Dienste tritt (vgl. II, I), scheint in der Shakespeareschen Tragödie das Böse zu triumphieren wie im Zentrum einer Moralität. Gloucester steht im II. Akt zwar äußerlich auf Seiten Cornwalls und Regans; als er sich aber zum Fürsprecher des in den Block gelegten Kent macht, zeichnet sich sein weiteres Schicksal ab. Für Goneril, Regan und Cornwall ist er ein Verräter, der selbst seinem Sohn Edmund anvertraut hat, daß er bereit sei, sich dem König anzuschließen. Cornwall vollzieht auf offener Bühne das Strafgericht, das Goneril vorgeschlagen hatte: »Pluck out his eyes« (III, 7, 5). Im Augenblick der Blendung begreift Gloucester, daß ihn Edmund täuschte und Edgar zu Unrecht verbannt wurde. Als physisch Sehender war Gloucester blind; nach seiner Blendung sieht und versteht er Zusammenhänge, die ihm zuvor verborgen blieben.[28] Zwar läßt sich auch von Lear sagen, daß er anfangs einer Illusion verfällt, als blinder, hochmütiger Tor handelt und dann in Leid und Wahnsinn weise und von seiner Blindheit befreit wird. Blindheit ist bei ihm jedoch stets ein moralischer Zustand, sein physisches Leiden nimmt nicht die gleiche Form des brutalen Geblendetwerdens an wie das Leiden Gloucesters. Gloucester andererseits erreicht in seiner Bindung an das Physische nicht jenen Grad an intellektueller und emotionaler Differenziertheit im Leiden, der für Lear kennzeichnend ist. Die königliche Natur Lears, die Spannweite seiner Erleb-

---

[27] B. Spivack, Shakespeare and the Allegory of Evil: The History of a Metaphor in Relation to his Major Villains, New York 1958.
[28] Vgl. hierzu die Darlegungen von R.B. Heilman, This Great Stage, 173-224.

nisfähigkeit spiegelt sich darin, daß er, der Höchste im Staat, im physischen Leiden zugleich die größte geistige und seelische Erniedrigung erfährt und erduldet, auch wenn er dabei wahnsinnig wird. Gloucester dagegen weiß in seiner physischen und psychischen Not keinen anderen Ausweg, als zu versuchen, sich von den Felsen bei Dover in die Tiefe zu stürzen.

Die szenische Gestaltung dieses Suizidversuchs ist von Jan Kott in die Nähe des absurden Theaters gerückt worden.[29] Die beiden Clowns in *Waiting for Godot* möchten sich an einem Baum erhängen; aber: »Tod aus Verzweiflung mündet in den dümmsten Spaß des dummen August – sie wollen ihr Leben verlieren, und sie verlieren nur die Hose«.[30] Bei Shakespeare inszeniert Edgar ein absurdes Spiel mit dem todesbereiten Vater: Er überredet zwar den Vater, einen Sprung zu wagen – allerdings nicht in die Tiefe, sondern wie ein Kind beim Blindekuhspiel nach vorn. Und Gloucester fügt sich willig in dieses Täuschungsmanöver ein, insofern er sich einreden läßt, er sei tatsächlich von den Klippen herabgesprungen und wie durch ein Wunder gerettet worden. Man mag fragen, weshalb Shakespeare zu einer solch farcenhaften Behandlung eines der zentralen Themen dieser Tragödie – Rettung eines Vaters durch eines seiner Kinder – Zuflucht nahm. Es scheint, daß er auch hier eine Abstufung der Nebenhandlung zugunsten der Haupthandlung im Auge hatte, denn in derselben Szene tritt der noch von Wahnsinn geplagte Lear auf und in der folgenden Szene Cordelia, die ihren Vater ebenfalls rettet und sich mit ihm versöhnt. Wenn auch die Szene mit Gloucester keine reine *dumb show* genannt werden kann, hat sie doch die Funktion, in fast grotesker Weise präludierend auf die große Szene der Rettung und Heilung des Königs durch seine Tochter hinzuweisen. Die Grundthemen: Tod, Rettung, das Leben – ein Wunder (vgl. IV, 6, 55), werden in der Szene mit Gloucester angerührt, aber in einer vereinfachten Weise durchgespielt. Das Fazit, das Gloucester und – bekräftigend – Edgar aus diesem Geschehen ziehen, klingt allzu einfach: Gloucester stellt fest: »I do remember now; henceforth I'll bear /Affliction till it do cry out itself /›Enough, enough‹, and die« (IV, 6, 75-77), und Edgar ermahnt den Vater: »Bear free and patient thoughts« (IV, 6, 80).

---

[29] Vgl. ›König Lear oder das Endspiel‹ in: J. Kott, Shakespeare heute, München 1964, 144-188; das absurde Element in King Lear wird hier in einseitiger Weise zur Grundlage der Interpretation gemacht.
[30] G. Hensel, Samuel Beckett, Hannover 1968, 38.

Noch deutlicher tritt der Unterschied zwischen Gloucester und Lear, der Neben- und der Haupthandlung, in der dramatischen Entfaltung der Todesthematik zutage. Von der Szene, in der Lear stirbt, wurde schon gesprochen; sein Tod wird auf der Bühne gezeigt, der Tod Gloucesters dagegen ist in einen Bericht Edgars verlegt, in dem dieser seinem im Zweikampf bezwungenen Bruder Edmund und dem Herzog von Albanien Aufschluß über sein eigenes Leben und das Ende des Vaters gibt. Edgar berichtet, daß er erst kurz vor dem Zweikampf den Vater, den er nach der Blendung ständig begleitete, davon in Kenntnis setzte, wer er eigentlich ist. Das Übermaß der Erregung führte zu Gloucesters Ende:

> ... but his flaw'd heart,
> Alack, too weak the conflict to support!
> 'Twixt two extremes of passion, joy and grief,
> Burst smilingly.
> (V, 3, 195-198)

Wenngleich Gloucester und Lear in der Todesstunde »joy and grief« (V, 3, 197) erfahren, bleibt auch hier ein Unterschied zwischen den beiden Charakteren bestehen. Lear zerbricht aus Trauer über den Tod Cordelias, und alle Anwesenden umkreisen in ihren Reden das Phänomen des Todes. Die Bühnengeschehnisse, in die Gloucesters Tod einzuordnen ist, weisen in eine andere Richtung. Die Lösung des Konfliktes in der Nebenhandlung zeigt, wie stark die Moralitätentradition in diesem Drama noch lebendig ist: Edmund stirbt als reuiger Sünder; das Schicksal des Vaters wird von Edgar als Ausdruck einer gerechten Weltordnung gedeutet (vgl. V, 3, 169-172), und Edgar selbst siegt im Zweikampf mit dem Bruder; schließlich rückt er als Nachfolger Lears (und als dessen Patensohn) an die Spitze des Staates.[31]
Sieht man den Schluß von *King Lear* vor dem Hintergrund der politischen Geschichte und dem politisch-pädagogischen Schrifttum des 16. Jahrhunderts, so ist es kein Zufall, daß der Nachfolger Lears Edgar heißt.[32] Bereits Sir Thomas Elyot hatte in seiner Schrift *The Gouernour*

---

[31] Es ist Robert Potter zuzustimmen, wenn er sich gegen die Interpretationen wendet, die auf Grund der Anklänge an Motive und Bilder aus den Moralitäten eine optimistische Gesamtdeutung deduzieren (vgl. R. Potter, The English Morality Play: Origins, History and Influence of a Dramatic Tradition, London 1975, 162. Wenn er allerdings seine Thesis, King Lear sei eine »merciless tragedy« (a.a.O., 168) auch auf die Nebenhandlung und den Schluß ausdehnt, verfällt er seinerseits einer allzu einseitigen Interpretation, die der Komplexität der letzten Szene nicht ganz gerecht wird.
[32] Vgl. F.T. Flahiff, Edgar: Once and Future King, in: R.L. Colie and F.T. Flahiff (eds.), Some Facets of King Lear, 221-237.

(1531) den angelsächsischen König Edgar (seit 957 König von Nordhumbrien und Mercien, seit 959 auch König von Wessex) Heinrich VIII. als Vorbild empfohlen und Edgars Fähigkeit, Einigkeit in England herzustellen, gepriesen. In gleicher Weise wiesen Zeitgenossen Shakespeares – unter ihnen Bacon – auf König Edgar hin, wenn sie sich an Elizabeth I oder James I wandten und dabei auf vorbildliche Herrscher des frühen Mittelalters anspielten. Es darf also angenommen werden, daß der Name Edgar insbesondere in der Schlußszene beim elisabethanischen Publikum Assoziationen weckte (oder wecken konnte), die der Leser des 20. Jahrhunderts nur aus Fußnoten und gelehrten Abhandlungen rekonstruieren kann.

Dennoch wäre es falsch, die Tatsache, daß mit Edgar Ordnung in dem Staat geschaffen wird, an dessen Spitze zuvor König Lear stand, als den Schlüssel für das gesamte Werk zu nehmen. Dies hieße die Moralitätentradition in dieser Tragödie überbetonen. Für die Deutung des Werkes sind vielmehr drei Faktoren zu veranschlagen, die aufs engste miteinander verknüpft sind:

(1) Edgar, der eine neue politische Ordnung wiederherstellt, steht für den Geist der Gerechtigkeit; in seinen Urteilen, insbesondere auch über den Vater, spiegelt sich eine alttestamentliche Mentalität.

(2) Im Gegensatz zu ihm steht Cordelia, die keine Rache kennt; sie liebt in selbstloser Weise und wird als Unschuldige ins Gefängnis geworfen und gehängt. Sie ist eine Figur, in der Elemente einer neutestamentlichen Liebesethik zu beobachten sind, wobei immer zu bedenken bleibt, daß Shakespeare gerade diese religiösen Bezüge eher verhalten zum Ausdruck bringt.

(3) Der König selbst ist einer jener neuzeitlichen Charaktere, die wie Hamlet aus den überlieferten Ordnungen heraustreten, an den Rand des Nichts vordringen und sich dabei dem Wahnsinn aussetzen. Lears Bewußtseinslage kann Edgar nur in der Maske eines Tollhausbettlers imitieren; sie bleibt ihm letztlich fremd. Lear ist einer der großen Renaissance-Charaktere, die zugleich Erfahrungen vorwegnehmen, wie sie in der Literatur des 19. und 20. Jahrhunderts etwa bei Baudelaire oder Dostojewski erneut gestaltet wurden. Der besondere Ort des *King Lear* in der Geschichte der europäischen Literatur ist dadurch gekennzeichnet, daß in diesem Drama neuzeitliches tragisches Welterleben in aller Härte

artikuliert wird, dazu aber mittelalterliches Weltverständnis, aus der Moralitätentradition stammend, in der Begleitstimme mitklingt und neben der Möglichkeit des tragischen Scheiterns eines Königs auch die Möglichkeit mitgedacht wird, die Leiden des Staates zu heilen (vgl. V, 3, 319). Die Tragödie des König Lear war für Shakespeare trotz der grotesken Verzerrung der Wirklichkeit im Bewußtsein aller Narren, die in diesem Drama auf der Bühne agieren, kein absurdes »Endspiel«.[33]

---

[33] Anders dagegen J. Kott, a.a.O., 144-188.

# Natur bei Shakespeare

## Das anthropozentrische Weltbild der Renaissance

Shakespeares dramatische Werke entstanden im letzten Jahrzehnt des 16. und im ersten Jahrzehnt des 17. Jahrhunderts. Es ist dies die Epoche, die die englische Literaturgeschichtsschreibung »Das elisabethanische Zeitalter«[1] genannt hat, die in der Kulturgeschichte »Das Zeitalter der Entdeckungen« heißt und in der die Kunstgeschichte den Übergang von der Renaissance zum Barock beobachtet hat.

Bleiben wir bei dem Begriff »Zeitalter der Entdeckungen«. Die Menschen lösten sich – wie an der englischen Literatur des ausgehenden Mittelalters beobachtet werden kann – bereits im 14. Jahrhundert in deutlich wahrnehmbarer Weise von überlieferten Anschauungen, von den theologischen wie den philosophischen Autoritäten, und versuchten, sich aufgrund eigener Beobachtungen und eigener kritischer Reflexionen ein neues Bild von der Welt, von der gesamten Schöpfung und vom Menschen zu machen. An die Stelle der theozentrischen Weltbetrachtung rückte die anthropozentrische Sicht der Renaissance; der Mensch (und nicht mehr Gott) wurde für viele Zeitgenossen, insbesondere auch für Künstler wie Shakespeare, der Mittelpunkt der Welt.

Wie stark sich in der Literatur die Formen der menschlichen Selbstbetrachtung und Selbsterkundung veränderten, läßt sich an der Essayistik des Franzosen Michel de Montaigne ablesen, der zwar eine Fülle von Anregungen aus der antiken und mittelalterlichen Literatur in seine Essays aufnahm, der aber stets ein scharfsinniger, eigenständiger und eigenwilliger Betrachter seiner selbst blieb und auch heute noch eine faszinierende Wirkung auf seine Leser ausübt. »Die menschliche Fülle« – so Hugo Friedrich – »wird beschrieben in der zeitlichen und räumlichen Mannigfaltigkeit, in den individuellen Lebensphasen, Meinungen, Stimmungen, Launen. Mit einer besonderen Passion bohrt sich die Beschreibung gerade in das Paradoxe und Unstimmige ein. [...] Sein Buch [...]

---

[1] Vgl. dazu Wolfgang Weiß, Das elisabethanische Zeitalter, in: Ina Schabert (Hg.), Shakespeare-Handbuch: Die Zeit . der Mensch . das Werk . die Nachwelt, Stuttgart 1992, 2-40. – Weiterhin: Theodore Spencer, Shakespeare and the Nature of Man, New York 1942, und E.M.W. Tillyard, The Elizabethan World Picture, London 1943.

gelangt zu einer bis dahin unerreichten Verfeinerung der Menschenkunde, indem es die groben, viel zu weiten Rubriken preisgibt, mit denen die Psychologie und Moralphilosophie bisher hantierte und schematisierte«.[2]
In ähnlicher Weise erkundete Machiavelli in seinem *Principe* die Prinzipien eines politischen Handelns, das in kühler Berechnung der Umstände und Gegebenheiten es versteht, Herrschaft zu erlangen und Herrschaft zu sichern. Und um die gleiche Zeit stieß Kopernikus zur Annahme eines heliozentrischen Weltsystems vor, das – wie sein Name sagt – die Sonne und nicht mehr die Erde Mittelpunkt des naturwissenschaftlichen Weltsystems sein ließ.
Seit Montaigne, Machiavelli und Kopernikus ist der Prozeß der Beobachtung und Befragung des menschlichen Mikrokosmos, des Staates und des Makrokosmos nicht mehr zur Ruhe gekommen, wobei die Befassung mit der Natur ihre besondere Dynamik dadurch gewann, daß sie niemals nur ein Gegenstand theoretischer Betrachtung blieb, sondern in den Menschen immer auch den Wunsch weckte, sich ihrer Kräfte zu bedienen, um über sie, das heißt die Natur, herrschen und über andere Menschen Macht gewinnen zu können.
An diesen geistigen Wandlungen hat Shakespeare Anteil genommen, wobei hervorzuheben ist, daß er kein »Weltanschauungstheater« liefern wollte, sondern Schauspiele verfaßte, die lebendiges, energiegeladenes Theater bieten mit glänzenden Rollen und wirkungsvollen dramatischen Situationen. Dennoch ist nicht zu übersehen: je intensiver er sich in Stoffe einarbeitete, die sich bei seinen Zeitgenossen als dramatisch wirkungsvoll erwiesen, um so tiefer drang er in die Themen ein, die aus heutiger Sicht die Grundprobleme seines Zeitalters spiegeln. Die Königsdramen wie die Tragödien signalisieren die problematischen Aspekte des Staates, die Komödien, aber auch einzelne Tragödien und die Romanzen zeugen von seinem komplexen Verhältnis zur Natur. Von diesem Thema, seinem Verhältnis zur Natur, soll hier anhand dreier Stücke die Rede sein: der Komödie *A Midsummer Night's Dream*, der Tragödie *King Lear* und der Romanze *The Tempest*.

---

2   Hugo Friedrich, Montaigne, Bern 1949, 13.

## Natur als Schauplatz

Die Darlegungen über den *Sommernachtstraum* seien eingeführt durch ein Zitat; zu Beginn des II. Aktes tritt eine Elfe auf, der Shakespeare folgende Verse in den Mund gelegt hat:

> Over hill, over dale,
> Thorough bush, thorough briar,
> Over park, over pale,
> Thorough flood, thorough fire,
> I do wander everywhere,
> Swifter than the moon's sphere;
> And I serve the Fairy Queen,
> To dew her orbs upon the green.
> The cowslips tall her pensioners be,
> In their gold coats spots you see;
> Those be rubies, fairy favours,
> In those freckles live their savours.
> I must go seek some dew-drops here,
> And hang a pearl in every cowslip's ear.
> (II, 1, 2-15)[3]

Bei solchen Stellen ist zunächst zu bedenken, daß Shakespeare nur mit wenigen Kulissen spielte; die Aufgabe der Naturbeschreibungen ist es, die Atmosphäre zu evozieren, die im modernen Theater mit den raffiniertesten technischen Mitteln, mit einer subtilen Lichtregie produziert werden kann.[4] Shakespeare appelliert mit seinen Naturbeschreibungen jedoch nicht nur an unser inneres Auge, sondern auch an unsere Phantasie; er öffnet die Räume, überschreitet den Horizont, den wir mit dem bloßen Auge wahrnehmen können. Er weckt Vorstellungen, die alle Bereiche der Natur betreffen, er springt in der Phantasie von Erdteil zu Erdteil, umschweift den Erdball und lenkt unseren Blick schließlich zu den Gestirnen. Zugleich läßt er uns die Wechselbeziehungen gewahr werden, die sich zwischen dem Makrokosmos, der gesamten Schöpfung, und dem Mikrokosmos des Menschen abzeichnen. Die Wechselbeziehungen zwischen Mensch und Natur lassen sich an den Monologen und Dialogen der Personen ebenso ablesen wie an der Entfaltung der gesamten Hand-

---

[3] Zitate nach: William Shakespeare, A Midsummer Night's Dream, Harold F. Brooks (ed.), The Arden Shakespeare, paperback, London 1979.
[4] Zur Interpretation des Stückes vgl. den einführenden Kommentar in der genannten Ausgabe von Harold F. Brooks, LXXXIXff. sowie Max Lüthi, Shakespeares Dramen, Berlin 1957, 156-170.

lung und der Lösung der Thematik, die durch die Handlung verdeutlicht wird.

### Einflüsse der Natur auf den Menschen

Entsprechend der gesellschaftlichen Struktur, in der zu denken die Elisabethaner gewohnt waren, tritt am Anfang wie am Ende der Komödie die aristokratische Gesellschaft in den Vordergrund. Theseus und Hippolyta, der athenische Herzog und seine Braut, sowie Lysander und Demetrius, Hermia und Helena bestimmen das Geschehen. Sie werden in den Verwirrungen gezeigt, die am Johannisabend, dem 24. Juni, durch »the midsummer madness« (die Sommernachtstollheit) ausgelöst werden. Natur und Mensch gelangen zu diesem Zeitpunkt zur intensivsten Entfaltung ihrer Lebensenergien; die Menschen werden dabei so heftig zur Liebesleidenschaft getrieben, daß sie wie toll erscheinen, daß sie offen sind für alle betörenden und betäubenden Einflüsse, die von der Natur ausgehen. Die Menschen sind umgeben von Feen, die Oberon und Titania unterstehen; das heißt die gestuften Herrschaftsverhältnisse, die bei den Menschen anzutreffen sind, finden sich auch in der Natur: es gibt herrschende Mächte und Kräfte, denen nur eine dienende Funktion zukommt.
Mit Oberon, Titania und ihrem Gefolge veranschaulichte Shakespeare in spielerischer Weise eine Wirklichkeitsauffassung, die in der Literatur und im Volksglauben seiner Zeit in vielfacher Weise lebendig war. Daß er sich bei der Schilderung der Feenwelt auf mannigfache literarische und volkstümliche Traditionen bezog, beweisen allein die Namen: Oberon geht zurück auf die mittelalterlichen Romanzen, die in England vom 13. bis zum 15. Jahrhundert beliebt waren. Titania verdankt ihren Namen der antiken Literatur, insbesondere Ovid, den Arthur Golding im 16. Jahrhundert ins Englische übersetzt hatte und dessen *Metamorphosen* zu den Lieblingswerken Shakespeares zählten. Puck, der Kobold (Droll in der deutschen Übersetzung), schließlich ist eine Gestalt des englischen Aberglaubens, ein Geist, der zu Streichen aufgelegt ist und menschliche Pläne zum Spaß durchkreuzt. Bei ihm wird am ehesten faßbar, weshalb in der elisabethanischen Phantasie solche Figuren lebendig blieben: die alltägliche Erfahrung, daß menschliches Handeln auf unerklärliche Weise in andere Bahnen gelenkt wird, als der Handelnde es beabsichtigt, forderte die

Phantasie dazu heraus, unfaßbar Abstraktes in sinnlich wahrnehmbarer Gestalt anschaulich zu machen.

In dem Dialog zwischen Puck und der Elfe zu Beginn des II. Aktes werden das Wesen und die Wirkungsweise Pucks wie folgt beschrieben:

> Either I mistake your shape and making quite,
> Or else you are that shrewd and knavish sprite
> Call'd Robin Goodfellow. Are not you he
> That frights the maidens of the villagery,
> Skim milk, and sometimes labour in the quern,
> And bootless make the breathless housewife churn,
> And sometime make the drink to bear no barm,
> Mislead night-wanderers, laughing at their harm?
> Those that Hobgoblin call you, and sweet Puck,
> You do their work, and they shall have good luck.
> (II, 1, 32-41)

Puck selbst ergänzt diese Beschreibung sodann aus seiner eigenen Perspektive und fügt zu den Worten der Elfe noch diese Verse hinzu:

> Thou speak'st aright;
> I am that merry wanderer of the night.
> I jest to Oberon, and make him smile
> When I a fat and bean-fed horse beguile,
> Neighing in likeness of a filly foal;
> And sometime lurk I in a gossip's bowl
> In very likeness of a roasted crab,
> And when she drinks, against her lips I bob,
> And on her wither'd dewlap pour the ale.
> The wisest aunt, telling the saddest tale,
> Sometime for three-foot stool mistaketh me;
> Then slip I from her bum, down topples she,
> And 'tailor' cries, and falls into a cough;
> And then the whole quire hold their hips and loffe
> And waxen in their mirth, and neeze, and swear
> A merrier hour was never wasted there.
> (II, 1, 42-57)

»Puck«, so hat Rainer Lengeler dargelegt, »täuscht, um zu desillusionieren und um den Gefoppten dem Gelächter der Zuschauer preiszugeben. Dieser Befund wird auch durch seine eindrucksvollste Leistung als Spaßmacher, Bottoms Eselskopf, bestätigt. Eigentlich ist der Kopf, wie sich später herausstellt, nur ein Sinnentrug. Aber dadurch, daß der Zu-

schauer nicht nur die Panik der Handwerker erlebt, sondern den Kopf auch selber sieht, wird das Requisit [...] zum Bild raffinierter Illusion«.[5]
Eine besondere Ironie gewinnen die Auftritte Pucks dadurch, daß er sich selbst bei der Ausführung des Auftrags, den ihm Oberon zukommen läßt, noch täuscht. Es bedarf der höheren Macht des Elfenkönigs, um die Verwirrung im Elfen- wie im Menschenreich zu entwirren, um das drohende Chaos in eine Ordnung zu verwandeln, bei der sich Mensch, Natur und Übernatur in einer inneren Harmonie befinden.
Wie der zweite Akt zeigt, gibt es auch zwischen den Naturgeistern, dem Elfenkönig Oberon und der Königin Titania, Spannungen und Konflikte, die den menschlichen Eifersuchtskonflikten gleichen. »Ihrer letztlich dämonischen Herkunft entsprechend, erscheinen sowohl Titania als auch Oberon ausgesprochen anfällig für Leidenschaften«.[6] Das bedeutet: die Natur, die zunächst aus der menschlichen Sicht als ein Ort der Geborgenheit, des arkadischen Friedens, der utopischen Erfülltheit erscheinen möchte – diese Natur ist selbst mit Spannungen geladen. Die Natur ist so gesehen nicht mehr als ein Spiegel menschlicher Verhältnisse. Und doch ist sie mehr, denn Oberon erweist sich in allen Auseinandersetzungen als die überlegene Macht.
So veranlaßt Oberon den Kobold Puck, dem Handwerker Bottom (= »Zettel«) einen Eselskopf anzuzaubern, und er bewirkt auch durch den Zaubersaft einer Blume, daß Titania sich in diese Gestalt verliebt, was zu grotesken Szenen führt. Oberon verursacht in diesem Eifersuchtsspiel eine Verwandlung Bottoms, eine Metamorphose, die zugleich zu einer Verfremdung auf niederster Ebene führt. Als Bottom in verwandelter Gestalt erscheint, wenden sich seine Freunde von ihm ab. Durch den verwandelten Bottom kommen sie mit einer Gestalt in Berührung, die ihre gewohnte alltägliche Vorstellungswelt in schockierender Weise durchbricht und in Frage stellt. Der Eselskopf, mit dem Bottom plötzlich erscheint, läßt das Animalische in einer Weise hervortreten, wie sie es nie zuvor an einem Menschen beobachtet hatten. Die Verwirrung, in die Menschen zu Beginn der Neuzeit geraten konnten, als sie aus dem schützenden Gehäuse einer überlieferten Wertordnung heraustraten, findet in den Szenen, in denen Bottom auf der Bühne erscheint, in spielerischer Form ihren Ausdruck.

---

5   R. Lengeler, Das Theater der leidenschaftlichen Phantasie: Shakespeares Sommernachtstraum als Spiegel seiner Dichtungstheorie, Neumünster 1975, 99.
6   Ibid., 97.

## Die Regeneration durch die Natur

Titania hat in der inneren Entzweiung im Ohr noch ein Organ, das sich nicht verwirren läßt, als das Auge der Verblendung verfällt.[7] Sie ist und bleibt sich der Wertordnung, in der sie vor ihrer Verblendung lebte, bewußt, als Bottom die Grenzen dessen, was sich sprachlich geziemt, überschreitet, und sie ermahnt ihn entsprechend, sich zu zügeln. In der teilweisen Verwirrung wahrt Titania einen Bezug zur ursprünglichen (Natur)ordnung, die Oberons Handeln bestimmt und in die er sie mit versöhnlicher Geste zurückführt. Diese Versöhnung aber hat wiederum eine symbolische Bedeutung: sie weist auf die erhaltenden, bewahrenden und heilenden Naturkräfte hin, die über die destruktiven Kräfte letztlich die Oberhand behalten.

Shakespeare hat nicht gezögert, das Fremdartige, das Düstere und Dämonische in der Natur zum Ausdruck zu bringen. Erinnert sei in diesem Zusammenhang an Verse, die gegen Ende der Komödie von Puck gesprochen werden:

> Now the hungry lion roars,
> And the wolf behowls the moon;
> Whilst the heavy ploughman snores,
> All with weary task fordone.
> Now the wasted brands do glow,
> Whilst the screech-owl, screeching loud,
> Puts the wretch that lies in woe
> In remembrance of a shroud.
> Now it is the time of night
> That the graves, all gaping wide,
> Every one lets forth his sprite
> In the church-way paths to glide.
> And we fairies, that do run
> By the triple Hecate's team
> From the presence of the sun,
> Following darkness like a dream,
> Now are frolic; not a mouse
> Shall disturb this hallow'd house.
> I am sent with broom before
> To sweep the dust behind the door.
> (V, 1, 357-376)

Aber er läßt in den Komödien letztlich sein Vertrauen auf die regenerierenden Kräfte in der Natur in einer heiter-optimistischen Weise zum

---

[7] Vgl. hierzu Max Lüthi, Shakespeares Dramen, 161.

Durchbruch kommen. Er war nicht nur von der Verwandlungsfähigkeit des Menschen überzeugt, sondern auch von der Möglichkeit einer »reformatio« und einer »renaissance« des Menschen durch die Natur.

Diese Überzeugung liegt auch der Liebeshandlung zugrunde, die sich zwischen den beiden Paaren Hermia und Lysander sowie Helena und Demetrius abspielt. Im Weg der Liebenden vom Hof des Herzogs in den Wald von Athen spiegelt sich eine Grundsituation, die bei Shakespeare in zahlreichen Varianten anzutreffen ist. Der Hof erscheint – wie etwa auch im *Hamlet* – als der Ort der Unordnung, der Verderbtheit, der Enge und des gesetzlichen Zwangs. Daher glauben die verliebten Damen und Herren der höfischen Gesellschaft allen Konflikten entgehen und im Wald bei Athen die Freiheit finden zu können, die ihnen die uneingeschränkte Selbstentfaltung ermöglicht. Und in der Tat stehen Oberon und Puck von Anfang an auf der Seite der Liebenden. Als aber Puck im Auftrag Oberons in die Handlung eingreift, bewirkt er neues Unheil. Es bedarf schließlich des Gegenzaubers, eines erneuten Eingriffs von Oberon, um die Liebenden zusammenzuführen, die von Anfang an einander zustrebten.

Die Natur erweist sich auch im Bereich der Haupthandlung als ein doppeldeutiges Wesen: Sobald die Zaubersäfte der Natur wirken, sind die Menschen nicht mehr Herr ihrer selbst. Die Natur scheint den Menschen zu determinieren und ihm die besondere Qualität zu nehmen, die ihn von den übrigen Geschöpfen unterscheidet: die Freiheit der Entscheidung. Aber als Oberon schließlich als geschickter Regisseur, als »deus ex machina« und – gleich Pandarus – als komische Prädestination ins Geschehen einwirkt, fördert er nur die Entwicklungen, die zuvor durch die freie Entscheidung der Menschen eingeleitet wurden. Die Verwirrungen, die die Menschen zu erleiden haben und die durch Puck versehentlich noch gesteigert werden, erscheinen letztlich notwendig auf dem Weg ihrer Selbstfindung. Das Chaos, dem sie sich ausliefern, erweist sich als die ungeordnete Fülle von Lebensmöglichkeiten, aus der schließlich eine bestimmte, dem jeweiligen Charakter angemessene Lebensform hervorgeht. Es ist von symbolischer Bedeutung, daß den Liebenden diese Lebensmöglichkeit im Schlaf geschenkt wird, der das Reich der sich regenerierenden Kräfte, des ständig sich erneuernden Lebens darstellt.

## Natur bei Hooker, Hobbes und in *King Lear*

Um es anders zu sagen: Wer einen Menschen im Schlaf tötet – denkt man an den Königsmord im *Macbeth* – ja, wer einen Menschen überhaupt tötet, verstößt gegen das Naturgesetz, gegen die Ordnung, die die vitalen und die moralischen Kräfte umgreift, die das menschliche Leben bestimmen. Die zentralen Konflikte des Zeitalters ergaben sich daraus, daß sich Gegenkräfte zu Wort meldeten, die die Gültigkeit dieser überlieferten moralischen Ordnung anzweifelten. Welches Ausmaß dieser Konflikt in Shakespeares Bewußtsein annahm, beweisen seine Tragödien, insbesondere *King Lear*, ein Werk, in dem sowohl die Konflikte im Kreise einer Familie als auch die Konflikte im Staat dargestellt werden und in dem die moralische Ordnung wie die politische Ordnung auf die kosmologische Ordnung bezogen werden.[8] Shakespeares Bereitschaft, den Zusammenstoß der mittelalterlichen und der neuzeitlichen Welt in dramatischen Gestalten und Situationen darzustellen, führt in *King Lear* so weit, daß dieses Drama die einzige *absolute* Tragödie ist, die in seinem künstlerischen Schaffen zustande kam.

Erläutern wir zunächst die beiden Naturauffassungen, die in dieser Tragödie aufeinanderprallen. Richard Hooker, einer der Zeitgenossen Shakespeares, entwickelte in seinen *Laws of Ecclesiastical Polity* in Anlehnung an die mittelalterliche Philosophie und Theologie eine optimistische Sicht der Natur; die englische Literaturkritik charakterisiert diese Natur als »benignant nature«. Bereits bei Thomas Morus war zu Beginn des 16. Jahrhunderts zu lesen, daß nach der Sittenlehre der Utopier das natürliche Handeln vernünftig, das vernünftige Handeln natürlich sei. Diese Überzeugung liegt auch Shakespeares künstlerischen Werken zugrunde; er lehrt dies jedoch nicht, sondern bringt diese Auffassung durch die ihm zu Gebote stehenden dramatischen Mittel zum Ausdruck.

Daß Shakespeare die Begriffe »nature« und »natural« nicht im Sinne eines biologischen Denkens gebrauchte, wie wir es seit Charles Darwin kennen und in der englischen Literatur insbesondere in der zweiten Hälfte des 19. Jahrhunderts beobachten können, sei durch eine Stelle aus *King Lear* verdeutlicht. Zu seiner Tochter Regan bemerkt Lear tadelnd:

---

[8] Vgl. zu dieser Thematik J.F. Danby, Shakespeare's Doctrine of Nature: A Study of King Lear, London 1949, sowie W. Erzgräber, ›Reason in Madness‹: Shakespeares King Lear zwischen Moralität und Tragödie, S. 519-542 dieses Bandes.- Zum Begriff »nature« bei Shakespeare vgl. auch die Ausführungen von Hermann Heuer, Der Geist und seine Ordnung bei Shakespeare, Shakespeare Jahrbuch 84/86 (1950), 40-63.

> ...thou better know'st
> The offices of nature, bond of childhood,
> Effects of courtesy, dues of gratitude;
> (II, 4, 175-177)[9]

Es fällt auf, daß Lear nicht von einer ehernen Gesetzmäßigkeit spricht, wenn er das Wort »nature« erläutert, sondern von Pflichten, die die Natur den Menschen auferlegt, und dazu zählt er Ehrfurcht und Dankbarkeit. Cordelia lebt aus der natürlichen Liebe, aus der beständigen Kraft der menschlichen Zuneigung, sie folgt den vernünftig-umsichtigen Eingebungen ihres Herzens. Shakespeare charakterisiert ihr Handeln gelegentlich durch die Wörter »tenderness« und »gentleness«; sie zeichnet sich durch Zartheit, Milde, Freundlichkeit und Güte aus; zugleich evoziert das Wort »gentleness« Erinnerung an die Grundbedeutung des Adjektivs »gentle«: edel, vornehm.

Edmund, der uneheliche Sohn Gloucesters, ist in allen Einzelheiten Cordelias Gegenspieler. Er lebt ohne Rücksicht auf Menschlichkeit aus dem Verstand, aus dem raffinierten Kalkül. Er ist die verkörperte List, die nur ihren eigenen Vorteil sucht und bereit ist, andere Menschen zu hintergehen, zu betrügen, zu opfern, zu vernichten, um des eigenen Vorteils willen. Edmund sucht im politischen Handeln seinen Willen zur Macht auszuleben, für selbstlose Hingabe hat er nur Verachtung.

Es fällt auf, daß auch Edmund sich – bereits bei seinem ersten Auftritt in der 2. Szene des I. Aktes – auf die Natur beruft:

> Thou, Nature, art my goddess; to thy law
> My services are bound. Wherefore should I
> Stand in the plague of custom, and permit
> The curiosity of nations to deprive me,
> For that I am some twelve or fourteen moonshines
> Lag of a brother? Why bastard? Wherefore base?
> (I, 2, 1-6)

Edmund, ein unehelicher Sohn Gloucesters, wendet sich an eine Natur, die als Gegensatz begriffen wird zu allem, was in der Geschichte der Völker und deren Zivilisation »natürliches Gesetz«, was Sitte, Ordnung und Konvention heißt. In Edmunds Worten zeichnen sich eine Anthropologie und eine Geschichtsauffassung ab, wie sie im 17. Jahrhundert in England von Thomas Hobbes, insbesondere in seinem Hauptwerk, dem *Leviathan*

---

[9] Zitate nach: William Shakespeare, King Lear, Kenneth Muir (ed.), The Arden Shakespeare, paperback, London 1978.

(1651), entwickelt wurde. Hobbes lehrte, daß im Naturzustand ein Kampf aller gegen alle herrsche (»bellum omnium contra omnes«), in dem einer des anderen Wolf sei (»homo homini lupus«): Der Trieb zur Selbsterhaltung und die Machtgier bestimmen das Handeln der Menschen. Nur durch die Übertragung der Macht auf einen Souverän wird dieser Naturzustand überwunden. Genau dieser Naturzustand aber wird durch die Aktionen und Gegenaktionen Edmunds und der mit ihm assoziierten Schwestern Goneril und Regan ausgelöst – ein Naturzustand, der dazu führt, daß sie sich gegenseitig zu überlisten versuchen und daß sie alle in dem von ihnen selbst heraufbeschworenen Chaos untergehen. Richtet man sein Augenmerk nur auf Edmund, Goneril und Regan und deren Schicksal, dann erscheint *King Lear* als eine politische Moralität, in der schließlich die Gerechtigkeit siegt und die Verletzung menschlicher Würde bestraft wird. Bedenkt man aber, daß Edmund, Goneril und Regan die Repräsentanten der Gegenwelt, nämlich Lear und Cordelia, mit in den Abgrund reißen, was allen Vorstellungen von menschlicher Gerechtigkeit widerspricht, dann zeichnen sich in aller Härte die Konturen einer Tragödie ab. Das paradoxe Gesetz dieser Tragödie wird schließlich faßbar, wenn man sich vergegenwärtigt, daß trotz der äußeren Niederlage Lears und Cordelias die überlieferte moralische Ordnung triumphiert. Um diesen Sachverhalt erläutern zu können, sei im folgenden der Blick auf die innere Entwicklung des Königs gerichtet, dessen entscheidender Wandel sich charakteristischerweise in der Natur, auf einer sturmdurchtobten Heide vollzieht.

## Blindheit und Desillusionierung des Königs

Lear erscheint zu Beginn der Tragödie als ein König, der geblendet ist von seiner Machtfülle, der glaubt, auch dann noch den gleichen herrschaftlichen Einfluß ausüben zu können, wenn er seine Macht unter seine drei Töchter verteilt. Seine Blindheit[10] findet darin ihren Ausdruck, daß er sich von den einschmeichelnden Worten Gonerils und Regans, von ihrer raffinierten Rhetorik täuschen läßt, die knappen Worte Cordelias, die ihre Liebe für den Vater in schmuckloser religiös formelhafter Sprache bekundet, mißdeutet und sie in momentaner zorniger Aufwallung verbannt. Nur der König von Frankreich weiß in dieser Situation

---

10 Zu dieser Thematik vgl. R.B. Heilman, This Great Stage, Baton Rouge 1948, 173-224.

die Wertsphären sicher zu trennen: er sieht die äußere, materielle Armut der enterbten Cordelia, aber auch ihren inneren, seelischen Reichtum.

> Fairest Cordelia, that art most rich, being poor;
> Most choice, forsaken; and most lov'd, despis'd!
> Thee and thy virtues here I seize upon:
> Be it lawful I take up what's cast away.
> (I, 1, 249-252)

Die beiden ersten Akte gipfeln jeweils in der 4. Szene in der Demaskierung einer der Repräsentantinnen des Bösen: In I, 4 erkennt der König das wahre Wesen Gonerils, in II, 4 entlarvt Regan ihre wahren Absichten. Parallel zur Demaskierung des Bösen läuft die graduelle Desillusionierung des Königs, der erfahren muß, daß mit seiner Gefolgschaft auch sein äußeres Ansehen reduziert und aufgelöst wird, so daß sein Geist sich schließlich verwirrt. Der letzte Satz, den Lear im II. Akt spricht: »O Fool: I shall go mad!« deutet an, daß er nach der Herrschaft über den Staat auch die Herrschaft über das eigene Ich verliert.

Die Sturmszene, mit der III, 2 beginnt, ist ein Zeichen für den inneren Aufruhr, in dem sich der König befindet; zur Verdeutlichung seien die Verse 1-9 zitiert:

> Blow, winds, and crack your cheeks! rage! blow!
> You cataracts and hurricanoes, spout
> Till you have drench'd our steeples, drown'd the cocks!
> You sulph'rous and thought-executing fires
> Vaunt-couriers of oak-cleaving thunderbolts,
> Singe my white head! And thou, all-shaking thunder,
> Strike flat the thick rotundity o' th' world!
> Crack Nature's moulds, all germens spill at once
> That makes ingrateful man!
> (III, 2, 1-9)

Der Sturm in der Natur ist das Echo, die Reaktion in der äußeren Wirklichkeit auf die Störung, die in der inneren moralischen Wirklichkeit eingetreten ist. Daß es eine Verbindung zwischen dem physischen und dem moralischen Bereich gibt, deutet Shakespeare durch das Wort »foul« an, das ›häßlich‹ und ›böse‹ bedeuten kann, und auf den Sturm (= häßlich) wie auf die Töchter des Königs (= böse) bezogen wird.

*Abb. 24*: Sturmszene in *King Lear*
John Runcimans Bild »King Lear in the Storm« (National Gallery of Scotland, Edinburgh) entstand 1767 – ein Jahr, bevor der Maler im Alter von 24 Jahren starb.
Das Bild ist eine kongeniale Erfassung der Sturmszene im III. Akt von Shakespeares Tragödie. Runciman will kein Bühnenbild malen, sondern die seelische Verfassung des Helden und den Zusammenhang zwischen innerer und äußerer Wirklichkeit zum Ausdruck bringen. Er hat sich zu seiner ›Landschaft‹ durch die zahlreichen Meeresbilder inspirieren lassen, die in die Dialoge im III. Akt eingebaut sind. Im Drama rückt das Meer erst im IV. Akt in dem Augenblick stärker ins Bewußtsein des Zuschauers, als der Blick von den Klippen von Dover hinabgelenkt wird.
Bei Runciman werden die Sphäre der Menschen und die der Elementargewalten durch eine Diagonale (von links oben nach rechts unten) getrennt, die durch den Lichteffekt auf den Wellenkronen verdeutlicht wird. Allerdings greifen die auslaufenden Wellen auf den Bereich der Menschen über. Edgar als Poor Tom (links von Lear), Kent und ein Begleiter blicken (nach W.M. Merchant) auf einen Ertrinkenden auf dem Felsbrocken (rechts im Vordergrund). Der Narr kniet links neben Lear, der schützend den rechten Arm um ihn legt. Lear hat den Blick eines Sehers, eines Visionärs. W.M. Merchant bemerkt zu Runcimans Bild: »Whether or not stage practice in fact exerted either a direct or indirect influence upon the picture, its dramatic organization anticipates the school of history painting of the next generation, while its violent interplay of human emotion and natural elements belongs to the height of romantic painting (W.M. Merchant, *Shakespeare and the Artist*, London 1959, 190).

Der innere Sturm, den Lear gleichzeitig mit dem äußeren Sturm durchlebt, legt die Ursachen seines Leidens frei und bereitet die Heilung vor, die ihm gegen Ende des IV. Aktes bei der Wiederbegegnung mit seiner Tochter Cordelia zuteil wird. Es fällt auf, daß auch bei der Heilung, der Regeneration des Helden mehrfach auf die Natur Bezug genommen wird: In ihrem Gespräch mit dem Arzt appelliert Cordelia an menschliche, das heißt medizinische Kunst *und* an die Kräfte der Natur; da Cordelia selbst im Einklang mit der natürlichen Ordnung der Dinge steht, gelingt es ihr, die für die Wiederherstellung des Vaters nötigen Naturkräfte auf ihn zu übertragen und ihn in Zusammenarbeit mit dem Arzt von seiner Blindheit, seiner Torheit und seinem Wahnsinn zu befreien.

Ein Jahrhundert wie das 18., das vom Glauben an die angeborene Güte des Menschen lange überzeugt war, ließ das Drama über König Lear – im Anschluß an N. Tates Bearbeitung (1681) – mit der Versöhnung von Vater und Tochter ausklingen.[11] Diesen Glauben hatte Shakespeare, zumindest in der mittleren Phase seiner Entwicklung, in der seine großen Tragödien entstanden, verloren. Der letzte Akt seines *King Lear* setzt hinter alle optimistische Naturgläubigkeit ein großes Fragezeichen. Lear erliegt einer Selbsttäuschung, als er bei der toten Cordelia eine Spur von Leben glaubt wahrnehmen zu können. Die Tragik in *King Lear* ist absolut[12]; daran ändert auch die Tastsache nichts, daß Edgar, Kent und Albany überleben. Mit dieser Konzentration auf die Vergänglichkeit der menschlichen Natur und die Unaufhebbarkeit der in ihr angelegten Tragik nimmt *King Lear* unter allen Tragödien Shakespeares eine Sonderstellung ein.

## Die Zauberinsel in *The Tempest*

Mit dem letzten Drama, das Shakespeare verfaßte und das er *The Tempest* betitelte, scheint die Tragödienwelt in Vergessenheit geraten zu sein, und er scheint mit einer Romanze, einem Traum- und Märchenspiel, zu seinen komödiantischen Anfängen zurückzukehren. Die Handlung spielt auf einer Zauberinsel, viele Vorgänge – die Rettung Schiffbrüchiger, das Maskenspiel und auch die Lösung des Konflikts – haben den Charakter

---

[11] Vgl. dazu auch Ute Schläfer, King Lear, in: Ina Schabert, Shakespeare-Handbuch, 626.
[12] Vgl. hierzu den grundlegenden Aufsatz von J. Stampfer, The Catharsis of King Lear, Shakespeare Survey 13 (1960), 10, sowie die Abhandlung ›Reason in Madness‹: Shakespeares King Lear zwischen Moralität und Tragödie, S. 519-542 dieses Bandes.

des Unwirklichen. Die Welt scheint in diesem Stück in Musik verwandelt zu sein. »Melodien und Klänge erfüllen sie [d.h. die Insel] mit magischer Betörung der Sinne. [...] Nach den Klängen von Ariels Tamburinmusik werden die primitiven Attentäter verzaubert und zu burlesken Kapriolen genötigt. Ferdinand folgt der Lockmusik und wird so über seinen Schmerz getröstet und zur Zelle des Prospero geleitet. [...] Vor allem ist es aber Prospero, der den Läuterungsprozeß an den Schuldigen unter Nutzung der Heilkraft der Musik vollzieht. Sie ist ›comfort to an unsettled fancy‹, bei ihren heilenden Tönen gewinnen die Verstörten ihre Geistesverfassung wieder«.[13] Als Beispiel für die lyrisch-musikalische Atmosphäre, die dieses Drama bestimmt, sei eine Strophe zitiert, die dem Luftgeist Ariel in den Mund gelegt ist:

> Where the bee sucks, there suck I:
> In a cowslip's bell I lie;
> There I couch when owls do cry.
> On the bat's back I do fly
> After summer merrily.
> Merrily, merrily shall I live now
> Under the blossom that hangs on the bough.
> (V, 1, 88-94)[14]

Freilich: Wer sich nicht nur den Klängen hingibt, sondern auch auf den Sinn der Worte, insbesondere des Prospero, achtet, wird erkennen, daß Shakespeare hier mehr bieten wollte als das weltferne, romantische Spiel, das von einem Fürsten handelt, der mit seiner Tochter vertrieben wurde, zwölf Jahre Verbannung hinter sich hat und sich nun an den Schuldigen rächen könnte. Prospero verzichtet auf Rache, und Shakespeare läßt das Stück mit Worten der Verzeihung und Vergebung ausklingen. In der Unwirklichkeit des Märchenspiels – so erkennt man unschwer – werden Grundfragen der menschlichen Existenz angesprochen, die Shakespeare bereits zu Beginn seiner Laufbahn als Dramatiker beschäftigten. Schon in *The Comedy of Errors* geht es um Gerechtigkeit und Gnade, schon in *Romeo and Juliet* um die Liebe zweier junger Menschen, in denen sich die Gaben des Körpers und der Seele in höchster und reinster Vollendung zeigen. Shakespeare nutzt also das Traumspiel, um wesentliche Konflikte und

---

[13] Hermann Heuer, Traumwelt und Wirklichkeit in der Sprache des Tempest, Shakespeare Jahrbuch 90 (1954), 217.
[14] Zitate nach: William Shakespeare, The Tempest, Frank Kermode (ed.), The Arden Shakespeare, London [6]1958.

Konfliktlösungen, die in realistischen Dramen allzu oft durch zeitbedingtes Beiwerk verdeckt werden, transparent werden zu lassen.

Geht man von der Thematik des *Tempest* aus, dann wird auch die Nähe dieser Romanze zur *Lear*-Tragödie einsichtig, und wir sind nicht mehr überrascht, wenn ein englischer Kritiker feststellt: »The Tempest is a commentary on King Lear«.[15] Der Sturm ist – wie wir sahen – das zentrale Ereignis in *King Lear*; mit dem gleichen Naturphänomen beginnt das letzte Stück, und wie in *King Lear*, so hat auch in *The Tempest* der Sturm eine doppelte Bedeutung: er ist ein Naturvorgang, spiegelt aber zugleich die menschlichen Erregungen und Leidenschaften, den chaotischen Wirrwarr, wider, den Menschen selber bewirkt haben.[16]

## Das neuplatonische Weltbild und die Stufung der Figuren in *The Tempest*

Es ist hier der Ort, daran zu erinnern, daß Shakespeare und seine Zeitgenossen unter dem Einfluß der neuplatonischen Philosophie an einem hierarchisch-gestuften Weltbild festhielten (das übrigens auch für Goethes *Faust* noch galt, worauf er in *Dichtung und Wahrheit* aufmerksam machte). Von der Sonne, dem Symbol des Göttlichen, reicht die Stufenleiter über die Engel und Dämonen zum Menschen und weiter über das Tier und die Pflanzen bis hin zu den Gesteinen und der dunkelsten Materie. Diese Stufung muß erhalten bleiben, soll die Welt nicht ins Chaos versinken. Es sei hier nur an die Rede des Ulysses in *Troilus and Cressida* erinnert, wo sich folgende Verse finden:

> Take but degree away, untune that string,
> And hark what discord follows. Each thing melts
> In mere oppugnancy; the bounded waters
> Should lift their bosoms higher than the shores,
> And make a sop of all this solid globe;
> Strength should be lord of imbecility,

---

[15] D.G. James, The Dream of Prospero, Oxford 1967, 26. Vgl. weiterhin die Abhandlung von Horst Oppel, The Tempest als Kommentar zu King Lear, in: R. Haas, H.W. Müllenbrock u. Claus Uhlig (Hgg.), Literatur als Kritik des Lebens, Festschrift zum 65. Geburtstag von Ludwig Borinski, Heidelberg 1975, 97-110.

[16] Zur Deutung der Thematik des Werkes vgl. auch Derek Traversi, The Tempest, Scrutiny 16 (1949), 125-57; Lawrence E. Bowling, The Theme of Natural Order in The Tempest, College English 12 (1951), 203-209; Frank Kermode (ed.), The Tempest, The Arden Shakespeare, London [6]1958, XXIV – LIX.

> And the rude son should strike his father dead;
> Force should be right – or rather, right and wrong,
> Between whose endless jar justice resides,
> Should lose their names, and so should justice too.
> Then everything includes itself in power,
> Power into will, will into appetite,
> And appetite, an universal wolf,
> So doubly seconded with will and power
> Must make perforce an universal prey,
> And last eat up himself.
> (I, 3, 109-124)[17]

Von diesem Weltbild her lassen sich die dramatischen Vorgänge auf der Bühne in Shakespeares letztem Drama erschließen, und auch für die Interpretation der einzelnen dramatischen Figuren und der Konflikte, die sich zwischen ihnen abspielen, ergibt sich von diesem Hintergrund her ein Zugang.

Überblickt man die Stufenordnung der Figuren, die Shakespeare im *Tempest* auf die Bühne brachte, so muß man Caliban auf der untersten Stufe ansiedeln. Sein Name leitet sich von »cannibal« (= Menschenfresser) ab, und es ist sicher, daß Shakespeare bei seinem Studium der Essays Montaignes veranlaßt wurde, über die Natur der Kannibalen und über die von ihm konzipierte Figur Caliban nachzudenken. Wie stark Shakespeare auch Montaigne in seinem Welt- und Menschenbild verpflichtet war, bei der Ausarbeitung des Caliban ging er eigene Wege: Caliban ist kein Menschenfresser, sondern ein Abkömmling einer Hexe namens Sycorax und eines Inkubus, eines Teufels. Es ist ein dunkles, wildes Wesen und hat äußerlich die Züge eines Fisches und eines Menschen, was darauf hindeutet, daß er im Vergleich zum Menschen auf den Bereich rein sinnlichen und unbewußten Lebens beschränkt bleibt. Caliban weihte Prospero zunächst in einige Geheimnisse der Insel ein und zum Dank dafür nahm sich Prospero seiner an, bemühte sich, ihn zu erziehen und ihm die menschliche Sprache beizubringen. Als Caliban jedoch versucht, Miranda in seine Gewalt zu bringen, erregt er den Zorn des Prospero, der ihn darauf aus seiner Grotte verweist und ihn niedrige Arbeiten verrichten läßt.[18]

Bedenkt man, daß Caliban auch nach dem Vorbild mancher Reiseberichte als ein exotisch wildes Geschöpf geschildert wird, so ist die Vermutung

---

[17] Zitat nach: William Shakespeare, Troilus and Cressida, Kenneth Palmer (ed.), The Arden Shakespeare, paperback, London 1982.
[18] Zur Deutung von Caliban vgl. auch Max Lüthi, Shakespeares Dramen, Berlin 1957, 308ff.

nicht abwegig, daß sich im Verhältnis des Prospero zu Caliban das Verhältnis der Europäer zu den Wilden, den andersrassigen Eingeborenen spiegelt, die sie auf fremden Inseln und in fremden Erdteilen entdeckten und als deren natürliche Herren sie sich betrachteten. Es ist jedoch auch zu bedenken, daß Shakespeare bei seiner Figurengestaltung von der Anthropologie und Psychologie der Renaissance beeinflußt war, die die besondere Aufgabe des Menschen darin sah, die Triebe und Leidenschaften durch die ›königliche‹ Vernunft zu bändigen, wobei sowohl platonisches wie stoisches Gedankengut in die Psychologie des 16. Jahrhunderts eingegangen waren.

Die Revolte des Caliban gegen Prospero wäre demnach einer Revolte der dunklen Triebe gegen die Herrschaft der Vernunft gleichzusetzen; vorbereitet wird diese Revolte durch Stephano, einen betrunkenen Butler, und Trinculo, einen Spaßmacher, die beide bei dem Schiffbruch überlebten. Als Caliban von Stephanos Alkohol kostet, ist er sofort bereit, in ihm seinen neuen Herrn zu sehen:

> That's a brave god, and bears celestial liquor:
> I will kneel to him.
> (II, 2, 118-119)

Caliban zögert nicht, seinem neuen Herrn Ratschläge zu erteilen, wie er am besten Prospero ermorden könne:

> Why, as I told thee, 'tis a custom with him
> I' th' afternoon to sleep: there thou mayst brain him,
> Having first seiz'd his books; or with a log
> Batter his skull, or paunch him with a stake,
> Or cut his wezand with thy knife ...
> (III, 2, 85-89)

Im Bereich der außermenschlichen Wesen bildet Ariel den schärfsten Kontrast zu Caliban.[19] Ist Caliban in seiner Existenz an die Elemente des Wassers und der Erde gebunden, so lebt Ariel in Luft und Feuer. Ist Caliban der störrische Diener des Prospero, so verkörpert Ariel das Musterbild eines treuen Dieners im Sinne der elisabethanischen Zeit. Bevor Caliban auf die Insel kam, hielt ihn die Hexe Sycorax gefangen; Prospero

---

[19] Vgl. hierzu auch Robert Weimann, Puck und Ariel: Mythos und poetische Phantasie, Shakespeare Jahrbuch Ost 104 (1968), 17-33 und G. Wilson Knight, The Shakespearian Superman: a study of The Tempest, in: The Crown of Life: Essays in Interpretation of Shakespeare's Final Plays, London (1947), 1965, 203-255, insbesondere 210.

befreite ihn und übernahm ihn in seine Dienste. So überrascht es nicht, wenn Ariel ihn als »noble master« (I, 2, 299) anerkennt, und Prospero seinerseits den allzeit hilfsbereiten und zuverlässigen Ariel mit Wendungen wie »my brave spirit« (I, 2, 206), »fine apparition« (I, 2, 319), »my bird« (IV, 1, 184) oder »my dainty Ariel« (V, I, 95) anredet. Ariel rettet in Prosperos Auftrag die Schiffbrüchigen aus dem Sturm, den Prospero selbst inszenierte, lockt Ferdinand durch seine zart-lyrischen Gesänge in die Nähe Mirandas, flüstert Gonzalo eine Warnung ins Ohr, als die Aufrührer einen Mordanschlag auf den König von Neapel vorbereiten. In der Gestalt einer Harpye – halb Frau, halb Geier – greift er im III. Akt in die von Prospero hervorgezauberte Bankett-Szene ein, hält den Verschwörern ihre Schuld vor, droht ihnen Strafe an und mahnt sie zur Reue. Schließlich wird ihm noch der Auftrag zuteil, das Schiff, auf dem Prospero und sein Gefolge die Insel verlassen, sicher in die Heimat zu geleiten.

In gleicher Weise wie die außermenschlichen Wesen wurden von Shakespeare auch die menschlichen Figuren gestuft. Stephano und Trinculo stehen auf einer niedrigen Stufe; sie reden unter dem Einfluß des Alkohols davon, sich zu Herren der Insel zu machen, aber sie bleiben im wesentlichen ungefährliche, betrunkene Burschen, die leicht in die Irre zu führen sind. Auf höherer Stufe stehen Alonso, der König von Neapel, Antonio, der jüngere Bruder Prosperos, Herrscher von Mailand, und Sebastian, der jüngere Bruder des Königs von Neapel. Antonio ist der eigentliche Schurke des Stückes: er vertrieb Prospero, und er möchte jetzt Sebastian zum gleichen Verbrechen an Alonso überreden. Mit den Mordplänen, die Antonio und Sebastian schmieden, rührt Shakespeare an Themen und Konflikte, wie sie in seinen großen Tragödien von *Julius Caesar* bis *King Lear,* und in seinen Historiendramen von *King John* bis *Richard III* durchgehend zu finden sind.

*Abb. 25*: Der Sturm in *The Tempest*

Shakespeares *Tempest* hat eine komplexe Rezeptionsgeschichte, die am Beispiel des Titelbildes zu Nicholas Rowes Ausgabe verdeutlicht werden kann.

W. Davenant und John Dryden arbeiteten im Jahre 1670 das Drama um, und 1674 wurde diese Version die Basis für Thomas Shadwells opernhafte Bearbeitung. Über das Bühnenbild zur Eröffnungsszene bemerkt John Downes: »Behind this is the scene, which represents a thick cloudy sky, a very rocky coast and a tempestuous sea in perpetual agitation. This tempest (supposed to be raised by magick) has many dreadful objects in it; several spirits in horrid shapes flying down amongst the sailors then rising and crossing in the air« (zit. n. W. M. Merchant, *Shakespeare and the Artist*, London 1949, 27).

Das Titelbild von Rowes Ausgabe (1709) wurde in enger Anlehnung an diese bildhafte Tradition angefertigt: das aufgepeitschte Meer, der von Blitzen durchzuckte Himmel, die dämonenhaften Geister sind bei Rowe ebenso zu finden wie in der Beschreibung von John Downes. W.M. Merchant vermutet weiterhin einen Zusammenhang mit der holländischen Seemalerei: »To that extent it is wholly un-Shakespearian and it appears also to have some flavour, much debased, of the Dutch marine subjects of the previous century; indeed this scene might also be a melodramatic form of Simon Vlieger's ›Wreck of the Amsterdam‹« (Merchant, *Shakespeare and the Artist*, 49).

## Prospero und die Weiße Magie

Im Unterschied zu diesen Dramen gibt es jedoch im *Tempest* eine Gestalt, die allen anderen überlegen ist: Prospero.[20] In vieler Beziehung tritt er als eine Idealgestalt auf; er hat die überragende Klugheit und auch die Fähigkeiten, das Schicksal aller Menschen, die ihm begegnen, auf ein *happy ending* zuzusteuern; er handelt damit so, wie es die Staatsphilosophie des 16. Jahrhunderts von einem Fürsten erwartete. Aber auch er wurde schuldig. Als Herrscher von Mailand hätte er sich der *vita activa* in gleichem Maß verpflichtet fühlen sollen wie der *vita contemplativa*. Prospero wandte sich jedoch im Übermaß seinen gelehrten Studien der Philosophie und der Magie zu – in dieser Beziehung erinnert er an Faust –, wobei er schließlich das Regieren, die *vita activa*, ganz seinem jüngeren Bruder überließ; so ist es letztlich auf Prosperos eigenes Versagen zurückzuführen, wenn er aus seinem Herzogtum vertrieben und mit seiner Tochter auf einem Boot ausgesetzt wurde. Mit Miranda lebte Prospero auf der einsamen Insel im Exil und gab sich dabei dem Studium der Weißen Magie hin. Nach den Worten des Agrippa von Nettesheim ist eine solche Magie »sinnvoll und notwendig«, »weil sie ›zum Nutzen der Menschen‹ wirkt, ›zur Abwendung von Unglück, zur Zerstörung von Zauberwerk, Vertreibung von Gespenstern und zum zeitlichen Wohlergehen, ohne Gott und die Religion zu beleidigen‹«.[21] Diese Magie erstrebt weder eine ungewöhnliche Befriedigung sinnlichen Verlangens, noch die Befriedigung der Machtgier, wie dies bei Dr. Faustus beobachtet werden kann, über den vor Shakespeare Christopher Marlowe bereits eine Tragödie geschrieben hatte. »Fausts Magie ist Teufelswerk und Schwarze Kunst, die den Adepten schließlich der Hölle anheimfallen läßt«.[22]

Mit seinen Künsten aus dem Reich der Weißen Magie macht sich Prospero mit Hilfe übersinnlicher, aber natürlicher Kräfte zum Herrscher über das menschliche Leben; daß er darauf aus ist, Gutes zu bewirken, zeigt am Ende des Dramas die Lösung der Konflikte; mit kluger Hand führt er das Liebespaar Miranda und Ferdinand zusammen; er verzeiht seinem Bruder und auch denjenigen, die einen neuen Anschlag auf einen

---

[20] Vgl. in diesem Zusammenhang P. Mason, Prospero's Magic, Oxford 1962, sowie Kurt Tetzeli von Rosador, Magie im elisabethanischen Drama, Braunschweig 1970.
[21] Ernst T. Sehrt, Zum Verständnis des Werkes in: William Shakespeare, Der Sturm (englisch und deutsch), hg. von L.L. Schücking, Rowohlts Klassiker der Literatur und der Wissenschaft, Englische Literatur Bd. 14, Reinbek b. Hamburg 1962, 130ff.
[22] Ebd.

König planten, und er ist bereit, im Geist dieser Versöhnung und Liebe seine Herrschaft in Mailand, wie es von ihm erwartet wird, wieder aufzunehmen. Er gewährt aber noch mehr: er gibt seinem treuen Diener Ariel die Freiheit; die letzte Zeile des V. Aktes ist an Ariel gerichtet und beginnt mit den Worten: »Be free, and fare thou well!« (V, 1, 318). Dazu kommt, daß er zuvor veranlaßt hat, daß Caliban und seine Spießgesellen von ihrem Wahn und ihrer Illusion befreit werden: »Set Caliban and his companions free; /Untie the spell« (V, 1, 252-253). Dieser Akt der Befreiung aber bewirkt, daß Caliban, auch wenn er allein auf seiner Insel zurückbleibt, eine neue ›spirituelle Dimension‹ erlangt. Erfahrung hat ihn zur Einsicht in sein eigenes Handeln, in sein eigenes Wesen gebracht:

> ...I'll be wise hereafter
> And seek for grace. What a thrice-double ass
> Was I, to take this drunkard for a god,
> And worship this dull fool!
> (V, 1, 294-297)

Wenn aber die Weiße Magie so viel Gutes bewirken kann in den Händen des Prospero, dann bleibt die Frage, weshalb Shakespeare seinen Protagonisten auf die Macht verzichten läßt. Bereits ehe die Worte der Vergebung und der Befreiung gesprochen werden, heißt es in der 1. Szene des V. Aktes:

> But this rough magic
> I here abjure; and, when I have requir'd
> Some heavenly music, – which even now I do, –
> To work mine end upon their senses, that
> This airy charm is for, I'll break my staff,
> Bury it certain fadoms in the earth,
> And deeper than did ever plummet sound
> I'll drown my book.
> (V, 1, 50-57)

## Prosperos Einsicht in die Grenzen der menschlichen Natur

Prospero, so dürfen wir aus seinen Worten wie aus seinem Handeln schließen, ist sich bewußt, daß er mit der Hinwendung zur Weißen Magie zugleich Grenzen überschritten hat, die ihm nicht nur als einem Herrscher, sondern ganz allgemein jedem Menschen gesetzt sind, daß er über den Bereich des dem Menschen von Natur aus vorgegebenen Spiel-

raums mit Hilfe der natürlichen Kräfte hinausstrebte, über die er als Magier gebieten konnte. Sein Leben auf der Insel war gleichsam eine seltene Ausnahmesituation, die nach seinem Willen und nach Shakespeares Intention nicht als die normale und die natürliche von den Menschen insgesamt betrachtet werden kann. Was würde geschehen, wenn jeder über den anderen mit den Kräften der Magie verfügen könnte? Wenn jeder über den anderen wie ein Gott oder ein Dämon regieren möchte? Wenn jeder handeln wollte, als sei er die verkörperte Vorsehung?
Mit der Rückkehr nach Mailand, mit der Wiederaufnahme seiner Regierungsgeschäfte, wendet sich Prospero in einer ganz natürlichen Weise, die jedem Menschen offen steht, seinen alltäglichen Pflichten zu. Damit freilich geht Prospero das Risiko ein, das jeder Mensch nach seinen Worten auf sich zu nehmen hat: das Risiko, bei dem Versuch zu scheitern, aus rein menschlichen Kräften Gutes zu bewirken; es scheint, daß dieser Gedanke Shakespeare so wichtig war, daß er zu seinem letzten Stück – ganz gegen seine Gewohnheit – einen Epilog hinzufügte, in dem es heißt:

> Now I want
> Spirits to enforce, Art to enchant;
> And my ending is despair, ...
> (Epilog, 13-15)

Dies freilich ist weder Prosperos noch Shakespeares letztes Wort; Shakespeare läßt vielmehr Prospero noch einige Zeilen sprechen, die eine Brücke schlagen zu der Religion, von der sich Shakespeare letztlich nie löste; Verzweiflung ist nur dann für Prospero das Ende,

> Unless I be reliev'd by prayer;
> Which pierces so, that it assaults
> Mercy itself, and frees all faults.
> (Epilog, 16-18)

Sicherlich ist bei diesen Zeilen zu bedenken, daß sich Shakespeare mit ihnen vom Theater, vom Londoner Publikum verabschiedete, daß er möglicherweise spürte, daß ihm nur noch wenige Lebensjahre beschieden waren. Ich hielte es jedoch für falsch, wollte man den Epilog nur biographisch auslegen. In diesen knappen Versen steckt auch ein klares Bewußtsein für die dem Menschen gesetzten Grenzen, für die Grenzen der menschlichen Natur innerhalb einer übergreifenden Weltordnung, die wir ebenfalls mit dem Begriff Natur belegt haben.

# Quellennachweis

1. »The Beginnings of a Written Literature in Old English Times«, *The Living Middle Ages: Studies in Mediaeval English Literature and its Tradition. A Festschrift for Karl Heinz Göller*, hg. von Uwe Böker, Manfred Markus und Rainer Schöwerling, Stuttgart/Regensburg 1989, 25-43.

2. »*Der Wanderer*: Eine Interpretation von Aufbau und Gehalt«, Festschrift zum 75. Geburtstag von Theodor Spira, hg. von Helmut Viebrock und Willi Erzgräber, Heidelberg 1961, 57-85.

3. »Zum Allegorie-Problem«, *Zeitschrift für Literaturwissenschaft und Linguistik*, Heft 30/31, Göttingen 1978, 105-121.

4. »William Langlands *Piers Plowman* im Lichte mittelalterlicher Philosophie und Theologie«, *Anglia* 73 (1955), 127-148.

5. »Abraham, Moses und David in William Langlands *Piers Plowman*, *Paradeigmata: Literarische Typologie des Alten Testaments*«, hg. von Franz Link, Bd. 1, Berlin 1989, 115-139.

6. »Apokalypse und Antichrist in der englischen Literatur des 14. Jahrhunderts. William Langlands *Piers Plowman*, Joachim von Fiore und der Chiliasmus des Mittelalters«, *Literaturwissenschaftliches Jahrbuch* N.F. 29 (1988), 233-251.

7. »Predestination in Langland and Chaucer«. (Unveröffentlichtes Manuskript).

8. Tragik und Komik in Chaucers *Troilus and Criseyde*, *Festschrift für Walter Hübner*, hg. von Dieter Riesner und Helmut Gneuss, Berlin 1964, 139-163; auch in: *Geoffrey Chaucer*, hg. von Willi Erzgräber, Darmstadt 1983, 144-175.

9. »The Origins of Comicality in Chaucer«, *Chaucer's Frame Tales: The Physical and the Metaphysical*, hg. von Joerg O. Fichte, Tübingen 1987, 11-33.

10. »›Kynde‹ und ›Nature‹ bei Chaucer: Zur Bedeutung und Funktion des Naturbegriffes in der Dichtung des ausgehenden Mittelalters«, *Idee. Gestalt. Geschichte: Festschrift Klaus von See*, hg. von Gerd Wolfgang Weber, Odense, Dänemark, 1988, 117-135.

11. »Chaucer-Forschung im 20. Jahrhundert«, Geoffrey Chaucer (= Wege der Forschung 253), hg. von Willi Erzgräber, Darmstadt 1983, 1-31.

12. »Common Traits of Chaucer's and Joyce's Narrative Art«, *Telling Stories: Studies in Honour of Ulrich Broich on the Occasion of His 60th Birthday*, hg. von Elmar Lehmann und Bernd Lenz, Amsterdam/Philadelphia 1992, 188-204.

13. »Chaucer zwischen Mittelalter und Neuzeit«. *Literaturwissenschaftliches Jahrbuch* N.F. 36 (1995), 27-46.

14. »European Literature in the Late Middle Ages in its Political and Social Contexts«, *Multiple Worlds, Multiple Words: Essays in Honour of Irène Simon*, hg. von Hena Jaes-Jelinek, Pierre Michel und Paulette Michel-Michot, Liège 1988, 103-121.

15. »Humanismus und Renaissance in England im 16. Jahrhundert«. (Unveröffentlichtes Manuskript).

16. »Zur *Utopia* des Thomas Morus«, *Literatur, Kultur, Gesellschaft in England und Amerika: Festgabe für Friedrich Schubel*, Frankfurt a. M. 1966, 229-256.

17. »Utopia and the Principle of Reason«, *Kunstgriffe: Auskünfte zur Reichweite von Literaturtheorie und Literaturkritik. Festschrift für Herbert Mainusch*, hg. von Ulrich Horstmann und Wolfgang Zach, Frankfurt a. M. 1989, 57-70.

18. »Die komische Figur auf der englischen Bühne des 15. und 16. Jahrhunderts: Vom Schafdieb Mak bis zu Shakespeares Falstaff«, *Die lustige Person auf der Bühne: Gesammelte Vorträge des Salzburger Symposions 1993*, hg. von Peter Csobádi, Gernot Gruber, Jürgen Kühnel, Ulrich Müller, Oswald Panagl und Franz Viktor Spechtler, Anif/Salzburg 1994, 113-123.

19. »Probleme der *Hamlet*-Interpretation im 20. Jahrhundert«, *Hamlet-Interpretationen* (= Wege der Forschung 214), hg. von Willi Erzgräber, Darmstadt 1977, 1-46.

20. »Shakespeares *Hamlet* als Rachetragödie«, *Literaturwisssenschaftliches Jahrbuch* N.F. 35 (1994), 101-119; auch in *Freiburger Universitätsblätter: Shakespeares Charaktertragödien – damals und heute*, Heft 125 (1994), hg. vom Rektorat der Albert-Ludwigs-Universität Freiburg, 7-20.

21. »›Reason in Madness‹: Shakespeares *King Lear* zwischen Moralität und Tragödie«, *Anglia* 99 (1981), 83-110.

22. *Natur bei Shakespeare: Festvortrag zum 75. Jubiläum der Eleonorenschule Darmstadt am 3. November 1986*, hg. vom Magistrat der Stadt Darmstadt, Darmstadt 1987.

# ROMBACH WISSENSCHAFTEN

**REIHE LITTERAE**

Herausgegeben von
Gerhard Neumann und
Günter Schnitzler

Bd. 27: Willi Erzgräber
**VON THOMAS HARDY
BIS TED HUGHES**
Studien zur modernen
englischen und
anglo-irischen Literatur

486 S; 1 Farb-, 8 s/w Abb.,
Pb., 15,4 x 22,8 cm
**DM 76,-**
ISBN 3-7930-9099-X

Gegen Ende des 19. Jahrhunderts zeichnete sich in der englischen und anglo-irischen Literatur ein tiefgreifender Wandel ab, aus dem die literarische Bewegung hervorging, die allgemein als »die Moderne« bezeichnet wird. Im vorliegenden Band sind Studien vereinigt, die den Leser Phasen einer Entwicklung nachvollziehen lassen.

Thomas Hardys tragische Wessex-Romane bilden den Auftakt zur Moderne; die Romane, die Joseph Conrad zu Beginn des 20. Jahrhunderts publizierte, deuten bereits auf die absurde Literatur voraus. Bei James Joyce und Virginia Woolf fand die Komplexität des modernen Bewußtseins in einer differenzierten Erzähltechnik ihren adäquaten Ausdruck.

Die Studien zur Erzählprosa werden ergänzt durch Abhandlungen zur englischsprachigen Lyrik. In den Werken von W. B. Yeats spiegelt sich der Wandel von der Spätromantik zur Moderne. Bei dem erst 1918 publizierten Viktorianer Gerard Manley Hopkins und bei T. S. Eliot ist die christlich-religiöse Denkweise in der Thematik noch stark ausgeprägt.

Erhältlich in Ihrer Buchhandlung

Bertoldstraße 10, 79098 Freiburg i. Br.
Telefon Verlag 0761/4500-330